Office 2016 & Windows 10

Der schnelle Umstieg im Büro!

Inge Baumeister, Anja Schmid

Verlag:
BILDNER Verlag GmbH
Bahnhofstraße 8
94032 Passau

http://www.bildner-verlag.de
info@bildner-verlag.de

Tel.: +49 851-6700
Fax: +49 851-6624

ISBN: 978-3-8328-0186-1

Bestellnummer: RP-0212

Covergestaltung:
Christian Dadlhuber

Autorinnen:
Inge Baumeister, Anja Schmid

Bildquelle Cover: Syda Productions - Fotolia.com
Kapitelbilder: © sdecoret - Fotolia.com, © peshkov - Fotolia.com, Female photographer - Fotolia.com

Herausgeber:
Christian Bildner

Herzlich willkommen!

Windows 10 und Office 2016 sind auf Ihrem PC installiert und Sie finden trotz jahrelangem Umgang mit Word, Excel und Co. erst einmal rein gar nichts? Sie haben aber auch keine Zeit und Lust, sich mit umfangreichen Werken zu diesem Thema zu befassen und sich hier mit den Grundlagen aufzuhalten, da sich die meisten Bücher auch an Anfänger richten.

Aus dieser Überlegung heraus entstand die Idee zu diesem Buch. Es vermittelt in kompakter Form alles, was Sie für den täglichen Gebrauch zu Windows 10 und Office 2016 wissen müssen. Auf eine ausführliche Beschreibung bekannter Grundlagen wurde weitgehend verzichtet, z. B. die Eingabe und Formatierung von Text oder die Verwendung der Zwischenablage. Dafür erfahren Sie, wo und wie Sie die gewohnten Befehle finden, welche Möglichkeiten die zahlreichen Neuerungen eröffnen und wie Sie die neue Benutzeroberfläche schnell an Ihre Bedürfnisse anpassen.

Dieses Buch richtet sich an Anwender, die bereits mit älteren Versionen von Windows und Office arbeiten und nun schnell auf Windows 10 in Verbindung mit Office 2016 umsteigen möchten. Dabei ist es unerheblich, ob Sie von Office 2003, 2007 oder 2010 umsteigen. Gleiches gilt für die Windows Versionen. Vorausgesetzt werden Grundlagenkenntnisse im Umgang mit Windows, Word, Excel, PowerPoint und Outlook. Daher ist das Buch für Einsteiger nur bedingt geeignet. Schwerpunkte sind:

- Ausführliche Erläuterungen zu neuen Features, auch anhand von Beispielen.
- Tipps und Hinweise für erfahrene Anwender, wo Sie schnell die gewohnten Befehle und Funktionen finden.

Der erste Teil A stellt die neue Benutzeroberfläche von Windows 10 vor, einschließlich der Dateiverwaltung. Dazu gehört auch ein umfassender Überblick über die neuen Einstellungen, die nach und nach die Systemsteuerung ersetzen. Teil B fasst alle programmübergreifenden Neuerungen von Office 2016 zusammen, z. B. die neuen grafischen Gestaltungsmöglichkeiten und das Register Datei. Die übrigen Abschnitte befassen sich gezielt mit den einzelnen Office-Anwendungen Word, Excel, PowerPoint und Outlook.

Hinweis: Windows 10 und Office werden von Microsoft laufend durch Updates aktualisiert. Dadurch können sich Aussehen und Funktionsumfang im Vergleich zu den Abbildungen im Buch geringfügig ändern. Der Windows-Teil dieses Buches beinhaltet alle Änderungen des Anniversary Updates von Anfang August 2016.

Schreibweise
Befehle, Bezeichnungen von Schaltflächen und Beschriftungen von Dialogfenstern sind zur besseren Unterscheidung farbig und kursiv hervorgehoben, zum Beispiel Register *Start*, Schaltfläche *Kopieren*.

Viel Spaß und Erfolg mit dem Buch wünscht Ihnen

Ihr Autorenteam

Inhalt

A Windows 10

Übersicht

1 Grundsätzliches zum Umstieg

1.1 Die wichtigsten Neuerungen im Überblick

- Windows 10 verfügt im Gegensatz zu Windows 7 über ein erweitertes Startmenü. Benutzer können nach Belieben weitere Apps hinzufügen oder entfernen und die Größe des Startmenüs anpassen. Im benutzerdefinierten Bereich des Startmenüs werden Apps in Form von Kacheln angeordnet, einige Kacheln können auch eine Live-Vorschau auf den Inhalt anzeigen.
- Windows 10 kann sowohl mit der Maus als auch per Touchscreen mit Fingergesten bedient werden, die Benutzeroberfläche unterscheidet sich im Tabletmodus nur durch größere Abstände zwischen den Symbolen und einem standardmäßigen Startmenü im Vollbildmodus vom Desktopmodus. Normalerweise erkennt Windows 10, auf welche Weise die Eingabe erfolgt und wechselt automatisch in den entsprechenden Modus. Im Info-Center finden Sie eine Schaltfläche, mit der Sie ebenfalls schnell zwischen den beiden Modi wechseln können.
- Die Befehle zum Herunterfahren und Energiesparen finden Sie im Startmenü, wenn Sie auf den Schalter *Ein/Aus* klicken. An- und Abmelden oder den Benutzer wechseln können Sie dagegen, wenn Sie im Startmenü auf Ihr Profilbild klicken.
- Meldungen über Hardware- und Sicherheitsprobleme, Benachrichtigungen über eingegangene E-Mails oder Erinnerungen an Termine werden im neuen Info-Center am rechten Bildschirmrand zusammengefasst. Sie öffnen das Info-Center, indem Sie im Infobereich der Taskleiste auf das kleine Symbol Sprechblase klicken. Im Info-Center erhalten Sie über Schaltflächen auch schnell Zugriff auf häufig benötigte Einstellungen, z. B. WLAN oder Flugzeugmodus.
- Die Assistentin Cortana erlaubt auch Spracheingabe, durchsucht den Computer und das Web und erinnert an Termine.
- Zum Scrollen in Fenstern genügt es, wenn sich der Mauszeiger über dem betreffenden Fenster befindet, Sie brauchen also nicht mehr zuvor das Fenster mit einem Mausklick aktivieren.
- Windows 10 unterstützt jetzt mehrere Desktops. Um alle geöffneten Fenster in einer Miniaturvorschau anzuzeigen und schnell zwischen den Fenstern zu wechseln, existiert zusätzlich zur bekannten Tastenkombination Alt+Tab die neue Taskansicht. In der Taskansicht können Sie weitere virtuelle Desktops hinzufügen und geöffnete Fenster auf diese verteilen. Auf diese Weise lassen sich die Fenster bzw. geöffneten Apps nach Einsatzzweck gruppieren.
- Mit der Snap-Funktion können Fenster durch Ziehen schnell am linken oder rechten Bildschirmrand automatisch angeheftet werden, dies funktioniert mit zwei und vier Fenstern.

- Die wichtigsten Einstellungen zu Hard- und Software nehmen Sie in den Einstellungen vor. Diese sind wie eine App gestaltet und eignen sich auch für Touchbedienung. Parallel dazu bzw. als Ergänzung existiert auch noch die, aus älteren Versionen bekannte, Systemsteuerung.
- Da Windows 10 meist in Verbindung mit einem Microsoft-Konto genutzt wird und zahlreiche Apps einschließlich Cortana Ihre Eingaben, Ihre aktuelle Position und weitere persönliche Daten verwenden, sollten Sie in den Einstellungen den wichtigen Punkt Datenschutz kontrollieren.
- Unter der Bezeichnung *OneDrive* stehen Ihnen 5 GB kostenloser Online-Speicher zur Verfügung, dieser ist vollständig in den Datei-Explorer integriert und wird wie jedes andere Laufwerk behandelt. Wenn nicht anderes vereinbart wurde, werden alle Daten auf *OneDrive* automatisch mit der Festplatte synchronisiert und sind somit auch dann verfügbar, wenn keine Verbindung zum Internet besteht. Für die Nutzung von *OneDrive* ist ein Microsoft-Konto erforderlich.
- Unter dem Namen *Microsoft Edge* bringt Windows 10 auch einen neu gestalteten Browser mit, das Symbol dazu finden Sie standardmäßig in der Taskleiste. Auf diesen wird allerdings in diesem Buch nicht näher eingegangen.

Windows 10 bringt, wie schon Windows 8.1 zahlreiche integrierte Apps mit, beispielsweise für E-Mails oder zum Verwalten von Terminen (Kalender) und Adressen (Kontakte). Da wir davon ausgehen, dass Sie Microsoft Outlook für diese Aufgaben nutzen, wurde auf eine Beschreibung dieser Apps verzichtet.

1.2 Bedienkonzepte

Windows 10 lässt sich auf den unterschiedlichsten Geräten einsetzen: Vom herkömmlichen PC, wie er meist am Arbeitsplatz verwendet wird, über mobile Geräte wie Laptops bzw. Notebooks und Tablet-PCs bis hin zum Smartphone. Alle diese Geräte verfügen über unterschiedliche Eingabemöglichkeiten, die von Windows in Verbindung mit einer einheitlichen Bedienoberfläche unterstützt werden.

So erlaubt Windows 10 auf Geräten mit einem berührungsempfindlichen Bildschirm (Touchscreen) die Eingabe per Fingersteuerung anstelle einer Maus und statt einer physischen Tastatur steht dann eine Bildschirmtastatur zur Verfügung. Erlauben Apps die Stifteingabe, so wird auch dies unterstützt. Windows 10 erkennt in der Regel automatisch, ob Maus und Tastatur angeschlossen sind. Erfolgt die Bedienung per Touchscreen, so wechselt Windows in den, für die Fingereingabe optimierten Tabletmodus.

Für alle, die bisher Windows 7 benutzt haben und nun Windows 10 auf einem Tablet oder einem All-in-One PC ein setzen, ein Überblick über die wichtigsten Funktionen.

Fingersteuerung

Auswahl und Ausführung eines Befehls erfolgen durch einfaches Antippen mit dem Finger. Die Tabelle enthält eine Zusammenstellung der wichtigsten Gesten.

Geste/Bewegung	Bedeutung/Ausführung
Doppeltipp	Tippen Sie zweimal schnell hintereinander auf ein Element, um denselben Effekt zu bewirken wie bei einem Doppelklick.
Rechtsklick	Um auf dem Touchscreen einen Rechtsklick zu imitieren, drücken Sie mit dem Finger etwas länger auf ein Element.
Streichen/Wischen	Um Bildschirminhalte nach rechts, links, oben oder unten zu verschieben, streichen Sie mit dem Finger über den Bildschirm in die gewünschte Richtung, dies entspricht etwa dem Scrollen mit dem Mausrad. Streichen oder Wischen dient außerdem dazu, Elemente einzublenden.
Zoomen	Bewegen Sie auf dem Touchscreen Daumen und Zeigefinger auseinander, um die Ansicht zu vergrößern. Um die Ansicht zu verkleinern, bewegen Sie Daumen und Zeigefinger aufeinander zu. Das Kneifen mit Daumen und Zeigefinger bezeichnet man auch als Pinchen (vom englischen to pinch = kneifen, zwicken)
Drehen	Manche Elemente können gedreht werden: Führen Sie mit Daumen und Zeigefinger eine Drehbewegung aus.

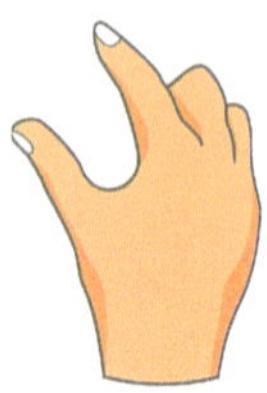

Bildschirmtastatur

Zur Texteingabe an einem Gerät mit Touchscreen verwenden Sie die Bildschirmtastatur. Diese erscheint automatisch, wenn Sie mit dem Finger auf ein Texteingabefeld tippen, beispielsweise zur Eingabe des Kennworts. Zudem finden Sie ganz rechts im Infobereich der Taskleiste ein Tastatursymbol, über das Sie bei Bedarf die Bildschirmtastatur anzeigen. Die Bildschirmtastatur ist in drei Ebenen untergliedert.

- Die Hauptebene enthält die wichtigsten Schreibmaschinentasten sowie einige weitere wichtige Tasten (Umschalt-Taste, Backspace usw.).

Bildschirmtastatur

Zahlen einblenden

Symbole einblenden

- Wenn Sie links unten auf der Bildschirmtastatur auf die Taste &123 tippen, erscheint die Zeichenebene. Hier finden Sie Ziffern und Sonderzeichen. Um von der Zeichenebene wieder zur Hauptebene zu wechseln, tippen Sie die Taste &123 einfach erneut an.
- Eine dritte Ebene, die Symbolebene, rufen Sie durch Antippen des Smileysymbols auf. Mit demselben Symbol gelangen Sie auch wieder zurück zur Hauptebene.

1.3 Microsoft-Konto

Windows 10 erfordert grundsätzlich eine Anmeldung am PC. Dazu benötigen Sie ein Benutzerkonto, dies kann entweder ein lokales Konto oder ein Microsoft-Konto sein. Bei einer Neuinstallation bzw. nach dem ersten Start von Windows 10 werden Sie während des Einrichtungsvorgangs aufgefordert, sich mit einem Microsoft-Konto anzumelden.

Besitzen Sie bereits eine E-Mail-Adresse mit dem Zusatz @outlook.de, @hotmail.de oder @live.de, dann verfügen Sie damit automatisch auch über ein Microsoft-Konto und können dieses zur Anmeldung am PC verwenden.

Wenn Sie bereits über ein Microsoft-Konto verfügen, so geben Sie die E-Mail Adresse Ihres Kontos und das dazugehörige Kennwort ein und klicken dann auf *Anmelden*. Um ein neues Konto zu erstellen klicken Sie auf *Erstellen Sie ein Konto*. Falls Sie lieber mit einem lokalen Konto arbeiten möchten, so klicken Sie auf *Diesen Schritt überspringen*.

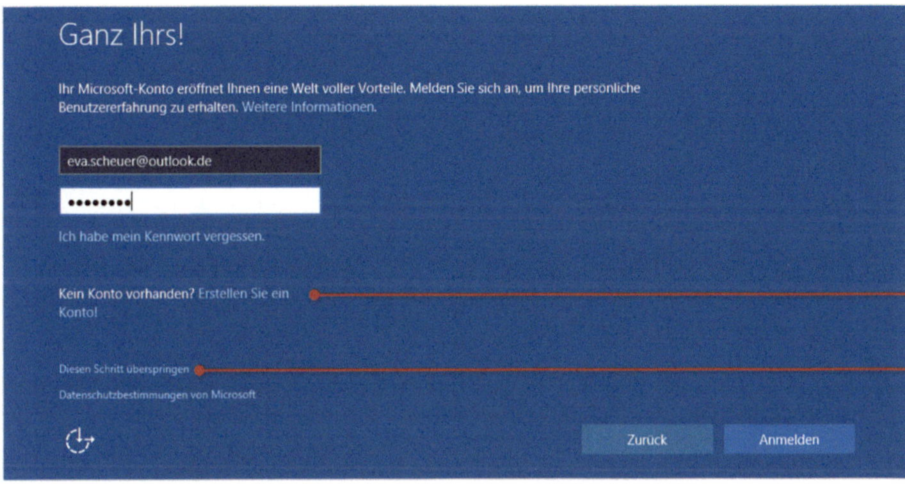

Benutzerkonto angeben oder neu erstellen

Microsoft-Konto oder lokales Konto?

- Ein Microsoft-Konto besteht aus einer E-Mail-Adresse und einem Kennwort. Damit erhalten Sie unter der Bezeichnung *OneDrive* automatisch Zugriff auf Ihren persönlichen Cloud-Speicher und können weitere Apps und Spiele aus dem Windows Store beziehen. Falls Sie mehrere Geräte mit diesem Konto nutzen, können Sie Ihre Einstellungen und Kennwörter mit diesen Geräten synchronisieren.
- Ein lokales Konto erfordert zur Anmeldung am Computer statt einer E-Mail Adresse einen Benutzernamen und besitzt nur Gültigkeit auf dem jeweiligen Gerät. Wenn Sie mit einem lokalen Konto angemeldet sind, können Sie *OneDrive* und den Windows Store trotzdem nutzen, müssen sich allerdings beim Download bzw. der ersten Nutzung mit einem Microsoft-Konto online anmelden.
- Die nachträgliche Umwandlung eines lokalen Kontos in ein Microsoft-Konto ist jederzeit möglich und umgekehrt können Sie ein Microsoft-Konto in ein lokales Konto umwandeln.

Näheres zu Benutzerkonten lesen Sie in Kap. A 9.

Ein Microsoft-Konto anlegen

Falls Sie noch kein Microsoft-Konto besitzen und ein solches anlegen möchten, so stehen Ihnen dazu zwei Wege offen.

- Nach einer Neuinstallation bzw. beim ersten Start klicken Sie während der Einrichtung auf *Erstellen Sie ein Konto*.

- Sind Sie bereits mit einem lokalen Konto angemeldet, so öffnen Sie das Startmenü, klicken auf Ihr Profilbild und auf *Kontoeinstellungen ändern*. Klicken Sie dann auf *Stattdessen mit einem Microsoft-Konto anmelden*.

Lokales Konto in ein Microsoft-Konto umwandeln

Näheres hierzu in Kap. A 9.

- Als dritte Option können Sie ein neues Benutzerkonto anlegen und bei dieser Gelegenheit auch gleich ein Microsoft-Konto. Dieses Konto benutzen Sie dann künftig zur Anmeldung.

Die Erstellung eines neuen Microsoft-Kontos erfolgt in zwei Schritten und erfordert nur wenige Angaben, so gehen Sie dabei vor:

1 Im ersten Schritt müssen Sie Ihren Namen angeben, dies ist gleichzeitig Ihr späterer Benutzername, der bei der Anmeldung und oben im Startmenü erscheint.

Microsoft-Konto erstellen

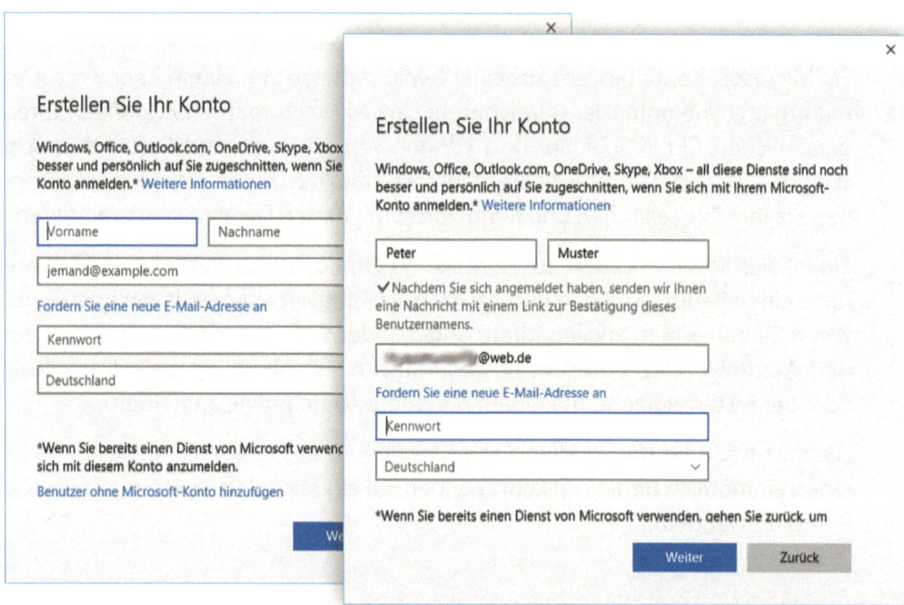

2 Zu einem Microsoft-Konto gehört immer auch eine E-Mail Adresse, die Sie im Feld darunter eingeben. Diese kann bei jedem beliebigen Mail-Anbieter, z. B. gmx, registriert sein. Alternativ können Sie eine neue E-Mail Adresse des Microsoft-Mail Dienstes @outlook.de einrichten, dazu klicken Sie auf *Fordern Sie eine neue E-Mail Adresse an* und folgen dann den Anweisungen.

3 Zuletzt geben Sie im Feld *Kennwort* ein Kennwort ein, das Sie künftig für die Anmeldung am PC und Online benutzen möchten.

Achten Sie bei Kennwörtern auf Groß- und Kleinschreibung und wählen Sie ein möglichst sicheres Kennwort, das nicht nur Buchstaben, sondern auch Ziffern und Sonderzeichen enthält. Um sicherzugehen, dass Sie sich bei der Kennworteingabe nicht vertippt haben, können Sie das Kennwort mit Klick auf das Symbol kurzzeitig in Klarschrift anzeigen lassen.

4 Klicken Sie dann auf *Weiter*. Wenn Sie keine Werbung per E-Mail wünschen und Microsoft nicht erlauben möchten, dass Kontoinformationen zu Werbezwecken verwendet wird, dann deaktivieren Sie im zweiten Schritt die beiden Kontrollkästchen und klicken auf *Weiter*.

5 Damit wird Ihr Konto angelegt. Um sicherzustellen, dass es sich bei der angegebenen E-Mail Adresse tatsächlich um Ihre Adresse handelt, wird anschließend eine Mail an diese Adresse gesendet. Kontrollieren Sie daher Ihren Posteingang und klicken Sie in der Mail auf den Link mit der Adresse, um die Einrichtung abzuschließen. Gleichzeitig erhalten Sie in der Mail einen Sicherheitscode, den Sie unter Umständen nach der ersten Anmeldung mit diesem Konto eingeben müssen.

1.4 Was Sie zum Thema Datenschutz wissen sollten

Windows 10 bringt zahlreiche Neuerungen mit, insbesondere gegenüber Windows 7 oder älter, die die Nutzung des PCs komfortabler gestalten. Allerdings speichern und nutzen diese Funktionen auch persönliche Daten.

- Zusammen mit einem Microsoft-Konto steht mit *OneDrive* kostenloser Speicherplatz in der Cloud zur Verfügung. Dieser ist im Gegensatz zu Windows 7 vollständig in den Datei-Explorer von Windows 10 integriert. Nutzen Sie mehrere Geräte, z. B. Desktop-PC am Arbeitsplatz und Notebook oder Tablet für mobile Einsatzzwecke, dann haben Sie über Ihr Microsoft-Konto von jedem dieser Geräte aus Zugriff auf Ihre hier gespeicherten Daten. Alternativ können Sie sich von jedem beliebigen PC aus auch im Browser mit Ihrem Microsoft-Konto anmelden und erhalten so ebenfalls Zugriff auf Ihre Daten.
- Ihr Microsoft-Konto speichert auch persönliche Einstellungen, wie beispielsweise Ihren Desktop, das Aussehen von Startmenü und Taskleiste sowie Browsereinstellungen. Bei Verwendung mehrerer Geräte lassen sich diese Einstellungen über das Microsoft-Konto synchronisieren.

Näheres zu den Synchronisationseinstellungen finden Sie in Kap. A 9.4.

- Neu in Windows 10 ist die Sprachassistentin Cortana, mit der Sie die Suche im Web und auf dem PC anstelle einer Tastatureingabe auch mündlich formulieren können. Damit Sie Cortana optimal nutzen können, erfasst und speichert Microsoft Informationen wie Position, Browser- und Suchverlauf sowie Spracheingaben. Falls Sie die Apps Kontakte, Mail und Kalender nutzen, erhält Cortana auch Zugriff auf deren Informationen. Nur mit diesen Angaben kann Cortana auf Anfrage beispielsweise Restaurants in Ihrer Nähe ermitteln oder Sie auf anstehende Termine aufmerksam machen.

Datenschutzbestimmungen einsehen und Einstellungen zum Datenschutz

Nicht ohne Grund ist Windows 10 ins Visier der Datenschützer geraten. Allerdings können Sie jederzeit die Datenschutzbestimmungen einsehen, entweder in der betreffenden App, die Ihre persönlichen Daten speichert und nutzt oder wenn Sie in den Einstellungen auf *Datenschutz* klicken.

Beim ersten Start von Windows werden Sie unter anderem aufgefordert, verschiedene Einstellungen in Bezug auf die Erfassung und Nutzung Ihrer Eingaben, Ihrer Position etc. vorzunehmen. Wenn Sie hier die vorgeschlagenen *Express-Einstellungen* wählen bzw. gewählt haben, dann haben Sie Windows und damit Microsoft sehr weitreichende Rechte zum Sammeln, Speichern und Nutzen persönlicher Daten, wie z. B. Ihrem Suchverhalten im Web, eingeräumt. Auch die Sprachassistentin Cortana erfasst und speichert zahlreiche Informationen, dazu gehören in der Standardeinstellung Position, Browser- und Suchverlauf, Kontakte und E-Mails, sowie Spracheingaben.

Näheres hierzu lesen Sie unter Punkt A 11.3.

Windows 10 verfügt in den Einstellungen über verschiedene Möglichkeiten zum Schutz Ihrer persönlichen Daten. Diese sollten unbedingt von Zeit zu Zeit kontrolliert und evtl. angepasst werden.

1.5 Einstellungen und Systemsteuerung

Die App Einstellungen

Auch die wichtigsten Einstellungen zu Hard- und Software, bisher in der Systemsteuerung zu finden, wurden auf Toucheingabe abgestimmt. Sie sind wie eine App gestaltet und unter der Bezeichnung *Einstellungen* zu finden. Zum Öffnen der Einstellungen verwenden Sie eine der folgenden Methoden:

- Öffnen Sie das Startmenü und klicken Sie hier auf das Symbol *Einstellungen*.
- Oder öffnen Sie über das Symbol in der Taskleiste das Info-Center und klicken hier auf *Alle Einstellungen*.
- Oder drücken Sie die Tastenkombination Windows+i.
- Auch im Kontextmenü der Taskleiste finden Sie die Einstellungen.

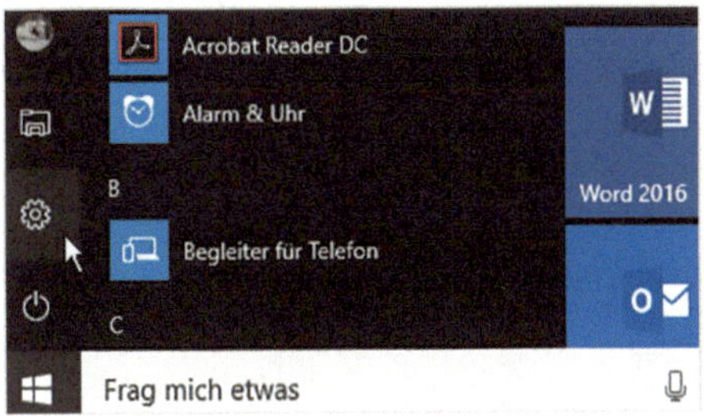

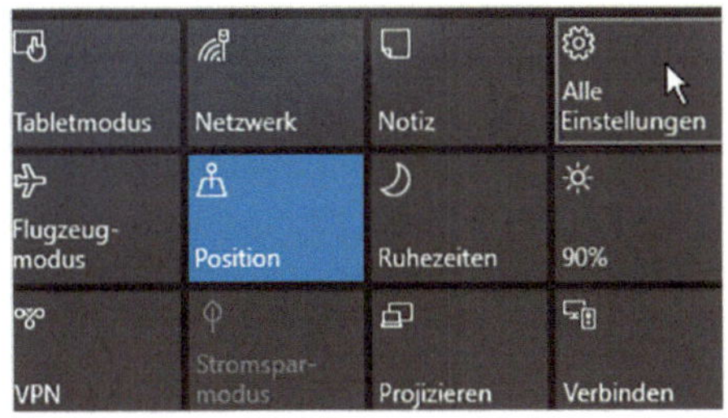

Startmenü - Einstellungen

Info-Center - Alle Einstellungen

Genau wie die Systemsteuerung fassen auch die Einstellungen die Aufgaben nach Kategorien zusammen, z. B. finden Sie unter *Personalisierung* alle Möglichkeiten, persönliche Einstellungen wie Desktophintergrund, Design und Sperrbildschirm zu ändern.

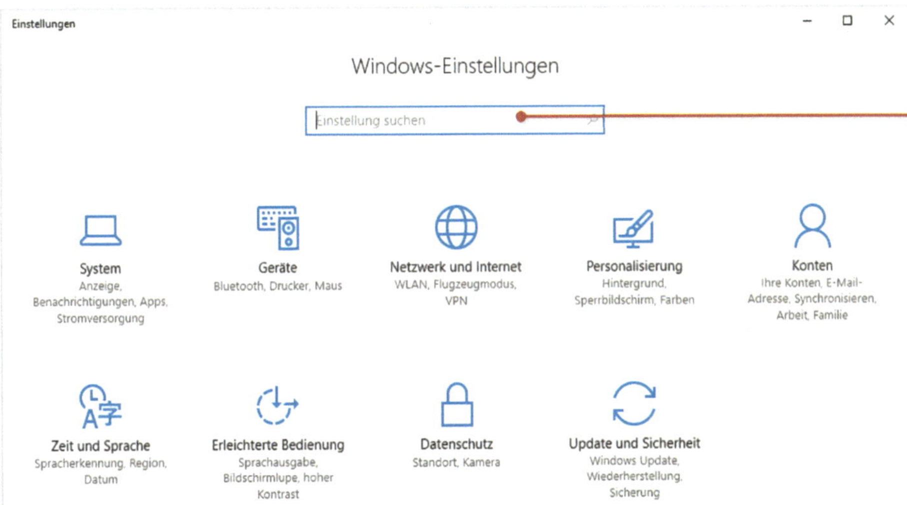

Die Startseite der Einstellungen

Einstellung suchen

Innerhalb einer Kategorie werden in der linken Spalte verschiedene Aufgaben zum Thema aufgelistet, ein Klick auf den Pfeil in der linken oberen Ecke bringt Sie wieder zurück zur vorherigen Seite oder klicken Sie unterhalb auf *Startseite*.

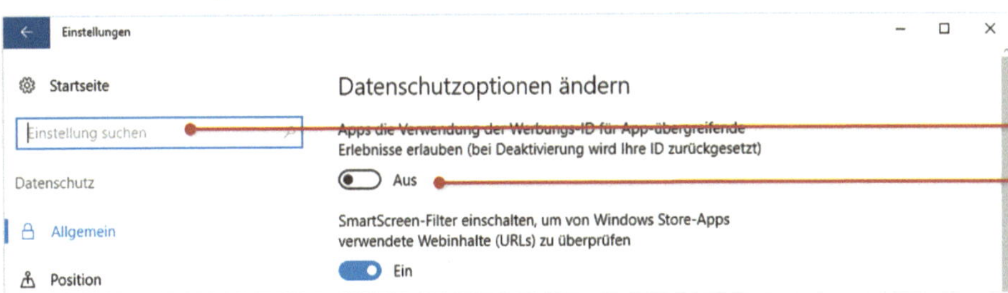

Beispiel Aufgaben zum Datenschutz

Einstellung suchen

Schalter

- Viele Einstellungen erlauben nur zwei Möglichkeiten: *Ein* oder *Aus*. Sie werden statt der bisherigen Kontrollkästchen über Schalter gesteuert, diese sind einfach zu bedienen: Klicken oder tippen Sie entweder auf das Schaltersymbol oder auf den Text *Ein* bzw. *Aus*.

- Im Gegensatz zur Systemsteuerung zeigen die Einstellungen nur Optionen an, für die Sie auch die entsprechenden Rechte besitzen, d.h. Administratoren erhalten hier mehr Möglichkeiten als Standardbenutzer.

Für alle Einstellungen gilt: Ihre Änderungen werden automatisch gespeichert. Sie können also einfach zur Startseite der Einstellungen zurückkehren bzw. die Einstellungen mit Klick auf das Schließen-Symbol des Fensters schließen.

In den Einstellungen suchen

Wenn Sie eine bestimmte Einstellung, z. B. Bild des Sperrbildschirms, ändern möchten und nicht genau wissen, zu welcher Kategorie dieser gehört, dann benutzen Sie die Suche: Klicken Sie auf der Startseite in das Suchfeld und geben Sie den Suchbegriff ein. Innerhalb einer Kategorie finden Sie das Suchfeld links oben (Bild oben). Bereits während der Eingabe listet Windows verschiedene Vorschläge auf, weitere erhalten Sie, wenn Sie auf *Alle Ergebnisse* klicken. Mit Klick auf ein Thema gelangen Sie sofort zur betreffenden Einstellung und können diese ändern.

Die Systemsteuerung

Parallel zu den Einstellungen existiert unter Windows 10 immer noch die, aus früheren Versionen bekannte, Systemsteuerung. Beide lassen sich derzeit nicht immer voneinander trennen: So verweisen manche Suchergebnisse und auch einige Links aus den Einstellungen auf die Systemsteuerung, z. B. wenn Sie nach Designs suchen. In diesem Fall öffnet sich die Systemsteuerung in einem zweiten Fenster. Umgekehrt wurden einige Funktionen, z. B. das Anlegen neuer Benutzerkonten, komplett in die neuen Einstellungen verlagert. Wenn Sie in der Systemsteuerung auf *Benutzerkonten* klicken und einen neuen Benutzer hinzufügen möchten, so öffnen sich die Einstellungen.

In den Suchergebnissen sind Verweise auf die Einstellungen jeweils mit einem eignen Symbol versehen, Themen der Systemsteuerung dagegen leicht am einheitlichen Symbol zu erkennen, siehe Bild unten.

Einige Ergebnisse der Suche in den Einstellungen verweisen auf die Systemsteuerung

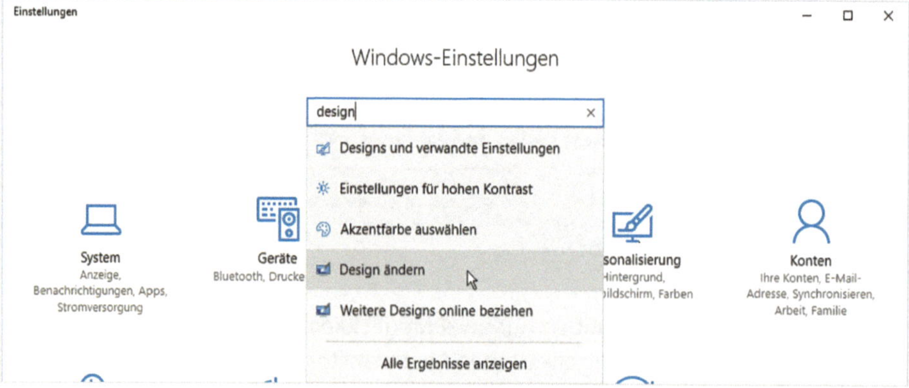

Falls Sie die Systemsteuerung mit der Startseite anzeigen möchten, dann verwenden Sie zum Öffnen eine der folgenden Methoden:

- Am einfachsten benutzen Sie die Suche (siehe Bild unten) oder beauftragen die Sprachassistentin Cortana, falls aktiviert, mit dem Öffnen der Systemsteuerung.
- Oder klicken Sie mit der rechten Maustaste auf das Startlogo der Taskleiste und im Kontextmenü auf *Systemsteuerung*.
- Im Startmenü finden Sie die Systemsteuerung in der Liste *Alle Apps*, im Ordner *Windows-System*.

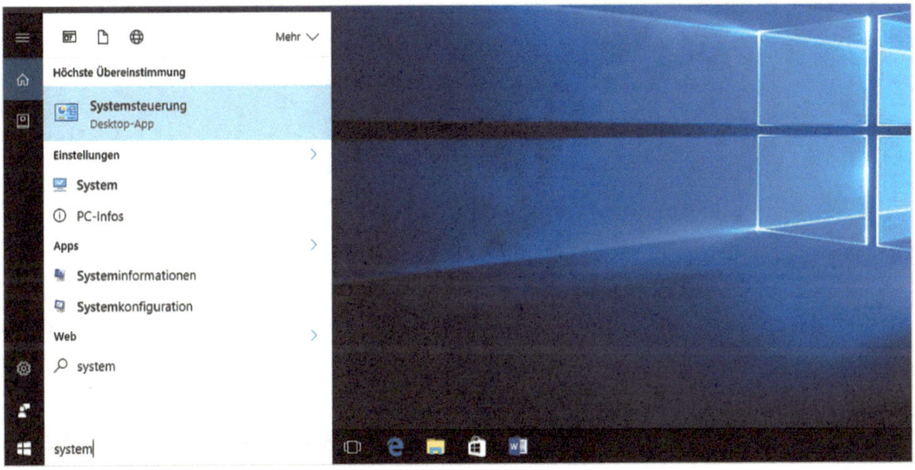

Die Systemsteuerung suchen

1.6 Geräte-Manager, Eingabeaufforderung und Co

Technisch versierte Nutzer von Windows benötigen manchmal weitere Systemeinstellungen. Dazu gehören beispielsweise Eingabeaufforderung, Datenträgerbereinigung, Defragmentierung, Geräte-Manager oder Computerverwaltung. Diese finden Sie wie bisher im Startmenü in der Liste *Alle Apps* in den Ordnern *Windows-System* und *Windows-Verwaltungsprogramme*.

Als zweite Möglichheit bietet sich die Suche an; tippen Sie einfach die gesuchte Einstellung in das Suchfeld der Taskleiste ein, Näheres zur Suche in Kapitel A 7.

Kontextmenü des Startlogos

Eine nützliche Neuerung von Windows 10 ist das erweiterte Kontextmenü der Schaltfläche *Start*. bzw. des Windows-Logos. Klicken Sie in der Taskleiste mit der rechten Maustaste auf *Start*, so finden Sie hier neben dem Task-Manager und den Befehlen *Herunterfahren* oder *Abmelden* auch die wichtigsten der oben genannten Dienste. Auch das aus Windows 7 bereits bekannte Mobilitätscenter lässt sich auf diesem Weg schnell öffnen.

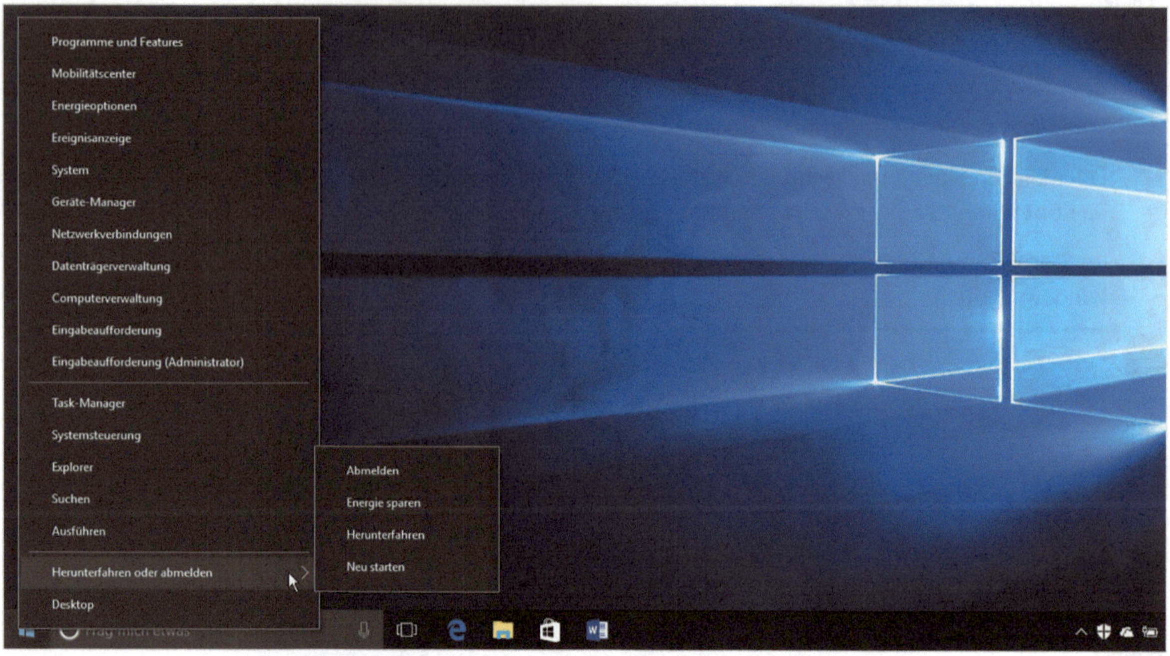

Klicken Sie mit der rechten Maustaste auf Start

Eingabeaufforderung

Die Eingabeaufforderung starten Sie am schnellsten über das Kontextmenü des Start-Logos, siehe Bild oben. Auch sie hat einige Neuerungen erhalten. Hier wird jetzt auch die Zwischenablage bzw. die Tastenkombinationen Strg+C und Strg+V unterstützt. Weitere Optionen erhalten Sie in den Eigenschaften der Eingabeaufforderung, die Sie mit Klick der rechten Maustaste in die Titelleiste öffnen.

Achtung: Damit die Zwischenablage verwendet werden kann, muss das Kontrollkästchen *Strg-Tastenkombinationen aktivieren* aktiviert sein.

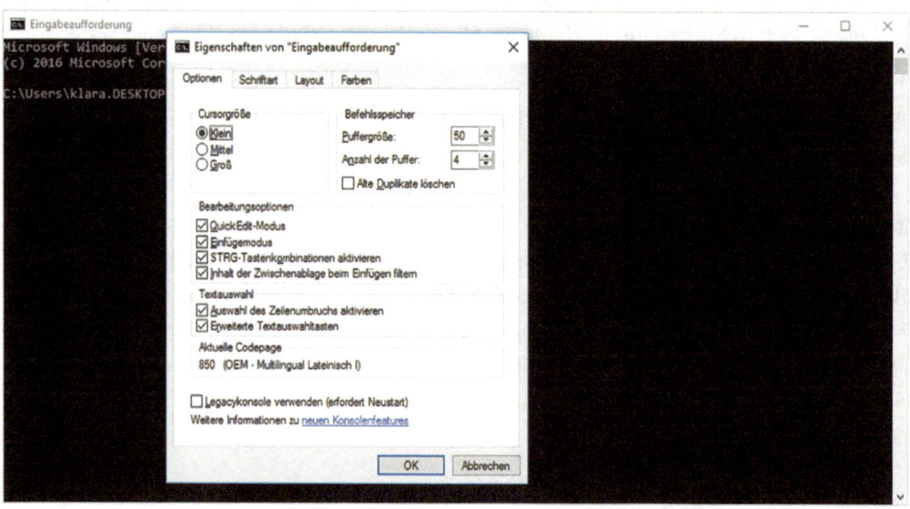

Eigenschaften der Eingabeaufforderung

2 Sperrbildschirm und Anmeldung

2.1 Der Sperrbildschirm

Nach dem Starten von Windows oder der Reaktivierung aus dem Energiesparmodus erscheint der Sperrbildschirm von Windows 10. Er zeigt neben aktueller Uhrzeit und Datum Informationen zur Internetverbindung und bei Laptops zum Ladezustand des Geräts an. Das Hintergrundbild für den Sperrbildschirm kann frei gewählt werden, Näheres hierzu unter Punkt A 8.2.

Um zur Anmeldung zu gelangen, klicken oder tippen Sie einmal auf eine beliebige Stelle des Bildschirms oder drücken eine beliebige Taste der Tastatur.

Der Sperrbildschirm

Anmeldung: Tippen Sie an eine beliebige Stelle des Bildschirms oder drücken Sie eine beliebige Taste.

2.2 Anmeldung

Auf der nachfolgenden Anmeldeseite geben Sie das, zu Ihrem Microsoft-Konto gehörende Kennwort ein und schließen die Eingabe mit der Eingabe-Taste der Tastatur ab oder klicken bzw. tippen Sie auf den Pfeil neben dem Eingabefeld. Falls Sie beim Einrichten von Windows 10 bzw. beim ersten Start eine PIN vereinbart haben, dann geben Sie diese anstatt des Kennworts ein. Drücken der Eingabe-Taste ist in diesem Fall nicht erforderlich.

Falls Ihr PC über einen Touchscreen verfügt, so erscheint automatisch am Bildschirm eine Tastatur und Sie benutzen deren Tasten zur Eingabe.

- Wenn mehrere Benutzerkonten angelegt wurden, dann finden Sie diese links unten. In diesem Fall müssen Sie zunächst Ihr Benutzerkonto auswählen.
- Auf einem Gerät mit Touchscreen stellt die Eingabe eines Bildcodes, d.h. bestimmte Tipp- und Wischgesten eine weitere Alternative zum Kennwort dar.

Wie Sie einen Bildcode erstellen, lesen Sie unter Punkt A 9.2.

Anmeldung

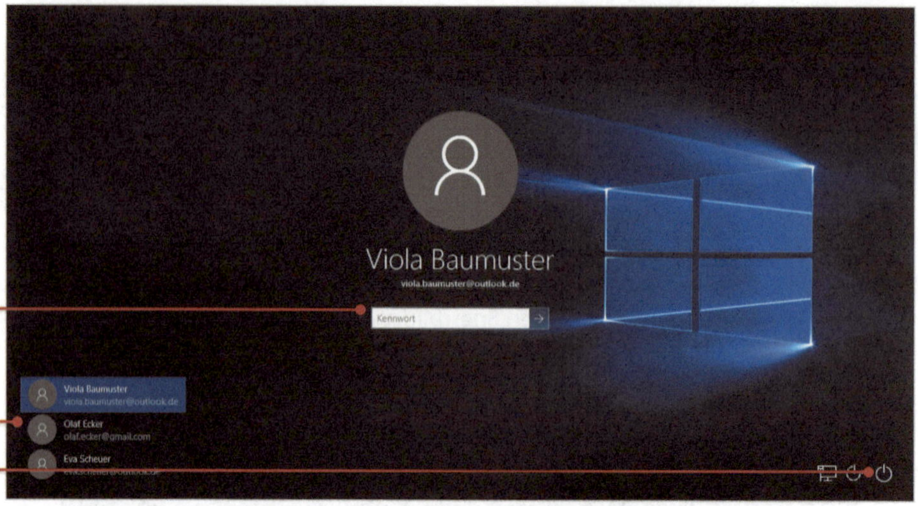

Kennworteingabe

Benutzerkonto auswählen

Herunterfahren

Tipp: Haben Sie eine PIN vereinbart, dann können Sie zwischen Kennworteingabe und PIN wählen: Klicken Sie mit der Maus unterhalb des Eingabefeldes auf *Anmeldeoptionen*. Es erscheinen die Symbole *Kennwort* und *PIN*, klicken Sie auf die gewünschte Art der Anmeldung.

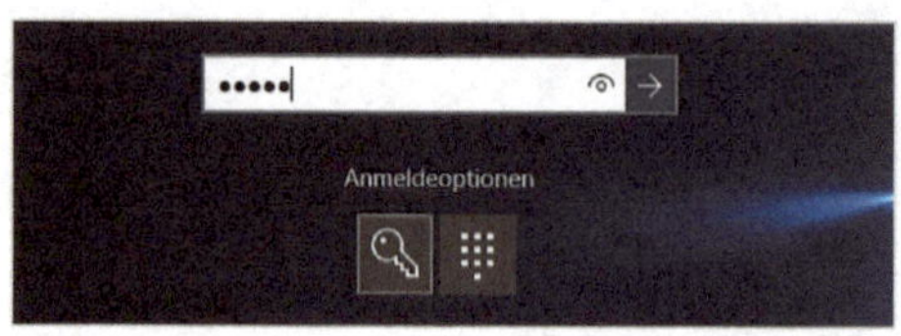

2.3 Abmelden, Herunterfahren

Herunterfahren

- Zum Herunterfahren öffnen Sie, wie bisher, mit Klick auf das Windows-Logo in der Taskleiste das Startmenü und klicken links auf das Symbol *Ein/Aus*. Hier finden Sie die Optionen *Energie sparen*, *Herunterfahren* und *Neu starten*.

Auch die Tastenkombination Alt+F4 funktioniert nach wie vor.

- Oder klicken Sie mit der rechten Maustaste auf das Windows-Logo der Taskleiste: Im Kontextmenü finden Sie den Befehl *Herunterfahren oder Abmelden*. Hier ist neben den drei oben genannten Optionen auch noch *Abmelden* verfügbar.

Abmelden/Benutzer wechseln

Falls mehrere Personen den Computer benutzen ist jederzeit ein Wechsel zwischen den Benutzern möglich. Dazu klicken Sie links im Startmenü auf Ihr Profilbild. Es erscheint ein kleines Menü zusammen mit einer Liste der vorhandenen Benutzerkonten. Wählen Sie eine der folgenden Möglichkeiten:

- *Abmelden*: Der Sperrbildschirm erscheint und ein anderer Benutzer kann sich anmelden.

- Durch Anklicken eines anderen Benutzernamens wechseln Sie zu diesem Benutzerkonto ohne vorheriges Abmelden.
- *Sperren*: Der Sperrbildschirm wird angezeigt und nach Eingabe Ihres Kennworts finden Sie die Arbeitsoberfläche wieder so vor, wie Sie sie verlassen haben.
- Mit *Kontoeinstellungen ändern* erhalten Sie Zugriff auf Ihre persönlichen Kontoeinstellungen, Näheres hierzu unter Punkt A 9.1.

Tipp: Noch schneller sperren Sie den Bildschirm mit der Tastenkombination Windows+L (engl. Lock).

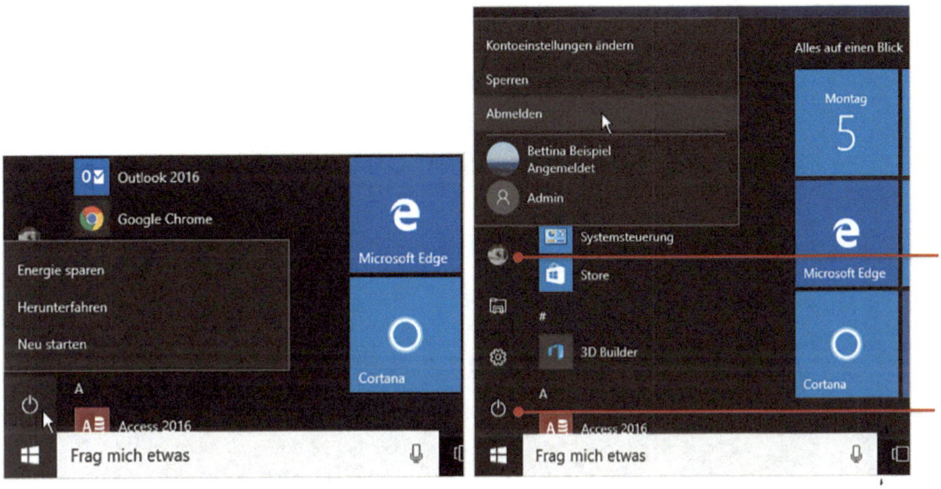

Herunterfahren

Abmelden oder Benutzer wechseln

Klicken Sie auf Ihr Profilbild

Ein/Aus

3 Startmenü und Taskleiste

3.1 Das Startmenü

Zum Öffnen des Startmenüs klicken oder tippen Sie in der Taskleiste auf das Windows-Logo ⊞ oder betätigen Sie auf der Tastatur die Taste mit dem Windows-Logo. Das Aussehen des Startmenüs hat sich gegenüber früheren Versionen grundlegend geändert.

- Den größten Teil des Startmenüs nimmt der Bereich der angehefteten Apps ein. Hier können Sie jederzeit häufig benötigte Programme oder Apps hinzufügen und nicht benötigte Apps entfernen. Als Programmsymbole verwendet Windows 10 Kacheln in unterschiedlicher Größe. Standardmäßig finden Sie hier bereits Kacheln vor, einige davon können anstelle eines Symbols auch eine Live-Vorschau anzeigen, z. B. *Nachrichten*.
- Links davon finden Sie die alphabetische Liste aller installierten Apps (*Alle Apps*), ganz oben werden unter *Meistverwendet* häufig verwendete Anwendungen und Apps aufgeführt. Hier sind die Apps mit kleinen Kachelsymbolen versehen.

- Neu hinzugekommene Apps werden dem Startmenü automatisch hinzugefügt und in der Standardeinstellung unter *Zuletzt hinzugefügt* aufgelistet.
- Ganz links finden Sie verschiedene Symbole: Ihr Profilbild (falls vorhanden) über das Sie den Befehl zum Abmelden finden und Ihre Kontoeinstellungen bearbeiten, *Datei-Explorer*, *Einstellungen* und den Schalter *Ein/Aus* über den Sie das Gerät herunterfahren oder in Energiesparmodus versetzen.

  Tipp: Ein Klick auf das Symbol *Erweitern* zeigt zu den Symbolen auch die Beschriftungen an.

Das Startmenü

App oder Anwendung?

App ist eine Abkkürzung von Application, dt. Anwendung.

Apps im engeren Sinne sind kleine Programme, die für die Fingersteuerung optimiert sind. Sie sind sehr einfach zu bedienen, da sie nur für bestimmte Aufgaben konzipiert sind und über einen beschränkten Befehlsumfang verfügen. Im Gegensatz dazu werden klassische Büroanwendungen wie etwa Microsoft Word oder Excel häufig auch als Anwendungen bezeichnet.

Windows 10 verwendet den Begriff App einheitlich für alle Programme, egal ob es sich um typische Apps, wie beispielsweise den Kalender, oder um komplexe Anwendungen handelt. Dieses Buch schließt sich dem an und verwendet, unabhängig von Funktion und Umfang, den Begriff App. Auf Ausnahmen wird gesondert hingewiesen.

Scrollen durch Verschieben einer Bildlaufleiste mit gedrückter Maustaste ist mit Windows 10 überflüssig geworden. Es genügt, wenn sich der Mauszeiger über dem zu verschiebenden Bereich befindet und Sie das Mausrädchen drehen. Dies gilt sowohl für das Startmenü als auch für Fenster.

Tipp: Apps über den Index suchen

Um eine App in der Liste *Alle Apps* schneller zu finden bzw. schneller zu einem bestimmten Buchstaben zu gelangen, klicken Sie auf eine beliebige Überschrift der alphabetischen Liste, z. B. den Buchstaben A. Statt der Liste erscheint nun ein alphabetischer Index. Klicken Sie einfach auf den Anfangsbuchstaben der gesuchten App.

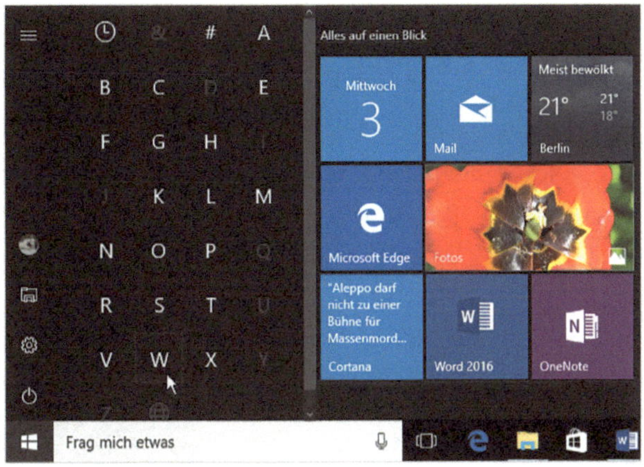

Klicken Sie zum Anzeigen des Index auf einen beliebigen Buchstaben

Klicken Sie im Index auf den gwünschten Anfangsbuchstaben

Nach Apps suchen

Die schnellste und komfortabelste Alternative zum Startmenü ist die Suche.

- Klicken Sie in das Suchfeld der Taskleiste und tippen Sie die ersten Zeichen der gesuchten App, z. B. „word" ein, wenn Sie Microsoft Word benötigen.
- Statt eines Mausklicks aktivieren Sie das Suchfeld auch mit der Tastenkombination Windows+S.
- Ist das Startmenü geöffnet, so befindet sich der Cursor automatisch im Suchfeld und Sie können den Suchbegriff auch ohne vorheriges Anklicken eintippen.

Im Tabletmodus öffnen Sie das Suchfeld, indem Sie in der Taskleiste auf das Symbol für Cortana (Kreis) tippen.

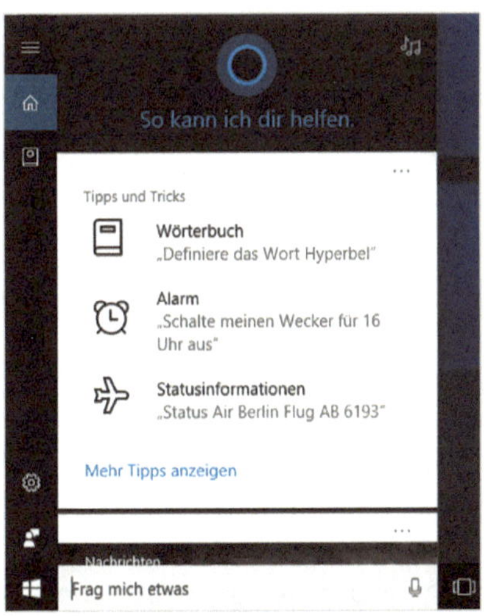

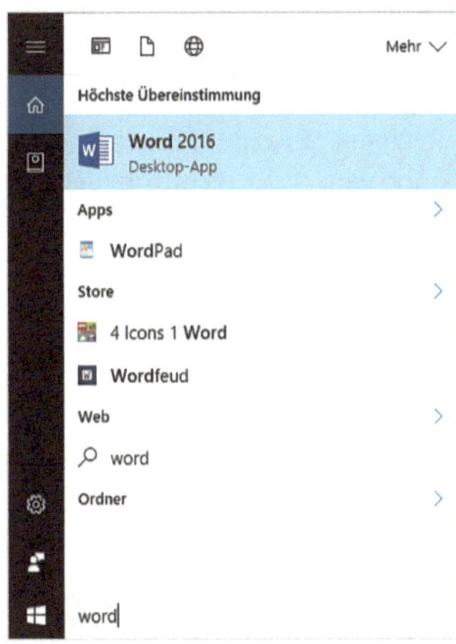

Tippen Sie einen Suchbegriff ein

Klicken Sie in den Suchergebnissen auf die gewünschte App

Mehr zur Suche und Cortana lesen Sie unter 7.

Bereits während der Eingabe erscheinen die ersten Ergebnisse. Dabei berücksichtigt die Suche nicht nur installierte Apps und Ordner, sondern liefert außerdem unter *Web*

Vorschläge zur Suche im Internet und listet eventuell auch im Windows-Store verfügbare Apps auf.

3.2 Kacheln im Startmenü verwalten

Apps anheften

1. Klicken Sie mit der rechten Maustaste auf die App oder Anwendung. Es spielt keine Rolle, ob sich das Symbol im Startmenü in der Liste *Meistverwendet*, in der Liste *Alle Apps,* in den Ergebnissen der Suche oder als Verknüpfung auf dem Desktop befindet.
2. Klicken Sie auf *An „Start" anheften*. Die Kachel erscheint im benutzerdefinierten Bereich des Startmenüs und kann hier beliebig platziert werden.

Suchergebnis an Start anheften

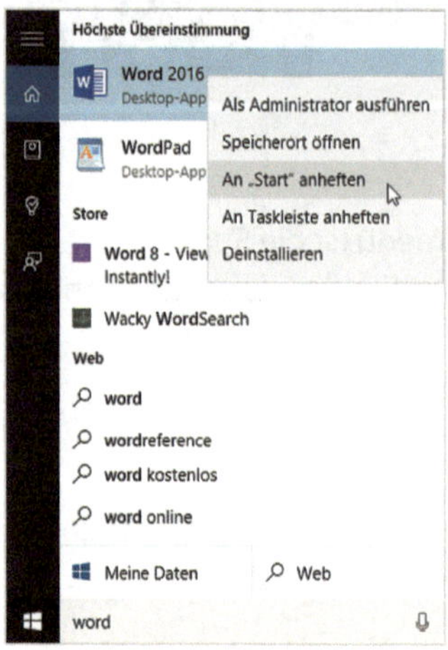

Aus der Liste Meistverwendet an Start anheften

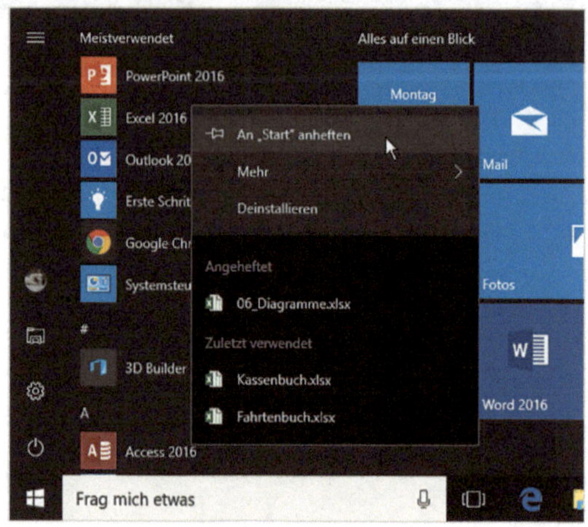

> **Tipp:** Aus den Listen *Alle Apps* und *Meistverwendet* können Sie eine App auch einfach mit Maus oder Finger in den Bereich der angehefteten Kacheln ziehen. Die App wird dabei nicht vom ursprünglichen Ort entfernt!

Angeheftete Apps aus dem Startmenü entfernen

Mit der rechten Maustaste entfernen Sie auch nicht benötigte Kacheln wieder. Klicken Sie dazu mit der rechten Maustaste auf die Kachel und dann auf *Von „Start" lösen*.

Beachten Sie: Die App wird nur aus dem benutzerdefinierten Teil des Startmenüs entfernt, ist aber nach wie vor in der Liste *Alle Apps* und über die Suche verfügbar. Bei einigen Windows-Apps dagegen, z. B. Nachrichten oder Finanzen ist über die rechte Maustaste auch der Befehl *Deinstallieren* verfügbar. Damit wird die betreffende App endgültig vom PC entfernt, kann aber in der Regel aus dem Windows-Store erneut kostenlos heruntergeladen werden.

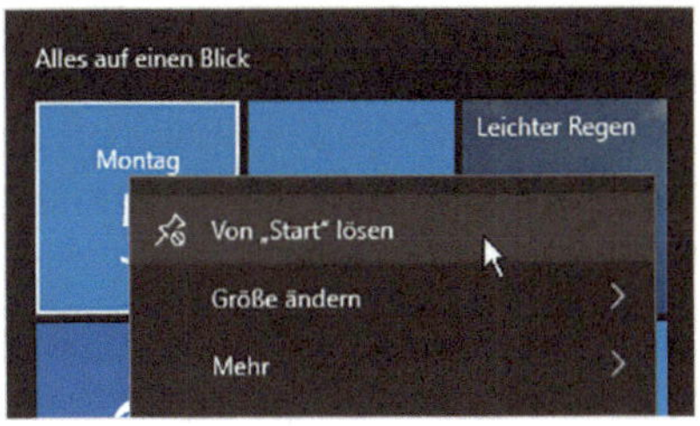

App von Start lösen

App deinstallieren

Kacheln anordnen

Die angehefteten Kacheln lassen sich durch Ziehen mit der Maus beliebig anordnen. Ziehen Sie einfach die Kachel mit gedrückter Maustaste an die gewünschte Position.

Befindet sich an dieser Stelle bereits eine Kachel, so macht diese automatisch Platz. Platzieren Sie dagegen eine Kachel mit etwas Abstand rechts oder unterhalb der vorhandenen Kacheln, so wird automatisch eine neue Kachelgruppe erstellt, Näheres hierzu weiter unten.

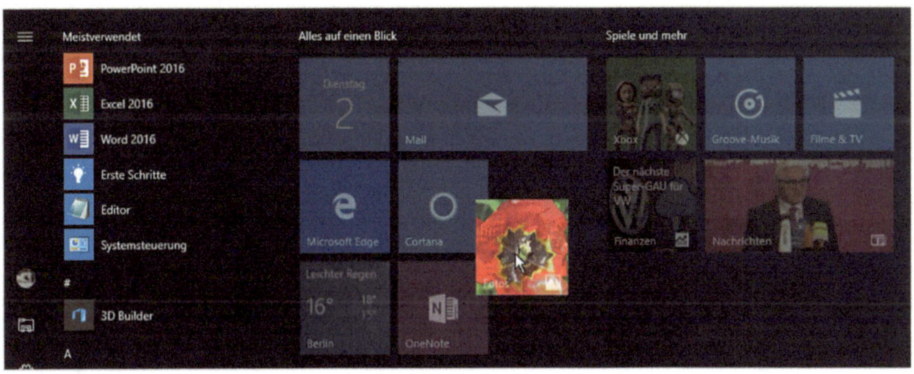

Kachel verschieben

Größe ändern

Wo und wie eine Kachel platziert werden kann, hängt auch von ihrer Größe ab. Zum Ändern der Größe klicken Sie mit der rechten Maustaste auf eine Kachel und zeigen auf *Größe ändern*. Beachten Sie, dass die verfügbaren Größen von der jeweiligen App abhängig sind. Für klassische Anwendungen, beispielsweise Microsoft Word oder WordPad, sind in der Regel nur die Größen *Klein* und *Mittel* verfügbar, Apps können dagegen meist in den Größen *Klein*, *Mittel*, *Breit* und *Groß* dargestellt werden.

Kachelgröße ändern

Live-Kacheln

Einige Kacheln im Startmenü zeigen Informationen in Echtzeit an, z. B. Wetter, Sport, Nachrichten usw.. Zum Deaktivieren oder Aktivieren der Live-Funktion klicken Sie ebenfalls mit der rechten Maustaste auf die Kachel, zeigen auf *Mehr* und klicken auf *Live-Kachel deaktivieren* bzw. *Live-Kachel aktivieren*.

Live-Kachel aktivieren

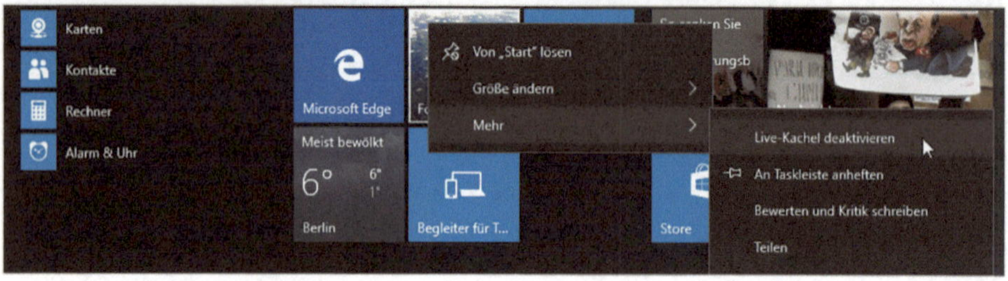

Kacheln in Gruppen anordnen

Um das Startmenü übersichtlich zu halten, empfiehlt es sich, die Kacheln in Gruppen anzuordnen. Standardmäßig finden Sie hier die beiden Gruppen *Alles auf einen Blick* und *Spiele und mehr* vor. Sie können beliebig Kacheln zwischen den Gruppen verschieben; eine neue Gruppe wird automatisch gebildet, wenn Sie eine Kachel mit etwas Abstand neben oder unterhalb einer bestehenden Gruppe platzieren. Auch eine neu hinzugefügte App bildet zunächst einmal eine eigene Gruppe.

Um die Beschriftung bzw. den Titel einer Gruppe zu ändern, klicken Sie einfach in die betreffende Zeile. Der Titel wird in einem Textfeld mit Cursor angezeigt und Sie können den Text ändern. Drücken Sie abschließend die Eingabe-Taste oder klicken Sie an eine beliebige freie Stelle des Startmenüs. Alternativ erscheint das Textfeld auch, wenn Sie auf den Titel zeigen und dann auf das kleine Symbol rechts klicken oder tippen.

Falls für eine Gruppe noch kein Titel existiert, so zeigen Sie einfach in den Titelbereich oberhalb der Gruppe: Es erscheint der Hinweistext *Gruppe benennen* und mit einem Klick an dieser Stelle erscheint ebenfalls das Eingabefeld.

Gruppentitel ändern

Gruppe benennen

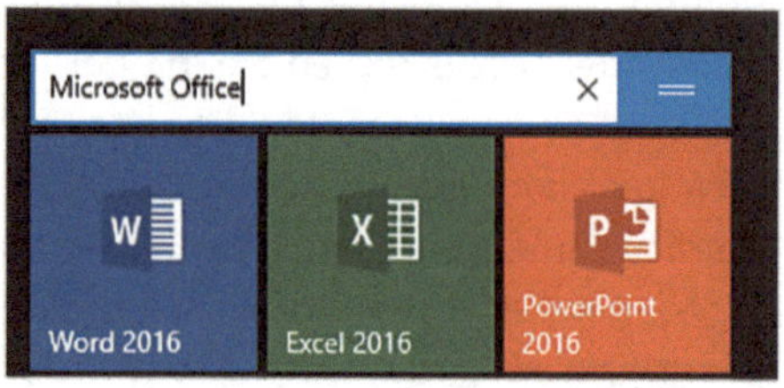

Gruppe verschieben

Sie können auch eine ganze Gruppe verschieben: Dazu zeigen Sie mit der Maus in den Titel der Gruppe und ziehen diesen Bereich anschließend mit gedrückter Maustaste an die gewünschte Stelle, z. B. unterhalb einer anderen Gruppe. Die Gruppe wird während des Ziehens auf die Größe eines Balkens verkleinert und erhält erst beim Loslassen der Maustaste wieder die ursprüngliche Größe.

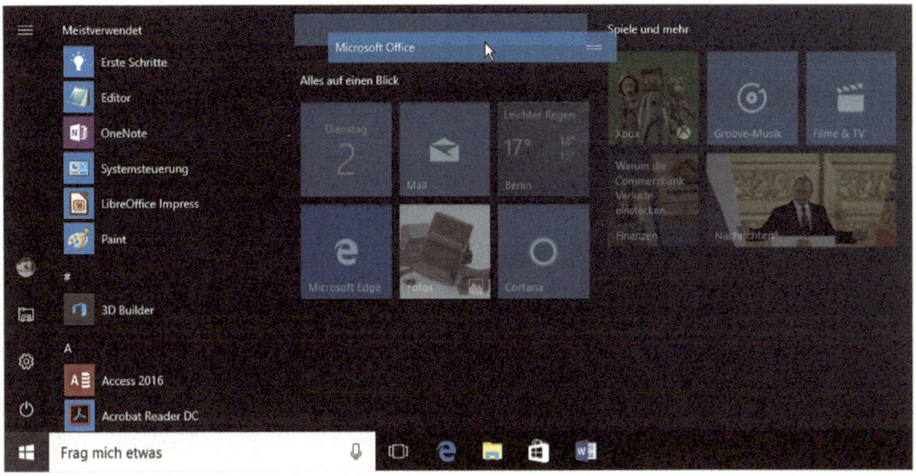

Während des Verschiebens wird die Gruppe auf die Größe eines Balkens reduziert

Größe des Startmenüs anpassen

Bei einer Vielzahl von angehefteten Apps können Sie auch die Größe des Startmenüs entsprechend anpassen. Zeigen Sie dazu an den rechten oder oberen Rand des geöffneten Startmenüs, bis als Mauszeiger ein Doppelpfeil erscheint. Ziehen Sie dann mit gedrückter Maustaste in die gewünschte Richtung. Beachten Sie dabei:

- Die Kachelgruppen werden nicht getrennt, daher wandert beim Verbreitern des Startmenüs jeweils eine komplette Gruppe nach rechts bzw. beim Verkleinern wieder nach unten.
- Die Höhe des Startmenüs können Sie dagegen beliebig ändern.

Tipp: Sie möchten ein einspaltiges Startmenü wie in Windows 7?
Falls Sie ein einspaltiges Startmenü wie in Windows 7 möchten, dann entfernen Sie alle angehefteten Kacheln und verringern dann die Breite entsprechend.

3.3 Weitere Einstellungen zum Startmenü

Weitere Möglichkeiten, das Aussehen des Startmenüs zu beeinflussen, finden Sie in den Einstellungen. Klicken Sie dazu im Startmenü auf *Einstellungen* und anschließend auf *Personalisierung*. Klicken Sie dann links auf *Start*.

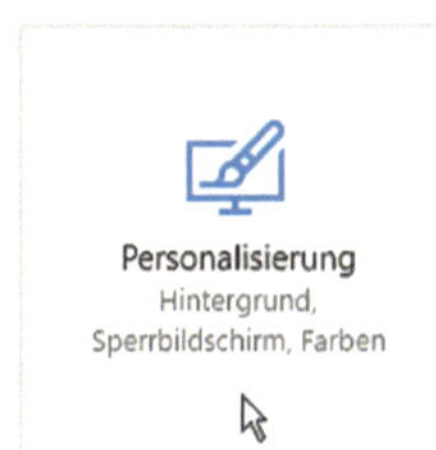

- Mehr *Kacheln anzeigen* bedeutet, das Startmenü wird so verbreitert, dass je Gruppe maximal vier Kacheln mittlerer Größe nebeneinander Platz finden. Standardmäßig sind dies drei Kacheln.
- Ist der Schalter *Gelegentlich Vorschläge im Menü Start anzeigen* aktiviert, so blendet Windows im Startmenü Tipps und Empfehlungen für Apps ein. Da es sich hier um Werbung handelt, können Sie diesen Schalter beruhigt deaktivieren.

- Mit dem Schalter *Meistverwendete Apps anzeigen* blenden Sie im Startmenü die Gruppe *Meistverwendet* aus- und ein.
- Neu installierte Apps werden standardmäßig im Startmenü in einer gesonderten Gruppe *Zuletzt hinzugefügt* angezeigt, deren Anzeige können Sie hier ebenfalls aktivieren bzw. deaktivieren.

Einstellungen - Startmenü

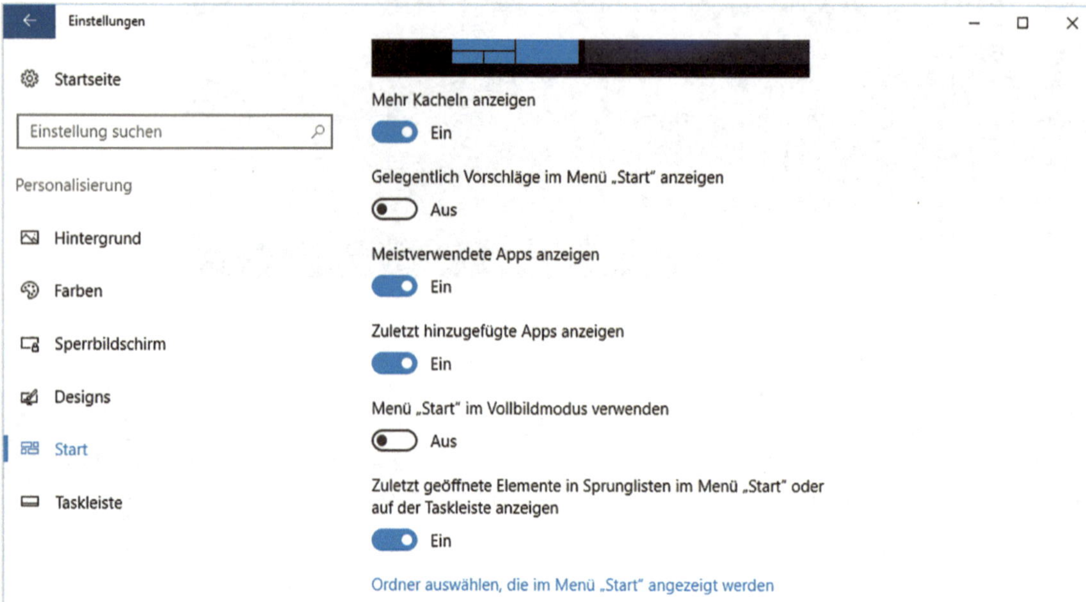

Siehe Punkt „6 Besonderheiten im Tabletmodus" auf Seite 47.

- **Startmenü im Vollbildmodus öffnen**
  Wenn das Startmenü nicht nur im Tabletmodus, sondern auch im Desktopmodus den gesamten Bildschirm ausfüllen soll, dann aktivieren Sie den Schalter *Menü „Start" im Vollbildmodus verwenden* (Bild oben).

  Wie im Tabletmodus nimmt dann das Startmenü den gesamten Bildschirm ein und zeigt zunächst nur die angehefteten Kacheln an. Die Liste aller Apps erscheint erst, wenn Sie in der linken oberen Ecke auf das Symbol *Alle Apps* klicken.

Tipp: Ordner im Startmenü anzeigen
Über den Link *Ordner auswählen, die im Menü „Start" angezeigt werden*, können Sie bei Bedarf neben *Einstellungen* und *Datei-Explorer* wichtige persönliche Ordner, z. B. *Dokumente* oder *Bilder* im Startmenü anzeigen lassen. Dies dürfte vor allem für Nutzer interessant sein, die das Startmenü von Windows 7 vermissen oder schnell beispielsweise den Ordner *Dokumente* öffnen möchten.

Sprunglisten in Startmenü und Taskleiste

Mit der standardmäßig aktivierten Einstellung *Zuletzt geöffnete Elemente in Sprunglisten im Menü „Start" oder auf der Taskleiste anzeigen* (siehe Bild oben) erhalten Sie die, aus Windows 7 bekannten Sprunglisten, über die Sie zuletzt geöffnete Dateien der jeweiligen Anwendung schnell wieder öffnen können. Eine Sprungliste erscheint, wenn Sie im Startmenü oder in der Taskleiste mit der rechten Maustaste auf die betreffende App klicken.

Wenn Sie in einer Sprungliste ein häufig verwendetes Element fest anheften möchten, dann klicken Sie mit der rechten Maustaste auf das betreffende Element und auf *An diese Liste anheften*. Alternativ klicken Sie einfach auf das Pin-Symbol. Im Kontextmenü erhalten Sie auch Befehle, mit denen Sie ein häufig verwendetes Element aus der Liste entfernen oder ein fest angeheftetes von der Liste lösen können.

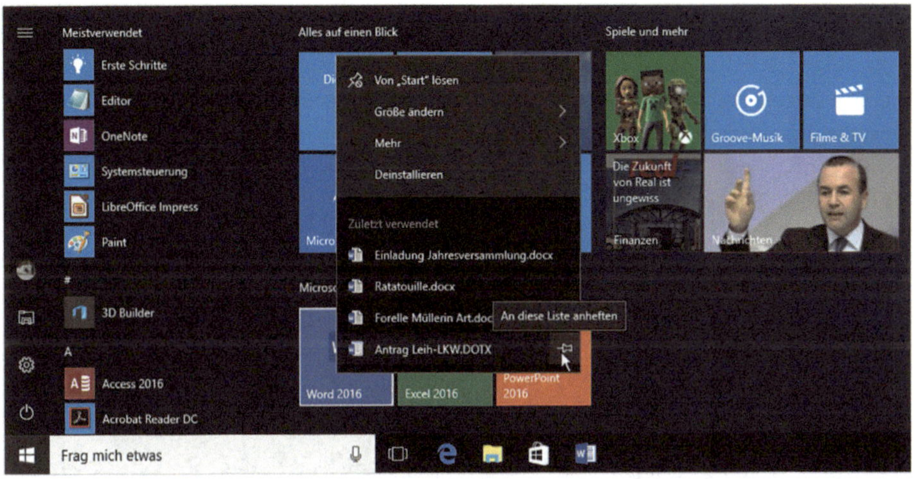

Beispiel: Die Sprungliste Microsoft Word

Tipp: Das Symbol des Datei-Explorers ist standardmäßig Bestandteil des Startmenüs und der Taskleiste. Auch hier erhalten Sie mit einem Rechtsklick Sprunglisten.

3.4 Apps über Symbole auf dem Desktop starten

Wie in früheren Windows-Versionen können häufig benötigte Apps auch über Verknüpfungen auf dem Desktop gestartet werden. Dazu ziehen Sie die Kachel einfach aus dem Startmenü heraus auf den Desktop. Allerdings funktioniert dies nicht im Tabletmodus, bzw. nicht bei einem Startmenü im Vollbildmodus.

Ziehen Sie die App auf den Desktop

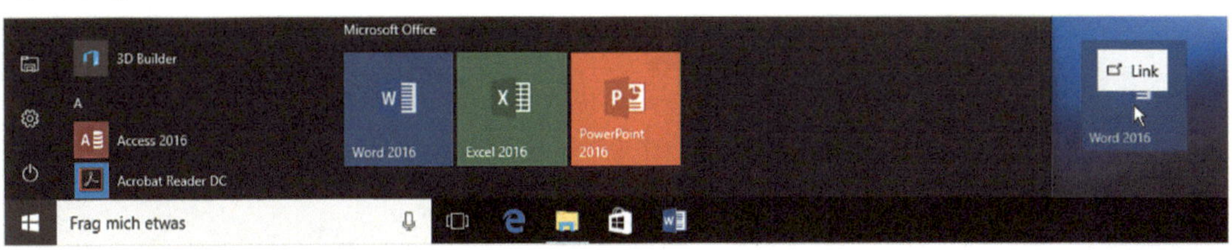

Beachten Sie außerdem: Wenn Sie eine Kachel aus dem Startmenü heraus auf den Desktop ziehen, wird diese automatisch verkleinert. Live-Vorschau und unterschiedliche Kachelgrößen sind für Desktopsymbole nicht verfügbar.

Desktopsymbole anordnen/ausblenden

Wie in früheren Versionen lassen sich die Symbole auf dem Desktop durch Ziehen anordnen. Oder klicken Sie mit der rechten Maustaste auf eine freie Stelle des Desktops und zeigen auf *Ansicht*. Hier können Sie die Anzeige der Desktopsymbole festlegen (Häkchen) und ebenfalls Größe und Anordnung der Symbole steuern.

3.5 Taskleiste anpassen

Die Taskleiste von Windows 10 enthält standardmäßig Symbole für die Apps Microsoft Edge (der neue Browser), Datei-Explorer und Windows Store. Um weitere Apps in der Taskleiste anzuheften, klicken Sie im Startmenü mit der rechten Maustaste auf die App, zeigen auf *Mehr* und klicken auf *An Taskleiste anheften.* Dieser Befehl ist auch für die Ergebnisse der Suche über die rechte Maustaste verfügbar.

Apps an Taskleiste anheften

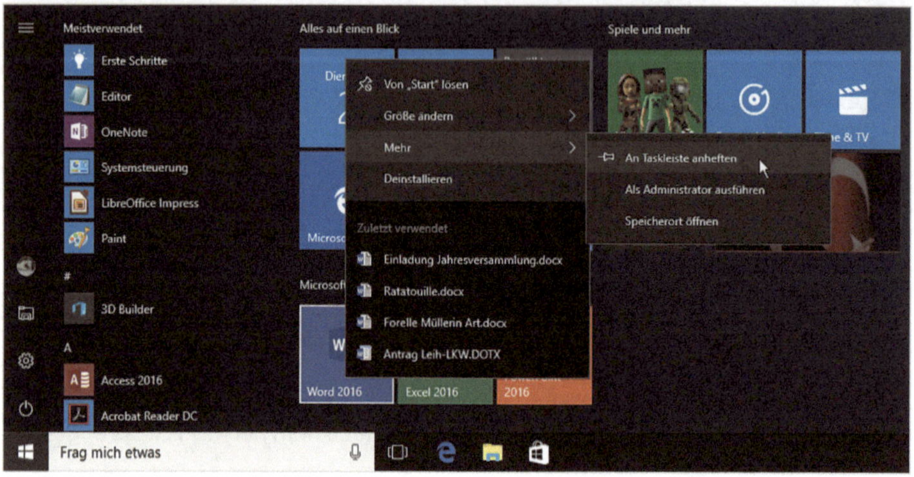

Geöffnete Apps werden in der Taskleiste im Gegensatz zu den fest angehefteten und nicht geöffneten Apps unterstrichen hervorgehoben.

Geöffnete und angeheftete Apps in der Taskleiste

Appsymbol aus der Taskleiste entfernen

Um eine App wieder aus der Taskleiste zu entfernen, klicken Sie in der Taskleiste mit der rechten Maustaste auf das Symbol und wählen im Kontextmenü *Von Taskleiste lösen*. Alternativ klicken Sie im Startmenü mit der rechten Maustaste auf die App, zeigen auf *Mehr* und klicken auf *Von Taskleiste lösen*.

Sollten keine Sprunglisten erscheinen, so kontrollieren Sie die entsprechenden Einstellungen, siehe Seite 32.

Sprunglisten

Ist die Anzeige von Sprunglisten aktiviert, dann können Sie diese auch in der Taskleiste in Verbindung mit einer angehefteten App nutzen. Genau wie im Startmenü zeigen

Sie die Sprungliste durch Anklicken mit der rechten Maustaste an. Einzelne Elemente können Sie über das Pin-Symbol anheften bzw. daraus entfernen, siehe Seite 32.

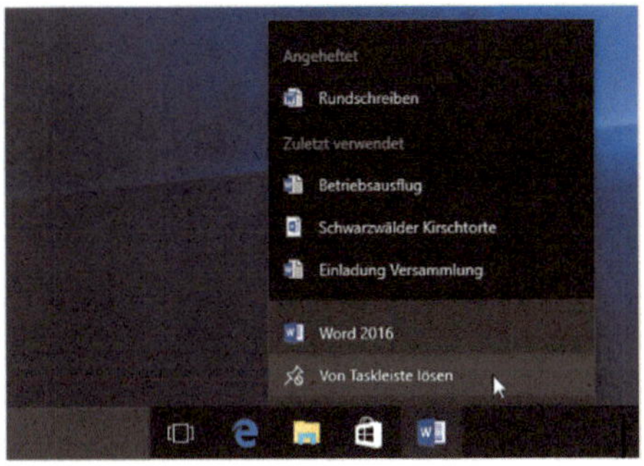

App von Taskleiste lösen

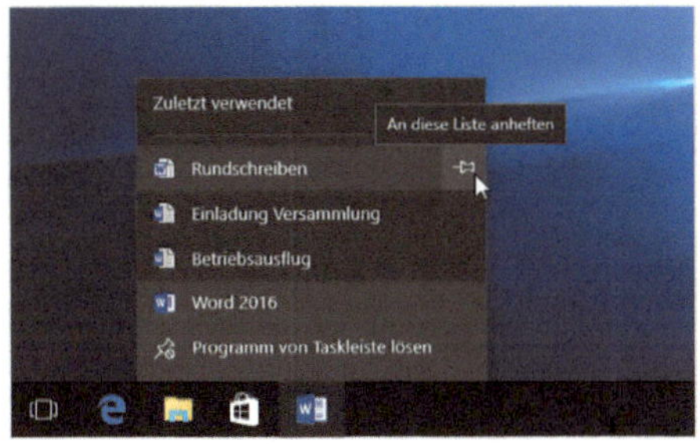

Eintrag an Sprungliste anheften

3.6 Aussehen und Verhalten der Taskleiste in den Einstellungen steuern

Die Eigenschaften der Taskleiste finden sich jetzt in den Einstellungen. Klicken Sie auf der Startseite der Einstellungen auf *Personalisierung* und wählen Sie links *Taskleiste*.

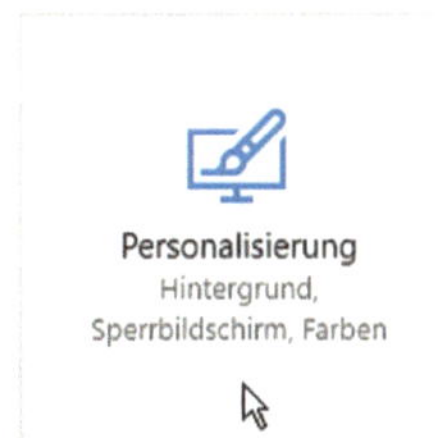

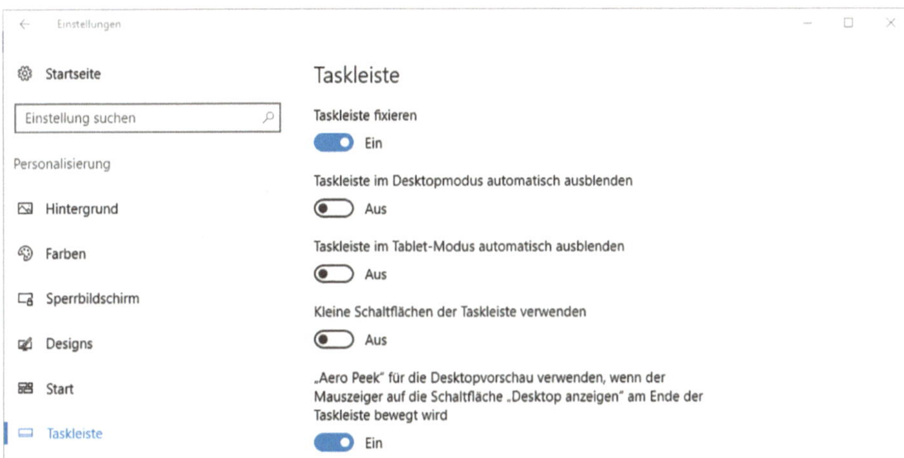

Aussehen und Verhalten der Taskleiste in den Einstellungen festlegen

- Steht der Schalter *Taskleiste fixieren* auf *Ein*, so verhindert dies unbeabsichtigtes Verschieben der Taskleiste, dies ist auch die Standardeinstellung.
- Normalerweise ist die Taskleiste immer sichtbar. Mit den Schaltern *Taskleiste im Desktop-Modus* bzw. *im Tablet-Modus automatisch ausblenden* kann die Taskleiste im jeweiligen Modus ausgeblendet werden und erscheint dann nur, wenn Sie mit der Maus an den unteren Bildschirmrand zeigen.
- *Kleine Schaltflächen der Taskleiste verwenden* verkleinert die Symbole und die Taskleiste benötigt weniger Platz.
- *„Aero Peek" für die Desktopvorschau verwenden* bedeutet, alle geöffneten Fenster werden transparent, wenn Sie mit der Maus ganz an den rechten Rand der

Taskleiste zeigen. Ein Mausklick auf diese Stelle minimiert alle geöffneten Fenster und zeigt den Desktop an.

Für weitere Einstellungen scrollen Sie etwas nach unten:

Scrollen Sie weiter nach unten

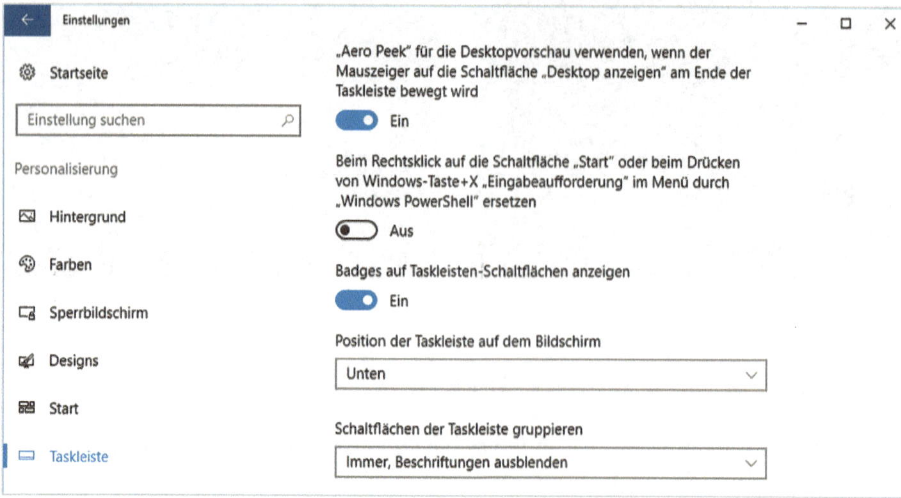

- Normalerweise befindet sich die Taskleiste am unteren Bildschirmrand, kann jedoch unter *Position* auch oben bzw. rechts oder links angeordnet werden.

- Sogenannte *Badges* (Sprechblasen) zeigen in der Taskeiste für angeheftete Apps an, wieviele neue Nachrichten dieser App, z. B. *Mail*, vorliegen. Der dazugehörige Schalter ist normalerweise *Ein*.
- Im Feld *Schaltflächen der Taskleiste gruppieren* ist standardmäßig *Immer, Beschriftungen ausblenden* ausgewählt. Dies bedeutet, ähnliche Elemente, z. B. mehrere geöffnete Word-Dokumente werden zu einer Gruppe zusammengefasst. In diesem Fall verwendet Windows gestapelte Symbole.

Die Anzeige der Symbole im Infobereich steuern

Um die Anzeige der Symbole im Infobereich zu steuern, klicken Sie in den Einstellungen auf *Personalisierung* und hier auf *Taskleiste*. Scrollen Sie nach unten bis zum Abschnitt *Infobereich*. Wenn Sie einzelne Symbole hinzufügen oder entfernen möchten, dann klicken Sie auf *Symbole für die Anzeige auf der Taskleiste auswählen*.

Steht hier der Schalter *Immer alle Symbole im Benachrichtigungsbereich anzeigen* auf *Ein*, so bedeutet dies, alle Symbole sind auf den ersten Blick sichtbar. Setzen Sie diesen Schalter auf *Aus*, dann können Sie unterhalb jedes einzelne Symbol ein- oder ausblenden. In dieser Liste finden Sie auch die installierte und im Hintergrund aktive Sicherheitssoftware (Virenscanner). Ausgeblendete Symbole erscheinen in der Taskleiste erst, wenn Sie auf den Pfeil klicken. Die Anzeige bestimmter Symbole lässt sich über den Link *Systemsymbole aktivieren oder deaktivieren* auch vollständig ausschalten, z. B. Netzwerkanzeige oder Info-Center, dies ist allerdings nicht zu empfehlen.

Symbole für die Anzeige im Infobereich auswählen

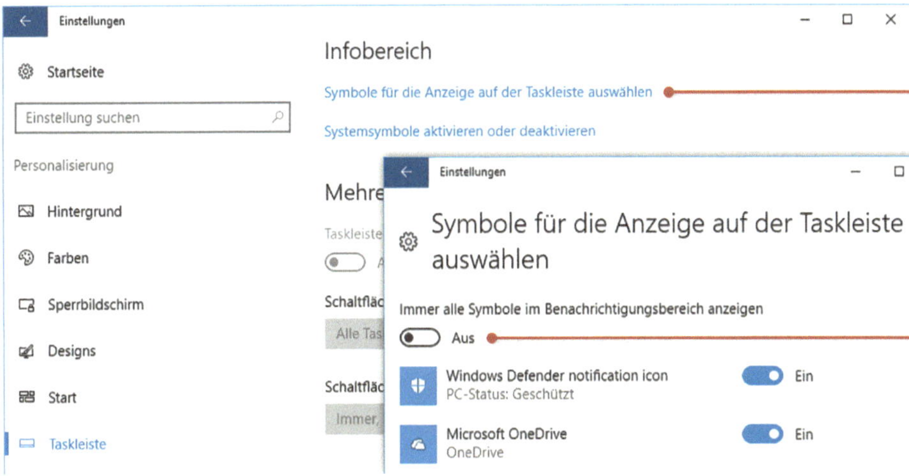

Klicken Sie hier

Immer alle Symbole anzeigen

Weitere Eigenschaften der Taskleiste
Weitere Eigenschaften der Taskleiste erhalten Sie über das Kontextmenü:

Das Kontextmenü zur Taskleiste

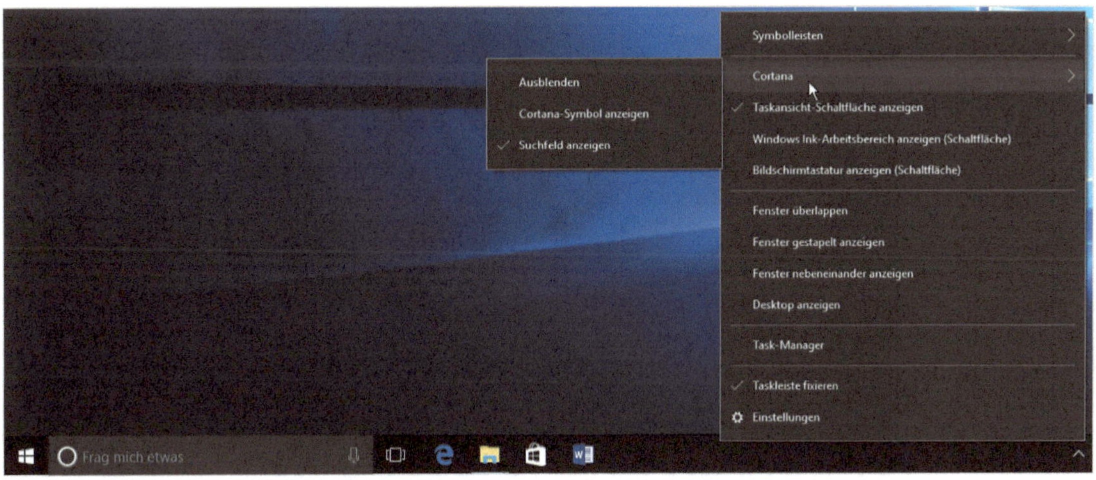

- Das Symbol *Taskansicht* ist normalerweise Bestandteil der Taskleiste, kann aber über das Kontextmenü und den Befehl *Taskansicht-Schaltfläche anzeigen* deaktiviert werden (Häkchen).
- Zeigen Sie auf *Cortana*, so können Sie hier Sie die Anzeige des Suchfeldes in der Taskleiste steuern. Wählen Sie zwischen *Suchfeld anzeigen* (Standardeinstellung), *Cortana-Symbol anzeigen* oder *Ausblenden*.
- Mit *Bildschirmtastatur anzeigen* können Sie dem Infobereich der Taskleiste eine Schaltfläche zum Einblenden der Bildschirmtastatur hinzufügen bzw. die Schaltfläche ausblenden. Bei Eingabe über einen Touchscreen ist die Schaltfläche *Bildschirmtastatur* automatisch vorhanden.

4 Benachrichtigungen im Info-Center

4.1 Info-Center anzeigen

Das Info-Center sammelt alle Benachrichtigungen, z. B. über kürzlich erfolgte Updates, Sicherheitswarnungen, Tipps und Systembenachrichtigungen sowie eingegangene E-Mails. Zudem haben Sie hier die Möglichkeit, schnell häufig benötigte Einstellungen zu kontrollieren und zu ändern.

- Sie öffnen das Info Center, indem Sie entweder im Infobereich der Taskleiste auf das Symbol *Info-Center* klicken oder bei Touchbedienung vom rechten Bildschirmrand nach innen wischen.

Sind neue Benachrichtigungen vorhanden, erkennen Sie dies bereits am Symbol. Es ändert seine Farbe, zeigt die Anzahl neuer Benachrichtigungen an und wenn Sie auf das Symbol zeigen, erscheint eine entsprechende Information.

Meldungen im Info-Center

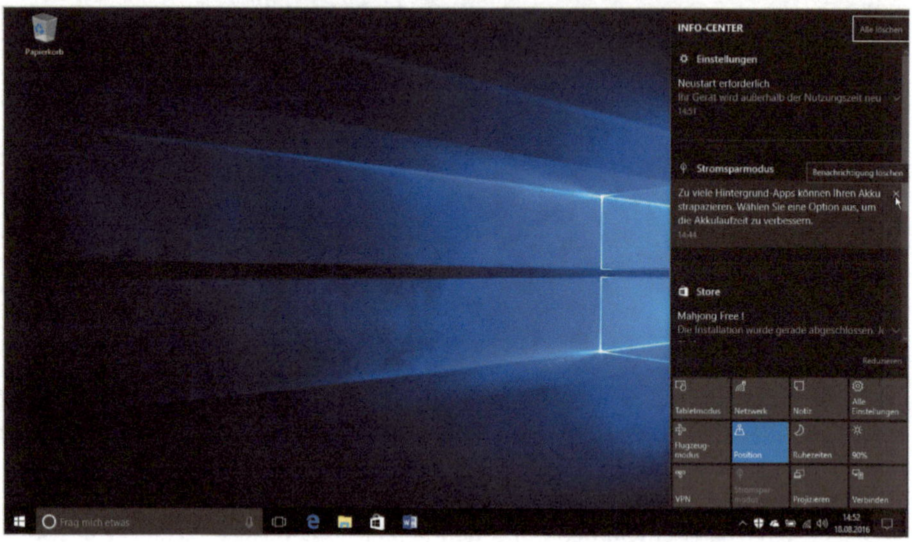

Hier finden Sie auch Erinnerungen von Cortana und eingegangene Mails, falls Sie die Mail-App verwenden.

Das Info-Center öffnet sich in Form einer Leiste am rechten Bildschirmrand. Im oberen Bereich erscheinen alle Meldungen und Benachrichtigungen nach Prioritäten geordnet, die wichtigsten, z. B. kritische Systemmeldungen oder Warnungen ganz oben.

Die Benachrichtigungen sind nach Apps zusammengefasst und zunächst in verkürzter Form sichtbar. Zum Anzeigen des gesamten Inhalts genügt ein Klick direkt auf die Benachrichtigung. Damit springen Sie direkt zu der dazugehörigen App, z. B. Mail oder Einstellungen. Um eine Benachrichtigung zu löschen, klicken Sie auf das x-Symbol. Dieses erscheint, wenn Sie auf eine Nachricht zeigen. Mit dem Befehl *Alle löschen* können Sie bei Bedarf auch alle angezeigten Benachrichtigungen löschen.

4.2 Schnelle Einstellungen

Im unteren Teil des Info-Centers finden Sie Schaltflächen mit Symbolen vor, über die Sie schnell häufig benötigte Einstellungen vornehmen können, z. B. *Flugzeugmodus*, *Netzwerk*, *Bildschirmhelligkeit* und *Tabletmodus*.

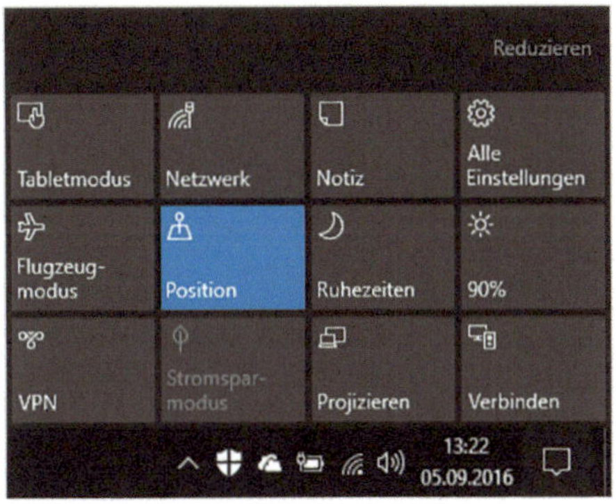

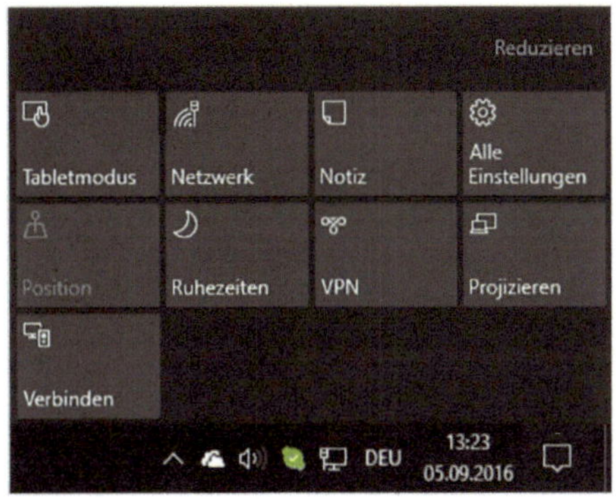

Schnelle Aktionen über die Schaltflächen des Info-Centers

Der Umfang der angezeigten Schaltflächen ist abhängig vom Gerät. Bei einem mobilen Gerät, z. B. Notebook finden Sie hier mehr Schaltflächen als auf einem normalen PC.

Sollten hier nur vier Schaltflächen angezeigt werden, so klicken Sie auf *Erweitern*, mit *Reduzieren* hingegen blenden Sie die übrigen wieder aus. Die meisten Schaltflächen besitzen Ein-/Ausschaltfunktion, z. B. *Position*.

- Ein Klick auf *Alle Einstellungen* öffnet die Einstellungen von Windows 10.
- Die Schaltfläche *Tabletmodus* wechselt in eine, für Touchbedienung und kleinere Bildschirme optimierte Darstellung. Nochmaliges Anklicken dieser Schaltfläche zeigt Windows 10 wieder im Desktopmodus an.
- Die Schaltfläche *Flugzeugmodus* schaltet bei mobilen Geräten den sogenannten Flugzeugmodus ein und wieder aus. Im Flugzeugmodus werden sämtliche Funkverbindungen, also auch Ihr WLAN und die Verbindung zum Internet, deaktiviert.
- Mit Klick auf *Netzwerk* sehen Sie, mit welchem WLAN Ihr Gerät verbunden ist und erhalten Zugriff auf die Netzwerkeinstellungen.
- Mit *Position* schalten Sie die automatische Positionserkennung aus bzw. ein, die z. B. von Cortana und der App *Karten* genutzt wird.

Näheres zum Tabletmodus lesen Sie unter Punkt 6.

4.3 Das Info-Center anpassen

Auch das Info-Center lässt sich in den Einstellungen anpassen. Klicken Sie dazu auf der Startseite der Einstellungen auf *System* und links auf *Benachrichtigungen und Aktionen* oder tippen Sie in das Suchfeld das Stichwort „Benachrichtigungen" ein.

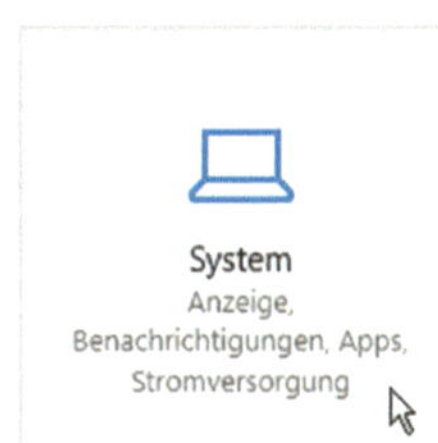

- Unter *Schnelle Aktionen* können Sie die, im Info-Center verfügbaren Schaltflächen, durch Ziehen mit gedrückter Maustaste beliebig anordnen.
- Um nicht benötigte Schaltflächen ganz auszublenden, klicken Sie auf *Schnelle Aktionen hinzufügen/entfernen* und aktivieren oder deaktivieren diese einzeln über Schalter.

Schnelle Aktionen des Info-Centers in den Einstellungen anpassen

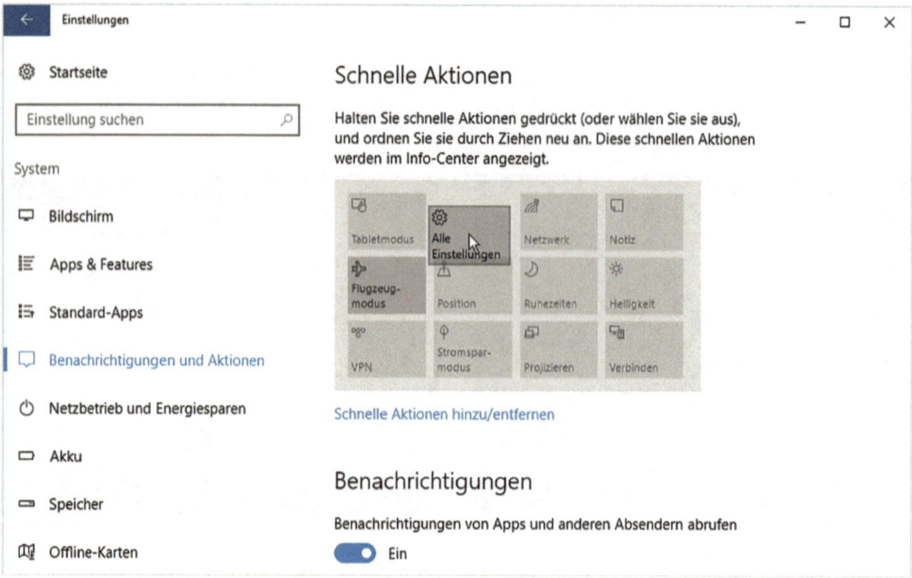

Achtung: Die hier verfügbaren schnellen Aktionen sind abhängig vom Gerät!

- Unter *Benachrichtigungen* finden Sie verschiedene Schalter zur Anzeige von Benachrichtigungen, Erinnerungen, Weckzeiten und eingehenden Skype-Anrufen (VoIP) auf dem Sperrbildschirm.
- Der Schalter *Bei der Benutzung von Windows Tipps, Tricks und Vorschläge erhalten* kann problemlos deaktiviert werden, da diese in der Regel Werbung enthalten.
- Ist der Schalter *Benachrichtigungen von Apps und anderen Absendern abrufen* aktiviert, dann können Sie am Ende der Liste für jede einzelne App Benachrichtigungen ein- oder ausschalten.

Tipp: Sound und Benachrichtigung deaktivieren

Möglicherweise empfinden Sie den Sound beim Eintreffen neuer Benachrichtigungen als störend. Zum Deaktivieren scrollen Sie weiter nach unten und klicken in der Liste *Benachrichtigungen dieser Absender abrufen* auf die betreffende App, z. B. Cortana.

Anschließend sehen Sie die Benachrichtigungsdetails dieser App. Setzen Sie hier den Schalter *Bei Eingang einer Benachrichtigung Sound wiedergeben* auf *Aus*. Bei Bedarf lässt sich auch das Benachrichtigungsbanner in der rechten unteren Ecke ausschalten. Ferner können Sie unter *Priorität von Benachrichtigungen im Info-Center* die Anordung ändern: Benachrichtigungen der höchsten Prioritätsstufe erscheinen im Info-Center ganz oben.

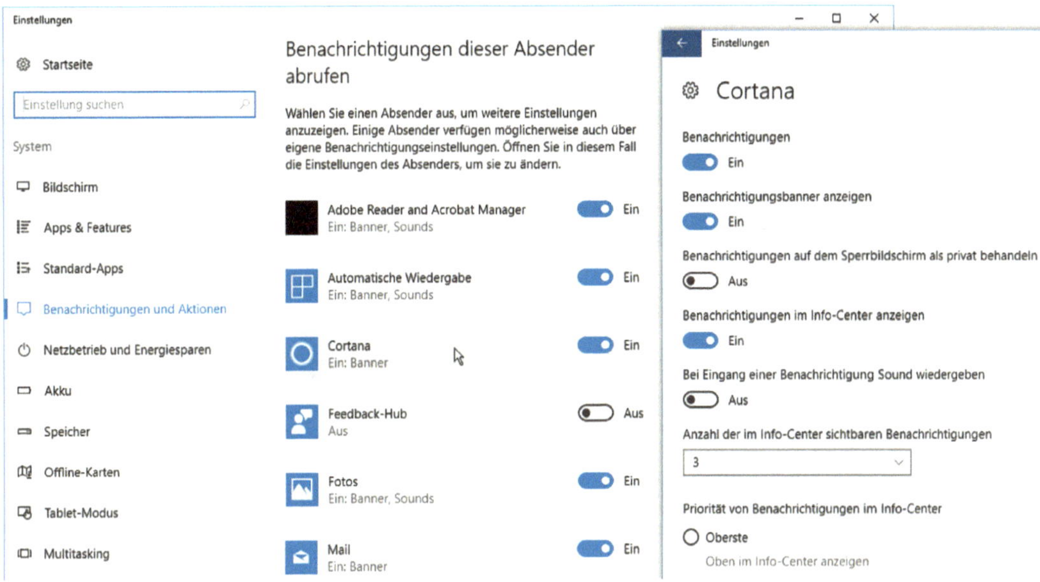

Benachrichtungen aktivieren/deaktivieren. Beispiel Sound

5 Neue Fenstertechniken

5.1 Die Taskansicht nutzen

Neu in Windows 10 ist die Taskansicht, die Sie als Alternative zur Taskleiste und der Tastenkombination Alt+Tab zum Wechseln zwischen mehreren geöffneten Apps bzw. Fenstern benutzen können.

- Dazu klicken Sie in der Taskleiste auf das Symbol *Taskansicht* oder verwenden die Tastenkombination Windows+Tab.
- Auf Geräten mit Touchbedienung erhalten Sie die Taskansicht auch, wenn Sie vom linken Bildschirmrand nach innen wischen.

Falls das Symbol *Taskansicht* nicht in der Taskleiste angezeigt wird, so klicken Sie mit der rechten Maustaste an eine freie Stelle der Taskleiste und auf den Befehl *Taskansicht-Schaltfläche anzeigen.*

In der Taskansicht werden vor dem inaktiven (abgedunkelten) Desktophintergrund sämtliche geöffneten Fenster verkleinert angeordnet und durch Antippen oder mit einem Klick holen Sie das gewünschte Fenster in den Vordergrund. Auf der Tastatur benutzen Sie die Pfeiltasten nach rechts/nach links, um ein Fenster auszuwählen und anschließend die Eingabe-Taste, um zum markierten Fenster zu wechseln.

Geöffnete Apps in der Taskansicht, klicken Sie auf die gewünschte App.

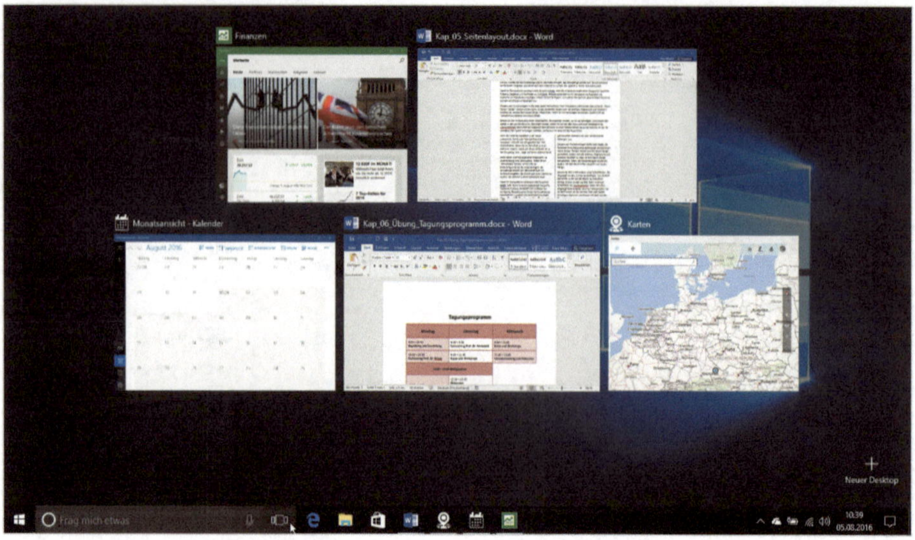

Die Möglichkeit, mit der Tastenkombination Alt+Tab eine Übersicht geöffneter Fenster einzublenden und anschließend mit der Tab-Taste durch die Fenster zu blättern bzw. ein Fenster auszuwählen, existiert in Windows 10 nach wie vor.

Fenster in der Taskansicht schließen

Falls Sie in der Taskansicht ein einzelnes Fenster schließen möchten, so klicken Sie auf das Symbol *Schließen* dieses Fensters. Das Symbol erscheint allerdings erst, wenn Sie auf die Vorschau zeigen.

5.2 Fenster auf verschiedenen Desktops anordnen

Neu ist auch die Möglichkeit, mehrere virtuelle Desktops zu nutzen. Auf diesen können Sie Apps öffnen und zwischen den Desktops verschieben. Damit behalten Sie auch bei einer Vielzahl geöffneter Fenster den Überblick und können zudem die Apps nach Einsatzzweck, z. B. Büroanwendungen und Kommunikation, anordnen. Eine Übersicht über die verwendeten Desktops liefert ebenfalls die Taskansicht.

Desktop hinzufügen

Klicken Sie in der Taskleiste auf das Symbol *Taskansicht*. Unmittelbar oberhalb der Taskleiste erscheint eine Leiste mit allen derzeit geöffneten Desktops. Klicken Sie ganz rechts auf *+ Neuer Desktop*.

Neuer Desktop

Der Desktop erscheint sofort unter dem Namen *Desktop 2* in der Leiste. Wenn Sie auf einen Desktop zeigen, erhalten Sie eine Vorschau und durch Anklicken wechseln Sie zwischen den Desktops. Sie können nun auf jedem der Desktops Apps öffnen und schließen. Die Anzahl der Desktops ist nur durch die Bildschirmauflösung begrenzt, Sie können also beliebig weitere hinzufügen.

App zwischen Desktops verschieben

Apps bzw. Fenster können Sie über das Kontextmenü der rechten Maustaste oder durch Ziehen mit gedrückter linker Maustaste zwischen den Desktops verschieben.

1 Wechseln Sie zum Desktop mit der App, die Sie verschieben möchten und klicken Sie auf das Symbol *Taskansicht*.

2 Ziehen Sie die betreffende App mit gedrückter linker Maustaste auf den zweiten Desktop. Lassen Sie die Maustaste erst los, wenn auf diesem die Vorschau der App verkleinert wird.

Tipp: Sie können ein Fenster auch direkt auf das Symbol *Neuer Desktop* ziehen, dann legt Windows einen neuen Desktop für dieses Fenster an.

App mit der Maus zwischen den Desktops verschieben

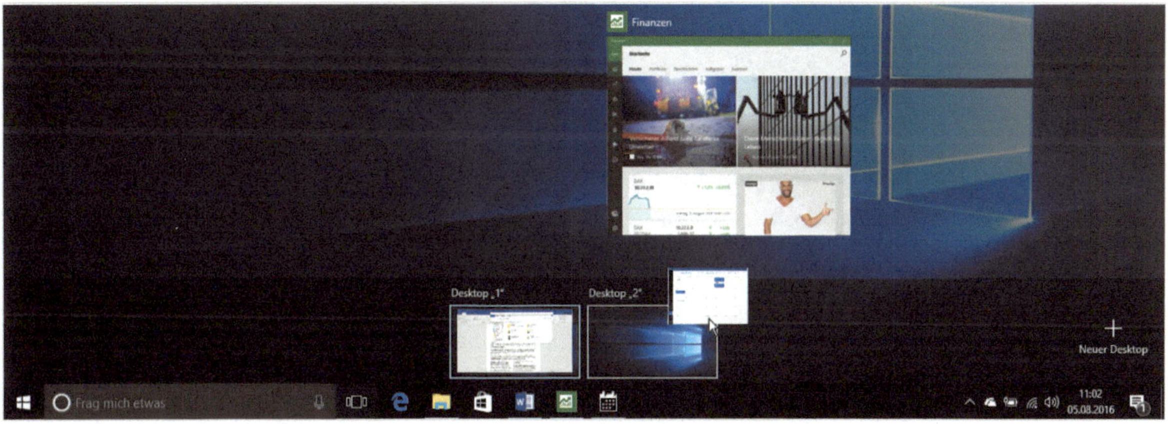

Als zweite Möglichkeit klicken Sie in der Taskansicht mit der rechten Maustaste auf die zu verschiebende App. Zeigen Sie im Kontextmenü auf *Verschieben nach* und klicken Sie dann entweder auf den gewünschten Desktop oder auf *Neuer Desktop*, falls dieser noch nicht existiert.

Kontextmenü zum Verschieben von Apps

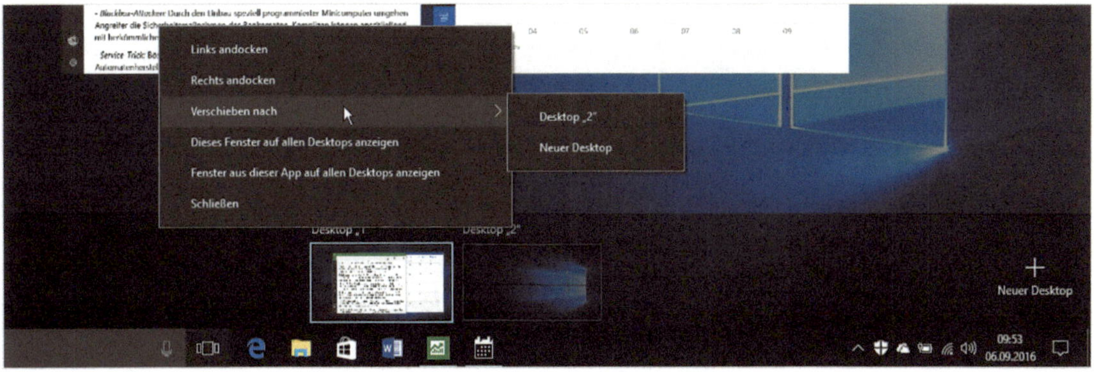

Tipp: Eine App auf allen Desktops anzeigen
Wenn Sie mit mehreren Desktops arbeiten und bestimmte häufig benötigte Apps, z. B. Mail ständig im Blick haben bzw. dazu nicht zwischen den Desktops wechseln möchten, dann können Sie diese auf allen Desktops anzeigen.

Klicken Sie dazu in der Taskansicht mit der rechten Maustaste auf die App und auf *Dieses Fenster auf allen Desktops anzeigen* (siehe Bild oben). Die App erscheint außerdem automatisch auf allen neu hinzugefügten Desktops.

Desktop schließen
Klicken Sie auf das Symbol *Taskansicht* und zeigen Sie in der Desktop-Leiste auf den Desktop, den Sie schließen möchten. In der rechten oberen Ecke erscheint das Symbol *Schließen* und mit einem Klick auf das Symbol verschwindet der Desktop wieder. Auf diesem Desktop geöffnete Apps werden nicht geschlossen, sondern auf einen anderen geöffneten Desktop verschoben.

Desktop in der Taskansicht schließen

Tastenkombinationen
Im Umgang mit mehreren Desktops können die folgenden Tastenkombinationen verwendet werden:

Tasten	Bedeutung
⊞ + Strg + D	Neuen Desktop erstellen
⊞ + Strg + Pfeil nach links/rechts	Zum vorherigen/nächsten Desktop wechseln
⊞ + Strg + F4	Aktuellen Desktop schließen
⊞ + Tab	Aktive (ausgewählte Anwendung) öffnen

5.3 Fenster andocken (Snap Assist)

Geöffnete Fenster lassen sich durch Ziehen mit der Maus auf sehr einfache Weise am Bildschirmrand andocken, diese Möglichkeit dürfte Windows 7 Nutzern unter der Bezeichnung Aero Snap bekannt sein. Mit Windows 10 können Sie nun diese Funktion in erweiterter Form und unter dem Namen Snap Assist nutzen.

1 Zeigen Sie in die Titelleiste des ersten Fensters und ziehen Sie das Fenster ganz an den linken Bildschirmrand.

2 Lassen Sie die Maustaste erst los, wenn auf dem Desktop Umrisse erscheinen und anzeigen, wo das Fenster angeheftet wird.

Das erste Fenster füllt jetzt die linke Bildschirmhälfte aus. Rechts davon erscheinen die übrigen geöffneten Fenster in einer Miniaturvorschau, ähnlich der Taskansicht.

Die bereits aus Windows 7 bekannte Methode, ein Fenster durch Ziehen an den oberen oder unteren Rand des Bildschirms an dessen Höhe anzupassen, funktioniert ebenfalls mit Windows 10.

3 Klicken Sie auf das Fenster, das die zweite Bildschirmhälfte ausfüllen soll.

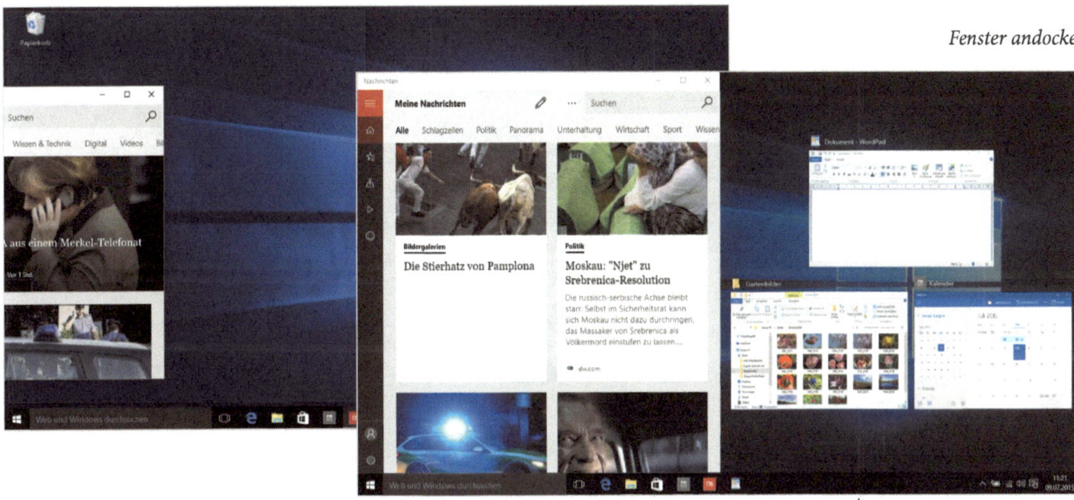

Fenster andocken

Mit dieser Methode können Sie auch vier Fenster anordnen: Dazu ziehen Sie die Fenster nacheinander in die Ecken des Bildschirms. Da diese Funktion von Monitorgröße und Bildschirmauflösung abhängig ist, steht sie allerdings nicht auf jedem Gerät zur Verfügung.

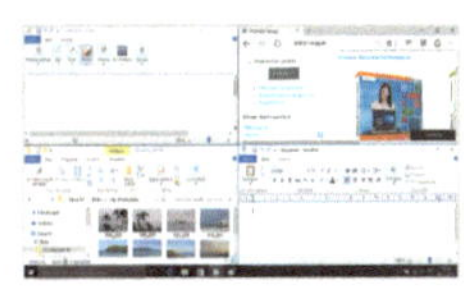

Fenster in der Taskansicht andocken

Eine zweite Möglichkeit zum Andocken der Fenster erhalten Sie in der Taskansicht. Klicken Sie mit der rechten Maustaste auf eines der Fenster und wählen Sie im Kontextmenü zwischen *Links andocken* und *Rechts andocken*.

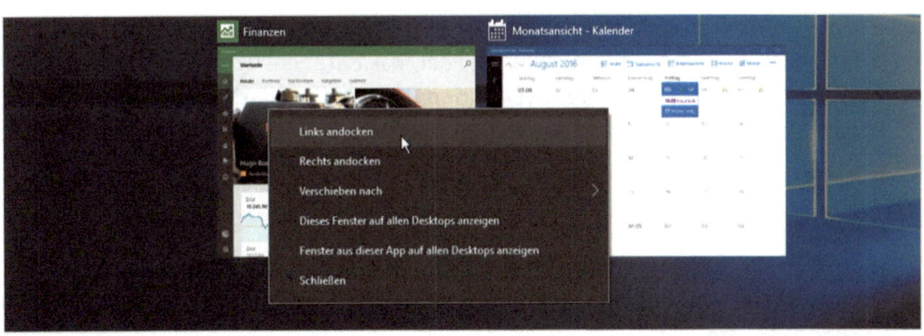

Taskansicht: Fenster links oder rechts andocken

5.4 Einstellungen zu virtuellen Desktops und Snap Assist

In der Standardeinstellung zeigt die Taskleiste immer nur die, auf dem aktuellen Desktop geöffneten, Fenster an. Sollen hier alle Fenster angezeigt werden, so erledigen Sie dies in den Einstellungen. Gleichzeitig können Sie hier das Andocken von Fenstern steuern. Klicken Sie im Startmenü auf *Einstellungen*, anschließend auf *System* und hier auf *Multitasking*

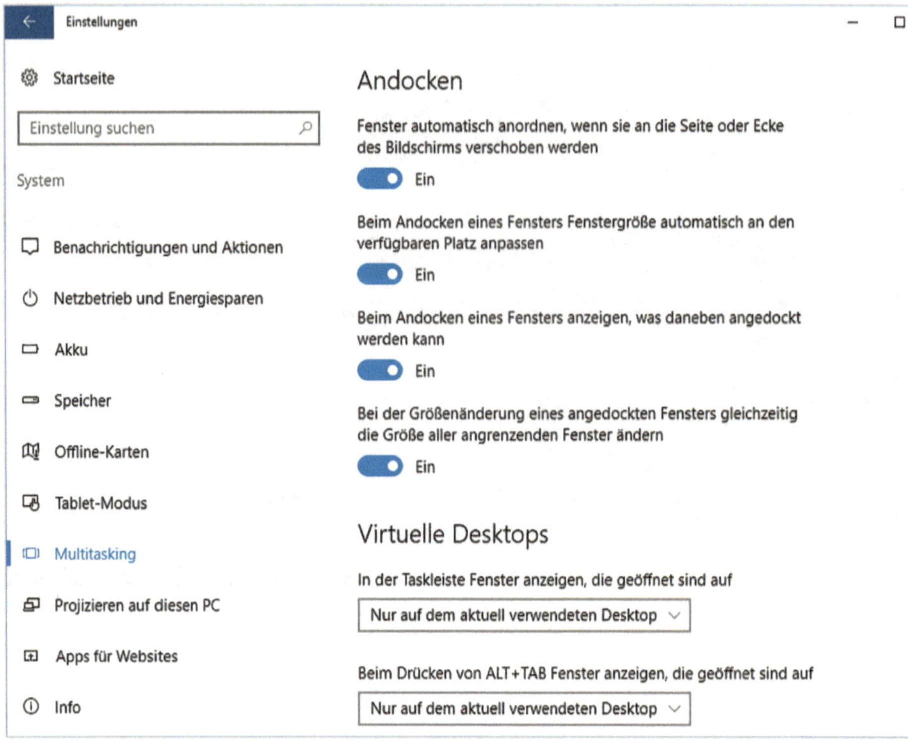

Einstellungen, Multitasking: Andoclverhalten und virtuelle Desktops

- Unter *Andocken* steuern Sie mit vier Schaltern das Verhalten von Fenstern beim Verschieben an den Bildschirmrand bzw. in eine Ecke, das Anpassen der Fenstergröße und die Auswahlmöglichkeit weiterer Fenster beim Andocken. In der Standardeinstellung sind alle diese Schalter *Ein*.
- Unter *Virtuelle Desktops* legen Sie die Anzeige geöffneter Apps in der Taskleiste fest. Klicken Sie bei der Einstellung *In der Taskleiste Fenster anzeigen, die geöffnet sind auf* auf den nach unten weisenden Pfeil und wählen Sie zwischen *Nur auf dem aktuell verwendeten Desktop* und *Allen Desktops*.

  Mit der Auswahl *Allen Desktops* wechseln Sie durch Anklicken des Symbols einer geöffneten App in der Taskleiste gleichzeitig zum entsprechenden Desktop.
- Falls Sie die Tastenkombination Alt+Tab zum Wechsel zwischen geöffneten Apps verwenden, können Sie deren Verhalten etwas unterhalb ebenfalls entsprechend steuern.

6 Besonderheiten im Tabletmodus

6.1 Startmenü und Benutzeroberfläche

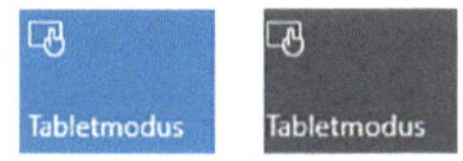

Geräte mit Touchscreen, z. B. Tablet oder 2-in-1-Geräte mit abdockbarer Tastatur erkennt Windows 10 automatisch und wechselt in den, für die Touchbedienung optimierten, Tabletmodus. Auch ein manueller Wechsel in den Tabletmodus ist möglich: Dazu öffnen Sie mit Klick auf das Symbol der Taskleiste das Info-Center und aktivieren bzw. deaktivieren die Schaltfläche *Tabletmodus*. Im Tabletmodus weichen Aussehen und Verhalten von Windows etwas ab.

- Das Startmenü füllt im Tabletmodus automatisch des gesamten Bildschirm aus (Vollbild) und bleibt im Hintergrund dauerhaft geöffnet. Zunächst sind nur die angehefteten Kacheln sichtbar, die meistverwendeten Apps sowie die Liste aller Apps erscheinen erst, wenn Sie oben links auf das Symbol *Alle Apps* tippen. Mit dem Symbol *Angeheftete Kacheln* wechseln Sie wieder zurück.
- Genau wie im Startmenü des Desktopmodus können Sie außerdem über das Symbol *Erweitern* die Beschriftung zu den Symbolen einblenden.

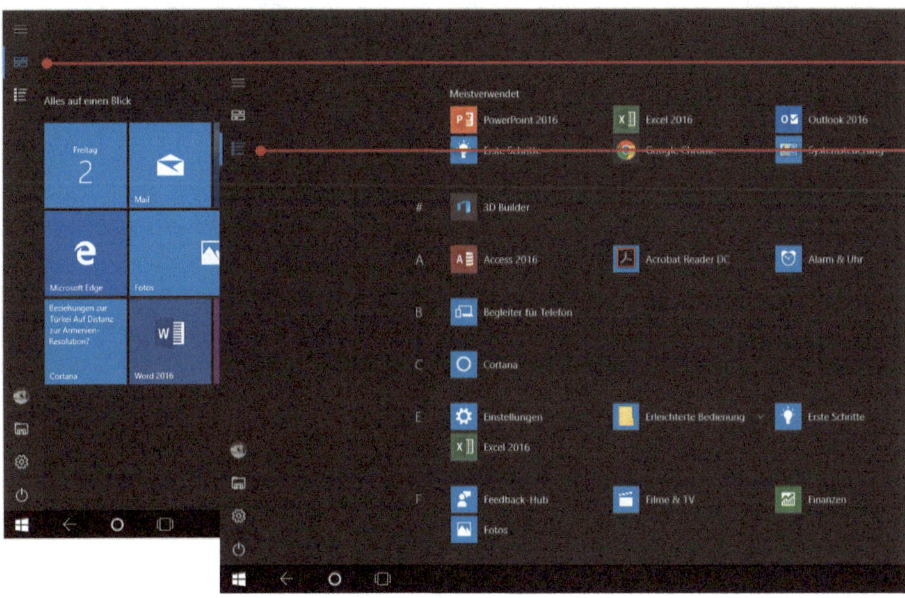

Das Startmenü im Tabletmodus: Angeheftete Kacheln und Alle Apps

- Die Taskleiste weist größere Symbole mit erweiterten Abständen auf, dies gilt auch für den Infobereich am rechten Rand der Taskleiste. Sollte die Taskleiste nicht sichtbar sein, so wischen Sie vom unteren Bildschirmrand. Anstelle des Suchfeldes wird das Symbol für Cortana angezeigt, das Suchfeld erscheint erst nach Antippen des Symbols. Zusätzlich finden Sie hier den Pfeil *Zurück*, mit dem Sie, ähnlich wie im Browser, zur letzen verwendeten App zurückkehren.

- Apps werden ausschließlich im Vollbildmodus geöffnet und die Titelleiste mit der Schaltfläche zum Schließen des Fensters erscheint, wenn Sie an den oberen Bildschirmrand zeigen bzw. nach einer Wischgeste von oben. Alternativ wischen Sie zum Beenden einer App vom oberen Bildschirmrand ganz nach unten.
- Das Info-Center lässt sich alternativ mit einer Wischgeste von rechts einblenden.
- Geöffnete Apps werden standardmäßig nicht in der Taskleiste angezeigt, sondern erscheinen erst, wenn Sie vom linken Bildschirmrand nach innen wischen oder in der Taskleiste auf das Symbol *Taskansicht* tippen.

Tipp: Damit die Apps trotzdem in der Taskleiste angezeigt werden, tippen Sie an eine freie Stelle der Taskleiste, verweilen hier kurz (Rechtsklick) und tippen im Kontextmenü auf den Befehl *App-Symbole anzeigen*.

Geöffnete Apps in der Taskleiste anzeigen

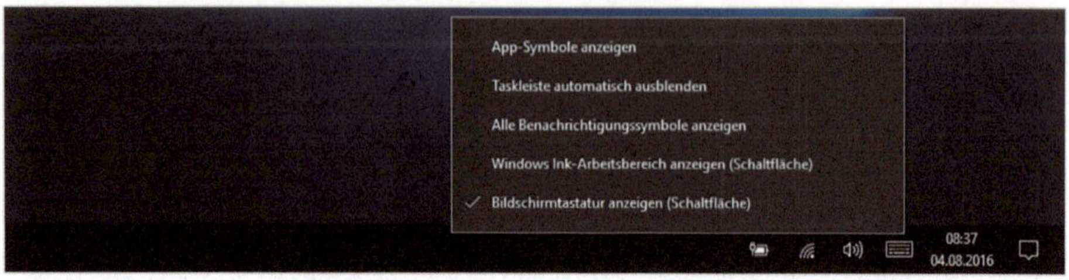

6.2 Der neue Windows Ink-Arbeitsbereich

Mit dem Anniversary-Update vom August 2016 unterstützt Windows 10 verstärkt die Eingabe per Stift. Im Tabletmodus bzw. auf Geräten mit einem Touchscreen sollte rechts im Infobereich der Taskleiste das Ink-Symbol sichtbar sein, mit dem Sie am rechten Bildschirmrand den neuen Windows Ink-Arbeitsbereich öffnen.

Der Ink-Arbeistbereich

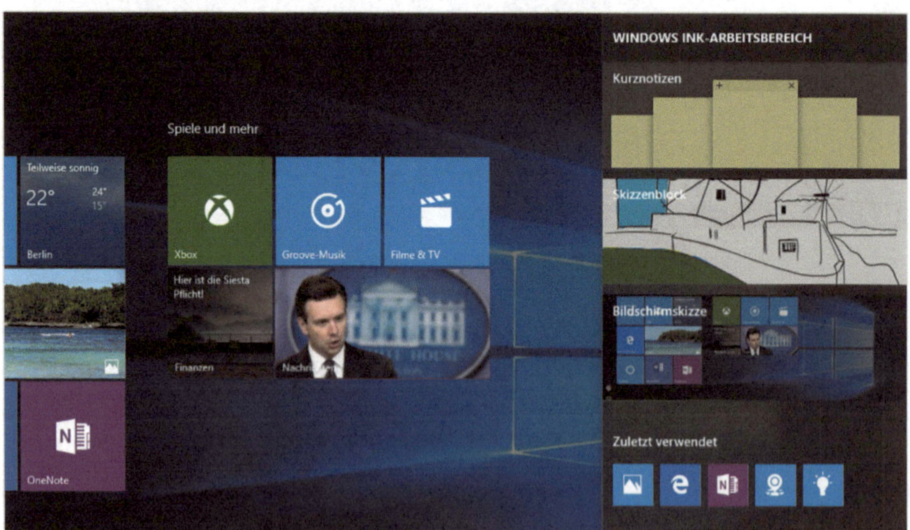

Im Ink-Arbeitsbereich erhalten Sie schnellen Zugriff auf Kurznotizen, Skizzen oder Screenshots.

Sollte das Ink-Symbol nicht sichtbar sein oder möchten Sie diese neue Funktion auch auf einem normalen Gerät ausprobieren, so klicken Sie mit der rechten Maustaste in die Taskleiste und und auf *Windows Ink-Arbeitsbereich anzeigen (Schaltfläche)*.

7 Cortana und die Windows-Suche nutzen

7.1 So funktioniert die Suche

Neu bei Windows 10 ist die digitale Assistentin Cortana, die gleichzeitig als zentrale Suchfunktion fungiert. Sie erlaubt nicht nur die Suche per Tastatureingabe, sondern Sie können Ihre Suchanfrage auch mündlich mündlich formulieren, zudem Termine in der App Kalender eintragen und Apps starten. Dazu steht Ihnen in der Taskleiste ein Eingabefeld bzw. im Tabletmodus das Symbol für Cortana  zur Verfügung. Das Feld zeigt in der Regel die Aufforderung *„Frag mich etwas"* oder Ähnliches an.

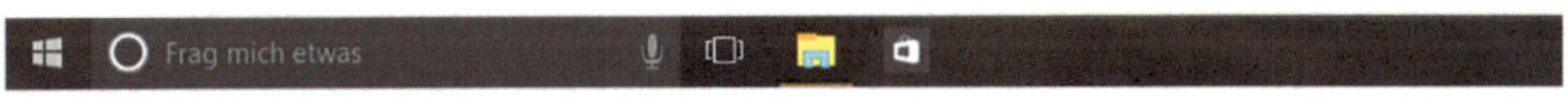

- Klicken Sie in das Suchfeld der Taskleiste bzw. auf das Symbol *Cortana* bzw. oder drücken Sie die Tasten Windows +S und tippen Sie Ihren Suchbegriff ein.

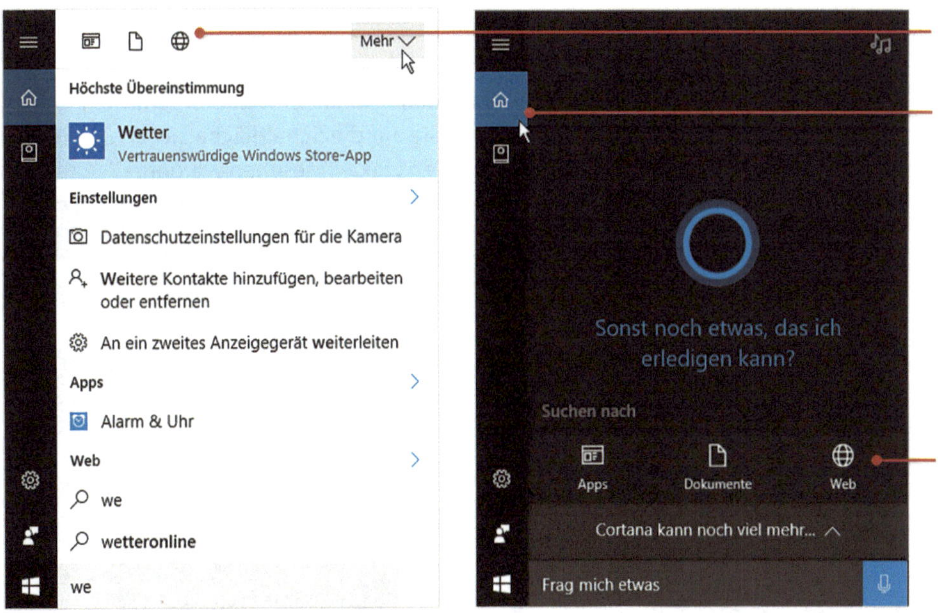

Suche über Symbole eingrenzen

Startseite Cortana

- Standardmäßig liefert die Suche Apps, Einstellungen, Ordner und Dokumente sowie Vorschläge für die Suche im Web mit dem hauseigenen Suchdienst Bing. Möglichkeiten, die Suche einzugrenzen, erhalten Sie, wenn Sie während oder nach Eingabe der ersten Zeichen in der Symbolleiste auf den gewünschten

Suchmodus, z. B. *Ergebnisse suchen im Web* oder *Apps* klicken. Weitere Suchkategorien erhalten Sie mit Klick auf den Pfeil *Mehr*.

- Wenn Sie ohne Eingabe eines Suchbegriffs in das Suchfeld und anschließend auf das Symbol *Startseite* klicken, dann erhalten Sie hier dieselben Auswahlmöglichkeiten (Siehe Bild oben).
- Neben einfachen Suchbegriffen können Sie auch eine Frage formulieren, z. B. „wie ist das Wetter" oder Maße und Gewichte umrechnen lassen. Geben Sie beispielsweise 12 zoll ein, so erhalten Sie das Ergebnis in Zentimeter.
- In der linken Spalte verfügt Cortana über eine Leiste mit Symbolen, über die Sie Cortanas Notizbuch oder ihre Einstellungen öffnen und jederzeit die Startseite anzeigen können. **Tipp:** Ein Klick auf das Symbol erweitert die Leiste und zeigt zu den Symbolen auch die Beschriftung an.

Cortana kann auch Witze erzählen („Erzähle mir einen Witz") oder Ihnen ein Lied vorsingen, allerdings müssen Sie dazu Cortana zunächst die entsprechende Erlaubnis erteilen, Näheres hierzu unten.

7.2 Cortana personalisieren

Leider unterstützt Cortana bei Terminen und Mails nur die Apps Mail und Kalender, nicht aber Microsoft Outlook.

Wenn Sie Cortana nicht nur zur Suche einsetzen, sondern alle Funktionen nutzen möchten, z. B. Termine im Kalender eintragen, Erinnerungen oder persönliche Informationen anzeigen, dann müssen Sie Cortana den Zugriff auf persönliche Daten erlauben, bzw. sich anmelden.

1. Klicken Sie in das Suchfeld und anschließend auf das Symbol Startseite. Klicken Sie dann auf *Cortana kann noch viel mehr*.
2. Anschließend benötigt Cortana Ihre Erlaubnis, persönliche Informationen wie Standort, Kontakte, Kalender, Nachrichten und Suchverlauf zu sammeln und zu verwenden (siehe Bild unten). Klicken Sie auf die Schaltfläche *Sicher*. Die Datenschutzbestimmungen können über einen Link eingesehen werden.

Cortanas Startseite

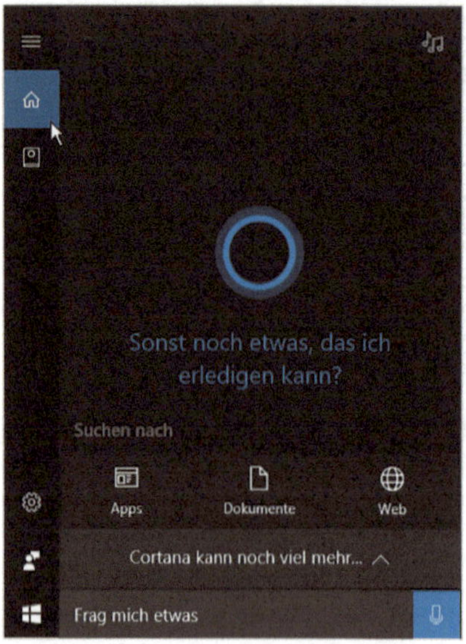

Darf Cortana persönliche Informationen sammeln und nutzen?

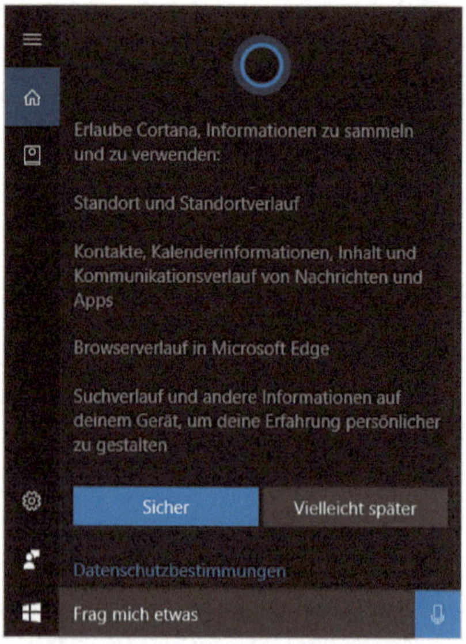

3 Im nächsten Schritt klicken Sie auf die Schaltfläche *Anmelden* und klicken Sie auf Ihr Microsoft-Konto. Damit Sie aktuelle Verkehrsinformationen erhalten, benötigt Cortana anschließend die Adresse Ihrer Arbeitsstelle, wenn Sie diese nicht angeben möchten oder keine Verkehrsinformationen benötigen, dann klicken Sie rechts oben auf die drei Punkte und auf *Nicht mehr nachfragen*.

Tipp: Falls Cortana Sie persönlich mit Namen ansprechen soll, dann öffnen Sie Cortana, klicken auf Notizbuch und anschließend auf *Über mich* (Bild unten). Klicken Sie dann auf die Schaltfläche *Meinen Namen ändern*, tippen Sie den gewünschten Namen in das Eingabefeld ein und klicken Sie auf *OK*.

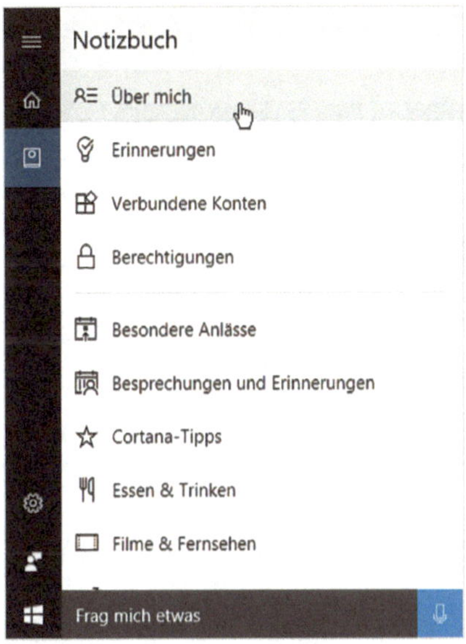

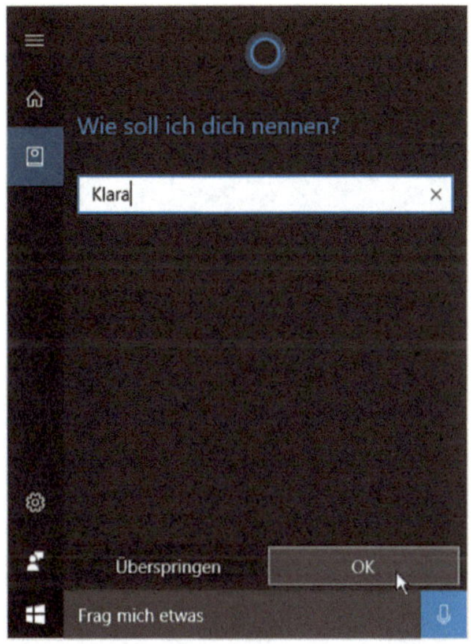

Klicken Sie in Cortanas Notizbuch auf Über mich

Geben Sie Ihren Namen ein

In Cortanas Notizbuch können Sie auch Ihre persönlichen Interessen angeben bzw. uninteressante Themen deaktivieren: Klicken Sie dazu auf ein Thema, z. B. *Finanzen*, benutzen Sie den Schalter und klicken Sie auf *Speichern*. Mit dem Pfeil gelangen Sie wieder zurück zur Übersicht.

7.3 Spracheingabe einrichten

Windows 10 unterstützt auch die Suche per Spracheingabe, außerdem lassen sich auf diese Weise auch Apps und Ordner öffnen, z. B. mit der Anweisung „starte Excel" oder „öffne den Ordner Bilder". Dazu klicken Sie im Eingabefeld auf das Mikrofon-Symbol, bevor Sie Ihre Frage oder Anweisung formulieren.

Zur Sprachsteuerung muss Ihr Gerät selbstverständlich über ein eingebautes oder angeschlossenes Mikrofon verfügen.

- Vor der ersten Nutzung müssen Sie Cortana den Zugriff auf Ihr Mikrofon und Spracheingaben erlauben, klicken Sie auf die Schaltfläche *Sicher*.
- Unter Umständen werden Sie anschließend noch darauf aufmerksam, gemacht, dass das Mikrofon Ihres Geräts noch nicht eingerichtet ist. Dann folgen Sie einfach den Anweisungen.

Wenn Sie ohne vorheriges Klicken auf das Mikrofonsymbol Cortana mit der Aufforderung „Hey Cortana“ direkt ansprechen möchten, dann aktivieren Sie dies in Cortanas Einstellungen. Klicken Sie dazu in das Suchfeld und in der Symbolleiste links auf Einstellungen ⚙.

Setzen Sie den Schalter *Hey Cortana* auf *Ein*. Soll außerdem Cortana ausschließlich auf Sie bzw. Ihre Stimme reagieren, so klicken Sie auf *Lerne, wie ich „Hey Cortana“ sage* und folgen den weiteren Anweisungen.

Erlauben Sie Cortana den Zugriff auf Spracheingaben und Ihr Mikrofon.

Setzen Sie den Schalter Hey Cortana auf Ein.

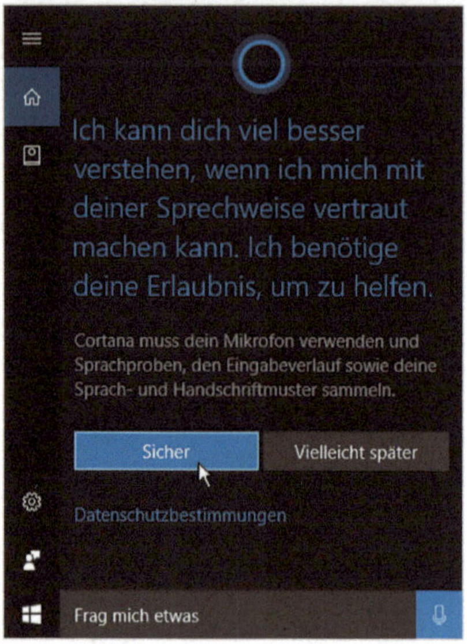

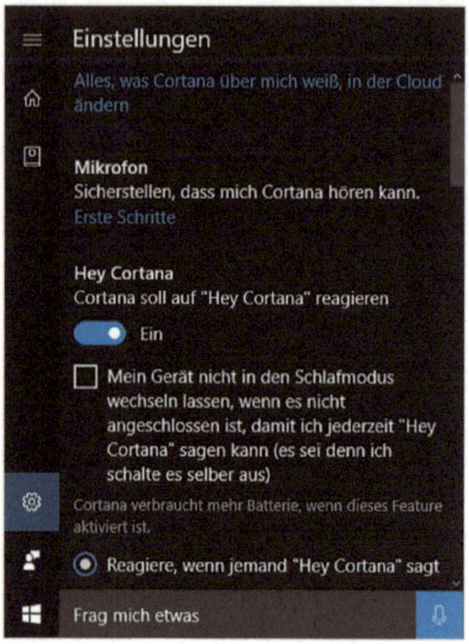

Scrollen Sie nach unten, um weitere Einstellungen zu kontrollieren oder zu ändern. Hier können Sie unter anderem festlegen, ob Cortana auch auf dem Sperrbildschirm verwendet werden kann, d.h. wenn das Gerät gesperrt ist. Weitere Einstellungen betreffen Suchverlauf und Synchronisierung, falls Sie mehrere Geräte benutzen. Detaillierte Informationen erhalten Sie, wenn Sie am Ende der Liste auf den Link *Weitere Informationen zu Cortana und Suche* klicken.

7.4 Tipps, wie Sie Cortana sonst noch nutzen können

Kalender und E-Mail mit Cortana nutzen

Cortana unterstützt Sie auch beim Eintragen von Terminen und Senden von E-Mails mit den Apps Mail und Kalender, leider nicht mit Microsoft Outlook.

Wenn Sie beispielsweise ihre Termine nicht selbst eintragen möchten, dann beauftragen Sie einfach Cortana damit. Beginnen Sie z. B. mit „Termin am ...", so fragt Sie Cortana anschließend nach weiteren Einzelheiten wie Uhrzeit und Betreff und versteht als Datumsangabe auch gebräuchliche Ausdrücke wie „heute", „morgen" oder „nächsten Montag". Sie können also auch beispielsweise sagen „Termin am Montag um 10 Uhr".

- Mit Klick in das Suchfeld zeigt Ihnen Cortana die nächsten Termine Ihres Kalenders zusammen mit den aktuellen Nachrichten an.
- Oder fragen Sie Cortana nach allen aktuellen Terminen bzw. „Wann ist mein nächster Termin?".

Erinnerungen

Wenn Sie möchten, können Sie auch Erinnerungen einrichten, geben Sie z. B. ein: „erinnere mich daran, heute um 14 Uhr Eva anzurufen". Erinnerungen werden ebenfalls im Kalender eingetragen, werden aber auch angezeigt, wenn Sie Cortanas Notizbuch öffnen und auf das Symbol *Erinnerungen* klicken. Die Erinnerungen erscheinen zur vereinbarten Zeit auf dem Desktop und können im Info-Center eingesehen werden.

Hintergrundinfos beim Surfen

Falls Sie den Browser Microsoft Edge benutzen und beim Surfen mehr zu einem Stichwort erfahren möchten, dann markieren Sie dieses Wort, klicken mit der rechten Maustaste darauf und wählen *Cortana fragen*.

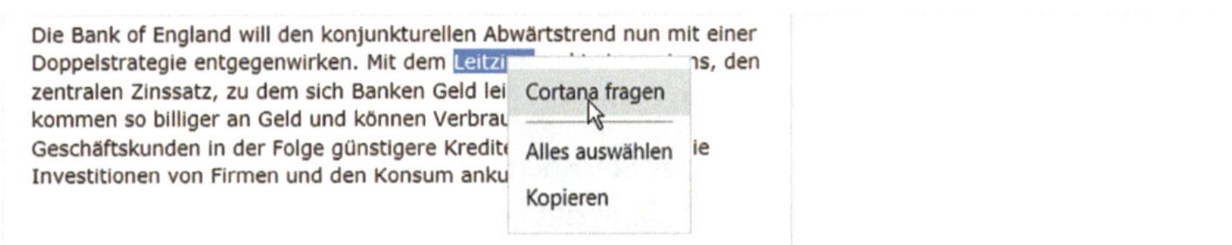

Hintergrundinfos erhalten

Daraufhin öffnet sich rechts im Browser eine Spalte mit Zusatzinformationen. Dies können Wikipediainhalte, Fotos, Filme usw. sein.

7.5 Zugriff auf persönliche Daten kontrollieren oder einschränken

- Öffnen Sie Cortana und klicken Sie auf *Notizbuch*. Klicken Sie anschließend auf *Berechtigungen* und legen Sie über Schalter fest, ob Cortana Ihren Standort (*Position*) erfassen und verwenden darf, Zugriff auf Kontakte, E-Mails und den Kalender erhält und den Browserverlauf nutzen darf.
- Am Ende der Liste gelangen Sie mit Klick auf *Datenschutzeinstellungen für Sprache, Freihand und Eingabe* in die Einstellungen und können hier mit Klick auf die Schaltfläche *Kennenlernen beenden* die Analyse Ihrer Stimm- und Handschrifteingaben deaktivieren. Bereits vorhandene Informationen werden gelöscht.

  Achtung: Die Funktion *Hey Cortana* wird dadurch deaktiviert!

Siehe auch Punkt „11.3 Datenschutz"

Berechtigungen kontrollieren und ändern

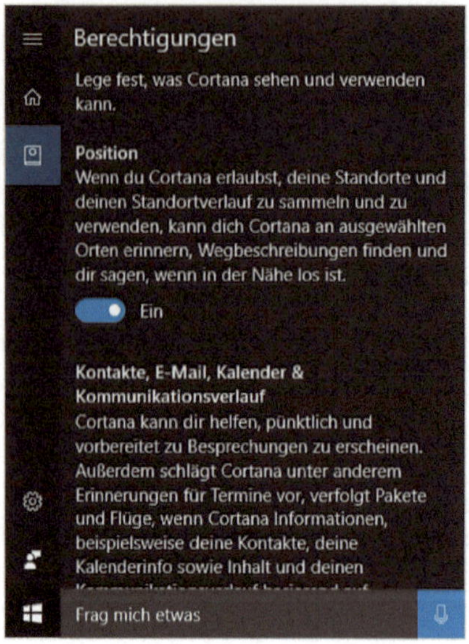

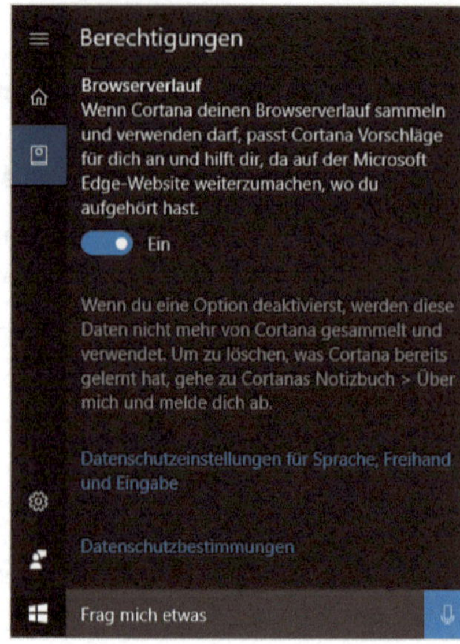

Abmelden

Cortana lässt sich mit normalen Befehlen nicht vollständig deaktivieren, denn dann müssten Sie auch auf die Windows-Suche verzichten. Sie können aber jederzeit die Personalisierung durch Abmelden wieder beenden.

1 Öffnen Sie dazu Cortana, klicken Sie auf *Notizbuch* und wählen Sie *Über mich*.

2 Klicken Sie dann auf Ihr Microsoft-Konto.

3 Im nachfolgenden Fenster klicken Sie nochmals auf Ihr Microsoft-Konto und dann auf *Abmelden*. Schließen Sie dann das Fenster wieder.

Personalisierung beenden

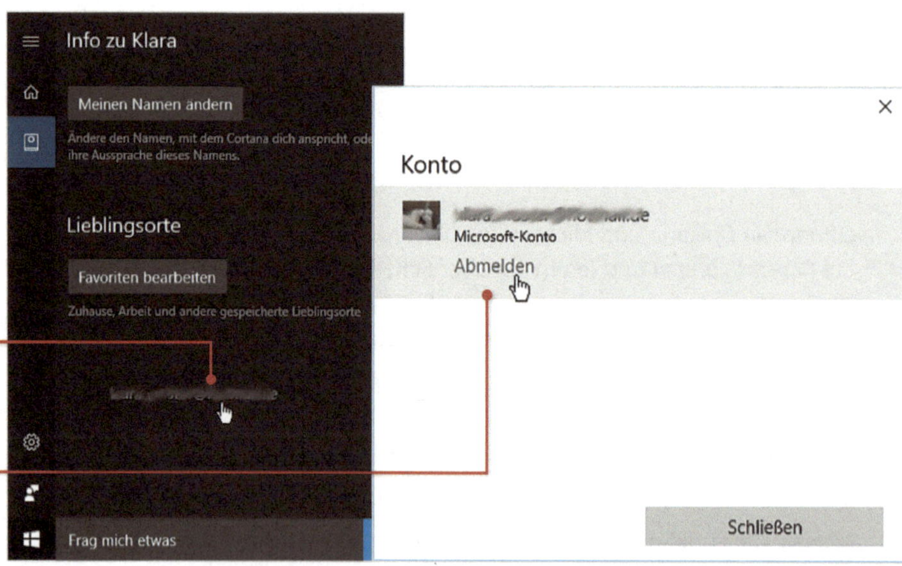

Klicken Sie auf Ihr Microsoft-Konto

Klicken Sie erneut auf Ihr Konto und auf Abmelden

Gesammelte und online gespeicherte Informationen löschen

1 Um alle bereits online gespeicherten Informationen zu löschen, öffnen Sie Cortana und klicken hier auf *Einstellungen*. Klicken Sie dann auf den Link *Alles, was Cortana über mich weiß, in der Cloud löschen*.

2 Sie werden anschließend über die zu löschenden Daten und eventuelle Auswirkungen auf andere Dienste informiert. Über Links können Sie Details dazu anzeigen oder verwalten. Klicken Sie am Ende der Liste auf *Löschen*.

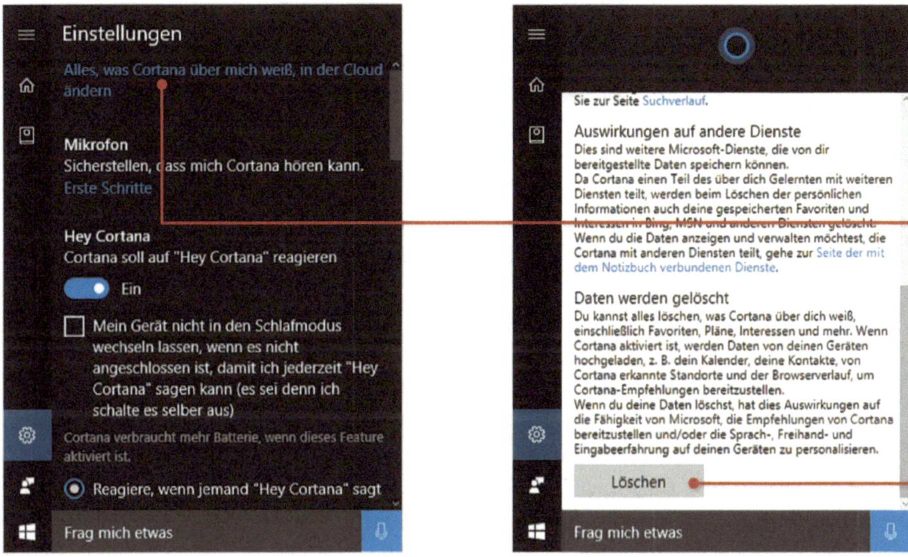

Informationen in der Cloud löschen

Alles was Cortana über mich weiß, in der Cloud löschen

Klicken Sie auf Löschen

8 Desktop und Sperrbildschirm anpassen

8.1 Desktophintergrund und Farben

Um Hintergrundbild des Desktops und die Farbe von Taskleiste und Info-Center zu ändern, klicken Sie im Startmenü auf *Einstellungen* und hier auf *Personalisierung*. Oder klicken Sie mit der rechten Maustaste auf eine beliebige freie Stelle des Desktophintergrunds und dann im Kontextmenü auf *Anpassen*.

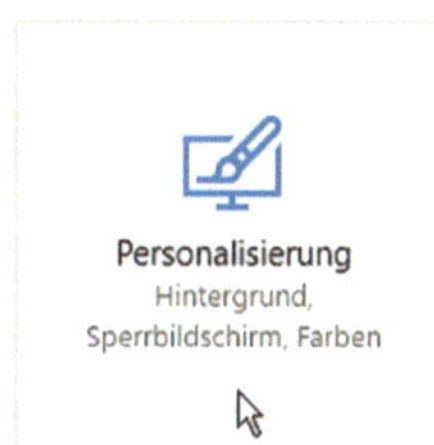

Hintergrundbild

Klicken Sie links auf *Hintergrund*. Rechts erhalten Sie eine Vorschau auf Ihren gegenwärtigen Desktop und können nun eines der mitgelieferten Motive per Mausklick als Hintergrundbild festlegen. Möchten Sie lieber eines Ihrer eigenen Fotos als Hintergrundbild verwenden, so klicken Sie unterhalb der Auswahl auf die Schaltfläche *Durchsuchen*. Das Fenster *Öffnen* erscheint und Sie können ein Bild markieren und mit

Klick auf die Schaltfläche *Bild auswählen* übernehmen. Optional legen Sie über das Feld *Anpassung auswählen* fest, wie das Bild den Hintergrund ausfüllen soll.

Desktop-Hintergrund

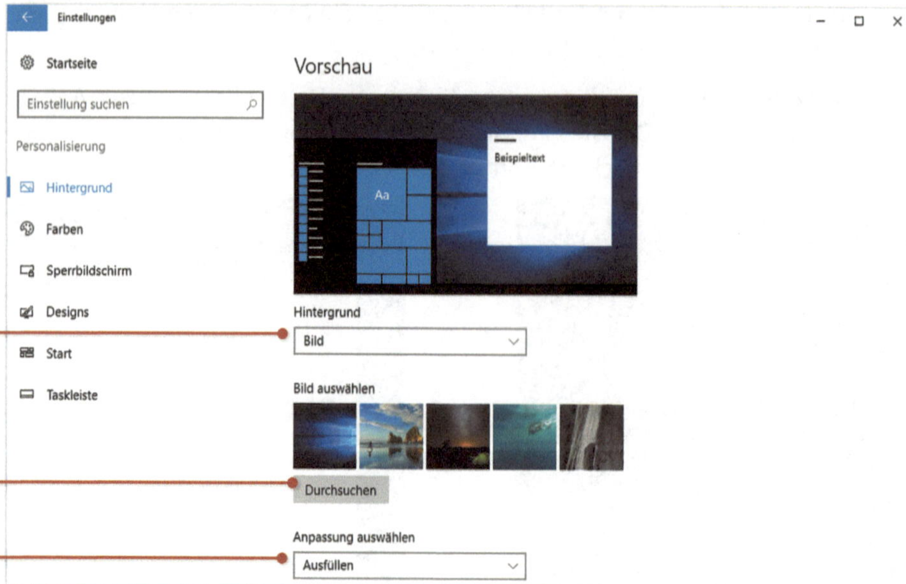

Wählen Sie zwischen Bild, Diashow und Volltonfarbe

Eigenes Bild auswählen

Bildanpassung

Das Feld *Hintergrund* enthält noch die Alternativen *Volltonfarbe*, also einfarbigen Desktop-Hintergrund und *Diashow*. Bei der Auswahl *Diashow* legen Sie anschließend unter *Alben für die Diashow auswählen* mit Klick auf die Schaltfläche *Durchsuchen* fest, welcher Ordner die gewünschten Bilder enthält. Windows 10 erlaubt für Diashows nur noch die Angabe eines Ordners, nicht aber die Auswahl einzelner Bilddateien wie unter Windows 7. Sie müssen also unter Umständen erst alle gewünschten Fotos in einem Ordner zusammenstellen.

Farben

Die Farbe von Startmenü, Taskleiste, Info-Center und Titelleiste der Fenster kann frei gewählt werden. Klicken Sie dazu in den Einstellungen auf *Personalisierung* und auf *Farben*.

- In der Standardeinstellung wird die Akzentfarbe zum Hervorheben automatisch aus dem Hintergrundbild gewählt. Zum Ändern klicken Sie einfach auf die gewünschte Farbe. Anhand der Vorschau können Sie sofort die Wirkung testen.
- Soll die Farbwahl wieder automatisch erfolgen, so brauchen Sie nur das Kontrollkästchen *Automatisch eine Farbe aus meinem Hintergrund auswählen* aktivieren.
- Mit weiteren Schaltern steuern Sie, ob auch Startmenü, Taskleiste, die Titelleiste der Fenster und das Info-Center die Akzentfarbe erhalten sollen (siehe Bild unten). Standardmäßig stehen diese Schalter auf *Aus* und die Elemente werden mit schwarzem Hintergrund dargestellt. Ein weiterer Schalter lässt Startmenü, Taskleiste und Info-Center transparent erscheinen.

- Nutzer mit eingeschränktem Sehvermögen gelangen zudem über den Link *Einstellungen für hohen Kontrast* in den Bereich für erleichterte Bedienung und können hier zwischen verschiedenen Möglichkeiten wählen.

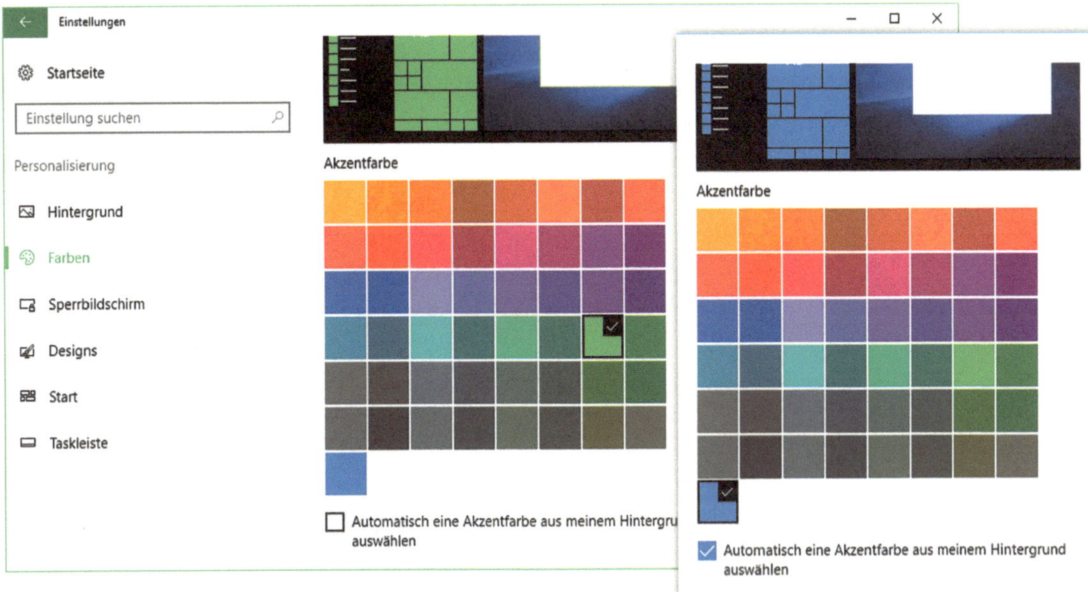

Eine Akzentfarbe auswählen

> **Tipp:** Standardmäßig werden alle Apps, also auch die Einstellungen, mit weißem Hintergrund dargestellt, im App-Modus *Dunkel* erhalten sie dagegen schwarzen Hintergrund und weiße Schrift.

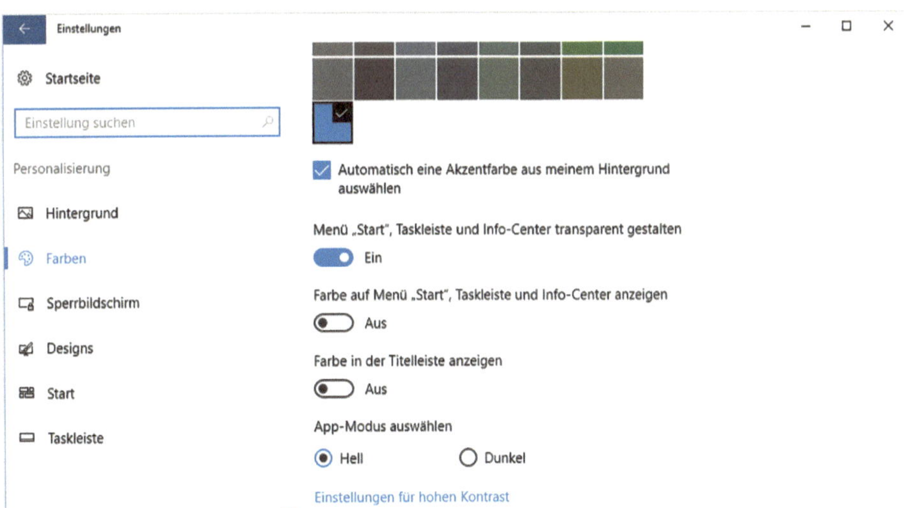

Startmenü, Taskleiste und Info-Center in der Akzentfarbe darstellen, App-Modus wählen

Designs

Falls Sie als Umsteiger von Windows 7 oder XP die Designs vermissen, diese sind in etwas veränderter Form auch unter Windows 10 vorhanden. Dazu klicken Sie in den Einstellungen auf *Personalisierung* und anschließend auf *Designs*. Ein Klick auf den Link *Designeinstellungen* öffnet die Systemsteuerung mit der Kategorie *Darstellung und Anpassung* und Sie können unter verschiedenen Designs (*Eigene Designs* bzw. *Windows-Standarddesigns*) wählen. Weitere kostenlose Designs finden Sie online, wenn Sie auf den gleichnamigen Link klicken.

Einstellungen - Personalisierung - Designs

Ihr Standardbrowser, z. B. Microsoft Edge, wird geöffnet und Sie können unter einer Vielzahl von Designs zu verschiedenen Themen wählen, z. B. *Tiere*, *Autos* oder *Pflanzen und Blumen*. Eine Vorschau auf die Bilder eines Designs erhalten Sie, wenn Sie auf *Details* klicken. Um ein Design auf den Desktop zu übernehmen, klicken Sie auf *Herunterladen*.

Online-Design auswählen und herunterladen

Nach Abschluss des Downloads erhalten Sie im Browser eine entsprechende Meldung: Klicken Sie auf *Öffnen*, um das Design in die Sammlung *Eigene Designs* zu übernehmen. Um das Design anschließend zu verwenden, klicken Sie im Fenster *Systemsteuerung* - *Anpassung* auf das Design.

Einstellungen zu Mauszeiger, Desktopsymbolen und Sound

In den Einstellungen finden Sie im Bereich *Designs* unter *Verwandte Einstellungen* noch folgende Links zur Systemsteuerung. Über *Mauszeigereinstellungen* ändern Sie das Aussehen des Mauszeigers, der Link *Erweiterte Soundeinstellungen* bringt Sie zu den Soundeinstellungen und mit Klick auf *Desktopsymboleinstellungen* können Sie auf dem Desktop neben dem Papierkorb weitere Standardsymbole anzeigen, z. B. Dieser PC, Systemsteuerung oder Ihren Benutzerordner.

8.2 Sperrbildschirm

Genau wie beim Desktop können Sie auch beim Sperrbildschirm das Bild und dazu die angezeigten Statusinformationen bearbeiten. Öffnen Sie die Einstellungen, klicken Sie auf *Personalisierung* und dann auf *Sperrbildschirm*.

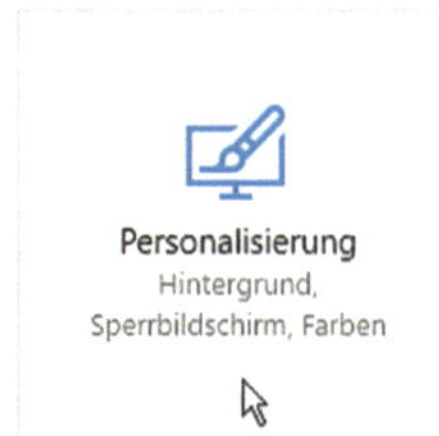

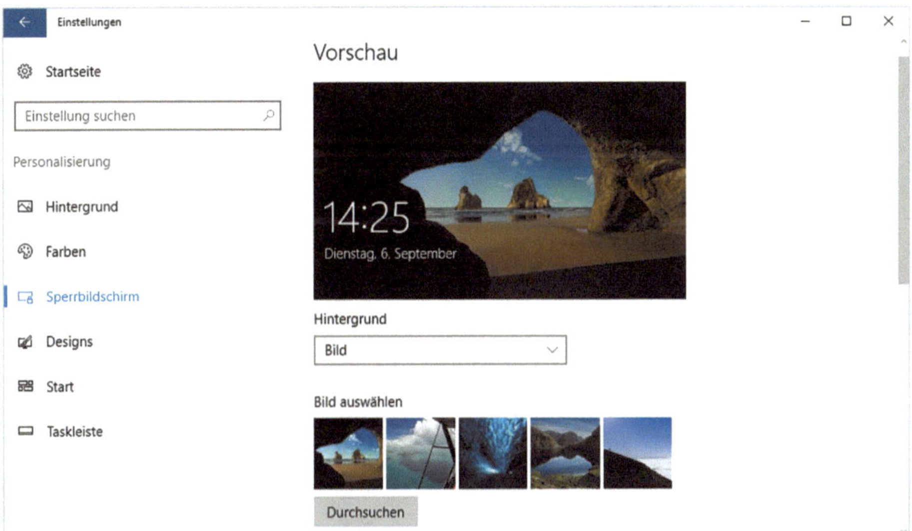

Klicken Sie in den Einstellungen/Personalisierung auf Sperrbildschirm und wählen Sie ein Bild.

Hintergrundbild ändern

Im Feld *Hintergrund* steuern Sie die Anzeige:

- *Windows Blickpunkt* bedeutet, der Sperrbildschirm zeigt automatisch ein täglich wechselndes Bild an.
- Mit der Auswahl *Bild* können Sie eines der integrierten Bilder unterhalb verwenden oder die Schaltfläche *Durchsuchen* eines Ihrer eigenen Fotos auswählen.
- Haben Sie stattdessen *Diashow* gewählt, so geben Sie anschließend ein Album oder einen Ordner als Quelle für die Bilder an.

Weitere Anzeigeoptionen des Sperrbildschirms

- Unterhalb der Bildauswahl finden Sie den Schalter *Unterhaltung, Tipps und mehr von Windows und Cortana auf dem Sperrbildschirm anzeigen*. Ist dieser Schalter

Ein, so bedeutet dies, auf dem Sperrbildschirm erscheint auch Werbung für Apps; er kann also beruhigt deaktiviert werden.

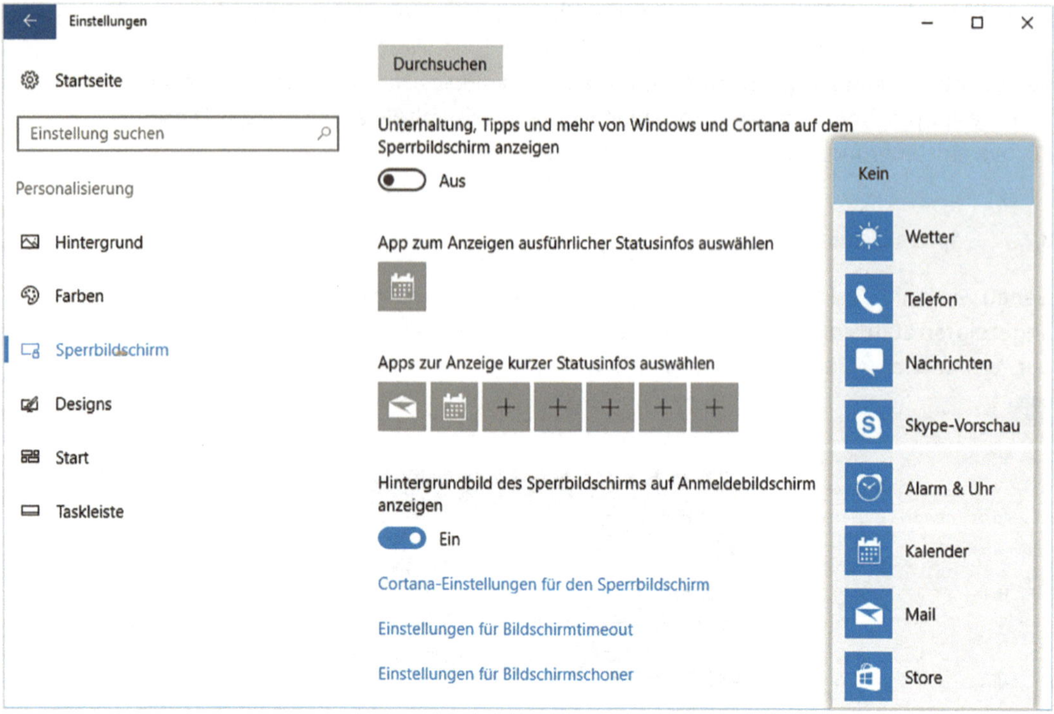

Apps und Benachrichtigungen auf dem Sperrbildschirm anzeigen

- Ferner können Sie wählen, welche Apps Statusinfos auf dem Sperrbildschirm anzeigen, standardmäßig sind dies *Kalender* und *Mail*. Zum Hinzufügen weiterer Apps klicken Sie auf die + Schaltflächen und wählen eine App. Genausogut können Sie natürlich mit der Auswahl *Kein* die Statusinfos einer App wieder vom Sperrbildschirm entfernen.
- Mit einem weiteren Schalter geben Sie an, ob das Hintergrundbild des Sperrbildschirms auch auf dem Anmeldebildschirm angezeigt soll. Alternativ erscheint ein einfarbiger Hintergrund zur Anmeldung.
- Wenn Cortana auch bei gesperrtem Gerät verfügbar sein soll, dann klicken Sie auf *Cortana-Einstellungen für den Sperrbildschirm* und setzen unter *Sperrbildschirm* den Schalter *Cortana verwenden, auch wenn mein Gerät gesperrt ist* auf *Ein*.
- An dieser Stelle können Sie auch noch festlegen, wann bei Abwesenheit, bzw. wenn längere Zeit keine Eingabe erfolgt, der Bildschirm ausgeschaltet werden soll und der PC in den Energiesparmodus wechselt. Klicken Sie dazu auf *Einstellungen für Bildschirmtimeout*, Näheres hierzu unter Punkt A 11.1.

Einstellungen für Bildschirmschoner, ist zwar vorhanden, bei modernen Geräten aber überflüssig, da dessen Aufgabe bei Windows 10 vom Sperrbildschirm und dem automatischen Abschalten des Bildschirms übernommen wird.

9 Kontoeinstellungen und Benutzerverwaltung

9.1 Kontoeinstellungen und Profilbild

- Um Ihre Kontoeinstellungen zu bearbeiten, öffnen Sie das Startmenü, klicken auf Ihr Profilbild und auf Kontoeinstellungen ändern.
- Alternativ klicken Sie in den Einstellungen auf *Konten* und hier auf *Ihre Infos*.

Die Einstellungen werden mit dem Aufgabenbereich *Ihre Infos* geöffnet, hier verwalten Sie Ihr Konto und Profilbild. Um ein Bild auszuwählen, klicken Sie auf *Suchen* und wählen ein Bild aus. Verfügt Ihr Gerät über eine angeschlossene oder integrierte Webcam, können Sie auch auf *Kamera* klicken und ein Bild aufnehmen.

An dieser Stelle können Sie auch im Browser auf Ihr Microsoft-Konto zugreifen und es online verwalten. Klicken Sie dazu auf *Mein Microsoft-Konto verwalten*. Ihr Standardbrowser öffnet sich mit der Startseite Ihres Kontos und Sie können Ihre Kontoeinstellungen online überprüfen und ggfs. ändern.

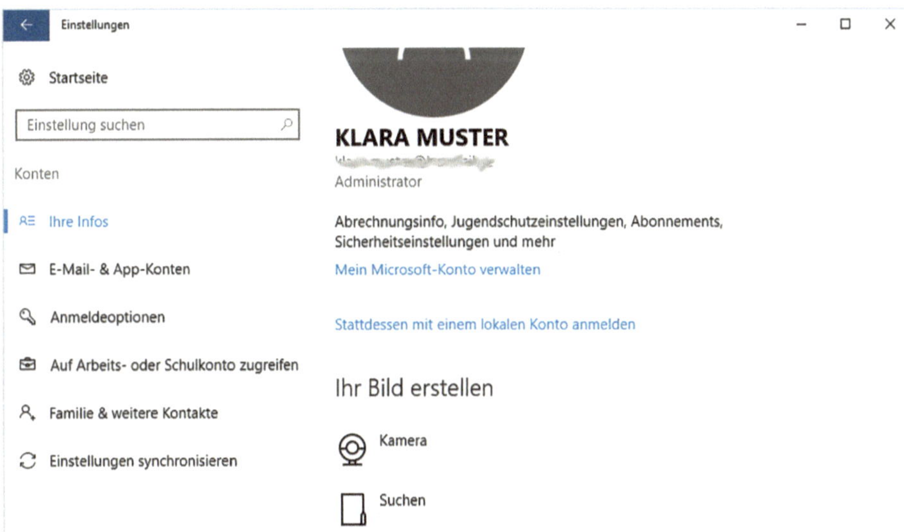

Profilbild auswählen oder mit der integrierten Webcam aufnehmen

Die Handhabung der Kamera ist einfach: Die App wird automatisch gestartet, wenn Sie auf *Kamera* klicken und um ein Bild aufzunehmen brauchen Sie dann nur noch den Auslöser betätigen.

9.2 Kennwort und Art der Anmeldung am PC ändern

Zur Anmeldung am Computer ist entweder das Kennwort Ihres Microsoft-Kontos oder, falls beim ersten Start von Windows vereinbart, eine vierstellige PIN erforderlich. Wenn Sie nachträglich Kennwort und/oder PIN ändern möchten, dann passiert dies ebenfalls in den Einstellungen. Klicken Sie auf *Konten* und hier auf *Anmeldeoptionen*.

Achtung Administratorrechte erforderlich: Diese Einstellung ist nur verfügbar, wenn Sie über Administratorrechte verfügen!

Tipp: Reaktivierung aus dem Standbymodus ohne Kennworteingabe
Standardmäßig erscheint bei der Reaktivierung aus dem Standbymodus der Sperrbildschirm und Sie müssen sich erneut mit Ihrem Kennwort anmelden. Insbesondere bei häufigen Unterbrechungen kann dies zeitraubend und lästig sein. Wenn Sie die Kennworteingabe in diesem Fall deaktivieren möchten, dann klicken Sie bei *Anmeldung erforderlich* und der Frage *Wann soll Windows nach Abwesenheit eine erneute Anmeldung anfordern?* auf den Pfeil und wählen Sie *Nie*.

Art der Anmeldung am Computer ändern

Mit der Bezeichnung Windows Hello ist die Anmeldung per Fingerabdruck oder Iris-Scanner gemeint. Allerdings ist diese Funktion bislang nur auf wenigen Geräten verfügbar, da dazu auch die geeignete Hardware, z. B. Microsoft Surface erforderlich ist.

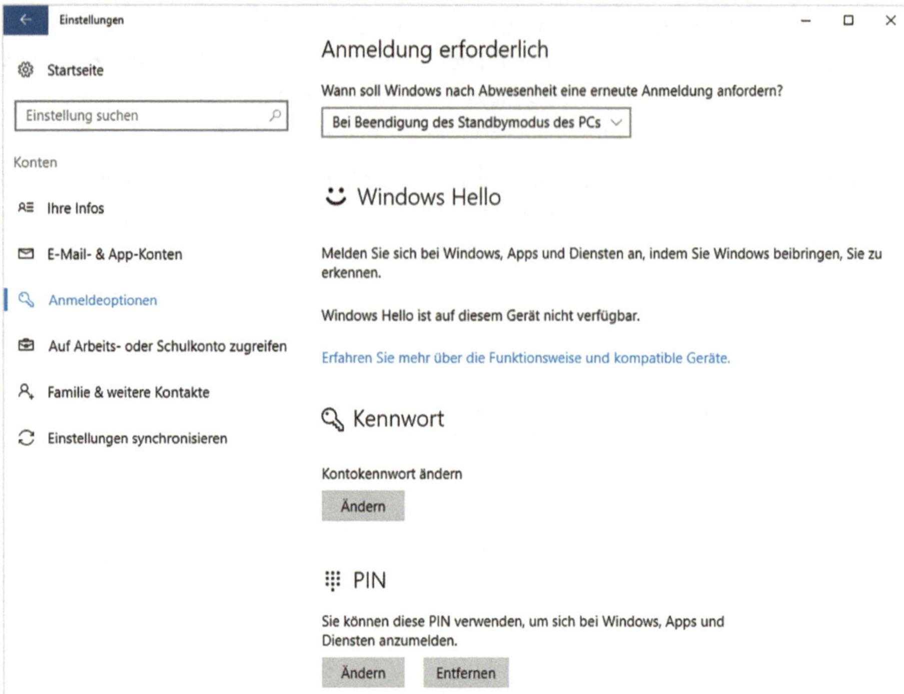

Kennwort ändern
Um das Kennwort des Microsoft-Kontos zu ändern, klicken Sie unter *Kennwort* auf die Schaltfläche *Ändern*. Aus Sicherheitsgründen müssen Sie hier zunächst Ihre Identität durch Eingabe Ihrer PIN bzw. Ihres alten Kennworts bestätigen, erst dann können Sie ein neues Kennwort erstellen, das Sie nochmals wiederholen müssen.

PIN erstellen/ändern
Genauso verfahren Sie, um zur Anmeldung am Gerät eine PIN zu erstellen oder zu ändern: Klicken Sie auf die dazugehörige Schaltfläche *Ändern*, bzw. *Hinzufügen*, falls beim ersten Start noch keine PIN vereinbart wurde. Auch hier müssen Sie zuerst Ihre bisherige PIN bzw. Ihr Kennwort eingeben. Darunter tippen Sie dann die neue vierstellige PIN ein, auch diese muss aus Sicherheitsgründen im Feld darunter ein zweites Mal eingegeben werden.

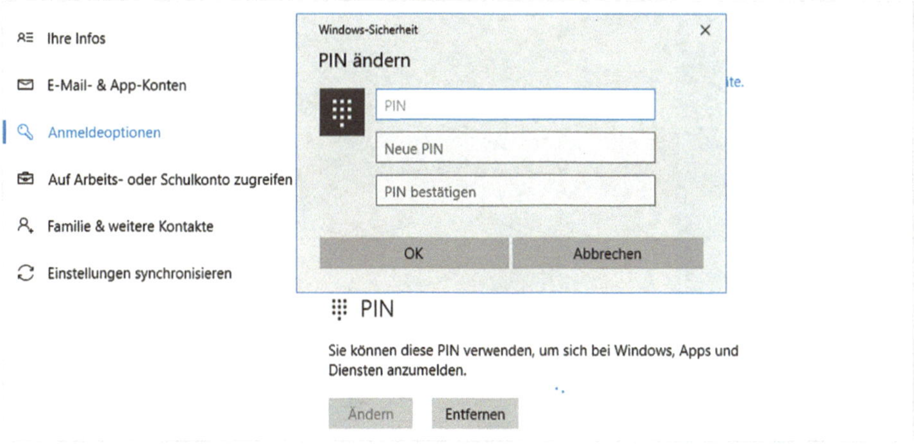

PIN ändern

Anmeldung per Bildcode

Scrollen Sie bei den Anmeldeoptionen noch weiter nach unten, so erhalten Sie auch die Möglichkeit einer Anmeldung per Bildcode. Bei einem Bildcode handelt es sich um eine Folge zuvor genau festgelegter Tipp- oder Streifbewegungen auf einem von Ihnen gewählten Bild, der auf Geräten mit Touchscreen anstelle der Kennworteingabe benutzt werden kann. Um einen solchen einzurichten, klicken Sie bei *Bildcode* auf *Hinzufügen*.

Einen Bildcode zur Anmeldung erstellen

1. Aus Sicherheitsgründen müssen Sie auch hier zunächst Ihr Konto durch Eingabe des dazugehörigen Kennwortes bestätigen.
2. Im nächsten Schritt klicken Sie auf *Neues Bild auswählen* und wählen das Bild, das Sie für den Bildcode verwenden möchten. Klicken Sie dann auf *Dieses Bild verwenden*.
3. Anschließend werden Sie aufgefordert, auf dem Bildschirm nacheinander drei Tipp- oder Streifbewegungen auf dem Bild auszuführen. Dies ist dann Ihr Bildcode, mit dem Sie sich zukünftig am System anmelden können. Die Anmeldung mit Kennwort oder PIN bleibt trotzdem weiterhin jederzeit möglich.

Führen Sie nacheinander drei Tipp- oder Streifbewegungen auf dem ausgewählten Bild aus.

9.3 Lokales Konto in ein Microsoft-Konto umwandeln und umgekehrt

Falls Sie beim ersten Start ein lokales Konto zur Anmeldung ausgewählt haben, können Sie dieses nachträglich jederzeit in ein Microsoft-Konto umwandeln.

Lokales Konto nachträglich in ein Microsoft-Konto umwandeln
Klicken Sie im Startmenü auf Ihr Profilbild und auf *Kontoeinstellungen ändern*. Die Einstellungen mit Ihrem Konto werden geöffnet, klicken Sie hier auf *Stattdessen mit einem Microsoft-Konto anmelden*.

Ein lokales Konto in ein Microsoft-Konto umwandeln

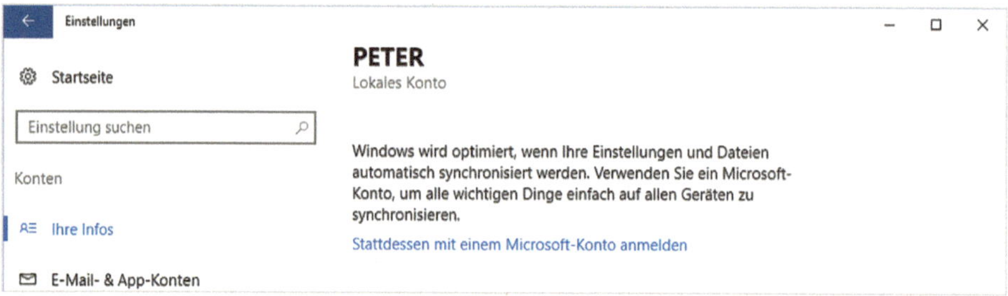

Microsoft-Konto in ein lokales Konto umwandeln
Umgekehrt kann auch ein Microsoft-Konto in ein lokales Konto umgewandelt werden, allerdings gehen dadurch sämtliche Einstellungen aus Mail, Kalender usw. verloren. Achten Sie in diesem Fall darauf, dass alle Apps geschlossen und Änderungen gespeichert sind, da Sie anschließend automatisch abgemeldet werden! Öffnen Sie dazu, wie oben beschrieben, die Einstellungen mit Ihrem Konto und klicken Sie auf *Stattdessen mit einem lokalen Konto anmelden*.

Achtung, nach Abschluss dieses Vorgangs werden Sie automatisch vom PC abgemeldet und müssen sich anschließend mit Ihrem neuen Konto wieder anmelden.

1 Im nächsten Schritt müssen Sie Ihr aktuelles Kennwort eingeben.

2 Anschließend geben Sie für das lokale Konto einen Benutzernamen und ein Kennwort (optional) ein. Klicken Sie abschließend auf *Abmelden und fertig stellen*. Damit werden Sie automatisch abgemeldet und müssen sich nun erneut mit Ihrem neuen Benutzernamen und Kennwort anmelden.

Ein lokales Konto zur Anmeldung erstellen

9.4 Persönliche Einstellungen synchronisieren

Wenn Sie Windows 10 noch auf weiteren Geräten benutzen, z. B. einem Smartphone, dann können Sie über das Microsoft-Konto Ihre persönlichen Einstellungen mit diesen Geräten synchronisieren.

1 Um die Sychronisierungseinstellungen zu kontrollieren und ggfs. zu ändern, klicken Sie im Startmenü auf *Einstellungen* und anschließend auf *Konten*.

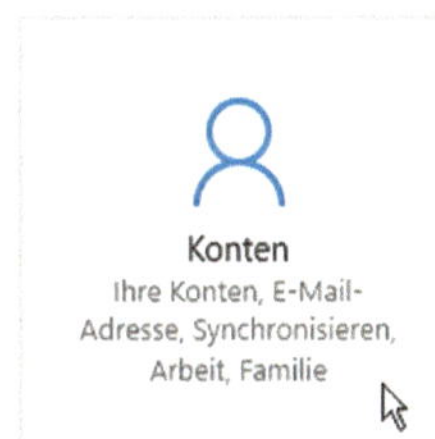

2 Klicken Sie dann links auf *Einstellungen synchronisieren*. Mit dem Schalter *Synchronisierungseinstellungen* schalten Sie die Synchronisierung ein bzw. aus. Ist dieser Schalter auf *Ein* gesetzt, können Sie unter *Einzelne Synchronisierungseinstellungen* für einzelne Einstellungen, beispielsweise *Design* oder *Kennwörter*, festlegen, ob Sie diese synchronisieren möchten.

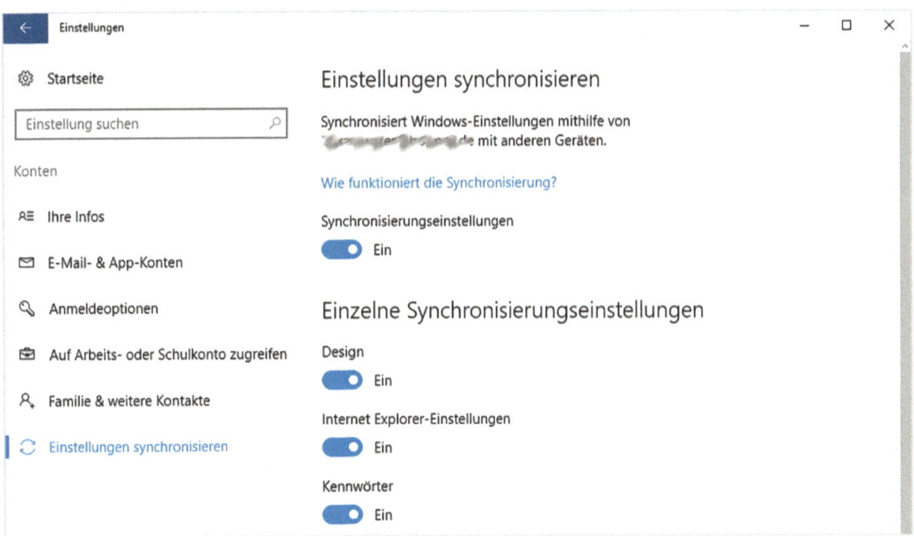

Mehrere Geräte synchronisieren

Voraussetzung: Sie müssen sich auf allen Geräten mit demselben Microsoft-Konto anmelden und die Synchronisierung bzw. der Schalter Synchronisierungseinstellungen muss auf jedem Gerät aktiviert sein.

9.5 Weitere Benutzerkonten verwalten

In den Einstellungen verwalten Sie unter *Konten* nicht nur Ihr persönliches Konto, sondern legen auch weitere Benutzerkonten an. **Achtung:** Zur Verwaltung weiterer Benutzerkonten müssen Sie über Administratorrechte verfügen.

Ein neues Benutzerkonto anlegen

1 Klicken Sie auf *Einstellungen* und auf *Konten*. Klicken Sie dann links auf *Familie & weitere Kontakte*. Rechts erscheinen die vorhandenen Benutzerkonten mit den dazugehörigen Rechten.

Konten für Familienmitglieder und weitere Kontakte verwalten

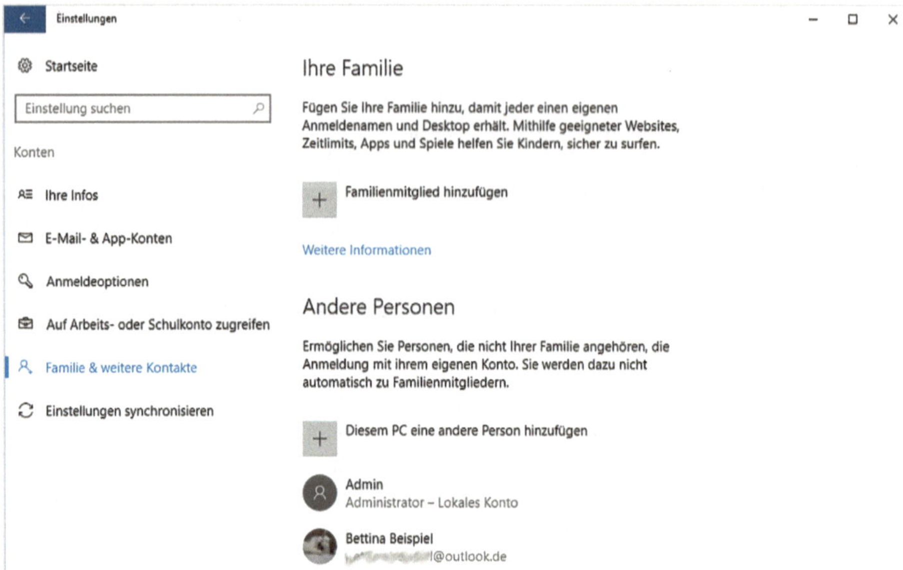

Achtung: Diese Kategorie ist nur sichtbar, wenn Sie mit Administratorrechten angemeldet sind!

2 Windows 10 unterscheidet zwischen Familienmitgliedern mit umfangreichen Jugendschutzeinstellungen und anderen Benutzern. Klicken Sie auf *Familienmitglied hinzufügen*, wenn Sie die umfangreichen Jugendschutzeinstellungen von Windows 10 nutzen und beispielsweise die Computernutzung von Kindern einschränken oder deren letzte Aktivitäten überprüfen möchten. Ob es sich um das Konto eines Erwachsenen oder eines Kindes handelt, legen Sie dann im nächsten Schritt fest.

Wenn dagegen keine speziellen Jugendschutzeinstellungen benötigt werden, dann klicken Sie auf *Diesem PC eine andere Person hinzufügen*, beispielsweise um ein Konto für Ihren Ehepartner anzulegen.

3 Tippen Sie im nächsten Schritt die E-Mail Adresse des neuen Kontos ein. Existiert kein entsprechendes Konto bzw. verfügen Sie nicht über die nötigen Informationen, dann klicken Sie auf *Die Person, die ich hinzufügen möchte, besitzt keine E-Mail Adresse* (Familienmitglied) und legen das Konto an. Falls Sie Sie ein Konto für eine andere Person anlegen, dann klicken Sie auf *Ich kenne die Anmeldeinformationen für diese Person nicht*.

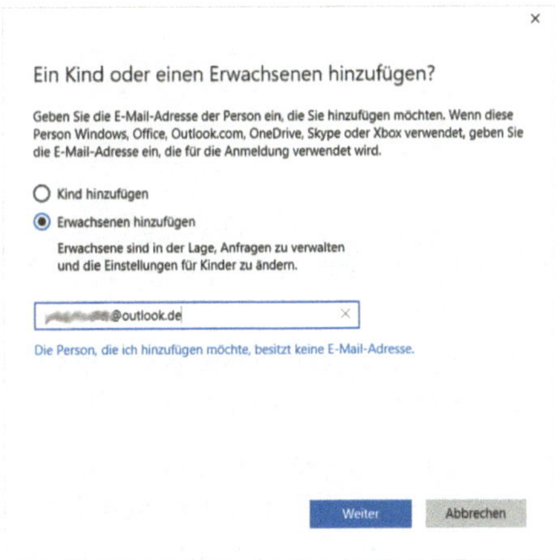

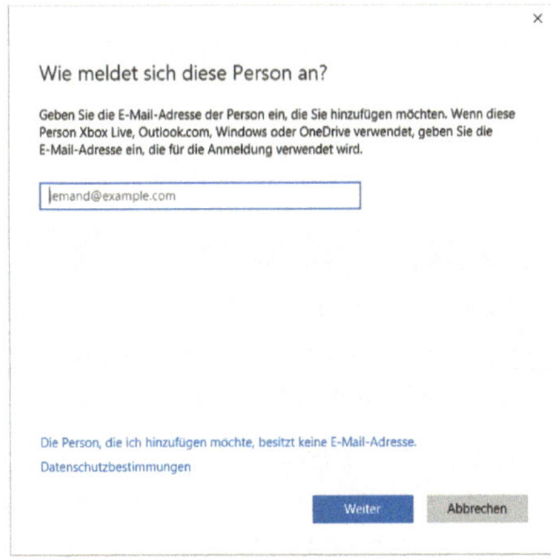

Familienmitglied hinzufügen

Andere Person hinzufügen

Ein lokales Konto erstellen

Mit der Auswahl *Diesem PC eine andere Person hinzufügen* und anschließendem Klick auf *Ich kenne die Anmeldeinformationen für diese Person nicht* besteht im nächsten Schritt auch die Möglichkeit, ein lokales Konto zu erstellen. Dazu lassen Sie das Feld E-Mail-Adresse frei, klicken auf *Weiter* und klicken Sie dann auf den Link *Benutzer ohne Microsoft-Konto hinzufügen*. Vergeben Sie einen beliebigen Benutzernamen und ein Kennwort.

Benutzername und Kennwort eines lokalen Kontos gelten ausschließlich für die Anmeldung am PC. Ein lokales Konto kann vom Benutzer jederzeit in ein Microsoft-Konto umgewandelt werden.

Typ/Berechtigung ändern, Konto löschen

Um die Rechte eines Benutzers zu ändern oder den Benutzer zu löschen, klicken Sie einfach auf dessen Konto. Es erscheinen die Schaltflächen *Kontotyp ändern* und *Entfernen*. Mit Klick auf *Kontotyp ändern* können Sie anschließend zwischen Standardbenutzer und Administrator wählen. Beim Löschen eines Kontos mit Klick auf die Schaltfläche *Entfernen* werden Sie darauf aufmerksam gemacht, dass dadurch auch alle persönlichen Ordner samt Inhalt gelöscht werden.

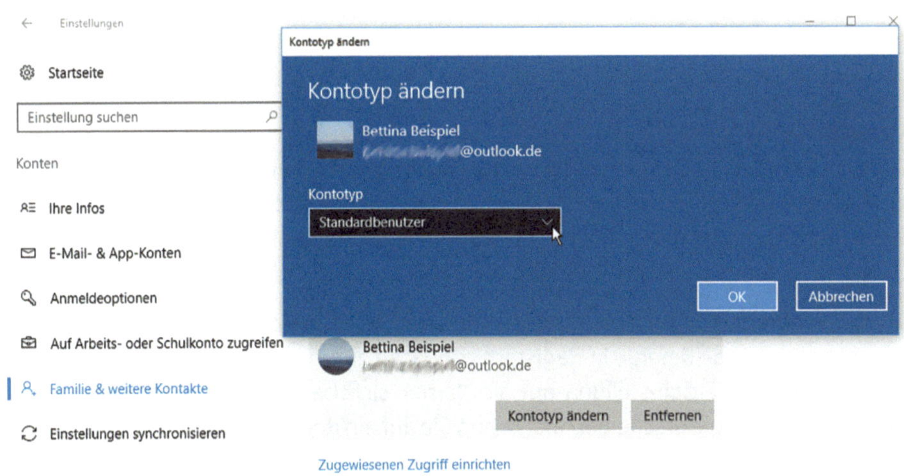

Kontotyp ändern, Konto entfernen

Neu ist die Möglichkeit, die Nutzung eines Kontos so einzuschränken, dass nur der Zugriff auf eine einzelne Windows-Store App möglich ist. Klicken Sie dazu auf *Zugewiesenen Zugriff einrichten* und wählen anschließend Konto und App aus.

10 Dateiverwaltung

10.1 Der Datei-Explorer

Der Windows-Explorer früherer Versionen wird jetzt nur noch als Explorer oder Datei-Explorer bezeichnet. Zum Starten des Explorers benutzen Sie entweder das Symbol in der Taskleiste oder im Startmenü oder verwenden die Tastenkombination Windows+E. Alternativ finden Sie den Explorer auch im Kontextmenü des Startlogos.

Sie können auch festlegen, dass nach dem Öffnen Dieser PC angezeigt wird, Näheres dazu unter Punkt 10.6.

Egal, wie der Explorer gestartet wurde; nach dem Öffnen erscheint zunächst der *Schnellzugriff*, früher als *Favoriten* bezeichnet. Damit werden die fest angehefteten Ordner zusammen mit häufig verwendeten Ordnern angezeigt, unterhalb listet der Explorer zudem zuletzt verwendete Dateien auf.

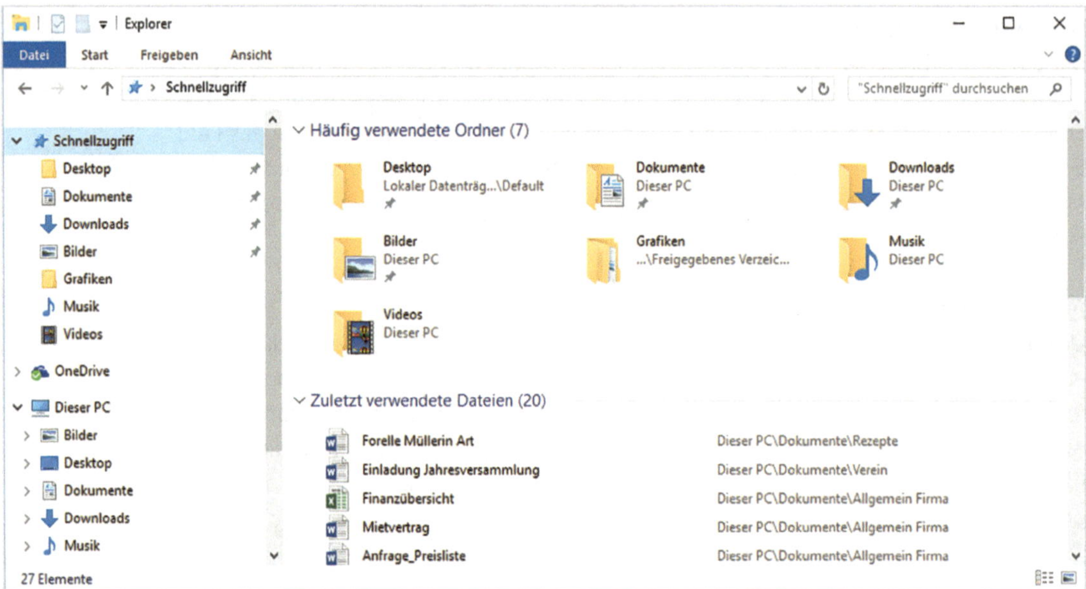

Der Datei-Explorer nach dem Start

Das Menüband

Seit Windows 8.1 hat Explorer ein etwas anderes Aussehen erhalten. Wie in den Microsoft-Office Anwendungen wurden Menü- und Symbolleiste durch ein Menüband (engl. ribbon) ersetzt. Vereinfacht lässt sich ein Menüband als Zusammenfassung von klassischen Menüs und Symbolleisten bezeichnen.

Innerhalb der Register finden Sie zur besseren Übersicht nochmals Gruppen vor, z. B. die Gruppe *Organisieren* im Register *Start*.

Das Menüband des Explorers fasst, genau wie die Microsoft Office-Anwendungen, zusammengehörige Befehle in Registern, z. B. *Start* zusammen. Von diesem sind allerdings in der Standardeinstellung nur die Namen sichtbar. Die dazugehörigen Schaltflächen und Symbole erscheinen erst, wenn Sie auf ein Register klicken und verschwinden sofort wieder, nachdem Sie auf eine Schaltfläche oder eine beliebige andere Stelle geklickt haben.

Soll das Menüband dauerhaft vollständig sichtbar sein, so klicken Sie mit der Maus auf das kleine Symbol am rechten Rand, je nach Einstellung kann dies ein Pin-Symbol oder ein Pfeil sein. Ein weiterer Mausklick an dieser Stelle reduziert die Anzeige wieder.

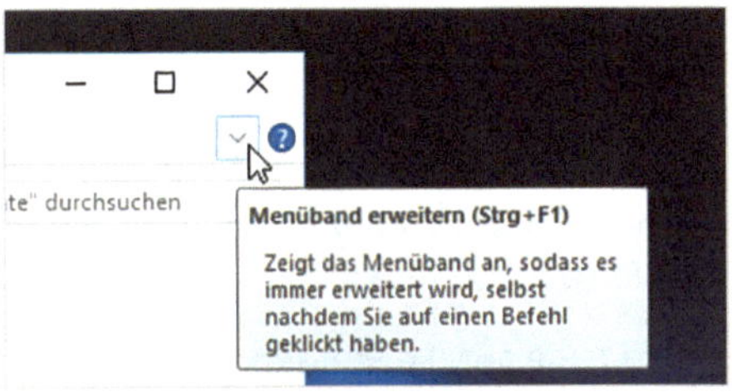

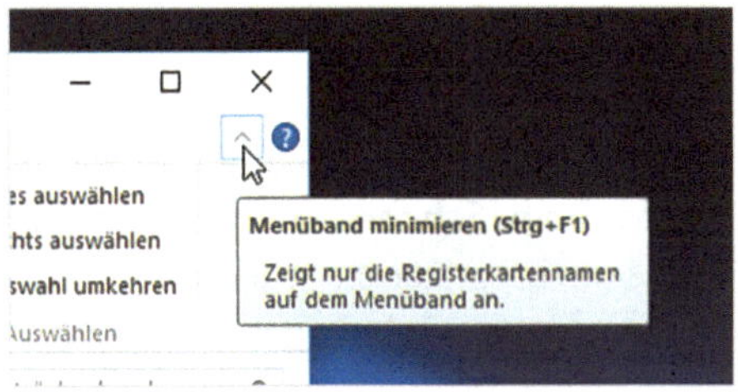

Menüband erweitern

Menüband minimieren (ausblenden)

Achtung: Auch ein Doppelklick auf einen Reiter blendet das Menüband aus und wieder ein!

- Die verfügbaren Register sind davon abhängig, welcher Speicherort gerade ausgewählt ist. So erscheint zum Beispiel das Register *Bildtools* - *Verwalten* nur dann, wenn ein Bilderordner ausgewählt ist bzw. dessen Inhalt im Inhaltsbereich angezeigt wird.
- Beachten Sie auch, dass das Menüband dynamisch der Fenstergröße angepasst wird. Reicht die Fenstergröße nicht zur vollständigen Anzeige aus, so verschwindet bei einigen Symbolen die Beschriftung, nähere Informationen erhalten Sie beim Zeigen auf ein Symbol.

Die Tabelle liefert eine kleine Übersicht, in welchem Register und welcher Gruppe Sie die wichtigsten Befehle finden.

Befehl	Register und Gruppe
Neuen Ordner anlegen	Start - Neu
Zwischenablage, Kopieren, Ausschneiden, Verschieben	Start - Zwischenablage und Start - Organisieren
Markiertes Element löschen	Start - Organisieren
Markiertes Element umbenennen	Start - Organisieren
Elemente markieren	Start - Auswählen
Dateinamenerweiterungen ein- und ausblenden (Kontrollkästchen)	Ansicht - Ein-/ausblenden
Kontrollkästchen zum Markieren anzeigen	Ansicht - Ein-/ausblenden (Elementkontrollkästchen)
Vorschaufenster und Detailbereich ein- und ausblenden	Ansicht - Bereiche
Verschiedene Ordneransichten	Ansicht - Layout
Sortieren und Gruppieren	Ansicht - Aktuelle Ansicht
Ordneroptionen	Ansicht - Optionen oder Datei - Ordner und Suchoptionen ändern

Daneben funktioniert natürlich nach wie vor die Befehlseingabe über das Kontextmenü der rechten Maustaste.

Befehl	Register und Gruppe
CD/DVD brennen	Freigabe - Senden
Dateien komprimieren	Freigabe - Senden
Element als Anlage versenden	Freigabe - Senden

Symbolleiste für den Schnellzugriff

Ein weiteres wichtiges Element in Verbindung mit dem Menüband stellt die Symbolleiste für den Schnellzugriff dar, kurz auch als Schnellzugriffsleiste bezeichnet. Diese kann vom Benutzer um weitere Befehle ergänzt werden.

Um der Leiste weitere Befehle hinzuzufügen, klicken Sie auf die Pfeilschaltfläche *Symbolleiste für den Schnellzugriff anpassen* am Ende der Leiste (Bild unten). Es öffnet sich eine Liste weiterer verfügbarer Befehle, klicken Sie auf den Befehl, den Sie der Leiste hinzufügen möchten; bereits enthaltene Befehle sind mit einem Häkchen versehen.

Symbolleiste für den Schnellzugriff anpassen

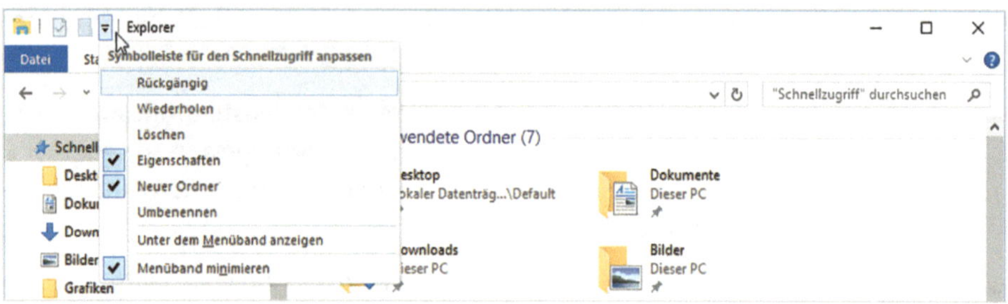

Eine weitere Methode, um der Symbolleiste für den Schnellzugriff weitere Symbole hinzuzufügen: Klicken Sie im Menüband mit der rechten Maustaste auf einen Befehl und verwenden Sie im Kontextmenü den Befehl *Zur Symbolleiste für den Schnellzugriff hinzufügen*.

10.2 Navigation im Explorer

Adressleiste

Die Adressleiste hat zu den Pfeilen *Zurück* und *Vorwärts* noch einen nach oben weisenden Pfeil erhalten, der Sie in den übergeordneten Ordner bzw. Speicherort bringt.

Adressleiste

Navigationsleiste

In der Navigationsleiste des Explorers finden Sie folgende Bereiche vor:

- Im Bereich *Schnellzugriff*, früher *Favoriten*, können Sie häufig benötigte Speicherorte bzw. Ordner anheften, am Pin-Symbol leicht zu erkennen. Standardmäßig sind hier die persönlichen Ordner *Dokumente*, *Bilder*, *Downloads* und *Desktop* bereits vorhanden, außerdem fügt Windows 10 häufig verwendete Ordner automatisch hinzu. Über das Kontextmenü der rechten Maustaste oder durch Ziehen mit der Maus können Sie weitere Ordner an den Schnellzugriff fest anheften oder daraus entfernen.

- Unter *OneDrive* finden Sie Dateien und Ordner, die in der Cloud gespeichert sind, vorausgesetzt Sie sind mit einem Microsoft-Konto angemeldet. Dieser Speicherort ist vollständig in den Explorer integriert und kann wie jedes andere Laufwerk zum Speichern von Dateien benutzt werden, Ordner lassen sich hier ebenfalls beliebig erstellen.
- *Dieser PC*, früher *Computer*, fasst jetzt alle Benutzerordner bzw. Standardordner und alle angeschlossenen Laufwerke zusammen, beispielsweise Festplatte, CD/DVD-Laufwerk und USB-Speicherstift.
- *Heimnetzgruppe* und *Netzwerk* sind unverändert geblieben.

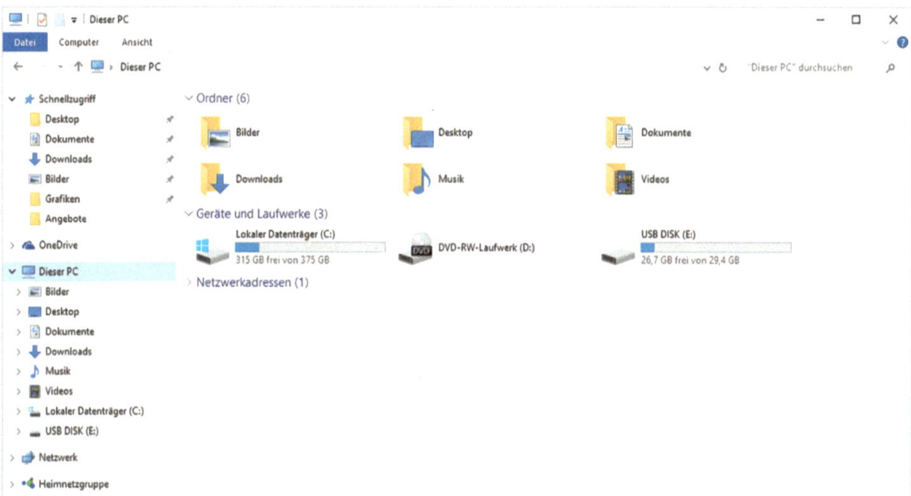

Die Bereiche des Explorers in der Navigationsleiste

Pfadangaben

Standardmäßig zeigt die Adressleiste die Adresse des aktuellen Ordners in der bekannten Form an. Zur Anzeige des Suchpfades in der korrekten Schreibweise mit Backslash (\) klicken Sie im Adressfeld an eine leere Stelle.

Die sichtbare Adresse

Der vollständige Suchpfad

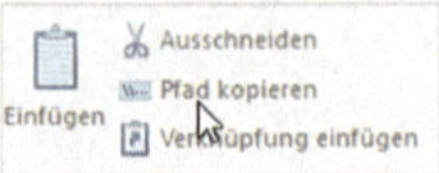

Tipp: Im Register *Start*, Gruppe *Zwischenablage*, finden Sie die Schaltfläche *Pfad kopieren*. Mit dieser kopieren Sie den vollständigen Pfad des markierten Elements in die Zwischenablage und können diesen anschließend, z. B. in einem Dokument oder einer E-Mail, mit Strg+V wieder einfügen.

Wo sind die Bibliotheken?

Falls Sie zuvor mit Windows 7 gearbeitet haben, werden Sie möglicherweise die Bibliotheken vermissen. Diese existieren auch in Windows 10, sind aber standardmäßig nicht sichtbar und werden auch nicht zwingend benötigt.

Falls Sie mit den Bibliotheken arbeiten möchten: Klicken Sie zum Einblenden im Menüband auf das Register *Ansicht* und auf die Schaltfläche *Navigationsbereich* (Bild unten). Aktivieren Sie hier die Einstellung *Bibliotheken anzeigen* (Häkchen).

Bibliotheken anzeigen

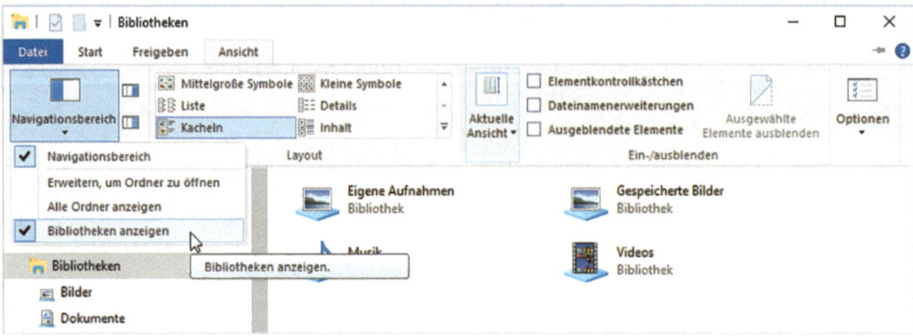

Der Abschnitt *Bibliotheken* mit den bekannten Standardbibliotheken erscheint in der Navigationsleiste unterhalb von *Dieser PC*. Die Befehle zum Verwalten von Bibliotheken erhalten Sie im Menüband in Form eines weiteren Registers sobald eine Bibliothek markiert ist.

- Zum Hinzufügen eines Ordners klicken Sie hier auf *Bibliothek verwalten*.
- Um eine neue Bibliothek zu erstellen, klicken Sie in der Navigationleiste auf *Bibliotheken* und verwenden im Register *Start*, Gruppe *Neu*, die Schaltfläche *Neues Element*.

Beispiel: Die Bibliothek Dokumente

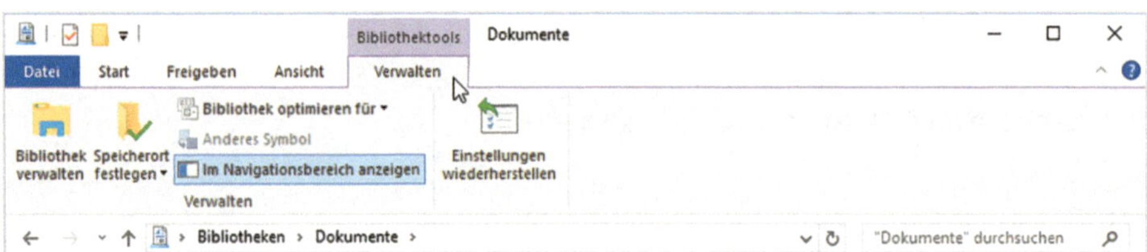

Anstatt wie bisher die persönlichen und öffentlichen Ordner umfassen die Standardbibliotheken von Windows 10 jetzt zusammengehörende Ordner auf Festplatte und *OneDrive*. So enthält beispielsweise die Bibliothek *Dokumente* nun standardmäßig die Ordner Dokumente (*Dieser PC*) und Dokumente (*OneDrive*).

10.3 Anzeigeeinstellungen

Ansichten

Die von früheren Windows-Versionen bekannte Schaltfläche *Ansicht ändern* wurde ersetzt durch ein Auswahlfeld im Register *Ansicht*, Gruppe *Layout*. Sollten hier nicht alle Ansichten auf Anhieb sichtbar sein, so klicken Sie auf den Pfeil *Mehr*, um das gesamte Feld zu öffnen (Bild unten). Wenn Sie mit der Maus auf eine der Ansichten zeigen, erhalten Sie im Inhaltsbereich eine Vorschau, erst mit einem Mausklick wird die Ansicht übernommen.

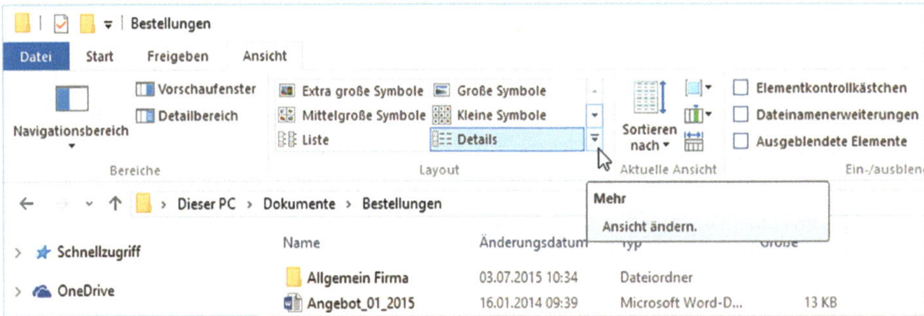

Ansichten anzeigen

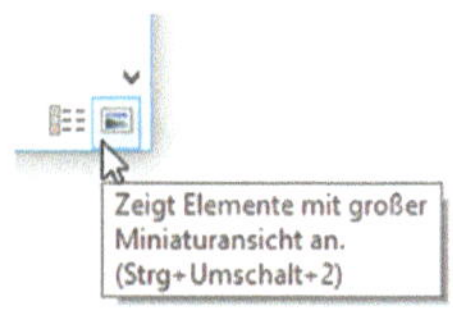

Tipp: Die beiden wichtigsten Ansichten, nämlich *Details* und *Große Symbole*, finden Sie als Symbole auch in der unteren rechten Ecke des Explorer-Fensters.

Dateinamenerweiterungen und ausgeblendete Elemente

Die Dateinamenerweiterungen lassen sich über das gleichnamige Kontrollkästchen des Registers *Ansicht* schnell ein- und wieder ausblenden. In der gleichen Gruppe finden Sie auch das Kontrollkästchen *Ausgeblendete Elemente*, mit dem Sie die Anzeige nicht sichtbarer Elemente aktivieren und deaktivieren können.

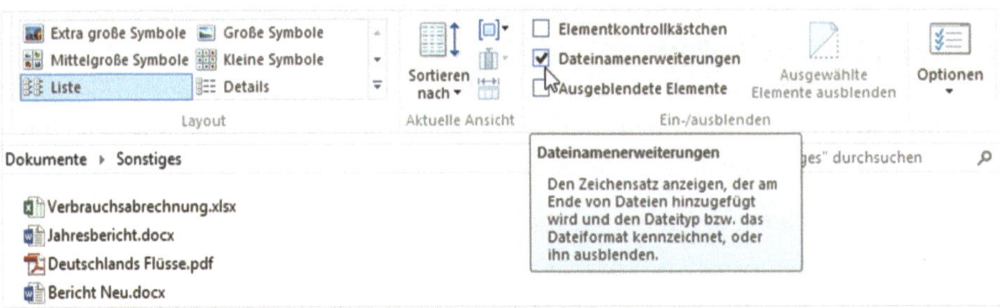

Dateinamenerweiterungen anzeigen

Mehrere Elemente mit Elementkontrollkästchen markieren

In der Gruppe *Ein-/ausblenden* (Register *Ansicht*) finden Sie auch das Kontrollkästchen *Elementkontrollkästchen*. Damit erscheint beim Zeigen auf ein Dateisymbol links davon bzw. in dessen linker oberer Ecke ein Kontrollkästchen, über das Sie per Mausklick ein Element markieren, ein weiterer Klick entfernt das Häkchen wieder. Auf diese Weise lassen sich bequem gleich mehrere Elemente nacheinander markieren.

Markieren per Elementkontrollkästchen

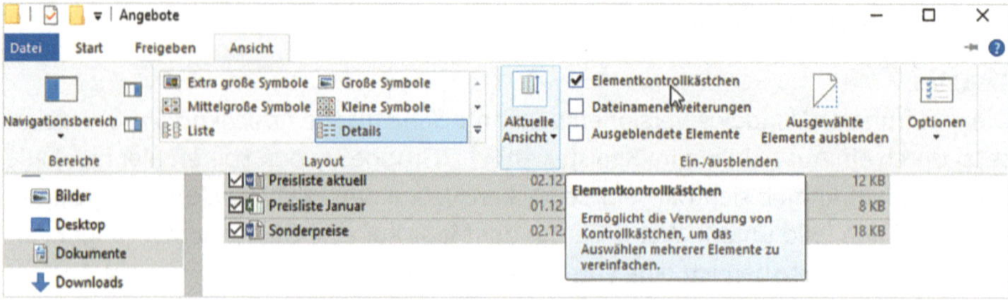

10.4 Apps zum Öffnen von Dateien festlegen

Wenn Sie eine Datei mit einer bestimmte Anwendung bzw. App öffnen möchten, dann klicken Sie mit der rechten Maustaste auf die Datei, zeigen im Kontextmenü auf *Öffnen mit* und klicken auf die gewünschte App. Oder klicken Sie im Menüband, Register *Start*, auf den Dropdown-Pfeil der Schaltfläche *Öffnen* und klicken auf die gewünschte App. Befindet sich die gewünschte App nicht in der Liste, so klicken Sie auf *Andere App auswählen*.

App zum Öffnen auswählen

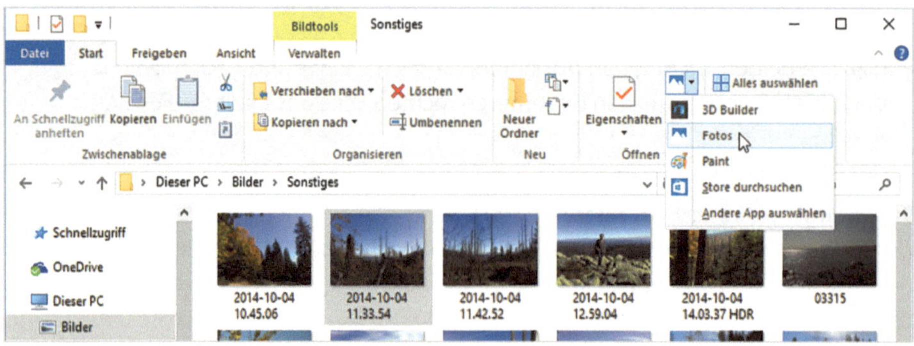

Standard-App im Explorer festlegen

1 Um eine andere App als Standard zum Öffnen festzulegen, verwenden Sie ebenfalls aus dem Kontextmenü den Befehl *Öffnen mit* bzw. klicken auf den Dropdown-Pfeil der Schaltfläche *Öffnen* (siehe oben).

2 Klicken Sie dann auf *Andere App auswählen*.

3 Es öffnet sich ein Fenster mit der Frage *Wie soll diese Datei weiterhin geöffnet werden?* Unterhalb erhalten Sie eine Liste verfügbarer bzw. installierter Apps. Unter *Diese App weiterhin verwenden* sehen Sie die bisherige Standardanwendung.

4 Zum Ändern klicken Sie auf die gewünschte App und aktivieren das Kontrollkästchen *Immer diese App zum Öffnen von ... Dateien verwenden*. Klicken Sie auf *OK*, um die Änderung zu übernehmen.

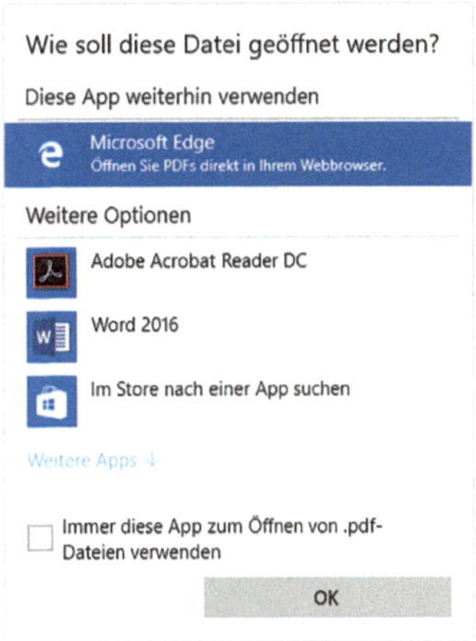

Die bisherige Standardanwendung

Neue Standardanwendung wählen

Standard-Apps in den Einstellungen kontrollieren und ändern

Eine zweite Möglichkeit zum Ändern der Standard-App finden Sie in den Einstellungen. Klicken Sie auf *System* und wählen Sie *Standard-Apps*. Klicken Sie auf eine Aufgabe, z. B. Webbrowser oder E-Mail (siehe Bild unten), so erscheint eine Liste passender installierter Apps einschließlich der Möglichkeit, im Store nach einer geeigneten App zu suchen. Klicken Sie auf die gewünschte App.

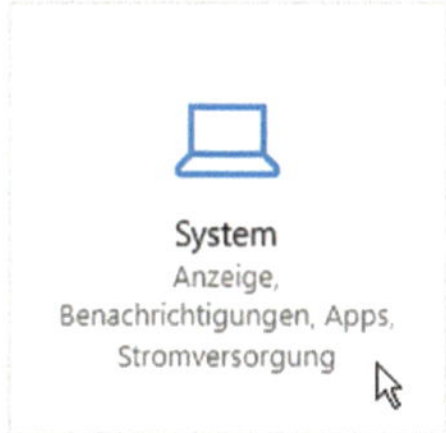

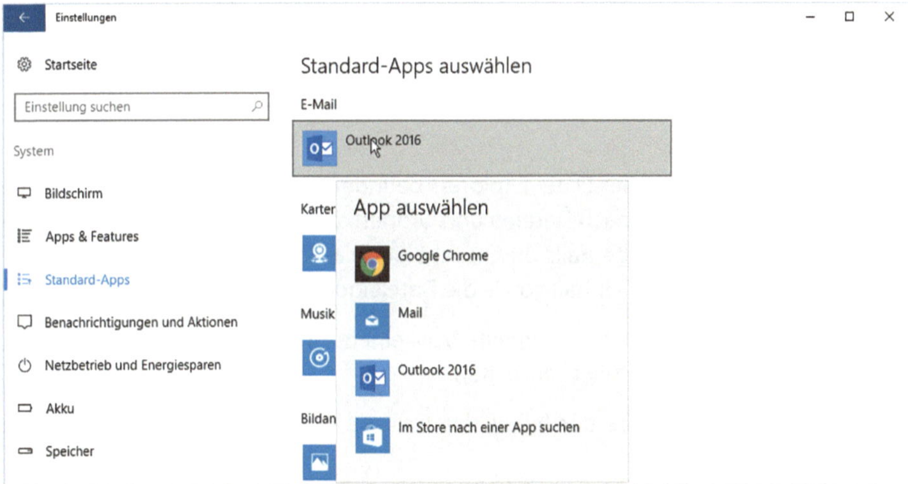

Beispiel: Die Standard-App für E-Mail auswählen

Genauso verfahren Sie auch, wenn Sie einen bestimmten Browser als Standardbrowser festlegen möchten. Scrollen Sie weiter nach unten und klicken Sie auf den verwendeten Webbrowser, standardmäßig *Microsoft Edge*. Es erscheint eine Liste verfügbarer, d.h. installierter Browser. Klicken Sie auf den gewünschten oder durchsuchen Sie den Windows Store.

Weitere Einstellungen zu Standard-Apps

Am Ende der Liste finden Sie drei Links, mit denen Sie die Standard-Apps nach Dateityp, also Dateinamenerweiterung, nach Protokoll und nach App zuweisen. Mit Klick auf den Link *Standard-Apps nach Dateityp auswählen* können Sie z. B. jedem Dateityp bzw. jeder Dateinamenerweiterung eine App zum Öffnen zuweisen. **Achtung**, für alle drei gilt: Änderungen sollten nur mit guten Kenntnissen der jeweiligen App vorgenommen werden, da sonst eventuell Dateien nicht mehr ohne weiteres geöffnet werden können.

Am Ende der Liste finden Sie die Schaltfläche *Zurücksetzen*, mit der Sie bei Bedarf alle Änderungen auf die empfohlenen Standardeinstellungen zurücksetzen können.

Nach Dateityp auswählen

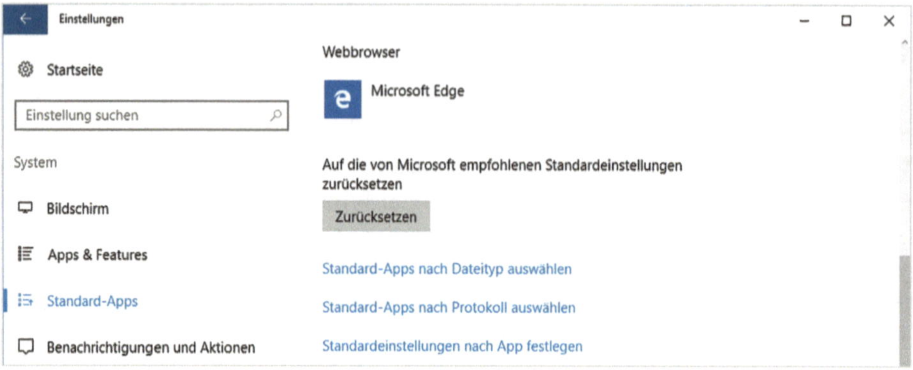

10.5 Dateien und Ordner suchen

Im Explorer suchen

Rechts in der Adresszeile des Datei-Explorers befindet sich das Suchfeld, mit dem Sie den aktuellen Speicherort nach Dateien und Ordnern durchsuchen können, Unterordner werden automatisch ebenfalls durchsucht. Standardmäßig bezieht die Suche Datei- bzw. Ordnername, Dateiinhalt sowie die Dateieigenschaften ein.

Beispiel: Sie suchen im Ordner *Dokumente* bzw. einem Unterordner dieses Ortes nach Dateien, die den Namen „Müller" enthalten.

1 Sorgen Sie dafür, dass der Inhalt des Ordners *Dokumente* im Anzeigebereich sichtbar ist.

2 Klicken Sie in das Suchfeld und tippen Sie den gesuchten Begriff ein. Bereits während der Eingabe erscheinen entsprechende Treffer im Anzeigebereich, daher genügt manchmal auch schon die Eingabe der ersten Zeichen.

3 Die gefundenen Ordner und Dateien werden in der Ansicht *Inhalt* aufgelistet, der Suchbegriff ist hervorgehoben. Sie brauchen jetzt nur noch die gewünschte Datei bzw. den Ordner mit Doppelklick öffnen.

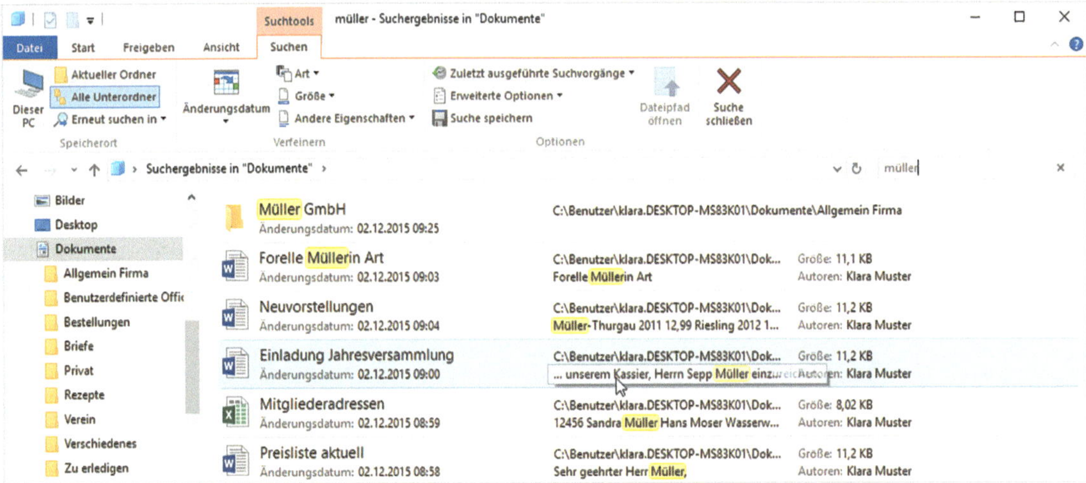

Beispiel: Den Ordner Dokumente und Unterordner durchsuchen

> **Tipp:** In einer zweiten Spalte wird zusammen mit dem Dateipfad auch der entsprechende Auszug aus dem Dateiinhalt angezeigt. Mehr Informationen erhalten Sie, wenn Sie mit der Maus auf diese Stelle zeigen.

Suchergebnisse wieder ausblenden

Zum Ausblenden der Suchergebnisse klicken Sie auf das kleine x-Symbol rechts neben dem Suchfeld. Oder klicken Sie im Menüband, Register *Suchtools - Suchen*, auf die Schaltfläche *Suche schließen* (siehe Bild oben). Dadurch wird der Suchbegriff gelöscht und die ursprüngliche Anzeige wiederhergestellt.

Tipp: Speicherort anzeigen

In vielen Fällen genügt es nicht, die gesuchte Datei zu finden, sondern Sie möchten wissen, in welchem Ordner diese gespeichert ist. Dazu markieren Sie die Datei und klicken im Register *Suchen* auf *Dateipfad öffnen*. Im Explorer wird daraufhin der Ordner geöffnet und die Datei markiert. Denselben Befehl erhalten Sie auch im Kontextmenü der rechten Maustaste.

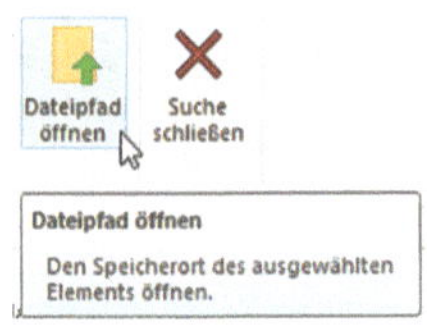

Die Suche verfeinern

Die Suche von Windows 10 kann noch mehr, verschiedene Optionen finden Sie im Menüband, Register *Suchtools - Suchen*. Dieses Register erscheint automatisch zusammen mit den Suchergebnissen.

Register Suchtools - Suchen

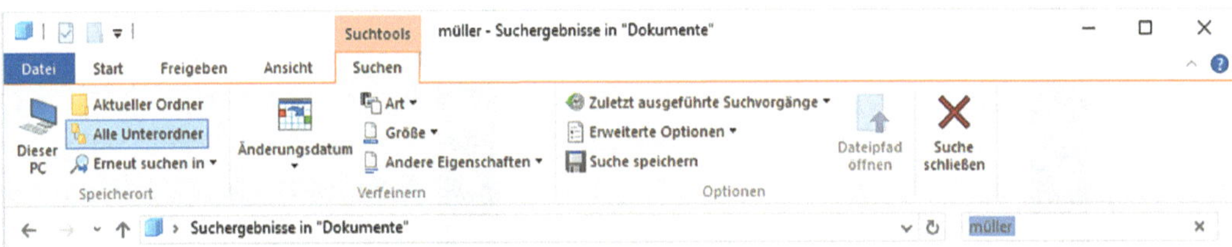

Welche Speicherorte in die Suche einbezogen werden, können Sie über die Schaltflächen der Gruppe *Ort* festlegen. Ferner erlauben die Schaltflächen *Art*, Größe und *Änderungsdatum* eine Eingrenzung. Falls Sie nach Dateinamenerweiterung filtern möchten, gehen Sie so vor:

1 Klicken Sie auf die Schaltfläche *Andere Eigenschaften* und wählen Sie *Typ*.

2 Im Suchfeld erscheint nun rechts vom Suchbegriff der Zusatz *Typ:*; tippen Sie dahinter die gesuchte Dateinamenserweiterung, im Beispiel unten *xlsx* für den Dateityp Excel 2007-2016 Arbeitsmappe, ein.

Nach Dateityp suchen

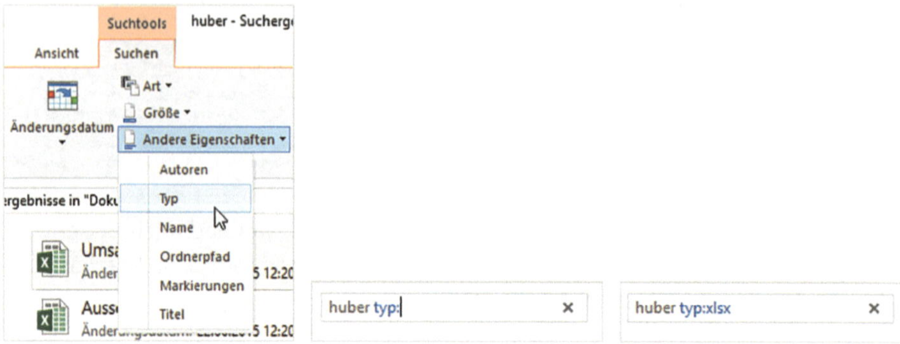

Cortana bzw. die Windows-Suche nutzen

Sie können natürlich auch das Suchfeld der Taskleiste bzw. Cortana zur Suche nach Dateien und Ordnern benutzen. Beachten Sie aber, dass hier ausschließlich indizierte Orte bei der Suche berücksichtigt werden.

1 Tippen Sie im Suchfeld die ersten Buchstaben der gesuchten Datei oder des Dateiinhalts ein.

Nach Dokumenten suchen

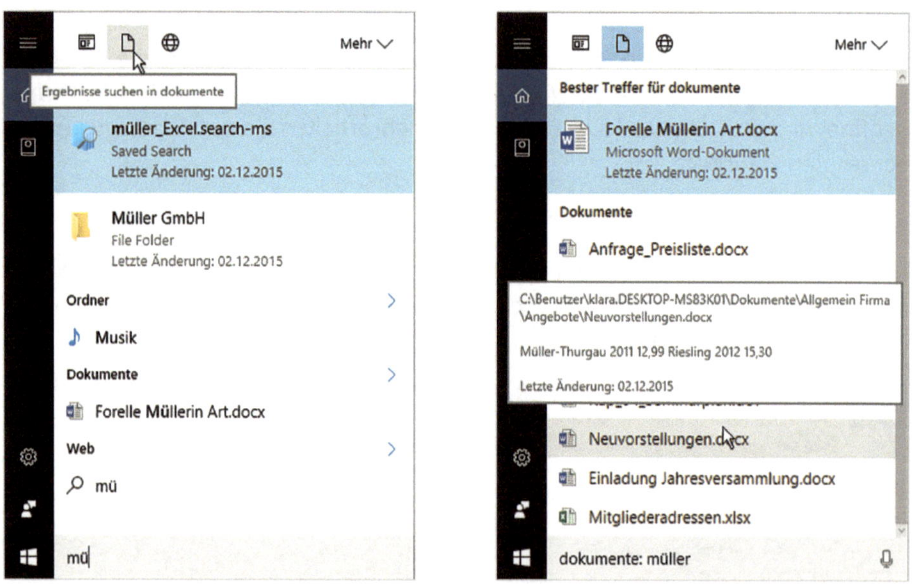

2 Neben diversen Vorschlägen für die Suche im Web führt die Trefferliste auch Dateien und Ordner auf, deren Name den Suchbegriff enthält.

3 Soll auch der Dateiinhalt einbezogen werden, so klicken Sie auf das Symbol *Ergebnisse suchen in Dokumente*. Die nachfolgende Liste zeigt nun alle Dateien und Ordner an, deren Name oder Inhalt den Suchbegriff enthält.

Wenn Sie auf eine Datei zeigen, so sehen Sie neben dem Dateipfad auch den Inhalt, allerdings in Textform, sowie das Datum der letzten Änderung.

> **Tipp:** Wenn Sie mit der rechten Maustaste auf eine Datei klicken, erhalten Sie mit dem Befehl *Speicherort öffnen* die Möglichkeit, schnell den Explorer mit dem Speicherort zu öffnen.

Such- und Indizierungsoptionen

Ein Index beschleunigt die Suche erheblich, insbesondere bei einer Vielzahl gespeicherter Daten. Die Inhalte aller Benutzerordner und deren Unterordner sowie alle offline verfügbaren Dateien auf OneDrive werden automatisch indiziert. Wenn Microsoft Outlook installiert ist, werden auch alle Outlook-Elemente, z. B. E-Mails und Termine, indiziert.

Da die Suche an nicht indizierten Speicherorten entsprechend länger dauert, verwendet Windows 10 die folgenden Standardeinstellungen:

- An indizierten Speicherorten wird nach Dateiname und Dateiinhalt gesucht.
- An nicht indizierten Speicherorten wird nur der Dateiname berücksichtigt.
- Komprimierte Ordner werden nicht in die Suche einbezogen.

Um die Sucheinstellungen zu kontrollieren und ggfs. zu ändern, klicken Sie im Menüband, Register *Suchen*, auf *Erweiterte Optionen*.

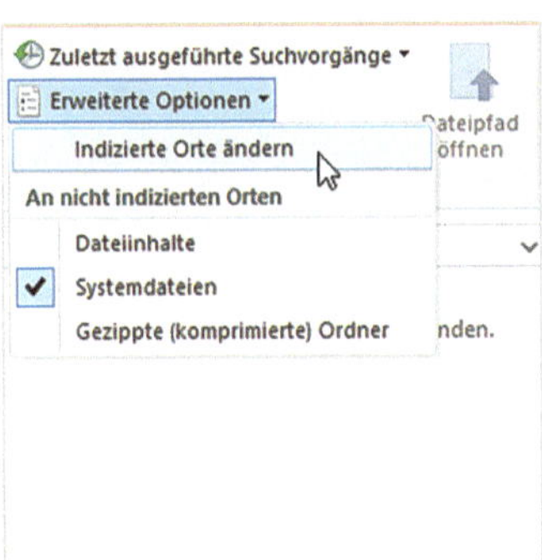

Indizierte Orte

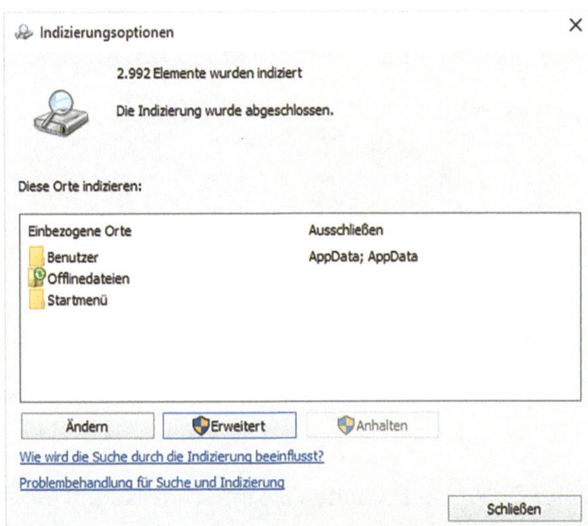

Indizierungsoptionen

Hier können Sie unter *An nicht indizierten Orten* festlegen, ob auch Dateiinhalte und Systemdateien durchsucht werden sollen (Häkchen). Beachten Sie aber, dass die Suche nach Dateiinhalten an diesen Orten länger dauern kann. Alternativ klicken Sie im Register *Datei* des Datei-Explorers auf *Ordner- und Suchoptionen ändern* und im Fenster *Ordneroptionen* auf das Register *Suchen*.

Falls Sie weitere Speicherorte in die Indizierung mit einbeziehen möchten, klicken Sie auf *Erweiterte Optionen* und auf *Indizierte Orte ändern*. Das Fenster *Indizierungsoptionen* öffnet sich (siehe Bild oben). Der Ordner *Benutzer* in den Indizierungsoptionen bedeutet, alle Standardordner sowie deren Unterordner sind indiziert (Standardeinstellung). Über die Schaltfläche *Ändern* haben Sie die Möglichkeit, Speicherorte hinzuzufügen bzw. zu entfernen.

10.6 Startverhalten und Schnellzugriff des Explorers steuern

Standardmäßig werden beim Öffnen des Explorers im Anzeigebereich alle, im *Schnellzugriff* vorhandenen Ordner sowie zuletzt verwendete Dateien und Ordner angezeigt. Sollen stattdessen beim Öffnen immer die Elemente von *Dieser PC* (wie in früheren Versionen) angezeigt werden, dann gehen Sie so vor:

1 Klicken Sie im Menüband des Explorers auf das Register *Ansicht* und hier auf die Schaltfläche *Optionen*. Denselben Befehl finden Sie auch im Register *Datei*. In beiden Fällen öffnet sich das Dialogfenster *Ordneroptionen*, zunächst mit dem Register *Allgemein*.

2 Klicken Sie bei *Datei-Explorer öffnen für* auf den Dropdown-Pfeil und wählen Sie anstelle *Schnellzugriff* (Standardeinstellung) *Dieser PC* aus.

Ordneroptionen, Register Allgemein

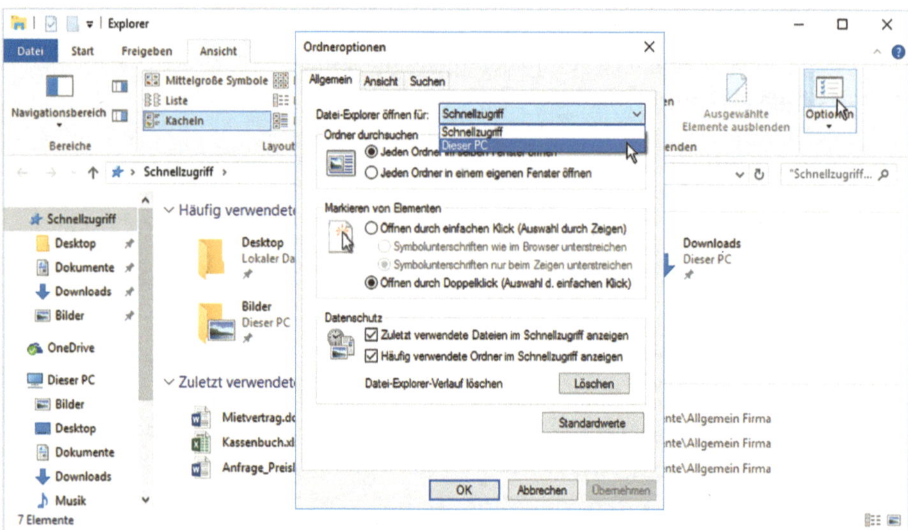

Unter *Datenschutz* können Sie im Schnellzugriff die Anzeige zuletzt verwendeter Dateien und häufig verwendeter (nicht angehefteter) Ordner über die jeweiligen Kontrollkästchen deaktivieren. Zusätzlich kann bei *Datei-Explorer-Verlauf löschen* über die Schaltfläche *Löschen*, ähnlich den Browsereinstellungen, die Liste zuletzt besuchter Speicherorte gelöscht werden.

10.7 OneDrive nutzen

OneDrive funktioniert wie eine zweite Festplatte und ist als kostenloser Speicher in der Cloud zusammen mit einem Microsoft-Konto verfügbar. Der Vorteil: Sie können von jedem Gerät mit Internet-Anschluss auf Ihre gespeicherten Dateien zugreifen und bei Bedarf Daten für andere Personen freigeben.

OneDrive Ordner und Dateien synchronisieren

Wie Sie bereits gesehen haben, ist *OneDrive* vollständig in den Datei-Explorer von Windows 10 integriert und wird, z. B. beim Speichern und Öffnen, wie jedes andere Laufwerk behandelt. Da es sich um einen Speicherort handelt, der abhängig ist vom Internet-Zugang, werden standardmäßig alle hier befindlichen Ordner synchronisiert, d.h. die Ordner werden samt Inhalt automatisch auch auf der Festplatte gespeichert und sind somit auch ohne Verbindung zum Internet verfügbar.

Das Synchronisieren der Speicherorte erfolgt automatisch und im Hintergrund. Im Explorer sind die Datei- und Ordnersymbole auf *OneDrive* mit einem kleinen Symbol versehen, an dem Sie erkennen können, ob das Element bereits aktualisiert wurde oder gerade synchronisiert wird . Den aktuellen Status der Synchronisation können Sie auch über die Taskleiste einsehen. Hier finden Sie im Infobereich das Symbol für *OneDrive*. Zeigen Sie auf das Symbol, so erhalten Sie den aktuellen Status als Kurzinfo, beim Anklicken des Symbols öffnet sich eine Statusmeldung.

Status OneDrive

- *Aktuell* bzw. ein grüner Haken bedeuten, alle Dateien und Ordner sind aktuell. Kreisförmige Pfeile dagegen signalisieren, dass gerade synchronisiert wird.
- Mit Klick auf den Link *Ihren OneDrive-Ordner öffnen* wird der Datei-Explorer mit den Inhalten von *OneDrive* geöffnet.

Synchronisationseinstellungen

Standardmäßig werden alle Dateien und Ordner auf *OneDrive* in die Synchronisation einbezogen. Wenn Sie einzelne Ordner ausnehmen möchten, dann gehen Sie so vor:

1. Klicken Sie im Anzeigebereich oder in der Navigationsleiste des Datei-Explorers mit der rechten Maustaste auf einen beliebigen *OneDrive*-Ordner und im Kontextmenü auf *Zu synchronisierende OneDrive-Ordner wählen*.

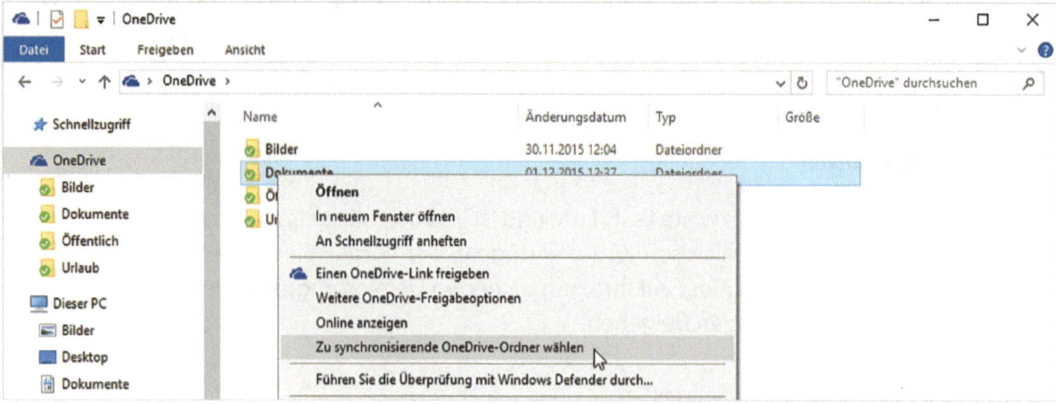

Zu sychronisierende Ordner wählen

2 Das unten abgebildete Fenster öffnet sich und listet alle *OneDrive*-Ordner auf.

Dateien und Ordner auswählen

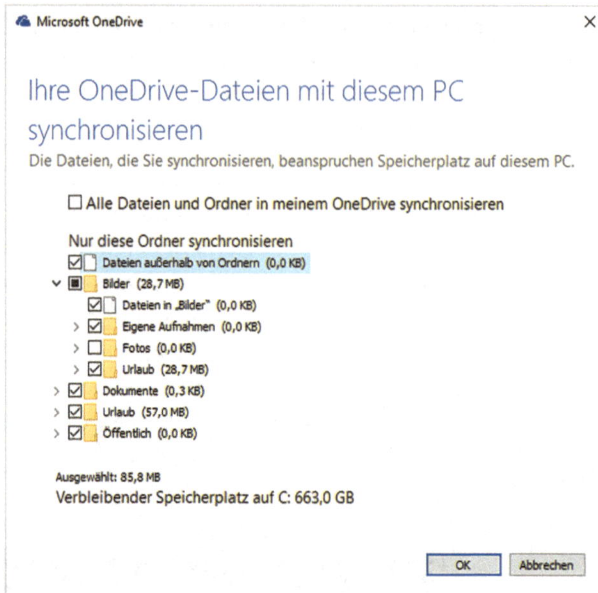

- In der Standardeinstellung ist das Kontrollkästchen *Alle Dateien und Ordner auf OneDrive synchronisieren* aktiviert, d.h. alle Elemente werden synchronisiert.
- Wenn Sie dieses Kontrollkästchen deaktivieren, dann haben Sie die Möglichkeit, die Synchronisation für jeden einzelnen Ordner festzulegen. Ein Klick auf den nach unten weisenden Pfeil blendet die jeweiligen Unterordner ein; aktivieren bzw. deaktivieren Sie nun für jeden Ordner das entsprechende Kontrollkästchen.

Tipp: Die Synchronisation startet automatisch mit der Anmeldung am PC. Wenn Sie den Start und die automatische Synchronisation von *OneDrive* ganz abschalten möchten, dann klicken Sie in der Taskleiste mit der rechten Maustaste auf das *OneDrive*-Symbol und auf *Einstellungen*. Wählen Sie das Register *Einstellungen* und deaktivieren Sie das Kästchen *OneDrive beim Anmelden automatisch starten*. Wenn Sie später die automatische Synchronisation erneut starten möchten, dann klicken Sie im Startmenü auf die App *OneDrive*. Sollte hier auch *OneDrive for Business* angezeigt werden, so handelt es sich hierbei um eine Version für Geschäftskunden bzw. Nutzer von Office 365 und SharePoint.

OneDrive im Webbrowser

Einer der Vorteile von *OneDrive* besteht darin, dass Sie von jedem beliebigen Computer auf Ihre Daten zugreifen können, vorausgesetzt das Gerät ist mit dem Internet verbunden.

- Wenn Sie am Computer nicht mit Ihrem Microsoft-Konto angemeldet sind, dann starten Sie den Browser und geben folgende Adresse ein: onedrive.live.com. Klicken Sie auf der Startseite auf *Anmelden* und geben Sie anschließend E-Mail Adresse und Kennwort Ihres Microsoft-Kontos ein.
- Sind Sie auf einem Gerät mit Ihrem Microsoft-Konto angemeldet, dann klicken Sie mit der rechten Maustaste im Infobereich der Taskleiste auf das *OneDrive*-Symbol und auf *Online anzeigen* oder klicken Sie im Datei-Explorer mit der rechten Maustaste auf *OneDrive* und auf *Online anzeigen*.

OneDrive Online anzeigen

Die Navigation unterscheidet sich nur wenig vom Datei-Explorer. Über die linke Spalte haben Sie Zugriff auf zuletzt verwendete Dateien (*Zuletzt verwendet*) und freigegebene Elemente (*Geteilt*). Mit der Auswahl *Dateien* erscheinen rechts im Anzeigebereich alle auf *OneDrive* vorhandenen Ordner.

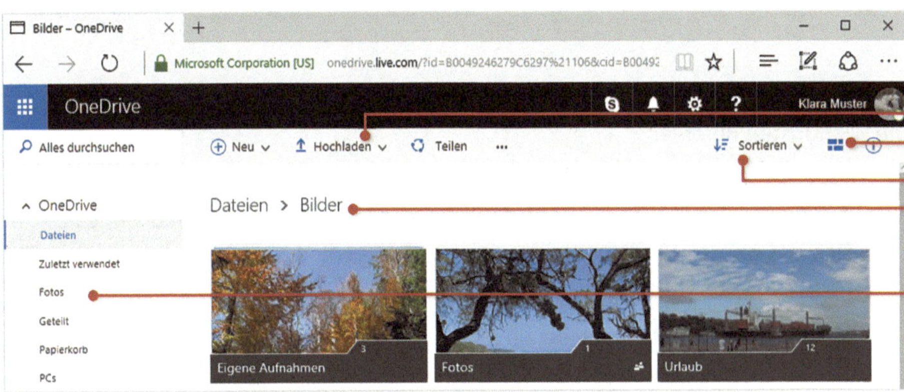

OneDrive im Browser

- Im Gegensatz zum Datei-Explorer öffnen Sie im Browser einen Ordner mit einem einfachen Mausklick. Die Adressleiste oberhalb zeigt den aktuellen Dateipfad an und mit Klick auf einen übergeordneten Ordner gelangen Sie wieder zurück.

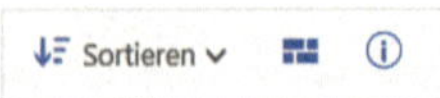

- In der rechten oberen Ecke finden Sie die Schaltfläche *Sortieren*, mit der Sie den Inhalt eines Ordners nach Name oder Änderungsdatum sortieren. Mit der Schaltfläche rechts daneben können Sie zwischen zwei Anzeigegrößen wechseln. Die dritte Schaltfläche blendet Details zur markierten Datei ein und aus.
- Zum Markieren von Dateien und Ordnern benutzen Sie eine gesonderte Schaltfläche, ähnlich einem Kontrollkästchen. Dieses erscheint, wenn Sie auf das betreffende Element zeigen, je nach Ansicht, rechts oben oder links vom Namen.

Benutzen Sie zum Markieren die Schaltflächen

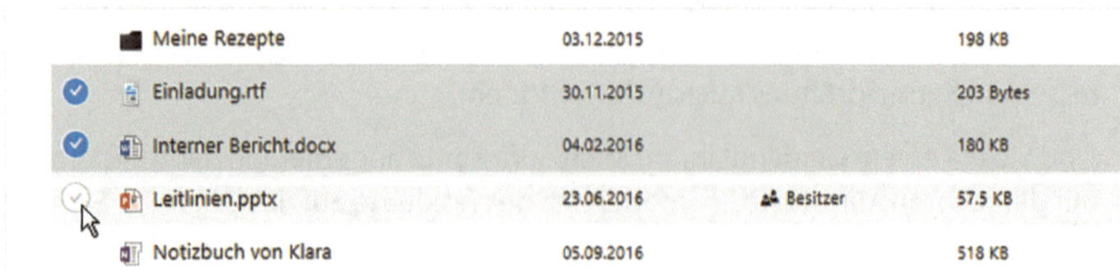

Dateien und Ordner organisieren

Die Befehle zur Verwaltung von Dateien und Ordnern finden Sie in der Befehlsleiste oberhalb des Dateipfades. Sollten nicht alle Befehle angezeigt werden, so klicken Sie auf das Symbol mit den drei Punkten ... am Ende der Leiste. Die Anzeige mancher Befehle hängt auch davon ab, ob ein Objekt markiert ist. Dieselben Befehle stehen auch über das Kontextmenü der rechten Maustaste zum jeweiligen Objekt zur Verfügung.

Befehlsleiste

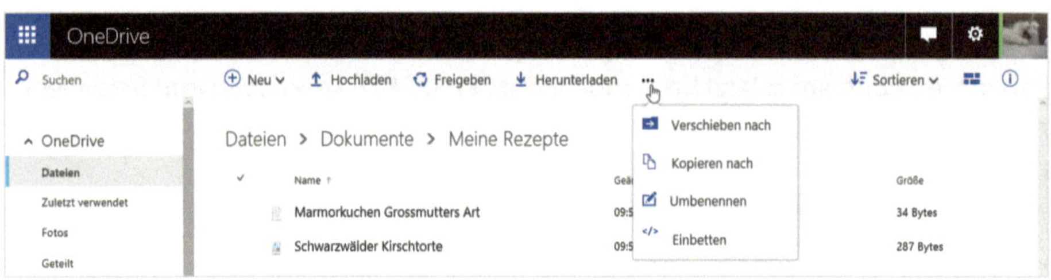

Die wichtigsten Befehle:

- **Neuen Ordner anlegen:** Klicken Sie auf die Schaltfläche *Neu*.
- **Eine Datei von der lokalen Festplatte hinzufügen:** Klicken Sie auf *Hochladen*, es öffnet sich das bekannte Dialogfenster *Öffnen* und Sie können eine oder mehrere Dateien auswählen.
- **Markierte Dateien und/oder Ordner auf der lokalen Festplatte speichern:** Klicken Sie auf *Herunterladen*, die Elemente werden im Ordner *Downloads* gespeichert.
- Die Vorgehensweise bei den Befehlen *Löschen*, *Verschieben nach*, *Kopieren nach* und *Umbenennen* unterscheidet sich nicht vom Datei-Explorer.

Dateien im Browser öffnen

Microsoft-Office Dokumente, beispielsweise Excel-Arbeitsmappen oder Word-Dokumente können Sie im Browser öffnen und auch bearbeiten. Das Dokument wird in einem neuen Tab des Browsers geöffnet und mit Klick auf die Schaltfläche *Dokument bearbeiten* können Sie z. B. zwischen *Word* und eingeschränkter Bearbeitung in *Word Online* wählen.

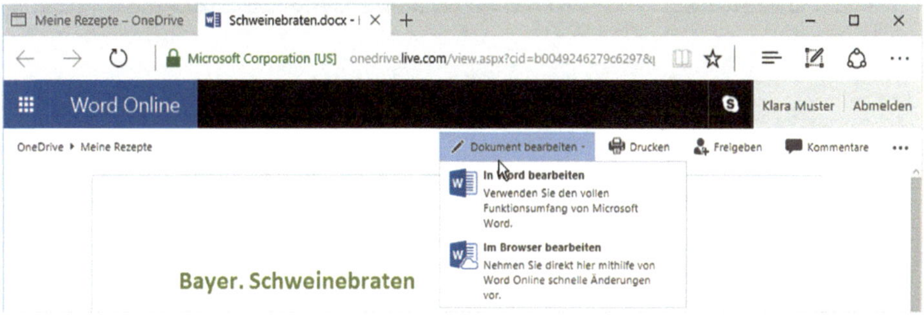

Beispiel: Word-Dokument mit Word oder Word Online bearbeiten

Wenn ein Öffnen im Browser nicht möglich ist, dann wird die Datei beim Anklicken heruntergeladen und im Ordner *Downloads* gespeichert. Klicken Sie anschließend auf *Öffnen*, um sie mit der Standard-App zu öffnen und zu bearbeiten.

Fotos im Browser anzeigen und verwalten

Auch Fotos können Sie direkt im Browser öffnen und anzeigen, sowie zu Alben zusammenstellen oder mit Markierungen versehen. Die Anzeige im Browser unterscheidet sich nur wenig von der App *Fotos*.

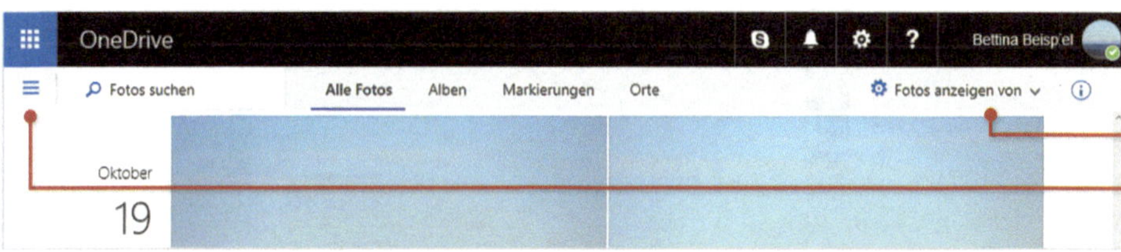

Die Fotoanzeige im Browser

- Mit Klick auf *Fotos anzeigen von* wählen Sie aus, ob Fotos aus allen Ordnern oder nur aus dem Ordner *Bilder* einschließlich Unterordnern angezeigt werden.
- In der Befehlsleiste finden Sie die Möglichkeit, Fotos aus Alben oder mit bestimmten Markierungen anzuzeigen.
- Wenn wieder alle Dateien und Ordner angezeigt werden sollen, dann blenden Sie dazu mit Klick auf das Menü-Symbol ☰ die Navigationsleiste wieder ein.

Dateien und Ordner über OneDrive mit anderen Personen teilen

Sie können auf *OneDrive* gespeicherte Dateien für andere Personen zur Anzeige oder Bearbeitung freigeben. Die Freigabe erfolgt über einen Link, den Sie per E-Mail senden. Dazu markieren Sie im Webbrowser die Datei oder den Ordner und klicken in der Befehlsleiste oder im Kontextmenü der rechten Maustaste auf *Teilen*.

Mit Klick auf *Mehr* erhalten Sie auch die Möglichkeit, einen Facebook- oder Twitter-Link zu erstellen.

1 Das Fenster *Teilen* wird geöffnet, wählen Sie zwischen *Link abrufen* und *E-Mail*. In der Standardeinstellung berechtigt Teilen nur zum Anzeigen des Datei- bzw. Ordnerinhalts. Falls Sie den Empfängern auch Rechte zum Bearbeiten einräumen möchten, klicken Sie auf *Jeder mit diesem Link kann dieses Element anzeigen* und aktivieren *Bearbeiten zulassen*.

Die markierten Elemente teilen: wählen Sie zwischen Link und E-Mail

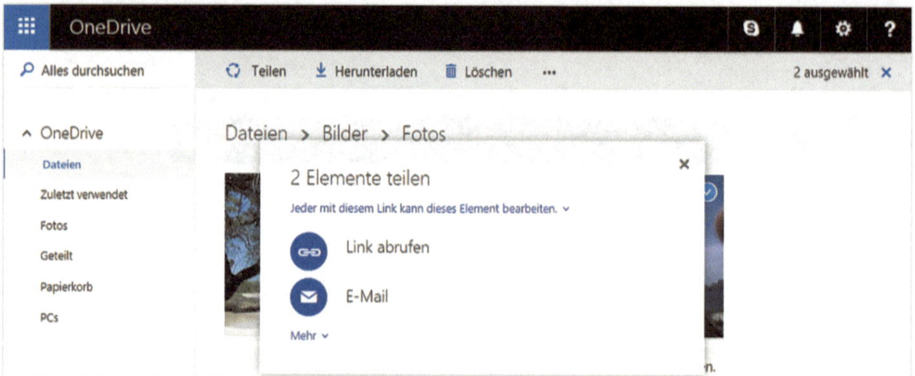

2 Wenn Sie *E-Mail* gewählt haben, dann tragen Sie im Feld *An* die E-Mail Adressen der Personen ein, die Zugriff auf den Ordner erhalten sollen. Im Feld unterhalb können Sie eine kurze Notiz hinzufügen.

3 Zuletzt klicken Sie auf *Teilen*.

E-Mail Adressen eingeben

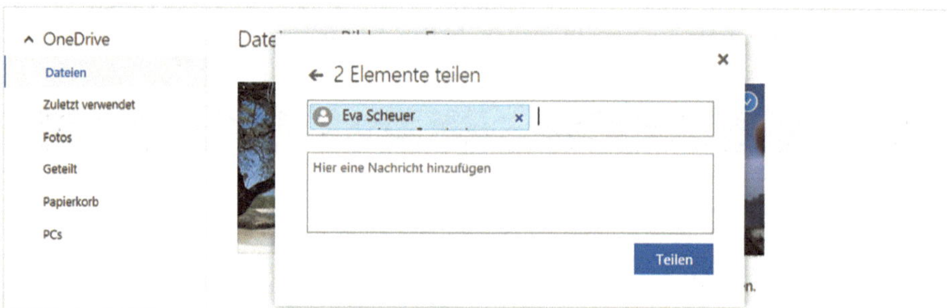

Wenn Sie stattdessen einen Link erzeugen und weitergeben möchten, dann klicken Sie auf *Link abrufen*.

Den erzeugten Link kopieren

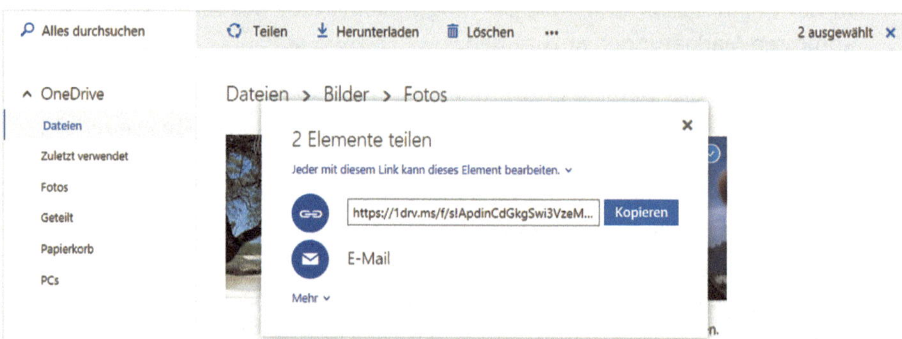

Der Link wird erstellt und in einem Feld angezeigt; mit Klick auf die Schaltfläche *Kopieren* können Sie diesen anschließend in die Zwischenablage kopieren und in die Nachricht eines beliebigen E-Mail Programms, z. B. Outlook, einfügen.

Freigabe aufheben

1 Geteilte bzw. freigegebene Ordner erkennen Sie am Symbol. Markieren Sie den Ordner, dess Freigabe Sie aufheben möchten und klicken Sie oben rechts auf das Symbol *Info* (siehe Bild).

Infobereich öffnen. Mit einem weiteren Klick auf dieses Symbol schließen Sie den Infobereich wieder.

Freigabe aufheben

2 Rechts öffnet sich der Infobereich und Sie sehen, mit wem der Ordner geteilt wurde. Klicken Sie auf die Freigabeberechtigung, z. B. *Kann anzeigen* und wählen Sie *Nicht mehr teilen*.

Haben Sie dagegen einen Freigabelink erzeugt, so erscheint stattdessen der Link im Infobereich, klicken Sie auf das Symbol *Link deaktivieren* bzw. *x* und bestätigen Sie erneut mit Klick auf die Schaltfläche *Link entfernen*.

Im Datei-Explorer Ordner freigeben

Im Datei-Explorer können Sie für *OneDrive*-Dateien und Ordner ebenfalls einen Freigabelink erzeugen und diesen anschließend aus der Zwischenablage in ein beliebiges Dokument oder eine E-Mail einfügen.

1 Dazu klicken Sie im Anzeigebereich des Explorers mit der rechten Maustaste auf die betreffende Datei oder den Ordner und auf *Einen OneDrive Link freigeben*.

2 Der Link wird automatisch in der Zwischenablage erzeugt und kann anschließend sofort beliebig eingefügt werden, z. B. mit der Tastenkombination Strg+V. Im Info-Center bzw. in der rechten unteren Ecke des Bildschirms erscheint eine entsprechende Meldung.

Klicken Sie dagegen im Kontextmenü auf *Weitere OneDrive-Freigabeoptionen*, so öffnet sich Ihr Standardbrowser mit *OneDrive* und Sie können die oben beschriebenen Freigabemethoden nutzen.

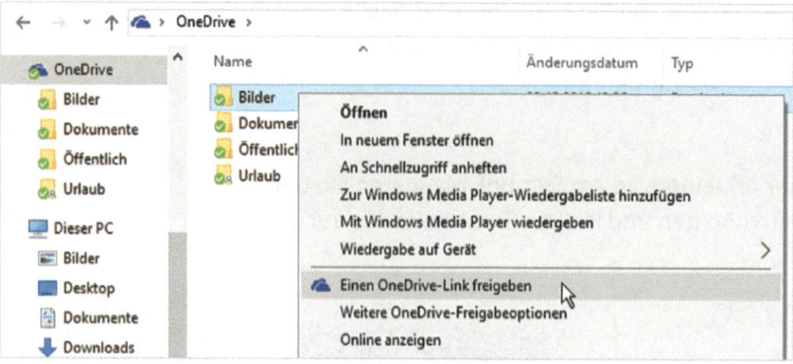

OneDrive-Link freigeben

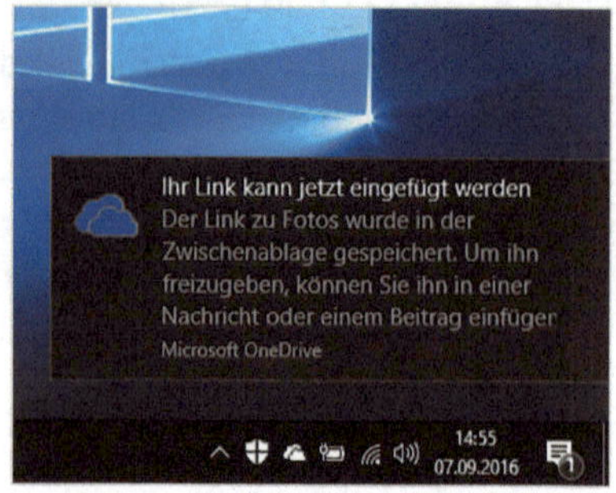

Der Link kann aus der Zwischenablage eingefügt werden

10.8 Einstellungen zur automatischen Wiedergabe

Unmittelbar nach dem Anschließen eines externen Datenträgers bzw. dem Einlegen einer CD/DVD erscheint wie bisher ein kurzer Hinweis und nach einem Klick auf die Meldung können Sie wählen, welche Aktion mit dem Datenträger ausgeführt werden soll. Die ausgewählte Aktion wird gespeichert und beim nächsten Anschließen des Datenträgers automatisch gestartet.

Automatische Wiedergabe

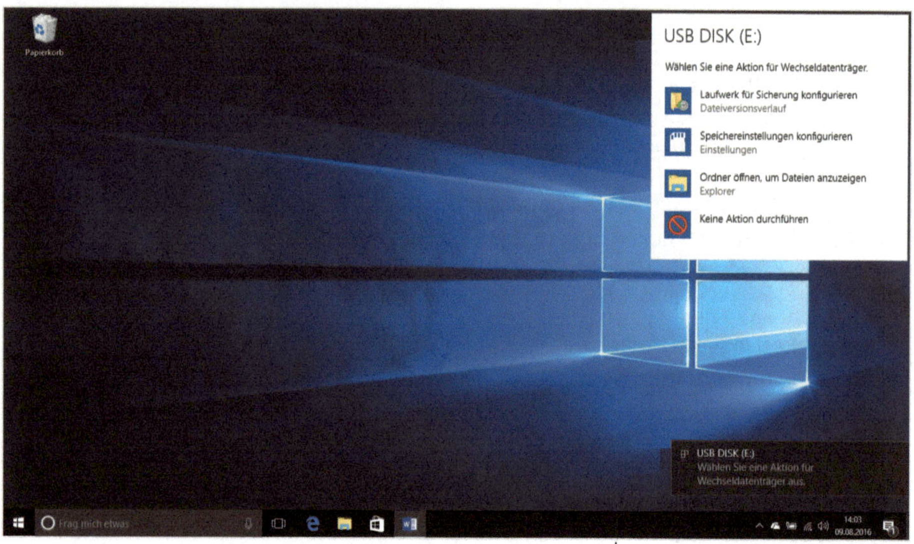

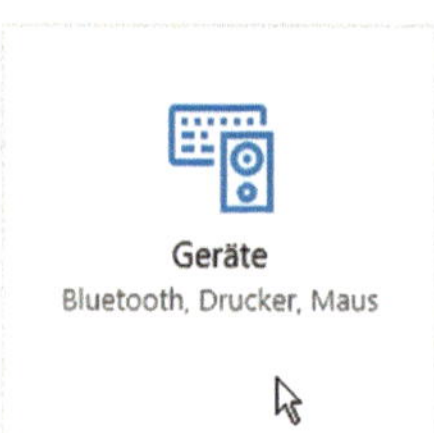

1. Zum Ändern der Standardeinstellungen für die automatische Wiedergabe öffnen Sie die Einstellungen, klicken auf *Geräte* und auf *Automatische Wiedergabe*.
2. Rechts können Sie nun Wechseldatenträgern eine Aktion zuweisen: Klicken Sie auf den Dropdown-Pfeil *Wechseldatenträger* und wählen Sie eine Aktion aus. Unterhalb können Sie auch noch eine Aktion für das Einlegen bzw. Anschließen einer Speicherkarte auswählen. Bei Bedarf lässt sich mit dem Schalter *Automatische Wiedergabe für alle Medien und Geräte verwenden* die automatische Wiedergabe auch komplett ausschalten.

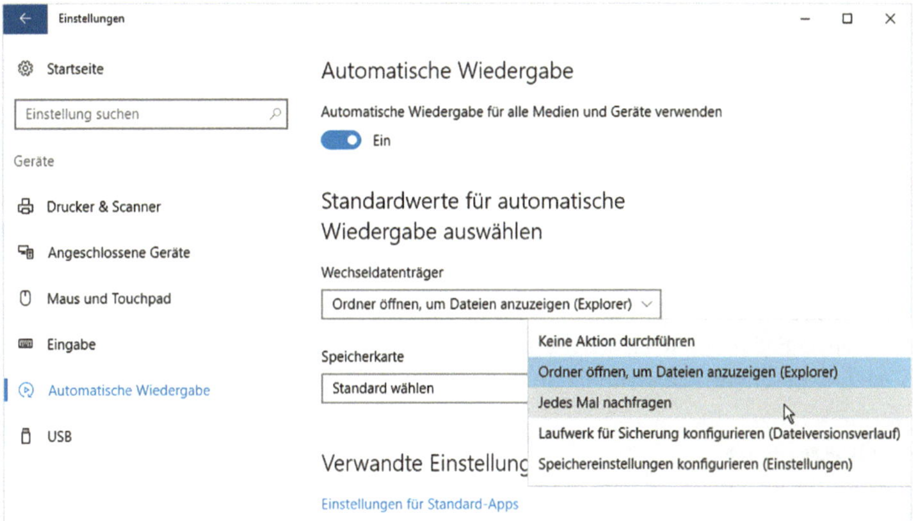

Aktion für Wechseldatenträger auswählen

10.9 Laufwerke verwalten

Speicherplatzbelegung

Um den belegten Speicherplatz eines Datenträgers anzuzeigen oder das Standardlaufwerk beim Speichern von Dateien zu ändern, klicken Sie in den Einstellungen auf *System* und auf *Speicher*. Rechts erscheinen alle angeschlossenen Datenträger, also auch externe Festplatte und USB-Speicherstift.

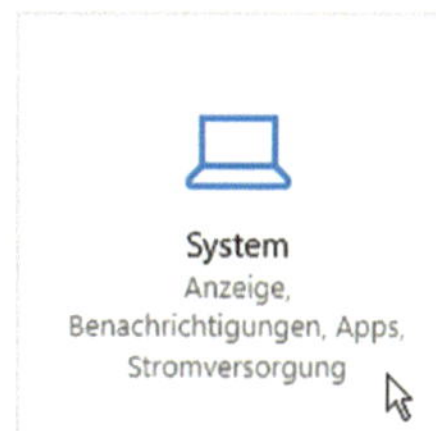

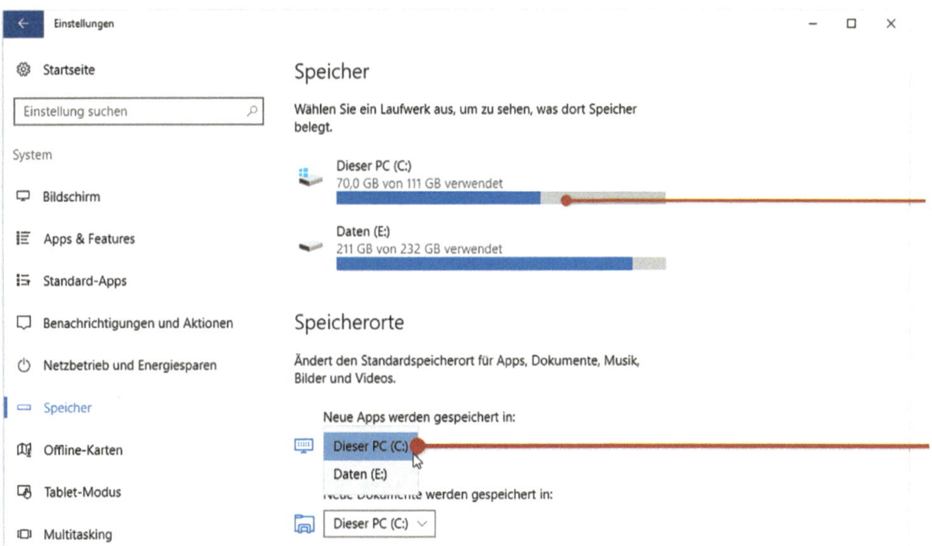

Einstellungen - Speicher

- Für weitere Details klicken Sie auf das Laufwerk, z. B. *Dieser PC (C:)*, also die Festplatte. Einzelheiten zum belegten Speicherplatz werden ermittelt, daher kann es einige Sekunden dauern, bis die Anzeige erscheint.

- Anschließend sehen Sie, wieviel Speicherplatz jeweils von den Standardordnern, Apps, Spielen und von temporären Dateien, z. B. im Papierkorb, belegt werden.

Alternativ können Sie die Datenträgerbereinigung wie bisher über die Systemsteuerung - System und Sicherheit - Verwaltung oder über das Kontextmenü der Startschaltfläche in der Taskleiste durchführen.

- Mit einem Klick auf eine Kategorie, z. B. *Apps und Spiele* listet Windows alle installierten Apps samt belegtem Speicherplatz auf. Zum Deinstallieren einer nicht mehr benötigten App klicken Sie auf die App und anschließend auf die Schaltfläche *Deinstallieren*. Natürlich können Sie nach wie vor Apps und Anwendungen auch über die Systemsteuerung deinstallieren. Auch temporäre Daten können auf diesem Weg entfernt werden.
- Klicken Sie dagegen auf einen Dateityp, z. B. *Bilder*, so können Sie mit einem anschließenden Klick auf die Schaltfläche *Anzeigen* den Datei-Explorer mit dem entsprechenden persönlichen Ordner öffnen und hier Ihre Bilder verwalten.

Standardspeicherort

Verfügt Ihr PC über eine zweite interne oder angeschlossene externe Festplatte, so können Sie unter *Speicherorte* für einzelne Dateiarten, z. B. Dokumente, Bilder usw. das Standardlaufwerk zum Speichern wählen.

10.10 Sicherungen mit Dateiversionsverlauf erstellen

Daten sichern

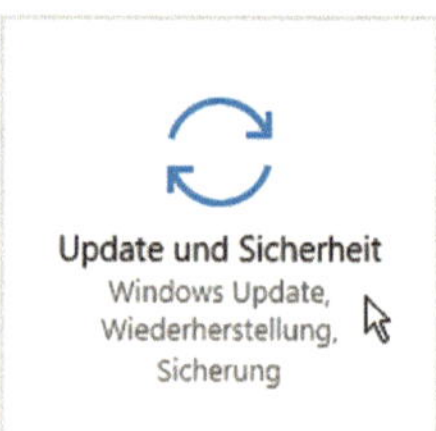

Windows 10 unterstützt unter der Bezeichnung *Dateiversionsverlauf* regelmäßige und umfassende Sicherungen Ihrer Dateien im Hintergrund. Öffnen Sie dazu die *Einstellungen*, klicken Sie auf *Update und Sicherheit* und auf *Sicherung*.

1 Wurde auf dem Gerät noch keine Datensicherung durchgeführt, so müssen Sie im ersten Schritt ein geeignetes Laufwerk festlegen, klicken Sie dazu unter *Mit Dateiversionsverlauf sichern* auf *Laufwerk hinzufügen*. Klicken Sie auf das Laufwerk, auf dem die Datensicherung erfolgen soll.

Laufwerk für die Datensicherung auswählen

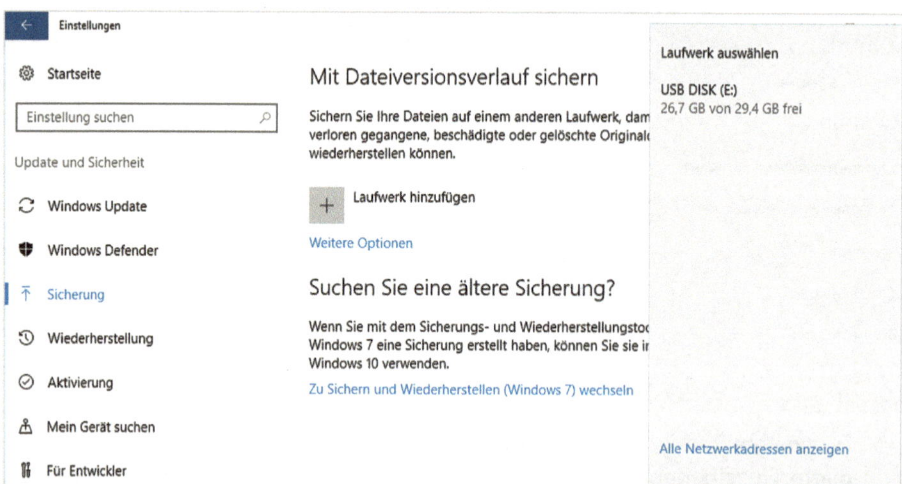

Da Datensicherung nur auf einem zweiten Datenträger sinnvoll ist, erscheinen hier nur angeschlossene externe Laufwerke, nicht aber die Festplatte.

Über *Alle Netzwerkadressen anzeigen* können Sie in einem Netzwerk auch verbundene Netzlaufwerke zur Datensicherung auswählen.

2 Anschließend wird die automatische Sicherung aktiviert bzw. der Schalter *Meine Dateien automatisch sichern* auf *Ein* gesetzt, siehe Bild unten. Um Sicherungsintervall und die zu sichernden Ordner zu kontrollieren und ggfs. zu ändern, klicken Sie auf *Weitere Optionen*.

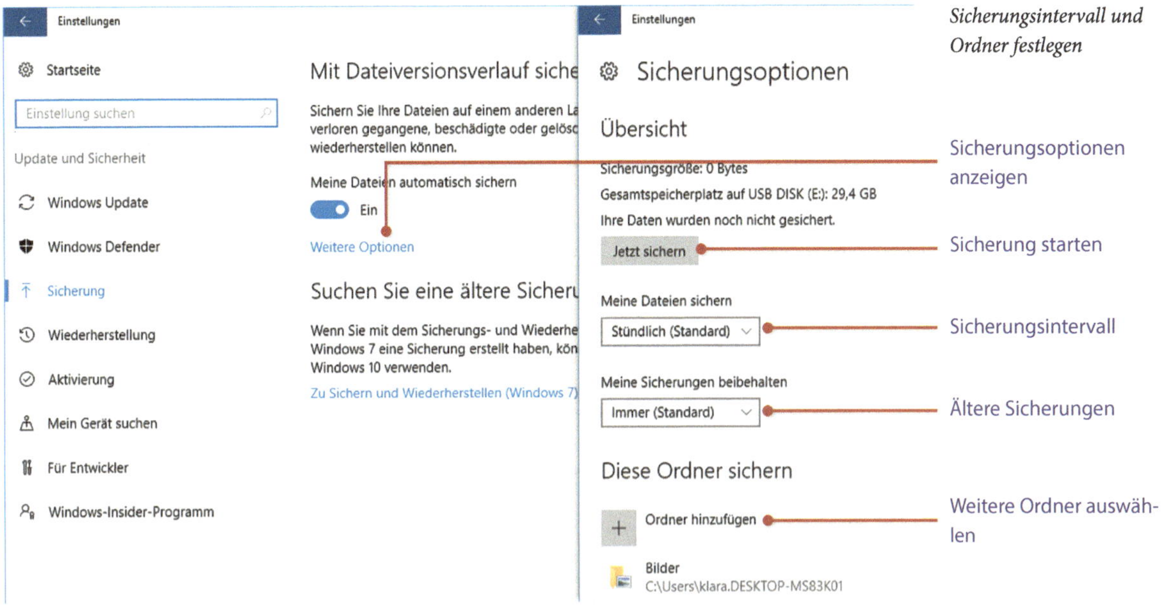

Sicherungsintervall und Ordner festlegen

3 In den Sicherungsoptionen können Sie nun unter *Übersicht* das Sicherungsintervall bei Bedarf ändern. Im Feld *Meine Sicherungen beibehalten* wählen Sie aus, wie lange die gesicherten Daten gespeichert bleiben, bevor sie überschrieben werden. Je nach Zeitraum haben Sie damit die Möglichkeit, auch auf ältere Datensicherungen zurückzugreifen. Beachten Sie aber, dass sich damit der Speicherplatzbedarf auf dem Sicherungslaufwerk erhöht.

4 Unter *Diese Ordner sichern* (Bild oben) werden alle Ordner aufgeführt, die in die Datensicherung einbezogen werden. Um hier einzelne Ordner auszunehmen, klicken Sie auf den betreffenden Ordner und auf die Schaltfläche *Entfernen*. Weitere Ordner wählen Sie über die Schaltfläche *Ordner hinzufügen* aus. Möchten Sie dagegen einzelne Unterordner eines ausgewählten Ordners ausschließen, so klicken Sie am Ende der Liste unter *Diese Ordner ausschließen* auf die Schaltfläche *Ordner hinzufügen*, markieren den gewünschten Ordner und klicken auf *Diesen Ordner auswählen*.

Standardmäßig gesichert werden alle persönlichen Ordner.

5 Über die Schaltfläche *Jetzt sichern* starten Sie die Datensicherung manuell.

Ein anderes Laufwerk zur Sicherung auswählen

Wenn die Datensicherung bereits aktiviert wurde und Sie später ein anderes Sicherungslaufwerk verwenden möchten, dann müssen Sie zuvor die Verwendung des bisherigen Sicherungslaufwerks beenden. Klicken Sie dazu unter *Update und Sicherheit* auf *Sicherung* und hier wieder auf *Weitere Optionen*, siehe oben. Scrollen Sie dann bis an das Ende der Liste und klicken Sie auf die Schaltfläche *Laufwerk nicht mehr verwenden*. Anschließend können Sie ein anderes Laufwerk auswählen.

Tipp: Haben Sie noch unter Windows 7 eine Sicherung erstellt und möchten diese wiederherstellen (*Systemsteuerung - Sichern und Wiederherstellen*), dann klicken Sie auf den Link unter *Suchen Sie eine ältere Sicherung?*. Damit lässt sich diese Sicherung auch unter Windows 10 wiederherstellen.

Gesicherte Daten wiederherstellen

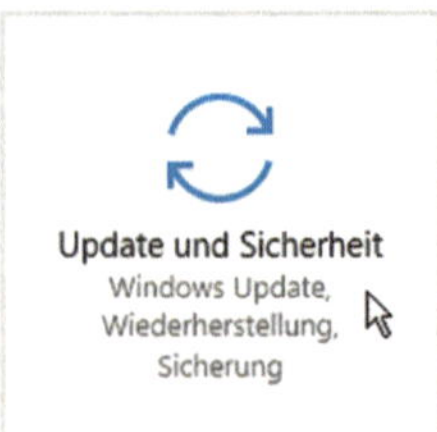

1 Wenn Sie auf die Datensicherung zurückgreifen möchten, dann klicken Sie ebenfalls in den Einstellungen auf *Update und Sicherheit* und dann auf *Sicherung*.

   Hinweis: In den Einstellungen finden Sie unter *Update und Sicherheit* links den Punkt *Wiederherstellung*. Dies betrifft aber nicht die Wiederherstellung gesicherter Daten, sondern die Wiederherstellung von Windows, falls nach einem Update Probleme auftreten sollten. Näheres hierzu unter Punkt A 11.5.

2 Klicken Sie hier auf *Weitere Optionen* und ganz am Ende der Liste auf den Link *Daten von einer aktuellen Sicherung wiederherstellen*.

Gesicherte Daten auswählen und wiederherstellen

3 In einem gesonderten Fenster öffnet sich die *Startseite Dateiversionsverlauf*. Markieren Sie die Elemente, die Sie wiederherstellen möchten, z. B. den Ordner Dokumente und klicken Sie auf den grünen Knopf.

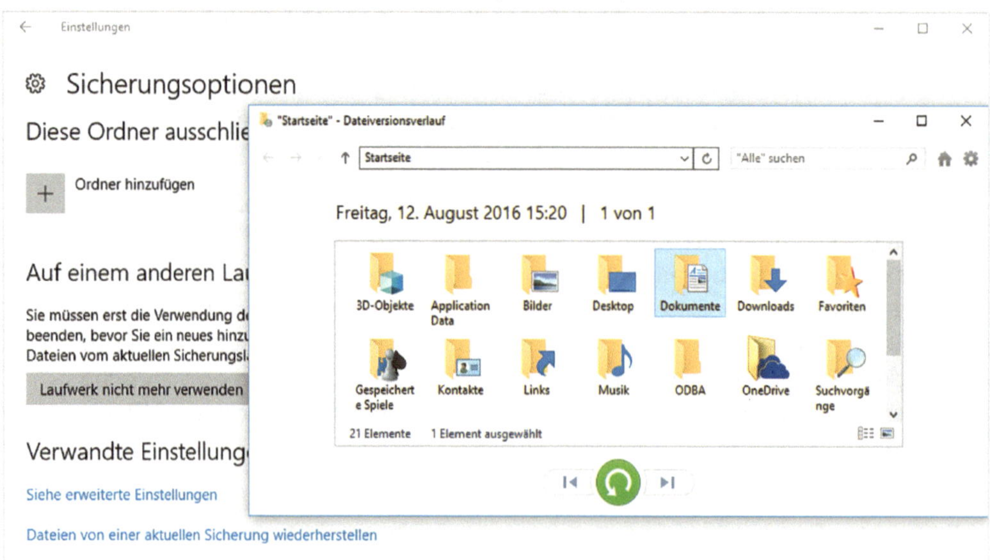

Sie können auch, sofern vorhanden, eine frühere Version des ausgewählten Elements wiederherstellen: Benutzen Sie dazu die Pfeile nach links (*Vorherige Version*), oder nach rechts (*Nächste Version*).

Wenn Sie nur bestimmte Dateien und/oder Unterordner aus einem Ordner wiederherstellen möchten, dann öffnen Sie zuvor den Sicherungsordner mit Doppelklick und markieren die gewünschten Elemente, bevor Sie auf *Wiederherstellen* klicken.

Tipp: Falls Sie im Datei-Explorer auf die Sicherungskopien zugreifen möchten, so finden Sie diese auf dem Datenträger im Ordner *FileHistory*. Hier befindet sich ein Unterordner mit Ihrem Benutzernamen und in diesem im Ordner *Data* liegen Ihre gesicherten Ordner mit Inhalt.

Dateiversion über die Eigenschaften wiederherstellen

Windows 10 unterstützt noch eine weitere Möglichkeit der Versionswiederherstellung. Diese eignet sich für die Wiederherstellung älterer Versionen einer einzelnen Datei, funktioniert aber nur in Verbindung mit dem Dateiversionsverlauf.

1. Dazu öffnen Sie den Windows-Explorer und klicken mit der rechten Maustaste auf die betreffende Datei. Wählen Sie *Vorgängerversionen wiederherstellen* oder klicken Sie auf *Eigenschaften* und hier auf das Register *Vorgängerversionen*.
2. Es erscheint eine Liste vorhandener Versionen, zum Wiederherstellen markieren Sie mit einem Klick die gewünschte Version und klicken Sie dann auf die Schaltfläche *Wiederherstellen* .

   Über den Dropdown-Pfeil dieser Schaltfläche erhalten Sie mit *Wiederherstellen in...* die Möglichkeit, die Datei an einem anderen Ort wiederherzustellen. Mit der Schaltfläche *Öffnen* können Sie den Dateiinhalt kontrollieren.

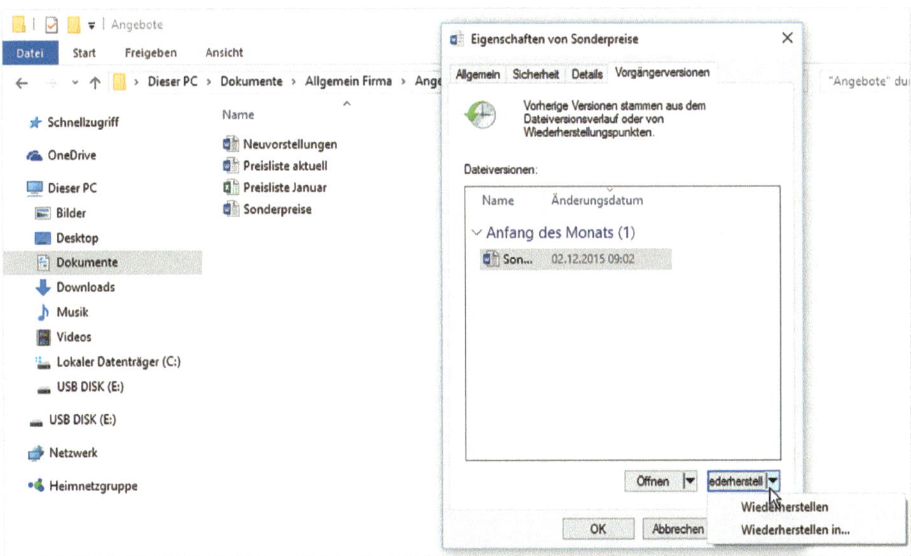

Einzelne Dateiversion wiederherstellen

11 Weitere wichtige Einstellungen

11.1 Energieeinstellungen

Wie bei den Vorgängerversionen, verringert auch Windows 10 automatisch den Energieverbrauch, wenn über einen bestimmten Zeitraum keine Eingabe erfolgt. Standardmäßig sind je nach Gerätetyp folgende Einstellungen wirksam:

- Bei einem Laptop wird zunächst der Bildschirm dunkler und je nach Stromversorgung nach 5 Minuten automatisch ausgeschaltet. In diesem Fall bewegen Sie einfach kurz die Maus oder drücken eine beliebige Taste der Tastatur und die vorherige Anzeige wird wiederhergestellt.
- Nach 15 bis 30 Minuten versetzt sich der Computer automatisch in den Energiespar- bzw. Standbymodus. Um das Gerät wieder zu reaktivieren, betätigen Sie den Schalter am Gerät.

Bildschirm- und Energiespareinstellungen

Klicken Sie in den Einstellungen auf *System* und wählen Sie *Netzbetrieb und Energiesparen*. Bei einem mobilen Gerät klicken Sie im Infobereich der Taskleiste auf das Akkusymbol und auf *Einstellungen für Netzbetrieb und Energiesparen*.

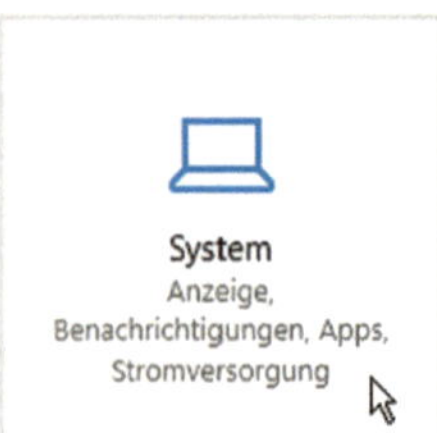

Bildschirm ausschalten und Standbymodus

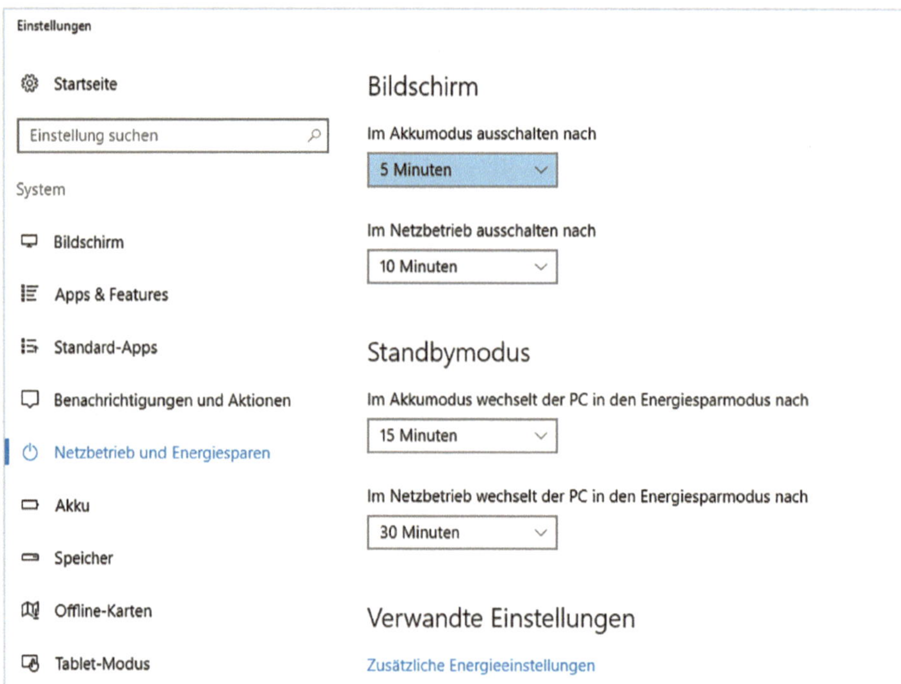

Wählen Sie dann über die Dropdown-Pfeile jeweils für Bildschirm und Standbymodus die gewünschte Zeitspanne aus. Bei mobilen Geräten unterscheidet Windows zusätzlich zwischen Akkumodus und Netzbetrieb (siehe Bild).

Unter *Verwandte Einstellungen* gelangen Sie über den Link *Zusätzliche Energieeinstellungen* in die Systemsteuerung und zur Verwaltung der, aus früheren Windows-Versionen bekannten, Energiesparpläne. Energiesparpläne sind detaillierte Zusammenstellungen verschiedener Einstellungen zu Bildschirm und Energiesparmodus.

Stromsparmodus bei mobilen Geräten

Neu bei Windows 10 und nicht mit dem Energiesparmodus zu verwechseln ist der Stromsparmodus bei mobilen Geräten. Sinkt der Akkuladestand unter einen bestimmten Wert, standardmäßig 20%, wird automatisch der Stromsparmodus aktiviert und damit die Bildschirmhelligkeit verringert sowie Benachrichtigungen von Apps abgeschaltet. Die Einstellungen hierzu können Sie kontrollieren und ändern, indem Sie in den Einstellungen auf *System* und hier auf *Akku* klicken.

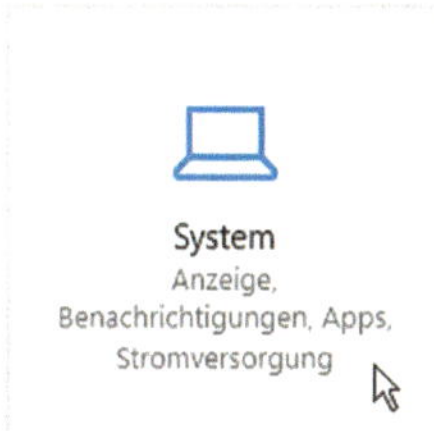

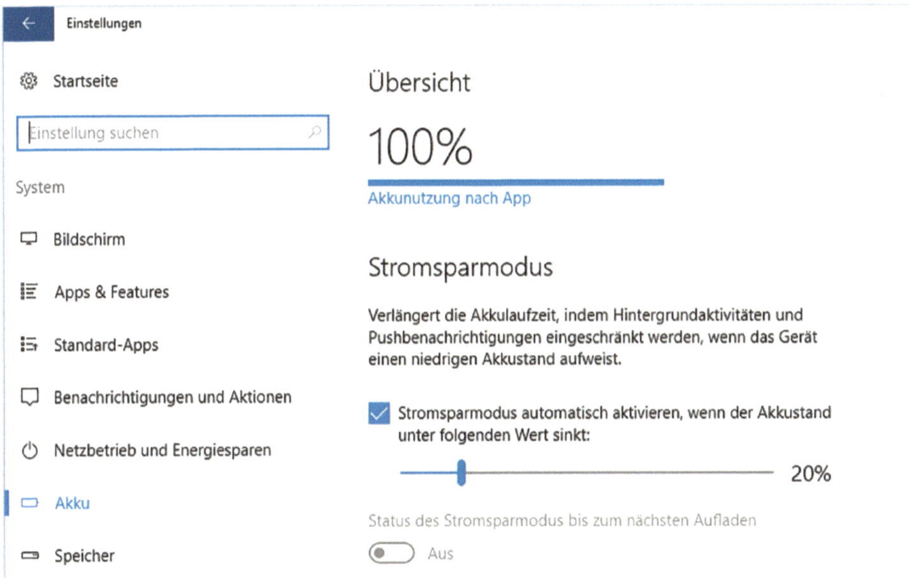

Der Stromsparmodus bei mobilen Geräten

Beachten Sie, dass der Stromsparmodus während des Aufladens automatisch deaktiviert ist.

11.2 Länderspezifische Einstellungen

Datum und Uhrzeit

Klicken Sie in den Einstellungen auf *Zeit und Sprache* oder in der Taskleiste mit der rechten Maustaste auf die Anzeige von Datum und Uhrzeit und dann auf *Datum/Uhrzeit ändern*.

Datum und Uhrzeit werden in der Standardeinstellung automatisch über das Internat eingestellt. Falls Sie trotzdem einmal Datum und/oder Uhrzeit ändern möchten, dann müssen Sie den Schalter *Uhrzeit automatisch festlegen* auf *Aus* setzen, erst dann wird die Schaltfläche *Ändern* aktiv. Dasselbe gilt auch für das Ändern der Zeitzone. **Achtung:** Sie benötigen Administratorrechte, Schalter und die Schaltfläche sind nicht sichtbar, wenn Sie als normaler Standardbenutzer angemeldet sind.

Datum und Uhrzeit, Zeitzone automatisch oder manuell festlegen

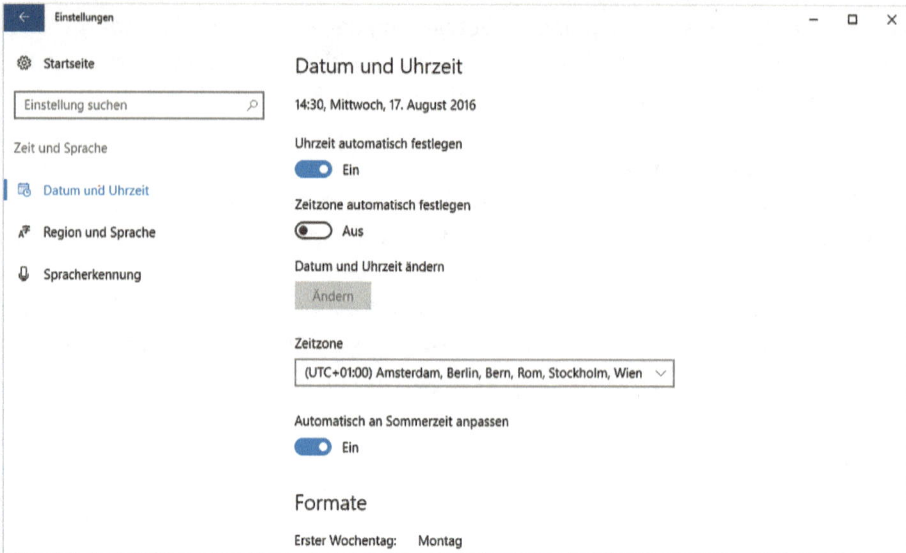

Mit Klick auf Datum und Uhrzeit in der Taskleiste öffnet sich ein Kalenderblatt mit anstehenden Terminen (hierbei handelt es sich um die App Kalender).

Region und Tastatursprache

In den Einstellungen, *Zeit und Sprache* und der Auswahl *Sprachen* finden Sie alle installierten Eingabesprachen. Wenn Sie eine weitere Eingabesprache hinzufügen möchten, klicken Sie auf *Sprache hinzufügen* und wählen die gewünschte Sprache aus.

Eine weitere Eingabe- bzw. Tastatursprache hinzufügen

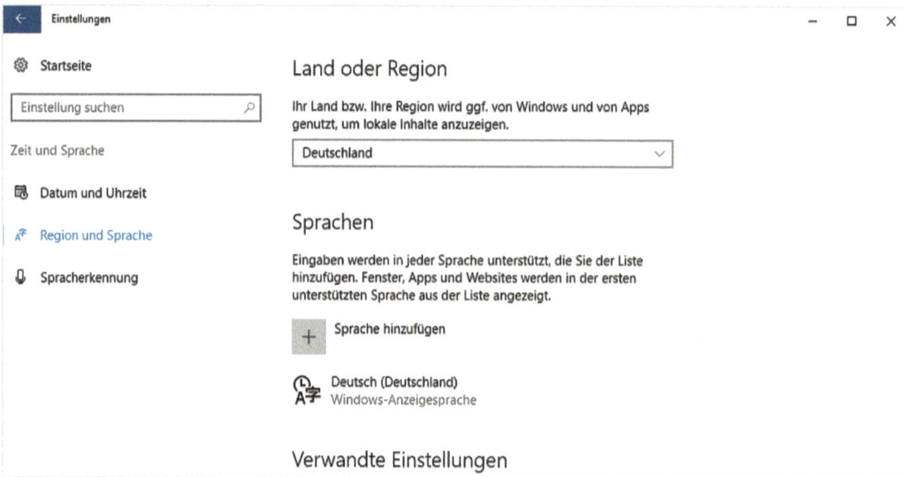

Haben Sie eine zweite Sprache hinzugefügt, so finden Sie anschließend im Infobereich der Taskleiste die Anzeige der verwendeten Sprache und ein Klick hierauf erlaubt den Wechsel zwischen den Eingabesprachen, siehe Bild unten.

Anzeige der Tastatursprache in der Taskleiste

Achtung: Die Tastenkombinationen Windows+Leertaste oder Umschalt+Alt wechseln zwischen den Tastatursprachen und werden manchmal versehentlich betätigt! Sollten bei der Eingabe am Bildschirm andere Zeichen erscheinen als eingegeben, z. B. y anstatt z und umgekehrt, dann werfen Sie einen Blick in den Infobereich der Taskleiste und ändern die Sprache wieder auf DEU.

11.3 Datenschutz

Wenn Sie beim ersten Start von Windows die Express-Einstellungen gewählt haben, dann haben Sie Windows und damit Microsoft sehr weitreichende Rechte zum Sammeln, Speichern und Nutzen persönlicher Daten, wie z. B. Ihrem Suchverhalten im Web, eingeräumt. Auch die Sprachassistentin Cortana erfasst und speichert zahlreiche Informationen, dazu gehören in der Standardeinstellung Position, Browser- und Suchverlauf, Kontakte und E-Mails, sowie Spracheingaben.

Windows 10 verfügt in den Einstellungen über verschiedene Möglichkeiten zum Schutz Ihrer persönlichen Daten. Diese sollten unbedingt von Zeit zu Zeit kontrolliert und evtl. angepasst werden. Dazu klicken Sie im Startmenü auf *Einstellungen* und hier auf *Datenschutz*.

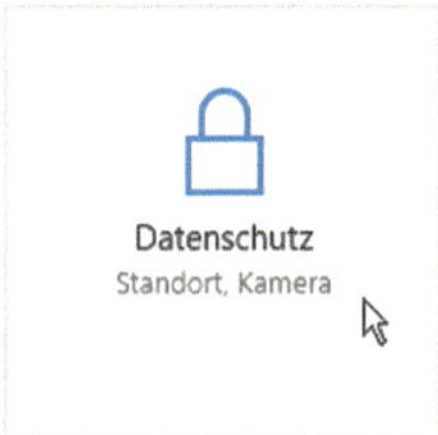

Suche und Surfen im Web

Klicken Sie links auf *Allgemein* (Siehe Bild auf der nächsten Seite), um hier in erster Linie Datenschutzoptionen zu Ihrem Such- und Surfverhalten im Web bearbeiten.

- Der *SmartScreen-Filter* kann aktiviert werden, er schützt Sie vor dem Herunterladen und Installieren schädlicher Software aus dem Internet, indem er laufend die Inhalte und Adressen (URLs) dieser Webseiten überprüft.
- Wenn Sie Wert auf den Schutz Ihrer persönlichen Daten legen, sollten alle anderen Schalter, insbesondere *Apps die Verwendung der Werbungs-ID für App-übergreifende Erlebnisse erlauben* auf *Aus* gesetzt werden. Der Schalter *Informationen zu meinem Schreibverhalten an Microsoft senden...* betrifft die Verwendung der Spracherkennung in Zusammenhang mit der erleichterten Bedienung.
- Zwei weitere Schalter gestatten Apps anderer Geräte den Zugriff auf Apps. Damit werden z. B. Mails auf Smartphone und PC synchronisiert und können auf beiden Geräten bearbeitet werden.

- Detaillierte Informationen zu Datenschutz und personalisierter Werbung erhalten Sie, wenn Sie unten auf den Link *Microsoft-Werbung und andere Personalisierungsinfos verwalten* klicken. Hier können Sie auch die Einstellungen dazu weiter anpassen und personalisierte Werbung im Browser deaktivieren.
- Über einen weiteren Link können Sie die Datenschutzbestimmungen einsehen.

Allgemeine Einstellungen zum Datenschutz

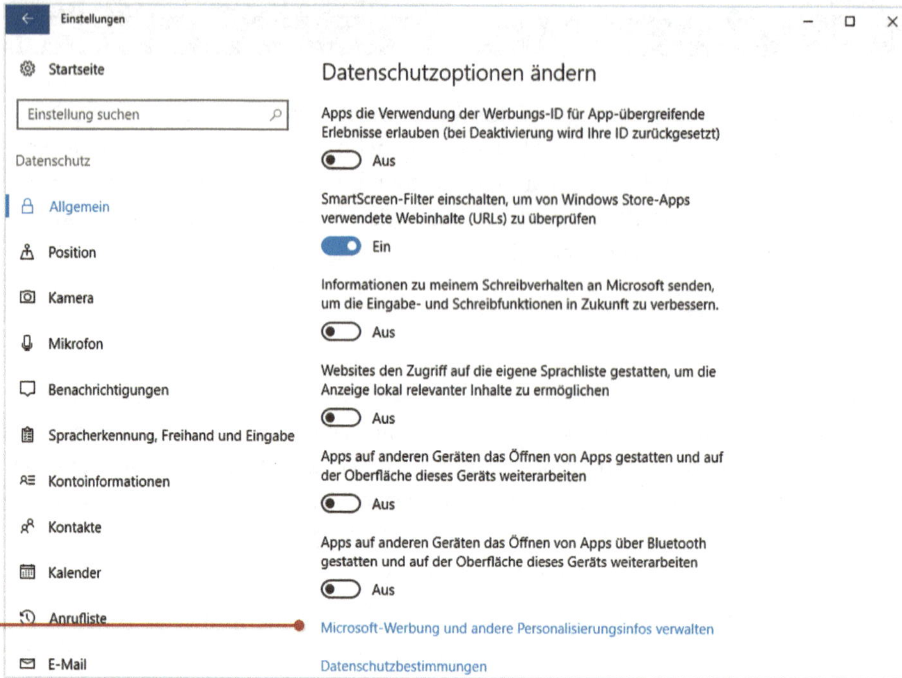

Weitere Einstellungen zu personalisierter Werbung im Browser

Automatische Positionserkennung

Viele Apps erfordern für aktuelle Informationen eine Internetverbindung. Um noch gezielter auf Ihre Bedürfnisse einzugehen, ermitteln und nutzen einige davon auch Ihre aktuelle Position, allerdings nicht ohne vorherige Zustimmung. Starten Sie beispielsweise die Apps *Wetter* oder *Karten*, so erscheint beim ersten Mal die Frage, ob Sie die automatische Ermittlung Ihrer Position erlauben möchten.

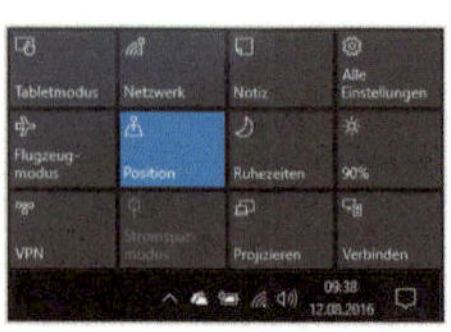

Ist die automatische Positionsermittlung eingeschaltet, so erscheint beim Öffnen einer App, die diese Information nutzt, im Infobereich der Taskleiste ein kleines Symbol. Mit Klick auf dieses Symbol erhalten Sie die Möglichkeit, die Einstellungen zum Thema Datenschutz bzw. Position zu öffnen. Ob die automatische Positionserkennung aktiv ist, lässt sich auch anhand der Schaltfläche *Position* im Info-Center erkennen, über diese können Sie die Positionserkennung schnell aktivieren und deaktivieren.

Automatischer Positionsdienst Ein

Noch mehr Möglichkeiten erhalten Sie in den Einstellungen: Klicken Sie auf *Datenschutz* und hier auf *Position*.

- Standardmäßig kann jeder Benutzer des PCs mit dem Schalter *Positionsdienst* die Positionserkennung für sein persönliches Konto ein- oder ausschalten. Ein weiterer Schalter erlaubt auch die Ermittlung des ungefähren Standorts.
- Sind Sie als Administrator angemeldet, so finden Sie hier zusätzlich die Schaltfläche *Ändern* vor. Mit Klick darauf erhalten Sie die Möglichkeit, die Positionserkennung für das Gerät und damit für alle Benutzer zu aktivieren bzw. zu deaktivieren.

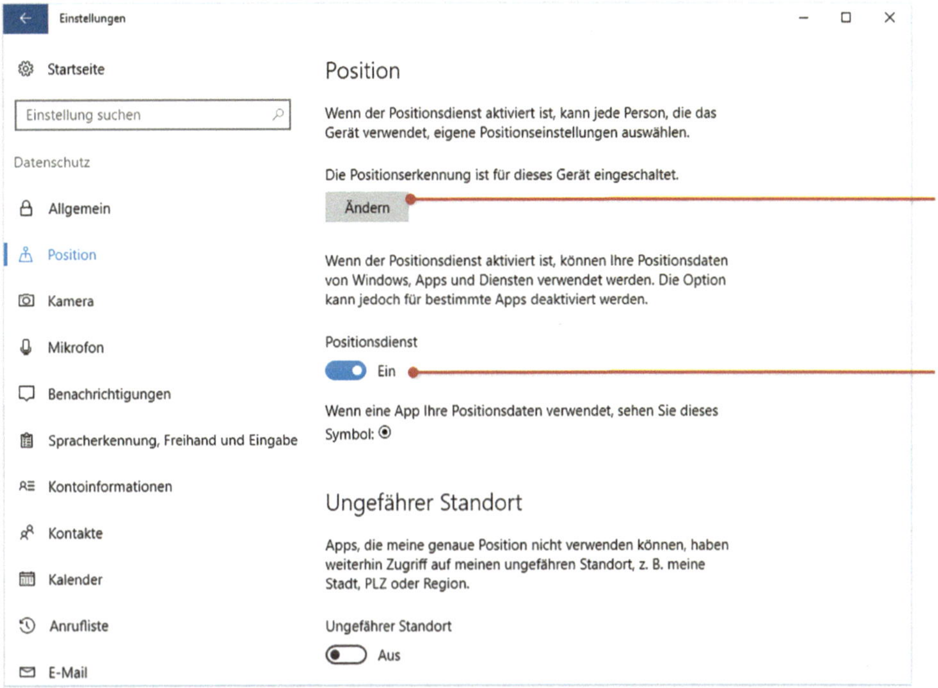

Positionsdienst ein- und ausschalten

Beachten Sie, dass Sie damit nur den Windows-Positionsdienst ein- und ausschalten. Dieser wird zumeist von Apps aus dem Windows-Store verwendet. Einige Apps können dagegen anhand anderer Technologien, z. B. WLAN-Suche, Ihren Standort auch bei deaktivierter Standortbestimmung ermitteln.

Scrollen Sie nach unten, um noch weitere Einstellungen zu kontrollieren:

- Sie können den aktuellen Standort als Standardort festlegen, falls keine Position erkannt wird.
- Unter *Positionsverlauf* lassen sich mit der Schaltfläche *Löschen* alle gespeicherten Bewegungsdaten löschen.
- Haben Sie die Positionserkennung eingeschaltet, so können Sie in einer Liste detailliert festlegen, welche Apps Ihre Position ermitteln und verwenden dürfen.

Zugriff auf Geräte und Apps

Unter *Datenschutz* legen Sie auch fest, wie Geräte und Apps verwendet werden dürfen, bzw. welche Apps Zugriff darauf erhalten. Laptops verfügen in der Regel über eine integrierte Kamera bzw. Webcam und ein Mikrofon, deren Nutzung Sie hier regeln können. Mit der Auswahl *Kamera* bzw. *Mikrofon* können Sie festlegen, ob und welche Apps diese Geräte verwenden dürfen.

Achtung: Wenn der Schalter *Apps die Verwendung meines Mikrofons erlauben* auf *Aus* gesetzt ist, dann ist auch die Spracheingabe für Cortana deaktiviert! Dasselbe gilt auch für die Kamera, z. B. in Verbindung mit Skype.

Verwendung der Kamera

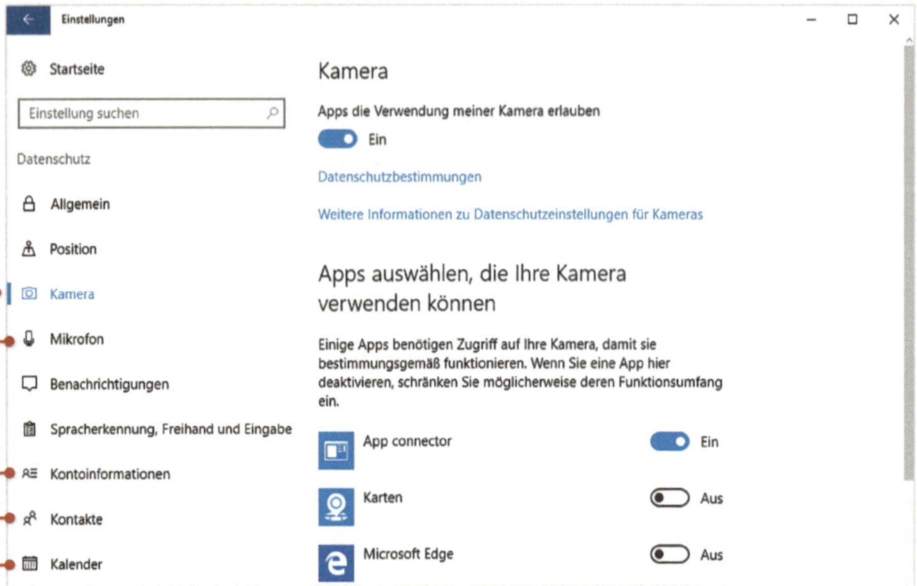

Kamera
Mikrofon
Kontoinformationen
Kontakte
Kalender

- Einige Apps, insbesondere *Mail*, *Kontakte* und *Kalender* erhalten Ihren vollen Funktionsumfang nur mit wechselseitigem Zugriff. So können Sie etwa beim Verfassen und Senden von E-Mails mit der App *Mail* alle E-Mail-Adressen verwenden, die in der App *Kontakte* gespeichert sind. Unter *Kontakte* und *Kalender* sehen Sie, ob Apps der Zugriff generell erlaubt ist und welche Apps diese Informationen nutzen dürfen.

  Falls Sie die Apps *Kontakte*, *Mail* und *Kalender* verwenden, sollten Sie deren Nutzung nicht deaktivieren, da sonst ihr Funktionsumfang erheblich eingeschränkt ist.

- Auch Ihre Kontoinformationen können unter Umständen von einigen Apps genutzt werden, eine Übersicht erhalten Sie, wenn Sie in den Einstellungen zum Datenschutz auf *Kontoinformationen* klicken. Sind hier keine Apps aufgelistet, dann sind auch keine entsprechenden Apps auf Ihren Gerät vorhanden.
- *Anrufliste* und *Messaging* beziehen sich auf die Nutzung von Skype bzw. den Einsatz von Windows auf einem Smartphone.

Spracheingabe/Cortana

Auch Cortana sammelt Informationen über Ihre Spracheingaben, Kontakte und Kalendereinträge, um die persönlichen Empfehlungen zu verbessern. Näheres dazu sehen Sie, wenn Sie auf *Spracherkennung, Freihand und Eingabe* klicken. Hier erhalten Sie mit der Schaltfläche *Kennenlernen beenden* die Möglichkeit, bereits gesammelte Informationen auf diesem Gerät löschen und diese Funktion deaktivieren, allerdings werden dann Cortana und die Diktatfunktion bzw. Spracheingabe ebenfalls deaktiviert. Bei ausgeschalteter Funktion finden Sie hier die Schaltfläche *Kennenlernen* vor.

Achtung: Dies betrifft nur Informationen, die auf dem Gerät gespeichert wurden. Um in der Cloud gespeicherte Informationen zu löschen, klicken Sie hier auf *Rufen Sie Bing auf und verwalten Sie persönliche Informationen für alle Ihre Geräte*.

Spracheingaben und weitere gespeicherte Informationen löschen

Hintergrund-Apps

Klicken Sie auf *Hintergrund-Apps*, um zu sehen, welche Apps im Hintergrund Daten herunterladen, Benachrichtigungen senden und Informationen empfangen, auch wenn Sie nicht genutzt werden. Um auf mobilen Geräten Energie zu sparen, sollten Sie die Ausführung im Hintergrund für nicht oder nur selten genutzte Apps ausschalten.

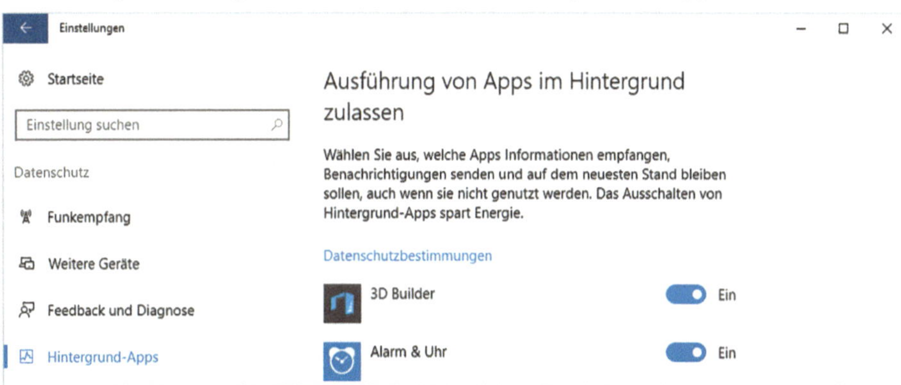

Deaktivieren Sie nicht oder nur selten genutzte Hintergrund-Apps

Datenaustausch

Ein weiterer wichtiger Punkt des Datenschutzes betrifft den Datenaustausch und die Synchronisierung mit anderen Geräten, z. B. Smartphones und Tablets. Klicken Sie dazu auf *Weitere Geräte*. Unter *Vertrauenswürdige Geräte verwenden* sehen Sie eine Liste der angeschlossenen Geräte. Für jedes Gerät können Sie über einen Schalter die Verwendung durch Apps ohne vorherige Rückfrage erlauben bzw. ausschließen.

Synchronisierung mit anderen Geräten

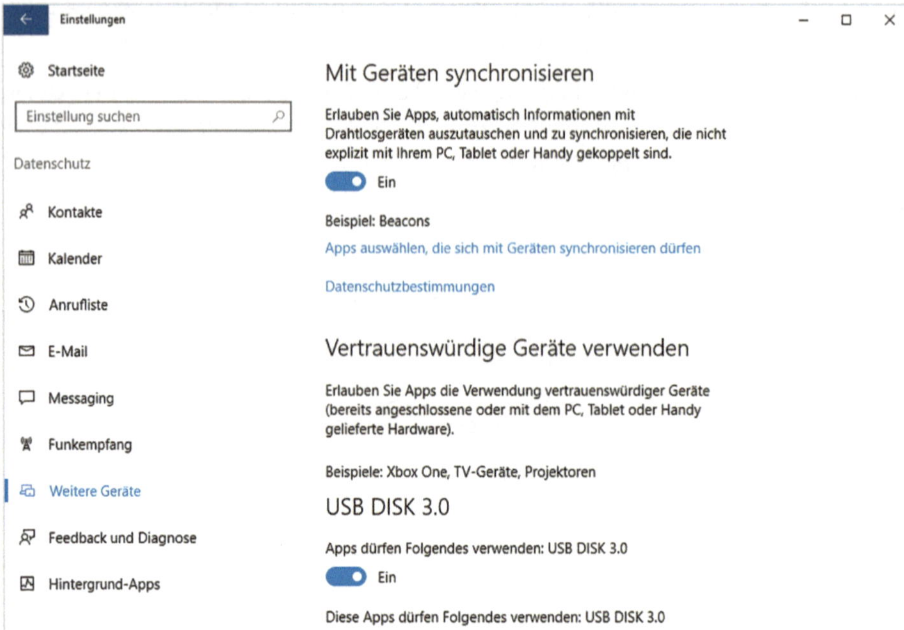

Feedback und Diagnose

Achtung: Für Teilnehmer am Microsoft-Insider Programm ist die Übermittlung fest eingestellt!

Unter *Feedback und Diagnose* können Sie angeben, wie oft und in welchem Umfang Nutzungs- und Diagnosedaten Ihres Geräts, z. B. bei aufgetretenen Problemen, an Microsoft gesendet werden sollen. Über *Feedbackhäufigkeit* legen Sie fest, wie oft Sie um Feedback zu Windows 10 gebeten werden möchten.

Feedback und Senden von Diagnose- und Nutzungsdaten

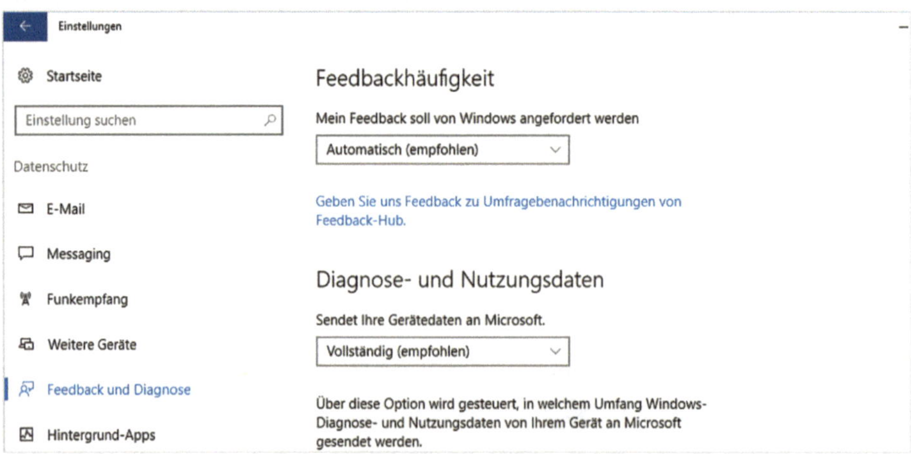

11.4 Virenschutz und Firewall

Im Gegensatz zu Windows 7 verfügt Windows 10 mit Windows Defender über einen integrierten Schutz vor Schadsoftware. Allerdings handelt es sich bei Windows Defender eher um einen Basisschutz, Sie können also jederzeit Sicherheitssoftware anderer Hersteller installieren. Auch die Windows-Firewall ist nach wie vor mit an Bord.

Wenn Sie Windows Defender einsetzen und die Einstellungen kontrollieren möchten, dann klicken Sie in den *Einstellungen* auf *Update und Sicherheit* und hier auf *Windows Defender*. Damit Windows Defender Ihren PC schützen kann, müssen die beiden Schalter *Echtzeitschutz* und *Cloudbasierter Schutz* auf *Ein* gesetzt sein. Ist der dritte Schalter, *Automatische Übermittlung von Beispielen* auf *Ein*, so wird bei aufgetretenen Problemen und Bedrohungen automatisch ein Beispiel an Microsoft gesendet.

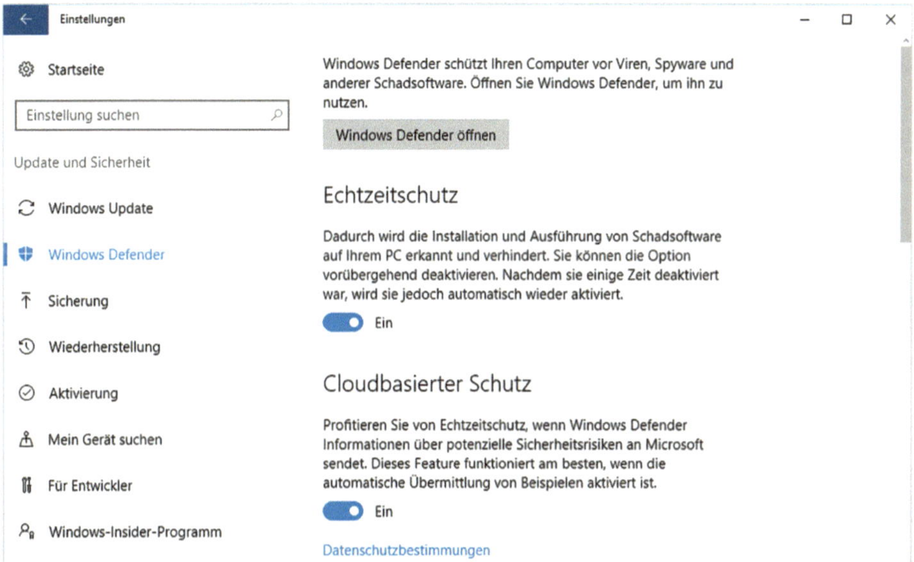

Einstellungen zu Windows Defender

Achtung: Haben Sie Sicherheitssoftware eines anderen Herstellers installiert, dann wurde Windows-Defender automatisch deaktiviert und diese Schalter sind inaktiv!

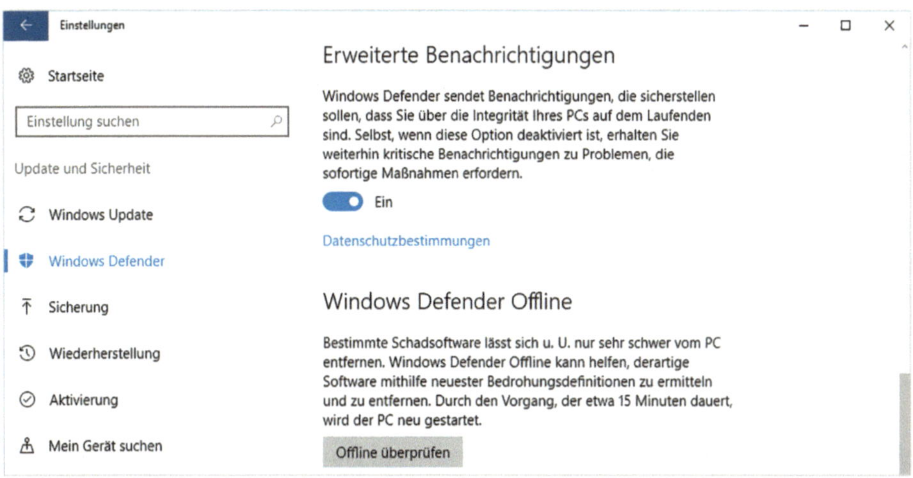

- Weiter unten finden Sie noch den Schalter *Erweiterte Benachrichtigungen*. Dieser steuert die Anzeige von Sicherheitswarnungen im Info-Center.
- Neu seit dem Anniversary Update ist der Schalter *Offline überprüfen*, mit dessen Hilfe bestimmte Schadsoftware besser erkannt und entfernt werden kann. Da dazu der PC neu gestartet wird, sollten Sie vorher alle Anwendungen beenden und Daten speichern.

Auch mit Klick auf das Symbol der Taskleiste wird Windows Defender geöffnet.

Windows Defender ist wie jede Sicherheitssoftware im Hintergrund aktiv, dies erkennen Sie auch am Symbol im Infobereich der Taskleiste. Wenn Sie mit Windows Defender die Überprüfung eines Laufwerks manuell starten oder eine Übersicht über erkannte schädliche Elemente erhalten möchten, dann klicken Sie auf *Windows Defender öffnen*. Hier können Sie alle Einstellungen und den Verlauf kontrollieren und bei Bedarf mit der Schaltfläche *Jetzt Überprüfen* einen Prüfvorgang starten.

Windows Firewall

Die bereits bekannte Windows-Firewall finden Sie dagegen nach wie vor in der Systemsteuerung: Tippen Sie in das Suchfeld der Taskleiste den Suchbegriff „Firewall" ein und klicken Sie dann auf *Windows-Firewall*.

Windows Firewall

Sicherheit und Wartung

Alle Benachrichtigungen über Sicherheits- und allgemeine Computerprobleme können Sie im Info-Center einsehen. Mit Klick auf die Meldung öffnet sich die Systemsteuerung mit der Kategorie *Sicherheit und Wartung*, die von früheren Windows Versionen unter der Bezeichung *Wartungscenter* bekannt sein dürfte.

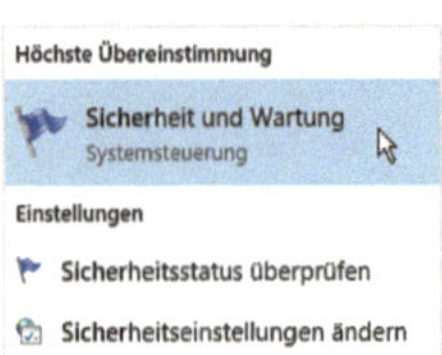

Wenn Sie Details dazu einsehen möchten, dann tippen Sie den Begriff „Sicherheit" in das Suchfeld der Taskleiste ein und klicken dann auf *Sicherheit und Wartung*, *Systemsteuerung*. Hier befindet sich auch nach wie vor auch die Benutzerkontensteuerung, die verhindert, dass Schadsoftware unbemerkt auf Ihrem PC installiert wird. Daher ist beispielsweise bei der Installation neuer Software oder der Änderung wichtiger Systemeinstellungen jedes Mal Ihre explizite Zustimmung erforderlich.

Sicherheit und Wartung

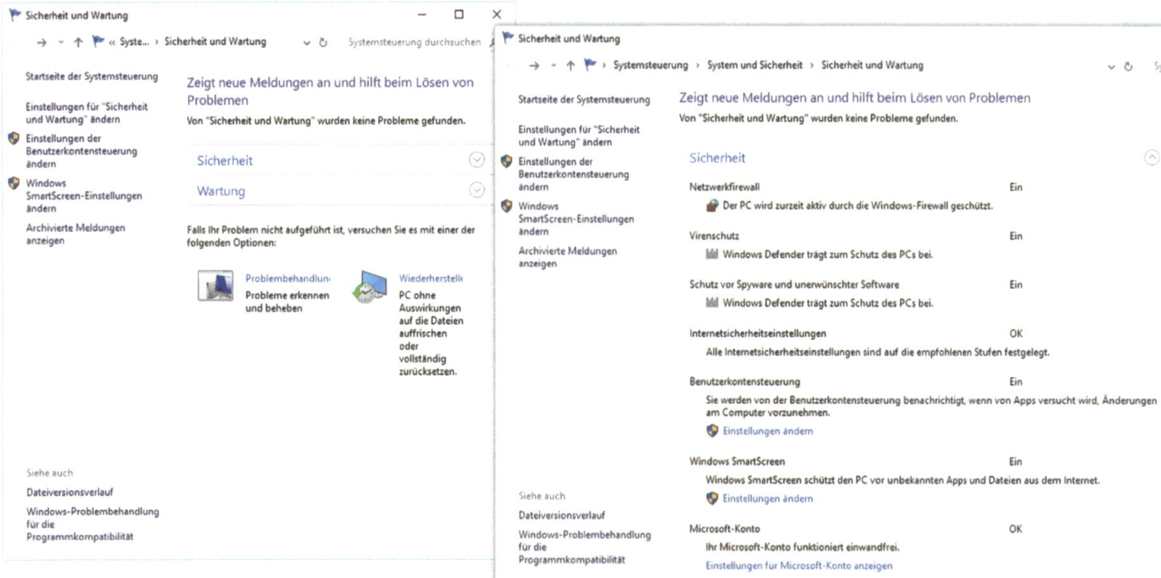

11.5 Windows-Updates

Windows 10 wird laufend aktualisiert, einige Updates beinhalten auch Änderungen der Benutzeroberfläche, z. B. das Anniversary Update vom August 2016. In der Standardeinstellung werden Updates im Hintergrund automatisch über das Internet heruntergeladen, die eigentliche Installation erfolgt aber erst, wenn der Computer nicht genutzt wird. Unter Umständen muss der Computer während oder nach der Installation heruntergefahren und wieder neu gestartet werden.

Die Einstellungsmöglichkeiten in Bezug auf Updates sind nur gering und abhängig von der Windows-Edition. Klicken Sie in den Einstellungen auf *Update und Sicherheit* und wählen Sie *Windows Update*. Hier finden Sie den Updatestatus Ihres Geräts und können bei Bedarf über die Schaltfläche *Nach Updates suchen* nach weiteren verfügbaren Updates suchen. Mit Klick auf *Updateverlauf* erhalten Sie eine Liste der installierte Updates.

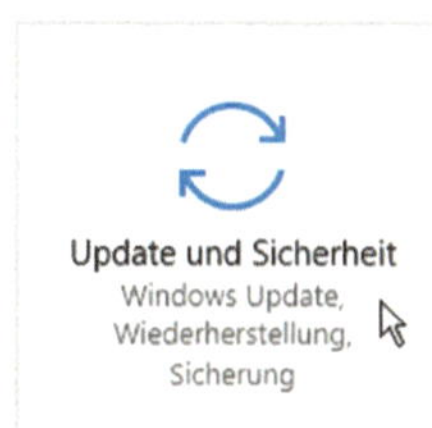

- Da bei einigen Updates der Computer neu gestartet werden muss, können Sie über *Nutzungszeit ändern* und über *Neustartoptionen* den Zeitpunkt steuern.
- Mit Klick auf *Erweiterte Optionen* können Sie bei einigen Windows-Editionen über das Kontrollkästchen *Featureupdates zurückstellen* Updates mehrere Monate lang zurückstellen, dies gilt allerdings nicht für Sicherheitsupdates.
- Falls nach Installation eines Updates Windows nicht mehr stabil läuft, können Sie Updates deinstallieren. Klicken Sie dazu auf *Updateverlauf* und hier auf *Updates*

deinstallieren. Es öffnet sich die Systemsteuerung mit *Programme und Features - Installierte Updates*. Markieren Sie das Update und klicken Sie auf *Deinstallieren*.

Updates steuern

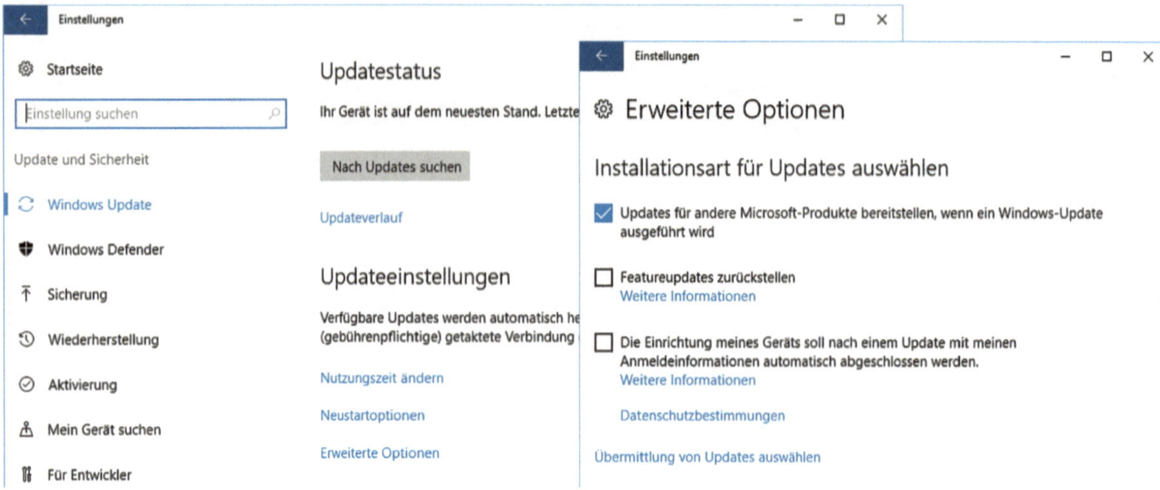

11.6 Netzwerkverbindungen und WLAN-Einstellungen

Netzwerkstatus anzeigen

Um den aktuellen Netzwerkstatus anzuzeigen und Netzwerkeinstellungen zu verwalten, klicken Sie in den Einstellungen auf *Netzwerk und Internet* und hier auf *Status*.

Netzwerkstatus und Netzwereinstellungen, Beispiel WLAN

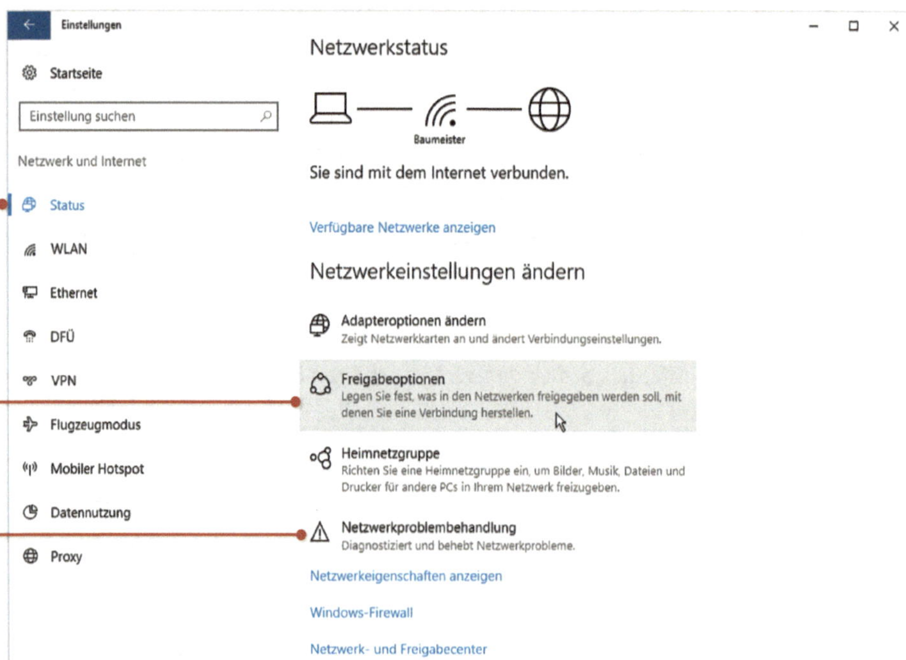

Klicken Sie auf Status

Sicherheitseinstellungen für öffentliche Netzwerke

Eventuelle Netzwerkprobleme aufspüren und beheben.

- Mit Klick auf *Verfügbare Netzwerke anzeigen* erscheinen bei einer WLAN-Verbindung alle Netzwerke in Reichweite und Sie können hier ggfs. Ihr Gerät mit einem WLAN verbinden. Eventuelle Netzwerkprobleme lassen sich über *Netzwerkproblembehandlung* aufspüren und beheben.
- Falls Sie mit einem öffentlichen Netzwerk verbunden sind, sollte zumindest Ihr Gerät im Netzwerk nicht gefunden werden. Um diese Einstellung zu kontrollieren und ggfs. zu ändern, klicken Sie auf *Freigabeoptionen* (Siehe Bild oben). Es öffnet sich die Systemsteuerung mit den *Erweiterten Freigabeeinstellungen* und Sie können die Freigabeoptionen jeweils für Private und Öffentliche Netzwerke kontrollieren und bei Bedarf ändern. Unter *Gast oder Öffentlich* sollte die Option *Netzwerkerkennung ausschalten* ausgewählt und die Datei- und Druckerfreigabe deaktiviert sein. In einem privaten oder Firmennetzwerk dagegen sollte beides aktiviert sein.

WLAN-Einstellungen

Im Info-Center erhalten Sie über die Schaltfläche *Netzwerk* und anschließendem Klick auf *Netzwerkeinstellungen* schnell Zugriff auf die entsprechenden Einstellungen.

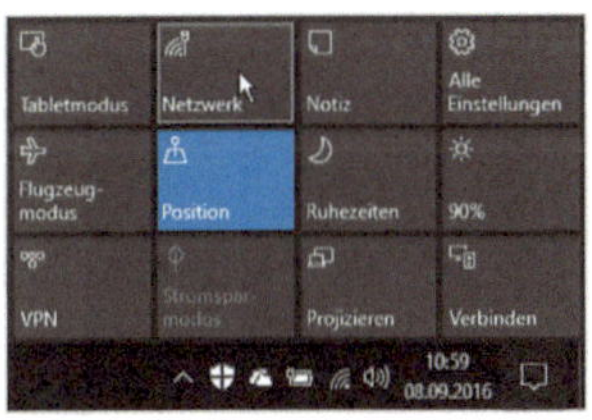

Klicken Sie im Info-Center auf Netzwerk

WLAN: klicken Sie auf Netzwerkeinstellungen

Kabel - Netzwerkeinstellungen

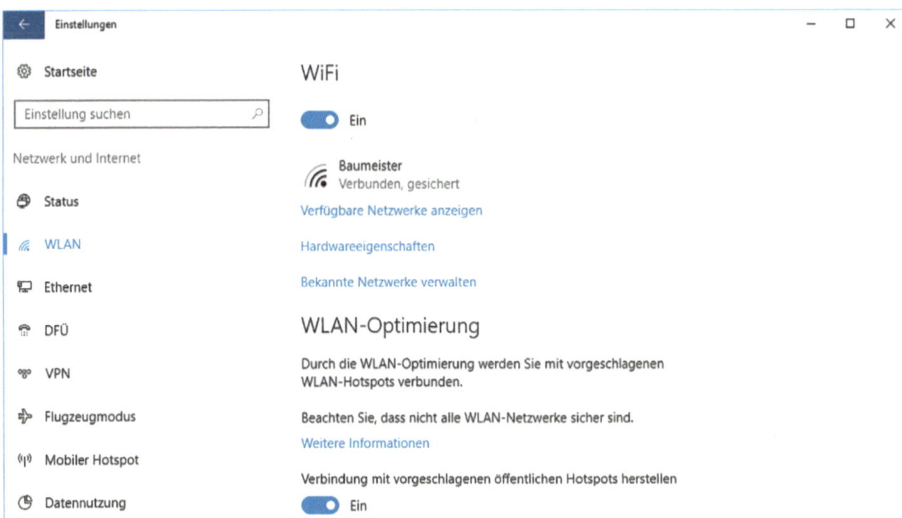

Netzwerkeinstellungen WiFi bzw. WLAN

Neben dem Schalter *WiFi* bzw. *WLAN* finden Sie hier die Möglichkeit der *WLAN-Optimierung*. WLAN-Optimierung bedeutet, Windows verbindet Ihr Gerät unterwegs automatisch mit öffentlichen WLAN-Hotspots. Dies funktioniert allerdings nur in Verbindung mit einem Microsoft-Konto und bei eingeschaltetem Positionsdienst.

Positionsdienst, siehe Seite 98.

12 Neue Tastenkombinationen

Windows	Startmenü öffnen
Windows + A	Info-Center einblenden
Windows + D	Fenster minimieren und Desktop anzeigen
Windows + E	Explorer öffnen
Windows + I	Einstellungen anzeigen
Windows + L	Sperrbildschirm, Computer sperren
Windows + S	Suchleiste einblenden
Windows + T	Taskleiste anzeigen
Windows + Z	App-Bedienelemente anzeigen (oder rechte Maustaste
Windows + Druck	Screenshot im Ordner Bilder speichern
Windows + Pfeil links	Bildschirm teilen und die geöffnete App in der linken Fensterhälfte anordnen
Windows + Pfeil rechts	Bildschirm teilen und die geöffnete App in der rechten Fensterhälfte anordnen
Windows + Tab	Wechselt zwischen Apps und Desktop Windows + Pfeil unten
Windows + Pfeil unten	Fenster minimieren
Windows + Leertaste	Eingabesprache wechseln
Windows + Pluszeichen (+)	Aktiviert die Bildschirmlupe, Zoom vergrößern
Windows + Minuszeichen (-)	Zoom verkleinern

B Office 2016 - programmübergreifende Neuerungen

Übersicht

1 Die Programmoberfläche

1.1 Startseite

Wenn Sie eine Office-2016-Anwendung, beispielsweise Word 2016, mit Klick auf die Kachel des Startmenüs starten, dann wird im Gegensatz zu früheren Versionen standardmäßig nicht mehr automatisch ein neues, leeres Dokument geöffnet, sondern es erscheint eine Startseite und Sie können wählen, womit Sie beginnen möchten.

Beispiel: Die Startseite von Word 2016

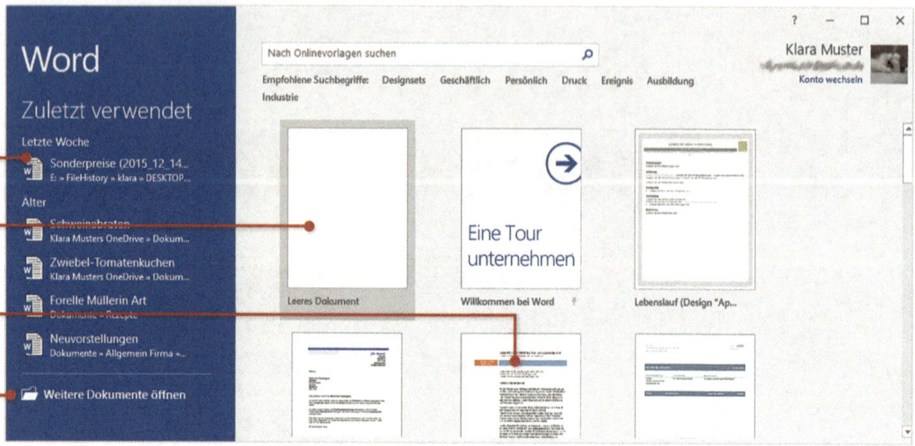

Wie Sie die Startseite deaktivieren und sofort mit einem neuen leeren Dokument beginnen, lesen Sie unter Punkt B 2.7 auf Seite 139.

- **Neues Dokument erstellen**
  Klicken Sie auf *Leeres Dokument* oder wählen Sie eine der Vorlagen, z. B. Lebenslauf oder Kalender. Weitere Vorlagen stehen Online zur Verfügung.
- **Vorhandenes Dokument öffnen**
  Klicken Sie auf eines der Dokumente unter *Zuletzt verwendet* oder auf *Weitere Dokumente öffnen*.

Erst dann erscheint die jeweilige Anwendung mit der neuen Benutzeroberfläche. Diese wurde gegenüber den Versionen 2003 und älter komplett neu gestaltet.

Die Programmoberfläche am Beispiel Word 2016

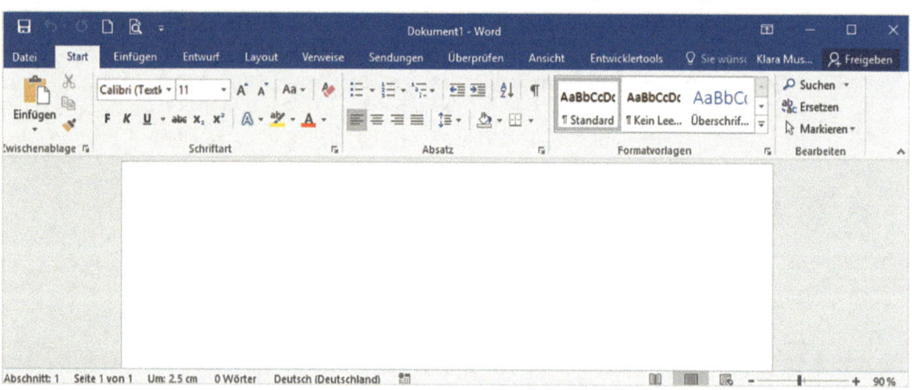

1.2 Das Menüband

Seit der Version 2007 unterscheiden Office-Anwendungen nicht mehr zwischen Menüzeile und Symbolleisten. Die Befehlseingabe erfolgt über ein Menüband (engl. ribbon) im oberen Bereich des Anwendungsfensters. Die folgenden Punkte werden am Beispiel Word 2016 erklärt, gelten aber genauso für Excel, PowerPoint und Outlook.

Das Menüband fasst grundlegende Aufgabenstellungen in Registerkarten zusammen. So enthält etwa das Register *Start* die am häufigsten benötigten Befehle der jeweiligen Anwendung, beispielsweise zur Verwendung der Zwischenablage. Zum Anzeigen klicken Sie auf den Reiter mit dem Namen eines Registers, der Reiter des aktuellen Registers ist hell hervorgehoben. **Tipp:** Sobald sich der Mauszeiger im Menüband befindet, wechseln Sie auch mit Drehen des Mausrädchens zwischen den Registerkarten.

Das Menüband

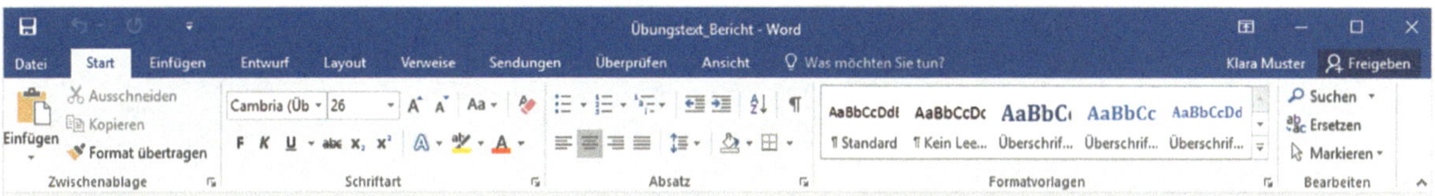

Menüband minimieren

Das Menüband kann verkleinert oder ganz ausgeblendet werden, um mehr Platz für den eigentlichen Arbeitsbereich zu schaffen. Dazu benutzen Sie die Schaltfläche *Menüband-Anzeigeoptionen* in der oberen rechten Ecke des Fensters.

- In der Standardeinstellung *Registerkarten und Befehle anzeigen*, ist das Menüband vollständig sichtbar und sieht aus, wie im Bild oben.
- Mit der Option *Registerkarten anzeigen* sind vom Menüband nur die Reiter mit den Namen sichtbar, die Befehle erscheinen erst, wenn Sie auf einen Reiter klicken und verschwinden wieder, nachdem Sie auf ein Symbol geklickt haben.
- *Menüband automatisch ausblenden* blendet das Menüband und alle anderen Bedienelemente der Anwendung vollständig aus (entspricht etwa der Anzeige *Ganzer Bildschirm*), gleichzeitig wird das Anwendungsfenster im Vollbildmodus dargestellt (Maximiert). Um das Menüband einzublenden, klicken Sie in der rechten oberen Ecke des Fensters auf das Symbol mit den drei Punkten.

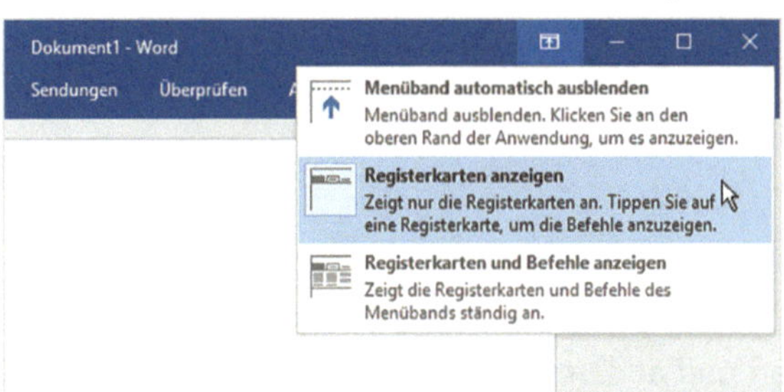

Menüband-Anzeigeoptionen

Menüband automatisch ausblenden

Es gibt noch weitere Möglichkeiten, das Menüband bis auf die Namen der Register zu verkleinern:

- Klicken Sie mit der rechten Maustaste an eine beliebige Stelle des Menübandes und klicken Sie auf *Menüband reduzieren* (Häkchen). Ein weiterer Klick auf *Menüband reduzieren* entfernt das Häkchen wieder.
- Am rechten Rand des Menübands befindet sich ein kleiner, nach oben weisender Pfeil, ein Klick darauf reduziert das Menüband ebenfalls. Um es wieder dauerhaft vollständig anzuzeigen, benutzen Sie das Pin-Symbol an derselben Stelle.

Menüband reduzieren und anheften

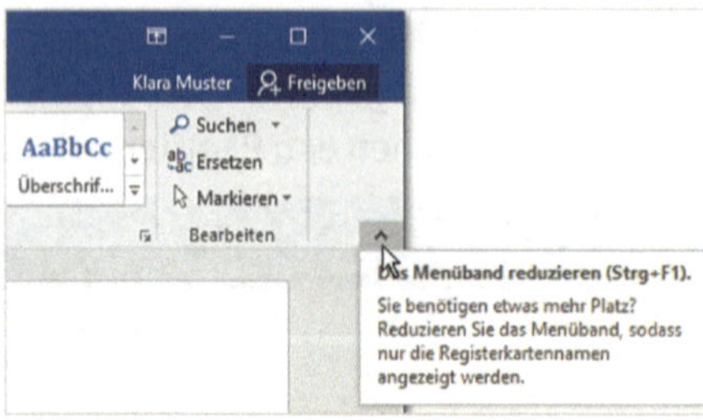

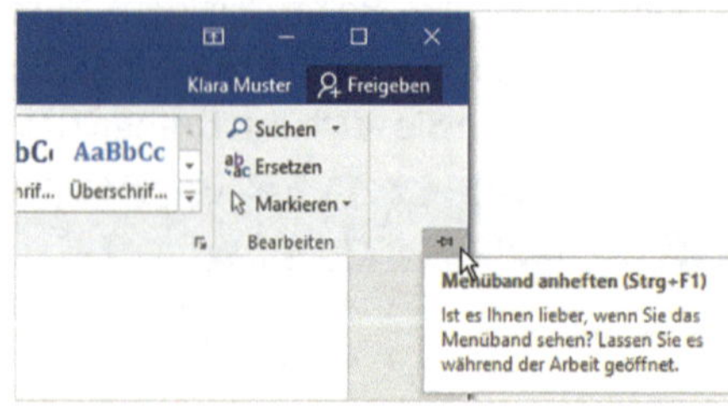

> Die schnellste Methode, das Menüband zu reduzieren ist ein Doppelklick auf das aktuelle Register. Ein weiterer Doppelklick auf dieses Register zeigt das Menüband wieder dauerhaft mit allen Befehlen an. Allerdings wird in der Praxis manchmal das Menüband versehentlich reduziert, dann benutzen Sie eine der oben genannten Methoden, wenn Sie die Reduzierung wieder aufheben möchten.

So finden Sie sich im Menüband zurecht

Innerhalb der Register sind die Befehle bzw. Symbole nach Gruppen geordnet, so finden Sie beispielsweise in Word 2016 im Register *Start* die Gruppen *Schriftart* mit Symbolen zur Schriftgestaltung und *Absatz* zur Absatzausrichtung. Kurzinformationen zu einem Symbol erhalten Sie, wenn Sie mit der Maus darauf zeigen.

Infotext beim Zeigen

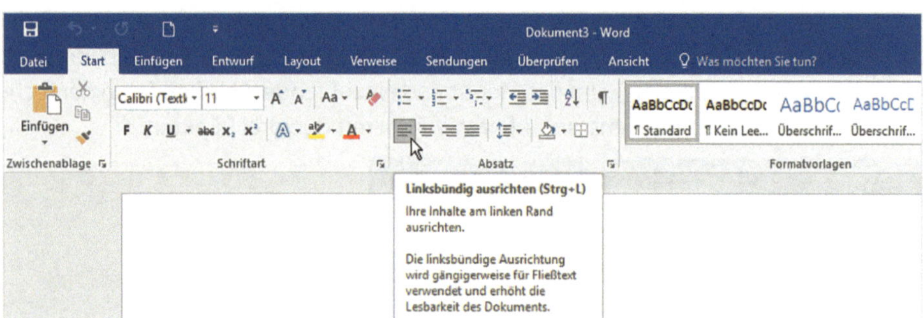

Innerhalb der Gruppen passen sich Größe und Beschriftung der Symbole automatisch an die Größe des Word-Fensters an und ändern damit ihr Aussehen. In einem stark verkleinertem Fenster sehen Sie möglicherweise nur den Namen einer Gruppe, die Befehle erscheinen erst, wenn Sie auf den kleinen, nach unten weisenden Pfeil (Dropdown-Pfeil) der Gruppe klicken. Als Beispiel im Bild unten die unterschiedliche Darstellung der Symbole der Gruppe *Bearbeiten*, Register *Start*.

Beispiel Gruppe Bearbeiten

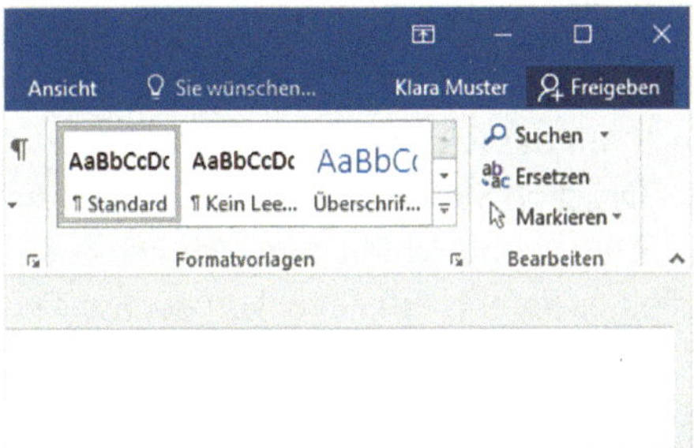

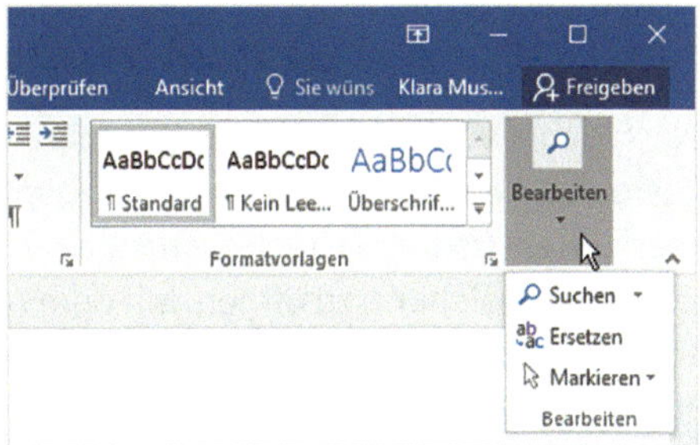

Beachten Sie auch, dass manche Schaltflächen zweigeteilt sind. Ein Klick direkt auf das Symbol liefert die Standardeinstellung. Klicken Sie dagegen auf das kleine, nach unten weisende Dreieck (Dropdown-Pfeil) der Schaltfläche, so öffnet sich ein Feld mit mehreren Möglichkeiten. Im Bild unten als Beispiel die Schaltfläche *Schriftfarbe*.

Beispiel Dropdown-Pfeil

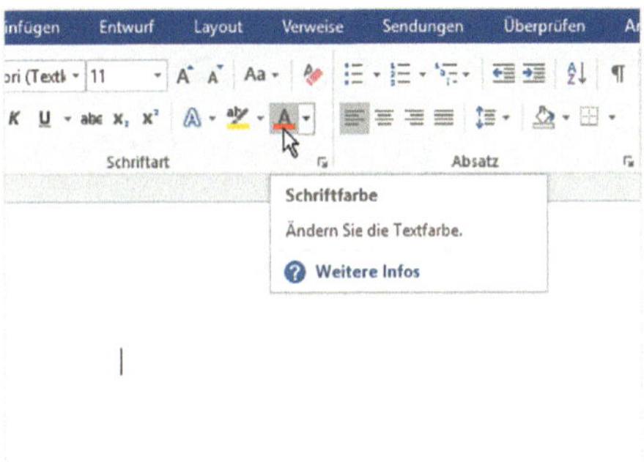

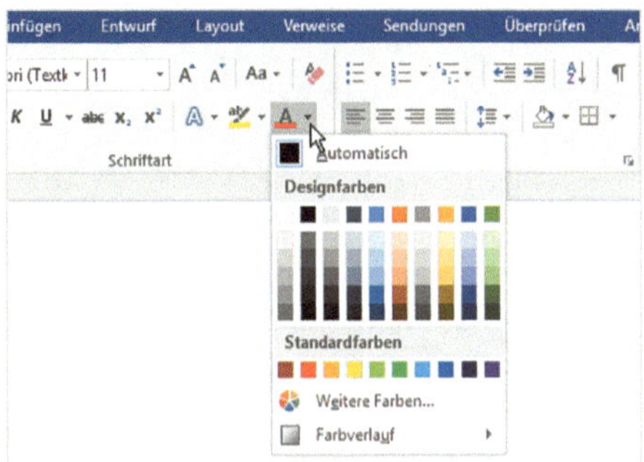

Kontextbezogene Register

Neben den Standardregistern enthält das Menüband noch weitere, allerdings kontextbezogene Register. Diese sind nur verfügbar, wenn Sie ein entsprechendes Element, beispielsweise eine Grafik oder Tabelle, markiert haben und enthalten alle Schaltflächen, die zur Bearbeitung des markierten Elements benötigt werden. Kontextbezogene Register erscheinen immer rechts vom letzten Standardregister und verschwinden automatisch, wenn das Element nicht mehr markiert ist.

Beispiel: Die Tabellentools-Register Entwurf und Layout

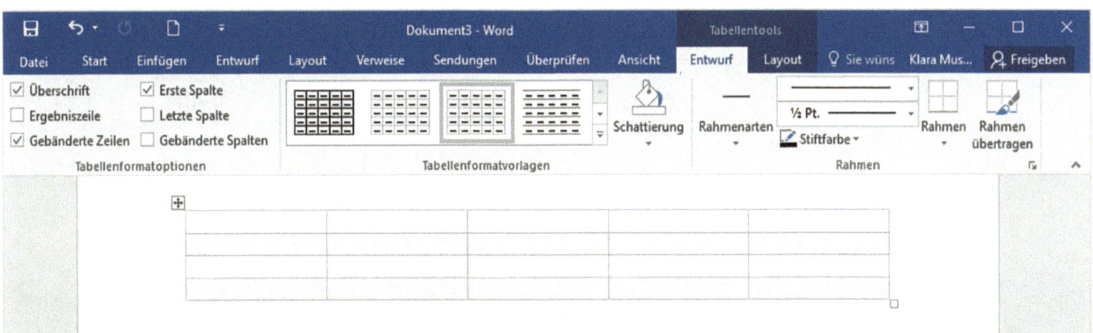

Befehle über die Tastatur aufrufen

Als Alternative zur Maus können die Register und Befehlsschaltflächen auch über die Tastatur aufgerufen werden. Nach dem Drücken der Alt-Taste zeigt das Menüband zunächst die Tasten an, mit denen Sie die Register aufrufen.

Nach dem Drücken einer Taste, beispielsweise „R" für das Register *Start*, erscheinen die Tasten zu den Schaltflächen der Registerkarte. Drücken Sie beispielsweise die „3", um markierten Text zu unterstreichen, bzw. um ein Auswahlfeld mit den Möglichkeiten zur Unterstreichung zu öffnen. Mit dem Aufruf eines Befehls oder Drücken der Esc-Taste verschwindet die Tastenanzeige wieder.

Tastenanzeige mit der Alt-Taste

Weitere Tasten anzeigen

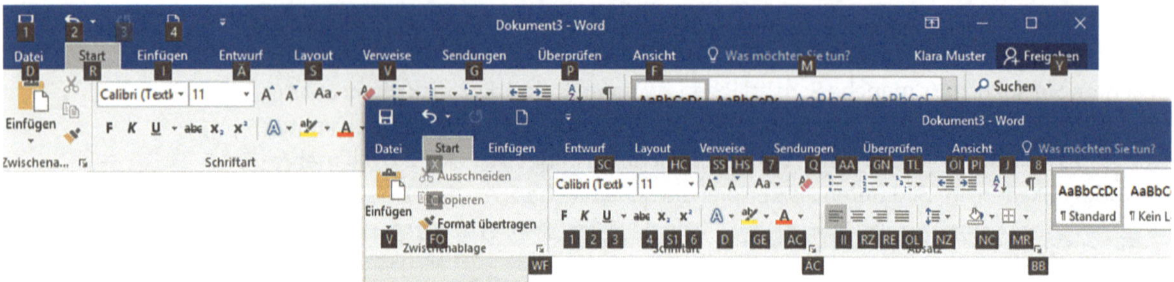

1.3 Dialogfenster und Aufgabenbereich

Benötigen Sie Befehle, die im Menüband nicht als Schaltflächen verfügbar sind oder möchten Sie gleich mehrere Einstellungen ändern? Dann klicken Sie auf das kleine Symbol ⧉ in der unteren rechten Ecke einiger Gruppen. Es öffnet sich ein Dialogfenster oder der Aufgabenbereich mit einer Zusammenfassung aller Befehle der Gruppe. Die Dialogfenster dürften Ihnen noch von älteren Versionen vetraut sein.

Beispiel: Word 2016 mit dem Dialogfenster Absatz

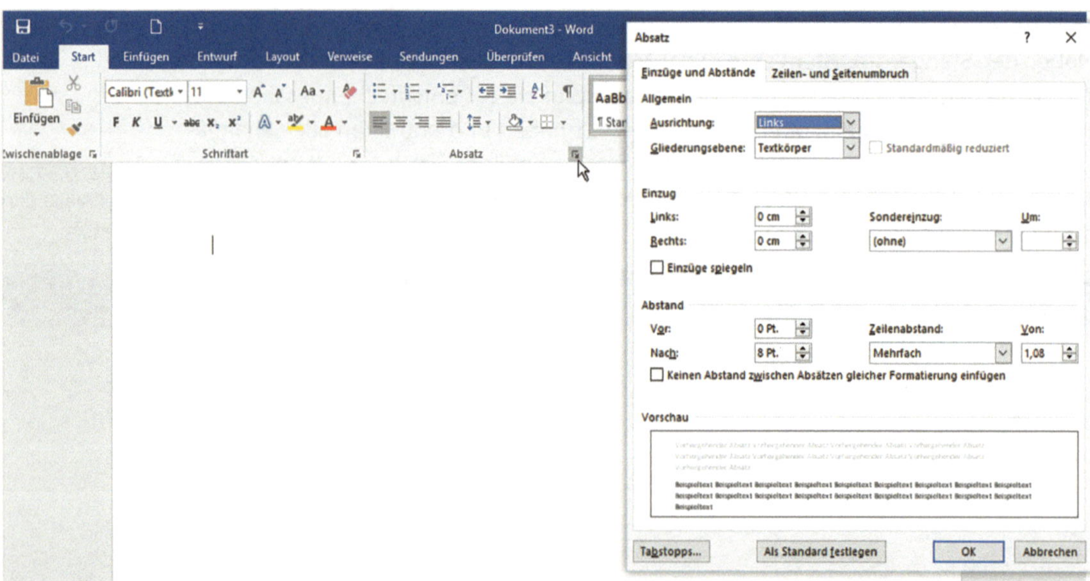

Der Aufgabenbereich

Bei grundlegend überarbeiteten Funktionen, z. B. der Diagrammbearbeitung in Excel öffnet ein Klick auf das Gruppensymbol den Aufgabenbereich am rechten Fensterrand. Der Vorteil des Aufgabenbereichs: Er kann geöffnet bleiben, während Sie nacheinander verschiedene Elemente markieren und bearbeiten. Genau wie in Dialogfenstern enthält auch der Aufgabenbereich Register, die Sie allerdings über Symbole aufrufen. Die Befehle selbst sind in Abschnitten zusammengefasst, die Sie zur besseren Übersicht mit Klick auf das Dreieck ein- und ausblenden. Als Beispiel im Bild unten der Aufgabenbereich *Diagramm formatieren* in Excel 2016.

Beispiel: der Aufgabenbereich Diagramm formatieren in Excel 2016

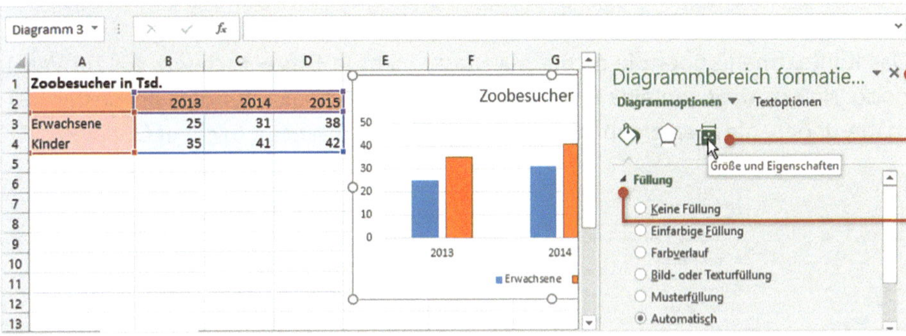

1.4 Weitere Möglichkeiten der Befehlseingabe

Die Symbolleiste für den Schnellzugriff

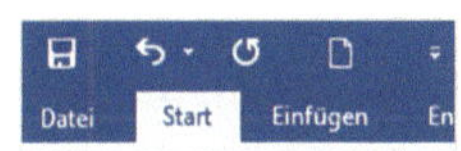

Zum schnellen Aufruf häufig benötigter Befehle steht in der linken oberen Ecke des Anwendungsfensters die *Symbolleiste für den Schnellzugriff* (kurz Schnellzugriffsleiste) zur Verfügung. Sie enthält standardmäßig die Symbole *Speichern*, *Rückgängig* und *Wiederholen*, weitere Symbole können schnell hinzugefügt werden. Dazu klicken Sie am rechten Ende der Leiste auf den Pfeil *Symbolleiste für den Schnellzugriff anpassen*. Klicken Sie dann auf den gewünschten Befehl, z. B. *Öffnen*.

Eingeblendete Befehle sind mit einem Häkchen versehen. Um ein Symbol aus der Schnellzugriffsleiste zu entfernen, genügt ein weiterer Mausklick auf diesen Befehl.

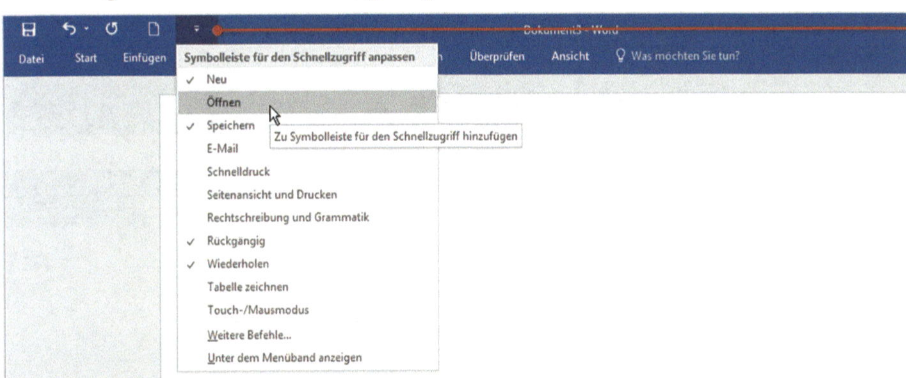

Symbolleiste für den Schnellzugriff anpassen

Tipp: Ein Mausklick auf den Eintrag *Weitere Befehle…* öffnet die Optionen der jeweiligen Anwendung mit allen verfügbaren Befehlen. Zur genauen Vorgehensweise lesen Sie Punkt B 1.5, Das Menüband anpassen.

Bei Bedarf kann die Leiste auch unterhalb des Menübandes platziert werden, klicken Sie dazu auf *Symbolleiste für den Schnellzugriff anpassen* und am Ende der Liste auf *Unter dem Menüband anzeigen*.

Kontextmenü und Minisymbolleiste

Das Kontextmenü über die rechte Maustaste steht in Office nach wie vor zur Verfügung. Neu ist dagegen eine Minisymbolleiste mit Symbolen für die wichtigsten Formatierungen, die zusammen mit dem Kontextmenü erscheint (nicht in Outlook).

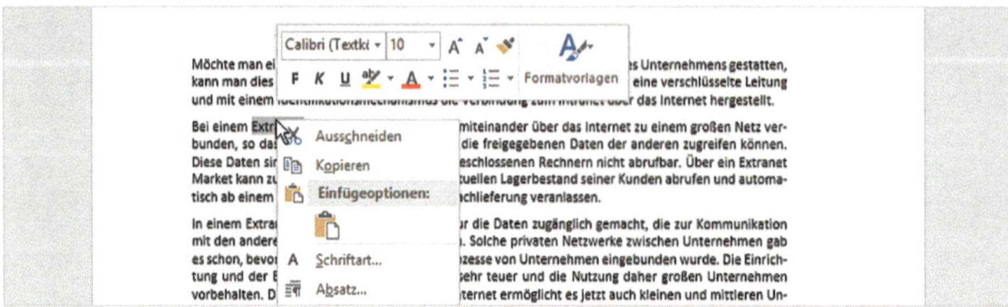

Kontextmenü und Minisymbolleiste

Die Minisymbolleiste erscheint in Word auch, nachdem Sie eine Textstelle markiert haben.

Symbole/Schaltflächen im Dokument

Unmittelbar nach bestimmten Aktionen, beispielsweise dem Einfügen aus der Zwischenablage, erscheinen an dieser Stelle im Arbeitsbereich Symbole mit verschiedenen Optionen. Aussehen und Optionen sind abhängig von Anwendung und Aktion.

Fingereingabe

Office 2016 unterstützt auch die Fingersteuerung über einen Touchscreen. Dazu sollten Sie der Symbolleiste für den Schnellzugriff das Symbol *Touch-/Mausmodus* hinzufügen, mit dem Sie schnell zwischen Fingereingabe und Mausmodus wechseln. Im Touchmodus wird das Menüband für die Fingereingabe optimiert und mehr Platz zwischen den Befehlen geschaffen.

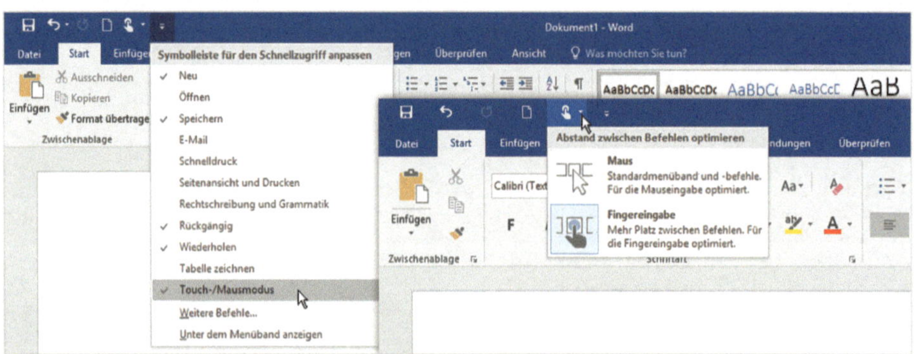

Zwischen Touch- und Mausmodus wechseln

Das Menüband im Fingereingabemodus

1.5 Das Menüband anpassen

Seit der Office-Version 2010 können Sie das Menüband an eigene Bedürfnisse anpassen und um häufig benötigte oder nützliche Befehle erweitern. Änderungen am Menüband beziehen sich ausschließlich auf die jeweilige Anwendung und haben keine Auswirkungen auf weitere Office-Anwendungen.

Klicken Sie dazu am einfachsten mit der rechten Maustaste an eine beliebige Stelle im Register oder Menüband und wählen Sie aus dem Kontextmenü den *Befehl Menüband anpassen…* um das Fenster *Optionen* zu öffnen.

Die Anpassung des Menübands erfolgt in den Optionen

Registerkarten und Gruppen anzeigen

Die rechte Liste zeigt eine Übersicht über die Hauptregisterkarten: Über Kontrollkästchen können einzelne Registerkarten per Mausklick aus- oder eingeblendet werden. Die Gruppen eines Registers sind unterhalb und etwas eingerückt angeordnet, falls diese nicht sichtbar sind, so klicken Sie zum Anzeigen auf das Kästchen mit dem + Zeichen. Auf diese Weise lassen sich auch die einzelnen Befehle einer Gruppe ein- und ausblenden.

> **Wichtig:** Die Registerkarte *Entwicklertools* wird für Makros und die Erstellung von Formularen in Word und Excel benötigt. Sie ist standardmäßig nicht sichtbar und kann hier durch Aktivieren des Kontrollkästchens eingeblendet werden.

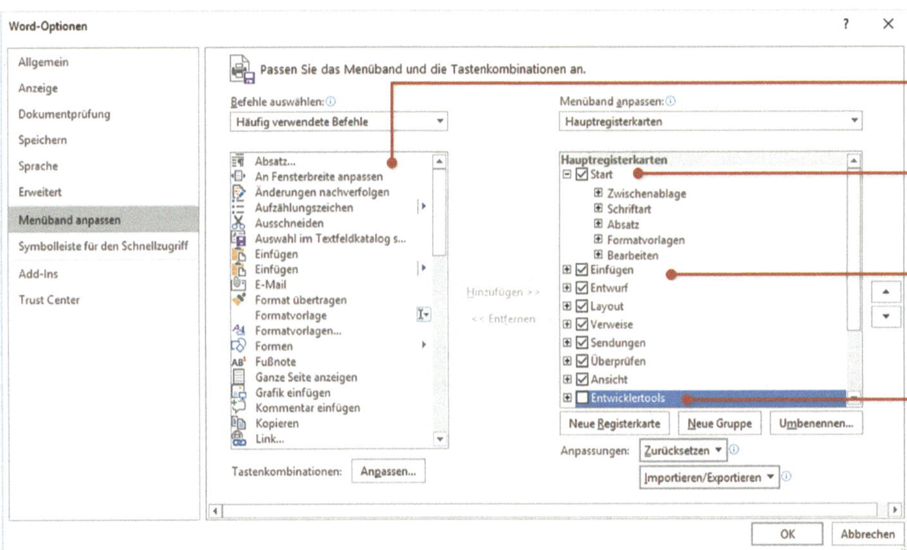

Menüband anpassen

Weitere Befehle hinzufügen

Wenn Sie dem Menüband weitere Befehle hinzufügen möchten, dann müssen Sie dafür zuerst eine benutzerdefinierte Gruppe anlegen, entweder in einem der Standardregister, noch besser aber in einem benutzerdefinierten Register. So gehen Sie vor:

1 **Registerkarte erstellen:** Klicken Sie rechts unterhalb der Hauptregisterkarten auf *Neue Registerkarte*. Die Registerkarte wird zusammen mit einer neuen Gruppe unterhalb der aktuell markierten Registerkarte hinzugefügt, zum Umbenennen markieren Sie die neue Registerkarte und klicken auf *Umbenennen*.

Der Zusatz *Benutzerdefiniert* kennzeichnet alle von Ihnen erstellten Register und Gruppen, erscheint später aber nicht im Menüband.

Registerkarte/Gruppe hinzufügen

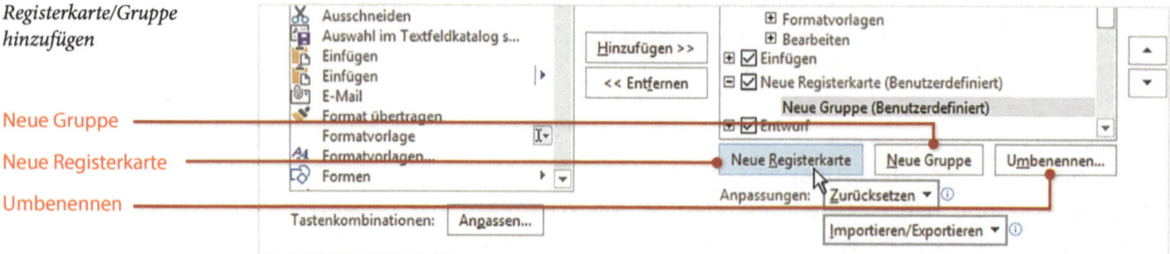

2 **Gruppe hinzufügen:** Markieren Sie die entsprechende Registerkarte und klicken Sie auf die Schaltfläche *Neue Gruppe*. Der neuen Gruppe weisen Sie dann wieder über die Schaltfläche *Umbenennen* einen Namen zu.

3 **Befehl hinzufügen:** Ziehen Sie nun aus der Liste der Befehle links die gewünschte Schaltfläche auf eine der benutzerdefinierten Gruppen oder markieren Sie einen Befehl und klicken auf *Hinzufügen*.

Befehle hinzufügen

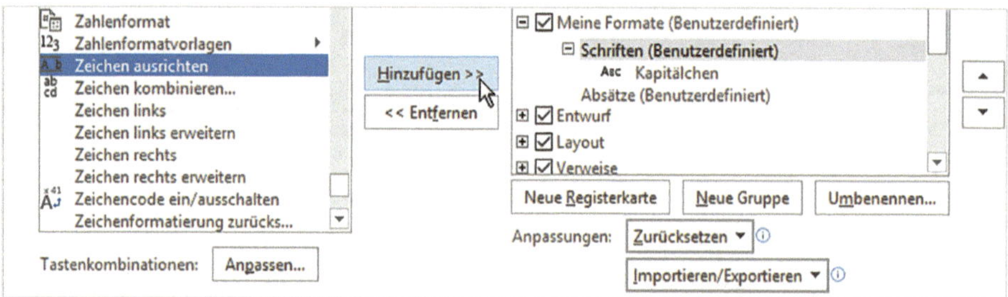

Gruppensymbol wählen

In umfangreichen Registerkarten reicht unter Umständen die Größe des Anwendungsfensters nicht aus, um die Befehle einer Gruppe vollständig anzuzeigen. In solchen Fällen erscheint nur das Symbol der Gruppe. Bei benutzerdefinierten Gruppen können Sie über die Schaltfläche *Umbenennen* ein Symbol auswählen.

Benutzerdefinierte Elemente entfernen

Markieren Sie das betreffende Element und klicken Sie auf die Schaltfläche *Entfernen*. Die Standardregisterkarten und deren Befehle können allerdings nicht entfernt werden. Mit der Schaltfläche *Zurücksetzen* können Sie entweder die, von Ihnen vorgenommenen Änderungen am markierten Register oder alle Anpassungen zurücknehmen.

> **Tipp:** standardmäßig sind nur die häufig verwendeten Befehle verfügbar. Um weitere anzuzeigen, klicken Sie oberhalb der Liste im Feld *Befehle auswählen* auf den Dropdown-Pfeil und wählen entweder *Nicht im Menüband enthaltene Befehle* oder *Alle Befehle*. Hier finden Sie auch noch „alte" Office-2003 Befehle, zum Beispiel in Word den Befehl *Seitenansicht-Bearbeitungsmodus*, mit dem Sie die gewohnte Seitenansicht aufrufen.

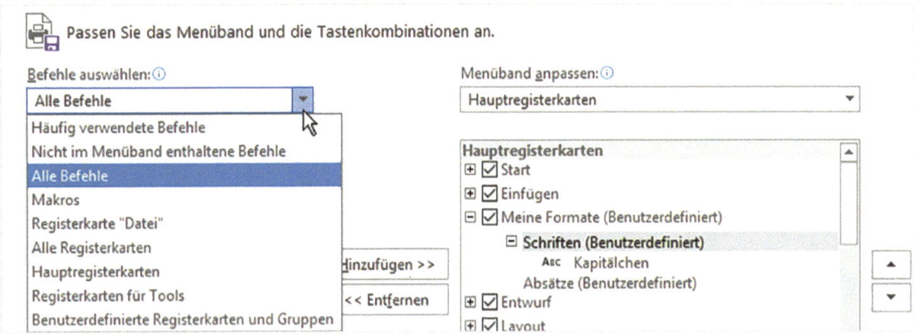

Angezeigte Befehle auswählen

1.6 Die Statusleiste

Auch Aussehen und Verhalten der Statusleiste am unteren Rand des Anwendungsfensters haben sich in Office 2016 geändert.

Zoom und Ansichten

Neu ist der Zoombereich am rechten Rand, mit dem Sie schnell die Bildschirmanzeige beliebig vergrößern und verkleinern können (Strg + Mausrad funktioniert natürlich nach wie vor). Neben dem Zoombereich finden Sie in allen Anwendungen Schaltflächen, über die Sie schnell zwischen den verschiedenen Ansichten wechseln.

Statusleiste anpassen

Neu ist auch, dass Sie die Anzeige in der Statusleiste anpassen können: Klicken Sie mit der rechten Maustaste an freie beliebige Stelle der Statusleiste und aktivieren, bzw. deaktivieren Sie die gewünschten Informationen.

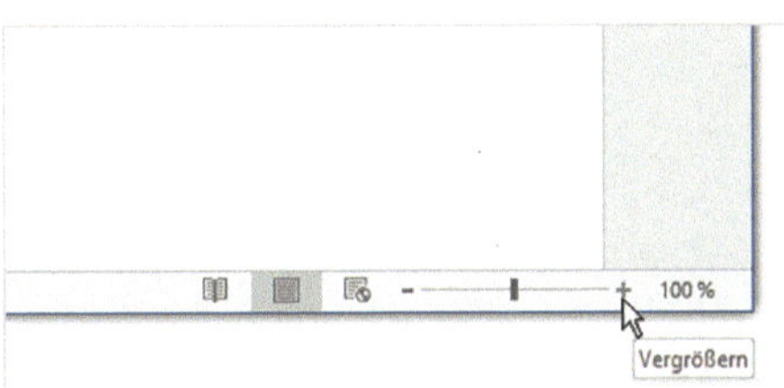

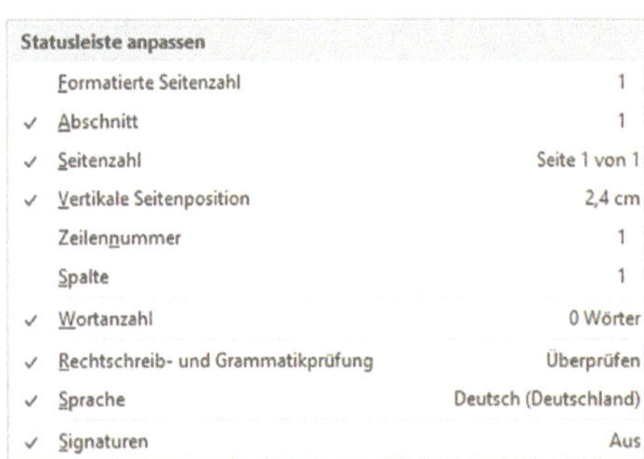

Zoombereich in der Statusleiste

Word 2016: Statusleiste anpassen (Ausschnitt)

1.7 Die Zwischenablage

Die Schaltflächen zum Ausschneiden, Kopieren und Einfügen finden Sie im Register *Start*, Gruppe *Zwischenablage* der jeweiligen Anwendung. Nach wie vor können Sie auch die bekannten Tastenkombinationen Strg+C, Strg+X und Strg+V verwenden.

Einfügeoptionen

Wenn Sie zum Einfügen auf den Dropdown-Pfeil der Schaltfläche *Einfügen* klicken, dann erhalten Sie verschiedene Einfügeoptionen, über die Sie die Formatierung des eingefügten Elements steuern können, unten die Beispiele Word und Excel. Dieselben Optionen sind auch verfügbar, wenn Sie zum Einfügen das Kontextmenü der rechten Maustaste verwenden.

Word 2016: Einfügeoptionen

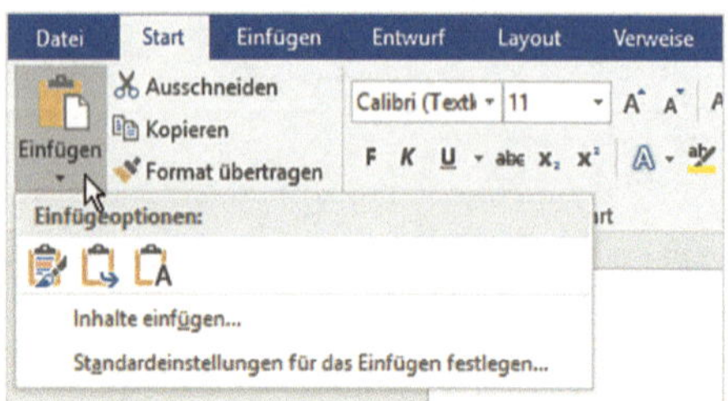

Excel 2016: Einfügeoptionen und Vorschau

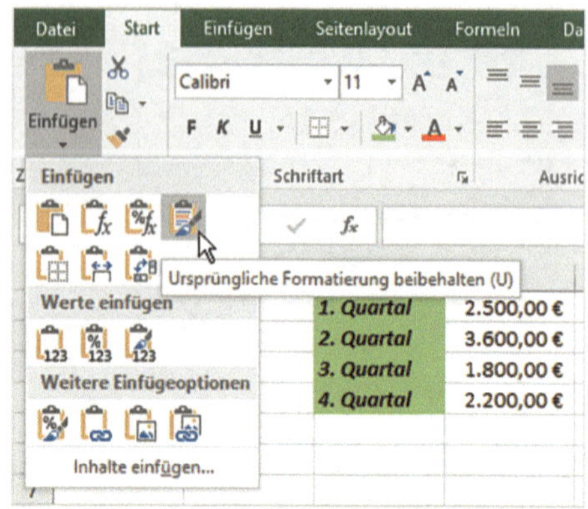

Tipp: Zeigen Sie mit der Maus auf eine Option, um zusammen mit einer kurzen Info eine Vorschau im Dokument zu erhalten.

Die Office-Zwischenablage öffnen

Auch in Office 2016 kann die Office-Zwischenablage maximal 24 Elemente aufnehmen. Sollte der Aufgabenbereich *Office-Zwischenablage* beim Ausschneiden oder Kopieren nicht automatisch geöffnet werden, so klicken Sie zum Anzeigen auf das Symbol ⧅ der Gruppe *Zwischenablage*. Über die Schaltfläche *Optionen* können Sie die Anzeige der Office-Zwischenablage steuern.

Der Aufgabenbereich Office Zwischenablage

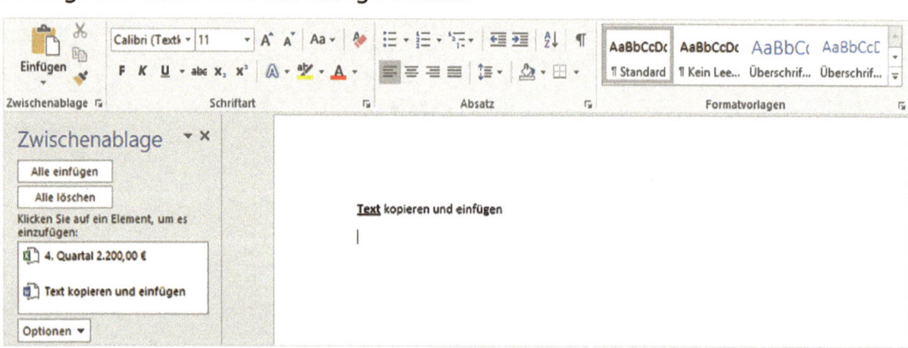

1.8 Brauchen Sie Hilfe?

Suchen Sie einen bestimmten Befehl oder Hilfe zu einem Thema, dann geben Sie Ihren Suchbegriff direkt im Menüband ein. Sie erhalten in der Regel gleich mehrere Vorschläge passender Befehle und können diese anschließend sofort ausführen. Dazu klicken Sie in das Feld *Was möchten Sie tun?* rechts von den Registern und geben einen Begriff ein, z. B. Seitenansicht.

Beispiel Word 2016: Befehl oder Hilfe zur Seitenansicht

Mit Klick auf einen der Befehle, z. B. *Seitenansicht und Drucken* rufen Sie die Seitenansicht auf. Benötigen Sie dagegen wie bisher weitergehende Erklärungen zum Thema, so klicken Sie auf *Hilfe zu .... erhalten*. Damit öffnet sich wie bisher in einem gesonderten Fenster die Hilfe zur jeweiligen Anwendung.

Achtung: Die Hilfe von Office- 2016 ist ausschließlich online verfügbar. d.h. sie funktioniert nur in Verbindung mit einem Zugang zum Internet.

Mit der Auswahl *Intelligentes Nachschlagen* wird Ihre Suchanfrage an Bing gesendet und Sie erhalten anschließend in einer gesonderten Spalte am rechten Bildschirmrand verschiedene Treffer im Web, etwa eine Definition von Wikipedia. Dieses Nachschlagen lässt sich nutzen, wenn Sie schnell ein Wort übersetzen möchten oder die korrekte Schreibweise eines Wortes nicht kennen. Dazu tippen Sie einfach den Zusatz Übersetzen oder Rechtschreibung mit ein.

Bei der ersten Nutzung müssen Sie Ihre Erlaubnis dazu erteilen.

Rechtschreibung nachschlagen

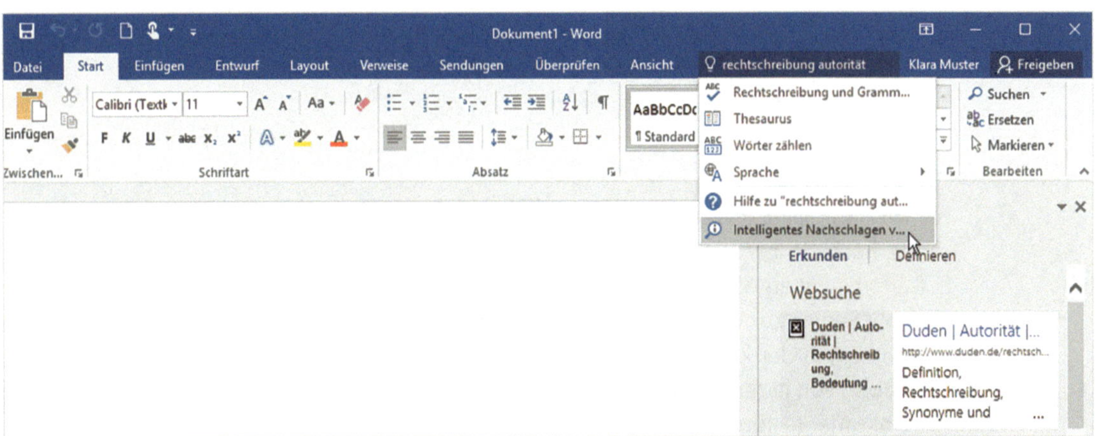

2 Dokumente verwalten

2.1 Das Register Datei

Anstelle des Datei-Menüs steht Ihnen in Office 2016 die Registerkarte *Datei* zur Verfügung, sie enthält alle Befehle zum Verwalten von Dokumenten. Im Gegensatz zu den übrigen Registern füllt die Registerkarte *Datei* das gesamte Anwendungsfenster aus und statt des Dokumentinhalts erhalten Sie Informationen zum aktuellen Dokument und können dessen Eigenschaften bearbeiten. Daher wird dieses Register auch als Backstage-Ansicht (dt. hinter der Bühne, den Kulissen) bezeichnet.

- Klicken Sie im linken Bereich auf eine Aufgabe, zum Beispiel *Speichern*, um rechts die dazugehörigen Befehle und Optionen zu erhalten.
- Mit der Esc-Taste oder Mausklick auf den Pfeil in der oberen linken Ecke schließen Sie das Register und kehren zum Dokument zurück.

Das Register Datei

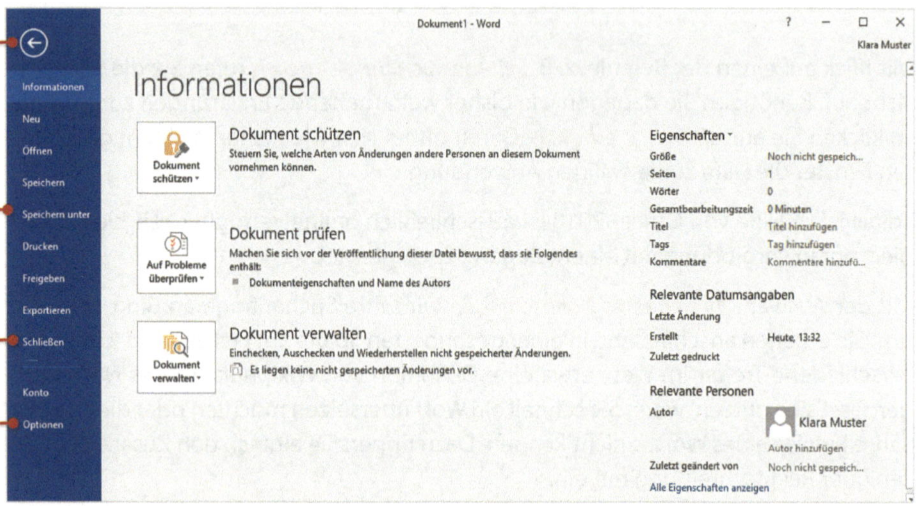

> **Achtung:** Die Optionen der jeweiligen Anwendung finden Sie im Register *Datei* (siehe Bild oben).

Mit einem Konto anmelden

Je nach Office-Version steht Ihnen unter der Bezeichnung *OneDrive* oder *Office 365 SharePoint* zusätzlicher Speicherplatz in der Cloud, genauer gesagt auf einem Microsoft-Server, zur Verfügung. Diesen Speicher können Sie wie eine zusätzliche Festplatte nutzen, in der kostenlosen Standardversion sind dies 5 GB Speicherplatz. Vorteil: Sie haben von jedem PC aus Zugang zu Ihren, auf *OneDrive* gespeicherten, Daten und die Dokumente können mit anderen Personen geteilt und gemeinsam bearbeitet werden.

Der Nachteil des Speicherns in der Cloud liegt darin, dass die Daten außerhalb Ihres direkten Einflussbereichs auf einem Microsoft-Server gespeichert sind. Zur Nutzung von *OneDrive* benötigen Sie ein Microsoft-Konto, für Office 365 SharePoint im Unternehmen ein sogenanntes Organisationskonto und müssen mit diesem Konto angemeldet sein.

Ob, und unter welchem Namen Sie angemeldet sind, sehen Sie in der rechten oberen Ecke des Anwendungsfensters. Wenn Sie Windows 10 nutzen und mit einem Microsoft-Konto am PC angemeldet sind, dann sind Sie automatisch auch bei allen Office-Anwendungen angemeldet. Nicht dagegen, wenn Sie zur Anmeldung am PC ein lokales Konto benutzen.

1 Zur Anmeldung klicken Sie entweder rechts oben auf *Anmelden* oder im Register *Datei* auf *Konto* und auf *Anmelden*. Geben Sie anschließend Ihre E-Mail-Adresse bzw. die E-Mail-Adresse Ihres Microsoft-Kontos ein und klicken Sie auf *Weiter*.

2 Haben Sie eine E-Mail-Adresse angegeben, die auf hotmail.de, live.de, outlook.de oder outlook.com endet, dann handelt es sich gleichzeitig um ein Microsoft-Konto. Geben Sie im nächsten Schritt das dazugehörige Kennwort ein und klicken Sie auf *Anmelden*.

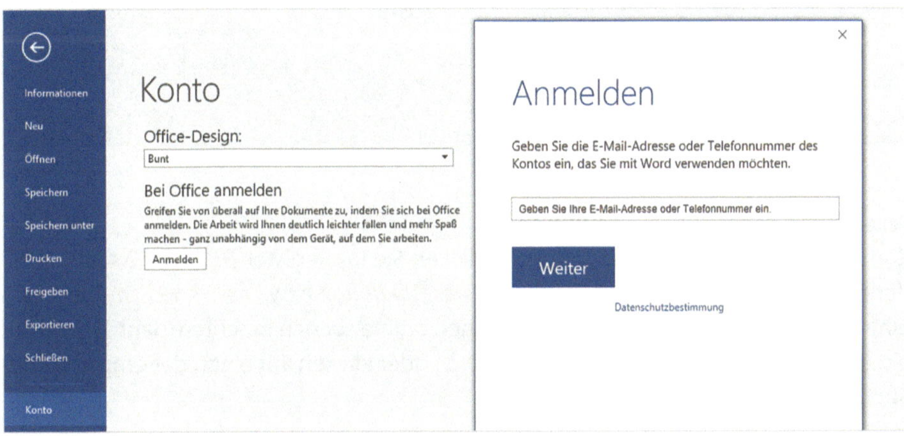

Anmelden

Im Register *Datei* können Sie unter *Konto* jederzeit Ihre Benutzerinformationen und die verbundenen Dienste einsehen. Falls Sie sich abmelden möchten, so finden Sie hier ebenfalls den Befehl dazu.

Kein Microsoft-Konto vorhanden?

Wenn Sie über kein Microsoft-Konto verfügen, dann können Sie an dieser Stelle ein solches Konto kostenlos registrieren. Geben Sie Ihre E-Mail-Adresse ein, klicken Sie auf *Weiter* und folgen Sie den Anweisungen.

Hintergrund und Design

Wenn Sie die Farbe von Hintergrund, Menüleiste und im Register *Datei* ändern möchten, dann klicken Sie im Register *Datei* auf *Konto*. Klicken Sie auf den Dropdown-Pfeil des Feldes *Office-Design* und wählen Sie zwischen *Bunt* (Standardeinstellung), *Dunkelgrau* und *Weiß*. Über das Feld *Office-Hintergrund* können Sie, falls gwünscht, die Titelleiste des Fensters mit einem Muster verzieren.

> Office-Design und Office-Hintergrund gelten anwendungsübergreifend für alle Office 2016-Anwendungen.

Beispiel: Das Office Design Dunkelgrau

Neue Dokumente erstellen

Zum Erstellen eines neuen Dokuments klicken Sie im Register *Datei* auf *Neu*. Wie auf der Startseite klicken Sie entweder auf *Leeres Dokument* bzw. *Leere Arbeitsmappe* oder eine der Vorlagen. Wenn Sie weitere Vorlagen online suchen möchten, dann geben Sie einen Suchbegriff ein und klicken auf *Suchen* oder klicken auf einen der empfohlenen Suchbegriffe.

Neue Arbeitsmappe

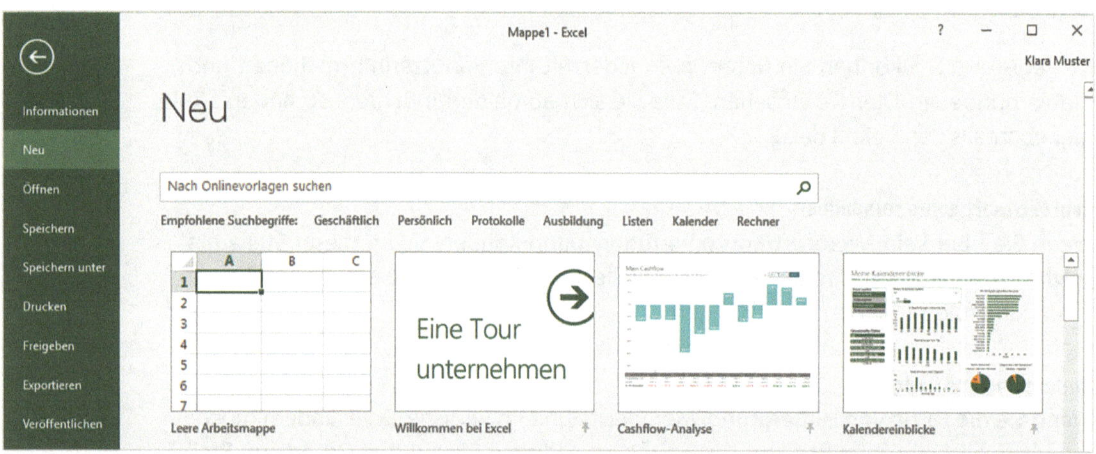

2.2 Dateien speichern und öffnen

Speichern

Beim Speichern wählen Sie zunächst zwischen *OneDrive* bzw. Office 365 Sharepoint und *Dieser PC*, damit ist die Festplatte und alle angeschlossenen Datenträger gemeint.

Diese Auswahl können Sie in den Optionen unterdrücken, siehe Punkt A 2.7 auf Seite 139.

- Klicken Sie auf einen dieser Speicherorte, z. B. *Dieser PC*, so erscheinen rechts die zuletzt benutzten Ordner dieses Speicherortes und mit Klick auf einen Ordner öffnet sich der gewohnte Speichern-Dialog mit dem ausgewählten Ordner.
- Als Alternative klicken Sie auf *Durchsuchen*. Auch damit wird das Speichern-Fenster geöffnet, dann allerdings mit dem Ordner *Dokumente*. Im Fenster *Speichern* haben Sie ebenfalls Zugriff auf *OneDrive* und alle angeschlossenen Laufwerke.

Wählen Sie beim Speichern zwischen Cloud und lokalem Speicherort

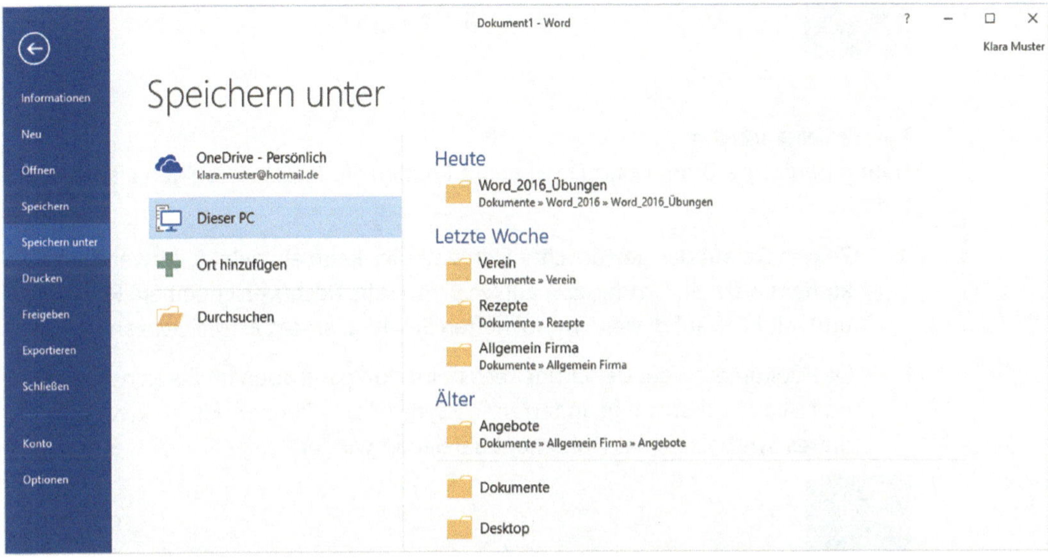

Öffnen

Auch beim Öffnen von Office-Dokumenten wählen Sie wieder zwischen *OneDrive* und lokalem Speicherort. Zusätzlich finden Sie hier die Kategorie *Zuletzt verwendete Dokumente* die im Gegensatz zu früheren Versionen wesentlich mehr Elemente anzeigen kann. Beim Öffnen gilt:

- Mit Klick auf einen Speicherort, z. B. *Dieser PC* erscheinen rechts alle zuletzt verwendeten Ordner dieses Ortes. Klicken Sie auf den gewünschten Ordner, um dessen Inhalt anzuzeigen. Wurde versehentlich der falsche Ordner ausgewählt, so gelangen Sie mit Klick auf den, nach oben weisenden Pfeil, wieder zurück zur nächsthöheren Ordnerebene.
- Mit Klick auf *Zuletzt verwendet* erhalten Sie eine Liste der zuletzt verwendeten Dokumente oder Arbeitsmappen.
- Klicken Sie dagegen auf *Durchsuchen*, so öffnet sich das Fenster *Öffnen*.

Datei öffnen

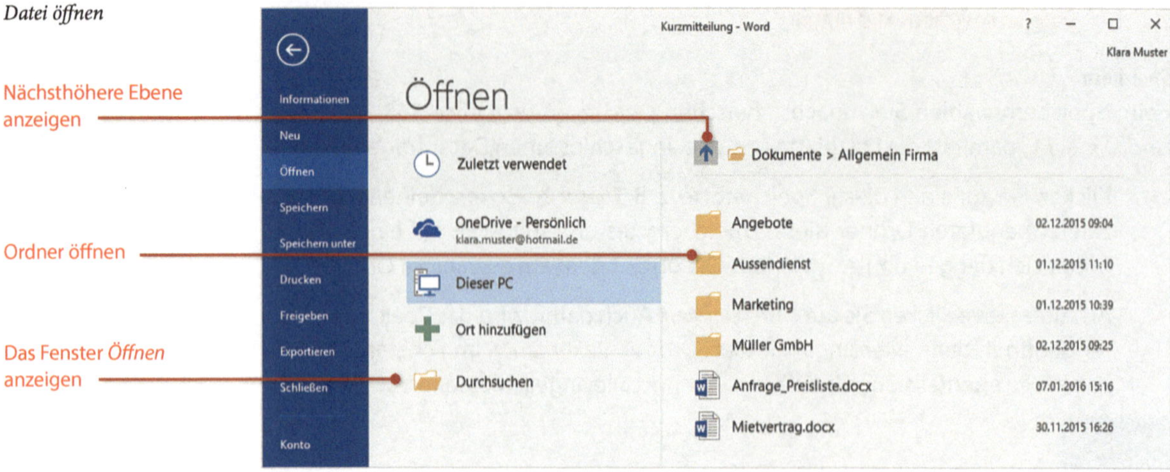

Tipp: Elemente anheften

Häufig benötigte Ordner und Dokumente können Sie in der jeweiligen Liste fest anheften:

1 Zeigen Sie auf das gewünschte Element; dies kann ein zuletzt verwendetes Dokument oder ein Ordner, z. B. auf *OneDrive* sein. Rechts erscheint ein Pin-Symbol und mit Klick auf dieses Symbol heften Sie das Element an die Liste an.

2 Das Dokument oder der Ordner erscheint nun ganz oben im Bereich *Angeheftet* und ist außerdem am geänderten Pin-Symbol zu erkennen. Ein weiterer Klick auf dieses Symbol löst das Dokument bei Bedarf wieder.

Dokument anheften

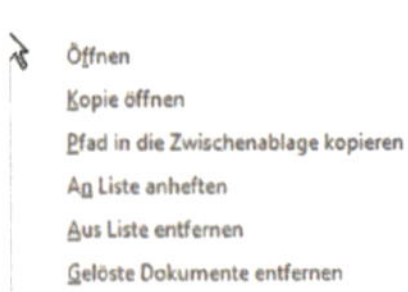

Als Alternative klicken Sie mit der rechten Maustaste auf ein Dokument. Im Kontextmenü erhalten Sie zusätzlich zum Befehl *An Liste anheften* bzw. *Aus Liste lösen* mit *Aus Liste entfernen* die Möglichkeit, die Anzeige des Dokuments aus der Liste *Zuletzt verwendete Dokumente* zu entfernen. Mit dem Befehl *Gelöste Dokumente entfernen*, wird die Liste *Zuletzt verwendete Dokumente* gelöscht, ausgenommen fest angeheftete Dokumente.

Nicht gespeicherte Dokumente wiederherstellen

Die Office 2016-Anwendungen Word, Excel und PowerPoint verfügen über eine Funktion, mit deren Hilfe Sie ein Dokument wiederherstellen können, das Sie zuvor ohne vorheriges Speichern versehentlich geschlossen haben. Dazu gehen Sie wie folgt vor:

1. Zum Wiederherstellen klicken Sie auf das Register *Datei* und wählen *Informationen*. Klicken Sie dann auf die Schaltfläche *Dokument verwalten* und hier auf *Nicht gespeicherte Dokumente wiederherstellen*.

2. Der Ordner *UnsavedFiles* wird geöffnet, markieren Sie mit einem Klick das Dokument, das Sie wiederherstellen möchten und klicken Sie auf *Öffnen*.

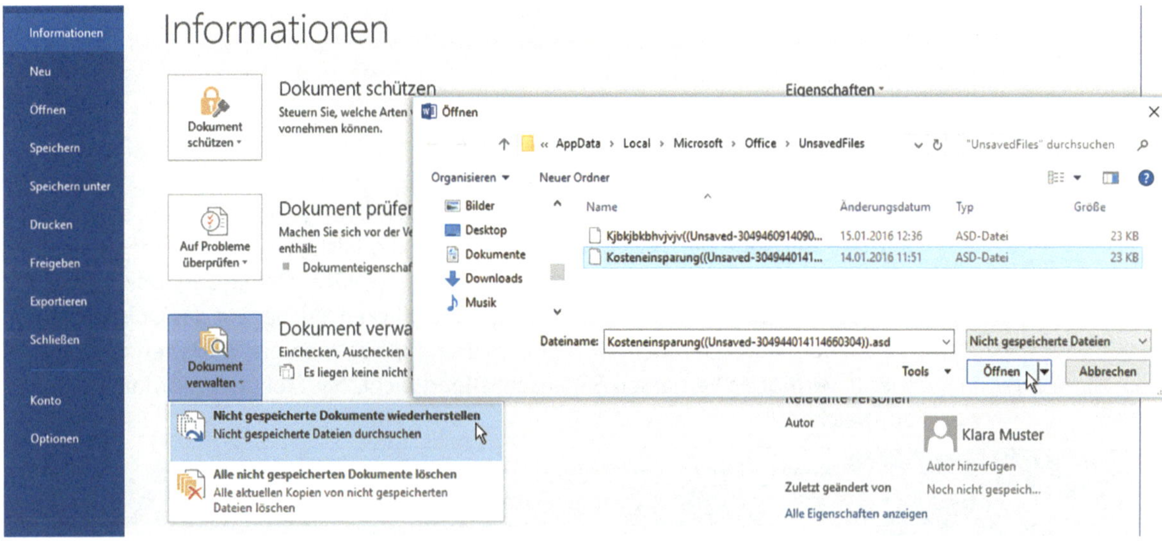

Nicht gespeichertes Dokument wiederherstellen

Das Dokument wird schreibgeschützt geöffnet und unterhalb des Titels erscheint eine Infozeile, die Sie daran erinnert, dass das wiederhergestellte Dokument nur temporär gespeichert wurde. Sie sollten daher nicht vergessen, das Dokument dauerhaft zu speichern. Klicken Sie dazu auf die Schaltfläche *Speichern unter*.

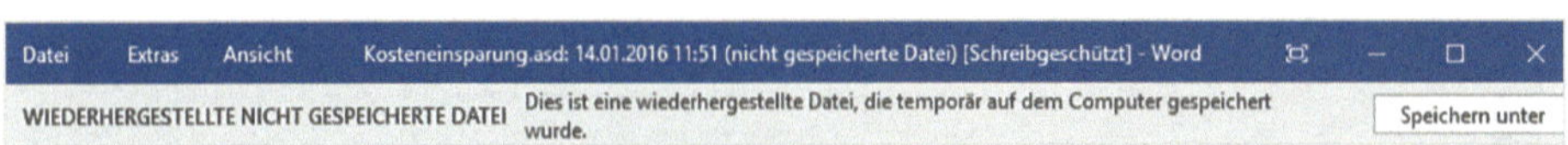

Wiederhergestelltes Dokument

Achtung: Damit Dateien auf diese Weise wiederhergestellt werden können, muss die Autowiederherstellung aktiviert sein! Klicken Sie dazu im Register *Datei* auf *Optionen*. Wählen Sie dann den Aufgabenbereich *Speichern* und kontrollieren, bzw. ändern Sie die Einstellungen:

- Das Kontrollkästchen *AutoWiederherstellen-Informationen speichern alle... Minuten* muss aktiviert sein. Im Feld daneben legen Sie das Speicherintervall in Minuten fest.
- Die automatische Speicherung erfolgt in eine temporäre Datei, die beim Beenden von Word gelöscht wird und nur im Fall eines Programmabsturzes erhalten

Optionen - Speichern - AutoWiederherstellen

bleibt. Damit Sie auf diese Datei auch zugreifen können, wenn Sie ein Dokument versehentlich ohne vorheriges Speichern schließen, muss außerdem das Kontrollkästchen *Beim Schließen ohne Speichern die letzte automatisch gespeicherte Version beibehalten* aktiviert sein.

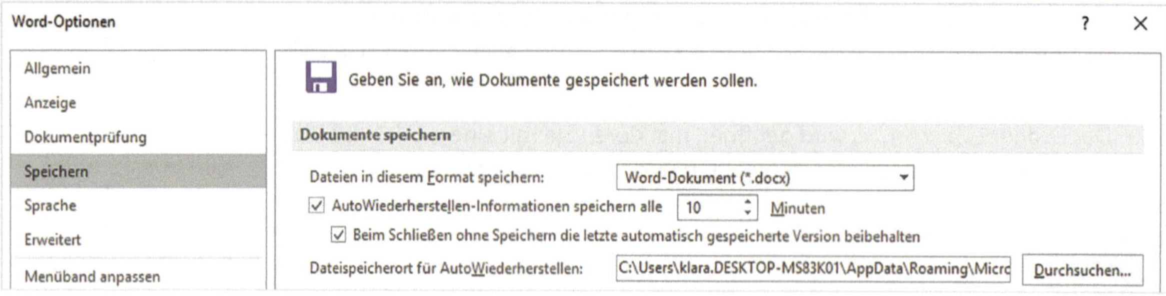

Nach einem Programmabsturz wiederherstellen

Wenn Sie nach einem Programmabsturz die Anwendung erneut starten, so erscheint auf der Startseite der Abschnitt *Wiederhergestellt*, klicken Sie auf *Wiederhergestellte Dateien anzeigen*, im Bild unten als Beispiel Word 2016. Damit öffnet sich links der Aufgabenbereich *Dokumentwiederherstellung*. Klicken Sie hier auf das Dokument, das Sie wiederherstellen möchten, manchmal sind gleich mehrere Versionen eines Dokuments verfügbar. Vergessen Sie anschließend nicht, das Dokument ordnungsgemäß zu speichern!

Dokument wiederherstellen

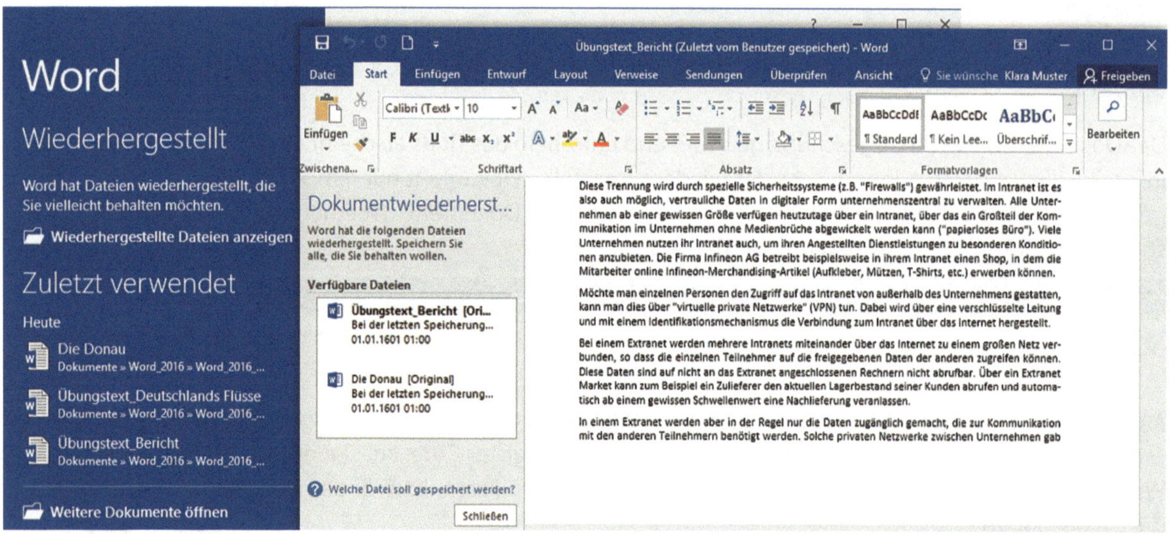

2.3 Dateitypen

Seit der Office-Version 2007 werden alle Dokumente standardmäßig im neuen, XML-basierten Office Dateiformat gespeichert. Dieses Dateiformat verwendet in der Dateinamenerweiterung zusätzlich den Buchstaben x. Word-Dokumente erhalten .docx, Excel-Arbeitsmappen .xlsx und PowerPoint-Präsentationen .pptx als Erweiterung. Vorteile dieses Dateiformats sind geringere Dateigrößen und höhere Datensicherheit.

XML = Extensible Markup Language

Ältere Office Dokumente öffnen

Alle Dokumente, die mit älteren Office-Versionen erstellt und gespeichert wurden, werden im so genannten Kompatibilitätsmodus geöffnet. Sie können diese Dokumente problemlos bearbeiten, beachten Sie aber, dass im Kompatibilitätsmodus nicht alle neuen Office-2016 Funktionen verfügbar sind.

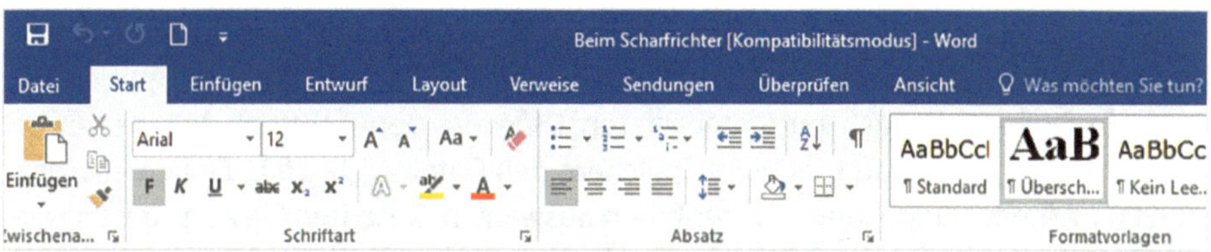

Word-Dokument im Kompatibilitätsmodus

Dokument im neuen Dateiformat speichern

Um ein Dokument im neuen Dateiformat zu speichern, benutzen Sie eine der folgenden Möglichkeiten:

- **Dateityp konvertieren**
  Klicken Sie auf das Register *Datei*. Hier finden Sie unter *Informationen* die Schaltfläche *Konvertieren* und ein Klick darauf wandelt das Dokument bzw. die Arbeitsmappe nach einer Rückfrage entsprechend um. *Achtung:* Das Dokument im alten Dateiformat wird dadurch überschrieben und kann anschließend mit älteren Versionen nicht mehr geöffnet werden!

Dokument konvertieren

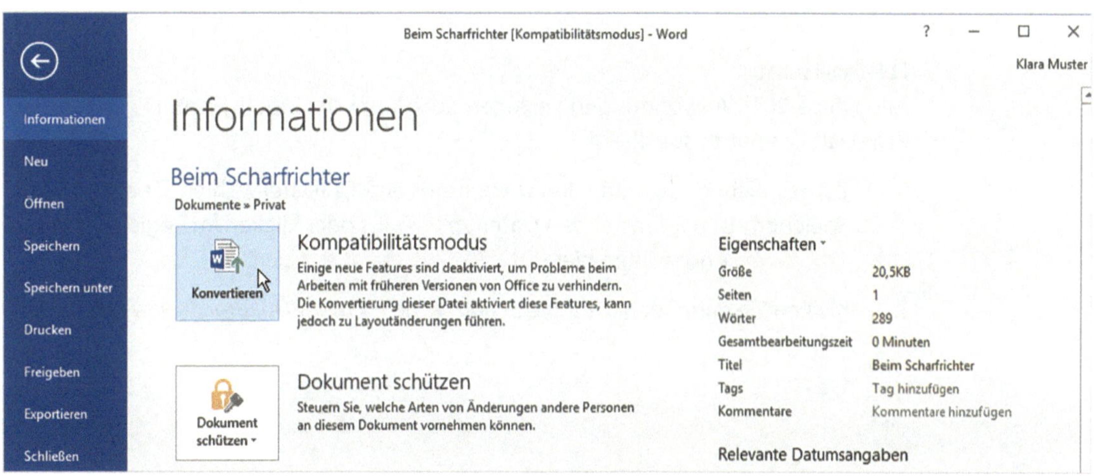

- **Dokument erneut speichern**
  Als zweite Möglichkeit speichern Sie das Dokument erneut im neuen Dateiformat. Klicken Sie dazu im Register *Datei* auf *Speichern unter*, wählen Sie einen Speicherort und als Dateityp *Word-Dokument*. In diesem Fall bleibt das ursprüngliche Dokument erhalten.

Dateityp ändern

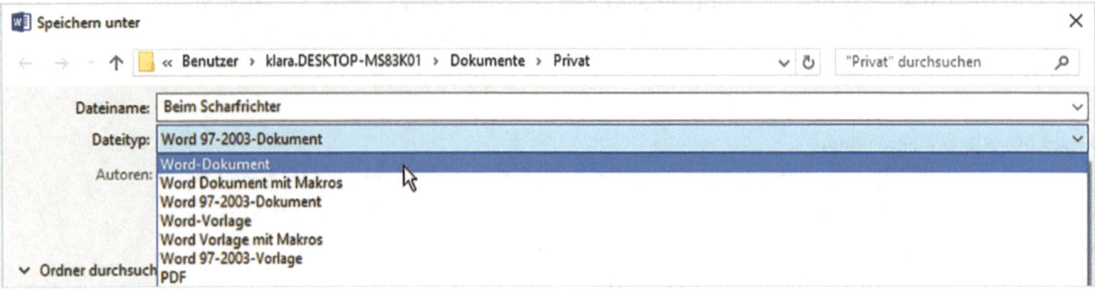

Im alten Dateiformat speichern

Falls ein Dokument auch mit einer älteren Office-Version geöffnet und bearbeitet werden soll, dann müssen Sie beim Speichern den Dateityp 97-2003-Dokument, bzw. 97-2003-Arbeitsmappe oder -Präsentation auswählen. Beachten Sie aber, dass in diesen Dokumenten die neuen Funktionen der jeweiligen Office-Anwendung nicht unterstützt werden und daher beim Speichern Informationen verloren gehen können. Den entsprechenden Dateityp wählen Sie im Speichern-Dialogfenster aus.

> **Was ist bei Dokumenten mit Makros zu beachten?**
> Beachten Sie beim Speichern von Word-Dokumenten oder Excel-Arbeitsmappen, die Makros oder VBA-Code enthalten, dass Office 2016 für solche Dokumente einen gesonderten Dateityp verwendet. Sie müssen daher beim Speichern den Dateityp Word-Dokument, bzw. Excel-Arbeitsmappe mit Makros (.docm / .xlsm) auswählen, da sonst Ihre Makros nicht gespeichert werden!

PDF-Dateiformat

PDF = Portable Document Format

Alle Office-2016 Anwendungen verfügen auch über die Möglichkeit, Dokumente im PDF-Dateiformat zu speichern.

1. Zum Speichern des aktuellen Dokuments als PDF-Datei wählen Sie entweder im Speichern-Dialogfenster den Dateityp *PDF* aus oder klicken im Register *Datei* auf *Exportieren* und wählen hier *PDF/XPS-Dokument erstellen*.
2. Klicken Sie dann rechts auf die Schaltfläche *PDF/XPS-Dokument erstellen*.

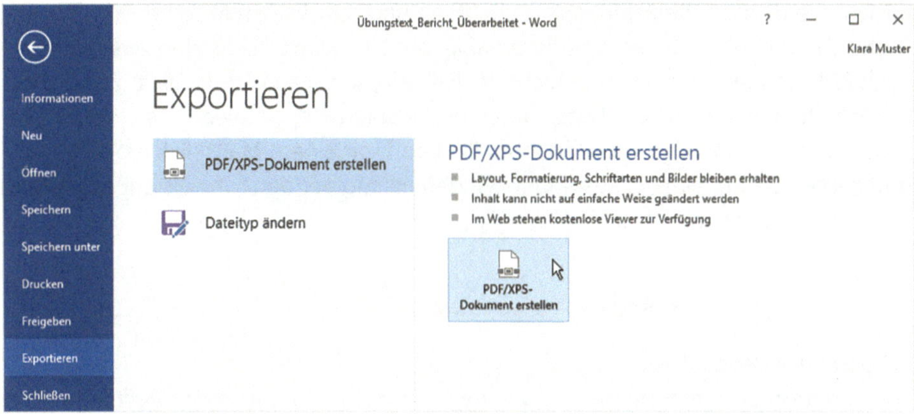

PDF-Datei aus Dokument erstellen

Natürlich können Sie stattdessen auch auf *Speichern unter* klicken und vor dem Speichern den Dateityp PDF auswählen.

3 Das Dialogfenster *Als PDF oder XPS veröffentlichen* wird geöffnet. Geben Sie im Feld *Dateiname* einen Namen ein, wählen Sie einen Speicherort und klicken Sie abschließend auf *Veröffentlichen*.

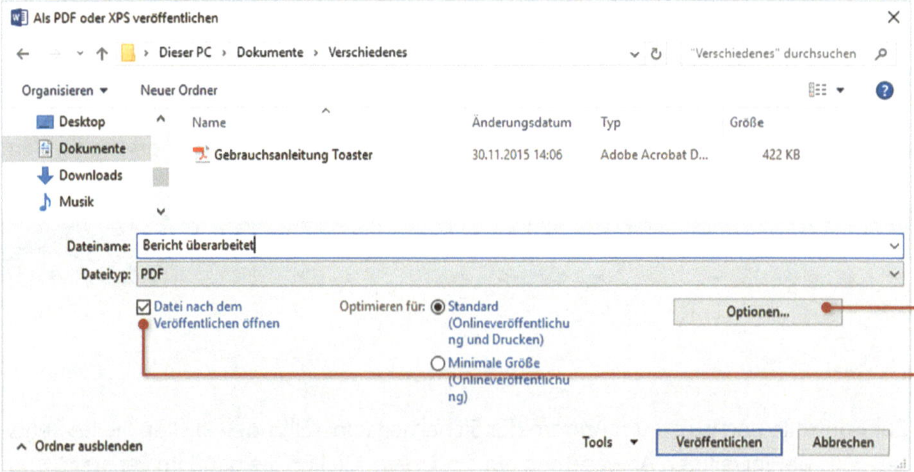

Als PDF speichern

Weitere Optionen

PDF-Datei anschließend öffnen

- Wenn Sie zuvor das Kontrollkästchen *Datei nach dem Veröffentlichen öffnen* aktiviert haben, dann wird das Ergebnis anschließend mit Ihrem PDF-Leseprogramm, z. B. Adobe Reader, geöffnet.
- Möchten Sie nur bestimmte Seiten exportieren oder in Word für ein längeres Dokument Lesezeichen zur Navigation hinzufügen, dann klicken Sie vor dem Speichern auf die Schaltfläche *Optionen*. Die verfügbaren Optionen sind abhängig von der jeweiligen Office-Anwendung.

PDF-Datei mit Word 2016 öffnen und bearbeiten

Mit Word 2016 können PDF-Dateien auch so geöffnet werden, dass eine Bearbeitung des Textes möglich ist. Allerdings entspricht das Aussehen des umgewandelten Dokuments nicht immer genau dem PDF-Dokument, insbesondere wenn dieses viele Grafiken und Tabellen enthält.

Klicken Sie dazu im Register *Datei* auf *Öffnen* und auf die Schaltfläche *Durchsuchen* (siehe Dokumente öffnen). Standardmäßig zeigt in Word das Dialogfenster *Öffnen* auch PDF-Dateien an, sollte dies nicht der Fall sein, so klicken Sie im Dialogfenster auf die Schaltfläche rechts vom Dateinamen und wählen hier entweder *Alle Word-Dokumente* oder *PDF-Dateien* aus. Markieren Sie dann mit einem Mausklick die PDF-Datei und klicken Sie auf *Öffnen*. Bestätigen Sie den nachfolgenden Hinweis auf das Aussehen der konvertierten Datei mit *OK*.

2.4 Sicherheitseinstellungen, Dokumente mit Makros

Dokumente mit Makros öffnen

Wie bereits in Zusammenhang mit Dateitypen erwähnt, benutzen mit Ausnahme von Outlook alle Office-Anwendungen einen gesonderten Dateityp für Dokumente mit Makros. Darauf basieren auch besondere Sicherheitseinstellungen:

- Wenn Sie ein Dokument oder eine Arbeitsmappe mit Makros zum ersten Mal öffnen, dann erhalten Sie in der Standardeinstellung eine Sicherheitswarnung und die Makros werden zunächst deaktiviert. Sie müssen auf die Schaltfläche *Inhalt aktivieren* klicken, damit die Makros aktiviert werden.
- Dokumente, deren Inhalte Sie beim ersten Mal aktiviert haben, werden künftig als vertrauenswürdig eingestuft, das bedeutet, die Meldung erscheint nicht mehr und die Inhalte werden automatisch aktiviert.

Sicherheitswarnung beim Öffnen von Dateien mit Makros

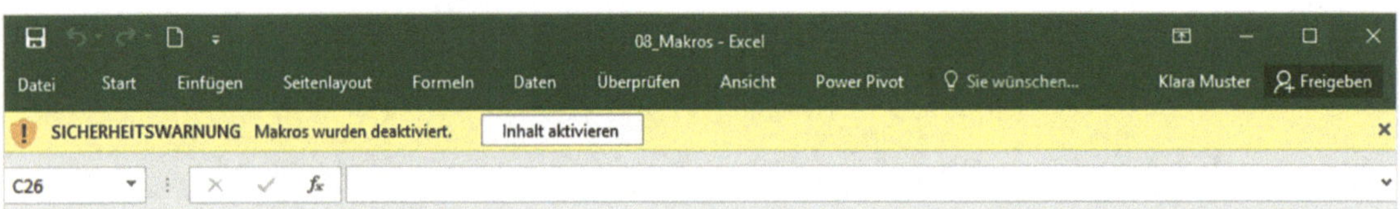

Zur Kontrolle und ggfs. zum Ändern der Sicherheitseinstellungen klicken Sie im Register *Datei* der jeweiligen Anwendung auf *Optionen*. Klicken Sie dann im Fenster *Optionen* auf *Trust Center* und auf die Schaltfläche *Einstellungen für das Trust Center*.

Optionen - Trust Center - Makroeinstellungen

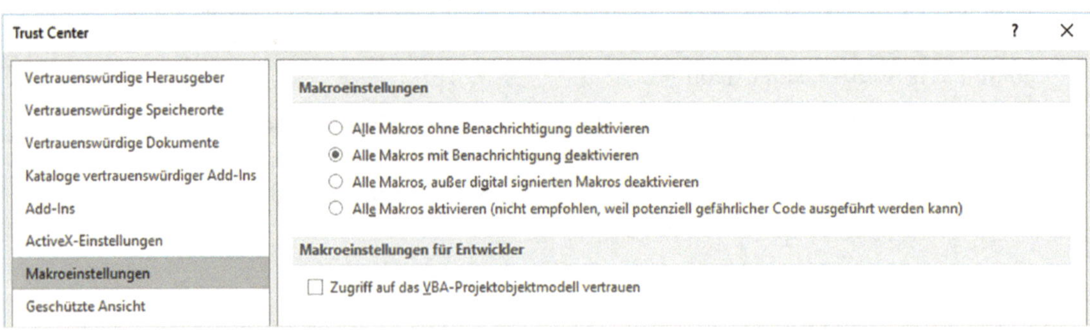

Unter *Makroeinstellungen* sollte die Option *Alle Makros mit Benachrichtigung deaktivieren* ausgewählt sein. Dies ist auch die empfohlene Standardeinstellung.

In der geschützten Ansicht öffnen

Office-Dateien aus dem Internet und aus Outlook-Anlagen werden standardmäßig in der geschützten Ansicht geöffnet. In dieser Ansicht ist nur Lesen möglich und potentiell gefährliche Elemente sind deaktiviert. Um in der gewohnten Ansicht Änderungen vorzunehmen, müssen Sie auf *Bearbeitung aktivieren* klicken.

Ein Word-Dokument in der geschützten Ansicht

Die Einstellungen für die geschützte Ansicht können Sie ebenfalls in den Optionen der Anwendung einsehen und im Bedarfsfall ändern. Klicken Sie im Register *Datei* auf *Optionen* und wählen Sie links *Trust Center*. Klicken Sie dann auf die Schaltfläche *Einstellungen für das Trust Center* und links auf *Geschützte Ansicht*.

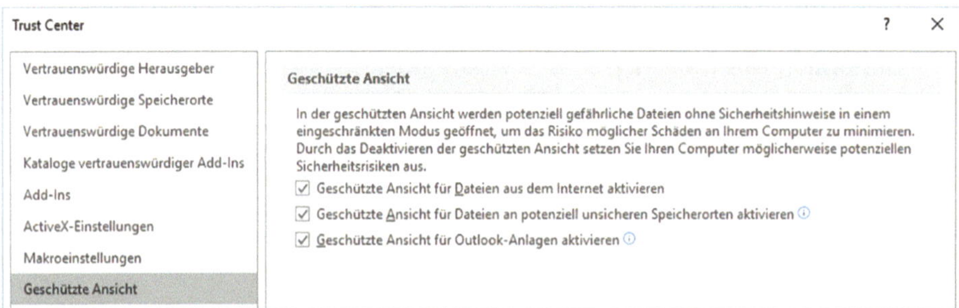

Einstellungen für die geschützte Ansicht

Vertrauenswürdige Speicherorte

Wenn Sie häufig mit Makros arbeiten, dann können Sie auch vertrauenswürdige Speicherorte festlegen. Klicken Sie dazu im Trust Center links auf *Vertrauenswürdige Speicherorte* und anschließend unterhalb der Liste der vertrauenswürdigen Speicherorte auf *Neuen Speicherort hinzufügen*. Wählen Sie den entsprechenden Ordner aus und geben Sie an, ob auch Unterordner mit einbezogen werden sollen. **Achtung:** damit Sie auch Netzlaufwerke hinzufügen können, muss zuvor das entsprechende Kontrollkästchen aktiviert werden.

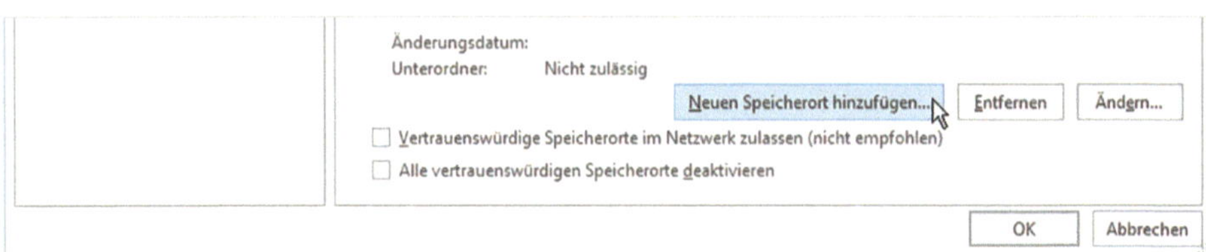

Vertrauenswürdigen Speicherort hinzufügen

2.5 Dokumente und Arbeitsmappen im Team bearbeiten

Häufig müssen Dokumente bzw. Arbeitsmappen von mehreren Personen gemeinsam geöffnet und bearbeitet werden. Auf einem gemeinsamen Laufwerk in einem Netzwerk stellt dies normalerweise kein Problem dar. Soll allerdings von anderen Orten außerhalb des Netzwerks Zugriff auf die Datei möglich sein, so versenden Sie entweder das Dokument per E-Mail oder nutzen die Vorteile der Speicherung in der Cloud.

Per E-Mail weitergeben

Im einfachsten Fall versenden Sie das Dokument als Anlage per E-Mail. Dazu klicken Sie im Register *Datei* auf *Freigeben* und hier auf *E-Mail*. Wählen Sie dann zwischen den folgenden Möglichkeiten.

Die Option Als XPS senden sollte nur in Ausnahmefällen gewählt werden. Das XPS-Dateiformat ist wenig verbreitet, sodass die Anlage eventuell vom Empfänger nicht geöffnet werden kann.

- Mit der Auswahl *Als Anlage senden* wird automatisch Ihr Standard E-Mail Programm, z. B. Outlook mit einer neuen Nachricht geöffnet und eine Kopie des aktuellen Word-Dokuments als Anlage angefügt.
- Die Option *Einen Link senden* ist nur verfügbar, wenn sich das Dokument an einem Speicherort in der Cloud, z. B. *OneDrive* befindet.
- *Als PDF senden* bedeutet, vom aktuellen Dokument wird eine PDF-Datei erstellt und als Anlage in eine neue Nachricht eingefügt.

Dokument per E-Mail senden

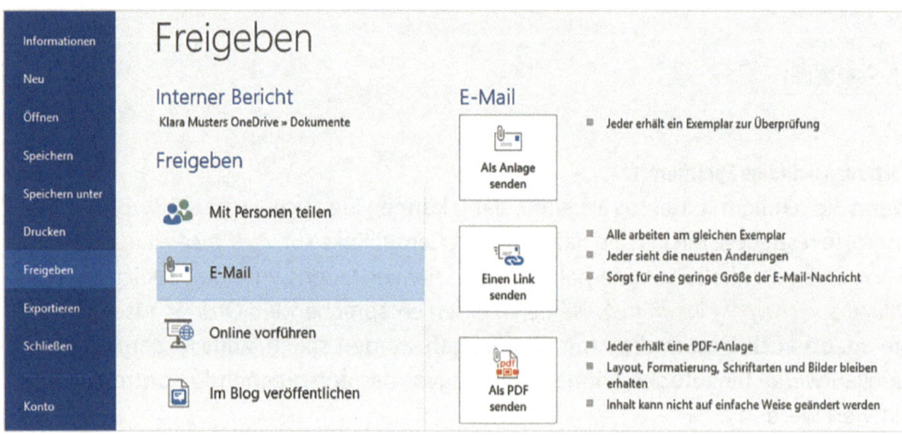

Dokumente in der Cloud freigeben

Freigaben und gemeinsames Bearbeiten in der Cloud setzen voraus, dass das Dokument an einem entsprechenden Ort gespeichert ist, entweder auf *OneDrive* oder, falls vorhanden, *Office 365 SharePoint*.

1. Klicken Sie in der rechten oberen Ecke des Word-Fensters neben Ihrem Benutzernamen auf *Freigeben*. Falls das Dokument noch nicht in der Cloud gespeichert wurde, erhalten Sie zunächst eine entsprechende Aufforderung. Klicken Sie auf *In der Cloud speichern*, wählen Sie einen entsprechenden Speicherort und speichern Sie das Dokument.

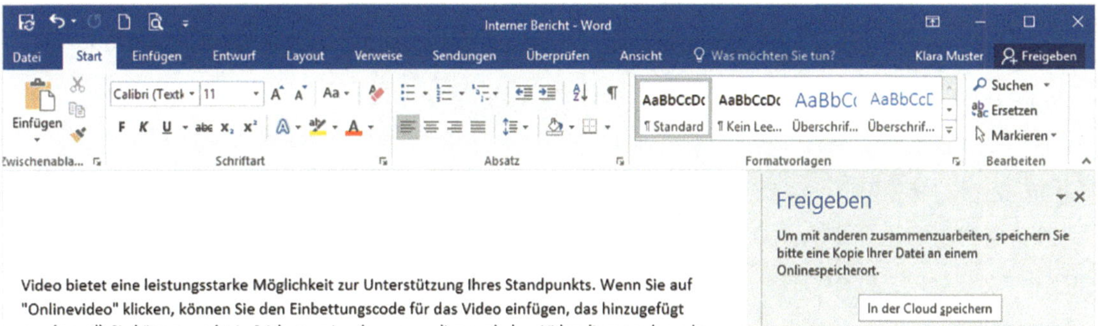

Ein Word-Dokument freigeben

2 Anschließend können Sie angeben, welchen Personen Sie das Dokument freigeben möchten. Klicken Sie dazu in das Feld *Personen einladen* und geben Sie die E-Mail-Adresse ein, mehrere Adressen trennen Sie durch Semikolon (;).

3 Wählen Sie im Feld darunter die Berechtigung *Kann bearbeiten*.

4 Bei gleichzeitiger Bearbeitung erlaubt Word 2016 die sofortige Anzeige von Änderungen, dies steuern Sie über das Feld *Änderungen automatisch teilen*. Wählen Sie hier zwischen *Mich fragen* und *Immer*. Excel 2016 zeigt dagegen zwischenzeitlich vorgenommene Änderungen erst nach dem Speichern an.

5 Mit Klick auf *Freigeben* wird die Einladung per E-Mail mit Ihrem Standard-E-Mail Programm, z. B. Outlook 2016 versendet.

Personen einladen

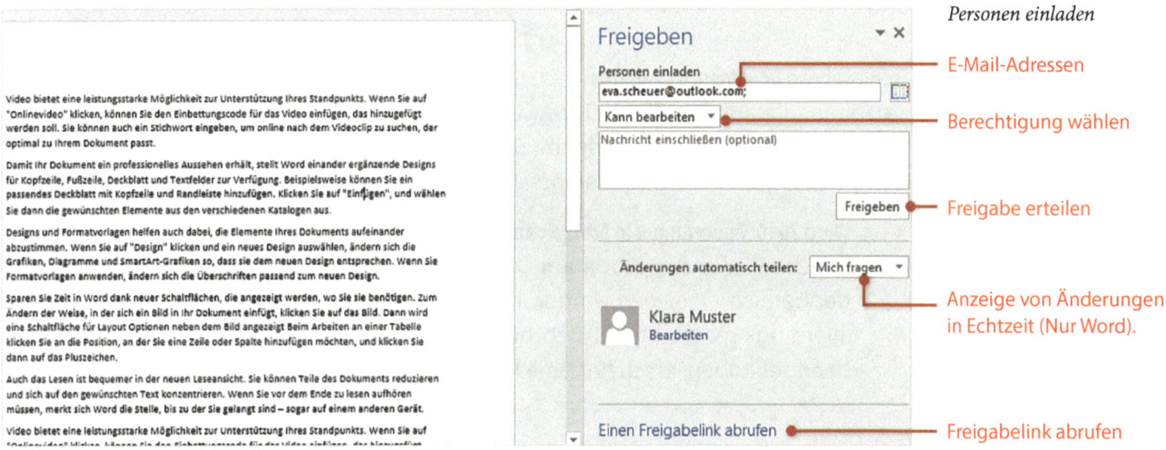

Einen Freigabelink erzeugen und versenden

Als Alternative können Sie einen Freigabelink erzeugen und diesen selbst in eine E-Mail einfügen.

1 Klicken Sie dazu auf *Einen Freigabelink abrufen* (siehe Bild oben), die Angabe einer E-Mail-Adresse entfällt in diesem Fall. Anschließend können Sie zwischen *Bearbeitungslink* (Dokument bearbeiten) und *Reiner Anzeigelink* (Nur anzeigen) wählen.

Bearbeitungslink abrufen

2 Der Link erscheint in einem Feld, benutzen Sie die Schaltfläche *Kopieren*, um ihn in die Zwischenablage zu kopieren und von dort in eine E-Mail einzufügen.

Die Freigaben werden unterhalb aufgelistet. Personen, denen Sie einen Bearbeitungslink gesendet haben, können hier nicht namentlich aufgeführt werden und erscheinen während der gemeinsamen Bearbeitung als *Gast*.

Freigabe aufheben

Wenn Sie eine erteilte Freigabe aufheben oder die Berechtigung ändern möchten, so klicken Sie mit der rechten Maustaste auf die betreffende Person bzw. den Anzeigelink und auf *Benutzer entfernen* oder *Berechtigung ändern in:...*.

Freigegebene Dokumente beabeiten

Allerdings bietet die Online-Version nur eingeschränkte Bearbeitungsmöglichkeiten.

Personen, die auf den Bearbeitungslink zu einem freigegebenen Dokument geklickt haben, können dieses entweder im Browser mit der jeweiligen Online-Office-Anwendung z. B. *Word Online* oder der installierten Version öffnen und bearbeiten.

- **Word 2016: Änderungen in Echtzeit anzeigen**
  Welche Personen gerade am Dokument arbeiten, sehen Sie in Word im Aufgabenbereich *Freigeben*. Änderungen am Inhalt erscheinen in Echtzeit, werden allerdings nicht automatisch hervorgehoben. Wenn Personen die Bearbeitung beendet haben, erscheint eine kurze Benachrichtigung.

Word 2016: Dokument Geimsam bearbeiten

Anhand der unterschiedlichen Farben erkennen Sie, an welcher Stelle die betreffenden Personen gerade arbeiten.

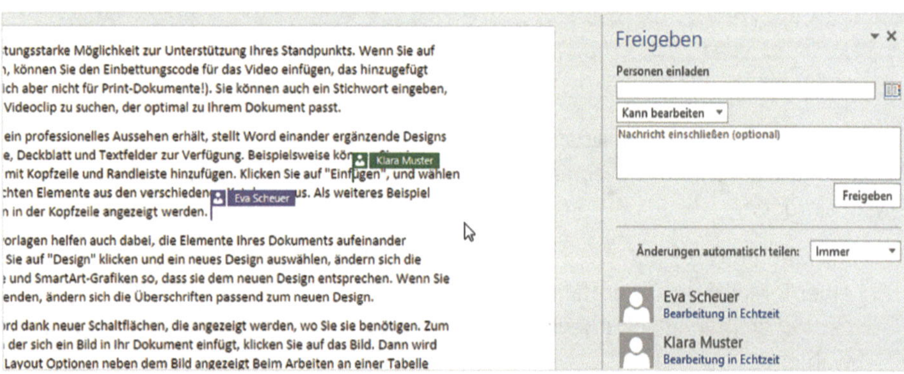

- **Excel 2016: Freigegebene Arbeitsmappen bearbeiten**
  In Excel 2016 ist dagegen kein gleichzeitiges Bearbeiten einer Arbeitsmappe möglich. Sie werden daher beim Öffnen darauf aufmerksam gemacht, wenn die Mappe gerade anderweitig bearbeitet wird und somit gesperrt ist.

2.6 Dokumente drucken, Seitenansicht

Klicken Sie auf das Register *Datei* und auf *Drucken*. Im Gegensatz zu älteren Versionen sind in Office 2016 Seitenansicht, bzw. Druckvorschau und alle Druckeinstellungen in einer einzigen Ansicht zusammengefasst.

Beispiel Word 2016: Register Datei - Drucken

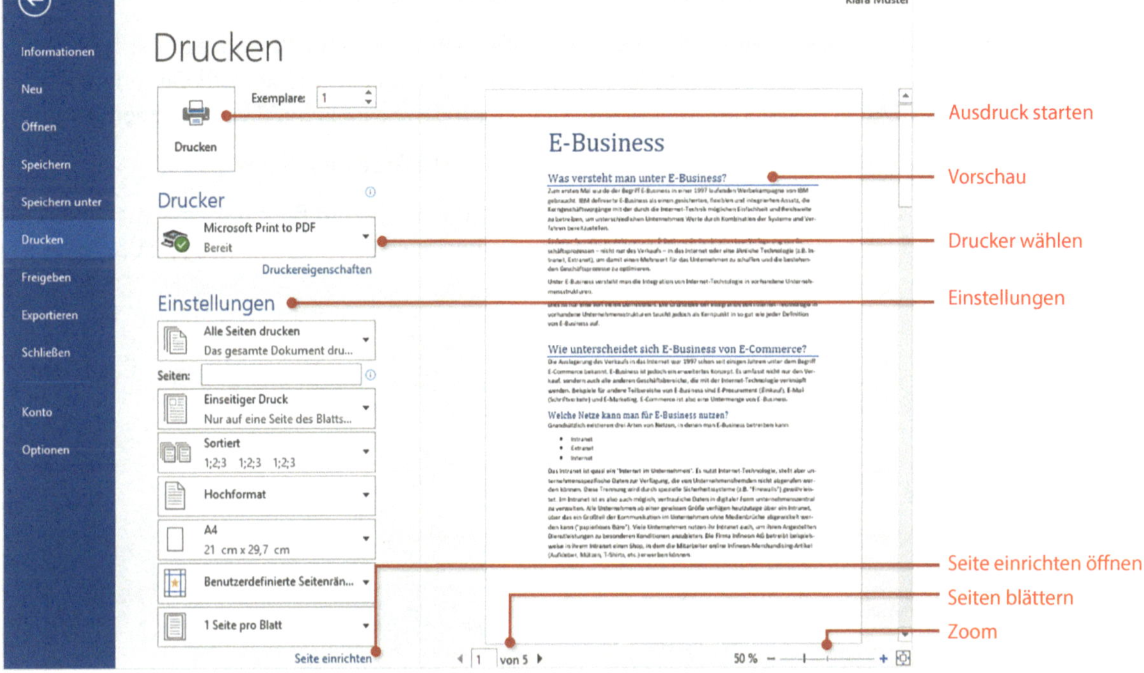

Auf der rechten Seite sehen Sie die Druckvorschau oder Seitenansicht, Änderungen am Inhalt sind hier nicht möglich. Unterhalb der Seitenansicht befinden sich Schaltflächen mit denen Sie zwischen den Seiten blättern, sowie ganz rechts ein Zoombereich zum Steuern der Anzeige. Ein Klick auf das Symbol *Auf Seite zoomen* rechts neben dem Zoombereich passt den Zoom automatisch an die Größe des Fensters an.

Druckereinstellungen
Zur Auswahl eines Druckers klicken Sie auf den Dropdown-Pfeil der Schaltfläche *Drucker*. Weitere druckerspezifische Eigenschaften wie zum Beispiel die Druckqualität ändern Sie über den Link *Druckereigenschaften*, mit der Schaltfläche *Drucken* starten Sie die Druckausgabe,

Druckseite einrichten

Links neben der Seitenansicht finden Sie unter *Einstellungen* Felder mit den aktuellen Einstellungen zu Papierformat, Seitenrändern und Druckbereich. Zum Ändern klicken Sie einfach auf die Dropdown-Pfeile der jeweiligen Felder. **Tipp:** Ein Mausklick auf den Link *Seite einrichten* unterhalb der Schaltflächen öffnet in jeder Anwendung das gewohnte Dialog-Fenster *Seite einrichten*.

Tipp: Die alte Seitenansicht in Word 2016 verwenden

Vieleicht vermissen Sie in Word 2016 die gewohnte Seitenansicht, vor allem, da diese auch eine wesentlich größere Darstellung erlaubte. Diese Seitenansicht ist in Word 2016 nicht im Menüband verfügbar, aber noch vorhanden und kann der Symbolleiste für den Schnellzugriff hinzugefügt werden. So gehen Sie vor:

1. Klicken Sie am Ende der Symbolleiste für den Schnellzugriff auf *Symbolleiste für den Schnellzugriff anpassen* und auf *Weitere Befehle....* Die Word-Optionen mit den Einstellungen für die Symbolleiste für den Schnellzugriff werden geöffnet.
2. Wählen Sie im Feld *Befehle auswählen* die Anzeige *Alle Befehle* aus.
3. Scrollen Sie dann in der Liste nach unten bis zum Buchstaben S, markieren Sie *Seitenansicht - Bearbeitungsmodus* und klicken Sie auf *Hinzufügen*. Übernehmen Sie dann die Änderung mit *OK*.

Die alte Seitenansicht von Word der Symbolleiste für den Schnellzugriff hinzufügen

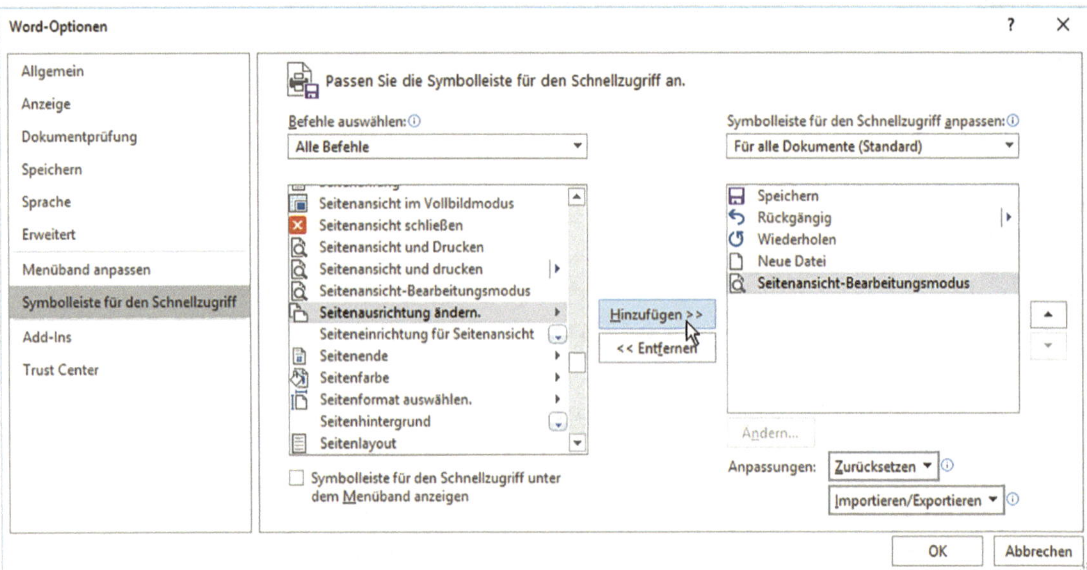

Seitenränder und Spaltenbegrenzungen in Excel anzeigen

Wenn Sie wie bisher in der Seitenansicht von Excel die Seitenränder und Spaltenbegrenzungen anzeigen und anpassen möchten, dann klicken Sie dazu auf das Symbol *Seitenränder anzeigen*.

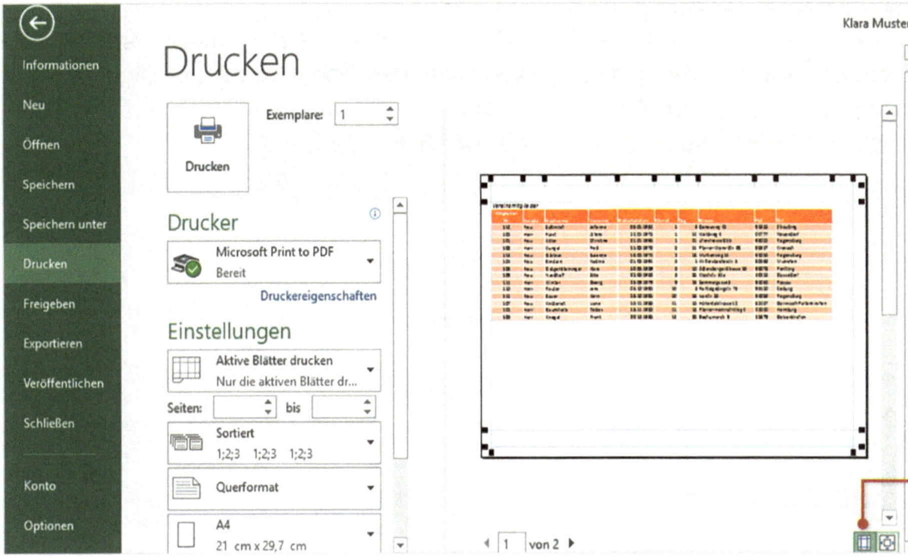

Excel 2016 - Seitenansicht

Seitenränder anzeigen

2.7 Tipps und Tricks

So bewegen Sie sich in den Optionen

Die Optionen finden Sie im Register *Datei* der jeweiligen Anwendung und statt der Register des alten Fensters sind die einzelnen Aufgabenkategorien jetzt links zu finden. Klicken Sie beispielsweise auf *Dokumentprüfung*, wenn Sie in einer Office-2016 Anwendung die Einstellungen zu Rechtschreibung und AutoKorrektur kontrollieren oder ändern möchten.

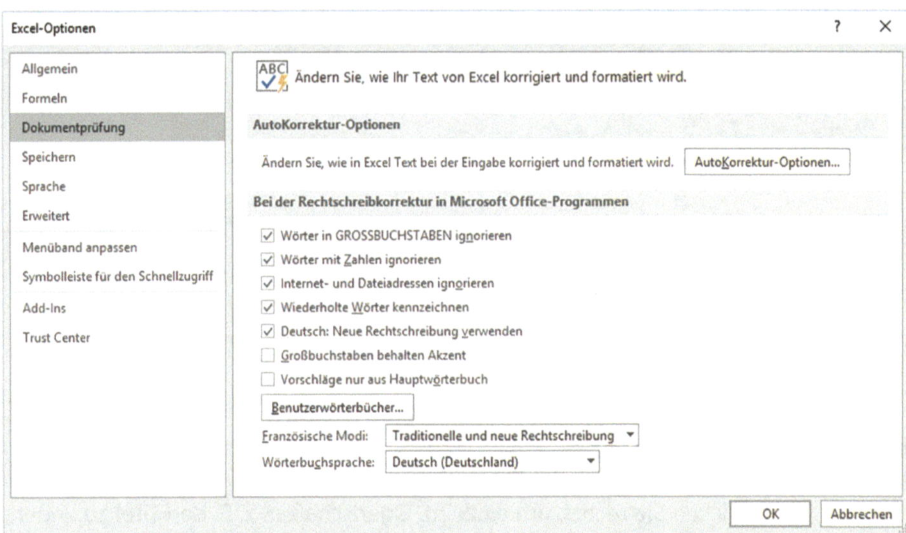

Beispiel: Die Excel-Optionen

Startoptionen/ Startbildschirm

Wenn Sie statt des Startbildschirms wie bisher sofort mit einem neuen leeren Dokument beginnen möchten, dann klicken Sie in den Optionen der jeweiligen Anwendung auf *Allgemein*. Im Abschnitt *Startoptionen* deaktivieren Sie dann das Kontrollkästchen *Startbildschirm beim Start dieser Anwendung anzeigen*.

Beispiel: Excel-Optionen - Startbildschirm deaktivieren

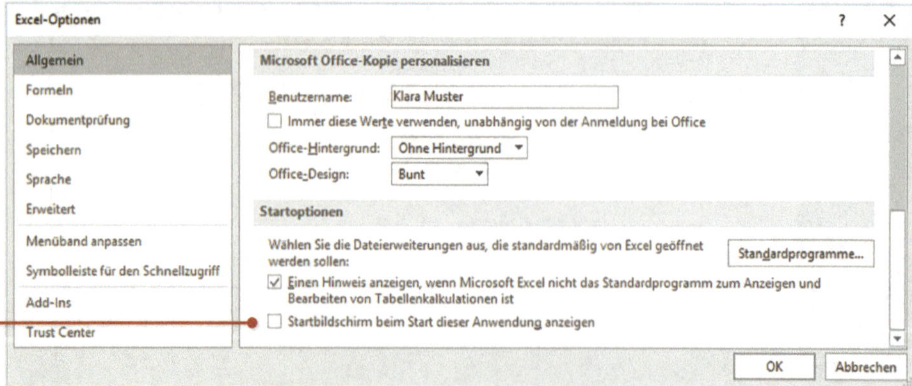

Kontrollkästchen Startbildschirm

Speichern- und Öffnen-Fenster anzeigen

Standardmäßig wird beim Speichern zuerst die Backstage-Ansicht angezeigt, in der Sie zwischen lokalem Speicherort und *OneDrive* wählen. Soll statt dessen das Speichern-Dialogfenster wie bisher sofort geöffnet werden, dann aktivieren Sie in den Optionen unter *Speichern* die Einstellung *Backstage beim Öffnen oder Speichern nicht anzeigen*. Über ein weiteres Kontrollkästchen *Standardmäßig auf Computer speichern* legen Sie die lokale Festplatte als Standard beim Speichern und Öffnen fest.

Speichern

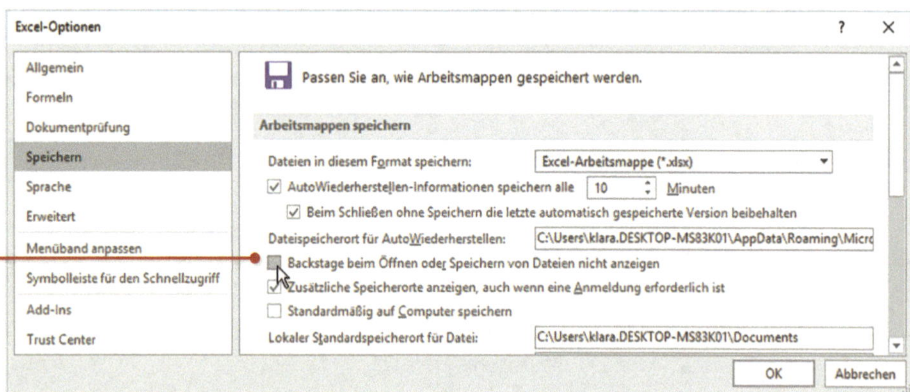

Öffnen- und Speichern-Dialogfenster sofort anzeigen

Dokumenteigenschaften

Die Dokumenteigenschaften finden Sie ebenfalls im Register *Datei*, klicken Sie hier auf *Informationen*. Klicken Sie rechts, um einzelne Eigenschaften z. B. den Titel zu ändern oder klicken Sie am Ende der Liste auf *Alle Eigenschaften anzeigen*.

- Mit Klick auf die Schaltfläche *Dokument schützen* können Sie ein Kennwort festlegen.
- Über die Schaltfläche *Dokument prüfen* bzw. *Auf Probleme prüfen* (Excel) können Sie vor der Veröffentlichung und/oder Weitergabe das Dokument auf persönliche Informationen wie zum Beispiel Name des Autors überprüfen und diese anschließend entfernen lassen. Als weitere Möglichkeit können Sie über diese Schaltfläche das Dokument auch auf Kompatibilität mit früheren Office-Versionen überprüfen.

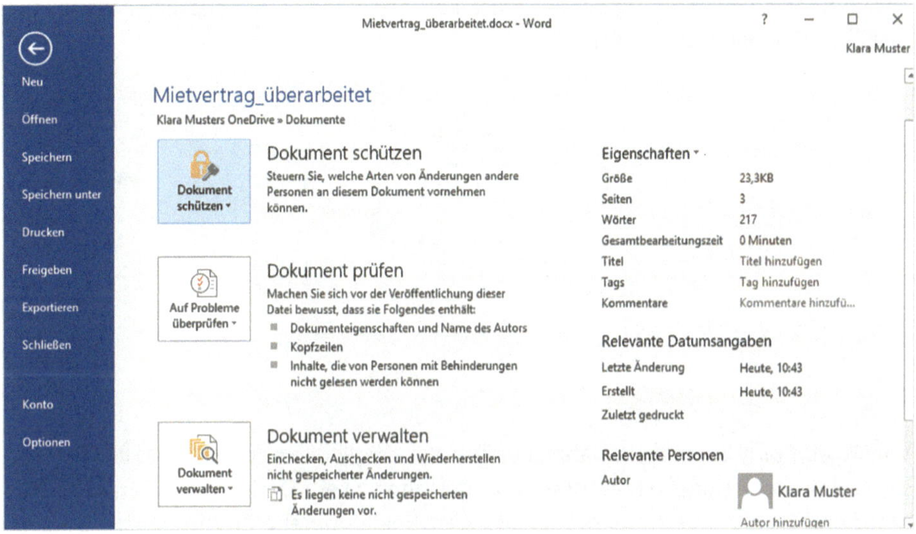

Datei - Informationen

Nach dem Öffnen an der letzten Position fortfahren

Word und PowerPoint 2016 bieten noch eine weitere nützliche Neuerung an, nämlich das Weiterarbeiten an der Stelle, die Sie zuletzt bearbeitet haben.

Nach dem Öffnen erscheint am rechten Fensterrand ein entsprechender Hinweis, klicken Sie einfach auf den Infotext bzw. das Symbol. Leider verschwindet das Symbol nach dem ersten Bearbeitungsschritt wieder.

An der letzten Position fortfahren

Zur zuletzt bearbeiteten Stelle

3 Grafische Gestaltungsmöglichkeiten

3.1 Live-Vorschau

Neu ist seit der Office-Version 2010 die Live-Vorschau. Dies bedeutet, Sie sehen im Word-Dokument, einer Excel-Tabelle oder einer PowerPoint-Folie eine Vorschau, sobald Sie mit der Maus auf eine Vorlage, einen grafischen Effekt oder eine Farbe zeigen und können so die Wirkung besser beurteilen. Erst mit einem Mausklick wird ein Format abschließend übernommen.

Live-Vorschau am Beispiel Word 2016

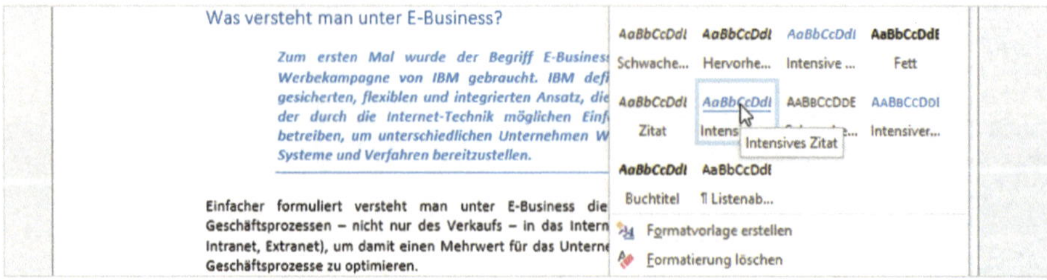

3.2 Vorlagen und Designs

Neu ist die schnelle Formatierung mit Formatvorlagen, nicht nur von Text, sondern auch von Objekten. Das Aussehen der Vorlagen wird durch Designs festgelegt.

Von PowerPoint kennen Sie wahrscheinlich die Möglichkeit, schnell mit Hilfe von Designs eine professionelle Präsentation zu gestalten. Diese Designs stehen nun auch in Word und Excel zur Verfügung. Ein Design ist eine komplette Zusammenstellung von Farben, Schriften und grafischen Effekten und legt das Aussehen aller Vorlagen (Formatvorlagen) fest, die Sie in Word, Excel und PowerPoint zur schnellen Gestaltung von Text, Grafiken, Zeichnungselementen, Diagrammen und Tabellen verwenden können. Das ausgewählte Design gilt immer nur für das aktuelle Dokument.

Design in Word und Excel auswählen

Auswahl und Anpassung eines Designs erfolgt in Word und PowerPoint 2016 in einem gesonderten Register *Entwurf*, in Excel finden Sie die Designs im Register *Seitenlayout*.

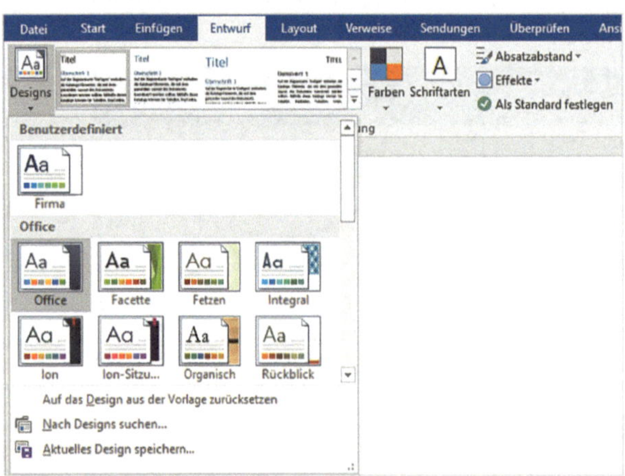

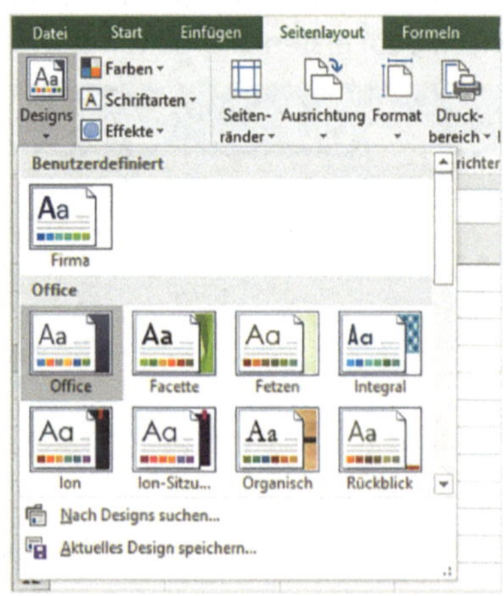

In Word und PowerPoint gehören unter der Bezeichnung Formatvorlagensätze/Varianten zu jedem Design mehrere Varianten, diese wählen Sie über ein Feld aus. Klicken Sie auf den Pfeil *Weitere* ▾, um den gesamten Katalog auf einen Blick anzuzeigen.

In Word 2016 einen Formatvorlagensatz auswählen

Eigene Designs zusammenstellen

Anstatt eines vorgegebenen Designs können Sie auch Farben, Schriftarten, Absatzabstände und Effekte beliebig ändern und so ein eigenes Design zusammenstellen. Welches Design zuvor ausgewählt wurde, spielt dann eigentlich keine Rolle. Dazu finden Sie in derselben Gruppe neben der Schaltfläche *Designs* die Schaltflächen *Farben*, *Schriftarten*, *Effekte* (in Word auch noch *Absatzabstand*). Beachten Sie, dass Änderungen der Effekte sich ausschließlich auf grafische Elemente, nicht aber auf Text auswirken. Um beispielsweise die Designfarben zu ändern, die beim Klick auf die Symbole *Schriftfarbe* oder *Schattierung* angezeigt werden, klicken Sie auf *Farben* und wählen die gewünschte Farbzusammenstellung.

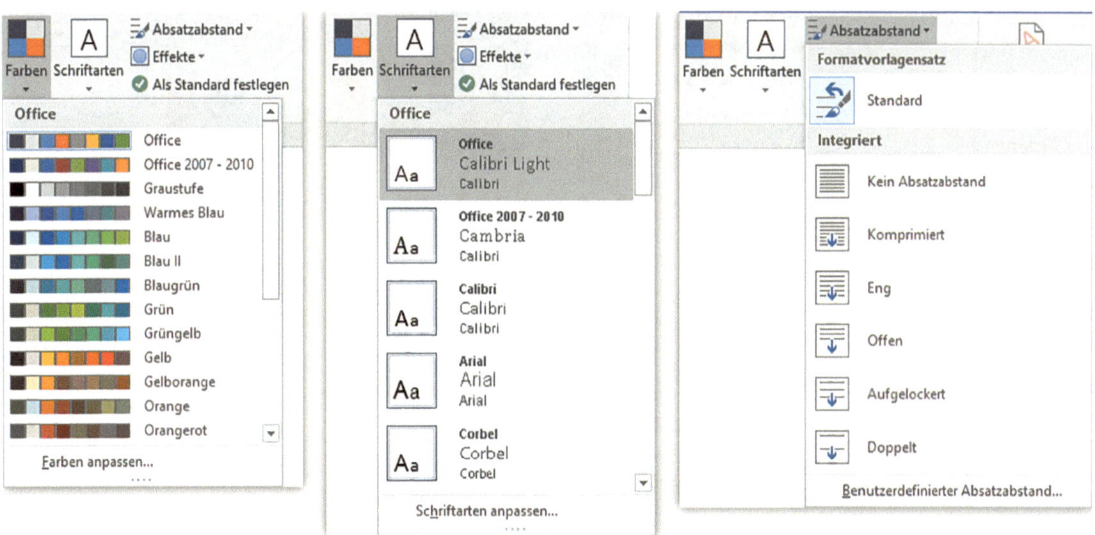

Ein eigenes Design zusammenstellen (Word 2016)

Alle Office-Anwendungen zeigen bei der Farbauswahl zunächst die Designfarben und die Standardfarben an, die gesamte Farbpalette erhalten Sie mit Klick auf *Weitere Farben...*. Auf zuletzt verwendete und vom Design abweichende Farben erhalten Sie unter *Zuletzt verwendete Farben* schnellen Zugriff zur Wiederverwendung.

Schriftfarbe wählen

Füllfarbe (Excel)

Fülleffekt (Formen)

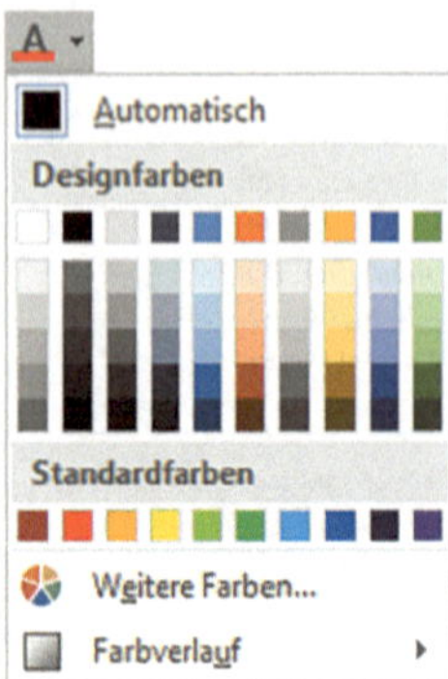

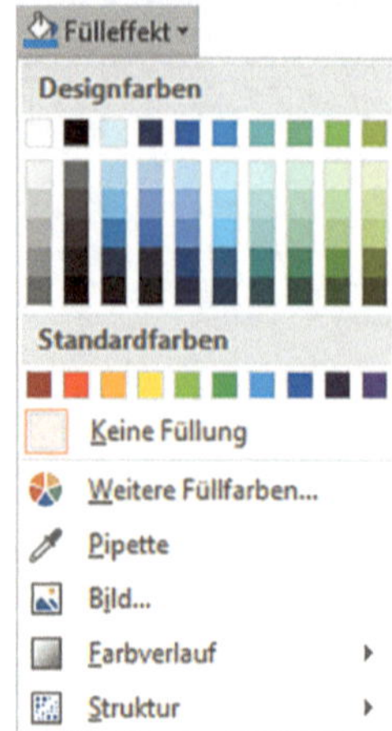

Eigene Designfarben erstellen und speichern

Falls Sie unter den Farbzusammenstellungen der Schaltfläche *Farben* nicht die gewünschten Farben finden, so klicken Sie auf *Farben* und hier auf *Farben anpassen...*.

1 Im Fenster *Neue Designfarben erstellen* (Bild unten) können Sie per Mausklick auf den jeweiligen Pfeil die Farbe jedes Elements, z. B. Hintergrund oder Hervorhebung (Akzent) ändern.

Eigene Designfarben erstellen

Eine andere Akzentfarbe wählen

Speichern Sie die Designfarben unter einen Namen

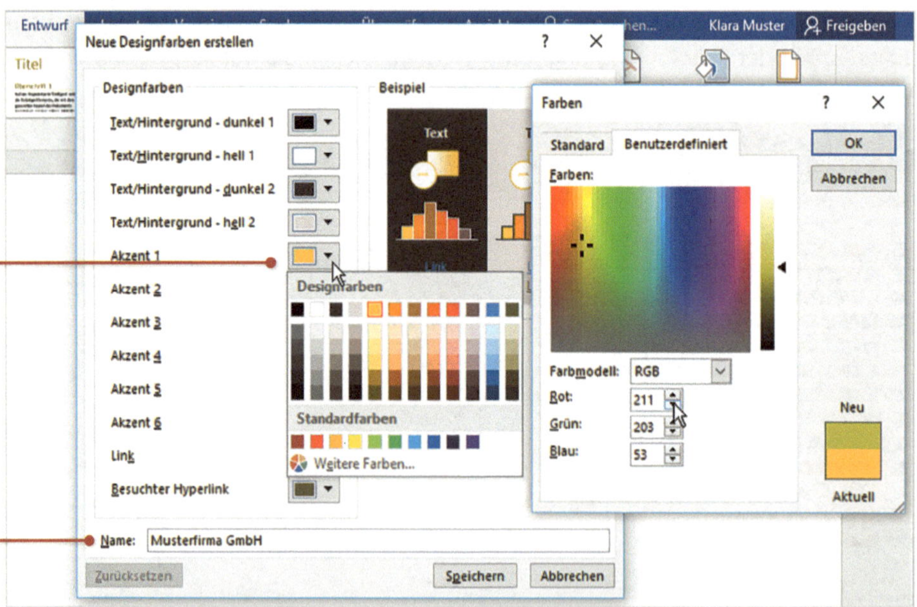

2 Ein Klick auf *Weitere Farben...* öffnet ein zweites Fenster, in dem Sie im Register *Benutzerdefiniert* eine Farbe anhand ihres RGB-Farbwerts festlegen können. Alternativ können Sie im Register *Standard* eine der Standardfarben wählen.

3 Klicken Sie zum Übernehmen auf *OK* und wiederholen Sie diesen Schritt für alle zu ändernden Farben.

4 Im Fenster *Neue Designfarben erstellen* können Sie anschließend die Wirkung der geänderten Farben anhand einer Vorschau beurteilen. Geben Sie zuletzt noch im Feld *Name* an, unter welchem Namen für Ihre Designfarben gespeichert werden sollen und klicken Sie auf *Speichern*.

Microsoft-Office unterstützt leider ausschließlich das RGB-Farbmodell. Das ebenso gebräuchliche CMYK-Farbmodell ist daher hier nicht verfügbar.

Genauso können Sie über die Schaltfläche *Schriftart* und *Schriftarten anpassen...* Ihre bevorzugten Schriftarten, eine für Überschriften und eine für den übrigen Text, auswählen und ebenfalls unter einem Namen speichern.

> **Achtung:** Bei nachträglichen Änderungen am Design ändert sich im aktuellen Dokument automatisch auch das Aussehen aller Elemente, die mit Hilfe von Vorlagen formatiert wurden, dies gilt auch für die Farben!

3.3 Bilder und Formen einfügen

In allen Office-Anwendungen benutzen Sie das Register *Einfügen*, Gruppe *Illustrationen* zum Einfügen grafischer Elemente. Zusammensetzung und Aussehen von Gruppen und Schaltflächen unterscheiden sich in Word, Excel, PowerPoint und Outlook nur geringfügig. Die weitere Bearbeitung der eingefügten Elemente erfolgt über zusätzliche, kontextbezogene Register.

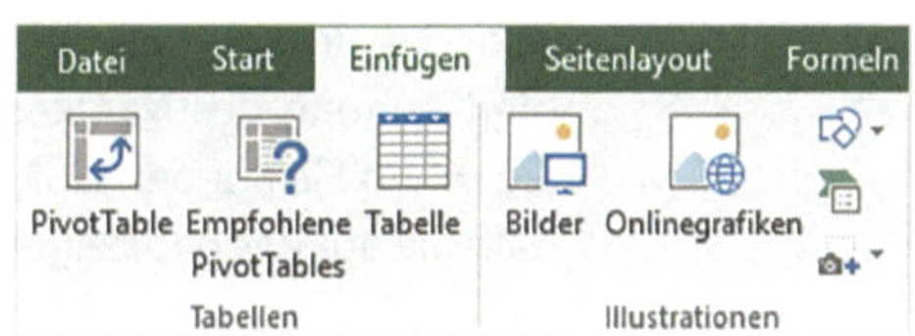

Register Einfügen, Gruppe Illustrationen

Die Schaltfläche *Bilder* öffnet das bekannte Fenster *Grafik einfügen* und Sie wählen wie bisher das gewünschte Bild aus, dieses kann sich auch auf *OneDrive* befinden.

Onlinegrafiken einfügen

Die bekannten ClipArt-Grafiken werden von Microsoft nicht mehr angeboten, stattdessen finden Sie die Möglichkeit vor, Bilder aus dem Web einzufügen. Klicken Sie dazu auf *Onlinegrafiken*.

1 Im Fenster *Bilder einfügen* geben Sie im Feld *Bing-Bildersuche* einen oder mehrere Suchbegriffe ein und starten die Suche mit Klick auf die Lupe.

2 Anschließend werden die Ergebnisse der Suche aufgelistet. Zum Einfügen markieren Sie mit einem Mausklick das gewünschte Bild, damit wird in dessen linker oberer Ecke ein Häkchen sichtbar.

Tipp: Sie können auf diese Weise auch gleich mehrere Bilder auswählen bzw. markieren, ein weiterer Klick auf das Bild entfernt das Häkchen und hebt die Auswahl wieder auf.

3 Klicken dann auf die Schaltfläche *Einfügen*.

Onlinegrafik suchen und einfügen

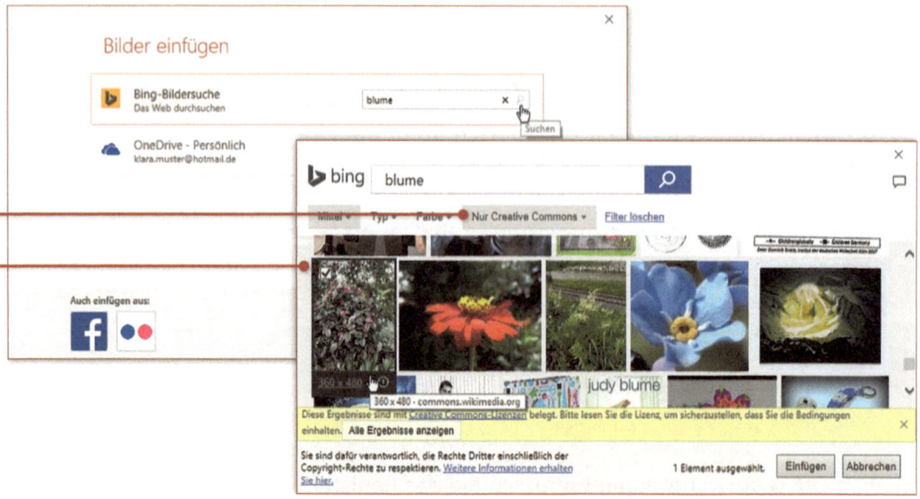

Was Sie bei Verwendung von Bildern aus dem Web beachten müssen
Als Suchergebnisse erhalten Sie zunächst nur Bilder und Grafiken, die unter Creative Commons lizenziert sind. Das bedeutet, Sie erhalten Nutzungsrechte, die über das Urheberrecht hinausgehen, in der einfachsten Form beinhaltet dies nur die Nennung des Namens des Rechteinhabers. Weitere Informationen erhalten Sie, wenn Sie auf den Link unterhalb eines Bildes klicken, dieser wird sichtbar, sobald Sie auf das Bild zeigen.

Allgemeine Informationen zum Thema Creative Commons-Lizenzen können Sie einsehen, wenn Sie auf den Link unterhalb der Suchergebnisse klicken.

Mit Hilfe von Bing können Sie unterhalb der Eingabezeile die Suchergebnisse noch weiter filtern und zwar nach Größe, Typ, Farbe und Nutzungsrechten. Ein Klick auf *Filter löschen* hebt alle Filter wieder auf.

Formen einfügen

Die verschiedenen Standardformen von Office, z. B. Rechteck, Kreis usw. (in früheren Versionen auch als AutoFormen bezeichnet) fügen Sie über die Schaltfläche *Formen* ein, die Sie ebenfalls in der Gruppe *Illustrationen* finden. Neu ist, dass Sie jeder markierten Form, beispielsweise einer Legende sofort Text hinzufügen können: klicken Sie in die Form und geben Sie anschließend einfach Text über die Tastatur ein. Als Alternative verwenden Sie den Befehl *Text bearbeiten* aus dem Kontextmenü.

Screenshots erzeugen und einfügen

Sie können auch, beispielsweise zu Erklärungszwecken, den Inhalt eines Bildschirmfensters, einen so genannten Screenshot, als Bild an der Cursorposition in das Dokument einfügen. Klicken Sie dazu im Register *Einfügen*, Gruppe *Illustrationen*, auf *Screenshot*. Hier erscheint eine Vorschau mit allen derzeit geöffneten Fenstern.

Screenshot einfügen - wählen Sie ein Fenster

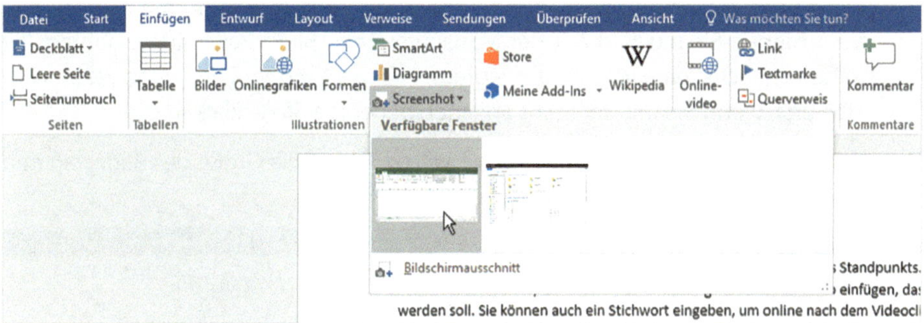

- Zum Einfügen des gesamten Fensters klicken Sie einfach in der Vorschau in das gewünschte Fenster.
- Benötigen Sie dagegen nur einen Ausschnitt des Bildschirms, so klicken Sie auf *Bildschirmausschnitt*. Der Mauszeiger verwandelt sich in ein Fadenkreuz und Sie können durch Ziehen mit gedrückter linker Maustaste den Bereich in Form eines Rechtecks festlegen. Dazu darf allerdings nur das gewünschte Fenster als einziges im Hintergrund geöffnet sein.

3.4 Bild formatieren

Zusammen mit einem markierten Bild ist im Menüband das Register *Bildtools* - *Format* zur weiteren Bearbeitung verfügbar.

Das Register Bildtools - Format

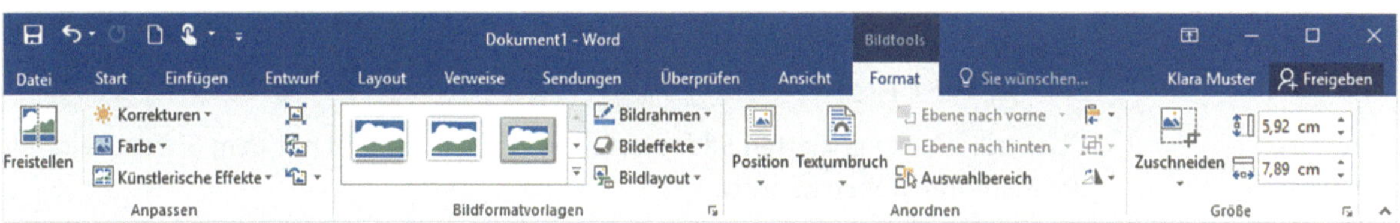

Größenänderung

Neben der Größenänderung mit der Maus können Sie über die Felder der Gruppe *Größe* die exakte Größe festlegen. Wenn Sie lieber die Größenänderung in Prozent angeben möchten, dann verwenden Sie dazu den Befehl *Größe und Position* aus dem Kontextmenü oder klicken auf das Pfeil-Symbol ⧉ der Gruppe *Größe*.

Zuschneiden

Zum einfachen Zuschneiden einer Grafik mit der Maus klicken Sie direkt auf die Schaltfläche *Zuschneiden* (Gruppe *Größe*). Ein Mausklick auf den Dropdown-Pfeil der Schaltfläche *Zuschneiden* dagegen öffnet weitere Möglichkeiten:

- *Auf Form zuschneiden* erlaubt das Zuschneiden auf eine beliebige Form, zum Beispiel Ellipse.
- Mit der Auswahl *Seitenverhältnis* schneiden Sie das Bild auf ein bestimmtes Seitenverhältnis zu, ohne dabei die Originalproportionen zu ändern. Anschließend verschieben Sie das Bild mit der Maus, um einen Bildbereich auszuwählen. Sie sehen zunächst eine Vorschau, die grauen abgeschnittenen Bereiche verschwinden erst, wenn Sie mit der Maus an einen beliebige Stelle klicken.

Als Alternative können Sie in einem zweiten Schritt die Größe des Bildes an den neuen Bildbereich anpassen, dazu klicken Sie auf *Einpassen*.

Bild zuschneiden

Beispiele: Auf Form zuschneiden; auf Seitenverhältnis zuschneiden. Links das Original

Bild drehen oder spiegeln

Oberhalb eines markierten Bildes befindet sich ein Symbol mit dem Sie das Bild mit der Maus frei drehen können.

Bild drehen

Zeigen Sie auf dieses Symbol; sobald am Mauszeiger ein runder Pfeil erscheint, können Sie mit gedrückter linker Maustaste das Bild beliebig drehen. Für eine exakte Drehung um 90 Grad markieren Sie das Bild und klicken im Register *Format*, Gruppe *Anordnen* auf die Schaltfläche *Drehen* bzw. *Objekte drehen*, hier können Sie ein Objekt außerdem spiegeln.

Rahmen und grafische Effekte

Für eine einfache Rahmenlinie klicken Sie in der Gruppe *Bildformatvorlagen* auf die Schaltfläche *Bildrahmen* und wählen Linienfarbe, -stärke und Strichart aus. Weitere Effekte, beispielsweise Schatten, Spiegelungen und Rahmen erhalten Sie über die Schaltfläche *Bildeffekte* zur Auswahl.

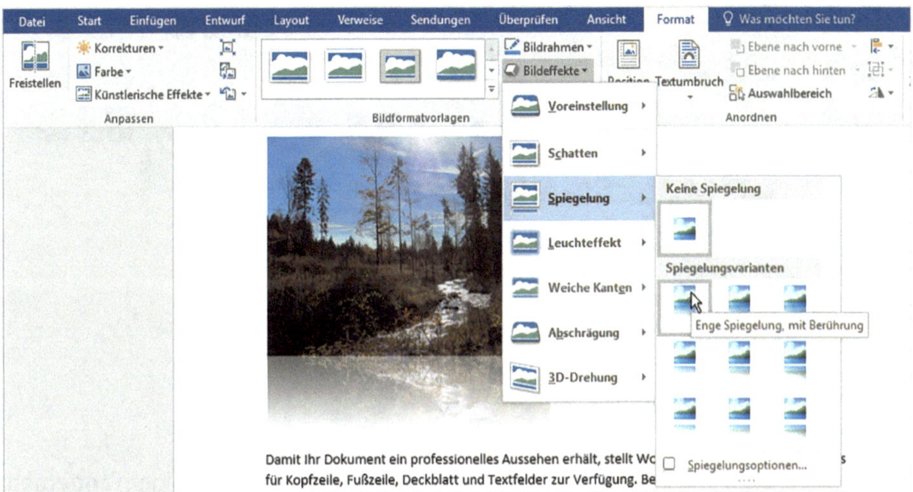

Bildeffekte

Die Gruppe *Bildformatvorlagen* (Register *Format*) enthält außerdem eine Sammlung von Bildformatvormatvorlagen mit verschiedenen Rahmen- und Schatteneffekten zur schnellen Bildformatierung. Klicken Sie auf die Schaltfläche *Weitere* ▾, um den gesamten Katalog auf einen Blick zu öffnen.

Rahmenvorlagen

Bildbearbeitungstools

Umfangreiche Bearbeitungsmöglichkeiten für das Bild selbst finden Sie im Register *Bildtools - Format* in der Gruppe *Anpassen*.

Über die Schaltfläche *Korrekturen* können Sie Schärfe, Helligkeit und Kontrast verändern, mit *Farbe* ändern Sie den Farbton oder färben das Bild neu ein, z. B. Graustufen oder Schwarzweiß. Hier finden Sie auch den Befehl *Transparente Farbe bestimmen*, mit dessen Hilfe Sie einen bestimmte Bereiche transparent machen können. *Künstlerische Effekte* öffnet einen Katalog verschiedener Verfremdungseffekte.

Bild bearbeiten

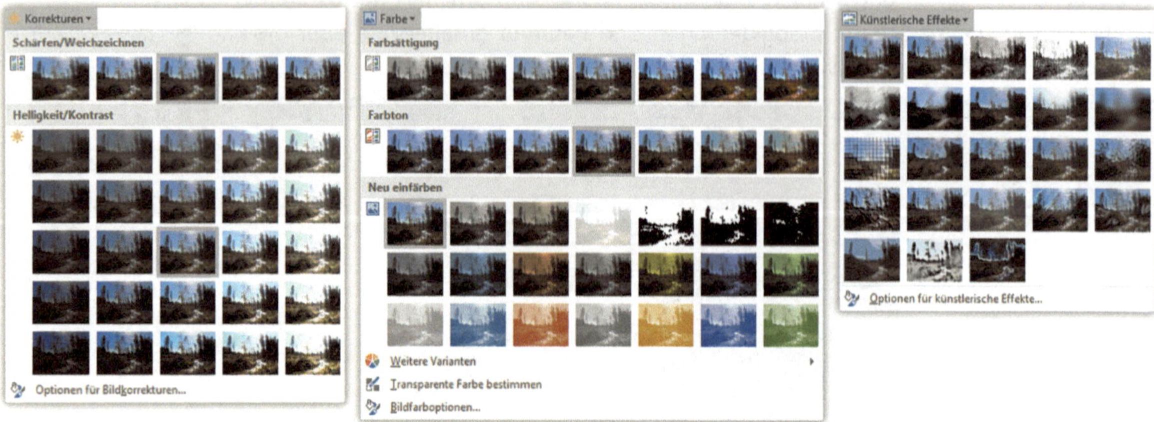

Die weiteren Möglichkeiten der Gruppe *Anpassen*:

- **Freistellen**
  Bildbereiche transparent machen und so den Hintergrund von Bildern entfernen.
- **Bilder komprimieren**
  Das markierte Bild oder alle Bilder komprimieren, um den Speicherplatzbedarf der Datei zu verringern.
- **Bild ändern**
  Das markierte Bild durch ein anderes ersetzen, Größe und Formatierungen bleiben erhalten.

Tipp: Mit Klick auf das Symbol *Bild zurücksetzen* können Sie das Bild schnell wieder in seinen Originalzustand zurückversetzen, über den Dropdown-Pfeil des Symbols außerdem seine Größe zurücksetzen.

Bild zurücksetzen

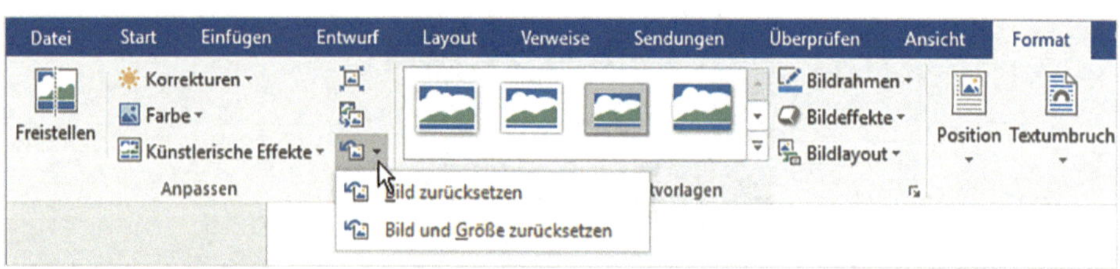

3.5 Neue Möglichkeiten der Formengestaltung

Bei der Formatierung unterscheidet Office 2016 nicht zwischen Formen und sonstigen grafischen Elementen, z. B. SmartArt oder Diagrammen. Alle nötigen Werkzeuge zur Gestaltung finden Sie im Register *Zeichentools* - Format bzw. *SmartArt-Tools* oder *Diagrammtools*, allerdings können sich Anordnung und Zusammensetzung der Gruppen, je nach Aufgabenstellung geringfügig unterscheiden.

Das Register Zeichentools - Format

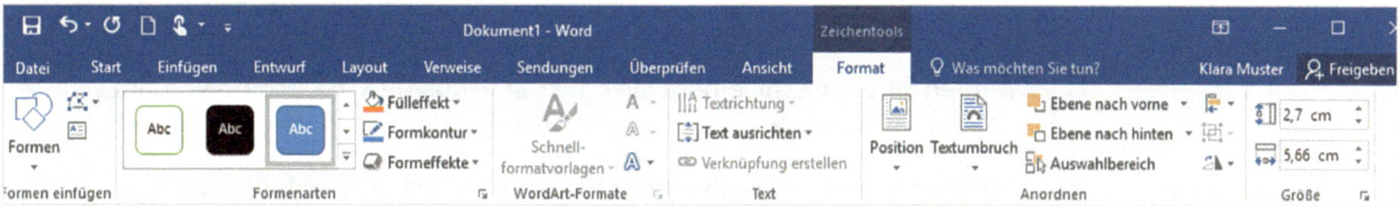

Formatvorlagen einsetzen

Zur schnellen Gestaltung steht im Register *Format*, Gruppe *Formenarten*, ein Katalog verschiedener Vorlagen zur Verfügung, mit Klick auf *Weitere* öffnen Sie den gesamten Katalog. Aussehen und Effekte der Vorlagen, z. B. 3D und Schatten sind abhängig von den aktuell verwendeten Designeffekten (Register *Entwurf*).

Formatvorlagenkatalog

Individuelle Formatierungen zusammenstellen

In der Gruppe *Formenarten* befinden sich auch die Schaltflächen *Fülleffekt*, *Formkontur* und *Formeffekte*.

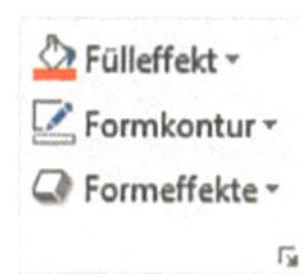

Fülleffekt, Formkontur und Formeffakte auswählen

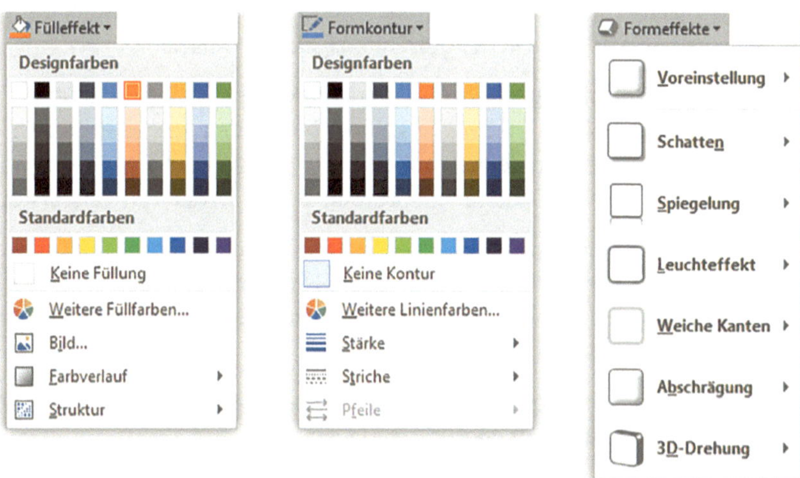

Über diese können Sie einer Form nach Belieben einzelne Formate zuweisen. *Fülleffekte* erlaubt neben den Designfarben auch das Einfügen eines Bildes oder die Verwendung eines Farbverlaufs als Füllung.

Weitere Möglichkeiten des Aufgabenbereichs Form formatieren

Weitergehende Möglichkeiten finden Sie im Aufgabenbereich *Form formatieren*, den Sie über den Pfeil ⧉ der Gruppe *Formenarten* oder den gleichnamigen Befehl aus dem Kontextmenü öffnen.

- Wählen Sie zuerst mit einem Klick auf das jeweilige Symbol eine Aufgabe: *Füllung und Linie*, *Effekte* oder *Layout und Eigenschaften*.
- Öffnen Sie dann darunter mit Mausklick auf das Dreieck die Anzeige weiterer Einstellungen, die Abbildungen unten zeigen einige Beispiele.

Der Aufgabenbereich Form formatieren

Farbverläufe erstellen

Über die Schaltfläche *Fülleffekt* (siehe vorhergehende Seite) stehen unter *Farbverlauf* verschiedene Verlaufsvarianten in der gewählten Farbe zur Auswahl.

Zur Bearbeitung und Erstellung eigener Farbverläufe klicken Sie entweder unter *Fülleffekte* ▸ *Farbverläufe* auf *Weitere Farbverläufe...* oder öffnen den Aufgabenbereich *Form formatieren*. Klicken Sie dann in der Kategorie *Füllung und Linie* auf *Füllung* und wählen Sie die Option *Farbverlauf*. Die Auswahl der Farben erfolgt an den Farbverlaufstopps:

1. Markieren Sie mit einem Mausklick den ersten Farbverlaufstopp. Diesem weisen Sie dann über die Schaltfläche darunter eine Farbe zu, bei Bedarf legen Sie über weitere Felder noch Transparenz und Helligkeit fest. Genauso verfahren Sie nacheinander mit allen weiteren Farbverlaufstopps.
2. Die Position eines Farbverlaufstopps ändern Sie über das Feld *Position* oder einfach durch Verschieben mit gedrückter Maustaste.

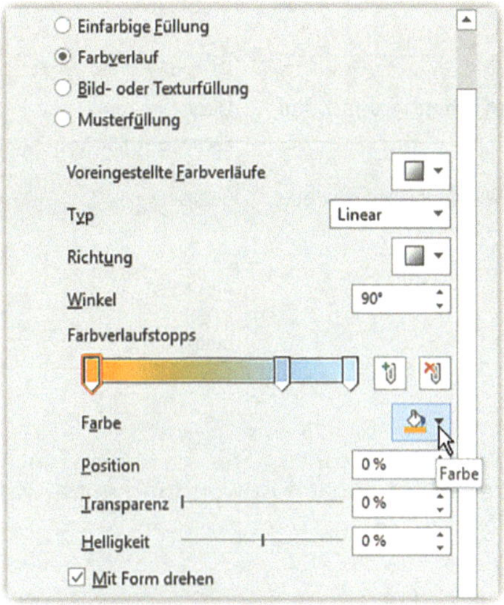

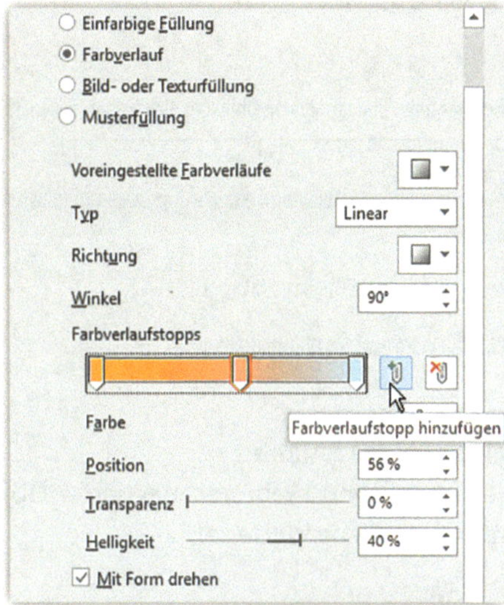

Markieren Sie einen Farbverlaufstopp und wählen Sie die Farbe aus

Einen weiteren Farbverlaufstopp hinzufügen

3 Mit den Schaltflächen *Farbverlaufstopp hinzufügen*, bzw. *Farbverlaufstopp entfernen* können Sie noch weitere hinzufügen oder den markierten Farbverlaufstopp löschen. Oberhalb der Farbverlaufstopps finden Sie Schaltflächen, über die Sie auch noch Typ, Richtung und Winkel des Farbverlaufs ändern können, siehe Bild.

Weitere Einstellungen

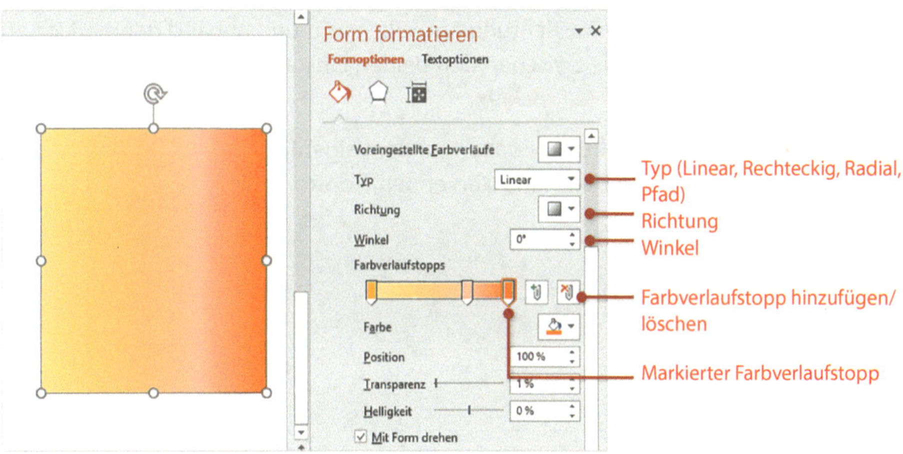

3.6 Objekte anordnen

Im Register *Format* befindet sich auch die Gruppe *Anordnen*, mit deren Schaltflächen Sie Ausrichtung und Anordnung von Bildern und Formen steuern. In Word 2016 finden Sie hier zusätzlich die Schaltflächen *Position* und *Textumbruch*.

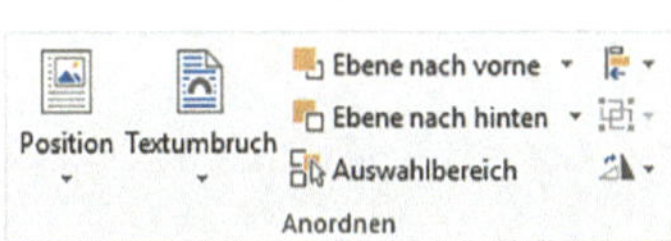

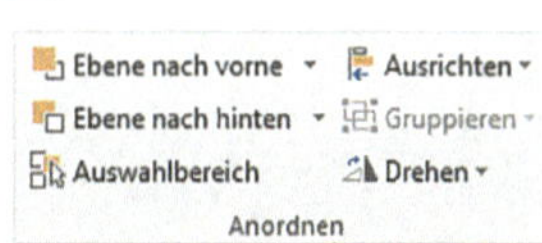

Word: Gruppe Anordnen

Excel: Anordnen

Eine kleine Übersicht

Sie möchten...	Schaltfläche / Befehl
Bei mehreren überlappenden Objekten die Position des markierten Elements ändern, z. B. in den Vordergrund legen	Ebene nach vorne / Ebene nach hinten
Mehrere markierte Objekte zu einer Gruppe zusammenfassen, bzw. eine Gruppierung wieder aufheben	Gruppieren
Mehrere markierte Objekte exakt ausrichten	Ausrichten
Ein Objekt im exakten Winkel drehen	Drehen

Mehrere Objekte ausrichten

Die Ausrichtung mehrerer markierter Objekte erfolgt je nach Anwendung auf etwas unterschiedliche Weise.

- **Word**
  In Word wählen Sie zwischen drei Alternativen: *An Seite ausrichten* (Papier), *Am Seitenrand ausrichten* und *Ausgewählte Objekte ausrichten*. Letztere bedeutet, die Ausrichtung orientiert sich an dem Objekt, das sich am weitesten rechts/links bzw. oben oder unten befindet.
- **PowerPoint**
  PowerPoint erlaubt die Ausrichtung am Folienrand und anhand der markierten Objekte. Hier wählen Sie zwischen den beiden Einstellungen *An Folie ausrichten* und *Ausgewählte Objekte ausrichten*.

In beiden Anwendungen sollten Sie daher vor dem eigentlichen Ausrichten zunächst die aktuelle Einstellung (am Häkchen zu erkennen) kontrollieren und ggf. ändern.

Word 2016: Ausrichten

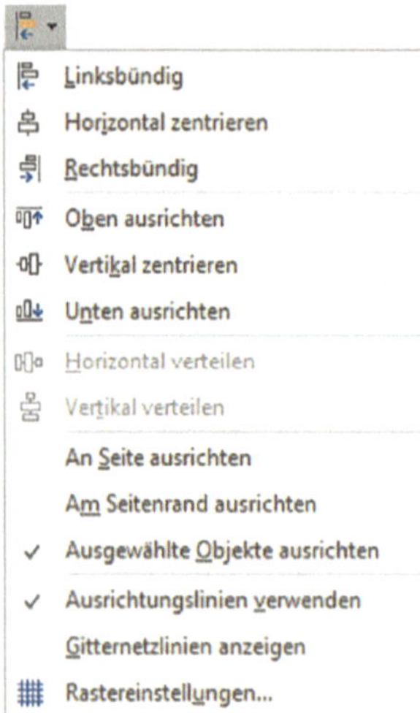

PowerPoint 2016: Ausrichten

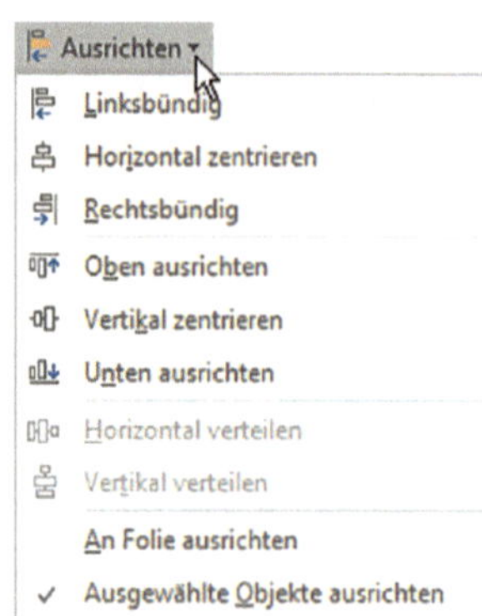

3.7 Grafische Layouts mit SmartArt

Unter der Bezeichnung SmartArt steht Ihnen eine Sammlung grafischer Textlayouts zur Verfügung, z. B. zur Visualisierung von Prozessen oder Hierarchien (Organigramme). Diese werden wie Grafikobjekte eingefügt, platziert und formatiert. SmartArt-Objekte eignen sich besonders für PowerPoint-Präsentationen, sind aber auch in Word und Excel verfügbar.

1 Zum Einfügen klicken Sie im Register *Einfügen*, Gruppe *Illustrationen* auf *SmartArt*. Anschließend wählen Sie im Fenster *SmartArt-Grafik auswählen* das gewünschte Layout.

2 Klicken Sie auf eine SmartArt-Grafik, um rechts eine Vorschau zu erhalten, mit der Schaltfläche *OK* wird die Grafik eingefügt.

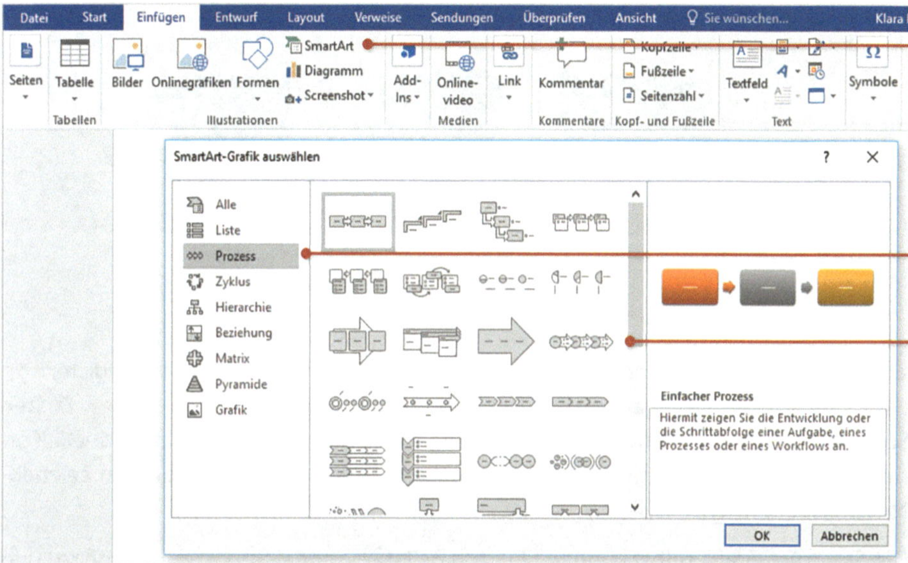

SmartArt auswählen

Text eingeben

Die Texteingabe erfolgt entweder direkt in das Feld - klicken Sie auf die betreffende Form und geben Sie einfach Ihren Text ein - oder verwenden Sie zur Eingabe den gesonderten Textbereich. Dieser Bereich kann über das Symbol *Schließen* in der rechten oberen Ecke wieder geschlossen werden, zum Öffnen klicken Sie am linken Rand des Markierungsrahmens auf die kleine Schaltfläche oder benutzen die Schaltfläche *Textbereich* im Register *Entwurf*, Gruppe *Grafik erstellen*.

Form hinzufügen

Wenn Sie noch weitere Formen zur Eingabe benötigen, so klicken Sie im Menüband, Register *SmartArt-Tools - Entwurf* in der Gruppe *Grafik erstellen* auf *Form hinzufügen* und wählen die gewünschte Position aus. Mit jeder weiteren Form werden die vorhandenen Formen verkleinert und passen sich automatisch an den Rahmen an. Überzählige Formen löschen Sie mit der Entf-Taste.

> **Achtung:** Die Position neu hinzugefügter Formen orientiert sich an der aktuell markierten Form!

Form hinzufügen

Textbereich anzeigen

Textbereich schließen

Textbereich öffnen

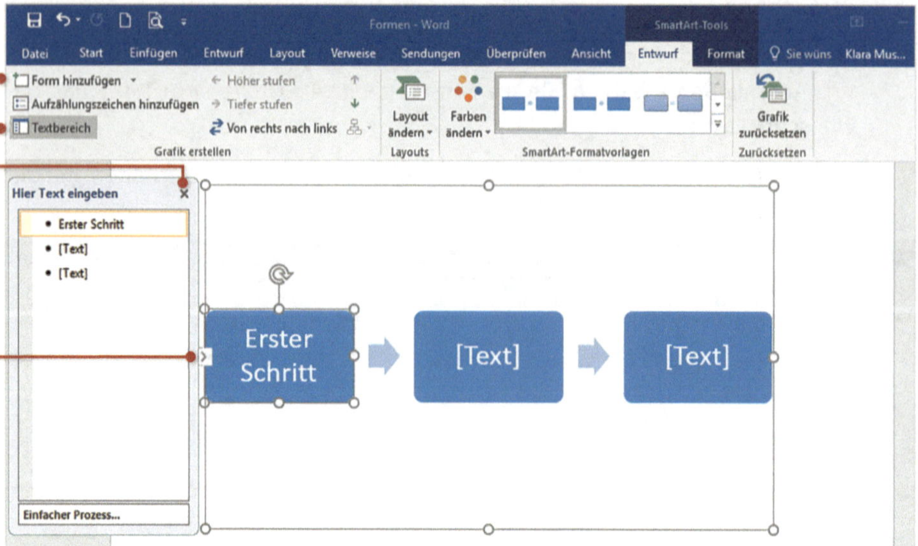

Text eingeben

Zur Formatierung verwenden Sie eine der SmartArt-Formatvorlagen im Register *Entwurf*, hier können Sie über eine weitere Schaltfläche auch die *Farben ändern*. Zu den SmartArt-Tools gehört noch ein weiteres Register *Format*, in dem Sie individuelle Formate zuweisen können, die Schaltflächen unterscheiden sich nicht von den Zeichentools, siehe Formen.

Die SmartArt-Grafik selbst können Sie nach Belieben verkleinern bzw. vergrößern und im Dokument platzieren.

Beispiel SmartArt in einem Word-Dokument

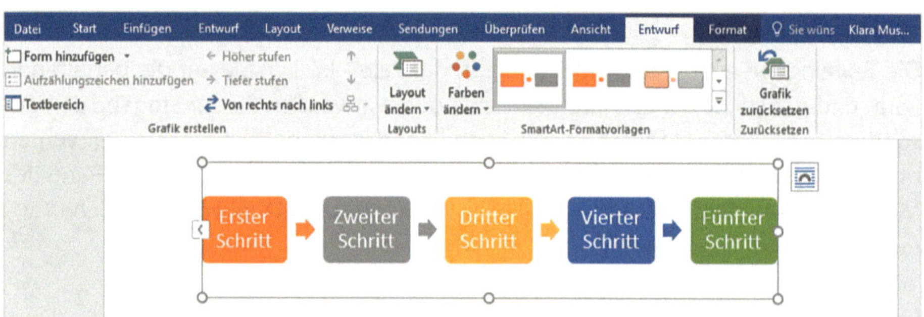

3.8 WordArt-Objekte

Office 2016 unterscheidet zwischen WordArt-Objekten und grafischen Texteffekten. WordArt-Objekte werden wie bisher eingefügt und als Objekt platziert. Neu ist hingegen in Word die Möglichkeit, normalen Fließtext mit WordArt-Effekten zu versehen.

WordArt-Effekte in Word, siehe Kap. C 2.2.

Zum Einfügen eines WordArt-Objekts klicken Sie im im Register *Einfügen*, Gruppe *Text* auf die Schaltfläche *WordArt* und wählen eine Vorlage. Das WordArt-Objekt wird im Dokument an der Cursorposition eingefügt, den Platzhaltertext überschreiben Sie anschließend. Als Alternative können Sie auch vorhandenen Text markieren und anschließend auf die Schaltfläche *WordArt* klicken. Dann wird dieser Text in ein Objekt umgewandelt.

Die verfügbaren Farben und Schatteneffekte sind abhängig vom Design (Register *Entwurf*).

WordArt-Objekt einfügen

WordArt bearbeiten

Die weitere Bearbeitung erfolgt im Register *Zeichentools - Format* in der Gruppe *WordArt-Formate*. Hier wählen Sie entweder nachträglich eine andere Formatvorlage oder stellen Ihr eigenes Format über Schaltflächen zusammen, der Text bzw. das Objekt müssen dazu natürlich markiert sein.

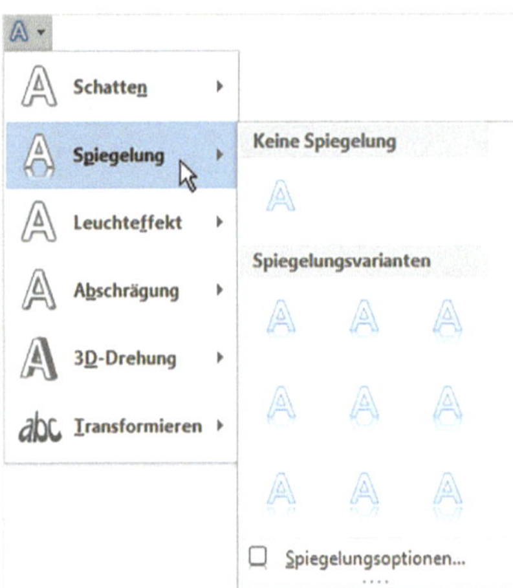

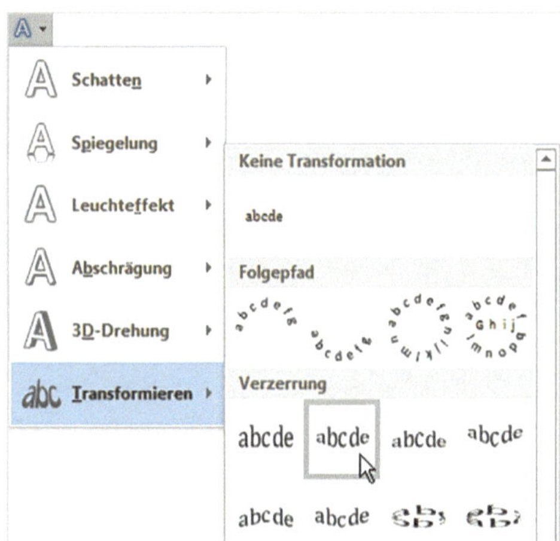

Beispiele Texteffekte: Spiegelung

Transformieren

- Die Schaltfläche *Texteffekte* stellt verschiedene Schatten-, Spiegelungs- und 3D-Effekte zur Verfügung. Unter *Transformieren* finden Sie verschiedene Textpfade mit denen Sie beispielsweise Text kreisförmig anordnen können.

- Mit der Schaltfläche *Textfüllung* ändern Sie die Schriftfarbe oder wählen einen Farbverlauf und mit *Textkontur* legen Sie die Farbe der Schriftkonturen fest.

WordArt im Aufgabenbereich Form formatieren

Zusammenfassend können Sie die beschriebenen Einstellungen und noch weitere auch im Aufgabenbereich *Form formatieren* (siehe *Zeichnungsform formatieren*) vornehmen. Sie öffnen den Aufgabenbereich entweder über das Kontextmenü mit dem Befehl *Form formatieren...* oder per Mausklick auf den Pfeil der Gruppe *WordArt Formate*. Klicken Sie dann im Aufgabenbereich auf *Textoptionen*.

Der Aufgabenbereich Form formatieren - Textoptionen: Textfüllung und Kontur

Texteffekte

Layout und Eigenschaften

Um die vertikale Textausrichtung, Textrichtung oder Drehung, sowie die Abstände innerhalb der Form anzupassen, klicken Sie im Aufgabenbereich *Form formatieren* ▸ *Textoptionen* auf das Symbol *Layout und Eigenschaften*.

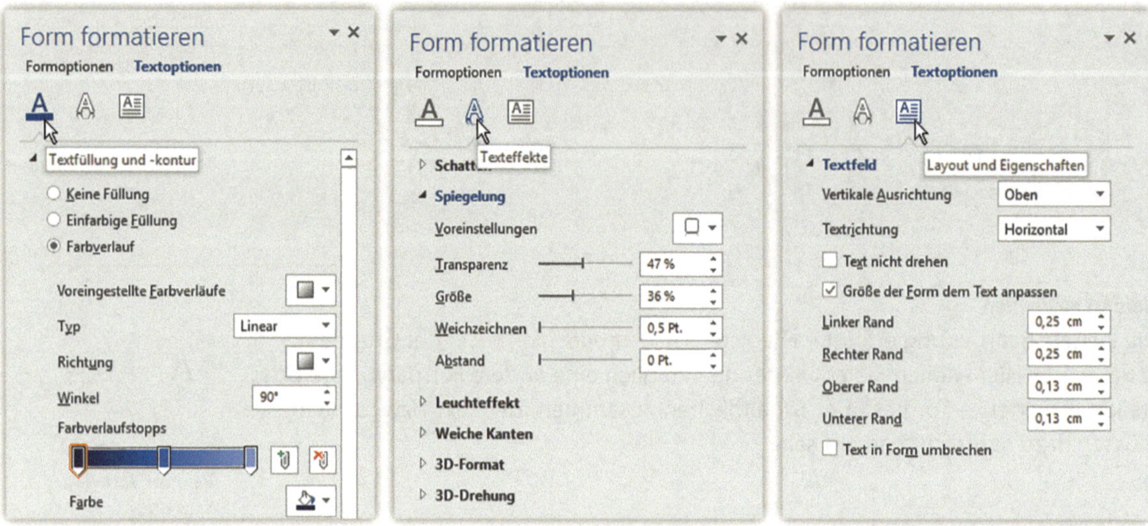

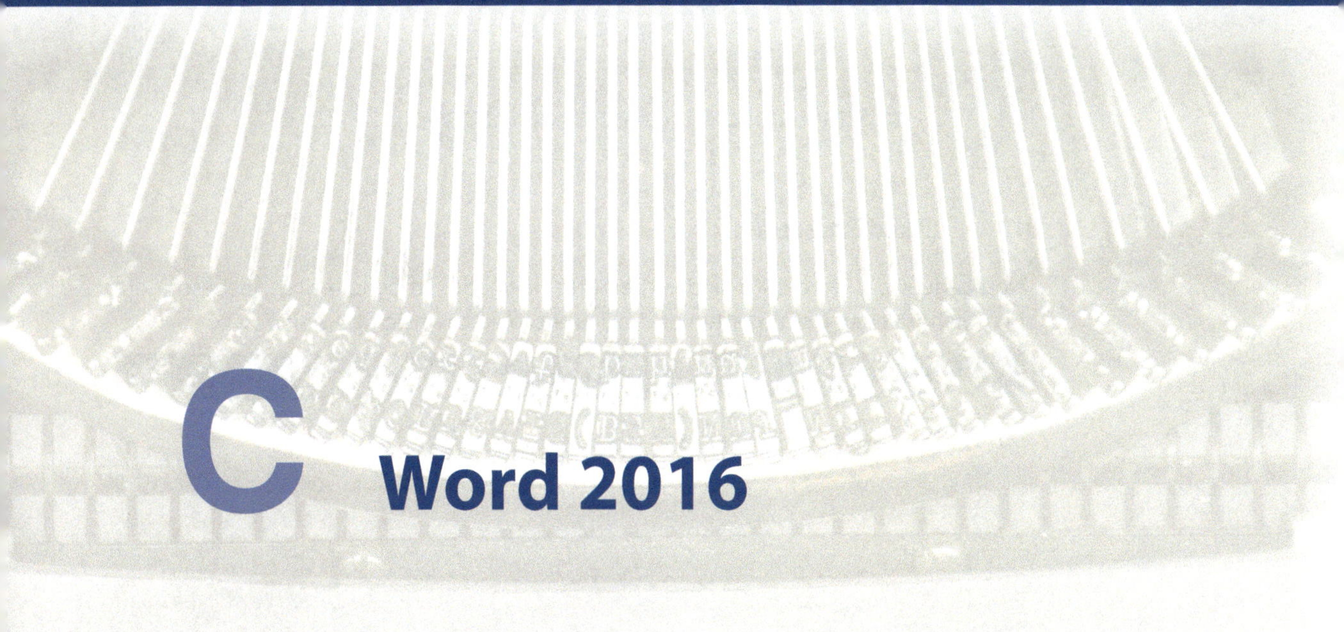

C Word 2016

Übersicht

1 Ansichten und allgemeine Einstellungen

1.1 Bildschirmanzeige

Neu gegenüber Word 2003 sind verbesserte Navigationsmöglichkeiten, insbesondere in umfangreichen Dokumenten und die überarbeitete Ansicht *Lesemodus*.

Das Word-Fenster mit einem leeren Dokument

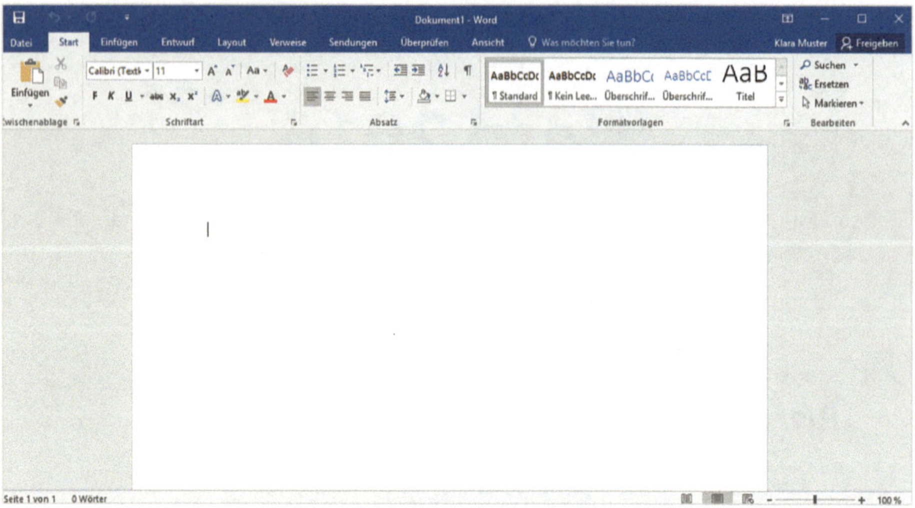

Ansichten

Symbole der drei wichtigsten Ansichten, nämlich Lesemodus, Seitenlayout und Weblayout finden Sie wie bisher im rechten Bereich der Taskleiste.

Ansichten in der Taskleiste

Das Register *Ansicht* enthält alle weiteren wichtigen Einstellungen zur Bildschirmanzeige. Hier kommen in der Gruppe *Ansichten* zu den drei oben genannten noch die Ansichten *Gliederung* und *Entwurf* hinzu.

Das Register Ansicht

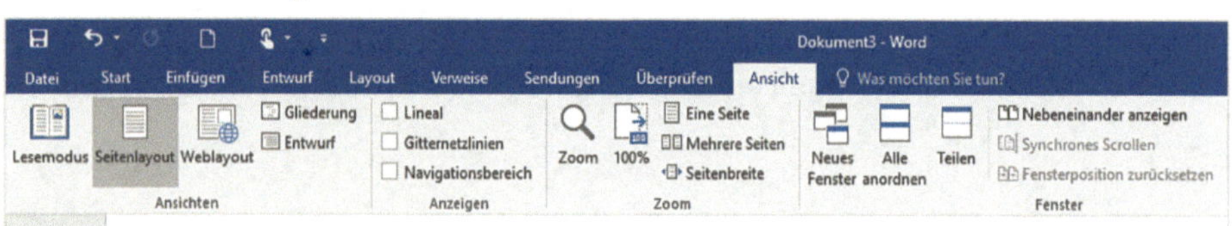

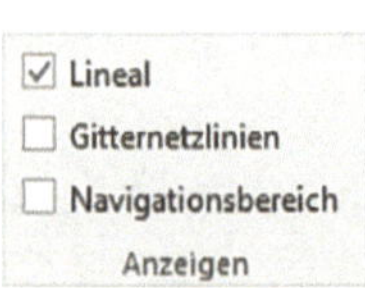

Lineal und Gitternetzlinien anzeigen

Das Kontrollkästchen zum Ein- und Ausblenden des Lineals befindet sich in der Gruppe *Anzeigen* zusammen mit dem Kontrollkästchen zur Anzeige der Gitternetzlinien.

Dokumente (Fenster) anordnen

Die Anordnung mehrerer Word-Fenster steuern Sie über die Schaltflächen der Gruppe *Fenster*.

- Mit Klick auf die Schaltfläche *Alle Anordnen* ordnen Sie alle geöffneten Fenster untereinander auf dem Bildschirm an. **Achtung:** je nach Anzahl der Dokumente und Größe des Bildschirms ist unter Umständen die Menüleiste ausgeblendet.
- Die Schaltfläche *Nebeneinander anzeigen* ordnet dagegen die geöffneten Fenster nebeneinander auf dem Bildschirm an. Da diese Ansicht häufig dazu benutzt wird, zwei Dokumente miteinander zu vergleichen, ist gleichzeitig *Synchrones Scrollen* aktiviert. Das bedeutet, wenn Sie in eines der Dokumente zeigen und das Mausrad drehen, wird gleichzeitig auch der Bildschirmausschnitt des zweiten Fensters verschoben. Dies lässt sich allerdings mit Klick auf *Synchrones Scrollen* deaktivieren.

Mit derselben Schaltfläche deaktivieren Sie diese Anzeige wieder und stellen die ursprüngliche Anzeige wieder her.

Fenster nebeneinander anordnen

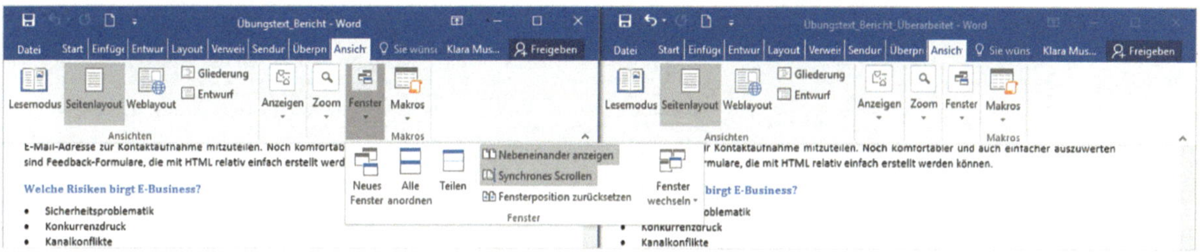

Mehrere Seiten anzeigen

Um mehrere Seiten eines umfangreichen Dokuments nebeneinander anzuzeigen, klicken Sie in der Gruppe *Zoom* auf die Schaltfläche *Mehrere Seiten*.

Text und untergeordnete Ebenen ausblenden

Wenn Überschriften mit einer der integrierten Überschriften-Formatvorlagen formatiert wurden, dann können auch in der Ansicht Seitenlayout (bisher nur in der Ansicht Gliederung) untergeordnete Ebenen, bzw. der dazugehörige Text aus- und wieder eingeblendet werden.

Sobald Sie mit der Maus auf eine Überschrift zeigen, erscheint am linken Seitenrand im Markierungsbereich ein kleines Dreieck: ein Mausklick auf dieses Dreieck blendet untergeordnete Ebenen aus, mit einem weiteren Klick blenden Sie den Text wieder ein.

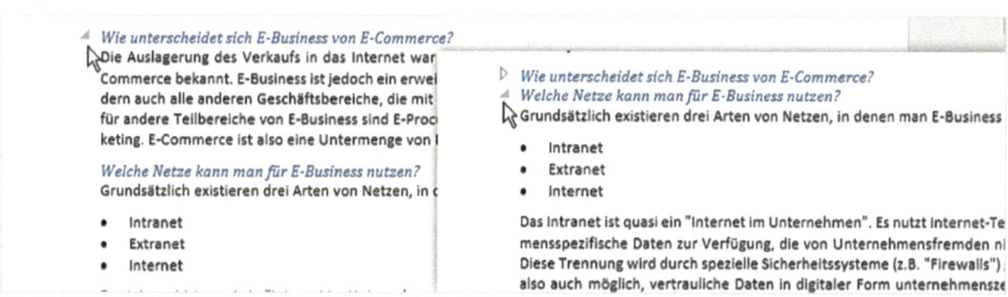

Untergeordneten Text in der Ansicht Seitenlayout aus- bzw. einblenden

1.2 Die Ansicht Lesemodus

Völlig neu gestaltet, insbesondere im Hinblick auf Fingerbedienung und dem Einsatz auf Tablet-PCs wurde die Ansicht *Lesemodus*. Im Gegensatz zur Ansicht *Seitenlayout* zielt der Lesemodus auf die Optimierung der Lesbarkeit von Dokumenten am Bildschirm, das Layout ist daher nicht identisch mit dem Druckergebnis. Aus demselben Grund wird in dieser Ansicht der Text standardmäßig in Spalten angeordnet.

Navigation im Lesemodus

Zum Blättern zwischen den Seiten benutzen Sie die Pfeile nach links oder rechts oder drehen das Mausrädchen. Auf einem Touchscreen wischen oder streifen Sie mit dem Finger nach links bzw. rechts. Die Pfeiltasten der Tastatur können ebenfalls verwendet werden.

Ansicht Lesemodus

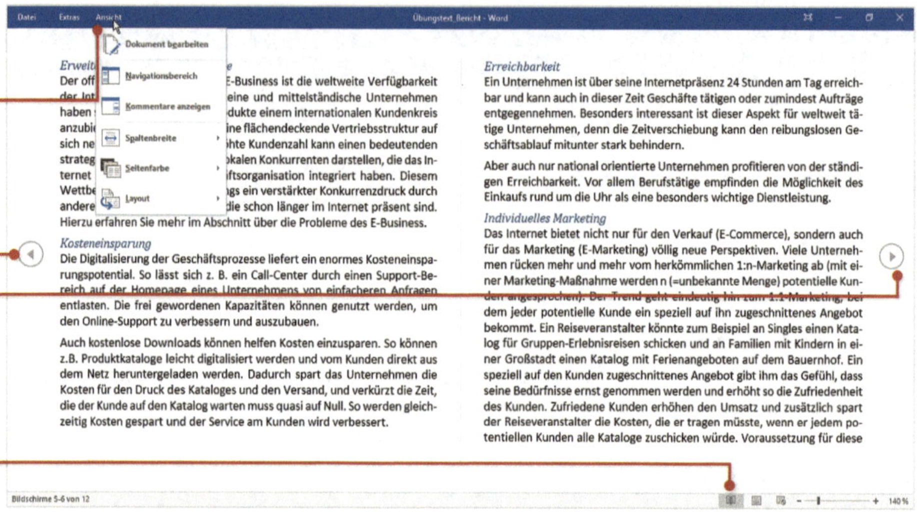

Einstellungen

Einstellungen zum Layout und zur Anzeige nehmen Sie über das Menü *Ansicht* vor. Hier blenden Sie beispielsweise einen zusätzlichen Navigationsbereich ein oder ändern die Spaltenbreite. Soll die Anzeige dem gedruckten Ergebnis entsprechen, so klicken Sie auf *Ansicht* ▸ *Layout* und wählen *Papierlayout*. Mit der Auswahl *Dokument bearbeiten* kehren Sie zur vorherigen Ansicht Seitenlayout zurück.

Objekte zoomen

Die Position eingefügter Objekte, z. B. von Grafiken entspricht im Lesemodus ebenfalls nicht ihrer ursprünglichen Position. Sie werden im Lesemodus zunächst verkleinert dargestellt, lassen sich aber mit einem Doppelklick in das Objekt schnell vergrößern. Der umgebende Text rückt dann in den Hintergrund und am Objekt erscheint eine Lupe, mit der Sie nochmals vergrößern können. Zum Schließen der Zoomansicht klicken Sie einfach mit der Maus in den Text im Hintergrund.

Lesemodus: Bild zoomen

Lesemodus beenden

Zum Beenden des Lesemodus klicken Sie auf *Ansicht* und auf *Dokument bearbeiten* oder klicken in der Statusleiste auf die Schaltfläche *Seitenlayout*.

1.3 Dokument über den Navigationsbereich durchsuchen

Im Register *Ansicht*, Gruppe *Anzeigen* finden Sie auch das Kontrollkästchen *Navigationsbereich*. Damit blenden Sie am linken Bildschirmrand den Bereich *Navigation* ein, in dem Sie das aktuelle Dokument nach Überschriften, Seiten und Ergebnissen durchsuchen können.

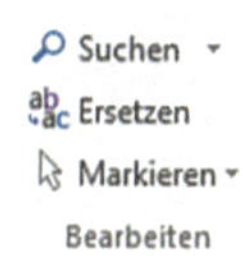

Derselbe Bereich öffnet sich auch, wenn Sie im Register *Start*, Gruppe *Bearbeiten* auf *Suchen* klicken oder die Tastenkombination Strg+F betätigen.

Nach Zeichenfolgen suchen

1 Klicken Sie auf *Ergebnisse* und geben Sie im Feld *Dokument durchsuchen* die gesuchte Zeichenfolge ein.

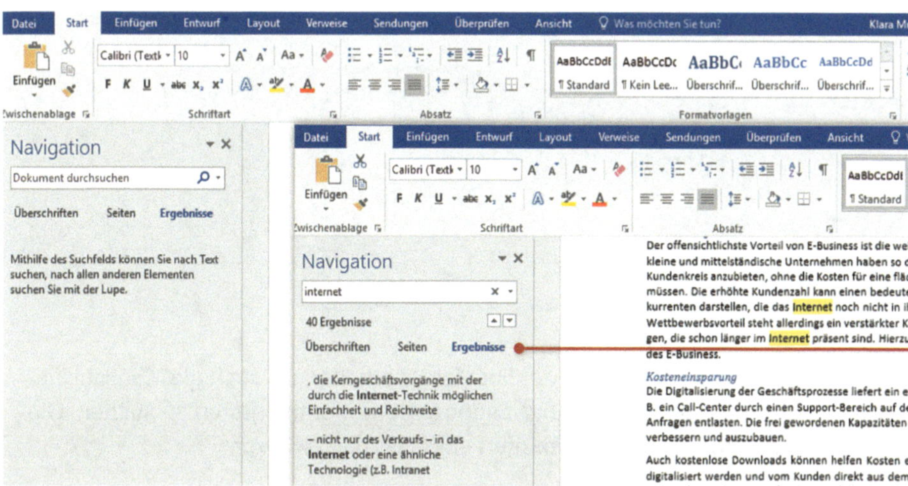

Dokument im Navigationsbereich nach einem Begriff durchsuchen

Klicken Sie auf *Ergebnisse* und geben Sie einen Suchbegriff ein.

2 Bereits während der Eingabe werden im Bereich unterhalb alle Textstellen mit der gesuchten Zeichenfolge aufgelistet. Zusätzlich werden die Treffer im Dokument farblich hervorgehoben.

3 Mit den kleinen Pfeilen unterhalb des Suchbegriffs gelangen Sie im Dokument zur jeweils nächsten bzw. vorherigen Fundstelle. Sie können aber auch im Navigationsbereich mit der Maus auf einen Treffer klicken, um im Dokument zu dieser Stelle zu gelangen.

4 Ein Klick auf das Symbol x im Suchfeld löscht den Suchbegriff und und entfernt alle Hervorhebungen aus dem Dokument.

Suchbegriff löschen

Vorherige/Nächste

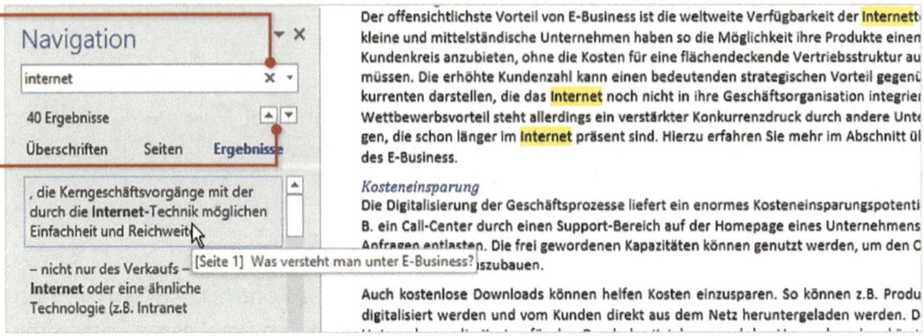

Navigation

Weitere Suchoptionen

Normalerweise unterscheidet Word bei der Suche nicht nach Groß- und Kleinschreibung und berücksichtigt auch Wörter, in denen die gesuchte Zeichenfolge enthalten ist. Um dies in den Suchoptionen auszuschließen, klicken Sie auf den Dropdown-Pfeil des Suchfeldes und hier auf *Optionen...*. Aktivieren Sie dann je nach Bedarf die Kontrollkästchen *Groß-/Kleinschreibung beachten* und/oder *Nur ganzes Wort suchen*. Klicken Sie auf *OK* und geben Sie dann Ihren Suchbegriff erneut ein.

Suchoptionen

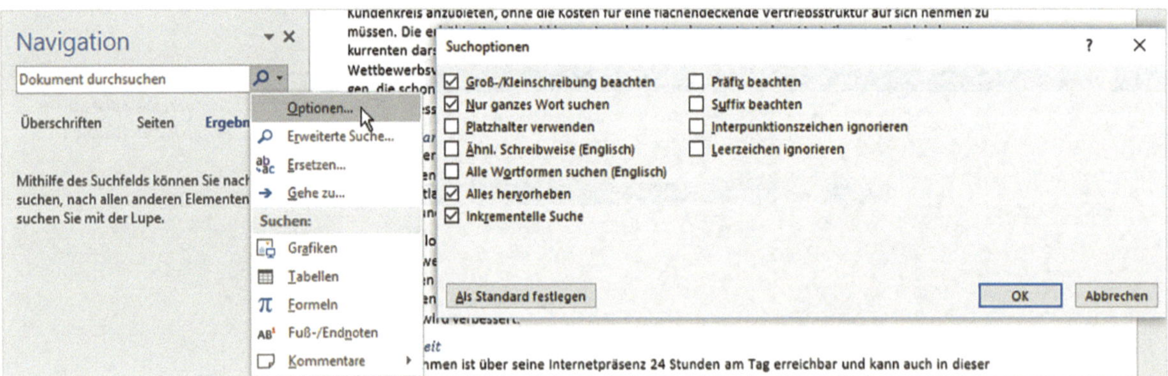

> **Tipp:** Über den Dropdown-Pfeil des Suchfeldes erhalten Sie auch die Möglichkeit, nach Grafiken, Tabellen, Fuß- und Endnoten und Kommentaren zu suchen. Die Möglichkeit *Gehe zu...* bzw. F5 existiert ebenfalls nach wie vor.

Zu Überschriften navigieren

Ein Klick auf *Überschriften* blendet im Navigationsbereich alle Überschriften des Dokuments ein und mit Klick auf eine Überschrift gelangen Sie im Dokument an diese Stelle. Voraussetzung ist, dass die Überschriften mit den integrierten Überschriften-Formatvorlagen formatiert wurden.

Nur bei Verwendung der Überschriften-Formatvorlagen!

Seiten auswählen

Mit der Auswahl *Seiten* werden im Navigationsbereich die Druckseiten als Miniaturansicht angezeigt, und Sie navigieren per Mausklick zur gewünschten Seite.

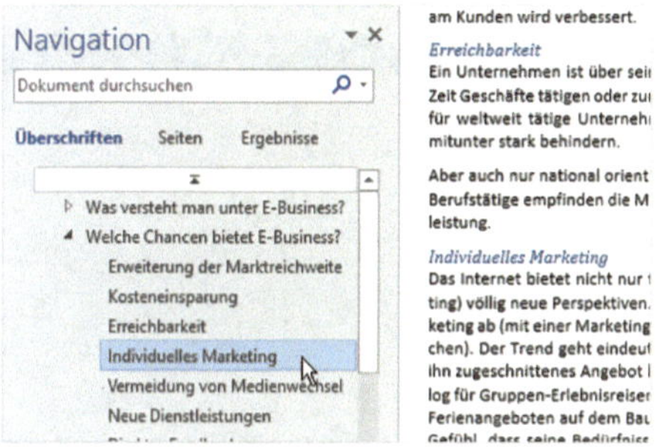

Überschriften anzeigen

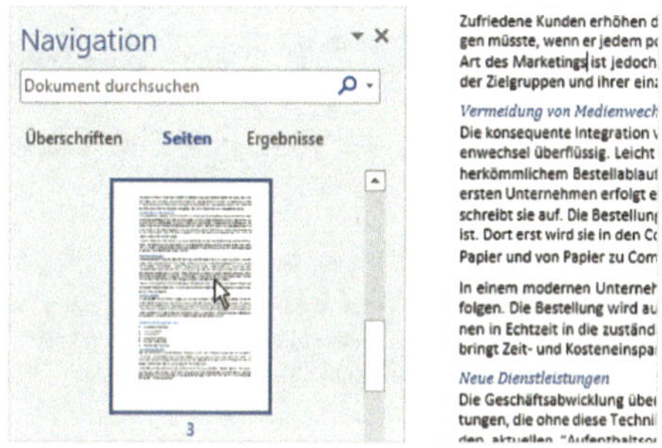

Seiten zur Navigation benutzen

1.4 Die Anzeige der Statusleiste anpassen

Standardmäßig zeigt Word 2016 in der Statusleiste am unteren Fensterrand die aktuelle Seitenzahl und die Anzahl aller Seiten, die Anzahl der Wörter und den Status der Rechtschreibprüfung an. Falls Sie weitere Informationen benötigen, z. B. die Nummer des aktuellen Abschnitts oder die vertikale Seitenposition (in cm vom oberen Seitenrand), dann klicken Sie mit der rechten Maustaste an eine freie Stelle der Statusleiste. Per Mausklick können Sie nun die benötigten Informationen dauerhaft hier anheften.

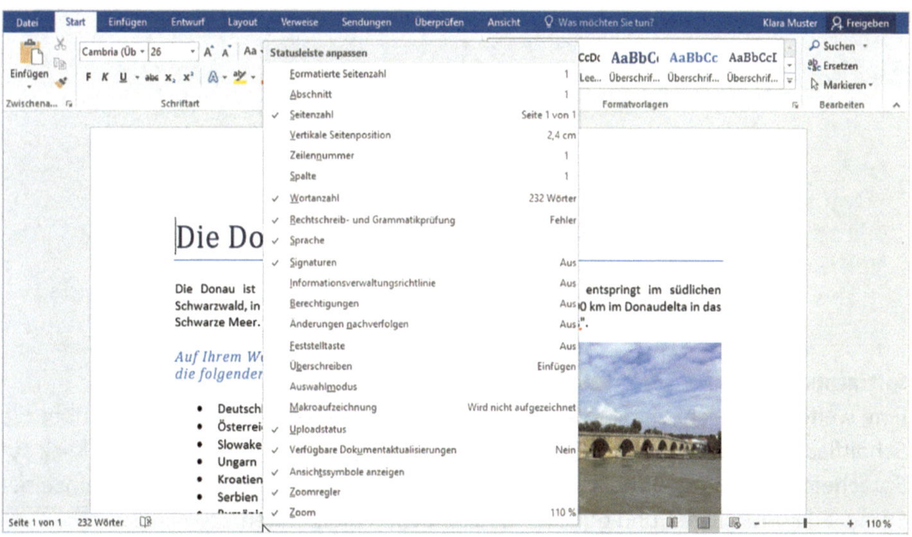

Statusleiste anpassen

1.5 Texteingabe und -korrektur

Rechtschreibung und Grammatik

Neben den gewohnten Methoden zur Rechtschreibkontrolle, z. B. rechte Maustaste, finden Sie die Befehle zur Textkorrektur und -überprüfung Sie im Register *Überprüfen*. Die Schaltfläche *Rechtschreibung und Grammatik* öffnet am rechten Bildschirmrand den Aufgabenbereich *Rechtschreibung, bzw. Grammatik* mit Korrekturvorschlägen. Im unteren Bereich des jeweiligen Aufgabenbereichs ändern Sie auch die Sprache, auf der die Rechtschreibprüfung basiert. Auch ein Mausklick auf das Symbol zur Rechtschreib- und Grammatikprüfung in der Statusleiste öffnet diesen Aufgabenbereich.

Der Aufgabenbereich Rechtschreibung

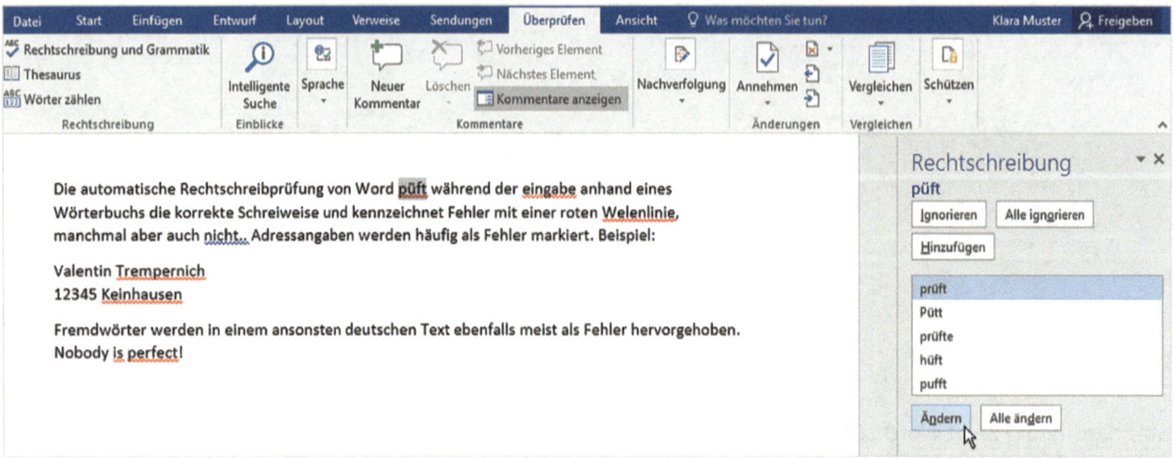

Die Optionen zur Rechtschreibprüfung und Grammatik öffnen Sie im Register *Datei* über die Schaltfläche *Optionen*, klicken Sie links auf *Dokumentprüfung*.

Register Datei - Optionen

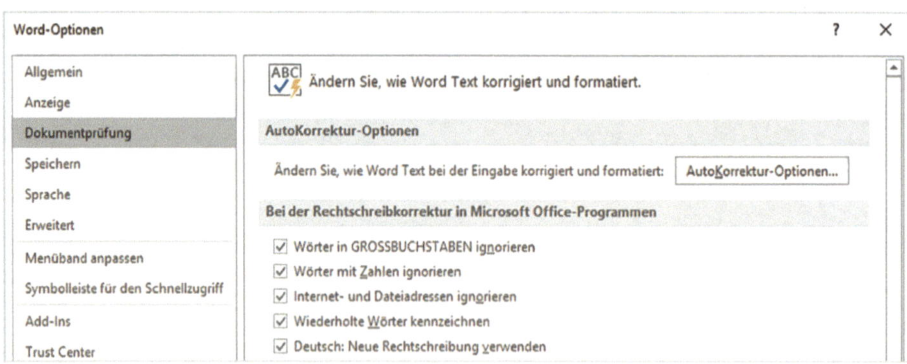

Sprachoptionen

Eine weitere Möglichkeit der Sprachauswahl für Korrekturhilfen erhalten Sie über die Schaltfläche *Sprache* in den gleichnamigen Gruppe (Register *Überprüfen*). Ein Klick auf Spracheinstellungen... öffnet die *Word-Optionen*, hier können Sie den Status einzelner Sprachen kontrollieren und ggfs. weitere Sprachen hinzufügen.

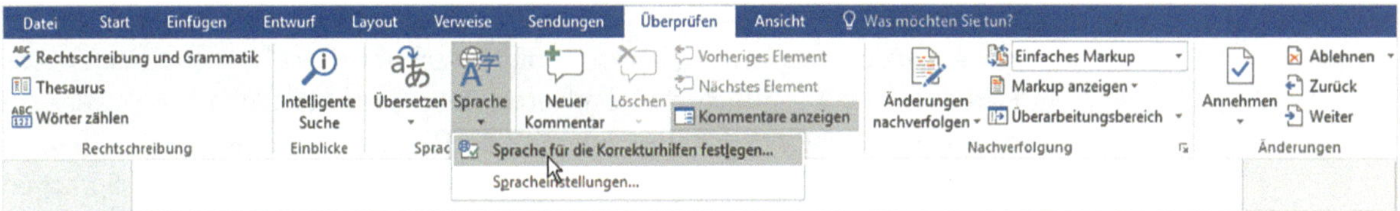

Sprache festlegen

Übersetzungshilfen nutzen

Seit der Version 2010 sind in Word verschiedene Übersetzungshilfen integriert, diese erscheinen mit Klick auf die Schaltfläche *Übersetzen*, Gruppe *Sprache*. Sie finden hier die Möglichkeiten *Dokument übersetzen*, *Ausgewählten Text übersetzen* und *Übersetzungshilfe*. Letztere verwenden Sie, um einzelne Wörter zu übersetzen.

Übersetzen

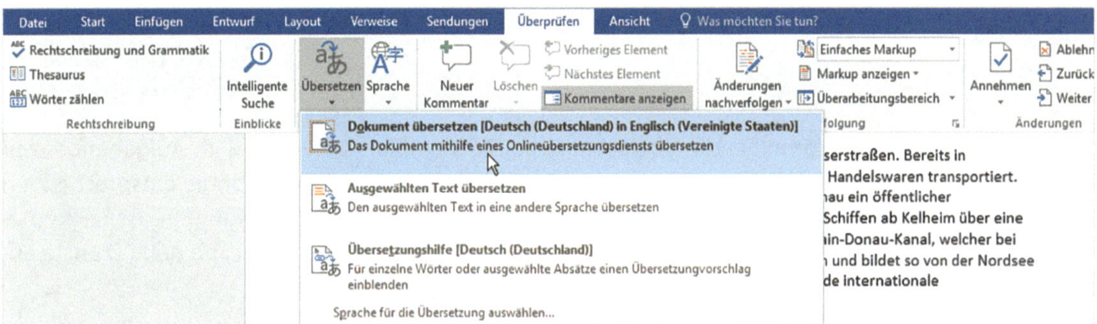

Hinweis: Die Befehle *Dokument übersetzen* und *Übersetzungshilfe* zeigen auch die aktuell gewählte Sprache an. Um diese zu ändern klicken Sie zuvor auf *Sprache für die Übersetzung auswählen...*.

- Wenn Sie das gesamte Dokument übersetzen möchten, dann klicken Sie auf *Dokument übersetzen*. Da die Übersetzung über einen Onlinedienst erfolgt, müssen Sie anschließend zustimmen, dass Sie mit der Übermittlung des Textes einverstanden sind. Anschließend wird Ihr Standardbrowser, z. B. Microsoft Edge, mit dem übersetzten Text geöffnet, bis zur Anzeige des Textes können allerdings, je nach Umfang einige Sekunden vergehen.
- Möchten Sie dagegen nur einzelne Wörter übersetzen, dann klicken Sie auf *Übersetzen* und aktivieren per Mausklick die *Übersetzungshilfe*. Auch für diese muss eine Sprache ausgewählt sein (siehe oben). Bei aktivierter Übersetzungshilfe zeigen Sie einfach auf ein Wort oder markieren das Wort. Sie erhalten dann an dieser Stelle ein oder mehrere Vorschläge.

Auf demselben Weg deaktivieren Sie auch die Übersetzungshilfe wieder.

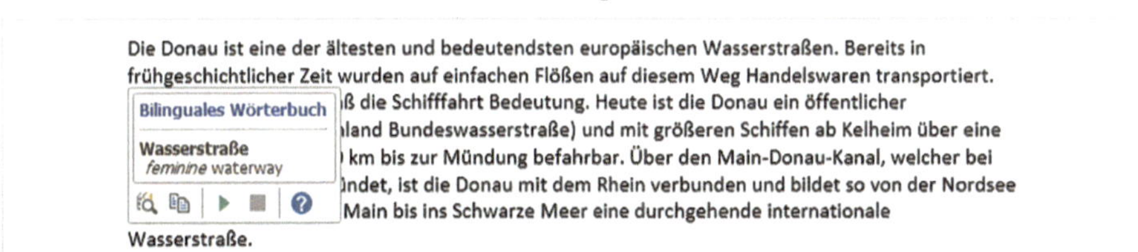

Übersetzungshilfe für einzelne Wörter

- Für die dritte Möglichkeit, *Ausgewählten Text übersetzen* muss zuvor eine Textstelle markiert werden und es erscheint der Aufgabenbereich *Recherchieren*. Das Feld *Suchen nach* enthält den markierten Text, darunter sehen Sie als verwendeten Dienst *Übersetzung* und unter *Microsoft Translator* finden Sie die Übersetzung. Falls nötig, können Sie über die beiden Felder *Von* und *Nach* die Sprachen auswählen.

Im Aufgabenbereich Rechercieren übersetzen

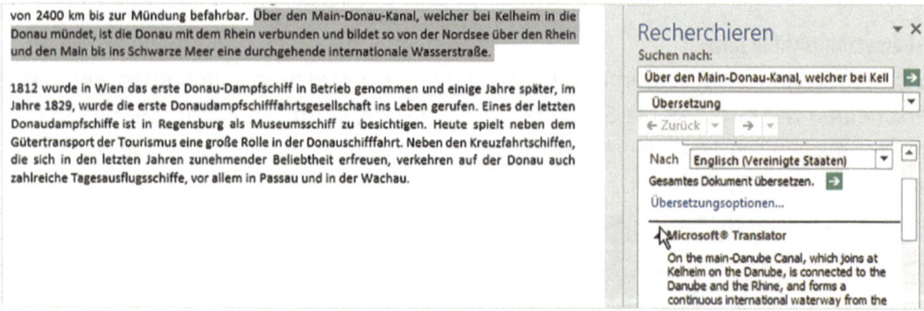

Hinweis: Wenn Sie die Übersetzung zum ersten Mal nutzen, bzw. im Aufgabenbereich *Recherchieren* keine Ergebnisse erhalten, dann müssen Sie zuvor die entsprechenden Dienste aktivieren. Klicken Sie dazu im Aufgabenbereich auf *Nach weiteren Recherchediensten suchen* und bestätigen Sie die nachfolgende Rückfrage, ob neue Dienste automatisch installiert werden dürfen, mit *Ja*.

AutoKorrektur und AutoFormat

Unmittelbar nach erfolgter AutoKorrektur oder automatischer Formatierung können Sie diese wieder rückgängig machen. Entweder indem Sie in der Symbolleiste für den Schnellzugriff auf *Rückgängig* klicken oder im Dokument die AutoKorrektur-Optionen nutzen. Dabei gehen Sie so vor:

1 Zeigen Sie mit der Maus auf das automatisch korrigierte Wort. Unterhalb des Wortes wird eine blaue Markierung sichtbar und beim Zeigen auf diese Markierung erscheint die Schaltfläche *AutoKorrektur-Optionen*.

2 Mit Klick auf diede Schaltfläche können Sie nun wählen, ob Sie nur die Änderung zurücknehmen oder die automatische Korrektur dieser Zeichenfolge ab sofort deaktivieren möchten.

AutoKorrektur-Optionen im Dokument

Weitere Optionen, Autokorrektur-Einträge verwalten

Der Befehl *Autokorrektur-Optionen steuern...* öffnet ein Fenster mit weiteren Optionen und Sie können benutzerdefinierte AutoKorrektur-Einträge hinzufügen oder Einträge löschen. Im Register *AutoFormat während der Eingabe* steuern Sie bei Bedarf noch weitere automatische Änderungen, bzw. Ersetzungen während der Eingabe. Dazu gehören beispielsweise das automatische Ersetzen von geraden durch typografische Anführungszeichen („Beispiel").

Gerade oder typografische Anführungszeichen?

Hinweis: Dieses Fenster öffnen Sie auch, wenn Sie im Register *Datei* auf *Optionen* klicken, links *Dokumentprüfung* auswählen und auf die Schaltfläche *AutoKorrektur-Optionen* klicken.

1.6 Optionen zur Texteingabe und -bearbeitung

Sollte sich Word bei der Texteingabe und -bearbeitung nicht wie gewohnt verhalten, dann finden Sie die entsprechenden Einstellungen in den Word-Optionen. Klicken Sie dazu auf das Register *Datei* und hier auf *Optionen*. Die Einstellungen zur Rechtschreib- und Grammatikprüfung wurden bereits auf Seite 166 beschrieben. Für weitere Optionen klicken Sie links auf *Erweitert*.

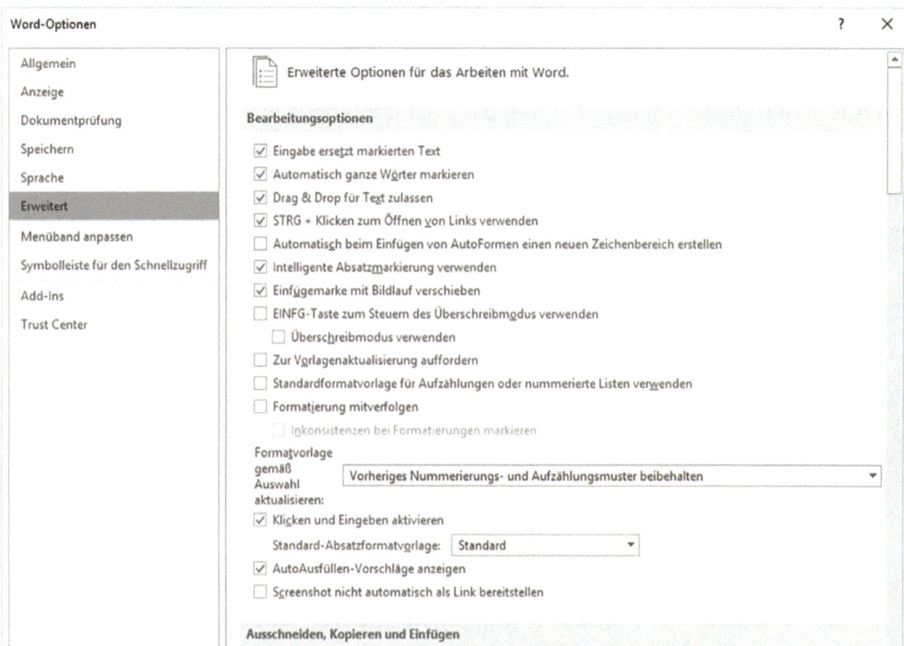

Klicken Sie in den Word-Optionen auf Erweitert.

Hier finden Sie unter anderen folgende Kontrollkästchen:

- Die Einstellung *Automatisch ganze Wörter markieren* sorgt dafür, dass Sie beim Markieren die Maus nicht exakt an den Wortanfang oder das Wortende bewegen müssen, um das Wort zu markieren.
- Das Kontrollkästchen *Drap & Drop für Text zulassen* muss aktiviert sein, damit Sie markierten Text mit der Maus verschieben können.
- *Klicken und Eingeben aktivieren* erlaubt unterhalb des Textendes das Einfügen von Leerzeilen per Doppelklick und setzt den Cursor an diese Stelle.

- Damit der Überschiebmodus nicht durch versehentliches Betätigen der Einfügen-Taste aktiviert wird, ist *EINFG-Taste zum Steuern des Überschreibmodus verwenden* ausgeschaltet, kann aber bei Bedarf aktiviert werden.

1.7 Dokumente gemeinsam bearbeiten

Änderungen nachverfolgen

Auch mit der Tastenkombination Strg+Umschalt+E aktivieren und deaktivieren Sie das Nachverfolgen von Änderungen.

Ebenfalls im Register *Überprüfen* finden Sie die Schaltflächen und Befehle zum Korrigieren und Überarbeiten von Dokumenten. *Änderungen nachverfolgen* aktiviert und deaktiviert den Überarbeitungsmodus, zu erkennen an der hervorgehobenen Schaltfläche.

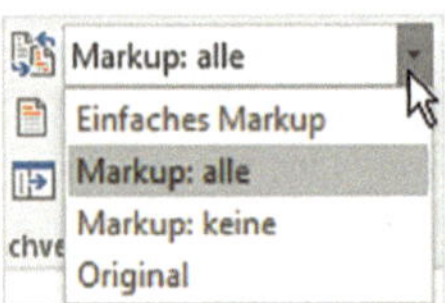

Ist das Nachverfolgen von Änderungen aktiv, so werden alle Änderungen im Dokument rot hervorgehoben und geänderte Absätze am linken Seitenrand mit einer senkrechten Linie versehen. Sollten die Details zu den Überarbeitungen ausgeblendet sein, so klicken Sie auf eine der Linien oder wählen im Register *Überprüfen*, Gruppe *Nachverfolgung* im Feld *Markup: alle* aus. Damit erscheinen am rechten Rand des Dokuments in einer gesonderten Spalte alle geänderten Formatierungen. Inhaltliche Änderungen dagegen sind direkt im Dokument sichtbar. Ein weiterer Mausklick auf eine Linie oder die Auswahl *Einfaches Markup* blendet die Details wieder aus.

Zum Annehmen oder Ablehnen der Änderungen verwenden Sie die Schaltflächen der Gruppe *Änderungen*.

- Als Alternative blenden Sie mit der Schaltfläche *Überarbeitungsbereich* eine Zusammenfassung aller Überarbeitungen in einem gesonderten Bereich ein.

- Die Schaltfläche *Vergleichen* erlaubt das Vergleichen von zwei Versionen eines Dokuments. Dabei werden Änderungen markiert und Sie können entscheiden, welche Sie beibehalten oder ablehnen möchten.

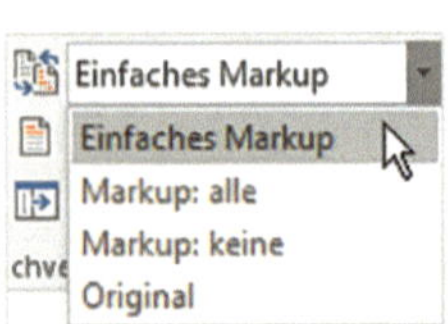

Kommentare

Zum Einfügen, Löschen und Auswählen von Kommentaren verwenden Sie im Register *Überprüfen* die Schaltflächen der Gruppe *Kommentare*. Die Anzeige von Kommentaren ist abhängig von der Auswahl im Feld *Für Überarbeitungen anzeigen*, Gruppe *Nachverfolgung*.

- *Markup: alle* zeigt alle Kommentare in einem gesonderten Bereich an (siehe Bild unten), hier können Sie auch alle Kommentare bearbeiten. Weitere Informationen erhalten Sie, wenn im Dokument auf einen Kommentar zeigen.
- *Einfaches Markup* zeigt vorhandene Kommentare nur als Sprechblasen an, Details werden sichtbar, wenn Sie auf eine Sprechblase klicken. Mit dieser Einstellung können Sie auch über die Schaltfläche *Kommentare anzeigen* schnell den Kommentarbereich ein- und ausblenden.
- *Markup: keine* blendet alle Kommentare aus.
- Für weitere Anzeigeoptionen klicken Sie in der Gruppe *Nachverfolgung* auf *Markup anzeigen*.

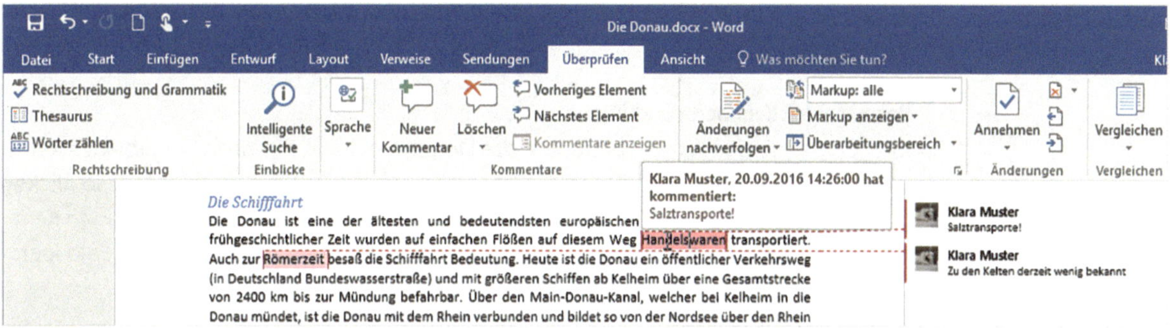

Dokument mit Zugriffsbeschränkungen schützen

Wenn Sie für ein freigegebenes Dokument oder ein Dokument an einem freigegebenen Laufwerk im lokalen Netzwerk die Bearbeitungsmöglichkeiten einschränken möchten, dann klicken Sie im Register *Datei*, *Informationen* auf die Schaltfläche *Dokument schützen*. Hier finden Sie mehrere Optionen, wobei in erster Linie die ersten drei benötigt werden.

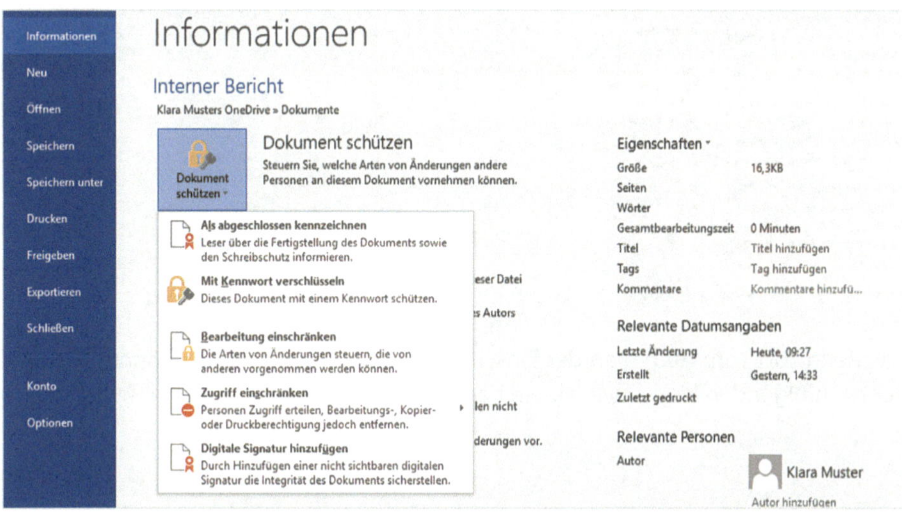

Dokument schützen

Als abgeschlossen kennzeichnen

Damit wird das Dokument schreibgeschützt und weitere Bearbeitungen verhindert. Beim Öffnen des Dokuments erscheint ein entsprechender Hinweis in der Infoleiste. Falls Sie das Dokument trotzdem nochmals bearbeiten möchten, müssen Sie hier zuerst auf die Schaltfläche *Trotzdem bearbeiten* klicken, um den Schreibschutz aufzuheben. Alle Personen, denen Sie eine Freigabe erteilt bzw. einen Bearbeitungslink gesendet haben, können das Dokument nur noch in der Leseansicht öffnen.

Das abgeschlossene Dokument

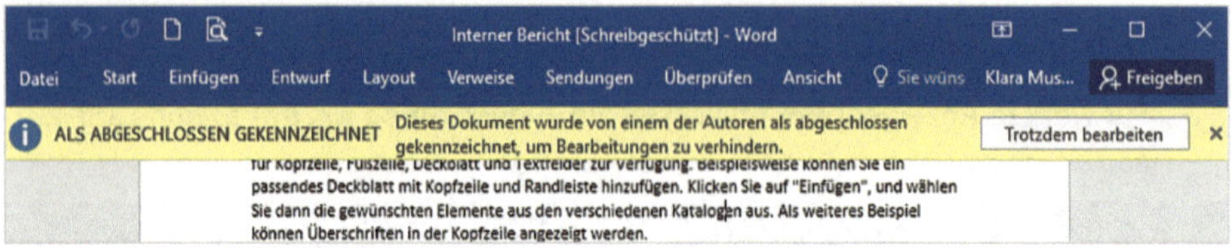

Dokument mit Kennwort verschlüsseln

Achten Sie sowohl beim Festlegen des Kennworts, als auch bei der späteren Eingabe auf Groß- und Kleinschreibung!

Mit Kennwort verschlüsseln bedeutet, das Dokument kann nur nach Eingabe des Kennworts geöffnet werden. Falls Sie das Kennwort wieder entfernen möchten, so klicken Sie im Register *Datei*, *Informationen* erneut auf *Dokument schützen*, wählen *Mit Kennwort verschlüsseln* und löschen das Kennwort aus dem Feld bzw. lassen das Feld leer.

Bearbeitung einschränken

Wenn Sie nur bestimmte Änderungen am Dokument erlauben möchten, dann klicken Sie auf *Bearbeitung einschränken* (oder im Register *Überprüfen* ▸ *Schützen* auf *Bearbeitung einschränken*. Rechts öffnet sich der gleichnamige Aufgabenbereich. Hier können Sie über Kontrollkästchen Einschänkungen bei der Formatierung und/oder der inhaltlichen Bearbeitung festlegen. Klicken Sie dann auf *Ja, Schutz anwenden*, damit die Einschränkungen wirksam werden.

Bearbeitung einschränken

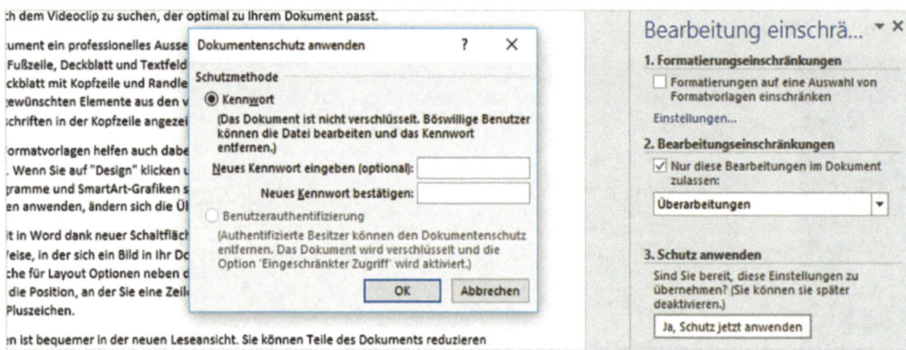

Das Kennwort zum Aufheben der Einschränkungen ist optional. Sie können also bei der nachfolgenden Frage nach einem Kennwort dieses Feld auch leer lassen!

2 Textformatierungen

Befehle zur Textformatierung finden Sie im Register *Start*, in den Gruppen *Schriftart* und *Absatz*. Eine Auswahl häufig verwendeter Formate enthält auch die Minisymbolleiste, die im Dokument erscheint, wenn Sie auf markierten Text zeigen oder mit der rechten Maustaste klicken.

Minisymbolleiste und die Gruppen Schriftart und Absatz

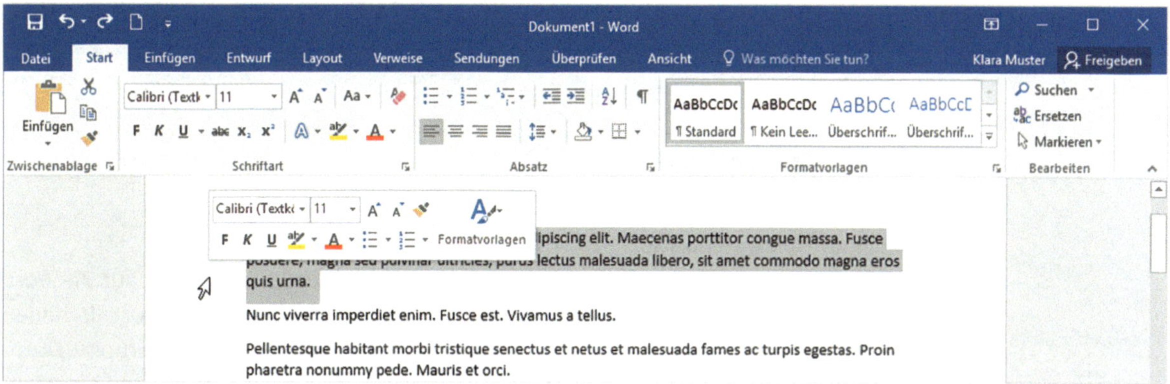

2.1 Arbeiten mit Designs und Formatvorlagen

Formatvorlagen verwenden

Insbesondere die Möglichkeiten der Dokumentgestaltung mit Hilfe von Formatvorlagen wurden in Word 2016 erheblich erweitert. Die Formatvorlagen zur Textformatierung finden Sie im Register *Start* in der Gruppe *Formatvorlagen*. Ein Mausklick auf die Schaltfläche *Weitere* öffnet den gesamten Katalog und Sie sehen am markierten Text, bzw. aktuellen Absatz eine Vorschau, sobald Sie auf eine der Vorlagen zeigen. Die meisten Vorlagen können sowohl für markierte Zeichen als auch für Absätze verwendet werden. Formatvorlagen, die sich ausschließlich auf Absätze auswirken, sind mit dem Absatzsymbol ¶ gekennzeichnet.

Formatvorlagenkatalog

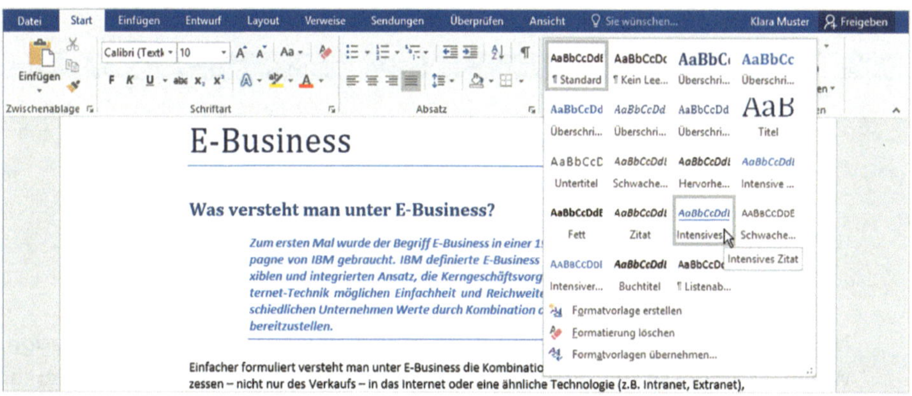

Wie Sie eigene Formatvorlagen erstellen und bestehende bearbeiten, lesen Sie in Punkt C 6.1.

Design und Formatvorlagen anpassen

Formatvorlagen und Designs im Register Entwurf anpassen

Wie bereits in den programmübergreifenden Neuerungen in Abschnitt B beschrieben, ist das Aussehen der Vorlagen abhängig vom Design. Zum Ändern des Designs oder einzelner Designkomponenten klicken Sie in Word auf das Register *Entwurf*. Hier finden Sie in der Gruppe *Dokumentformatierung* mehrere Möglichkeiten: neben den Schaltflächen *Farben*, *Schriftart* und *Effekte* stellt Word einen Katalog mit Formatvorlagensätzen, d.h. verschiedenen Varianten zur Verfügung.

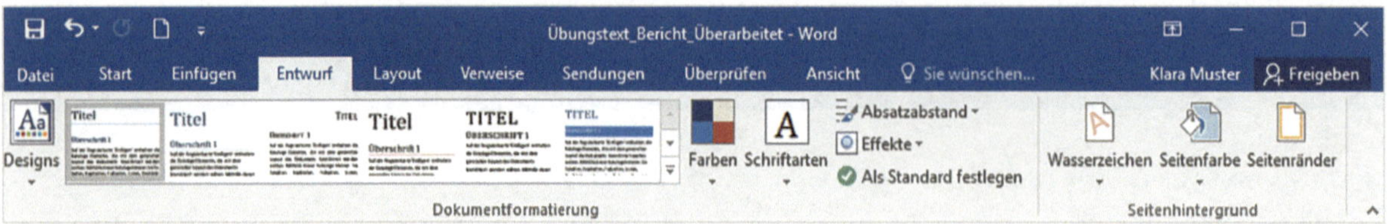

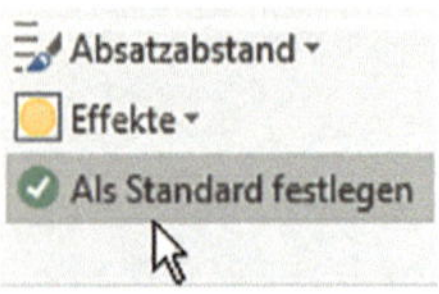

Design als Standard festlegen

Designänderungen wirken sich immer nur auf das aktuelle Dokument aus. In Word haben Sie jedoch die Möglichkeit, ein Design als Standardeinstellung für alle neuen leeren Dokumente festzulegen. Dazu klicken Sie im Register *Entwurf*, Gruppe *Dokumentformatierung* auf die Schaltfläche *Als Standard festlegen* und bestätigen die nachfolgende Meldung mit *Ja*. Bereits erstellte und gespeicherte Dokumente werden dadurch allerdings nicht geändert!

Absatzabstände

Vielleicht haben Sie bei der Texteingabe schon bemerkt, dass Word als Standardeinstellung seit der Version 2010 einen vergrößerten Zeilenabstand und zusätzlichen Abstand zum nachfolgenden Absatz verwendet. Wenn Sie stattdessen einfache Abstände benötigen, dann benutzen Sie am besten folgende Möglichkeiten:

- Eine schnelle und komfortable Möglichkeit, nicht benötigte Abstände zwischen einzelnen Absätzen eines Dokuments zu entfernen, bietet sich mit der Formatvorlage *Kein Leerraum* an (*Start* ▸ *Formatvorlagen*). Diese verwendet normalerweise dieselbe Schrift wie die Vorlage *Standard*, beinhaltet aber einen einfachen Zeilenabstand (1) und keine Abstände zwischen Absätzen.

Weisen Sie der Adresse die Formatvorlage Kein Leerraum zu.

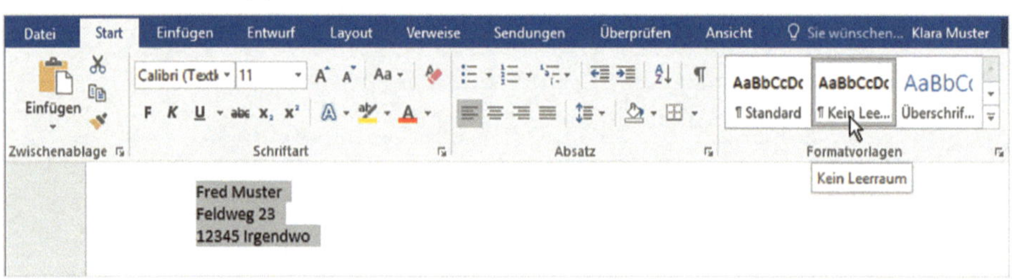

- Neben Farben und Schriftarten zählt Word auch den Absatzabstand zum Design. Wenn Sie im gesamten Dokument keine Abstände benötigen, zum Beispiel für einen Brief, dann klicken Sie im Register *Entwurf* auf die Schaltfläche *Absatzab-*

stand und wählen *Kein Absatzabstand*. Diese Einstellung bezieht sich im Gegensatz zur Formatvorlage *Kein Leerraum* immer auf das gesamte Dokument!

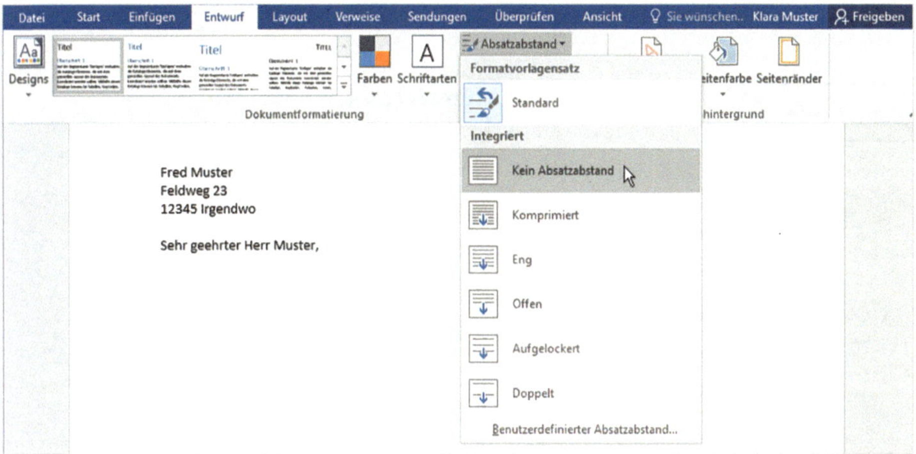

Oder ändern Sie den Absatzabstand des Designs

2.2 Neue Zeichenformate

Neue Symbole für Zeichenformate

Die Gruppe *Schriftart* (Register *Start*) enthält die wichtigsten Schaltflächen zur Schriftformatierung. Einige der Symbole sind selbsterklärend, hier eine Zusammenstellung:

Symbol	Bedeutung
~~abc~~	Markierten Text durchstreichen
x_2 x^2	Markierten Text hochstellen, bzw. tiefstellen
Aa ▾	Wählen Sie zwischen verschiedenen Formen der Groß- und Kleinschreibung, z. B. markierten Text in GROSSBUCHSTABEN oder kleinbuchstaben umwandeln
	Alle Formatierungen löschen, der markierte Text erhält wieder das Standardaussehen.

Unterstreichungsoptionen

Einfache Unterstreichung erhalten Sie, indem Sie direkt auf die Schaltfläche *Unterstreichen* klicken, ein Mausklick auf den Dropdown-Pfeil der Schaltfläche öffnet dagegen eine Auswahlliste mit verschiedenen Linienarten, hier kann auch die Unterstreichungsfarbe geändert werden.

Falls Sie noch weitere Unterstreichungsarten benötigen, z. B. nur Wörter, so klicken Sie auf den Dropdown-Pfeil der Schaltfläche und auf *Weitere Unterstreichungen....* Das aus früheren Versionen bekannte Dialogfenster *Schriftart* wird geöffnet, wählen Sie die gewünschte Variante aus.

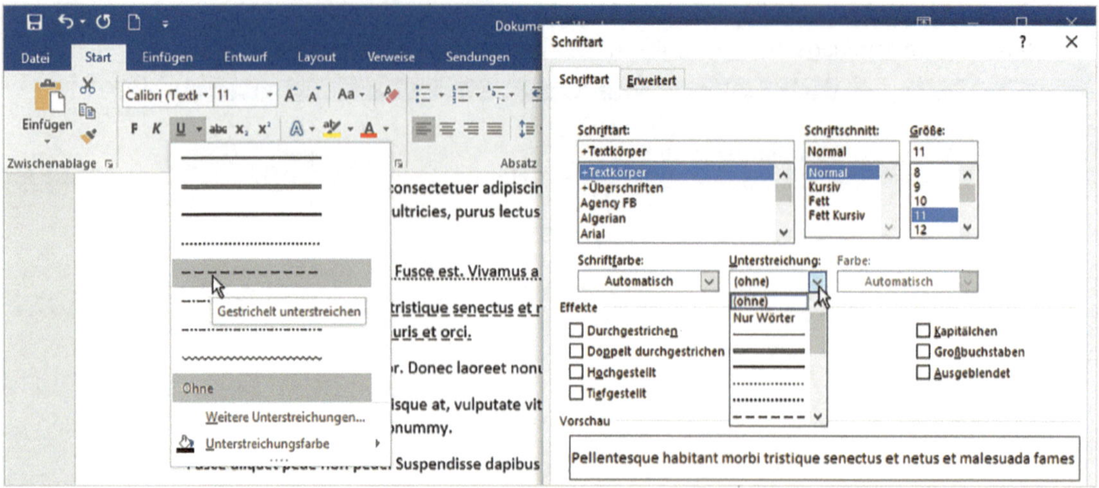

Unterstreichungen über das Symbol und im Fenster Schriftart

> **Tipp:** Das Dialogfenster *Schriftart* öffnen Sie übrigens auch, indem Sie im Register *Start* auf das Pfeilsymbol der Gruppe *Schriftart* klicken. Hier finden Sie auch Kapitälchen und erhalten im Register *Zeichenabstand*, wie gehabt die Möglichkeit, den Zeichenabstand festzulegen.

Texteffekte

Das Symbol *Texteffekte* (*Start* ▸ *Schriftart*) erlaubt das Formatieren mit WordArt-Effekten, ohne dass der Text in ein Objekt umgewandelt wird. Sie können, wie im Bild unten, aus einer Liste vorgefertigter Effekte wählen oder über die Menüpunkte *Kontur*, *Schatten*, *Spiegelung* und *Leuchten* Farben und individuelle Effekte zusammenstellen.

Texteffekte

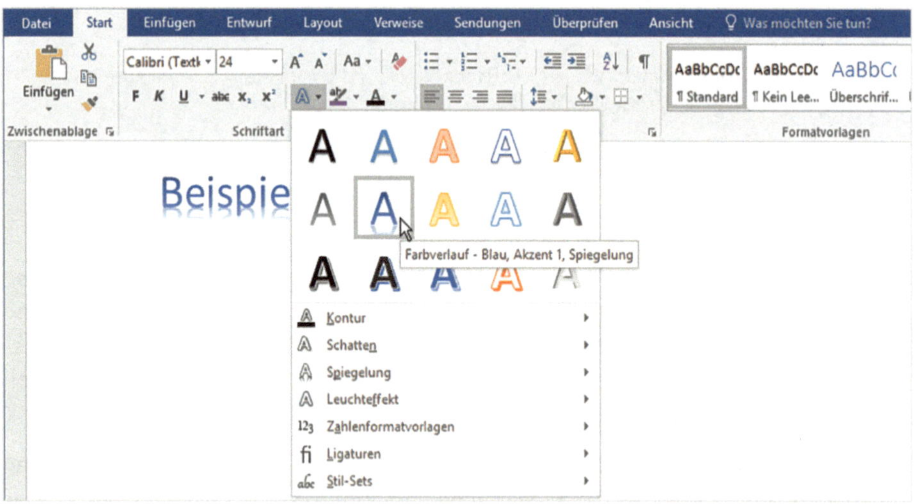

Wie bei der Schriftfarbe sind auch die Farben der Texteffekte vom Design abhängig

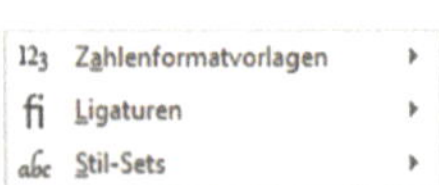

Zusätzliche Open-Type Features zum Anpassen des Schriftbildes weisen Sie ebenfalls über die Schaltfläche *Effekte* zu.

Über *Zahlenformatvorlagen* regeln Sie Größe, Position und Abstände von Zahlen im Text. Als *Ligaturen* bezeichnet man Verbindungen von mindestens zwei Buchstaben zu einer Einheit. *Stil-Sets* sind von der Schriftart vorgegebene Variationen.

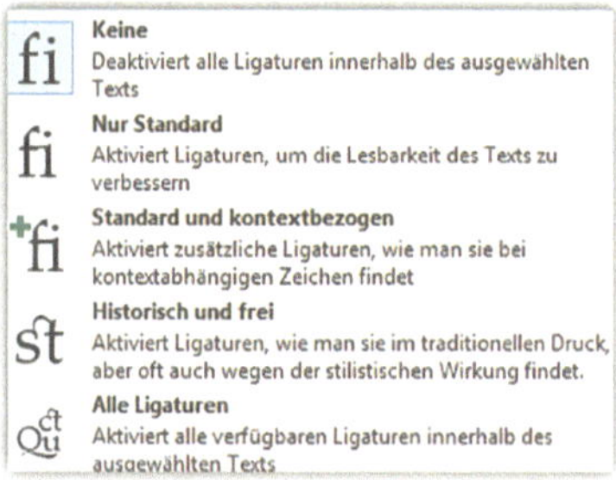

Zahlenformatvorlagen und Ligaturen

Symbolschriften

Symbole aus einer der Symbolschriftarten, z. B. Wingdings, fügen Sie über das Register *Einfügen* ein. Ein Klick auf die Schaltfläche *Symbol (*Gruppe *Symbole*) öffnet eine Auswahl zuletzt verwendeter Symbol. Weitere Symbole erhalten Sie im Dialogfenster *Symbol*, das Sie über den Befehl *Weitere Symbole…* öffnen.

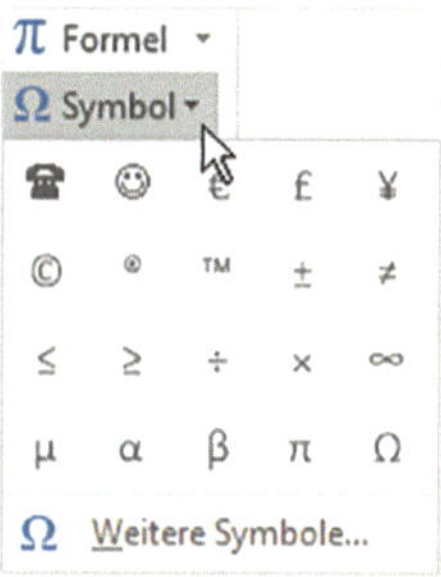

2.3 Absätze formatieren

Die wichtigsten Absatzformate finden Sie in der Gruppe *Absatz* (Register *Start*). Für weitere Formate öffnen Sie das Dialogfenster *Absatz* mit Klick auf das Pfeilsymbol dieser Gruppe.

Zeilen- und Absatzabstände

Über die Schaltfläche *Zeilen- und Absatzabstand* ändern Sie nicht nur den Zeilenabstand eines Absatzes, Sie können auch Abstände vor oder nach Absätzen hinzufügen oder entfernen. Der Befehl *Zeilenabstandsoptionen...* öffnet das Dialogfenster *Absatz* (siehe oben), hier können Sie die Abstände noch genauer definieren.

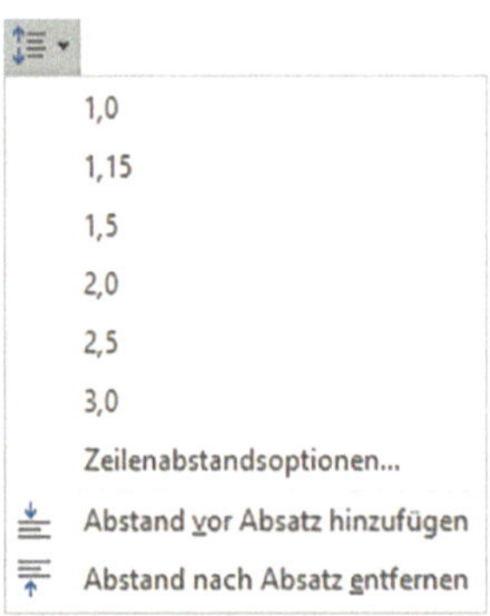

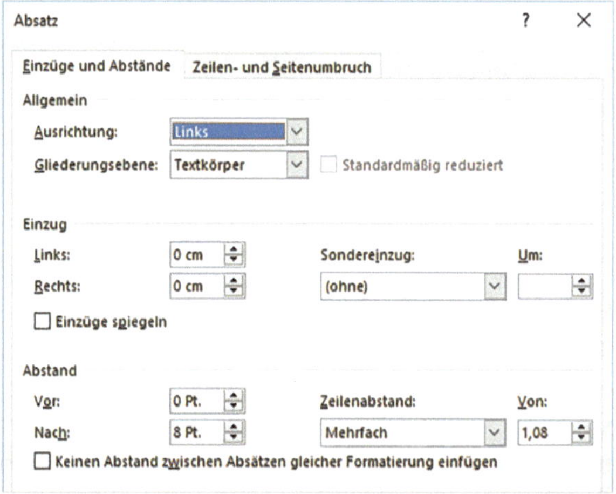

Klicken Sie auf das Symbol Zeilen- und Absatzabstand

Oder ändern Sie die Abstände im Fenster Absatz

Einzüge

Die Gruppe *Absatz* (*Start*) enthält auch zwei Schaltflächen zum Vergrößern und Verkleinern des linken Einzugs (Einrückung). Im Dialogfenster *Absatz* und über das Lineal ist dies natürlich nach wie vor ebenfalls möglich.

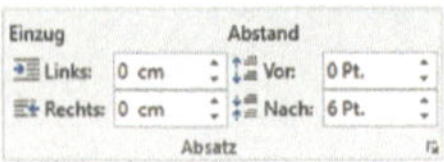

Tipp: Im Register *Layout* finden Sie in der Gruppe Absatz *Felder*, über die Sie schnell die Einzüge links und rechts, sowie den Abstand vor und nach eingeben können.

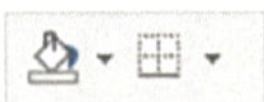

Rahmen und Schattierung

Mit der Schaltfläche *Schattierung* versehen Sie den markierten Text oder den aktuellen Absatz mit einer Hintergrundfarbe. Benötigen Sie neben den Designfarben auch andere Farben, so klicken Sie auf *Weitere Farben....*

Um markierten Text oder einen, bzw. mehrere Absätze mit Rahmenlinien zu versehen, verwenden Sie in der Gruppe *Absatz* (*Start*) die Schaltfläche *Rahmen*. Ein Mausklick auf den Dropdown-Pfeil der Schaltfläche öffnet ein Auswahlfeld mit mehreren Varianten. Mit dem Befehl Rahmen und Schattierung... öffnen Sie das bekannte Dialogfenster mit weiteren Einstellungen, wie Linienart und -farbe.

Rahmenlinien über das Symbol

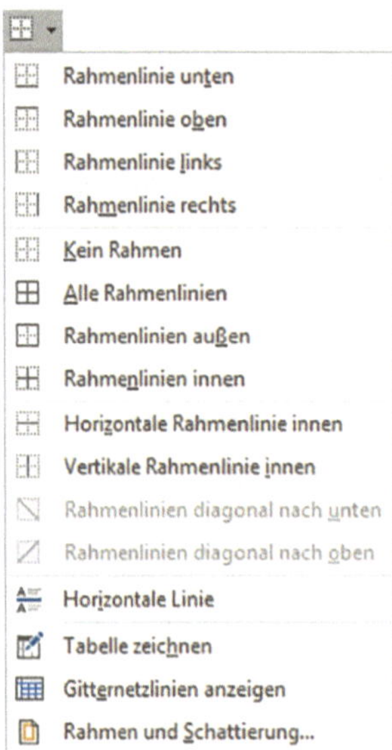

Das Fenster Rahmen und Schattierung

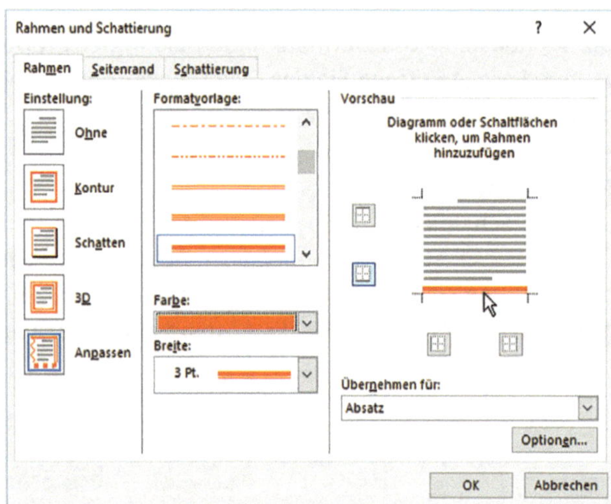

2.4 Listen

Einfache Aufzählungen und Nummerierungen

Klicken Sie auf den Dropdown-Pfeil der Schaltfläche *Aufzählungszeichen* und wählen Sie entweder ein Zeichen aus der Aufzählungszeichenbibliothek oder klicken Sie auf *Neues Aufzählungszeichen definieren...*, wenn Sie ein anderes Zeichen verwenden möchten. Gleiches gilt auch für die Nummerierung von Absätzen. Klicken Sie dazu auf den Dropdown-Pfeil der Schaltfläche *Nummerierung*.

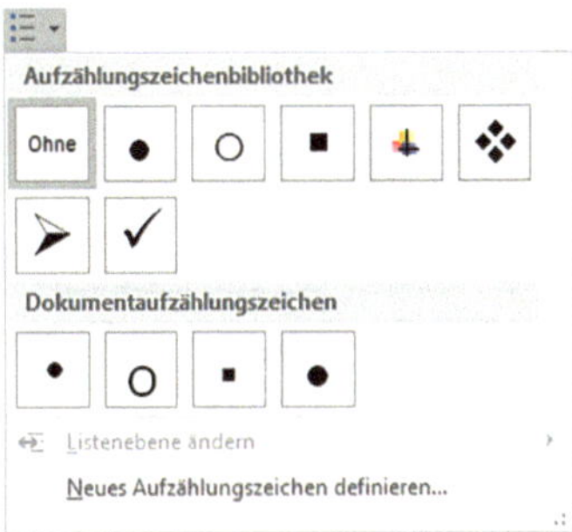

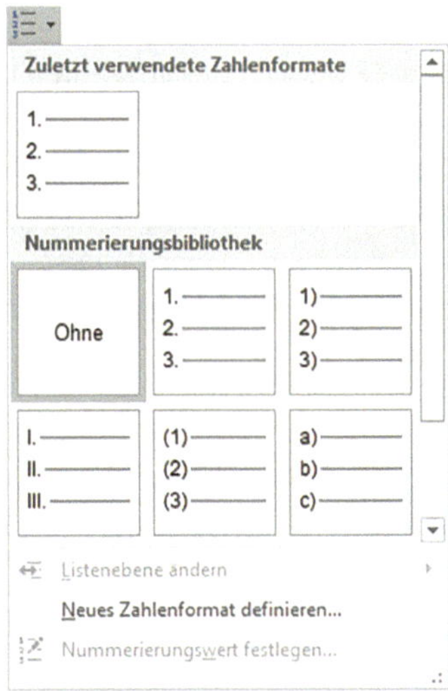

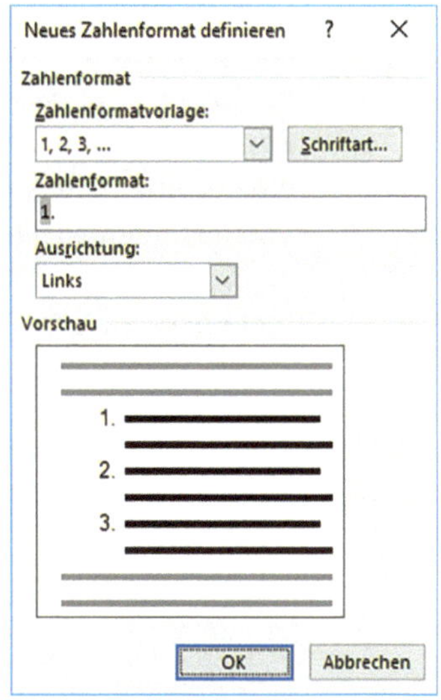

Aufzählungszeichenbibliothek

Nummerierungsbibliothek

Neues Zahlenformat definieren

Nummerierung fortsetzen oder neu beginnen?

Ob nach Unterbrechungen die Nummerierung fortgeführt oder neu begonnen werden soll, das legen Sie am einfachsten über das Kontextmenü fest. Klicken Sie mit der rechten Maustaste in den ersten Absatz, ab dem die Nummerierung geändert werden soll und wählen Sie aus dem Kontextmenü den Befehl *Neu beginnen mit 1* bzw. *Nummerierung fortsetzen*.

Eine andere Möglichkeit bietet die Schaltfläche *Autokorrektur-Optionen* im Dokument. Allerdings nur unmittelbar nach Änderung verfügbar!

Sie können hier auch festlegen, mit welcher Zahl die Liste beginnen soll. Dazu klicken Sie im Kontextmenü auf *Nummerierungswert festlegen…* und geben anschließend den gewünschten Wert ein. Im Kontextmenü finden Sie außerdem den Befehl *Listeneinzug anpassen...* um die genaue Position von Nummer und Text anzugeben.

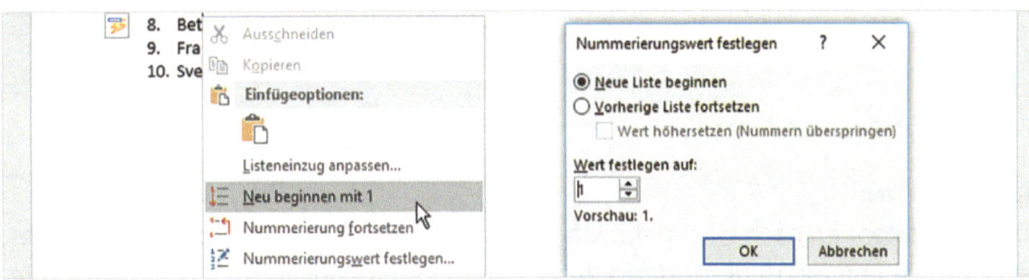

Kontextmenü: automatische Nummerierung und Nummerierungswert festlegen

Tipp: Die *AutoKorrektur-Optionen* sind außerdem nützlich, wenn Sie eine automatisch erfolgte Nummerierung während der Eingabe wieder rückgängig machen möchten.

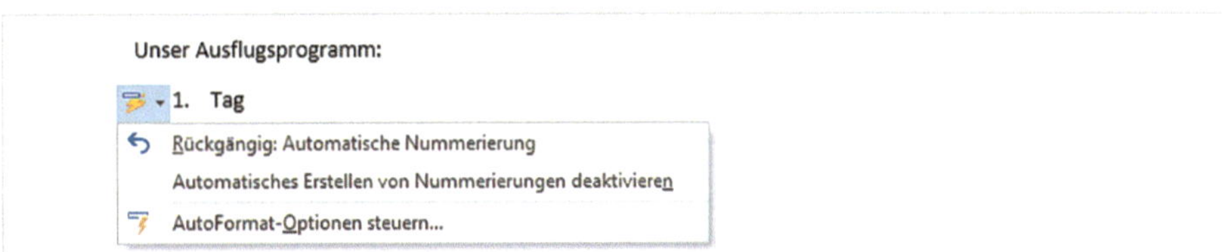

AutoKorrektur-Optionen

Listen mit mehreren Ebenen

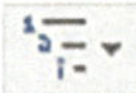

Für gegliederte Listen (Word 2003: Gliederung) verwenden Sie die Schaltfläche *Liste mit mehreren Ebenen* (*Start* ▸ *Absatz*) Sie erhalten eine vergrößerte Vorschau auf alle Ebenen, wenn Sie mit der Maus auf eine Liste der Listenbibliothek zeigen. Wenn Sie eine eigene Liste erstellen möchten, dann wählen Sie zuerst diejenige Liste, die Ihren Vorstellungen an nächsten kommt. Klicken Sie dann erneut auf *Liste mit mehreren Ebenen* und auf *Neue Liste mit mehreren Ebenen definieren...*. Im gleichnamigen Dialogfenster können Sie anschließend jede Ebene gesondert bearbeiten.

Listenbibliothek

Benutzdefinierte Liste mit mehreren Ebenen

Weitere Optionen anzeigen

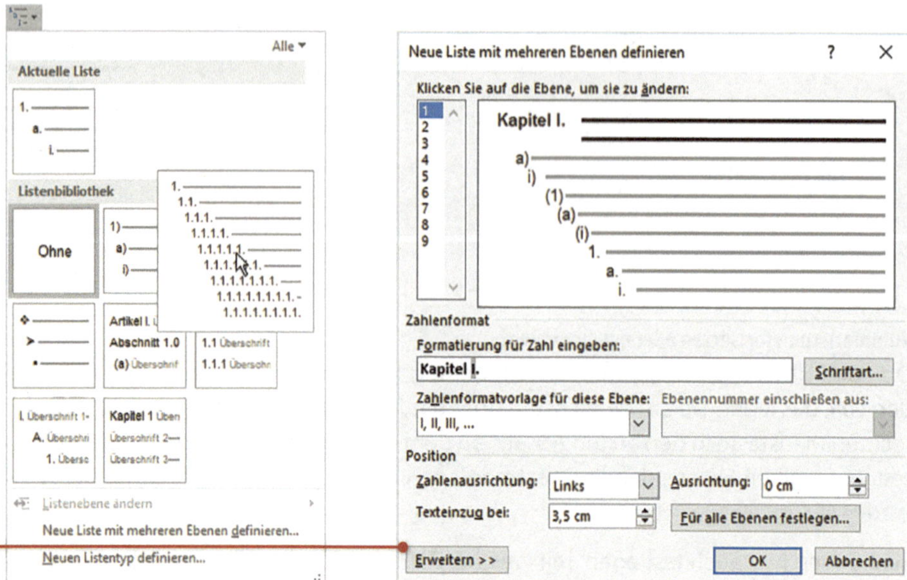

Tipp: Klicken Sie auf die Schaltfläche *Erweitern*, um weitere Optionen anzuzeigen, beispielsweise wenn Sie einen Tabstopp einfügen oder die Listenebene mit einer Formatvorlage, z. B. Überschrift verknüpfen möchten.

2.5 Tabstopps und Tabellen

Tabstopps setzen

Lineal einblenden: Register *Ansicht*

Tabstopps können nach wie vor im Lineal durch Klicken mit der Maus schnell gesetzt, verschoben und gelöscht werden. Für weitergehende Einstellungen, Füllzeichen oder Festlegen der genauen Position öffnen Sie das Dialogfenster *Tabstopps*. Dazu haben Sie folgende Möglichkeiten:

- Doppelklicken Sie im Lineal auf einen vorhandenen Tabstopp.
- Oder öffnen Sie mit Klick auf das Pfeilsymbol ↘ der Gruppe *Absatz* das Dialogfenster *Absatz* und klicken links unten auf die Schaltfläche *Tabstopps...*.

Damit öffnet sich das bekannte Fenster *Tabstopps* und Sie können wie bisher Position, Ausrichtung und Füllzeichen festlegen.

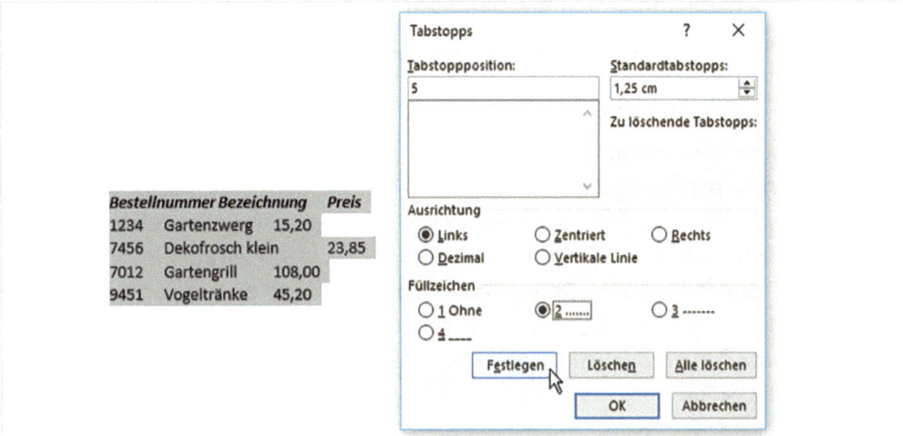

Tabstopps, Ausrichtung und Füllzeichen festlegen

Eine Tabelle einfügen

Zum Einfügen einer Tabelle klicken Sie im Register *Einfügen* auf die Schaltfläche *Tabelle* und bewegen die Maus über die gewünschte Anzahl Zeilen und Spalten. Gleichzeitig erscheint im Dokument an der Cursorposition eine Vorschau und mit einem Mausklick in die untere rechte Ecke übernehmen Sie die Tabelle an der Cursorposition in das Dokument.

Tabelle einfügen

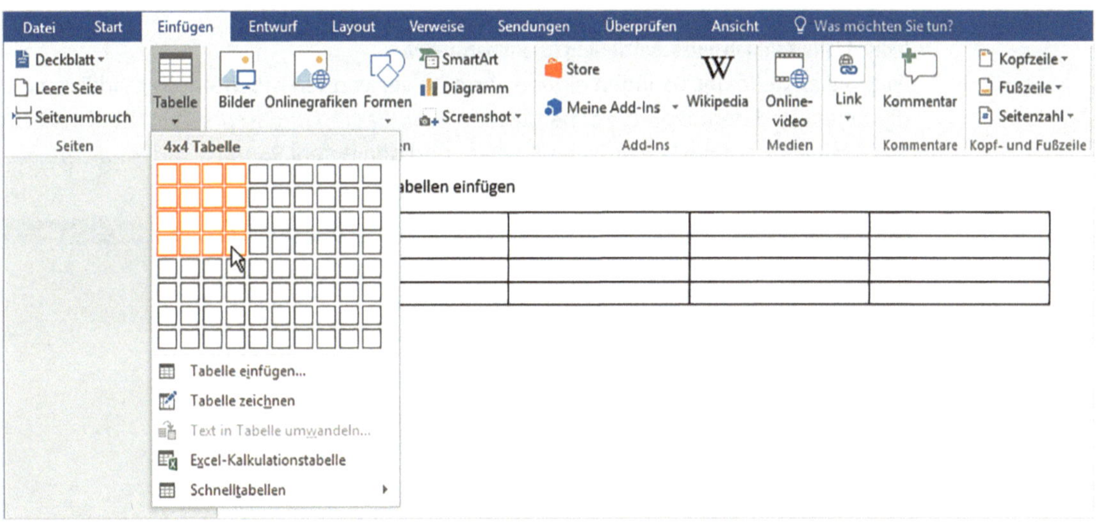

Als Alternative klicken Sie auf *Tabelle* und auf *Tabelle einfügen...*. Im Dialogfenster *Tabelle einfügen* können Sie nun die Anzahl der benötigten Zeilen und Spalten eingeben, sowie Einstellungen zur Spaltenbreite vornehmen. Die dritte Möglichkeit, eine Tabelle zeichnen finden Sie hier ebenfalls.

Tipp: Unter dem Eintrag *Schnelltabellen* der Schaltfläche *Tabelle* finden Sie auch einige fertig gestaltete Kalender, in die Sie nur noch die Datumswerte eingeben brauchen.

Für die weitere Bearbeitung von Tabellen stehen im Menüband die *Tabellentools* mit den Registern *Entwurf* und *Layout* zur Verfügung, allerdings nur, wenn sich der Cursor in einer Tabelle befindet.

Formatvorlagen zur Tabellenformatierung

Zur schnellen Formatierung finden Sie im *Tabellentools* Register *Eintwurf* die Gruppe *Tabellenformatvorlagen*, die Schaltfläche *Weitere* öffnet den gesamten Vorlagenkatalog. Sie erhalten wieder im Dokument eine Vorschau, wenn Sie auf eine Vorlage zeigen und mit einem Mausklick übernehmen Sie die Vorlage für die gesamte Tabelle, vorheriges Markieren der Tabelle ist nicht erforderlich. Mit den Kontrollkästchen der Gruppe *Tabellenformatoptionen* steuern Sie, welche Sonderformate außerdem angewendet werden sollen.

Das Tabellentools - Register Entwurf

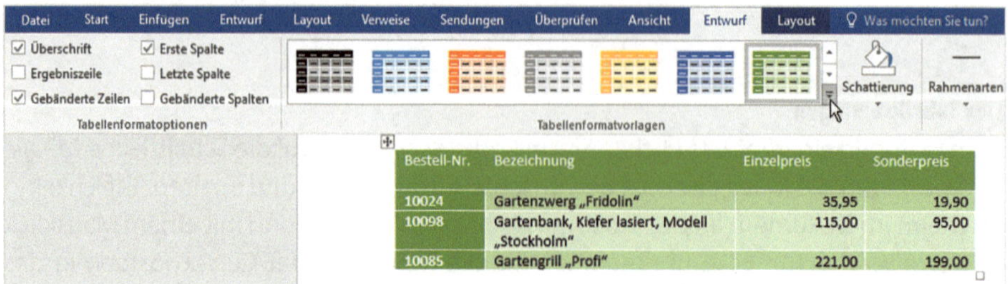

Individuelle Rahmen und Schattierung zusammenstellen

Alternativ können Sie auch die beiden Schaltflächen im Register *Start* benutzen.

Falls Sie anstelle der Vorlagen eigene Formate verwenden möchten, so markieren Sie die Zellen und benutzen die Schaltflächen *Schattierung* und *Rahmen* im Register *Entwurf*. Mit Klick auf die Schaltfläche *Rahmen* und den Befehl *Rahmen und Schattierung...* öffnen Sie das bekannte Dialogfenster *Rahmen und Schattierung*.

Die Schaltfläche Rahmen

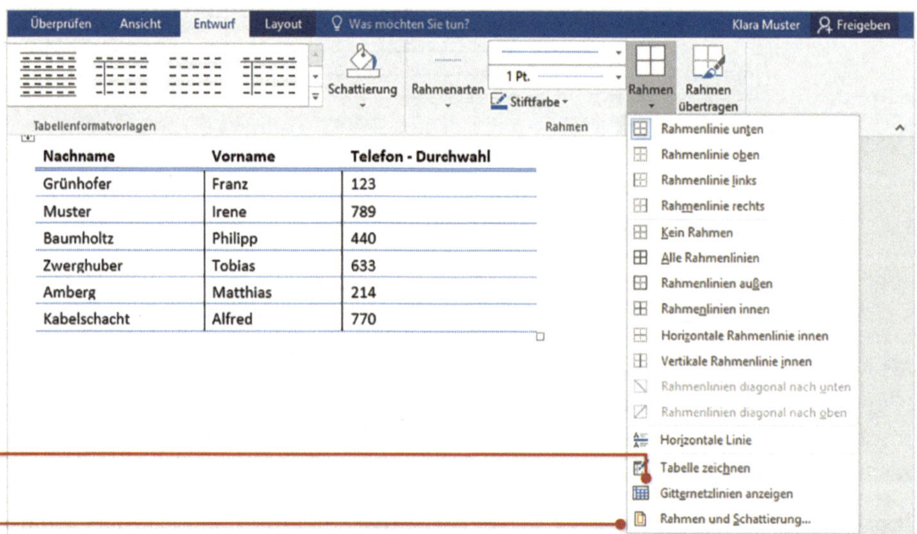

Mit der Gruppe *Rahmen* lassen sich benutzerdefinierte Rahmen zusammenstellen. Sie können entweder über die Schaltfläche *Rahmenarten* einen Designrahmen wählen oder über die Felder *Stiftart*, *Stiftstärke* und *Stiftfarbe* eigene Rahmen zusammenstellen. Anschließend verwandelt sich der Mauszeiger in einen Stift, mit dem Sie nun durch Klicken oder Ziehen die Rahmenlinien formatieren.

Zum Beenden des Zeichnen-Modus deaktivieren Sie entweder per Mausklick die Schaltfläche *Rahmen übertragen* oder drücken die Esc-Taste der Tastatur. Den Zeichnen-Modus können Sie jederzeit mit einem Klick auf *Rahmen übertragen* wieder aktivieren, Word verwendet automatisch die zuletzt gewählte Linienart.

Neu: Rahmen kopieren mit der Funktion Rahmenpipette

Mit Hilfe der Rahmenpipette lässt sich schnell ein Rahmenformat kopieren. So geht's:

1 Klicken Sie auf die Schaltfläche *Rahmenarten* und auf *Rahmenpipette*. Der Mauszeiger verwandelt sich in eine Pipette: klicken Sie nun in der Tabelle auf die Linie, die Sie kopieren möchten.

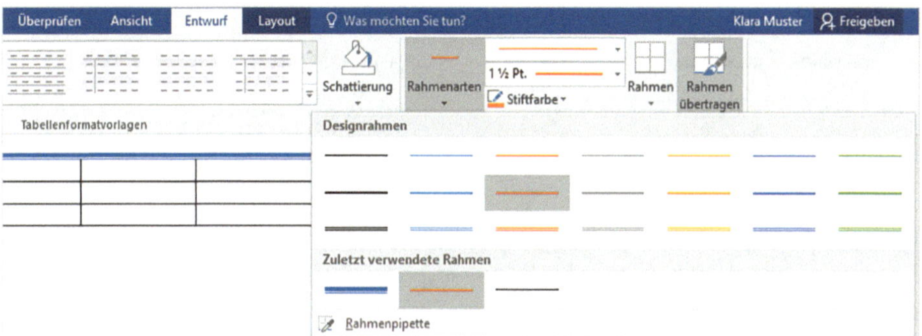

Designrahmen und Rahmenpipette

2 Nun erhalten Sie als Mauszeiger wieder einen Stift und können mit dieser Linienart weitere Linien formatieren. Mit Klick auf die Schaltfläche *Rahmen übertragen* oder mit der Esc-Taste schalten Sie die Kopierfunktion wieder aus.

Gitternetzlinien anzeigen

Word 2016 blendet die Gitternetzlinien von Tabellen standardmäßig aus, das bedeutet, es sind keinerlei Spalten- und Zeilenbegrenzungen sichtbar, wenn Sie eine Tabelle ohne Rahmenlinien formatiert haben. Um die Gitternetzlinien einzublenden, klicken Sie entweder im Register *Tabellentools - Layout* auf die Schaltfläche *Gitternetzlinien* oder klicken Sie auf die Schaltfläche *Rahmen* und benutzen hier den Befehl *Gitternetzlinien*.

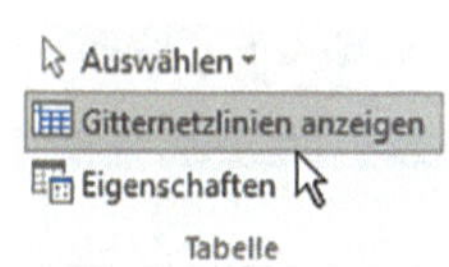

Tabelle ohne und mit sichtbaren Gitternetzlinien

Die Gitternetz werden nicht gedruckt, leisten aber gute Dienste z.B. beim Ändern der Spaltenbreite mit der Maus.

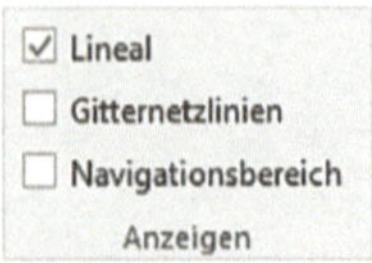

Verwechseln Sie die Gitternetzlinien von Tabellen nicht mit den *Gitternetzlinien* im Register *Ansicht*! Dieses blendet ein Gitternetz im Hintergrund des gesamten Dokuments ein.

Zeilen und/oder Spalten nachträglich einfügen

Zeilen erhalten beim nachträglichen Einfügen mit dieser Methode automatisch das Format der Zeile oberhalb, Spalten hingegen das Format der Spalte rechts.

Zum nachträglichen Einfügen von Zeilen zwischen zwei vorhandenen Zeilen verwenden Sie am einfachsten das + Symbol im Dokument. Es erscheint automatisch, sobald Sie mit der Maus am linken Rand der Tabelle auf eine Trennlinie zwischen zwei Zeilen zeigen und mit einem Klick auf das Plus-Zeichen wird an dieser Stelle eine leere Zeile eingefügt (siehe Bild unten).

Spalten fügen Sie auf dieselbe Weise ein: zeigen Sie am oberen Rand der Tabelle mit der Maus auf eine senkrechte Trennline, so erscheint ebenfalls das Pluszeichen und mit einem Klick wird die neue Spalte hier eingefügt.

Zeile einfügen

Spalte einfügen

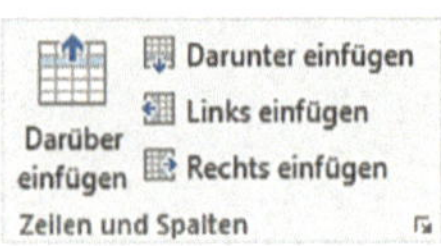

Eine zweite Möglichkeit zum Einfügen von Zeilen/Spalten finden Sie im Register *Tabellentools - Layout*. Hier benutzen Sie in der Gruppe *Zeilen und Spalten* für neue Spalten die Schaltflächen *Links einfügen* bzw. *Rechts einfügen*. Zeilen fügen Sie mit den Schaltflächen *Darüber einfügen* oder *Darunter einfügen* hinzu. Hier gilt in Bezug auf Formate: eingefügte Spalten und/oder Zeilen erhalten automatisch das Format der aktuellen Zeile bzw. Spalte, in der sich der Cursor gerade befindet.

Weitere Bearbeitungsmöglichkeiten des Tabellenlayouts

Neben den oben bereits erwähnten Schaltflächen zum Hinzufügen von Zeilen und Spalten finden Sie im Register *Tabellentools* - *Layout* alle Schaltflächen und Befehle zur Bearbeitung des Tabellenlayouts, die nachfolgende Tabelle liefert eine Übersicht:

Tabellentools - Layout

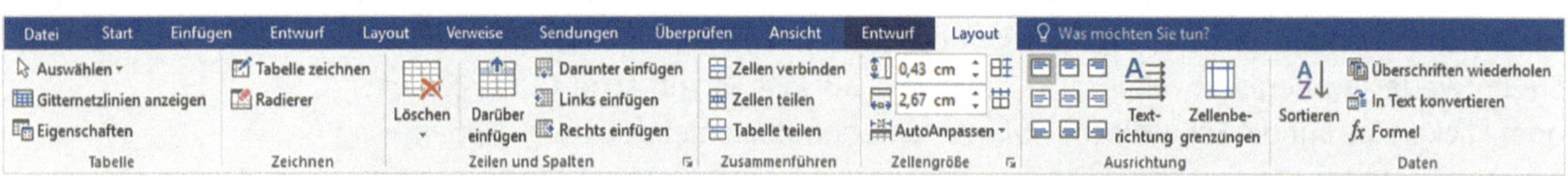

Gruppe	Aufgaben
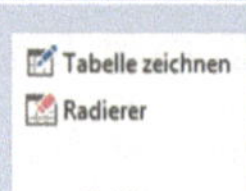	Die Schaltflächen der Gruppe *Zeichnen* aktivieren Zeichenstift und Radierer, wenn Sie eine Tabelle oder Rahmenlinien zeichnen möchten.

Gruppe	Aufgaben
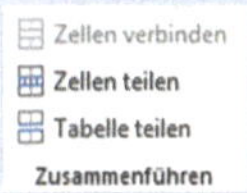	Die Schaltflächen der Gruppe *Zusammenführen* verwenden Sie zum Verbinden oder Teilen der markierten Zellen.
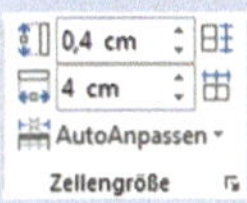	Verwenden Sie die Felder der Gruppe *Zellengröße*, wenn Sie für die Zellen die Spaltenbreite und/oder Zeilenhöhe exakt in cm angeben möchten. Hier befinden sich auch die bekannten Schaltflächen *Zeilen* bzw. *Spalten verteilen*.
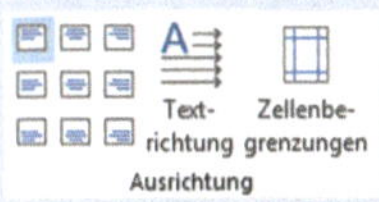	Die Schaltflächen der Gruppe *Ausrichtung* verwenden Sie, um die vertikale und horizontale Ausrichtung des Zellinhalts zu steuern. Die Schaltfläche *Textrichtung* erlaubt das Drehen des Zellinhalts. *Zellbegrenzungen* öffnet das Fenster *Tabellenoptionen*, in dem Sie die Abstände zwischen Zellbegrenzung und Text steuern.
	In der Gruppe *Daten* können Sie die Tabelle sortieren, in normalen Text konvertieren und mit *Überschriften wiederholen* in längeren Tabellen die Spaltenüberschriften auf jeder Druckseite wiederholen.

Textumbruch und Tabelle

Einstellungen zur Tabellengröße und -position nehmen Sie im Dialogfenster *Tabelleneigenschaften* vor. Dieses Fenster öffnen Sie entweder über die Schaltfläche *Eigenschaften* im Register *Layout*, Gruppe *Tabelle* oder den Pfeil ↘ der Gruppe *Zellengröße*. Klicken Sie im Fenster auf das Register *Tabelle*. Falls die Tabelle eine bestimmte Breite erhalten soll, können Sie dies hier mit dem Kontrollkästchen *Bevorzugte Breite* und Eingabe der Breite in cm oder % festlegen, 100% entspricht der gesamten Seitenbreite.

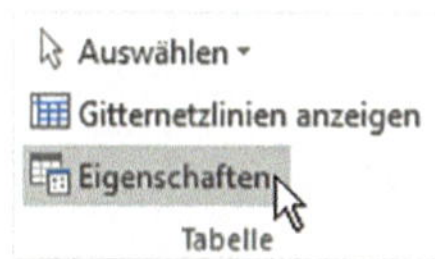

Textumbruch und Position der Tabelle festlegen

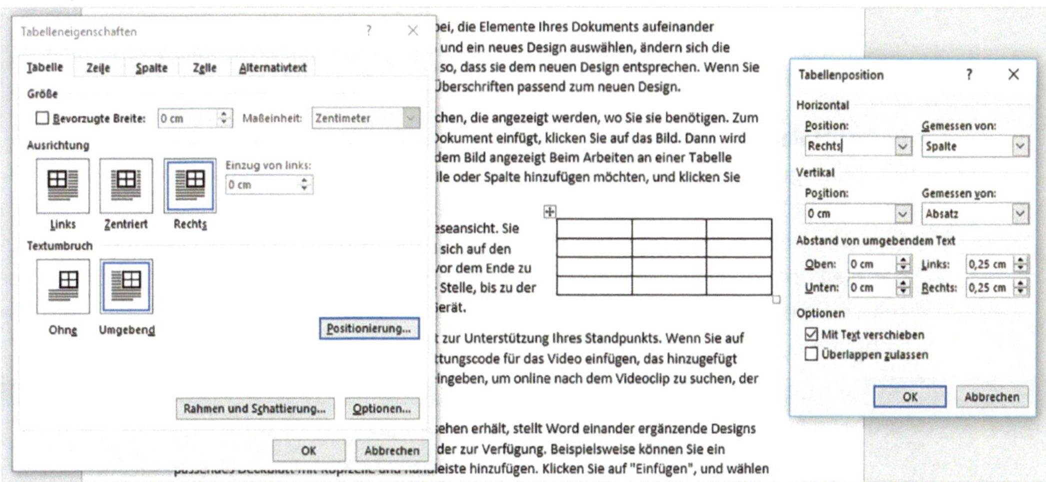

Die Ausrichtung der Tabelle am linken oder rechten Seitenrand, sowie den Textumbruch des umgebenden Textes legen Sie ebenfalls hier fest. Die Schaltfläche *Positionierung...* erlaubt es, die Position der Tabelle noch genauer anzugeben.

2.6 Text in Tabelle umwandeln

Zum Umwandeln von Text mit Trennzeichen (z. B. Tabstopps oder Semikolon) in eine Tabelle markieren Sie den umzuwandelnden Text, klicken im Register *Einfügen* auf *Tabelle* und auf *Text in Tabelle umwandeln*, anschließend geben Sie das verwendete Trennzeichen an.

Im umgekehrten Fall markieren Sie die Tabelle und klicken im Register *Tabellentools* ▸ *Daten* auf *In Text konvertieren*.

Klicken Sie auf Tabelle und auf Text in Tabelle umwandeln

Wählen Sie das Trennzeichen

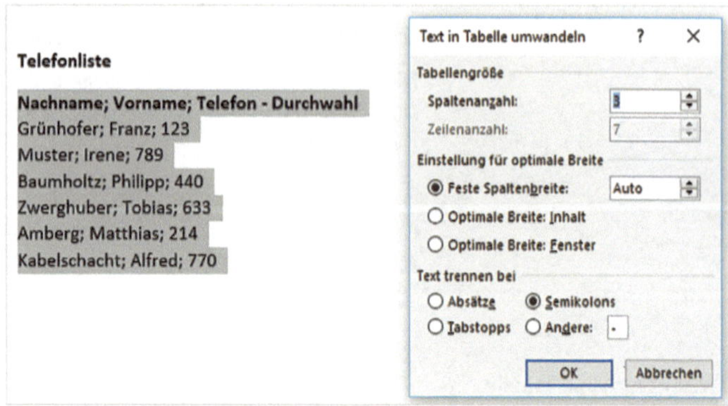

3 Seitenlayout einrichten

3.1 Textlayout

Druckseite einrichten

Einstellungen zum Seitenlayout finden Sie im Register *Layout*. Hier können Sie in der Gruppe *Seite einrichten* die Schaltflächen *Seitenränder*, *Ausrichtung* und *Format* zum Einrichten einer Druckseite benutzen. Ein Mausklick auf den Pfeil der Gruppe ⧉ öffnet das gleichnamige Dialogfenster, das aus früheren Versionen bekannt sein dürfte. Dieselben Befehle erhalten Sie auch zusammen mit dem Druckbefehl und der Seitenansicht im Register *Datei* (siehe Teil B, Kap. 2.6).

Das Register Layout

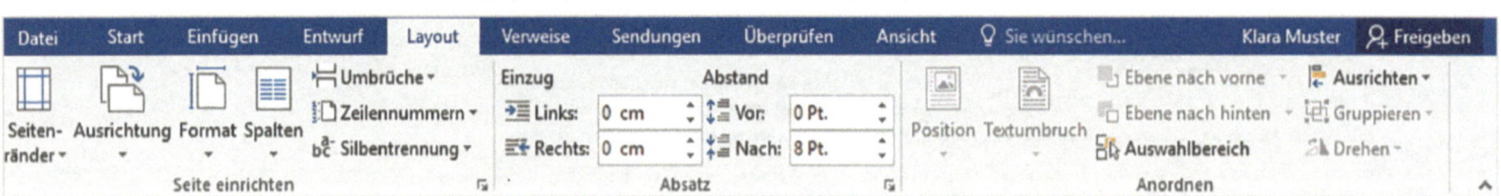

Hinweis: Die Schaltfläche *Seitenränder* öffnet eine Auswahl vordefinierter Randeinstellungen, leider fehlen hier insbesondere DIN gerechte Ränder für Briefe. Um die Seitenränder selbest festzulegen, klicken Sie hier entweder auf *Benutzerdefinierte Seitenränder* oder öffnen gleich das Fenster *Seite einrichten*.

Silbentrennung aktivieren

Die Schaltfläche *Silbentrennung* finden Sie ebenfalls im Register *Seitenlayout* in der Gruppe *Seite einrichten*. Wählen Sie zwischen automatischer und manueller Trennung. Mit *Silbentrennungsoptionen...* öffnen Sie ein Fenster in dem Sie beispielsweise die Anzahl der aufeinanderfolgenden Trennstriche festlegen.

Seiten- und Abschnittsumbrüche einfügen

Um an der Cursorposition einen Seitenumbruch einzufügen, verwenden Sie entweder die Tastenkombination Strg+Eingabe oder klicken im Register *Layout*, Gruppe *Seite einrichten* auf *Umbrüche* und wählen die gewünschte Umbruchart

Hier finden Sie auch die verschiedenen Möglichkeiten zum Einfügen eines Abschnittsumbruchs.

Deckblatt oder leere Seite einfügen

Eine zweite Möglichkeit zum Einfügen eines Seitenumbruchs finden Sie im Register *Einfügen*, Gruppe *Seiten*. Hier können Sie außerdem auch eine leere Seite einfügen. Benötigen Sie z. B. eine leere Seite am Textanfang, dann positionieren Sie hier den Cursor und klicken auf *Leere Seite*. Die Schaltfläche *Deckblatt* öffnet einen Katalog fertiger Deckblätter, in die Sie nur noch Text eingeben brauchen.

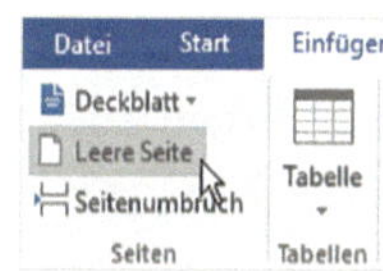

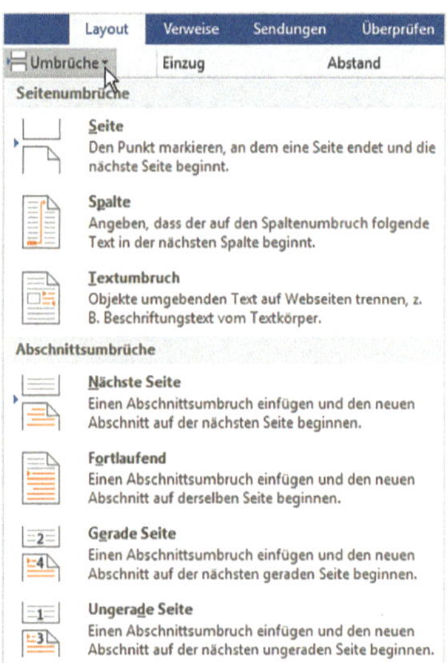

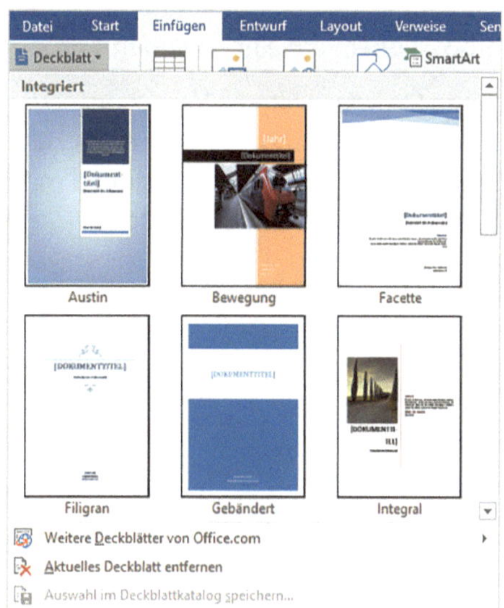

Seiten- und Abschnittsumbruch einfügen

Deckblatt einfügen

Mehrspaltiger Text

Um das gesamte Dokument oder den aktuellen Abschnitt in mehrere Spalten aufzuteilen, klicken Sie im Register *Layout*, Gruppe *Seite einrichten* auf die Schaltfläche *Spalten* und auf die gewünschte Anzahl. Wenn Sie Spaltenbreite und -abstand selbst festlegen möchten oder weitere Optionen benötigen, dann klicken Sie auf *Weitere Spalten...* um das Dialogfenster *Spalten* zu öffnen.

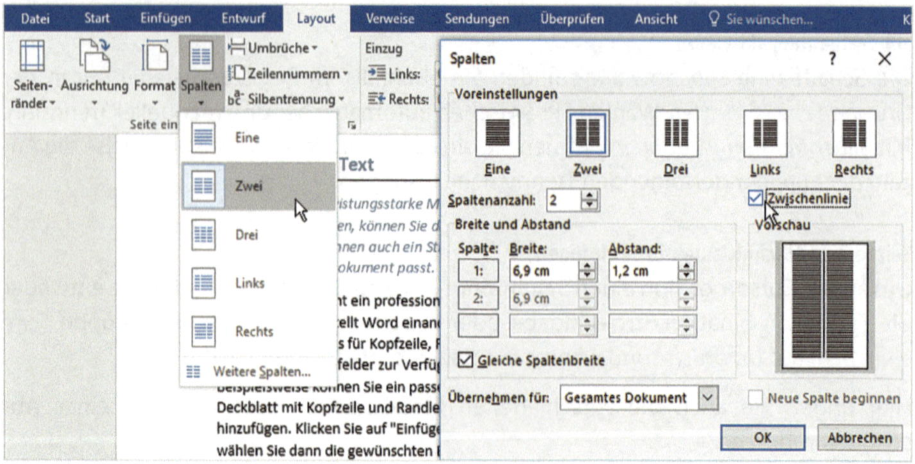

Textfeld einfügen

Auch für Textfelder enthält Word 2016 einige Vorlagen. Diese erscheinen zur Auswahl, wenn Sie im Register *Einfügen*, Gruppe *Text* auf *Textfeld* klicken. Durch Anklicken einer Vorlage wird das Textfeld an der Cursorposition eingefügt und Sie brauchen nur noch Text eingeben. Die Textfeld-Vorlagen werden standardmäßig mit dem Textumbruch *Quadrat* eingefügt und können anschließend mit der Maus beliebig verschoben, vergrößert oder verkleinert werden.

Wenn Sie, wie in älteren Versionen, einfach ein benutzerdefiniertes Textfeld beliebiger Größe einfügen möchten, dann klicken Sie auf *Textfeld* und auf *Textfeld erstellen* und zeichnen das Textfeld anschließend mit der Maus an der gewünschten Stelle des Dokuments. Den Textumbruch steuern Sie wieder mit der Schaltfläche *Layout*.

Textfeld einfügen, Textumbruch wählen

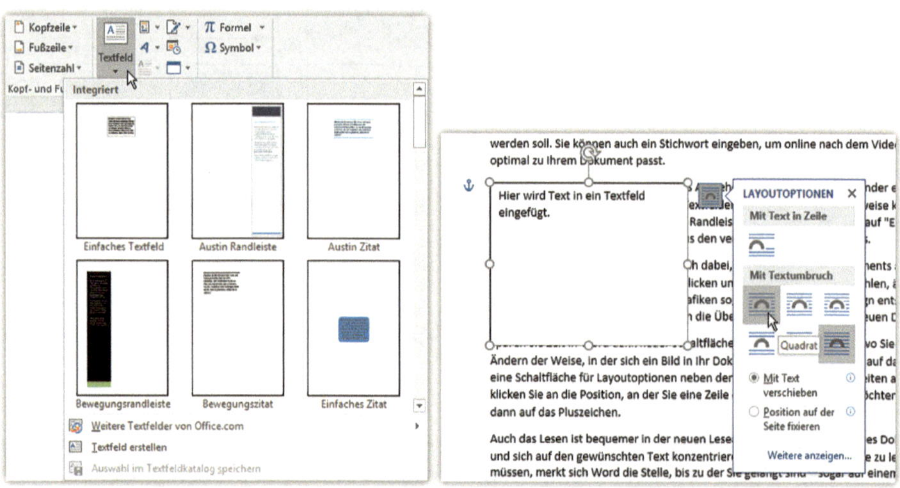

3.2 Grafische Elemente ausrichten

Layout und Textfluss

Unmittelbar nach dem Einfügen, sowie beim Markieren einer Grafik erscheint im Dokument die Schaltfläche *Layoutoptionen*, über die Sie schnell den Textfluss festlegen können. Die gleichen Optionen finden Sie auch, wenn Sie im Menüband, im Register *Bildtools-Format* auf die Schaltfläche *Textumbruch* klicken. Die Schaltfläche *Position* öffnet ein Auswahlfeld mit weiteren Positionierungsmöglichkeiten.

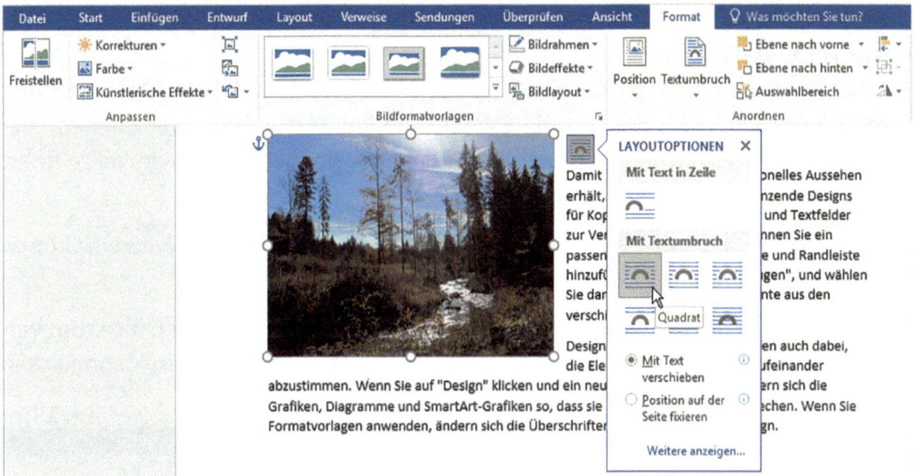

Benutzen Sie die Schaltfläche Layoutoptionen zum Steuern des Textumbruchs

Über das Kontextmenü der rechten Maustaste sind die Einstellungen zum Textumbruch nach wie vor ebenfalls verfügbar.

Grafik ausrichten

Ein nützliches Hilfsmittel zur Ausrichtung von Grafiken sind intelligente Führungslinien. Diese erscheinen auf dem Bildschirm, sobald Sie ein Element mit der Maus verschieben.

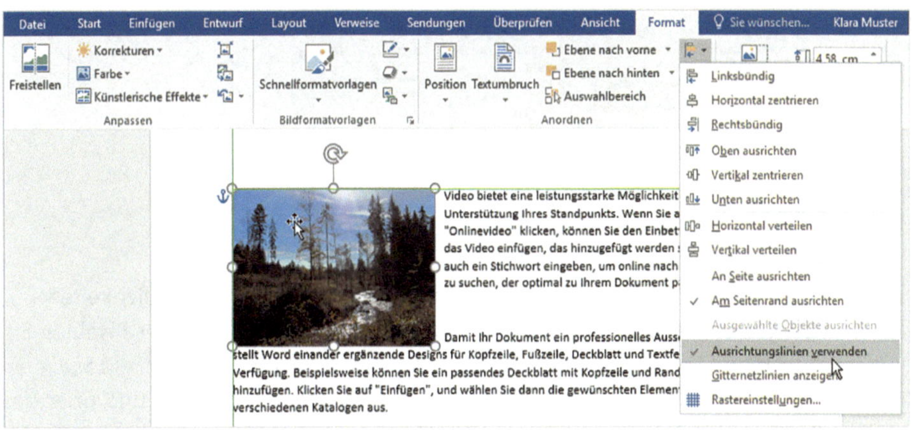

Intelligente Ausrichtungslinien unterstützen Sie beim Platzieren von Bildern

Mit ihrer Hilfe lassen sich Bilder schnell an Absätzen und Seitenrändern ausrichten. Falls die Führungslinien nicht angezeigt werden, so markieren Sie das Bild und klicken im Register *Bildtools* bzw. *Zeichentools* - *Format*, Gruppe *Anordnen* auf das Symbol *Ob-*

jekte ausrichten. Klicken Sie auf *Ausrichtungslinien verwenden*, die eventuell bereits aktivierte Einstellung ist am Häkchen zu erkennen.

Zeichnungsbereich

Im Gegensatz zu früheren Versionen wird beim Einfügen von Formen der Zeichnungsbereich nicht mehr automatisch erzeugt. Sollten Sie diesen Bereich trotzdem benötigen, so müssen Sie ihn gesondert einfügen. Klicken Sie dazu im Register *Einfügen* auf *Formen* und am Ende der Liste auf *Neuer Zeichenbereich*.

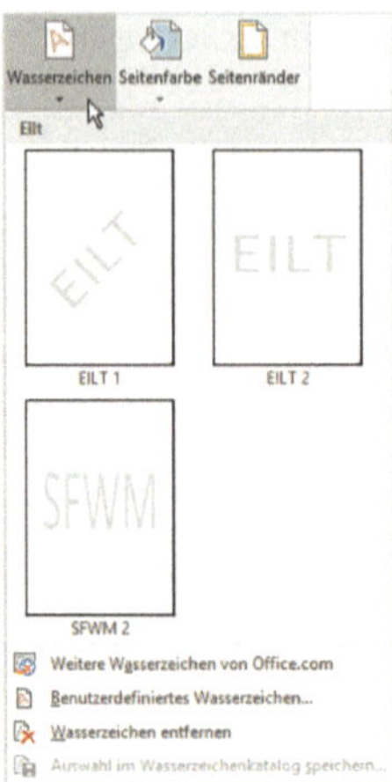

Wasserzeichen im Hintergrund

Als Wasserzeichen bezeichnet Word einen Schriftzug oder ein Bild im Dokumenthintergrund. Im Gegensatz zu einer, mit entsprechendem Textumbruch versehenen Grafik, wird ein Wasserzeichen automatisch auf der Seite horizontal und vertikal zentriert und erscheint auf jeder Druckseite.

1 Zum Zum Einfügen eines *Wasserzeichens* klicken Sie im Register *Entwurf*, Gruppe *Seitenhintergrund* auf die Schaltfläche *Wasserzeichen*.

2 Klicken Sie auf die gewünschte Vorlage, weitere sind online auf Office.com verfügbar. Wenn Sie Ihr eigenes Wasserzeichen definieren möchten, dann klicken Sie auf *Benutzerdefiniertes Wasserzeichen...*.

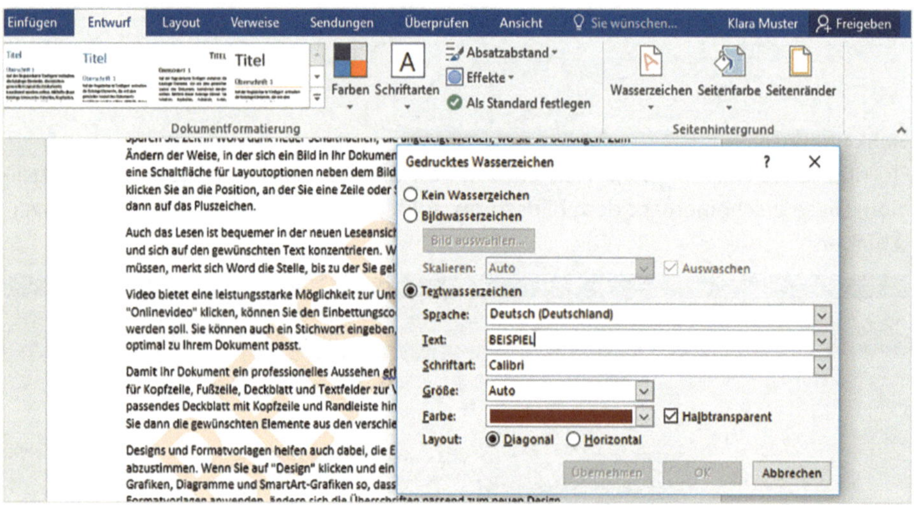

Wasserzeichen bearbeiten

Um ein Wasserzeichen wieder aus dem Dokument zu entfernen, klicken Sie auf die Schaltfläche *Wasserzeichen* und den Befehl *Wasserzeichen entfernen*.

3 Im Fenster *Gedrucktes Wasserzeichen* haben Sie nun folgende Möglichkeiten:

- Wenn Sie eine Grafik, z. B. ein Firmenlogo verwenden möchten, so wählen Sie die Option *Bildwasserzeichen* und klicken auf *Bild auswählen*. Im Feld *Skalieren* können Sie bei Bedarf die Grafik vergrößern oder verkleinern und über das Kontrollkästchen *Auswaschen* verringern Sie die Farbintensität.
- Mit Auswahl der Option *Textwasserzeichen* können Sie im Feld *Text* beliebigen Text eingeben sowie Schriftart, -größe und -farbe festlegen und zwischen den Ausrichtungen *Diagonal* und *Horizontal* wählen. Das Kontrollkästchen *Halb-*

transparent sorgt dafür, dass das die Lesbarkeit des Textes möglichst wenig beeinträchtigt wird.

Seite einrahmen

Wenn Sie eine Druckseite einrahmen oder mit einzelnen Linien am Seitenrand versehen möchten, dann klicken Sie im Register *Entwurf*, Gruppe *Seitenhintergrund* auf *Seitenränder*. Es öffnet sich das bekannte Fenster *Rahmen und Schattierung* und Sie können alle Seiten des Dokuments oder die Seiten eines bestimmten Abschnitts mit Rahmenlinien versehen.

Die Schaltfläche *Seitenfarbe* ist dagegen nur von Bedeutung, wenn Sie das Dokument auf farbigem Papier drucken und zuvor die Wirkung am Bildschirm testen möchten.

3.3 Kopf- und Fußzeilen

Einfache Seitenzahlen einfügen

Zum Einfügen einfacher Seitenzahlen klicken Sie im Register *Einfügen*, Gruppe *Kopf- und Fußzeile* auf die Schaltfläche *Seitenzahl*. Zeigen Sie auf die gewünschte Position und wählen Sie eine Vorlage. Neben *Seitenanfang* (Kopfzeile) und *Seitenende* (Fußzeile) können Seitenzahlen auch im Seitenrand links oder rechts eingefügt werden.

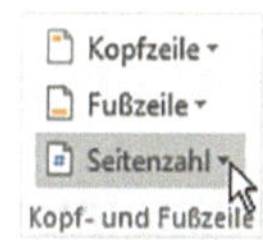

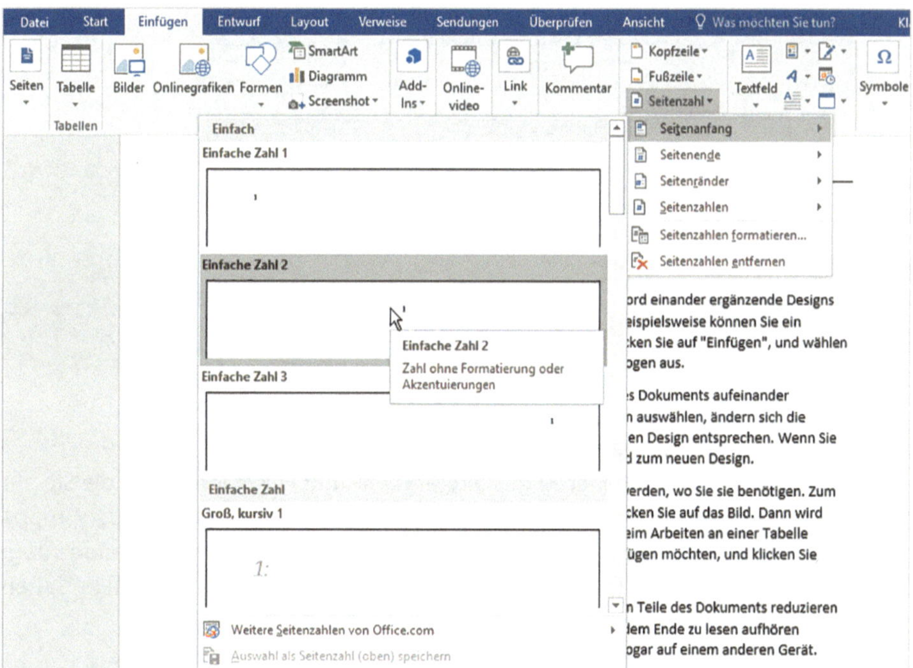

Klicken Sie auf Seitenzahl und wählen Sie eine Position und Vorlage.

Unmittelbar danach wird, je nach gewählter Position der Bereich Kopf- bzw. Fußzeile mit der Seitenzahl geöffnet und Sie können diese nach Belieben formatieren oder weiteren Text hinzufügen. Gleichzeitig ist im Menüband das Register *Kopf- und Fußzeilentools-Entwurf* verfügbar. Mit Doppelklick in den Dokumentbereich oder einem Klick auf die Schaltfläche *Kopf- und Fußzeile schließen* (*Kopf- und Fußzeilentools*) kehren Sie zurück in den eigentlichen Dokumentbereich.

Die Vorlagen für Kopfzeilen und Fußzeilen sind identisch und unterscheiden sich nur durch ihre Position. **Tipps zur Verwendung:**

- Die häufig benötigte Schreibweise „Seite x von y" befindet sich ganz am Ende der Liste.
- Einige Vorlagen berücksichtigen auch spiegelverkehrte Positionierung (innen/außen) falls Sie ein längeres Dokument beidseitig drucken möchten.

Zahlenformat ändern

Benötigen Sie römische Zahlen oder Buchstaben zur Seitennummerierung, so klicken Sie nach dem Einfügen der Seitenzahl im Register *Kopf- und Fußzeilentools-Entwurf* auf *Seitenzahl* und auf *Seitenzahlen formatieren...*. Im Dialogfenster *Seitenzahlenformat* können Sie nun ein Zahlenformat wählen und bei Bedarf unter *Seitennummerierung* angeben, ob die Nummerierung fortgesetzt oder neu begonnen werden soll.

Wählen Sie ein Zahlenformat

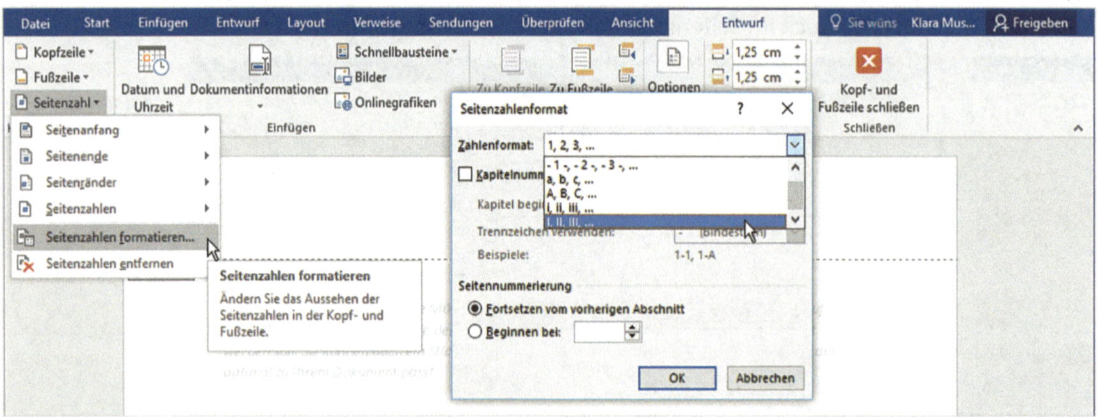

Kopf- und Fußzeilen mit Vorlagen gestalten

Word bringt auch eine Reihe fertig gestalteter Kopf- und Fußzeilen mit, in die Sie nur noch Ihre Inhalte eingeben brauchen. Klicken Sie im Register *Einfügen* in der Gruppe *Kopf- und Fußzeilen* auf die Schaltfläche *Kopfzeile*, bzw. *Fußzeile* um den Katalog integrierter Vorlagen zu öffnen. Einige Vorlagen sind für auch gerade und ungerade Seiten verfügbar (siehe Seitenzahlen).

Eigene Kopf- und Fußzeilen erstellen

Wenn Sie ohne Vorlage arbeiten möchten, dann doppelklicken Sie im Dokument einfach in den Bereich der Kopf- oder Fußzeile bzw. in den oberen oder unteren Seitenrand, dies funktioniert auch, wenn dieser Bereich leer ist.

Solange sich der Cursor im Kopf- oder Fußzeilenbereich befindet, ist im Menüband das Register *Kopf- und Fußzeilentools-Entwurf* zur weiteren Bearbeitung sichtbar, die meisten Befehle dürften aus früheren Versionen bekannt sein.

Das Register Kopf- und Fußzeilentools - Entwurf

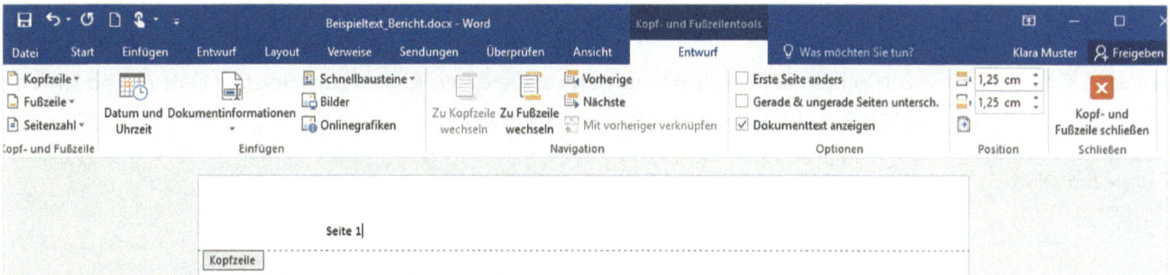

Über die Schaltflächen der Gruppe *Einfügen* haben Sie die Möglichkeit, häufig benötigte Elemente in die Kopf- oder Fußzeile einzufügen. Dazu gehören Datum und Uhrzeit, Bilder und Grafiken, und Schnellbausteine, auch bekannt unter der Bezeichnung Textbausteine. Über die Schaltfläche *Dokumentinformationen* können Sie bei Bedarf den Dateinamen oder diesen zusammen mit dem Speicherort (Dateipfad) einfügen; nützlich bei firmeninternen Dokumenten, die häufig und von mehreren Personen geöffnet und gedruckt werden müssen.

Seitenzahlen fügen Sie über die Schaltfläche *Seitenzahl* (Gruppe *Kopfzeile und Fußzeile*) ein. Wählen Sie *Seitenzahlen* und klicken Sie dann auf die gewünschte Schreibweise, siehe einfache Seitenzahlen.

Weitere Kopf- und Fußzeilenoptionen

Das Register *Kopf- und Fußzeilentools -Entwurf* erlaubt zudem folgende Einstellungen.

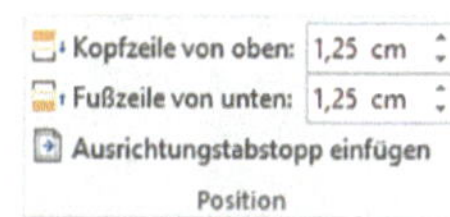

- **Vertikaler Abstand zum Papierrand:** Diesen regeln Sie über die Felder der Gruppe *Position*.
- **Keine Kopf- Fußzeile auf der ersten Seite:** In manchen Fällen benötigen Sie auf der ersten Seite, dem Titelblatt, keine Kopf- oder Fußzeile bzw. keine Seitenzahl. Dann aktivieren Sie im Register *Entwurf* in der Gruppe *Optionen* das Kontrollkästchen *Erste Seite anders*.

Allerdings erhält auch in solchen Fällen die erste Seite die Seitenzahl 1! Falls nötig, können Sie dies über Seitenzahlen formatieren ändern.

- **Unterschiedliche Kopf- und Fußzeilen für gerade/ungerade Seiten:** Wenn Sie spiegelverkehrte Kopf- und Fußzeilen benötigen, dann aktivieren Sie in der Guppe *Optionen* das Kontrollkästchen *Gerade & ungerade Seiten untersch.*. Bevor Sie unterschiedliche Kopf- und Fußzeilen bearbeiten können, müssen Sie außerdem die Verknüpfung aufheben, am besten vor der Eingabe in diesem Bereich, da sonst Inhalte gelöscht werden können. Dazu klicken Sie in der Gruppe *Navigation* auf *Mit vorheriger verknüpfen* bzw. deaktivieren Sie diesen Schalter.
- In der Gruppe *Position* finden Sie außerdem das Symbol *Ausrichtungstabstopp*. **Achtung:** Dieses Symbol setzt keinen Tabstopp, sondern positioniert nur den Cursor an der angegebenen Stelle! Benötigen Sie „echte" Tabstopps in Kopf- und Fußzeilen, so müssen Sie diese anderweitig einfügen.

4 Textelemente

4.1 Allgemeine Textelemente

Symbol einfügen, siehe Seite 177.

Die Schaltflächen zum Einfügen von Textelementen, zum Beispiel Datum und Uhrzeit finden Sie im Register *Einfügen* , Gruppe *Text*.

Gruppe Text: Objekt einfügen

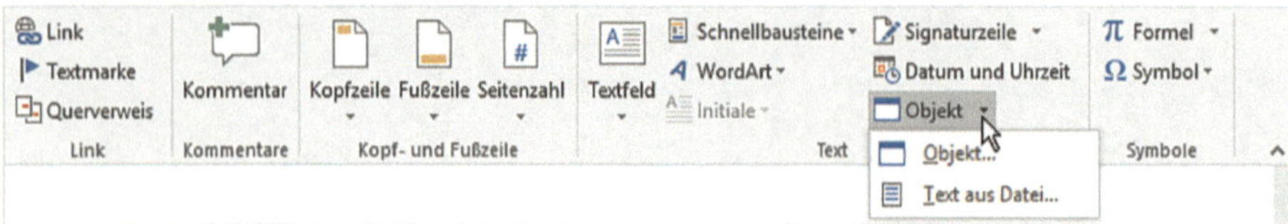

- **Text aus Datei einfügen**
  Zum Einfügen von Text aus einer Datei klicken Sie auf die Schaltfläche *Objekt* und wählen Text aus *Datei...*, mit der Auswahl *Objekt...* fügen Sie dagegen ein eingebettetes Objekt aus einem beliebigen Dateityp ein.

- **Textmarken und Querverweise**
  Klicken Sie im Register *Einfügen* (Gruppe *Link*) auf die entsprechende Schaltfläche und wählen Sie anschließend wie gewohnt die Textmarke bzw. den Verweistyp und die benötigte Textstelle aus. Querverweise können Sie außerdem auch im Register *Verweise* über Schaltflächen der Gruppe *Beschriftungen* einfügen.

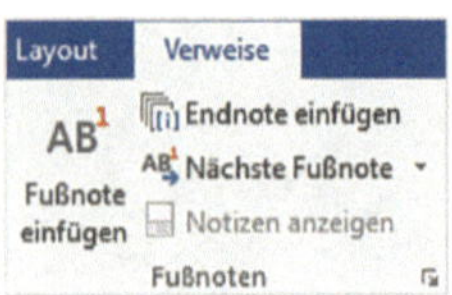

- **Fußnoten**
  Zum Einfügen von Fuß- oder Endnoten benutzen Sie im Register *Verweise* die Schaltflächen der Gruppe *Fußnoten*. Für weitergehende Optionen klicken Sie auf das Pfeilsymbol ⧉ der Gruppe und nehmen Ihre Einstellungen im Fenster *Fuß- und Endnote* vor. Der übrige Umgang mit Fuß- und Endnoten unterscheidet sich nicht von früheren Word-Versionen.

- **Formel einfügen**
  Mathematische Formeln und Funktionen fügen Sie ein, indem Sie im Register *Einfügen*, Gruppe *Symbole* auf die Schaltfläche *Formel* klicken. Es erscheint ein Katalog typischer Formeln, die Sie per Mausklick einfügen und anschließend weiterbearbeiten. Dazu steht Ihnen im Menüband das Register *Formeltools-Entwurf* zur Verfügung. Falls die verfügbaren Symbole und Formeln nicht ausreichen sollten, so können Sie einen Ausdruck auch zeichnerisch mit Maus oder Stift eingeben: Klicken Sie dazu in der Gruppe *Tools* auf *Freihandgleichung*.

Das Register Formeltools-Entwurf

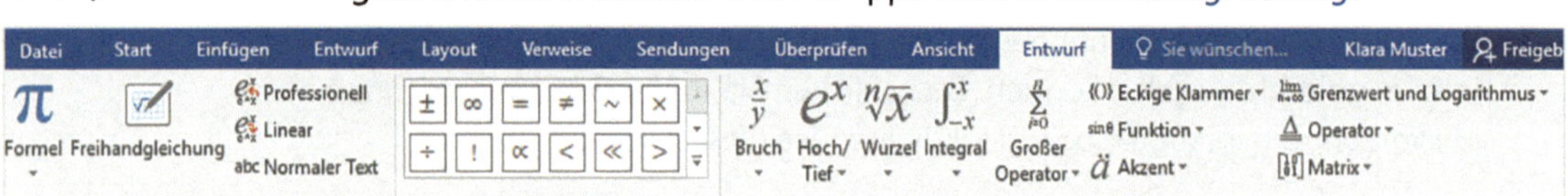

4.2 Schnellbausteine und AutoText

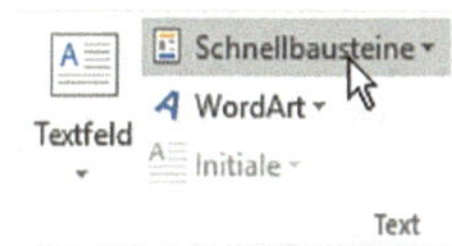

Gleichbleibende wiederverwendbare Textelemente fasst Word 2016 unter der Bezeichnung *Schnellbausteine* zusammen. Schnellbausteine können nicht nur Text, sondern auch Formatierungen, Grafiken und Tabellen enthalten. Sie finden die Schaltfläche *Schnellbausteine* im Register *Einfügen*, Gruppe *Text*.

Word unterscheidet zwischen zwei Arten von Bausteinen, genauer gesagt, verschiedenen Baustein-Katalogen. Von diesen hängt es ab, in welchen Dokumenten der Baustein später zur Verfügung steht.

- Unter der Bezeichnung *AutoText* wird ein Baustein zusammen mit derjenigen Dokumentvorlage gespeichert, auf der das akuelle Dokument beruht. Bei einem leeren Dokument ist dies die Vorlage *Normal (.dotx)*.
- *Schnellbausteine* werden dagegen in einer gesonderten Datei mit dem Namen *Building Blocks (.dotx)* gespeichert und sind, unabhängig von der verwendeten Vorlage, in allen Dokumenten verfügbar. In dieser Datei bzw. diesem Katalog sind auch die integrierten Vorlagen, z. B. für Kopf- und Fußzeile gespeichert.
- Ferner erhalten Sie über die Schaltfläche *Schnellbausteine* die Möglichkeit, mit *Dokumenteigenschaft* verschiedene Dokumentmerkmale wie beispielsweise Autor, Firma oder Schlüsselwörter zu erstellen. Auch Felder, z. B. Datum der letzten Änderung, Bedingungen oder Verweise fügen Sie über die Schaltfläche *Schnellbausteine* ein.

Schnellbaustein speichern

1 Beim Speichern eines Bausteins oder AutoText gehen Sie wie gewohnt vor: Schreiben und formatieren Sie den Text und markieren Sie die Textstelle, die Sie als AutoText speichern möchten. Klicken Sie dann im Register *Einfügen* auf *Schnellbausteine*.

  - Möchten Sie den Baustein im Schnellbausteinkatalog speichern, so klicken Sie hier auf *Auswahl im Schnellbaustein-Katalog speichern*.
  - Soll der Baustein dagegen als AutoText gespeichert werden, so zeigen Sie auf *AutoText* und klicken auf *Auswahl im AutoText-Katalog speichern*.

Wählen Sie zwischen AutoText und Schnellbaustein-Katalog

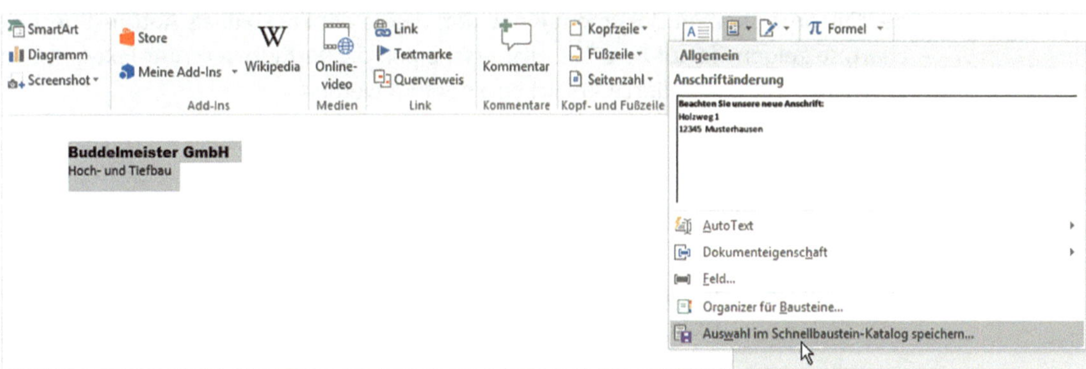

2 In beiden Fällen öffnet sich anschließend das Fenster *Neuen Baustein erstellen*. Geben Sie im Feld *Name* den Namen ein, unter dem der Baustein gespeichert werden soll.

Neuen Baustein erstellen

Wählen Sie einen bestimmten Katalog, z. B. Kopfzeilen oder AutoText

Speichern in Building Blocks.dotx oder der Dokumentvorlage (Normal.dotx).

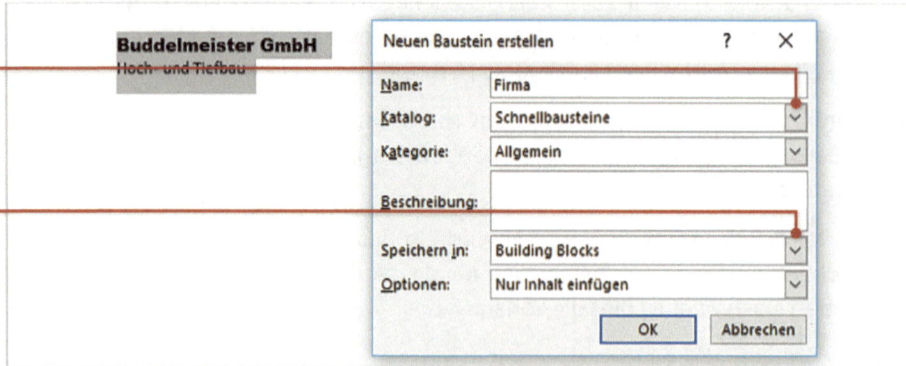

- Im Feld *Katalog* können Sie auch nachträglich noch zwischen *AutoText* und *Schnellbausteine* wählen. Im Feld *Speichern in* können Sie den Speicherort (Normal.dotx oder Building Blocks.dotx) kontrollieren und ggfs. ändern.
- Unter *Optionen* wählen Sie aus, wie der Baustein später im Text eingefügt werden soll. Standardmäßig verwendet Word die Option *Nur Inhalt einfügen*, das bedeutet, beim Einfügen wird der Inhalt einfach an der Cursorposition eingefügt. Falls nötig, können Sie auch angeben, dass der Inhalt des Bausteins immer in einem eigenen Absatz oder einer eigenen Seite eingefügt werden soll.

Haben Sie Schnellbausteinkatalog bzw. den Katalog *Building Blocks* gewählt, so erscheint beim Beenden von Word eine Meldung, die Sie auffordert, Änderungen in dieser Datei zu speichern. Klicken Sie auf *Speichern*, damit der erstellte Baustein auch in anderen Dokumenten verfügbar ist.

Baustein einfügen

Eine Liste aller Schnellbausteine erscheint, wenn Sie im Register *Einfügen* auf die Schaltfläche *Schnellbausteine* klicken und per Mausklick wird der Schnellbaustein an der Cursorposition im Dokument eingefügt. Wurde der Baustein als AutoText gespeichert, so zeigen Sie auf *AutoText*. Hier erscheinen die verfügbaren AutoText-Einträge und können ebenfalls durch Anklicken eingefügt werden.

Tipp: Wenn Sie mit der rechten Maustaste auf einen Schnellbaustein klicken, so erhalten Sie im Kontextmenü auch die Möglichkeit, den Schnellbaustein in die Kopf- oder Fußzeile einzufügen (siehe Bild unten).

Alternativ können Sie einen Baustein oder AutoText auch einfügen, indem Sie den Namen des Bausteins im Dokument eintippen, nach Eingabe der ersten vier Zeichen erscheint ein entsprechender Hinweis und mit Drücken der Eingabetaste wird der

Schnellbaustein eingefügt. Oder drücken Sie unmittelbar nach Eingabe des vollständigen Schnellbausteinnamens die Funktionstaste F3.

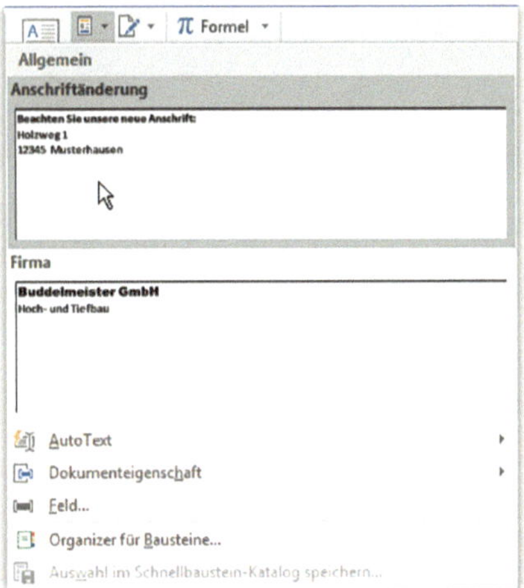

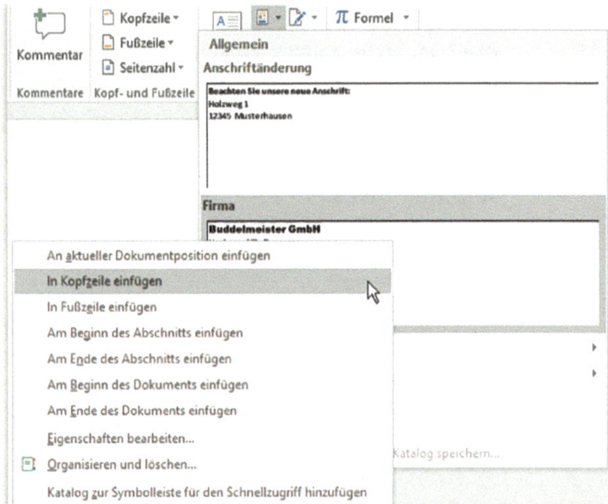

Schnellbaustein per Mausklick einfügen

Schnellbaustein über das Kontextmenü in Kopf- oder Fußzeile einfügen.

Tipp: Schnellbausteine in einem bestimmten Katalog speichern

Standardmäßig speichern Sie im Katalog *Schnellbausteine*, das bedeutet, dass Sie diesen Baustein über das Register *Einfügen* und die Schaltfläche *Schnellbausteine* wieder einfügen. Sie können aber auch einen Baustein einem bestimmten Katalog, beispielsweise *Kopfzeilen* oder *Fußzeilen* hinzufügen und erhalten so Ihre indivivuellen standardisierten Kopf- oder Fußzeilen. Dazu klicken Sie beim Speichern eines neuen Bausteins im Fenster *Neuen Baustein erstellen* in das Feld *Katalog* und wählen den gewünschten Katalog, im Bild unten *Kopfzeilen* aus. Später erscheint dann dieser Baustein im Katalog der Kopfzeilen, wenn Sie im Register *Einfügen* auf *Kopfzeile* klicken.

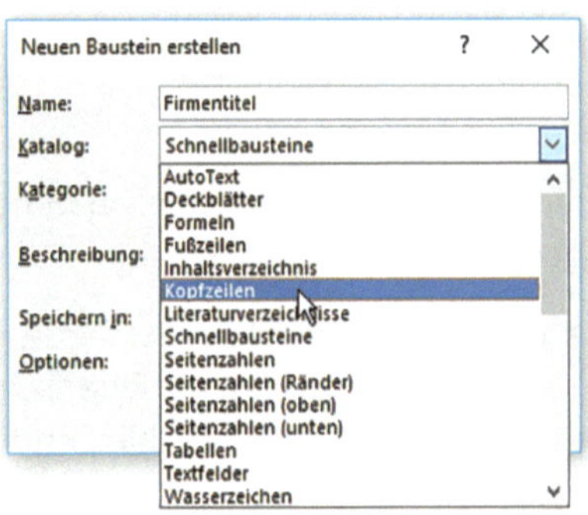

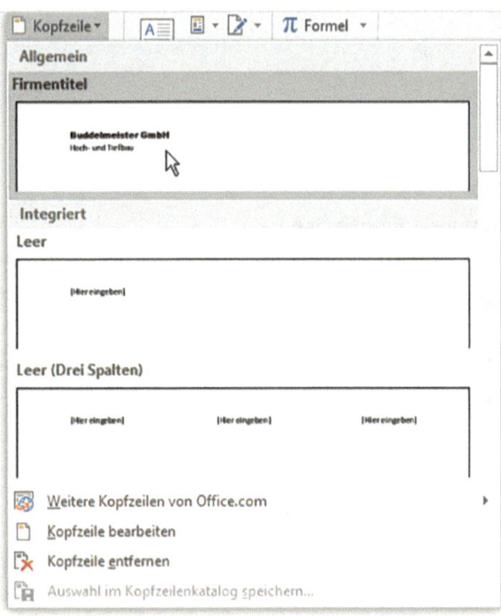

Katalog Kopfzeilen auswählen

Der gespeicherte Schnellbaustein erscheint im Katalog der Kopfzeilenvorlagen

Dieselbe Vorgehensweise können Sie auch für Deckblätter, Seitenzahlen, Tabellen, Textfelder und weitere Elemente verwenden.

Bausteine im Organizer verwalten

Im Organizer verwalten Sie alle Schnellbausteine, können deren Eigenschaften bearbeiten oder den markierten Baustein löschen. Zum Öffnen klicken Sie im Register *Einfügen* auf *Schnellbausteine* und auf *Organizer für Bausteine...*. Um schnell einen bestimmten Baustein zu finden, können Sie die Einträge mit Klick in die Spaltenüberschrift nach Name, Katalog oder Speicherort sortieren.

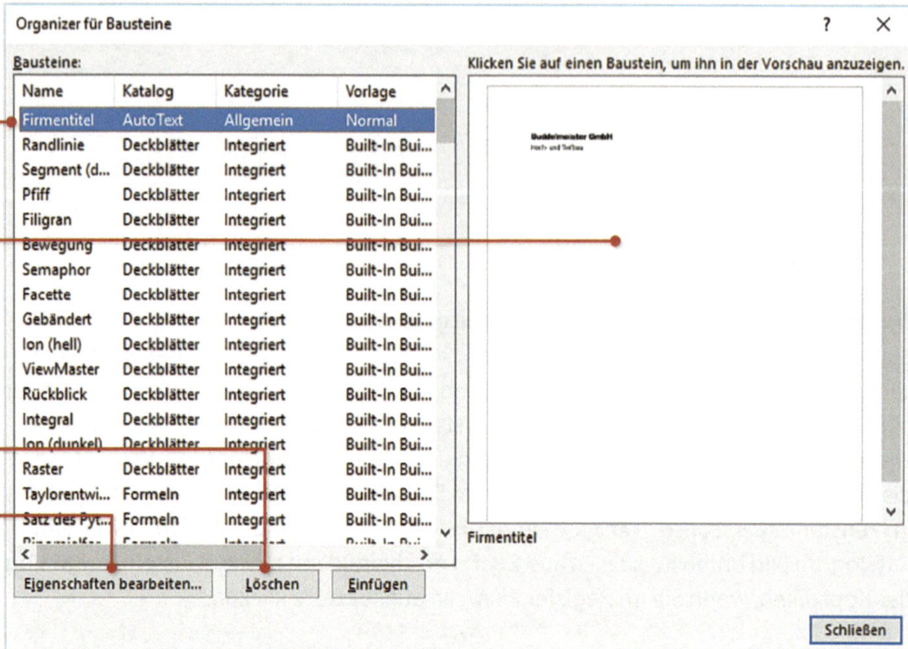

Organizer für Bausteine

4.3 Felder und Dokumenteigenschaften

Dokumenteigenschaften

Einzelne Dokumenteigenschaften können ebenfalls als Schnellbausteine verwendet werden, diese besitzen allerdings nur im jeweiligen Dokument Gültigkeit.

Bei der ersten Verwendung legen Sie die Inhalte fest: Klicken Sie auf *Schnellbausteine*, zeigen Sie auf *Dokumenteigenschaft* und fügen Sie per Mausklick eine der Eigenschaften, z. B. *Firma* im Dokument an der Cursorposition ein. Geben Sie anschließend im Platzhalterfeld den Inhalt ein.

Die so erstellte Dokumenteigenschaft können Sie nun über *Schnellbausteine* und *Dokumenteigenschaft* jederzeit und mehrmals im Dokument einfügen.

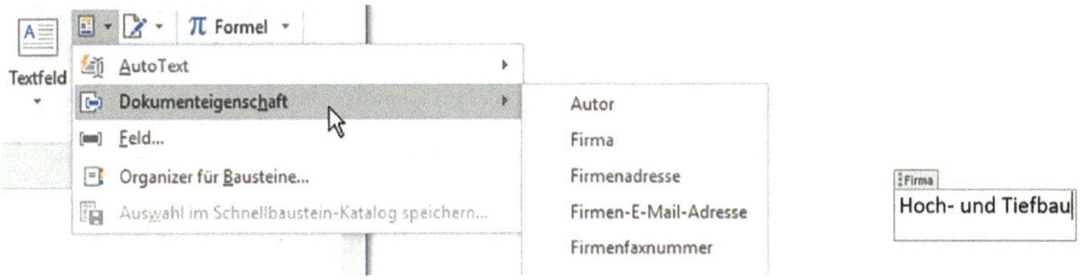

Dokumenteigenschaft einfügen, z. B. Firma

Geben Sie den Namen Ihrer Firma im Platzhalterfeld ein.

Feld einfügen

Das Einfügen von Feldern hat sich gegenüber älteren Versionen nicht geändert: Klicken Sie im Register Einfügen auf *Schnellbausteine* und auf *Feld...*. Wählen Sie eine Kategorie und fügen Sie dann das gewünschte Feld mit einem Mausklick im Dokument ein.

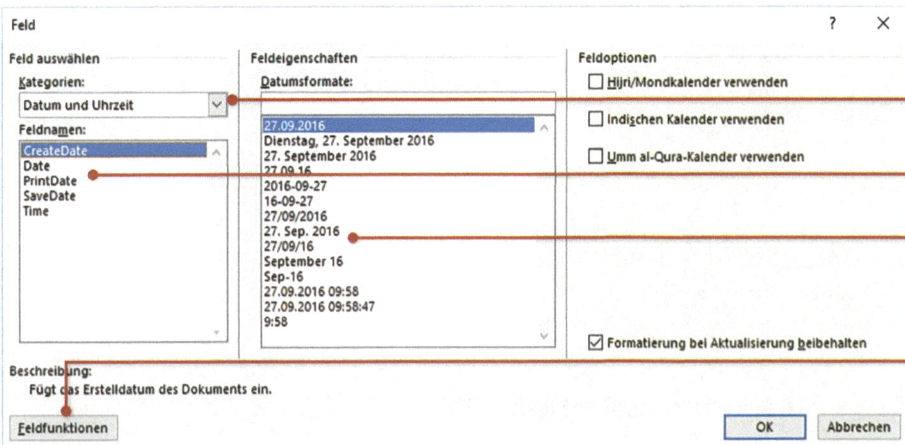

Feld einfügen

Kategorie wählen

verfügbare Felder

Feldeigenschaften, z. B. Datumsformat

Wechsel zwischen Feldeigenschaften und Feldfunktionen

5 Seriendruck

5.1 Serienbriefe erstellen

Alle Schaltflächen und Befehle zur Erstellung und Bearbeitung von Seriendruck-Dokumenten finden Sie im Register *Sendungen*. Am besten gehen Sie einfach von links nach rechts vor. **Ausnahme:** die Schaltflächen *Umschläge* und *Etiketten* in der Gruppe *Erstellen*, mit diesen erstellen Sie Umschläge und Etiketten für eine einzelne Adresse.

Das Register Sendungen

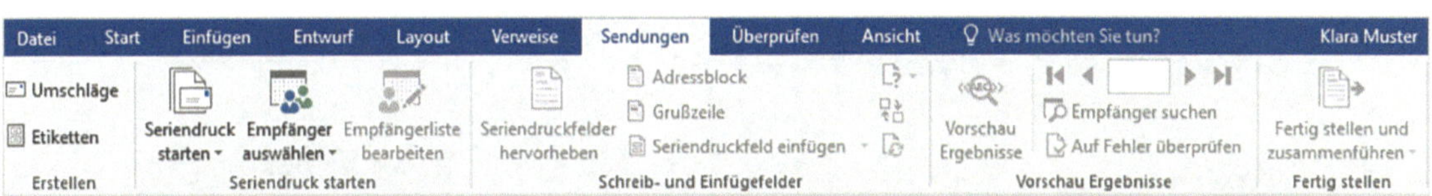

Der Seriendruck-Assistent, den Sie hier ebenfalls finden, bringt keine Vorteile und ist wenig flexibel. Er kann also getrost ingoriert werden!

- **Dokumenttyp wählen**
  Klicken Sie in der Gruppe *Seriendruck starten* auf die Schaltfläche *Seriendruck starten* und wählen Sie einen Dokumenttyp, beispielsweise *Briefe*.

- **Empfängeradressen auswählen**
  Klicken Sie in der Gruppe *Seriendruck starten* auf *Empfänger auswählen* und geben Sie an, woher Sie die Adressen beziehen möchten.
  - Mit der Auswahl *Vorhandene Liste verwenden...* wird das Fenster *Datenquelle auswählen* geöffnet und Sie können eine Datei, z. B. Excel-Mappe auswählen.
  - *Neue Liste eingeben* öffnet das Fenster *Neue Adressliste* mit einer Tabelle, in die Sie Ihre Adressen eingeben. Benutzen Sie die Schaltfläche *Spalten anpassen*, um weitere Spalten hinzuzufügen oder nicht benötigte Spalten zu löschen.
  - Als dritte Alternative greifen Sie auf Ihre Outlook-Kontake zu.

Dokumenttyp wählen

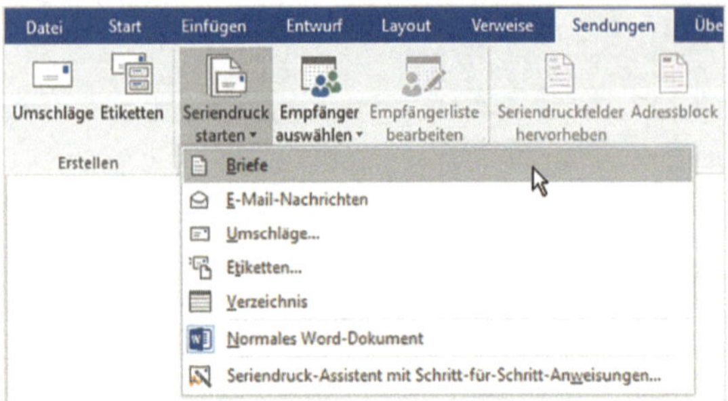

Empfänger auswählen

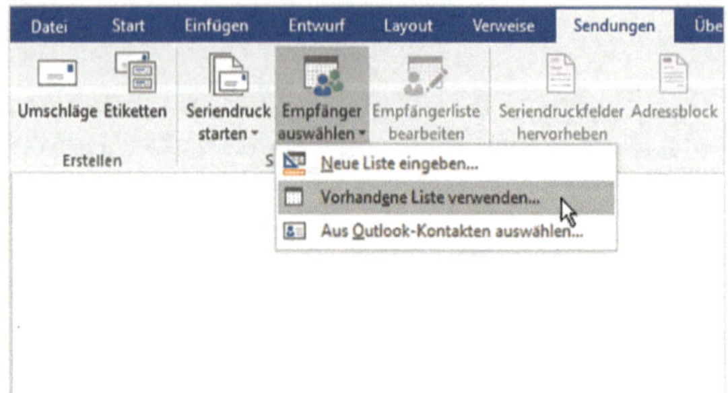

5.2 Seriendruckelemente einfügen

Seriendruckfelder

Seriendruckfeld aus Liste einfügen

Oder aus Fenster einfügen

Zum Einfügen der Seriendruckfelder klicken Sie in der Gruppe *Schreib- und Einfügefelder* auf den Dropdown-Pfeil der Schaltfläche *Seriendruckfeld einfügen*. Es erscheint eine Liste aller Felder der ausgewählten Datenquelle und per Mausklick fügen Sie in Feld ein. Klicken Sie dagegen direkt auf das Symbol der Schaltfläche *Seriendruckfeld einfügen*, so öffnet sich das gleichnamige Fenster. Hier können Sie per Doppelklick oder Markieren und der Schaltfläche *Einfügen* auch mehrere Felder nacheinander einfügen.

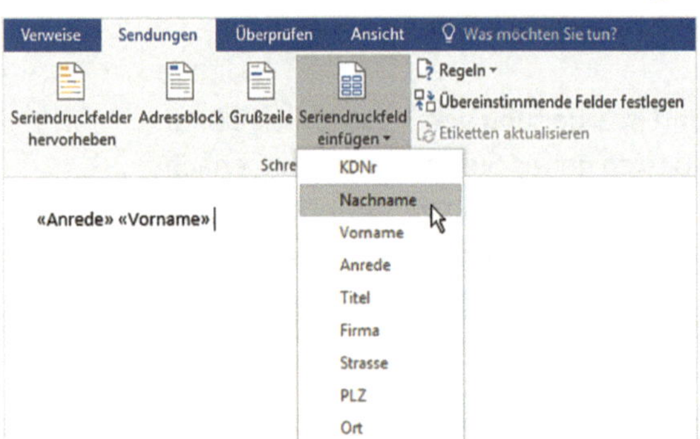

Den Adressblock verwenden

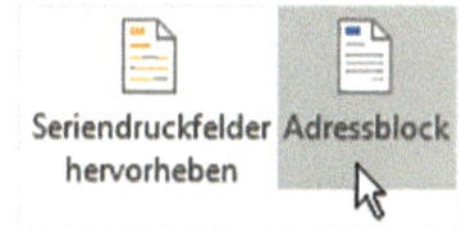

Als Alternative können Sie die Postanschrift auch in Form eines Adressblocks in einem einzigen Feld einfügen. Bei Verwendung einer eigenen Datenquelle müssen Sie allerdings den Adressblock meist noch anpassen. Klicken Sie zum Einfügen auf die Schaltfläche *Adressblock.*

Wählen Sie im Fenster *Adressblock einfügen* das Format des Empfängernamens. Im Fall Postanschrift können Sie auch angeben, wann das Land eingefügt werden soll. Rechts erhalten Sie eine Vorschau auf das gewählte Format. Benutzen Sie die Navigationspfeile oberhalb, um Ihre Adressen der Reihe nach zu kontrollieren.

Adressblock einfügen

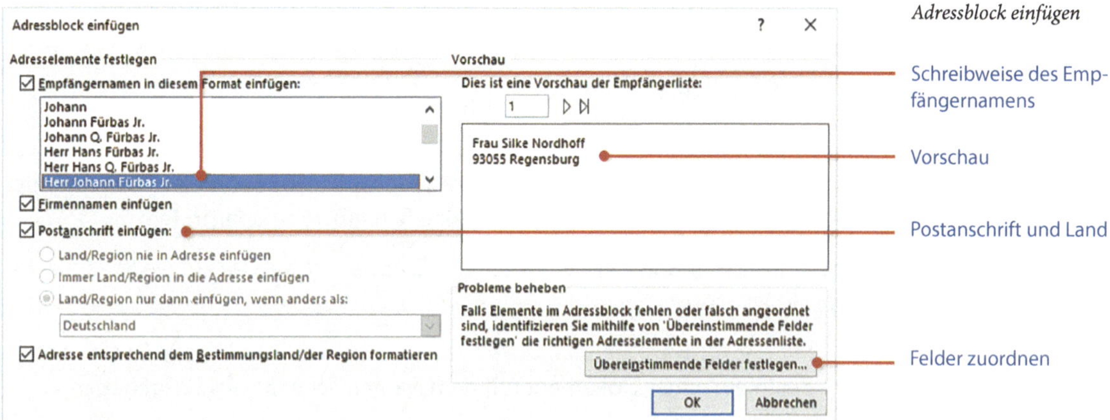

Meist fehlen Elemente der Anschrift oder sind nicht richtig angeordnet, so fehlt z. B. im Bild oben die Straße. Dies liegt an abweichenden Feldnamen Ihrer Datenquelle. Um diese richtig zuzuordnen, klicken Sie auf die Schaltfläche *Übereinstimmende Felder festlegen....* Standardmäßig verwendet der Adressblock das Feld *Adresse 1* als Strasse; klicken Sie auf den Dropdown-Pfeil dieses Feldes und wählen Sie statt *(Nicht übereinstimmend)* das Feld Ihrer Datenquelle, das die Strasse enthält.

Feldzuordnung bearbeiten

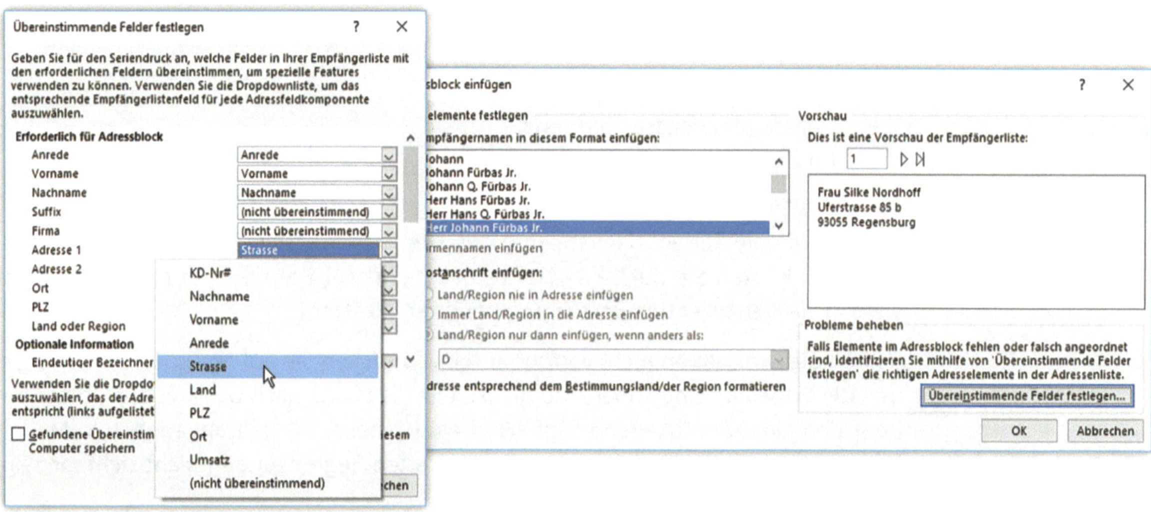

Grußzeile
Die Schaltfläche *Grußzeile* erlaubt das Einfügen einer individuellen Briefanrede, z. B. „Sehr geehrte Frau Müller" und „Sehr geehrter Herr Schmidt" und eine weitere Alternative für fehlende bzw. ungültige Empfängernamen, z. B. „Sehr geehrte Damen und Herren". Falls die Grußzeile aus anderslautenden Feldnamen gebildet werden soll, klicken Sie wieder auf *Übereinstimmende Felder festlegen....*

Seriendruckfelder hervorheben
Mit der Schaltfläche *Seriendruckfelder hervorheben* lassen sich die Seriendruckfelder bei Bedarf am Bildschirm optisch mit grauer Schattierung hervorheben.

5.3 Serienbriefe fertigstellen

Zur Kontrolle der Ergebnisse klicken Sie in der Gruppe *Vorschau Ergebnisse* auf die gleichnamige Schaltfläche. Mit den Navigationspfeilen können Sie nacheinander die Adressen anzeigen lassen und auf korrekte Schreibweise überprüfen.

Zum Drucken der Briefe klicken Sie in der Gruppe *Fertigstellen* auf die Schaltfläche *Fertigstellen und Zusammenführen*.

In allen Fällen erscheint das Fenster Datensatzauswahl, geben Sie an welche Datensätze gedruckt werden sollen.

- Mit der Auswahl *Einzelne Dokumente bearbeiten...* werden alle Briefe nacheinander in ein neues Dokument mit dem Namen *Serienbriefe1* ausgegeben.
- *Dokumente drucken* sendet die Briefe an den Drucker
- Die dritte Option *E-Mail Nachrichten senden* versendet die Briefe per E-Mail. Voraussetzung ist, dass die Datenquelle eine E-Mail Adresse enthält.

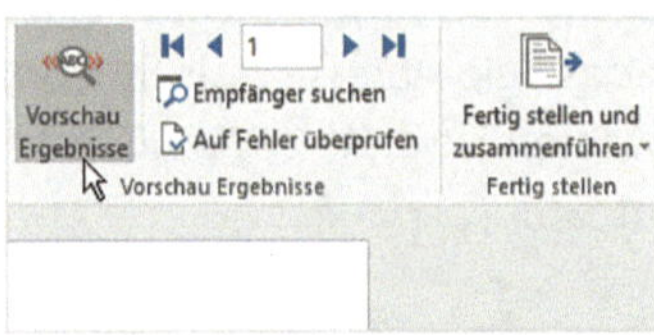

Vorschau Ergebnisse

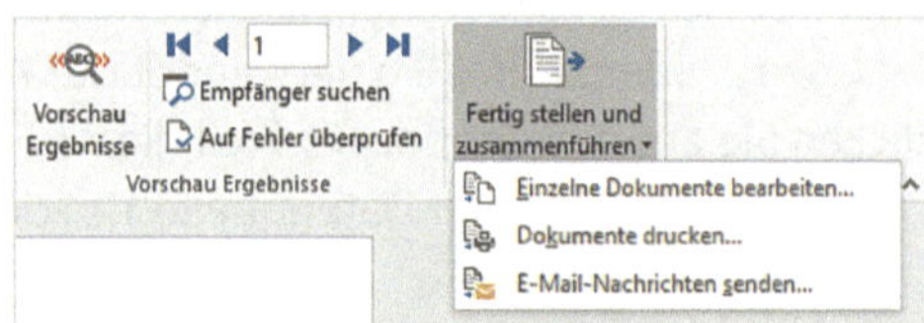

Fertig stellen und zusammenführen

5.4 Weitere Seriendrucktechniken

Seriendruck-Etiketten
Ähnlich wie die Serienbrieferstellung gestaltet sich auch die Erstellung von Adressetiketten. Klicken Sie auf *Seriendruck starten* und auf *Etiketten*. Im nächsten Schritt wählen Sie Hersteller und Bestellnummer Ihrer Etiketten.

Sollten diese Angaben nicht verfügbar sein, so klicken Sie auf *Neues Etikett...* und geben die Maße ein. Eine andere Möglichkeit ist die Suche nach Updates auf Office.com über den Link. Anschließend fügt Word eine Tabelle mit den angegebenen Maßen im aktuellen Dokument ein. Sollten die Etiketten-Begrenzungen nicht sichtbar sein, so klicken Sie auf das Register *Tabellentools-Layout* und auf *Gitternetzlinien anzeigen* (Gruppe *Tabelle*).

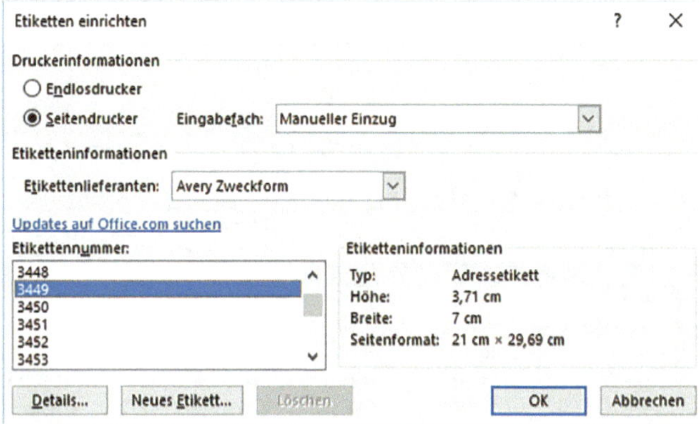

Wählen Sie Hersteller und Bestellnummer Ihres Etiketts

1 Fügen Sie nun im ersten Etikett in der linken oberen Ecke Ihren Text und die benötigten Seriendruckfelder ein.

2 Damit diese anschließend auf alle anderen Etiketten übernommen werden, klicken Sie zuletzt auf *Felder aktualisieren*.

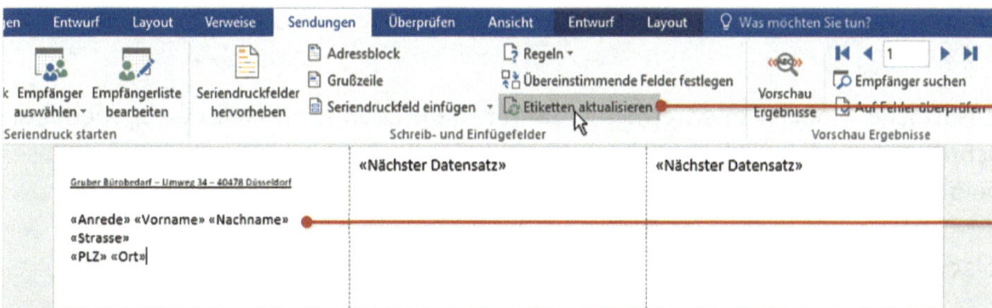

Seriendruck-Etiketten

Regeln verwenden

Wenn Sie individuelle Briefinhalte, z. B. als Anrede benötigen und den Grußblock nicht nutzen können, dann verwenden Sie wie bisher Regeln. Klicken Sie im Register *Sendungen*, Gruppe *Schreib- und Einfügefelder* auf *Regeln* und auf *Wenn... Dann... Sonst...*. Das Fenster *Bedingungsfeld einfügen: WENN* wird geöffnet und Sie können Ihre Regeln eingeben.

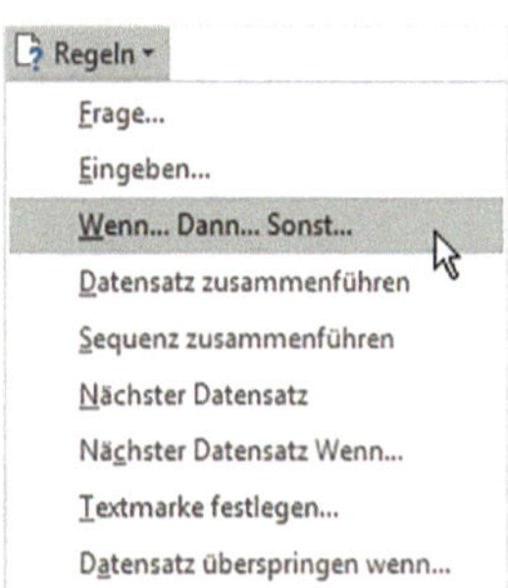

Regeln erstellen

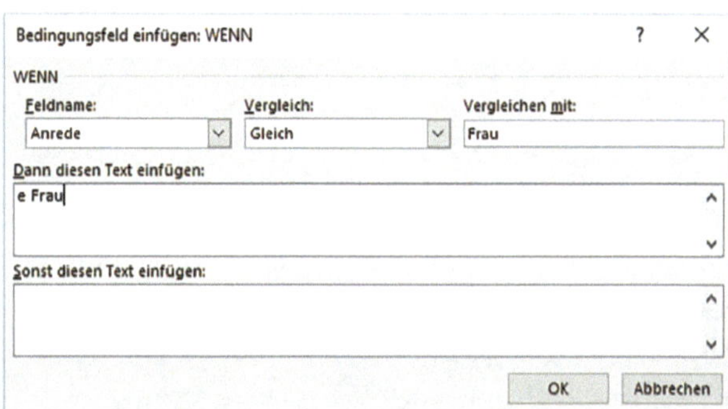

Bedingungsfeld einfügen

Adressen sortieren und filtern

Klicken Sie im Register *Sendungen* auf *Empfängerliste bearbeiten*, um das Fenster *Seriendruckempfänger* mit allen Adressen zu öffnen. Zum Sortieren klicken Sie einfach auf die Überschrift oder den Dropdown-Pfeil der betreffenden Spalte.

Nach Spalte sortieren

Empfänger ausschließen

Weitere Sortier- und Filtermöglichkeiten

Datenquelle markieren und bearbeiten

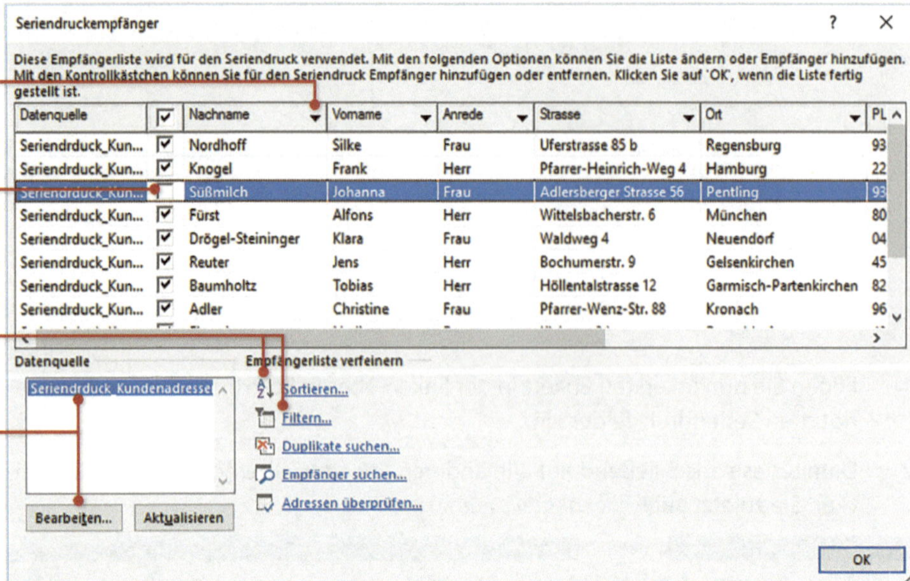

Empfängerliste bearbeiten

Datensätze sortieren

Datensätze filtern

Zusätzliche Möglichkeiten erhalten Sie mit dem Dropdown-Pfeil der Spaltenüberschrift. Mit der Auswahl *Nicht leere* schließen Sie alle Datensätze aus, bei denen dieses Feld leer ist. Weitere Optionen zum Filtern und Sortieren erhalten Sie unter *Empfängerliste verfeinern* über die Links *Sortieren...* und *Filtern...*. Hier können die Datensätze nach bis zu drei Kriterien sortiert und mehrere Filterkriterien angegeben werden.

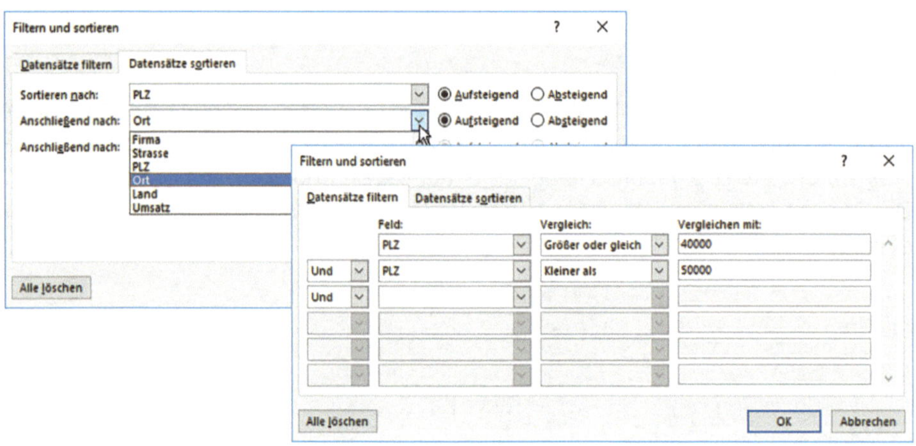

Hauptdokument in ein normales Dokument umwandeln

Klicken Sie im Register *Sendungen* auf *Seriendruck starten* und wählen Sie *Normales Word Dokument*.

6 Textformatvorlagen erstellen und verwalten

Die Verwendung und schnelle Anpassung der integrierten Formatvorlagen wurde in Zusammenhang mit der Textformatierung bereits in Punkt 2.1 beschrieben. Darüber hinaus können Formatvorlagen auch vom Benutzer erstellt und beliebig bearbeitet werden.

Der Aufgabenbereich Formatvorlagen

Bei regelmäßiger Verwendung von Formatvorlagen sollten Sie mit dem Aufgabenbereich *Formatvorlagen* arbeiten. Dieser zeigt die Formatvorlagen als übersichtliche Liste an und bleibt im Gegensatz zum Formatvorlagenkatalog des Menübands dauerhaft geöffnet. Sie erhalten so einen besseren Überblick über vorhandene Formatvorlagen und können diese schneller zuweisen.

Zum Anzeigen des Aufgabenbereichs klicken Sie im Register *Start* mit der Maus auf das Pfeilsymbol ⧉ der Gruppe *Formatvorlagen*. Ziehen Sie anschließend den Aufgabenbereich an den rechten oder linken Rand des Word-Fensters. **Tipp:** Mit Doppelklick auf den Namen verankern Sie den Aufgabenbereich fest am rechten Fensterrand.

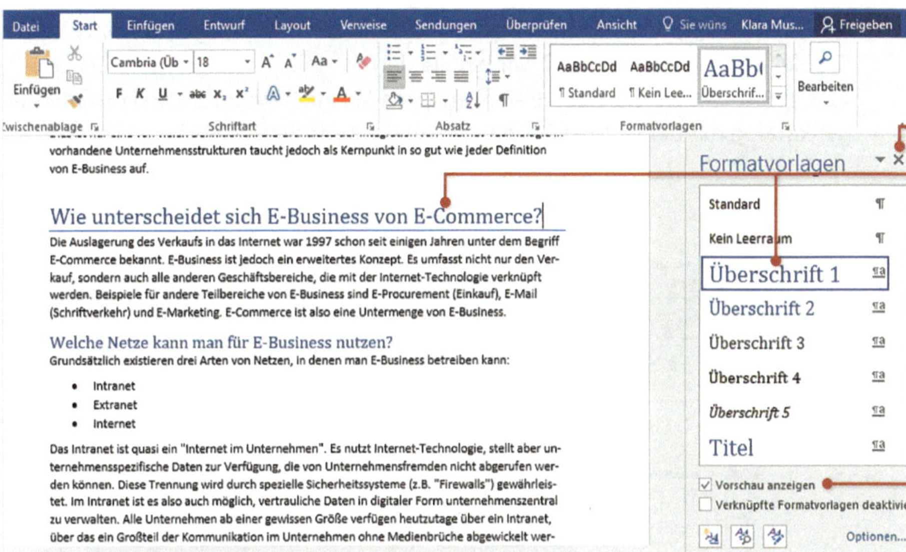

Das Fenster Formatvorlagen

Beim Zeigen auf eine Vorlage erscheint eine Beschreibung der Formatierungen. Aktivieren Sie das Kontrollkästchen *Vorschau anzeigen* (Bild oben), so werden alle Formatvorlagen in der dazugehörigen Formatierung angezeigt.

Der Formatvorlagentyp aus den Symbol ersichtlich: Absatzformatvorlagen sind an diesem Symbol ¶ zu erkennen. Das Symbol a steht für reine Zeichenformatvorlagen und verknüpfte Formatvorlagen mit dem Symbol ¶a können markierten Zeichen oder dem aktuellen Absatz zugewiesen werden.

Neben den bereits in Punkt C 2.1 beschrieben Anpassungsmöglichkeiten im Register *Entwurf* lassen sich einzelne Formatvorlagen auch gezielt ändern. Dazu können Sie entweder die Formatvorlage direkt bearbeiten und ihr andere Formate zuweisen oder Sie formatieren zuerst eine Textstelle im Dokument, z. B. einen Absatz und aktualisieren anschließend die Formatvorlage anhand des Textes.

> **Achtung:** Alle Änderungen an einer Formatvorlage wirken sich automatisch auf alle Absätze und Zeichen aus, die mit dieser Formatvorlage formatiert wurden.

Formatvorlage anhand von Text ändern

Die einfachste Möglichkeit besteht darin, dass Sie eine Formatvorlage anhand einer entsprechend formatierten Textstelle im Dokument aktualisieren. Diese Methode besitzt außerdem den Vorteil, dass Sie die Wirkung im Dokument besser beurteilen können. So gehen Sie vor:

1 Weisen Sie im Dokument einem Absatz, z. B. einer Überschrift die zu ändernde Formatvorlage zu und formatieren Sie diesem Absatz nach Ihren Vorstellungen.

Der Dropdown-Pfeil erscheint erst beim Zeigen auf eine Vorlage!

2 Zum Aktualisieren müssen Sie darauf achten, dass sich der Cursor im geänderten Absatz befindet oder Sie markieren den gesamten Absatz. Klicken Sie im Aufgabenbereich *Formatvorlagen* auf den Dropdown-Pfeil derjenigen Formatvorlage, die Sie ändern möchten und wählen Sie den Befehl *...aktualisieren, um der Auswahl anzupassen*. Denselben Befehl erhalten Sie auch, wenn Sie im Formatvorlagenkatalog mit der rechten Maustaste auf die zu ändernde Vorlage klicken.

Der Absatz mit dem geänderten Format

Klicken Sie auf den Pfeil der zu aktualisierenden Vorlage

Formatvorlage direkt bearbeiten

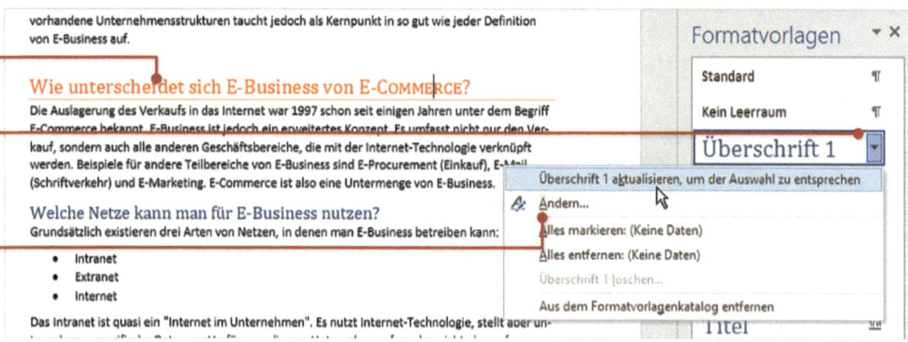

Formatvorlage ändern

Die Formatvorlage bearbeiten

Als zweite Möglichkeit bearbeiten Sie die Formatvorlage im Fenster *Formatvorlage ändern*. Dieses Fenster öffnet sich, wenn Sie im Aufgabenbereich *Formatvorlagen* auf den Dropdown-Pfeil der Formatvorlage klicken, die Sie bearbeiten möchten und hier *Ändern...* wählen (siehe Bild oben).

Im Fenster *Formatvorlage ändern* erhalten Sie eine Vorschau zusammen mit allen Eigenschaften der Formatvorlage und können diese bearbeiten. Die wichtigsten Formatierungen lassen sich über Symbole schnell ändern, alle übrigen sind über die

Schaltfläche *Format...* verfügbar. **Tipp:** Über die Schaltfläche *Format* können Sie einer Formatvorlage auch eine Tastenkombination zuweisen.

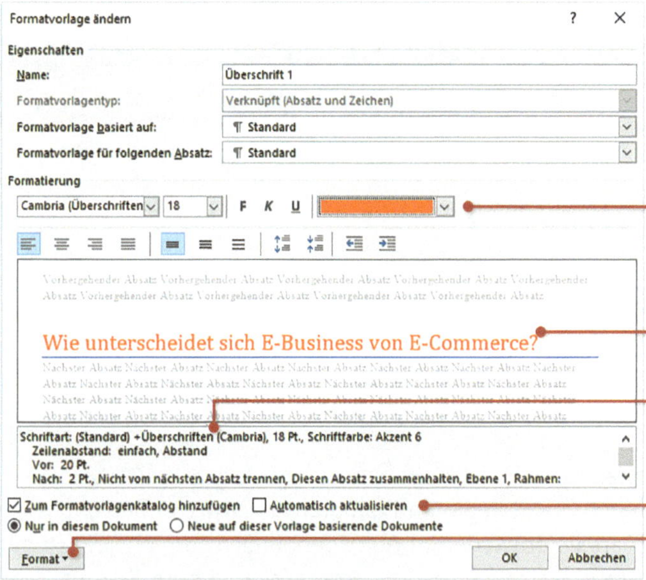

Das Fenster Formatvorlage ändern

Achten Sie bei Änderungen von Formatvorlagen auf folgende Optionen:

- *Zum Formatvorlagenkatalog hinzufügen*. Damit ist diese Formatvorlage nicht nur im Aufgabenbereich *Formatvorlagen*, sondern auch im Register *Start* im Formatvorlagenkatalog verfügbar.
- *Automatisch aktualisieren*. **Achtung:** Dieses Kontrollkästchen ist mit Vorsicht zu genießen! Ist es aktiviert, so wird jede Änderungen im Dokument an einer Textstelle mit dieser Formatvorlage automatisch in die Formatvorlage übernommen. Unterstreichen Sie z. B. einen Absatz, der mit der Formatvorlage *Standard* formatiert wurde, so erhält die Formatvorlage *Standard* ebenfalls Unterstreichung.
- *Nur in diesem Dokument*. Dies bewirkt, dass sich die vorgenommenen Änderungen ausschließlich im aktuellen Dokument auswirken.
- *Neue, auf dieser Vorlage basierende Dokumente*. Änderungen an der Formatvorlage wirken sich auch auf alle neuen Dokumente aus, die auf derselben Dokumentvorlage basieren. Dies gilt auch für leere Dokumente!

Neue Formatvorlage erstellen

Auch neue Formatvorlagen lassen sich schnell auf Grundlage der Formatierung der ausgewählten Textstelle erstellen. Markieren Sie dazu im Dokument diejenige Textstelle, deren Formatierung Sie speichern möchten; bei Erstellung einer Absatzformatvorlage genügt es, wenn sich der Cursor im Absatz befindet. Klicken Sie dann in der Gruppe *Formatvorlagen* (*Start*) auf die Schaltfläche *Weitere* und auf *Formatvorlage erstellen*. Geben Sie anschließend einen Namen für die Vorlage ein und klicken Sie auf

OK. Die Formatvorlage erhält automatisch den Typ *Verknüpfte Formatvorlage* und erscheint anschließend im Formatvorlagenkatalog (Schaltfläche *Weitere*) und im Aufgabenbereich *Formatvorlagen*.

Klicken Sie auf Formatvorlage erstellen und geben Sie der Vorlage einen Namen

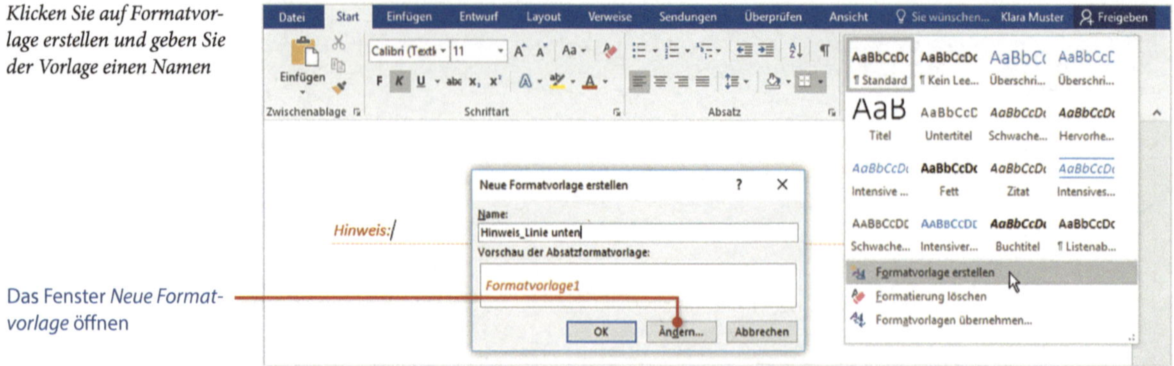

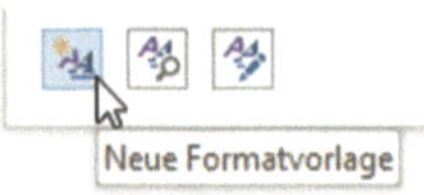

Das Fenster Neue Formatvorlage erstellen

Weitergehende Möglichkeiten erhalten Sie im Dialogfenster *Neue Formatvorlage erstellen*. Dieses Fenster öffnen Sie entweder im Aufgabenbereich *Formatvorlagen* mit einem Klick das Symbol *Neue Formatvorlage* , oder klicken Sie im Fenster *Neue Formatvorlage erstellen* auf die Schaltfläche *Ändern...*. Hier können Sie weitere Eigenschaften der neuen Formatvorlage festlegen und einen anderen Formatvorlagentyp auswählen. Mit Ausnahme der Wahl des Formatvorlagentyps unterscheiden sich die Möglichkeiten nicht vom Fenster *Formatvorlage ändern*.

Neue Formatvorlage erstellen

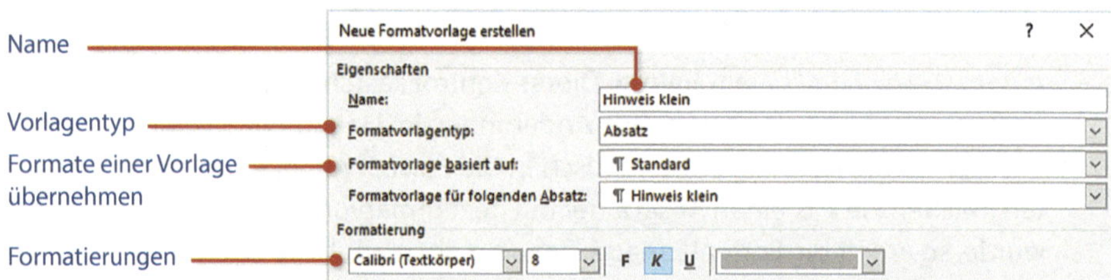

Befindet sich der Cursor in einem Absatz oder haben Sie eine Textstelle markiert, so enthält die neue Formatvorlage bereits alle Formatierunges dieses Absatzes. Wenn Sie dagegen mit einer neuen Formatvorlage ohne Vorgaben beginnen möchten, dann sorgen Sie dafür, dass sich der Cursor in einem nicht formatierten Absatz mit der Formatvorlage *Standard* befindet.

> **Tipp:** Kontrollieren Sie auf das Feld *Formatvorlage basiert auf*! Basiert die Formatvorlage beispielsweise auf der Formatvorlage *Standard*, so enthält sie auch deren Formatierungen und nachträgliche Änderungen an der Formatvorlage *Standard*, z. B. der Schriftart, wirken sich auch auf die neue Formatvorlage aus. Möchten Sie dies ausschließen, so wählen Sie hier *keine Formatvorlage*.

D Excel 2016

Übersicht

1 Allgemeine Einstellungen

1.1 Bildschirmanzeige

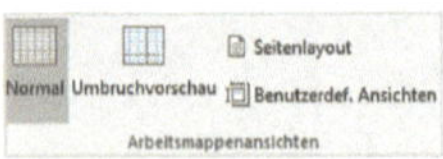

Zum Wechseln zwischen den Ansichten verwenden Sie die Symbole im rechten Bereich der Statusleiste oder die Schaltflächen im Register *Ansicht* (Gruppe *Arbeitsmappenansichten*).

Das Excel-Fenster

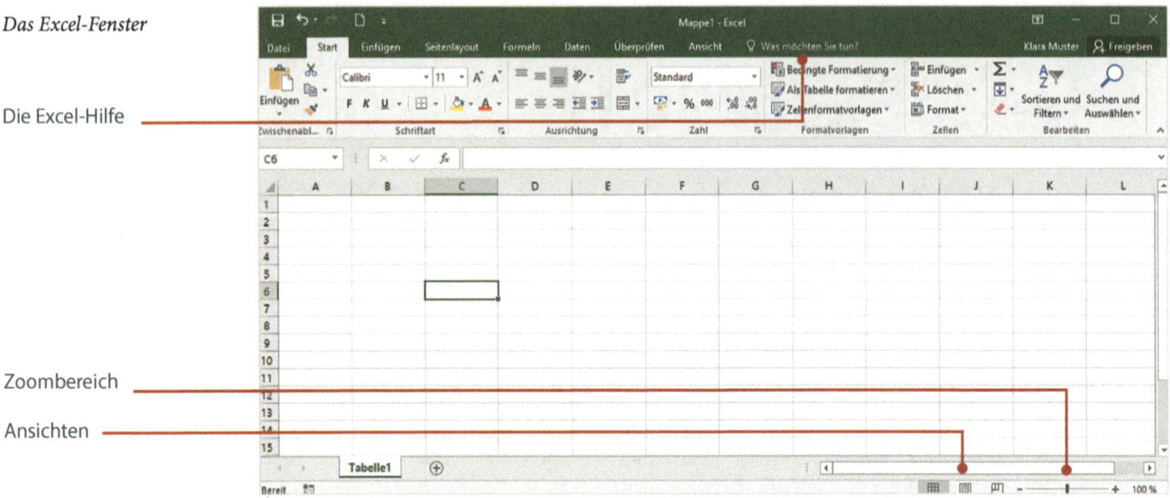

Die Ansicht Seitenlayout

Neu seit der Version 2010 ist die Ansicht *Seitenlayout*, die in Word seit langem bekannt ist. Sie zeigt ein Tabellenblatt einschließlich der Seitenränder so an, wie es gedruckt wird. In dieser Ansicht können Sie ebenfalls Daten und Formeln eingeben, formatieren und Diagramme erstellen.

Ein Tabellenblatt in der Layoutansicht

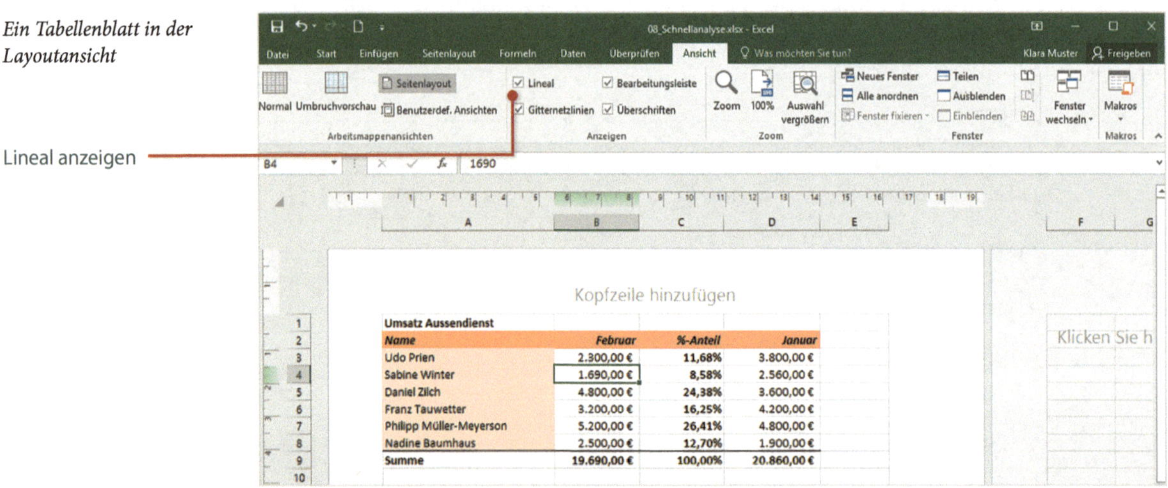

In dieser Ansicht steht sogar ein Lineal zur Verfügung, das Sie über das gleichnamige Kontrollkästchen des Registers *Ansicht* ein- und ausblenden. Zur Bearbeitung umfangreicher Tabellen ist allerdings nach wie vor die Ansicht *Normal* besser geeignet.

Weitere Anzeigeeinstellungen des Registers Ansicht

- **Bildschirmelemente ein- und ausblenden**
  Einzelne Bildschirmelemente, wie Bearbeitungsleiste, Spaltennummerierung (Überschriften) und die Gitternetzlinien blenden Sie über die Kontrollkästchen des Registers *Ansicht* ein bzw. aus.

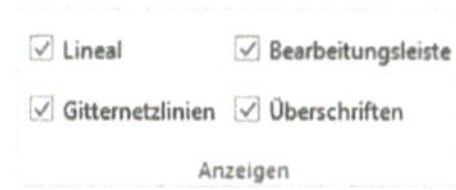

- **Fenster verwalten**
  Excel 2016 öffnet jede Arbeitsmappe in einem gesonderten Fenster. Die Schaltflächen zum Wechseln zwischen den geöffneten Fenstern, sowie zum Anordnen finden Sie ebenfalls im Register *Ansicht*, Gruppe *Fenster*. Zum Zoomen der Bildschirmanzeige können Sie auch die Schaltflächen der Gruppe *Zoom* verwenden, *Auswahl vergrößern* erlaubt das schnelle Vergrößern des markierten Zellbereichs, die Schaltfläche *100%* stellt die Originalgröße wieder her.

Das Register Ansicht

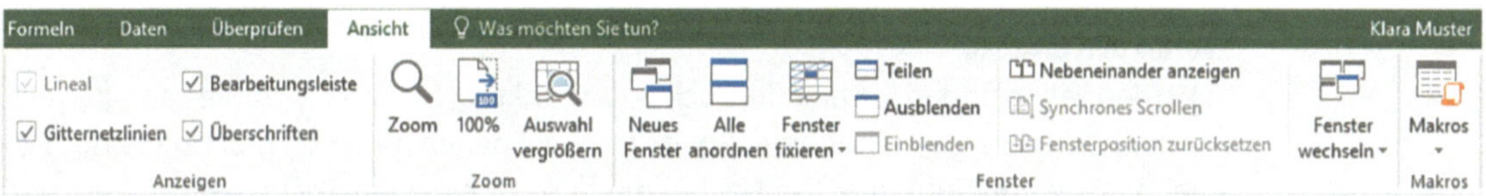

Nebeneinander anzeigen ordnet die geöffneten Fenster auf dem Bildschirm an. Da diese Ansicht häufig dazu benutzt wird, zwei Arbeitsmappen miteinander zu vergleichen, ist gleichzeitig *Synchrones Scrollen* aktiviert. Das bedeutet, wenn Sie in eines der Fenster zeigen und das Mausrad drehen, wird gleichzeitig auch der Bildschirmausschnitt des zweiten Fensters verschoben. Dies lässt sich mit Klick auf *Synchrones Scrollen* deaktivieren.

Mit einem weiteren Klick auf Nebeneinander anzeigen stellen Sie die ursprüngliche Anzeige wieder her.

- **Zeilen und Spalten des Fensters fixieren**
  Klicken Sie im Register *Ansicht*, Gruppe *Fenster* auf *Fenster fixieren*. Wählen Sie, ob Sie die *Oberste Zeile* oder *Erste Spalte* fixieren möchten, unabhängig davon, welche Zelle gerade markiert ist. Achtung: beide orientieren sich an der ersten, im Fenster sichtbaren Zeile oder Spalte. Die Auswahl *Fenster fixieren* dagegen richtet sich wie bisher nach der markierten Zelle.

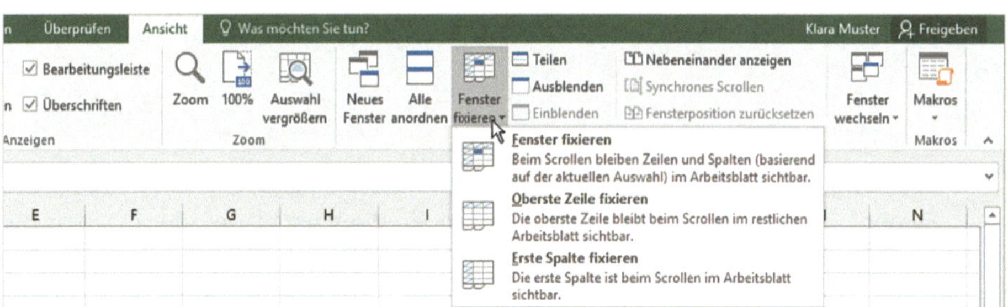

Fenster fixieren oder Oberste Zeile bzw. Spalte fixieren

1.2 Reihen ausfüllen

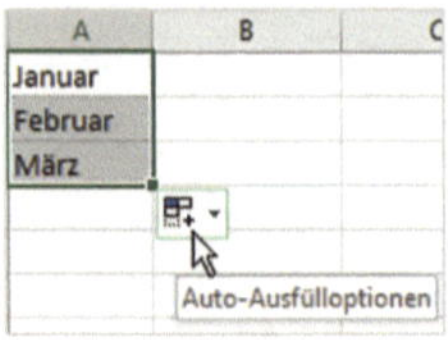

Die Schaltfläche zum Ausfüllen von Reihen finden Sie unter der Bezeichnung *Füllbereich* im Register *Start* ▸ *Bearbeiten*. Wenn Sie stattdessen eine Reihe mit gedrückter linker Maustaste ausfüllen, dann erscheint unmittelbar danach im Tabellenblatt das Symbol *Auto-Ausfülloptionen*. Ein Klick auf dieses Symbol öffnet eine Auswahl verschiedener Optionen, z. B. *Datenreihe ausfüllen* oder *Zellen kopieren*.

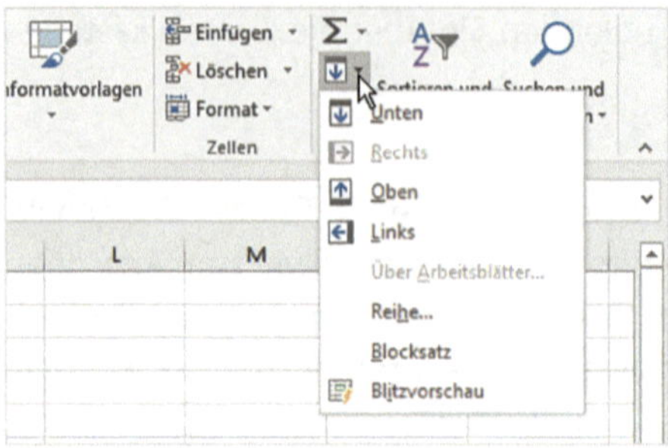

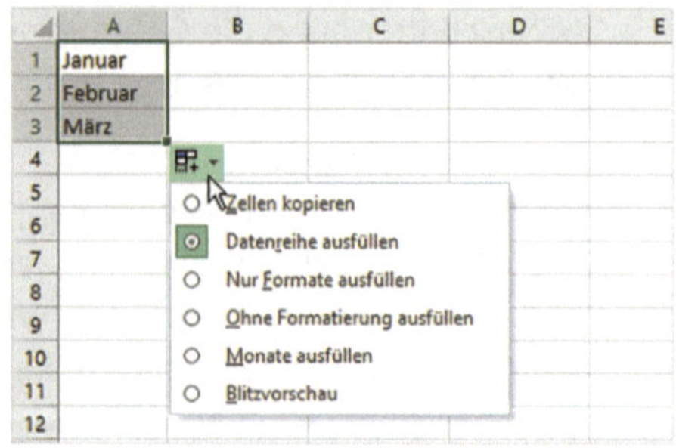

Die Schaltfläche Füllbereich

Auto-Ausfülloptionen

Neu: die Blitzvorschau

In beiden Fällen finden Sie hier die auch neue Funktion *Blitzvorschau*. Sie kann genutzt werden, wenn Sie Daten aus einer Spalte in zwei Spalten aufteilen möchten. Zum Beispiel dann, wenn Vorname und Nachname in einer einzigen Spalte gespeichert sind und nachträglich in zwei Spalten aufgeteilt werden sollen. So geht's:

1. Falls rechts von der zu trennenden Spalte keine leere Spalte vorhanden ist, fügen Sie an dieser Position eine Spalte ein. Geben Sie dann in der ersten Zeile der neuen Spalte den Vornamen ein und schließen Sie mit der Enter-Taste ab.

2. Beginnen Sie in der nächsten Zeile mit den ersten Buchstaben des nächsten Vornamens. Die Blitzvorschau zeigt nun alle weiteren Namen an. Mit der Enter-Taste übernehmen Sie die gesamte Liste. Wenn Sie statt dessen mit der manuellen Eingabe fortfahren möchten, dann drücken Sie die Esc-Taste.

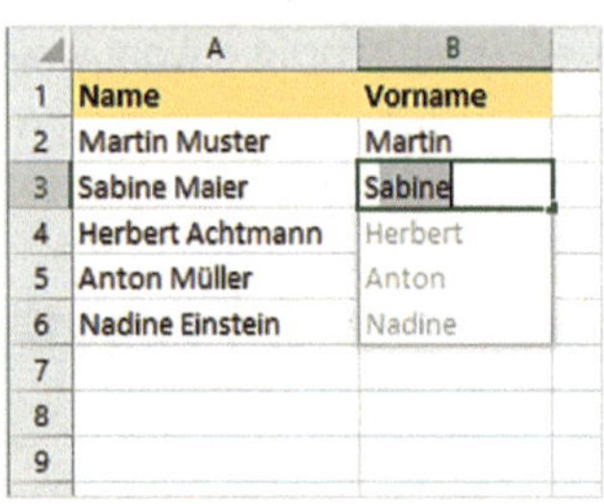

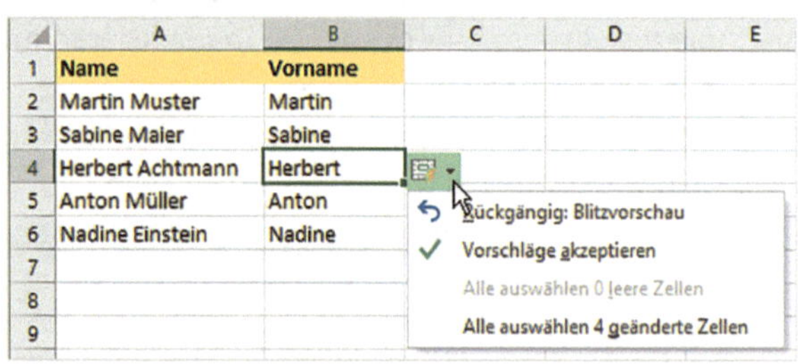

Namen trennen: Geben Sie den ersten Vornamen ein und übernehmen Sie in der zweiten Zeile dem Vorschlag.

Blitzvorschauoptionen

3. Die übrigen Namen der Spalte werden automatisch ausgefüllt; mit Klick auf das Symbol *Blitzvorschauoptionen* akzeptieren Sie die Vorschläge oder machen die Aktion rückgängig.

4 Für den Nachnamen wiederholen Sie die Schritte 1-4. Dann kann die Spalte, die Vor- und Nachname zusammen enthält, gelöscht werden. Diese Methode funktioniert auch beim Aufteilen von PLZ und Ort oder von Telefonummern.

Damit die Blitzvorschau funktioniert, muss ein eindeutiges Muster identifizierbar sein. Dies kann neben dem Leerzeichen zwischen Vorname und Nachname z. B. auch ein Bindestrich sein.

Als weitere Möglichkeit der Aufteilung in Spalten verwenden Sie Excel-Funktionen oder den Befehl *Text in Spalten* (Register *Daten*).

Zellinhalte zusammenfassen

Mit der Blitzvorschau können Inhalte von Zellen nicht nur getrennt, sondern auch zusammengeführt werden. Tragen Sie in die neue Zelle die Inhalte beider Spalten ein. In der Zelle darunter beginnen Sie mit dem ersten Buchstaben. Die Blitzvorschau ergänzt entsprechend. Zur Übernahme der Inhalte drücken Sie die Enter-Taste.

Mögliche Probleme beheben

Die Blitzvorschau erscheint nicht immer automatisch. Als Alternative geben Sie den Vornamen in der ersten Zeile ein und füllen mit gedrückter Maustaste zunächst die Reihe automatisch aus. Da bei dieser Vorgehensweise der Zellinhalt kopiert wird, klicken Sie anschließend auf die Schaltfläche *Auto-Ausfülloptionen* und wählen *Blitzvorschau*.

1.3 Das Schnellanalysetool

Unmittelbar nach dem Markieren eines nicht leeren Zellbereichs erscheint im Tabellenblatt an der unteren rechten Ecke der Markierung das Symbol *Schnellanalyse*. Eine kurze Beschreibung wird beim Zeigen auf die Schaltfläche sichtbar und ein Mausklick öffnet eine ganze Reihe verschiedener Möglichkeiten der Datenanalyse.

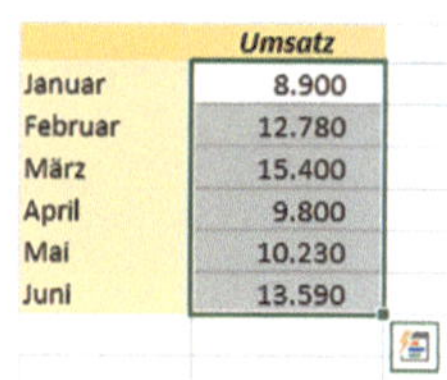

Schnellanalyse

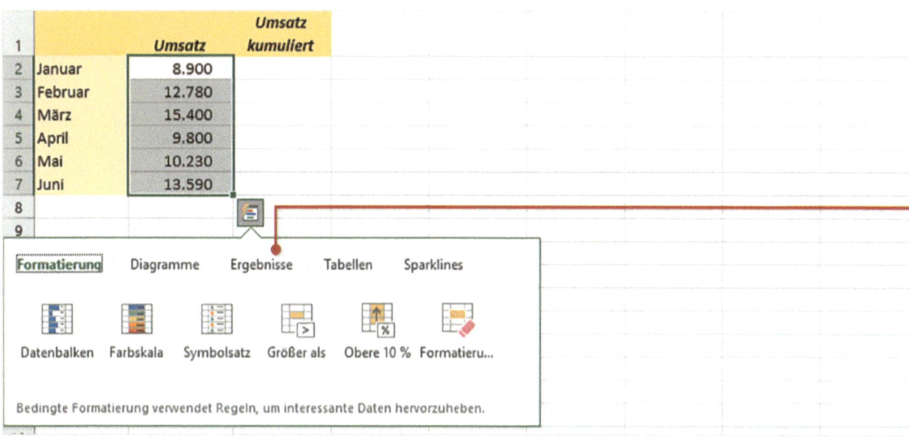

Klicken Sie auf ein Register, z. B. Ergebnisse

Der Schnellanalyse-Katalog enthält die folgenden Register:

Register	enthält...	Näheres unter Punkt...
Formatierung	eine Auswahl der am häufigsten verwendeten bedingten Formatierungen	2.3 auf Seite 223
Diagramme	die wichtigsten Diagrammtypen	5.1 auf Seite 246
Ergebnisse	häufig benötigte Funktionen wie SUMME und MITTELWERT (Durchschnitt)	4.1 auf Seite 236
Tabellen	Bereich als Tabelle formatieren, Pivot-Tabelle erstellen	3.1 auf Seite 228
Sparklines	Minidiagramme, die in eine einzige Zelle eingefügt werden	5.7 auf Seite 260

1.4 Tabellenblätter, Zeilen und Spalten

Tabellenblatt

Eine neue, leere Arbeitsmappe enthält in Excel 2016 standardmäßig nur ein einziges Tabellen- oder Arbeitsblatt. Zum Einfügen weiterer Tabellen klicken Sie einfach im Blattregister auf das Symbol + (*Neues Blatt*).

Neues Tabellenblatt einfügen

Zum weiteren Umgang mit Tabellenblättern, z. B. Registerfarbe, Umbenennen oder Verschieben/Kopieren verwenden Sie entweder das Kontextmenü der rechten Maustaste oder im Register *Start*, Gruppe *Zellen* die Schaltfläche *Format*.

Die Befehle der Schaltfläche Format

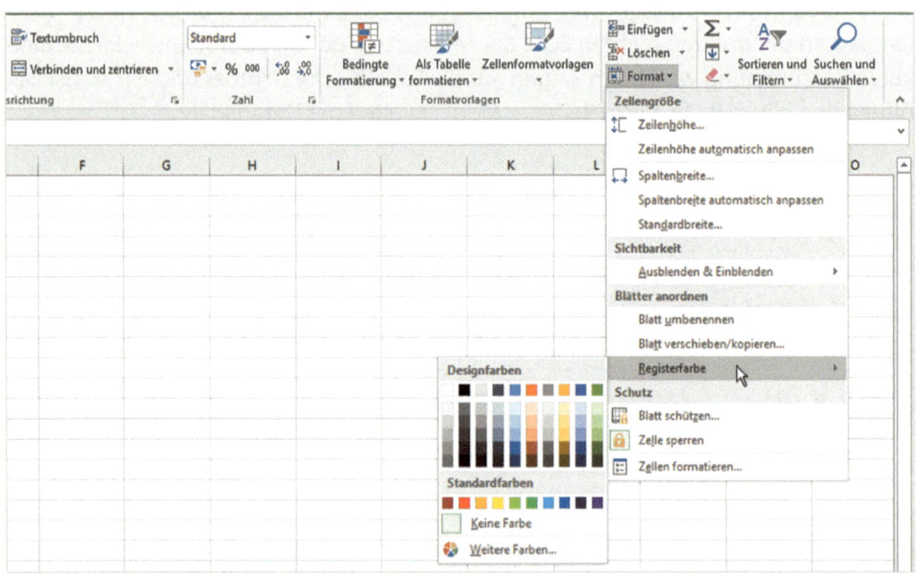

Über die Schaltfläche Format erhalten Sie außerdem folgende Möglichkeiten:

- **Zeilenhöhe und Spaltenbreite**
  Einstellungen zu Zeilenhöhe und Spaltenbreite nehmen Sie entweder direkt mit der Maus oder im Register *Start* ▸ *Zellen* über die Schaltfläche *Format* vor.
- **Aus- und einblenden**
  Zum Aus- und Einblenden von Zeilen, Spalten und Tabellenblättern klicken Sie auf *Format* (*Start*), zeigen im Abschnitt *Sichtbarkeit* auf *Ausblenden & Einblenden* und wählen die gewünschte Einstellung.

Zellen, Zeilen und Spalten einfügen und löschen

Zum Einfügen und Löschen von Zeilen und Spalten klicken Sie im Register *Start* ▸ *Zellen* auf den Dropdown-Pfeil der entsprechenden Schaltfläche und wählen die gewünschte Aktion.

Achtung: ein Mausklick direkt auf die jeweilige Schaltfläche fügt Zeilen und Spalten entsprechend der Markierung ein. Wenn also nur eine einzige Zelle markiert ist, dann wird ausschließlich diese gelöscht, bzw. eine Zelle oberhalb eingefügt. Um ganze Zeilen oder Spalten einzufügen, müssen Sie auf den Dropdown-Pfeil klicken oder zuvor eine ganze Zeile oder Spalte markieren.

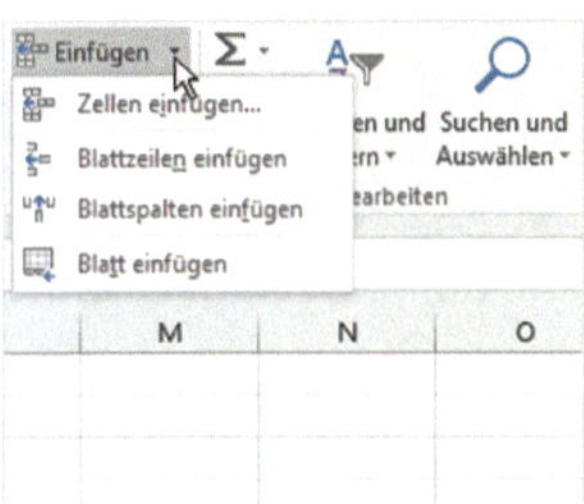

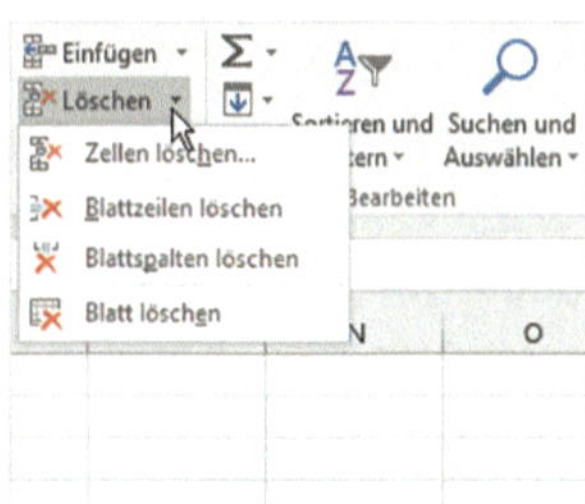

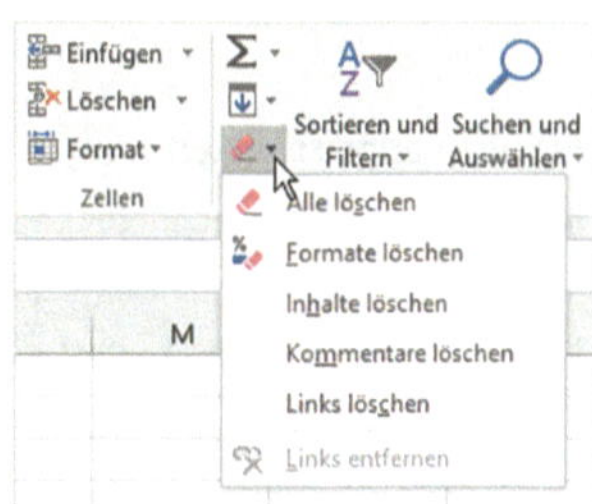

Zellen einfügen

Zellen löschen

Inhalte/Formate löschen

Inhalte und/oder Formate löschen

Markieren Sie die betreffende Zelle, bzw. einen Zellbereich und klicken Sie im Register *Start*, Gruppe *Bearbeiten* auf die Schaltfläche *Löschen*. Wählen Sie, ob Formate, Inhalte oder Alles gelöscht werden sollen.

1.5 Blatt schützen/Zellen sperren

Wie schon in früheren Versionen sind standardmäßig alle Zellen gesperrt, wenn Sie das Tabellenblatt schützen. Um in bestimmten Zellen eine Eingabe zu erlauben, müssen Sie also zuvor die Sperrung von diesen Zellen entfernen. Markieren Sie die Zellen, bzw. den Zellbereich und klicken Sie in der Gruppe *Zellen* auf *Format* (*Start*). Ob die markierten Zellen gesperrt sind, erkennen Sie im Abschnitt *Schutz* am Aussehen des Symbols *Zelle sperren*. Klicken Sie hier, um Sie die Sperrung zu entfernen, ein erneuter Klick sperrt die Zellen wieder.

Der Befehl *Zellen formatieren...* ist nach wie vor im Kontextmenü der rechten Maustaste verfügbar und öffnet das gewohnte gleichnamige Fenster.

Format: Zelle sperren/ nicht sperren

Blatt schützen

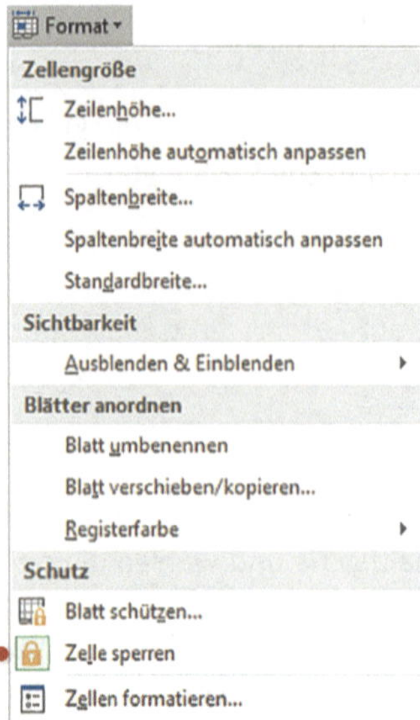

Das Symbol ist aktiviert = gesperrt

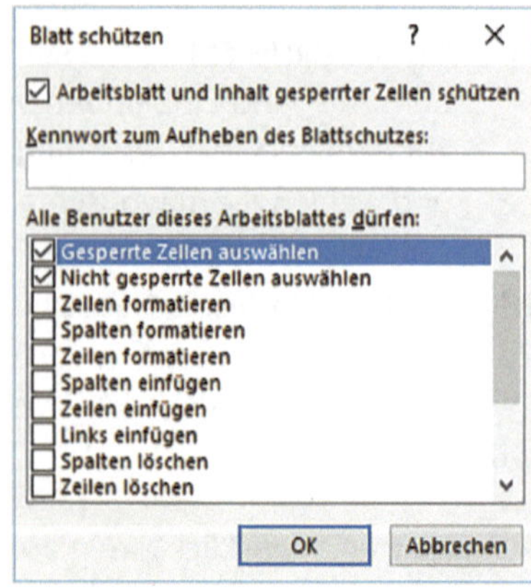

Blatt schützen

Klicken Sie auf *Format* und im Abschnitt *Schutz* auf *Blatt schützen....* Wählen Sie, welche Aktionen im geschützten Blatt erlaubt sind und legen Sie bei Bedarf noch ein Kennwort zum Aufheben des Blattschutzes fest.

Arbeitsmappe schützen

Klicken Sie im Register *Datei* auf *Informationen* und hier auf *Arbeitsmappe schützen*. *Mit Kennwort verschlüsseln* bedeutet, die gesamte Mappe kann nur nach Eingabe eines Kennworts geöffnet und bearbeitet werden, möchten Sie dagegen nur eine einzelne Tabelle schützen, so wählen Sie hier *Aktuelle Tabelle schützen*. Damit wird das Fenster *Blatt schützen* (siehe oben) geöffnet.

Arbeitsmappe oder Tabelle schützen

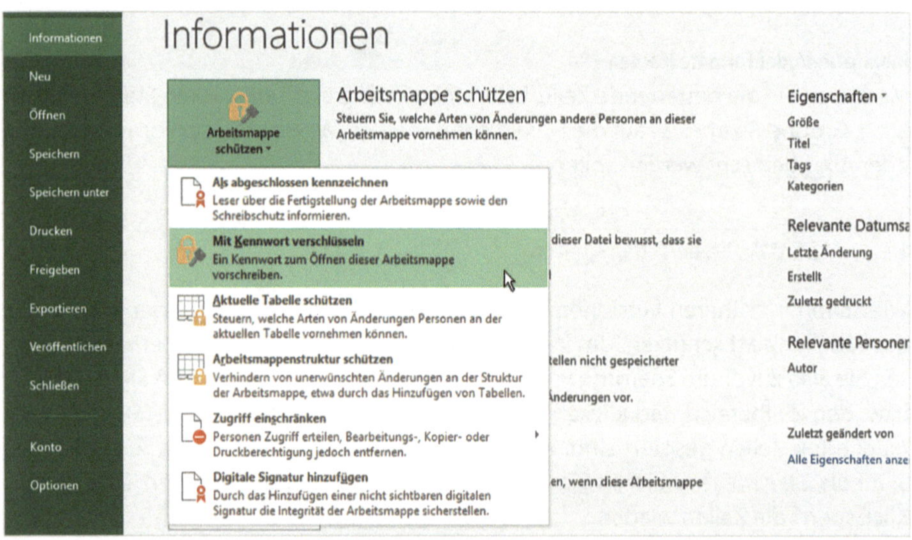

1.6 Druckseite einrichten

Allgemeine Einstellungen

Einstellungen zur Druckseite nehmen Sie entweder im Register *Datei* ▸ *Drucken* oder im Register *Seitenlayout* vor. Ein Mausklick auf das Pfeilsymbol der Gruppe *Seite einrichten* öffnet das bekannte Dialogfenster *Seite einrichten*.

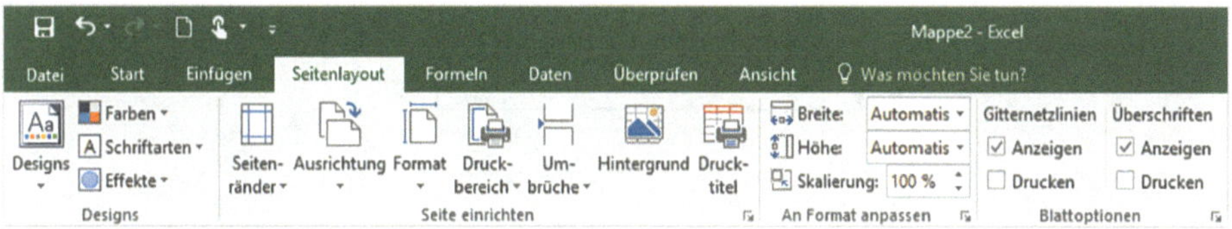

Das Register Seitenlayout

- **Überschriftzeile auf jeder Druckseite wiederholen**
  Klicken Sie im Register *Seitenlayout* auf *Drucktitel* und legen Sie im Feld *Wiederholungszeilen oben* die Tabellenzeilen fest. Das Gleiche gilt auch für Wiederholungsspalten.

- **Blatt verkleinern/vergrößern**
  Wenn Sie zum Drucken das Tabellenblatt verkleinern oder vergrößern möchten (Skalieren), dann verwenden Sie dazu im Register *Seitenlayout* ▸ *An Format anpassen* die Felder *Breite* und *Höhe* oder *Skalierung* zur prozentualen Anpassung.

- **Gitternetzlinien und Spaltennummerierung drucken**
  Aktivieren bzw. deaktivieren Sie dazu die Kontrollkästchen *Drucken* der Gruppe *Blattoptionen* (*Seitenlayout*).

- **Druckbereich**
  Markieren Sie den Zellbereich, den Sie als Druckbereich festlegen möchten und klicken Sie im Register *Seitenlayout* auf *Druckbereich* und auf *Druckbereich festlegen*. Über dieselbe Schaltfläche heben Sie einen Druckbereich auch wieder auf.

- **Seitenumbrüche**
  Neu ist seit der Version 2010 die Schaltfläche *Umbrüche* mit der Sie oberhalb und links von der markierten Zelle einen Seitenumbruch einfügen können. Mit der gleichen Schaltfläche und *Seitenumbrüche entfernen* heben Sie diese wieder auf. Alternativ können Sie dies auch in der Ansicht *Umbruchvorschau* vornehmen.

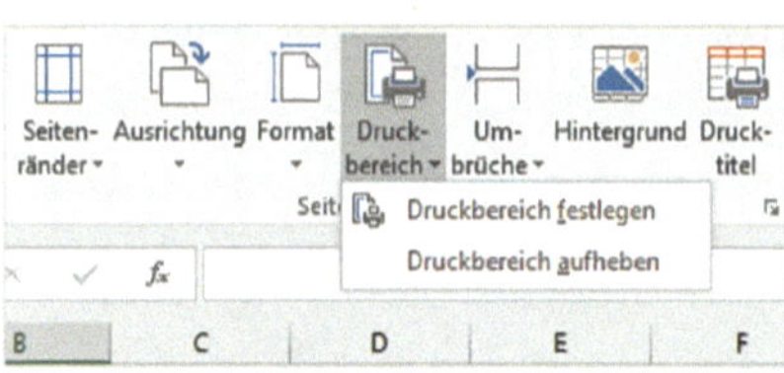

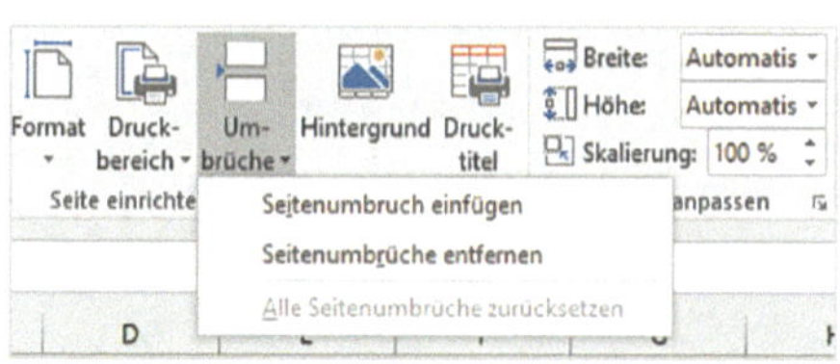

Druckbereich festlegen/ aufheben

Seitenumbruch einfügen/ entfernen

- **Hintergrund**
  Die Schaltfläche *Hintergrund* erlaubt das Einfügen einer Hintergrundgrafik. Diese erstreckt sich über das gesamte Tabellenblatt und erscheint nur auf dem Bildschirm, nicht auf dem Ausdruck.

Seitenränder in der Druckvorschau anpassen

Die Seitenränder können Sie über die Schaltfläche im Register *Seitenlayout* oder zusammen mit dem Druckbefehl oder im Dialogfenster *Seite einrichten* festlegen. Wenn Sie die Seitenränder in der Druckvorschau, bzw. Seitenansicht anpassen möchten, dann klicken Sie im Register *Datei* ▸ *Drucken* rechts unten auf das Symbol *Seitenränder anzeigen*.

Seitenränder und Spaltenbegrenzungen in der Druckvorschau anzeigen

1.7 Kopf- und Fußzeilen

Kopf- und Fußzeilen im Fenster *Seite einrichten*, Register *Kopfzeile/Fußzeile* erstellen, funktioniert nach wie vor. Schneller und komfortabler ist die Möglichkeit, Kopf- und Fußzeilen in der Ansicht *Seitenlayout* zu bearbeiten.

- Wechseln Sie dazu in die Ansicht *Seitenlayout* (Register *Ansicht* oder Symbol der Statusleiste) und klicken Sie mit der Maus in den Bereich Kopf- oder Fußzeile. Oder klicken Sie im Register *Einfügen* ▸ *Text* auf *Kopf- und Fußzeile*, dann wechselt Excel automatisch in die Ansicht *Seitenlayout* und in die Kopfzeile.

Weitere nützliche Einstellungen finden Sie in der Gruppe *Optionen*

- Sobald sich der Cursor im Bereich Kopf- oder Fußzeile befindet, erscheint im Menüband das Register *Kopf- und Fußzeilentools - Entwurf*. Hier finden Sie Schaltflächen zum Einfügen häufig benötigter Elemente wie Seitenzahlen, Datum, Dateiname und -pfad. Einige fertige Vorlagen erhalten Sie über die Schaltflächen *Kopfzeile*, bzw. *Fußzeile*.

Kopfzeile in der Ansicht Seitenlayout bearbeiten

- Wie in allen früheren Versionen bestehen Kopf- und Fußzeile aus einem linken, mittleren und rechten Abschnitt, ein Mausklick in einen Bereich genügt und Sie können Inhalte eingeben.

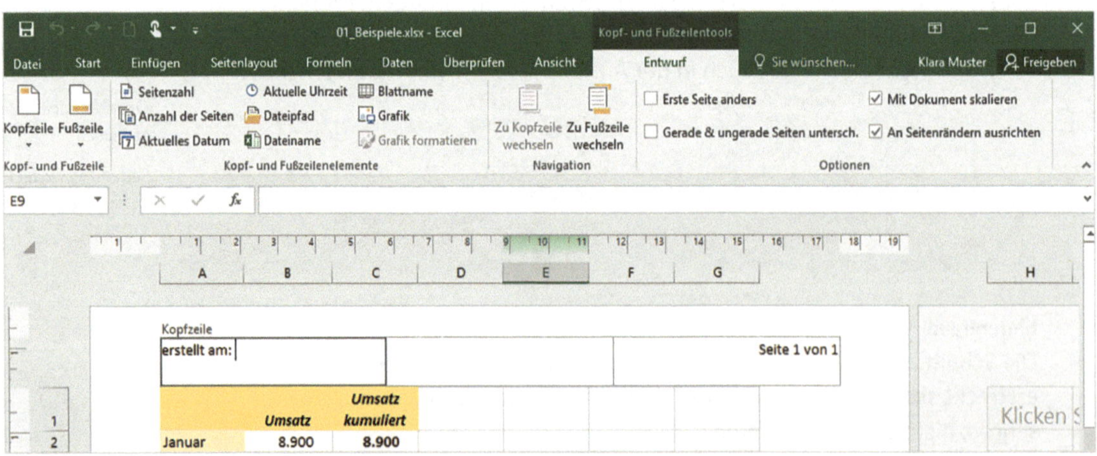

Achtung: Wenn Sie anschließend zurück zur Normalansicht wechseln möchten, dann müssen Sie zuerst die Bearbeitung der Kopf- oder Fußzeile beenden, da diese in der Normalansicht nicht dargestellt werden kann. Klicken Sie dazu einfach auf eine beliebige Zelle im Tabellenblatt.

2 Tabellen und Zellen formatieren

2.1 Zellenformate

Alle wichtigen Werkzeuge zur Formatierung sind im Register *Start* enthalten. Im Kontextmenü finden Sie neben der Minisymbolleiste auch noch den bekannten Befehl *Zellen formatieren...*, mit dem Sie das gleichnamige Dialogfenster öffnen.

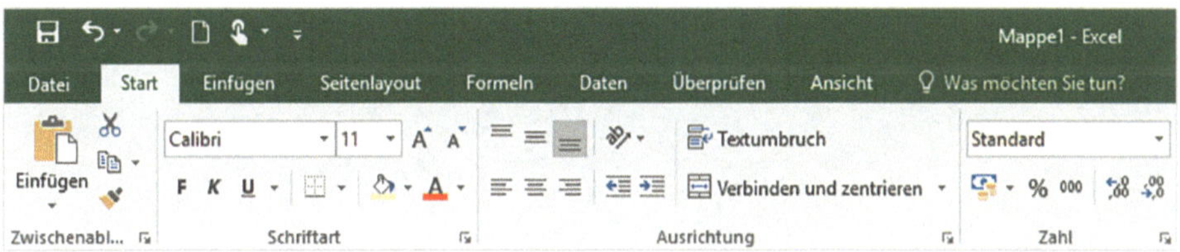

Die Gruppen Schriftart, Ausrichtung und Zahl

- In der Gruppe *Schriftart* finden sich alle Schriftformate, sowie die Schaltflächen *Füllfarbe* und *Rahmenlinien*.
- Die Gruppe *Ausrichtung* enthält neben den bekannten Befehlen zur horizontalen Ausrichtung auch Schaltflächen zur vertikalen Ausrichtung, sowie zum Drehen des Zellinhalts. Mit *Textumbruch* aktivieren und deaktivieren Sie den automatischen Zeilenumbruch innerhalb einer Zelle.
- In der Gruppe *Zahl* finden Sie neben den bekannten Zahlenformaten ein Listenfeld mit weiteren Formaten, z. B. zur schnellen Datumsformatierung.

In jeder der drei Gruppen öffnet ein Mausklick auf das Pfeilsymbol ⧉ das bekannte Dialogfenster *Zellen formatieren* mit dem entsprechenden Registerblatt.

Rahmenlinien

Die Schaltfläche *Rahmenlinien* öffnet eine Liste verschiedener Linienarten. Wenn Sie Rahmenlinien in einer anderen Farbe oder Linienart benötigen oder mit der Maus zeichnen möchten, dann legen Sie diese zuerst im Abschnitt *Rahmenlinien zeichnen* unter *Linienfarbe* und *Linienart* fest. Anschließend können Sie entweder mit dem Zeichnen beginnen oder über dieselbe Schaltfläche eine der Standard-Rahmenlinien verwenden. Die Auswahl *Weitere Rahmenlinien...* öffnet das Dialogfenster *Zellen formatieren* mit dem Register *Rahmen*.

Schaltfläche Rahmenlinien

Zellen formatieren - Rahmen

Tipp: Mit der Auswahl *Rahmenraster zeichnen* können Sie einem größeren Zellbereich gleichzeitig horizontale und vertikale Linien zuweisen, dazu brauchen Sie nur die Maus mit gedrückter Maustaste über den Zellbereich bewegen.

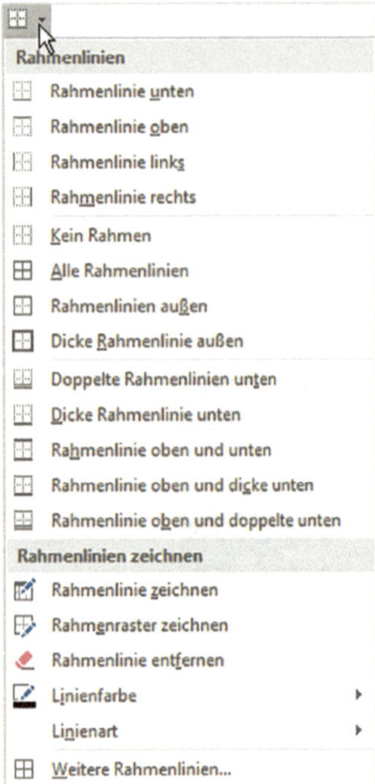

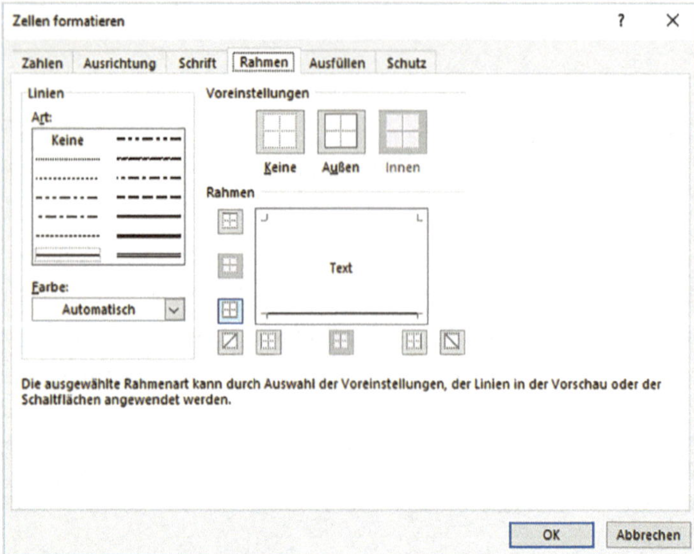

2.2 Schnelle Formatierung mit Formatvorlagen

Tabellenformatvorlagen

Auch in Excel finden Sie im Register *Start* einen Katalog mit Vorlagen zur schnellen Tabellenformatierung.

1 Markieren Sie den Zellbereich, der formatiert werden soll, bei einem zusammenhängenden Zellbereich genügt es auch, wenn eine einzige Zelle innerhalb der Tabelle markiert ist.

2 Klicken Sie in der Gruppe *Formatvorlagen* auf *Als Tabelle formatieren* und wählen Sie eine der Vorlagen.

3 Das Fenster *Als Tabelle formatieren* erscheint: legen Sie den Zellbereich Ihrer Tabelle fest und geben Sie an, ob die Tabelle eine Überschriftzeile enthält (Kontrollkästchen *Tabelle hat Überschriften*).

Enthält der Zellbereich keine Überschriften, dann wird automatisch eine Überschriftenzeile mit Spalte 1, Spalte 2, usw. eingefügt.

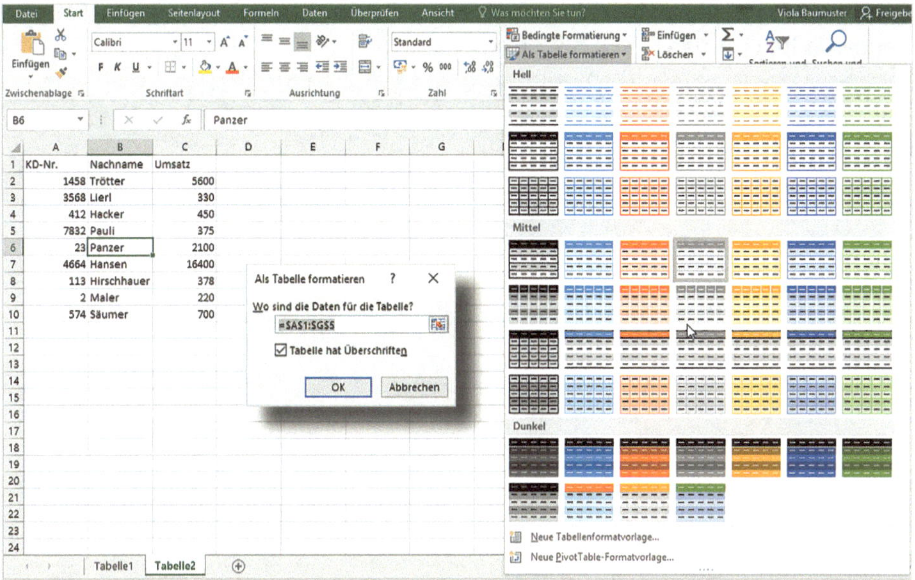

Wählen Sie eine Tabellenformatvorlage und legen Sie den Datenbereich fest

Beispiel Tabellenformatvorlage

Das Aussehen der Vorlagen hängt von Design, Farben und Schriftarten ab (Register *Seitenlayout*)!

Tabellenformatvorlagen wandeln Zellbereiche in dynamische Listen um!

- Der Zellbereich erhält nicht nur die gewählte Formatierung, sondern wird gleichzeitig in eine dynamische Tabelle (früher: *Liste*) umgewandelt.
- Dies bedeutet, dass beim nachträglichen Hinzufügen weiterer Tabellenzeilen am Ende der Tabelle die Formatierung automatisch weitergeführt wird, auch bei wechselnden Zeilenfarben. Gleichzeitig erweitert sich der Tabellenbereich automatisch, wichtig für Auswertungen, die auf dieser Tabelle beruhen, z. B. Pivot-Tabellen!
- Enthält die Tabelle Formeln, so werden diese ebenfalls in die neu hinzugefügten Zeilen übernommen. Außerdem sind die Spaltenüberschriften mit Dropdown-Pfeilen versehen, über die Sie die Tabelle schnell filtern und sortieren können.

Formatierung nachträglich ändern

Falls Sie die Formatierung einer solchen Tabelle nachträglich ändern möchten, so klicken Sie an eine beliebige Stelle des Tabellenbereichs und wählen im Register *Tabellentools - Entwurf* ▸ *Tabellenformatvorlagen* über die Schaltfläche *Schnellformatvorlagen* ein anderes Format (Bild). **Tipp:** Hier finden Sie links oben auch die Vorlage *Keine*, die sämtliche Farben und Linien wieder entfernt.

In normalen Zellbereich konvertieren

Wenn Sie die Tabelle wieder in einen normalen Zellbereich konvertieren möchten, dann klicken Sie in den Tabellenbereich und verwenden Sie die Schaltfläche *In Bereich konvertieren*. Bestätigen Sie die nachfolgende Rückfrage mit *Ja*. **Achtung:** die Formate der gewählten Formatvorlage bleiben erhalten!

Das Register Tabellentools - Entwurf

In normalen Zellbereich konvertieren

Andere Formatvorlage wählen

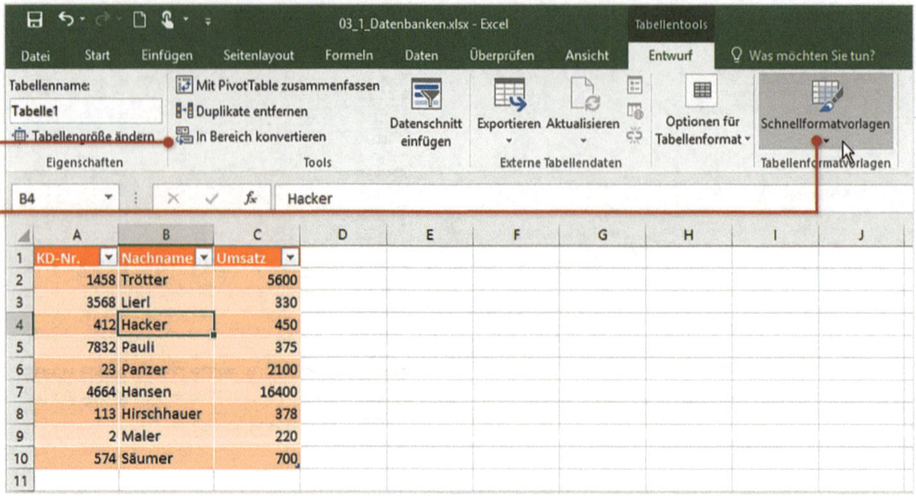

Zellenformatvorlagen

Für einzelne Zellen stellt Excel ebenfalls verschiedene Formatvorlagen bereit. Markieren Sie die Zellen und klicken Sie im Register *Start* ▸ *Formatvorlagen* auf *Zellenformatvorlagen*.

Wählen Sie eine Zellenformatvorlage aus

Tipp: Mit *Neue Zellenformatvorlage...* können Sie diesem Katalog schnell eigene Formatierungen hinzufügen.

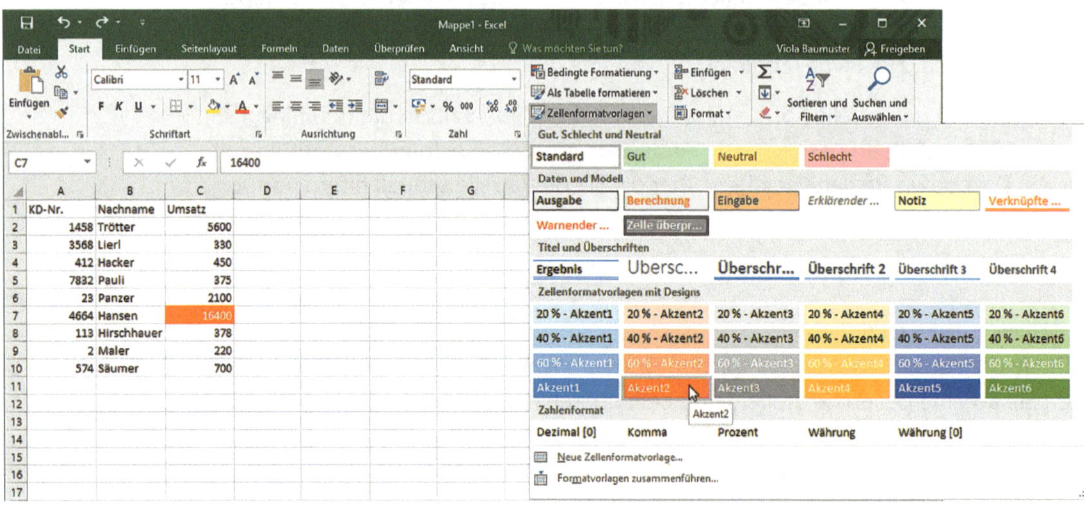

2.3 Bedingte Formatierung

Mit der bedingten Formatierung lassen sich Zellen oder Zellbereiche, abhängig vom Inhalt optisch hervorheben. Gegenüber früheren Versionen stehen Ihnen seit Excel 2007 gleich mehrere Möglichkeiten offen. Sie finden die bedingte Formatierung im Register *Start* ▸ *Formatvorlagen*.

Grafische Vorlagen nutzen

Einfach gestaltet sich die Verwendung von grafischen Vorlagen. Markieren Sie den Zellbereich, klicken Sie auf *Bedingte Formatierung* und wählen Sie zwischen Datenbalken, Farbskalen und Symbolsätzen.

> **Wichtig:** Markieren Sie immer nur diejenigen Werte, die Sie unmittelbar miteinander vergleichen möchten. Für eine Gegenüberstellung zweier Jahre müssen Sie, wie im Bild unten, jedes Jahr bzw. jede Spalte gesondert mit einer bedingten Formatierung versehen.

Bedingte Formatierung: Beispiel Datenbalken

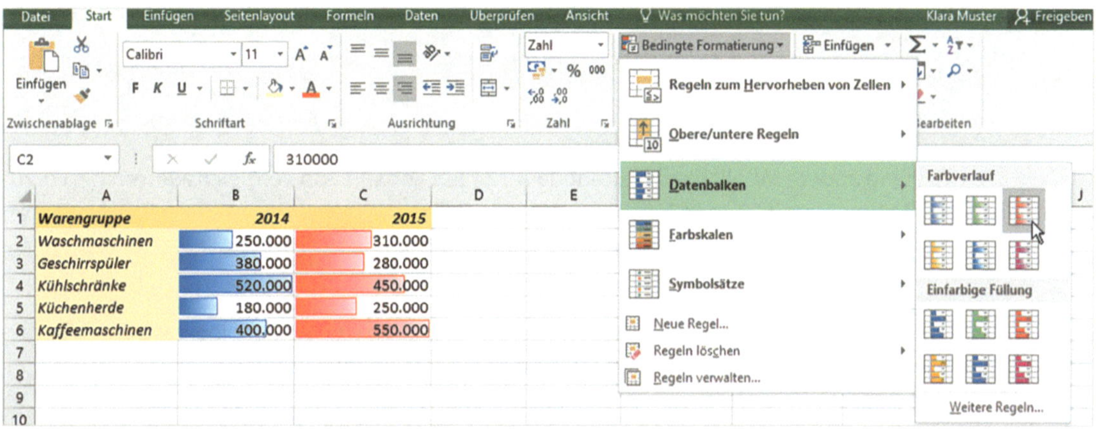

- Mit der Auswahl *Datenbalken* werden Zellen, entsprechend ihrem Wert mit farbigen Balken hinterlegt, vergleichbar einem Balkendiagramm. Die höchste Zahl im markierten Bereich erhält einen Datenbalken, der die gesamte Zelle ausfüllt. Die Längen der übrigen Balken verhalten sich entsprechend proportional.

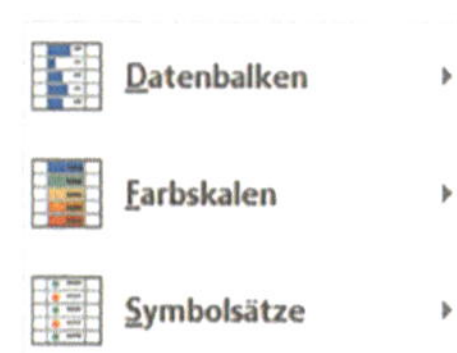

- Die Auswahl *Farbskalen* hebt die jeweils höchsten und niedrigsten Werte besonders hervor. Eine Zweifarbskala beruht auf der Berechnung eines 50% Quantils, auch Median genannt. Der Median teil die Anzahl der Zahlen in zwei Hälften, wobei die eine Hälfte der Zahlen unterhalb des Medians und die andere Hälfte darüber liegt.
- Über *Symbolsätze* versehen Sie die Zellen mit Symbolen, beispielsweise Ampelsymbolen oder Pfeilen. Excel verwendet automatisch folgende Schwellenwerte zur Anzeige:

- Grün (grüner Pfeil) wird angezeigt, wenn der Wert der Zelle gleich oder größer zwei Drittel (oder 67%) des höchsten Werts im markierten Bereich ist.
- Rot erscheint, wenn der Wert der Zelle kleiner ist als 33% des höchsten Werts.
- Die Werte dazwischen erhalten Gelb.

Auch die *Schnellanalyse* enthält im Register *Formatierung* eine Auswahl der am häufigsten verwendeten bedingten Formatierungsmöglichkeiten. Das Symbol *Schnellanalyse* erscheint im Tabellenblatt, sobald Sie einen Zellbereich markieren.

Schnellanalyse: Register Formatierung

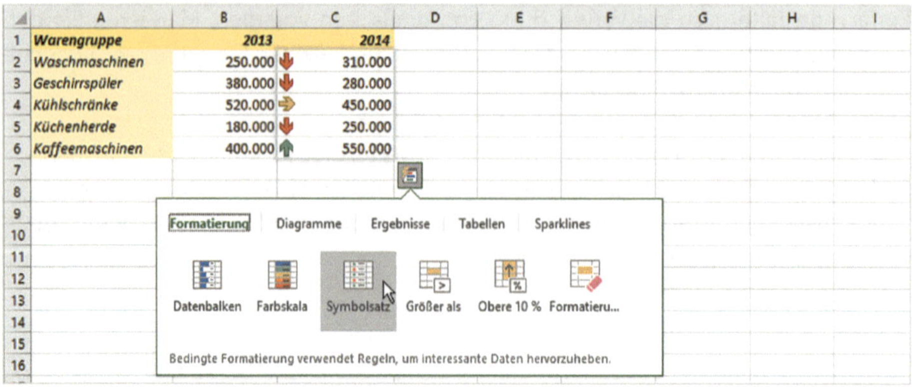

Einfache Vergleichsregeln verwenden

Eine andere Möglichkeit besteht darin, Zellen anhand von Vergleichswerten hervorzuheben. Damit können beispielsweise alle Zellen farbig gekennzeichnet werden, deren Werte über oder unter einem bestimmten Wert (*Regeln zum Hervorheben von Zellen*) oder dem Durchschnitt (*Obere/untere Regeln*) liegen.

1. Klicken Sie dazu auf *Bedingte Formatierung*, zeigen Sie auf eine der beiden Regelkategorien und wählen Sie eine geeignete Regel, z. B. *Größer als*.
2. Geben Sie den Vergleichswert ein, dies kann auch ein Zellbezug sein und wählen Sie eine Formatierung. Die Auswahl *benutzerdefiniertem Format...* öffnet das Dialogfenster *Zellen formatieren* und Sie können Ihr eigenes Format zusammenstellen.

Format auswählen

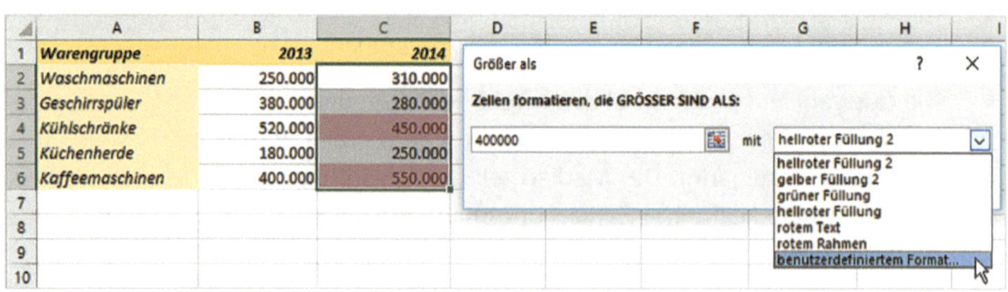

Tipp: Einfache bedingte Formatierungen können, wie alle Zellenformate, mit der Schaltfläche *Format übertragen* (Pinsel) schnell auf andere Zellbereiche kopiert werden.

Bedingte Formate wieder entfernen

Vorsicht beim Ausprobieren von verschiedener Formate! Vorhandene bedingte Formatierungen werden nicht ersetzt, Sie sollten also nicht mehr benötigte bedingte Formatierungen auch wieder löschen. Dazu klicken Sie auf *Bedingte Formatierung* und auf *Regeln löschen*. Wählen Sie, ob Sie alle Regeln im markierten Zellbereich oder im gesamten Tabellenblatt löschen möchten. Mit der Auswahl *Regeln verwalten...* lassen sich einzelne Regeln gezielt löschen.

Bedingte Formatierungen lassen sich auch mit der Schaltfläche *Löschen - Formate löschen* entfernen, allerdings werden dann auch alle übrigen Formate, z. B. Zahlenformate gelöscht.

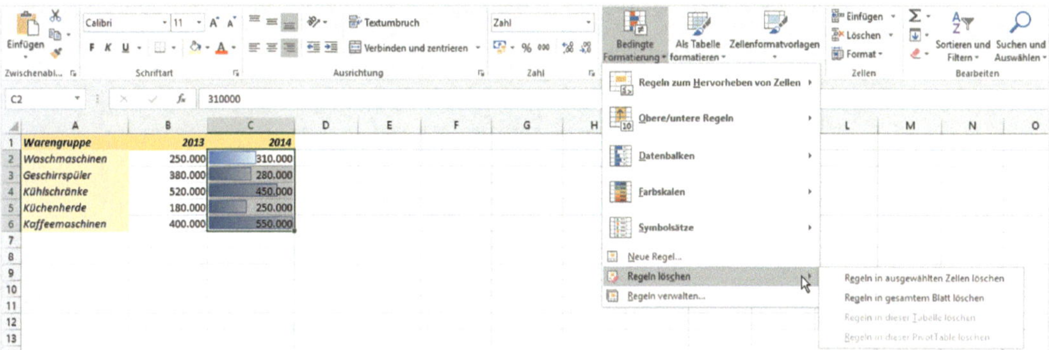

Regeln löschen

Datumswerte hervorheben

Die bedingte Formatierung eignet sich auch hervorragend für Datumswerte. Ein Beispiel: Sie möchten in einer Tabelle mit Datumswerten alle Tage der aktuellen Woche hervorheben. Markieren Sie die Spalte mit den Datumswerten, klicken Sie auf *Bedingte Formatierung* und zeigen Sie auf *Regeln zum Hervorheben von Zellen*. Klicken Sie auf *Datum...* und wählen Sie aus der Dropdown-Liste den Eintrag *Diese Woche*. Daneben legen Sie die gewünschte Formatierung fest. Stattdessen oder zusätzlich lassen sich auch das aktuelle Datum und/oder der gesamte Monat hervorheben.

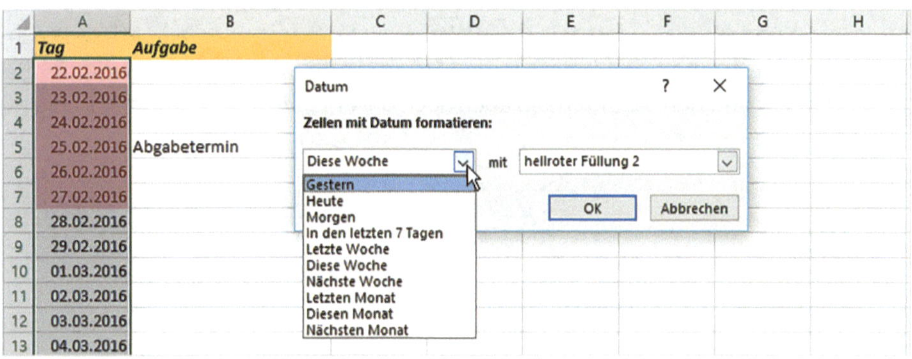

Datumswerte mit Vergleichsregeln hervorheben

Eigene Regeln definieren

Klicken Sie auf *Bedingte Formatierung* und auf *Neue Regel...* und erstellen Sie die Regel im Fenster *Neue Formatierungsregel*. Hier können Sie zur Regelbeschreibung auch Formeln verwenden, eigene Farbskalen definieren und nicht nur einzelne Zellen, sondern auch ganze Tabellenzeilen hervorheben.

1 Zuerst wählen Sie den grundlegenden Regeltyp aus. Der Typ *Nur Zellen formatieren, die enthalten* entspricht der Kategorie *Regeln zum Hervorheben von Zellen*. Wenn Sie eine Formel verwenden möchten, dann benötigen Sie den Typ *Formel zur Ermittlung der formatierenden Zellen verwenden*.

2 Abhängig vom markierten Regeltyp bearbeiten Sie darunter die Regelbeschreibung. Geben Sie einen Vergleichswert, eine Formel oder eine Funktion ein.

3 Zuletzt wählen Sie über die Schaltfläche *Formatieren...* eine Formatierung.

Neue Formatierungsregel

Beispiel Farbskalen definieren

Öffnen Sie das Fenster *Neue Formatierungsregel* und klicken Sie auf den Regeltyp *Alle Zellen basierend auf ihren Werten formatieren*.

Klicken Sie dann auf den Dropdown-Pfeil *Formatstil* und wählen Sie zwischen *2-* bzw. *3-Farbenskala*, *Datenbalken* und *Symbolsätzen*. Anschließend legen Sie unter *Minimum*, *Mittelpunkt* und *Maximum* fest, wie diese Werte gewählt werden sollen und weisen ihnen eine Farbe, bzw. ein Symbol zu. Haben Sie als Wertetyp *Zahl*, *Prozent* oder *Formel* ausgewählt, so müssen Sie unterhalb auch noch die entsprechenden Werte eintragen.

Farbskala bearbeiten

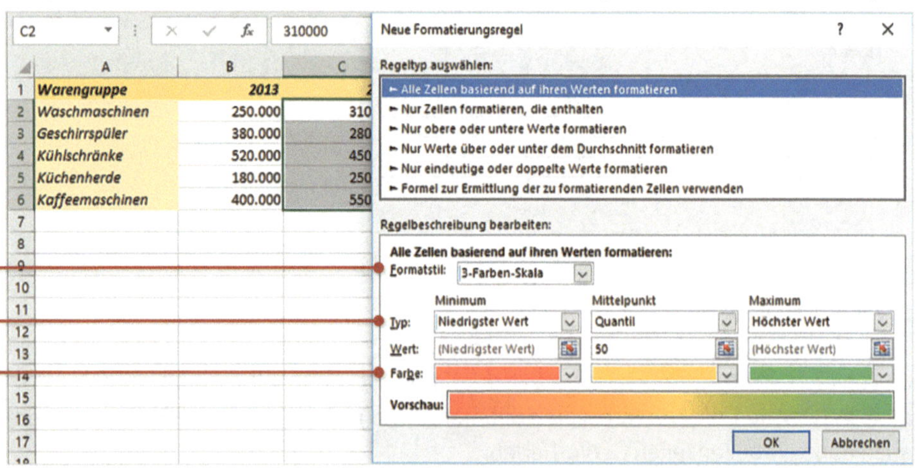

Ganze Zeile anstatt von Zellen hervorheben

Sie möchten eine Tabelle, z. B. mit Umsätzen so formatieren, dass nicht nur die Zelle mit dem höchsten Jahresumsatz (Spalte *Summe*), sondern die gesamte Zeile bzw. Warengruppe hervorgehoben wird. Für diese Regel benötigen Sie eine Formel.

> Beachten Sie bei der Vendung von Formeln und Funktionen in Zusammenhang mit der bedingten Formatierung, dass auch hier jede Formel mit einem Gleichheitszeichen = beginnen muss. Zudem dürfen nur Formeln und Funktionen eingesetzt werden können, die als Ergebnis die Werte WAHR oder FALSCH liefern.

1 Markieren Sie den zu formatierenden Zellbereich, im Beispiel unten A2:F6, klicken Sie auf *Bedingte Formatierung* und auf *Neue Regel...*. Wählen Sie den Regeltyp *Formel zur Ermittlung der zu formatierenden Zellen verwenden*.

2 Geben Sie unter *Regelbeschreibung bearbeiten* die Formel oder Funktion zusammen mit einem Gleichheitszeichen (=) ein.

Um den höchsten Jahresumsatz zu ermitteln, müssen Sie für jede Zeile die Werte in Spalte F mit dem höchsten Wert (Funktion MAX) dieser Spalte vergleichen. Der Bezug auf Spalte F muss konstant bleiben, daher benötigen Sie gemischte Zellbezüge. Die Formel für das Beispiel unten muss lauten: =$F2:$F6=MAX($F$3:$F$6)

3 Zuletzt legen Sie über die Schaltfläche *Formatieren...* das gewünschte Format, beispielsweise eine Füllfarbe fest und bestätigen mit *OK*.

Formatierungsregel mit einer Formel erstellen

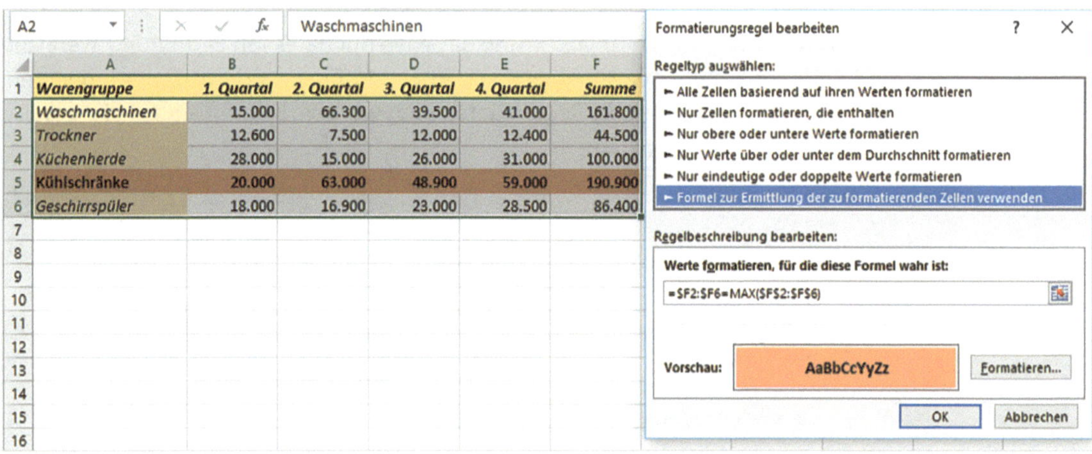

Regeln verwalten

Wenn Sie nachträglich die Regeln für die bedingte Formatierung kontrollieren, bearbeiten oder ggfs. löschen möchten, dann erledigen Sie dies im *Manager für Regeln für die bedingte Formatierung*. Dazu klicken Sie im Menüband auf *Bedingte Formatierung* und auf *Regeln verwalten...*. Damit alle Regeln des aktuellen Arbeitsblattes angezeigt werden, sollten Sie zunächst im Feld *Formatierungsregeln anzeigen für* auf den Pfeil klicken und *Dieses Arbeitsblatt* auswählen.

Arbeitsblatt auswählen

Reihenfolge ändern

Regeln bearbeiten und löschen

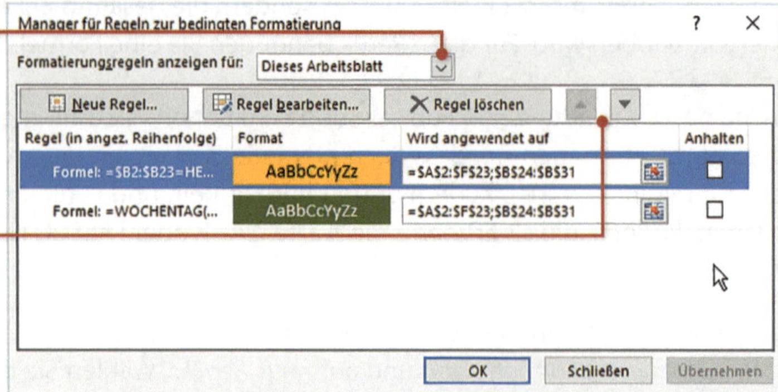

- Zum Bearbeiten bzw. Ändern markieren Sie die Regel und klicken auf *Regel bearbeiten...*. Über weitere Schaltflächen löschen Sie die markierte Regel oder erstellen eine neue Regel. Falls Sie eine neue Regel erstellen möchten, können Sie unter *Wird angewendet auf* auch gleich den dazugehörigen Zellbereich festlegen.
- Über Pfeile können Sie bei Bedarf die Rangfolge der Regeln ändern. Dies ist wichtig beim Vorhandensein mehrerer Regeln, die sich gegenseitig überschneiden. So kann es beispielsweise vorkommen, dass eine Zelle nach der einen Regel eine grüne Füllfarbe erhält, nach der anderen Regel aber eine rote. In diesem Fall kommt die Regel mit der höheren Rangfolge zur Anwendung.
- Die Kontrollkästchen *Anhalten* sind dagegen nur dann von Bedeutung, wenn Sie die Mappe mit einer alten Version von Excel öffnen und bearbeiten möchten. Da hier nur maximal drei Regeln unterstützt werden, können Sie auf diese Weise Regeln deaktivieren.

3 Mit Tabellen arbeiten

3.1 Tabelle erstellen und bearbeiten

Siehe Punkt 2.2 auf Seite 220.

Als Tabellen oder Listen bezeichnet Excel dynamische Zellbereiche, die beim nachträglichen Hinzufügen weiterer Zeilen und/oder Spalten automatisch erweitert werden, dabei werden Formate und Formeln automatisch in die neuen Zellen übernommen. Excel erstellt automatisch eine Tabelle, wenn Sie einen Zellbereich mit einer Tabellenformatvorlage formatieren (*Start* ▸ *Formatvorlagen* oder *Einfügen* ▸ *Tabellen*).

Sobald Sie in den Tabellenbereich klicken erscheint im Menüband das Register *Tabellentools - Entwurf* zur weiteren Bearbeitung.

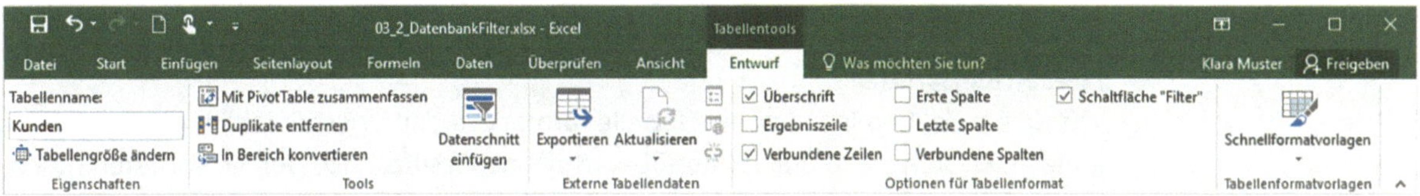

Das Register Tabellentools - Format

- **Filterschaltflächen ausblenden**
  Zusammen mit der Formatvorlage erhalten die Spaltenüberschriften automatisch Dropdown-Schaltflächen zum schnellen Filtern und Sortieren. Falls Sie diese als störend empfinden, dann deaktivieren Sie das Kontrollkästchen *Filter*.

- **Ergebnisse anzeigen**
  Das Kontrollkästchen *Ergebniszeile* blendet unmittelbar unterhalb der Tabelle eine zusätzliche Zeile für zusammenfassende Ergebnisse ein und aus. Je nach Spalteninhalt verwendet Excel die Funktion Summe oder Anzahl, Sie können jedoch über den Dropdown-Pfeil eine andere Funktion auswählen. Leider erhalten Sie keinerlei Information über die verwendete Funktion, da Excel als Beschriftung anstelle der verwendeten Funktion immer nur *Ergebnis* anzeigt.

  Im Gegensatz zu früheren Excel-Versionen braucht die Ergebniszeile vor der Eingabe weiterer Datensätze nicht ausgeblendet werden, neue Zeilen werden automatisch oberhalb der Ergebniszeile eingefügt.

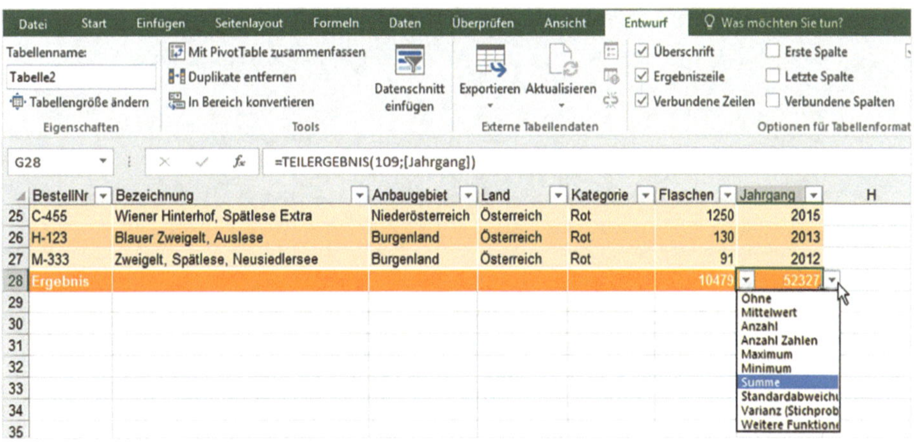

Ergebniszeile

- **Tabelle in normalen Bereich umwandeln**
  Mit Klick auf *In Bereich konvertieren* (*Tabellentools - Entwurf ▸ Tools*) wandeln Sie die Tabelle zurück in einen normalen Zellbereich, alle Daten und Formatierungen bleiben erhalten.

3.2 Tabellen sortieren

Tabelle (Liste) sortieren

Wurde ein Zellbereich zuvor als Tabelle formatiert, dann gestaltet sich die Sortierung einfach: Klicken Sie in der Spaltenüberschrift der Spalte, nach der Sie sortieren möchten, auf den Dropdown-Pfeil, im Bild unten Bestellnummer und wählen Sie zwischen aufsteigender (*von A bis Z sortieren*) und absteigender Sortierung.

Tabelle über die Drop-down-Pfeile der Spaltenüberschriften sortieren

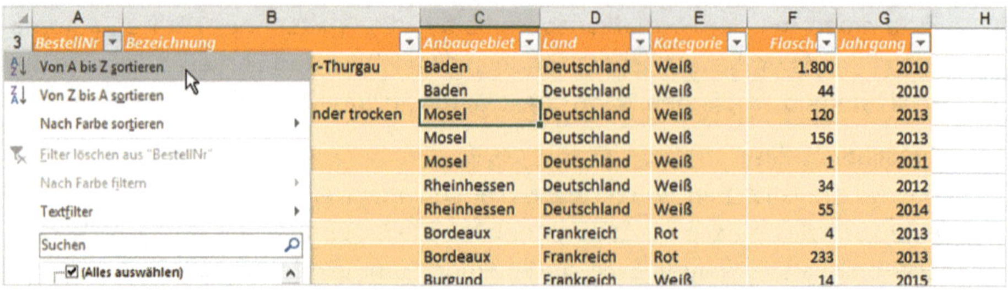

Register Daten: Sortieren

Alternativ klicken Sie in der Tabelle auf eine beliebige Zelle der betreffenden Spalte und anschließend im Register *Start*, Gruppe *Bearbeiten*, auf *Sortieren und Filtern*. Oder klicken Sie im Register *Daten*, *Sortieren und Filtern*, auf *Aufsteigend* oder *Absteigend sortieren*. Die aktuell verwendete Sortierung ist am Pfeil auf der Filterschaltfläche schnell zu erkennen.

Aktuelle Sortierung

Diese Methoden können Sie zum Sortieren auch verwenden, wenn der Zellbereich nicht als Tabelle formatiert wurde. Eine Überschriftzeile wird auch dann normalerweise von Excel erkannt und in die Sortierung nicht mit einbezogen.

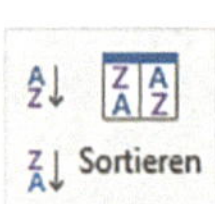

Mehrere Sortierkriterien verwenden

Falls Sie mehrere Sortierkriterien (Excel 2016 unterstützt max. 64) benötigen, dann klicken Sie auf eine beliebige Zelle innerhalb der Tabelle und klicken im Register *Daten* auf die Schaltfläche *Sortieren*. Alternativ klicken Sie im Register *Start* auf *Sortieren und Filtern* und wählen *Benutzerdefiniertes Sortieren....*

Enthält die Tabelle mehrere Überschriftzeilen oder Summenzeilen, dann markieren Sie zuvor den gesamten, zu sortierenden Zellbereich. Also alle Spalten!

1. Überprüfen Sie, ob eine vorhandene Überschriftzeile erkannt wurde, dann muss das Kontrollkästchen *Daten haben Überschriften* aktiviert sein.
2. Wählen Sie im Feld *Sortieren nach* das erste Sortierkriterium, im unten abgebildeten Beispiel die Spalte Land. Die Einstellung *Werte* unter *Sortieren nach* kann

beibehalten werden, unter *Reihenfolge* sehen Sie die standardmäßige Sortierung von A bis Z, diese kann mit Klick auf den Pfeil geändert werden.

3 Klicken Sie dann auf *Ebene hinzufügen* und wählen Sie als zweites Sortierkriterium das Anbaugebiet.

Sortierung nach mehreren Ebenen

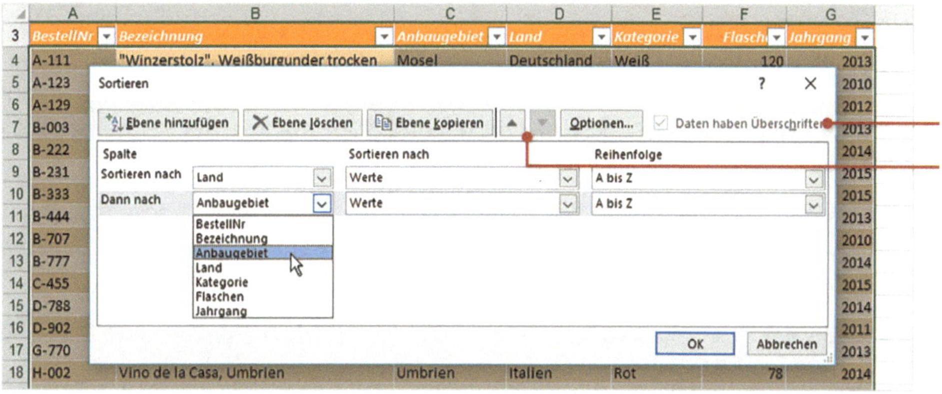

- Wenn Sie eine Sortierung entfernen möchten, dann markieren Sie die betreffende Ebene und klicken auf die Schaltfläche *Ebene löschen.*
- Mit den Schaltflächen *Nach oben/Nach unten* können Sie die markierte Sortierung jeweils eine Ebene höher oder tiefer verschieben.

Nach Farbe sortieren

Haben Sie in einer Tabelle Zellen in unterschiedlichen Farben formatiert, dann können Sie mit Excel 2016 auch nach Zellenfarbe oder Schriftfarbe sortieren. Öffnen Sie dazu das Dialogfenster *Sortieren* und wählen Sie zuerst die entsprechende Spalte aus. Klicken Sie dann unter *Sortieren nach* auf den Dropdown-Pfeil und wählen Sie *Zellenfarbe* oder *Schriftfarbe*, unter *Reihenfolge* können Sie anschließend die entsprechende Farbe auswählen.

Diese Sortiermöglichkeit lässt sich auch in Verbindung mit der bedingten Formatierung einsetzen!

Nach Farben sortieren

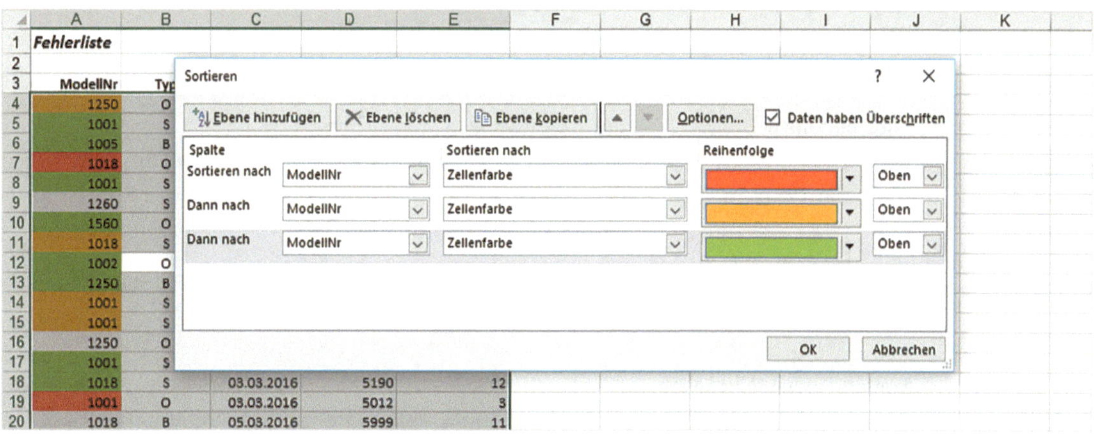

3.3 Tabelle filtern

Autofilter

Der einfache oder AutoFilter besteht zunächst eigentlich nur aus Filterschaltflächen in den Spaltenüberschriften, über die Sie Filterkriterien auswählen können. Haben Sie einen Zellbereich als Tabelle formatiert, dann sind die Filterschaltflächen automatisch vorhanden. Sie können den AutoFilter aber auch aktivieren, indem Sie im Register *Daten* auf die Schaltfläche *Filter* klicken oder im Register *Start*, Gruppe *Bearbeiten*, auf die Schaltfläche *Filtern und Sortieren* klicken und *Filtern* wählen. Auf demselben Weg deaktivieren Sie die Schaltflächen auch wieder.

Tipp: Die Filterschaltflächen aktiver Filter sind mit dem Filtersymbol gekennzeichnet und die verwendeten Kriterien werden eingeblendet, wenn Sie mit der Maus auf die Schaltfläche zeigen.

AutoFilter aktivieren / deaktivieren

Verwendeter Filter

Filter löschen

Filterkriterien wählen

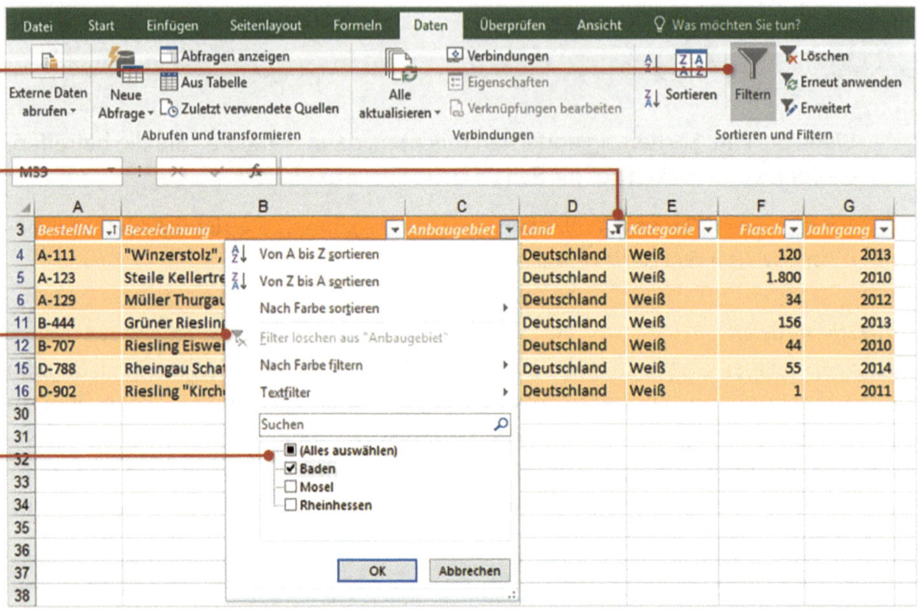

Autofilter verwenden

Filter entfernen

- Zum Entfernen des Filters aus einer Spalte klicken Sie auf den Dropdown-Pfeil der betreffenden Spaltenüberschrift und aktivieren entweder das Kontrollkästchen *(Alles auswählen)* oder klicken hier auf den Befehl *Filter löschen aus....*
- Sollen alle Filter aus der Tabelle entfernt werden, so klicken Sie im Register *Daten*, Gruppe *Sortieren und Filtern*, auf *Löschen*.

Weitere Filtermöglichkeiten

Über die Filterschaltflächen sind, abhängig vom Datentyp der Spalte, mit Textfilter, Zahlenfilter und Datumsfilter noch zahlreiche weitere Möglichkeiten verfügbar, siehe Bild auf der nächsten Seite.

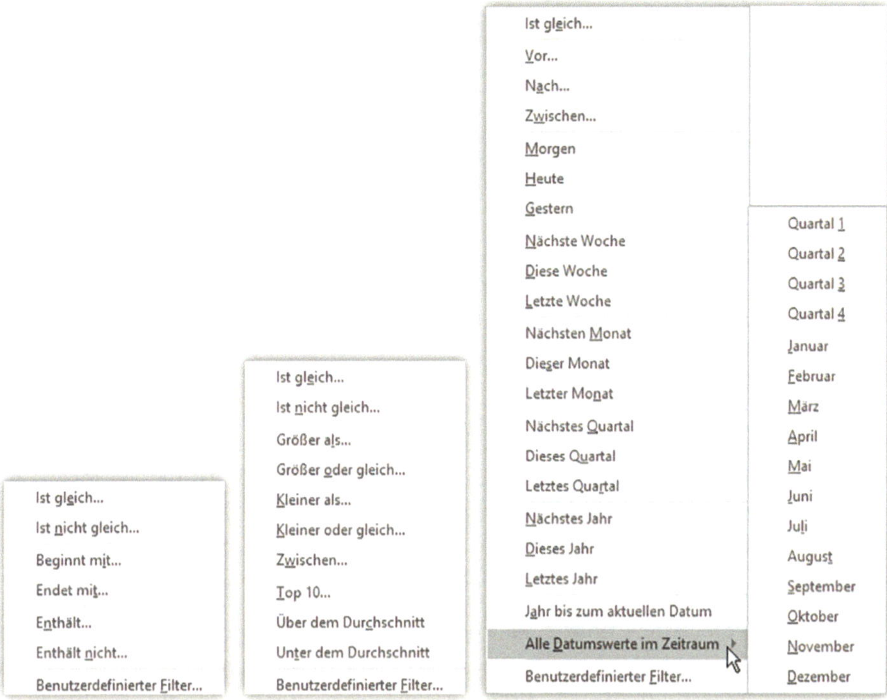

Textfilter, Zahlenfilter und Datumsfilter

Tipp: Der Datumsfilter *Alle Datumswerte im Zeitraum* erlaubt die Auswahl eines bestimmten Quartals oder Monats unabhängig vom Jahr und lässt sich daher beispielsweise einsetzen, um schnell zu filtern, wer im ausgewählten Monat Geburtstag hat.

Nach Farbe filtern

Wenn Zellen in der betreffenden Spalte mit unterschiedlichen Farben formatiert wurden oder eine bedingte Formatierung verwendet wird, dann können Sie auch nach Farben filtern. Klicken Sie auf den Dropdown-Pfeil und auf *Nach Farbe Filtern* und wählen Sie die gewünschte Farbe aus.

Spezial- oder benutzerdefinierte Filter

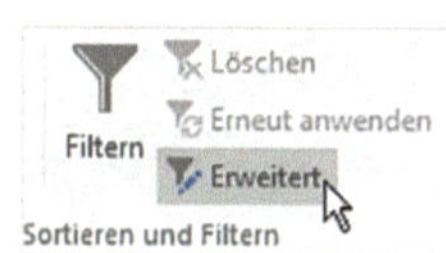

Wenn Sie gesonderte Kriterienbereiche, zum Beispiel in einem weiteren Tabellenblatt verwenden und dazu den Spezialfilter benötigen, dann klicken Sie im Register *Daten*, Gruppe *Sortieren und Filtern* auf *Erweitert*.

- Geben Sie an, wo sich Listenbereich und Kriterienbereich befinden.
- Normalerweise wird die Liste an gleicher Stelle gefiltert, Excel bietet zwar die Möglichkeit an, die gefilterten Daten an eine andere Stelle zu kopieren, die Kopie kann aber nur im selben Arbeitsblatt erstellt werden.

Spezialfilter mit Kriterienbereich

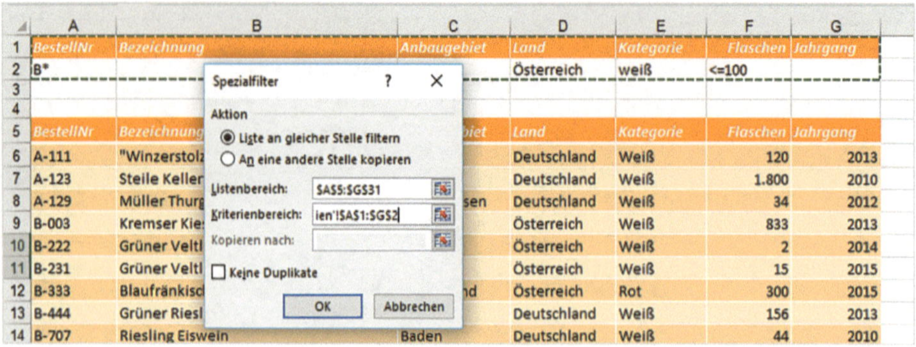

Mit Datenschnitten filtern

Mit den Datenschnitten steht Ihnen in Excel 2016 eine weitere Filtermöglichkeit zur Verfügung, allerdings nur, wenn der Zellbereich als dynamische Tabelle formatiert wurde. Der Vorteil: Datenschnitte lassen sich im Gegensatz zu den Filterschaltflächen der Spaltenüberschriften auf einem Touchscreen leicht mit dem Finger bedienen und auch ungeübte Nutzer sehen schnell, welche Filter gerade verwendet werden.

Zum Erstellen von Datenschnitten klicken Sie in die Tabelle und im Register *Tabellentools - Entwurf*, Gruppe *Tools*, auf *Datenschnitt einfügen*. Wählen Sie anschließend die benötigten Datenschnitte bzw. Spalten aus, die Sie als Filter verwenden möchten.

Felder für Datenschnitt auswählen

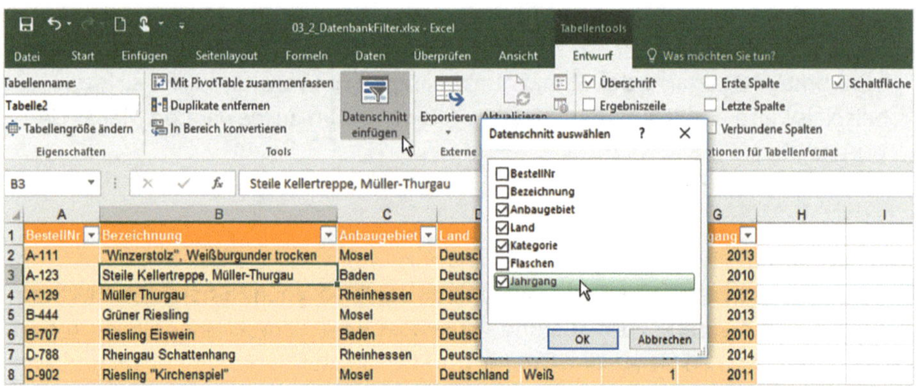

Die Tabelle mit den ausgewählten Datenschnitten

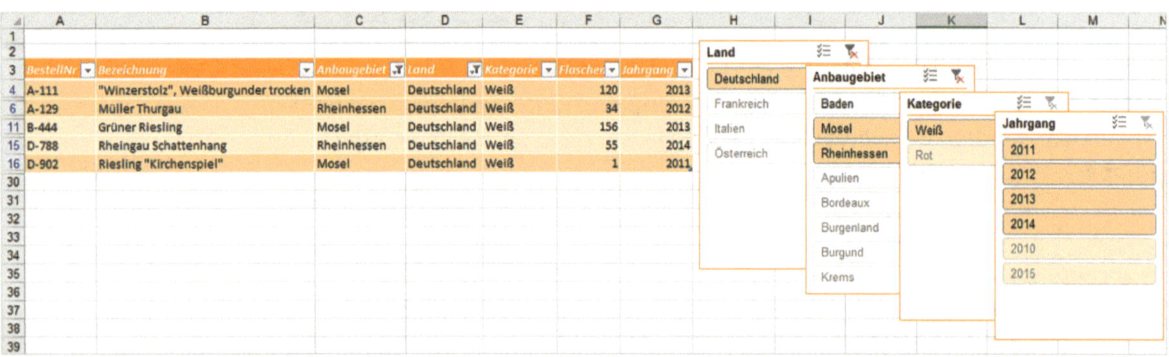

Datenschnitt verwenden

- Für jede ausgewählte Spalte wird ein Datenschnitt eingefügt und Sie können diese nun durch Ziehen mit der Maus beliebig anordnen sowie vergrößern und verkleinern. Zum Filtern klicken Sie einfach im Datenschnitt auf den gewünschten Inhalt.
- Wenn Sie aus einem Datenschnitt mehrere Filterkriterien gleichzeitig anwenden möchten, dann klicken Sie im Datenschnitt auf die Schaltfläche *Mehrfachauswahl* und klicken oder tippen anschließend die gewünschten Kriterien der Reihe nach an. Oder klicken Sie diese nacheinander mit gedrückter Strg-Taste an (Mehrfachmarkierung).
- Um einen Filter aufzuheben, klicken Sie in der rechten oberen Ecke des Datenschnitts auf die Schaltfläche *Filter löschen*.

Filter löschen/Datenschnitt entfernen

Wenn Sie einen Datenschnitt aus dem Tabellenblatt entfernen, dann sollten Sie zunächst noch aktive Filter dieses Datenschnitts aufheben, da diese nicht automatisch mit entfernt werden. Klicken Sie dann in den Titelbereich des Datenschnitts und betätigen Sie die Entf-Taste der Tastatur oder klicken Sie mit der rechten Maustaste in den Datenschnitt und auf den Befehl ... *entfernen*.

Falls Sie das Aufhaben eines Filters vergessen haben, können Sie ihn auch ohne Datenschnitt im Register *Daten* löschen.

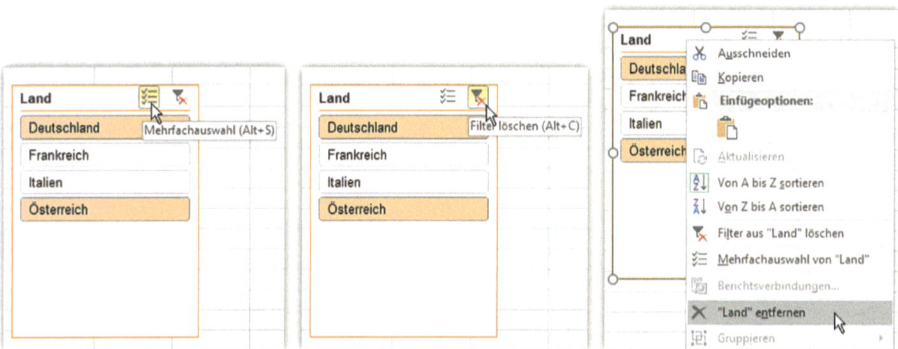

Mehrfachauswahl

Filter löschen

Datenschnitt entfernen

Tipps zum Umgang mit Datenschnitten

- Falls Sie einen Datenschnitt mit Formatierungen versehen möchten, finden Sie dazu mehrere Möglichkeiten im Register *Datenschitttools - Optionen*. Dieses Register erscheint, sobald Sie in einen Datenschnitt klicken.
- Wenn Sie mehrere Datenschnitte überlappend anordnen möchten, dann benutzen Sie zum Ändern der Reihenfolge in diesem Register die Befehle *Ebene nach vorne* bzw. *Ebene nach hinten*.
- Beinhaltet ein Datenschnitt sehr viele Auswahlkriterien, so kann es sinnvoll sein, diese in Spalten anzuordnen. Die Anzahl der Spalten geben Sie im Register *Datenschitttools - Optionen* im Feld *Spalten* ein.
- Datenschnitte werden zusammen mit der Tabelle gedruckt.

4 Formeln, Funktionen und Werkzeuge zur Datenanalyse

4.1 Formeleingabe und -korrektur

Formeln werden zur nachträglichen Bearbeitung mit Doppelklick oder F2 editiert

Formeln und Funktionen beginnen in Excel immer mit dem Gleichheitszeichen (=). Die Zellbezüge selbst können über die Tastatur oder durch Anklicken mit der Maus eingegeben werden. Während der Eingabe und beim nachträglichen Editieren werden die Zellbezüge automatisch in farbiger Schrift dargestellt, die dazugehörigen Zellen werden mit gleicher Farbe umrandet und mit farbigem Zellhintergrund hervorgehoben.

Einfache Formel eingeben

Abbrechen

Eingeben

Bearbeitungsleiste mit der Formel

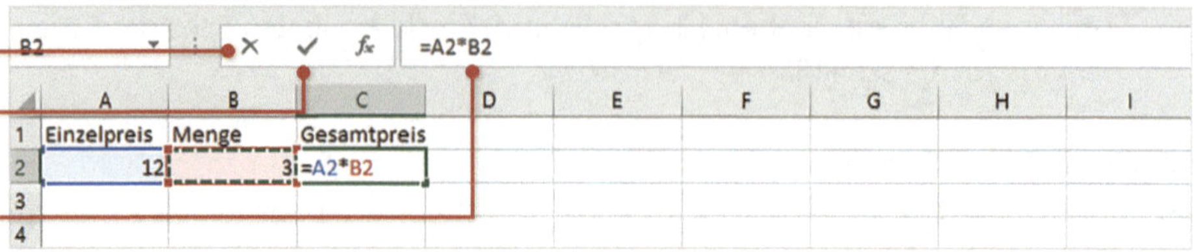

Fehlerwerte korrigieren

Bei Syntaxfehlern in Funktionen und von Excel erkannten Fehlern in Formeln, beispielsweise Division durch Null, zeigt die Zelle anstelle eines Formelergebnisses einen Fehlerwert an und wird mit einem grünen Dreieck in der linken oberen Ecke gekennzeichnet. Beim Markieren einer solchen Zelle erscheint im Tabellenblatt eine kleine Schaltfläche und ein Klick darauf blendet die mögliche Ursache zusammen mit verschiedenen Optionen ein.

Beispiel Fehlerwert

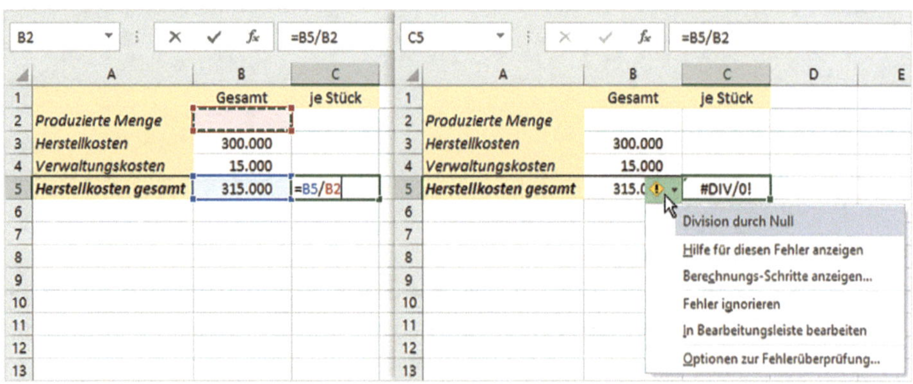

- Wenn Sie die Formel anschließend im Tabellenblatt oder in der Bearbeitungsleiste korrigieren möchten, dann klicken Sie auf *In Bearbeitungsleiste bearbeiten*.
- Die Option *Berechnungsschritte anzeigen* öffnet das Fenster *Formel auswerten*, in dem Sie in komplexen Formeln die Berechnungsschritte kontrollieren können.

Werkzeuge zur Formelüberprüfung und Korrektur (früher: Detektiv) finden Sie außerdem im Register *Formeln* in der Gruppe *Formelüberwachung*.

Register Formeln

- **Formeln anzeigen**
  Die Schaltfläche *Formeln anzeigen* blendet im gesamten Arbeitsblatt die Formeln anstelle der Ergebnisse ein und wieder aus. Auch in dieser Ansicht werden die Zellen der markierten Formel farbig hervorgehoben.

Leider funktioniert in Excel 2016 die Tastenkombination Strg+# zur Formelanzeige nicht mehr!

- **Tabellenblatt auf Fehler prüfen**
  Um das gesamte Tabellenblatt auf die oben genannten Fehlerwerte zu überprüfen, klicken Sie im Register *Formeln* ▸ *Formelüberwachung*, auf die Schaltfläche *Fehlerüberprüfung*. Anschließend erscheint in einem Dialogfenster der erste gefundene Fehler mit denselben Korrekturmöglichkeiten. Mit Klick auf die Schaltfläche *Weiter* gelangen Sie zum nächsten Fehlerwert.

- **Spuren einblenden**
  Markieren Sie die Zelle mit der Formel und klicken Sie auf die Schaltfläche *Spur zum Vorgänger* (Register *Formeln*). Es erscheinen Pfeile, die auf die verwendeten Zellen verweisen, in früheren Excel-Versionen auch als *Detektiv* bezeichnet. Umgekehrt können Sie mit der Schaltfläche *Spur zum Nachfolger* Pfeile zu allen Zellen bzw. Formeln legen, die sich auf die markierte Zelle beziehen. Die Schaltfläche *Pfeile entfernen* blendet wieder alle Pfeile aus dem Arbeitsblatt aus.

Spuren anzeigen

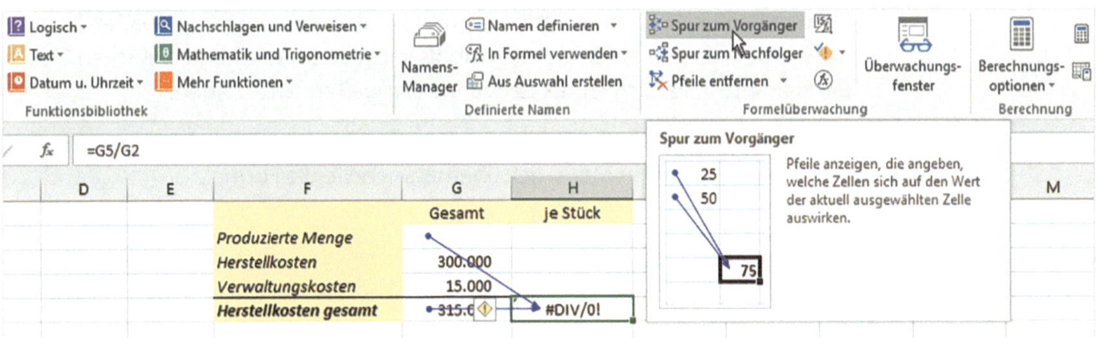

4.2 Funktionen einsetzen

Autosumme

Summen über mehrere Zellen bzw. einen Zellbereich berechnen Sie mit der Funktion Summe. Das Symbol zum Einfügen dieser Funktion finden Sie gleich an mehreren Stellen: Im Register *Start*, Gruppe *Bearbeiten* und im Register *Formeln*, *Funktionsbibliothek*,

unter der Bezeichnung *AutoSumme*. Ein Klick auf den Dropdown-Pfeil der Schaltfläche öffnet eine Liste mit den Funktionen Mittelwert, Anzahl, Max und Min.

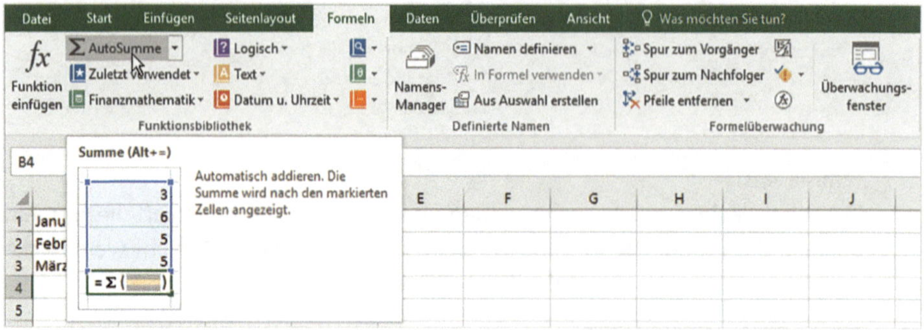

Die Schnellanalyse nutzen

Die Schnellanalyse berechnet Zeilen- und Spaltenergebnisse auch für mehrere markierte Zeilen/Spalten

Eine weitere Möglichkeit zur Auswertung über Spalten und Zeilen finden Sie in der Schnellanalyse (siehe Punkt 1.3 auf Seite 213) im Register *Ergebnisse*. Sie erhalten beim Zeigen im Tabellenblatt eine Vorschau, erst mit einem Mausklick übernehmen Sie das Ergebnis.

Beispiel 1: Durchschnitt gleichzeitig für mehrere Spalten berechnen

1. Markieren Sie den auszuwertenden Zellbereich, dies können auch mehrere Spalten und Zeilen sein und klicken Sie auf *Schnellanalyse*.
2. Klicken Sie auf das Register *Ergebnisse*, hier erhalten Sie die häufig benötigten Berechnungsvorschläge Summe, Durchschnitt (Mittelwert), Anzahl, Prozentanteil und Laufende Summe. Jede Funktion kann in Zeilen oder in Spalten berechnet werden, dies ist anhand des Symbols leicht zu unterscheiden. Klicken Sie auf die kleinen Pfeile nach rechts bzw. links, um weitere anzuzeigen.
3. Zeigen Sie auf *Durchschnitt* (in Zeile berechnen), um im Tabellenblatt eine Vorschau zu erhalten, per Mausklick übernehmen Sie die Formel.

Mit der Schnellanalyse den Durchschnitt berechnen

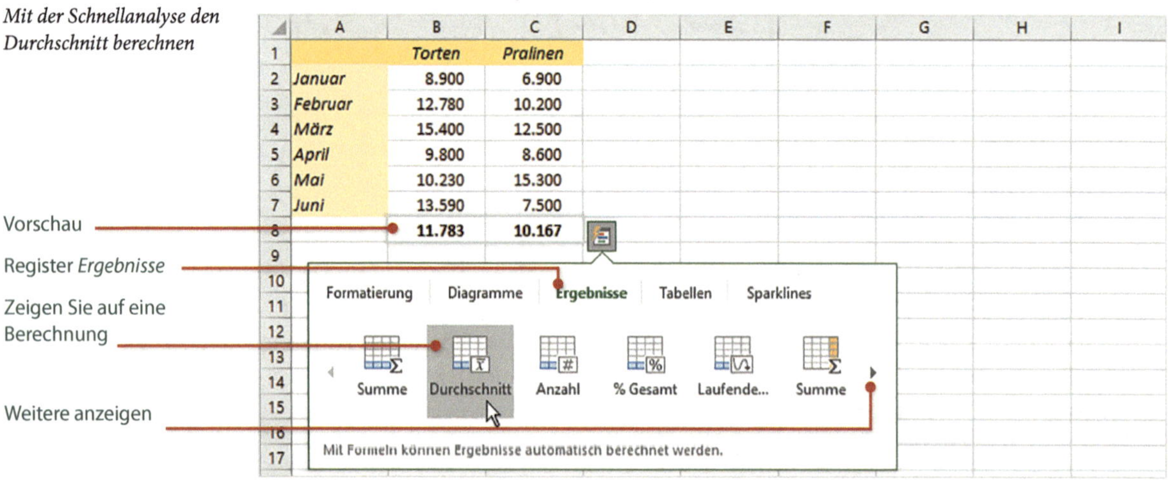

Beispiel 2: Laufende Summe berechnen

Als zweites Beispiel soll in einer weiteren Spalte die laufende Summe berechnet werden. Markieren Sie dazu den Zellbereich, für den die laufende (kumulierte) Summe berechnet werden soll und wählen Sie diesmal *Laufende Summe* (in Spalte).

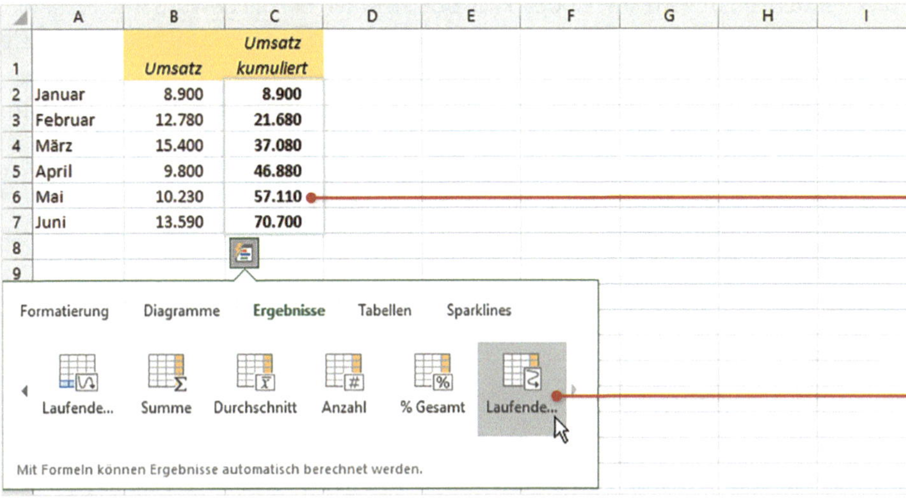

Laufende Summe in Spalte berechnen

Vorschau Ergebnis

Laufende Summe (in Spalte)

Funktionsbibliothek

Im Register *Formeln* finden Sie in der Gruppe *Funktionsbibliothek* alle Funktionen nach Kategorien geordnet. Klicken Sie auf den Dropdown-Pfeil einer Kategorie und wählen Sie aus der Liste die gewünschte Funktion. Anschließend erscheint das gewohnte Fenster *Funktionsargumente* zur weiteren Eingabe. Sollten Sie hier die gesuchte Kategorie, z. B. Statistische Funktionen nicht finden, so klicken Sie auf *Mehr Funktionen*.

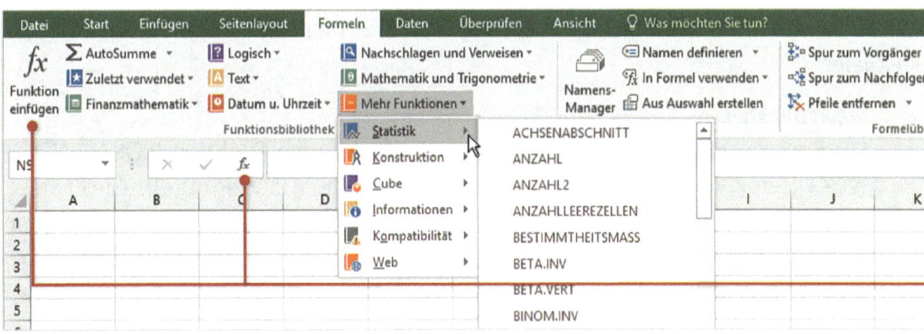

Funktionsbibliothek - Mehr Funktionen

Funktionsassistent

- **Funktionsassistent**
  Wenn Sie zur Eingabe einer Funktion den Funktionsassistenten verwenden möchten, dann klicken Sie entweder im Register *Formeln* oder in der Bearbeitungsleiste auf *Funktion einfügen* (siehe Bild oben).

- **Funktionen verschachteln**
  Mit Excel 2016 können bis zu 64 Ebenen innerhalb einer Funktion verschachtelt werden.

Funktion im Tabellenblatt eingeben

Als Alternative tippen Sie eine Funktion einfach in die Zelle ein. Excel 2016 unterstützt Sie auch bei der Eingabe von Funktionen über die Tastatur. Nach Eingabe des Gleichheitszeichens und der ersten Zeichen des Funktionsnamens erscheint eine Liste entsprechender Funktionen, mit Doppelklick übernehmen Sie die gewünschte Funktion. Anschließend sehen Sie im Tabellenblatt die Syntax mit den erforderlichen Argumenten, das aktuell bearbeitete Argument ist fett hervorgehoben. Beachten Sie, dass mehrere Argumente durch Semikolon (;) getrennt werden, diese müssen über die Tastatur eingegeben werden.

Funktion auswählen und Argumente eingeben

Tipp: Sie können eine Funktion auch über die Tastatur auswählen und übernehmen: verwenden Sie zum Markieren die Pfeiltasten nach oben oder unten und drücken Sie zum Übernehmen die Tab-Taste.

Neue Funktionen

Excel 2016 verfügt über eine ganze Reihe neuer Funktionen, auch einige der bisherigen Funktionen wurden überarbeitet. Eine Auflistung und genaue Beschreibung würde den Rahmen dieses Buches sprengen, daher hier nur einige der wichtigsten Beispiele:

- **Datumsfunktionen**
  Für Berechnungen mit Datumswerten steht die neue Funktion ISOKALENDERWOCHE zur Verfügung, die Kalenderwochen nach ISO ermittelt. Gleichzeitig wurde auch die bisherige Funktion KALENDERWOCHE um einen Parameter erweitert, mit dem ebenfalls das europäische Wochennummerierungssystem berücksichtigt wird.
- **Logik: ausschließendes Oder**
  Mit der Funktion XODER erhalten Sie das Ergebnis Wahr, wenn maximal eine der Bedingungen erfüllt ist.
- **Fehlerwerte unterdrücken**

  WENNFEHLER berücksichtigt alle Excel-Fehlerwerte

  - Die Funktion WENNFEHLER prüft, ob eine Formel einen Fehlerwert, beispielsweise #DIV/0 ergibt. Wenn ja, dann wird ein bestimmter Wert angezeigt, z. B. „Keine Werte vorhanden“ oder die Zelle bleibt leer, ansonsten wird das Formelergebnis ausgegeben.

- Die Funktion WENNNV besitzt den gleichen Aufbau, berücksichtigt aber ausschließlich den Fehlerwert #NV und kann beispielsweise in Verbindung mit der Funktion SVERWEIS eingesetzt werden.

Statistische Funktionen

Insbesondere in der Kategorie *Statistische Funktionen* wurden zahlreiche Funktionen durch neuere ergänzt, z. B. zur Berechnung von Prognosen oder Verteilungsfunktionen. Die älteren Funktionen sind aus Kompatibilitätsgründen noch vorhanden, sollten aber nicht mehr verwendet werden.

So existieren z.B. inzwischen zwei Funktionen zur Berechnung der Standardabweichung, die zwischen Stichprobe und Grundgesamtheit unterscheiden.

Informationen und Hilfe zu Funktionen

Eine Überblick und eine Beschreibung, insbesondere der neuen Funktionen finden Sie in der Excel-Hilfe: Klicken Sie oberhalb des Menübands in das Feld *Was möchten Sie tun?* und geben Sie den Suchbegriff „Funktionen" ein. Klicken Sie dann auf *Hilfe zu „Funktion" erhalten*. Die Excel-Hilfe öffnet sich in einem gesonderten Fenster und bietet Listen aller Excel-Funktionen an, entweder alphabetisch oder nach Kategorie geordnet. Aus den Listen ist auch ersichtlich, ab welcher Excel-Version die Funktion verfügbar ist. Eine genaue Beschreibung einschließlich Beispielen erhalten Sie, wenn Sie in der Liste auf den Namen der Funktion klicken.

Die Excel-Hilfe ist ausschließlich online verfügbar!

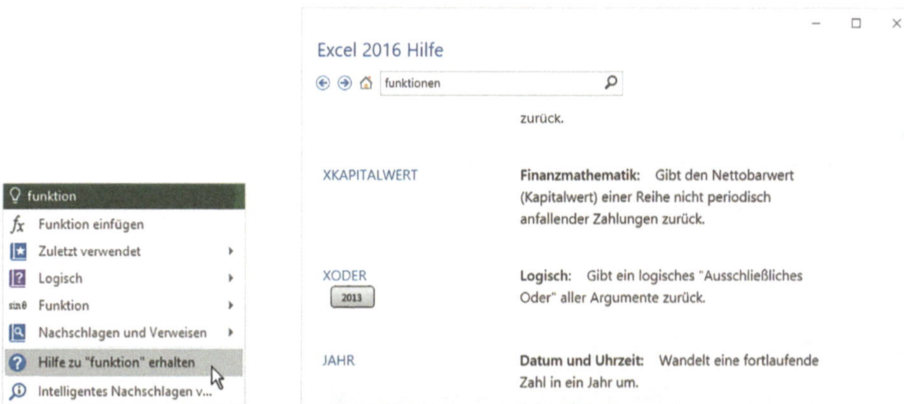

Hilfe zur Funktionen erhalten

4.3 Add-Ins zur Datenanalyse, Solver

Add-In laden

Wenn Sie weitere Analyse-Funktionen, zum Beispiel eine Regressionsanalyse benötigen oder Was-wäre-wenn-Analysen mit Hilfe von Solver durchführen möchten, dann müssen Sie diese Funktionen vor der ersten Verwendung als Add-Ins laden, da diese auch in Excel 2016 nicht standardmäßig installiert sind.

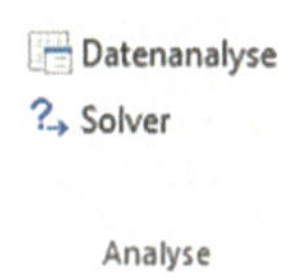

1. Dazu klicken Sie auf das Register *Datei* und auf *Optionen*.
2. Markieren Sie links die Kategorie *Add-Ins*. Achten Sie darauf, dass im Feld *Verwalten* ganz unten *Excel-Add-Ins* ausgewählt ist bzw. wählen Sie diesen Eintrag per Mausklick auf den Dropdown-Pfeil. Klicken Sie dann auf *Los…*.

Excel-Optionen: Add-Ins

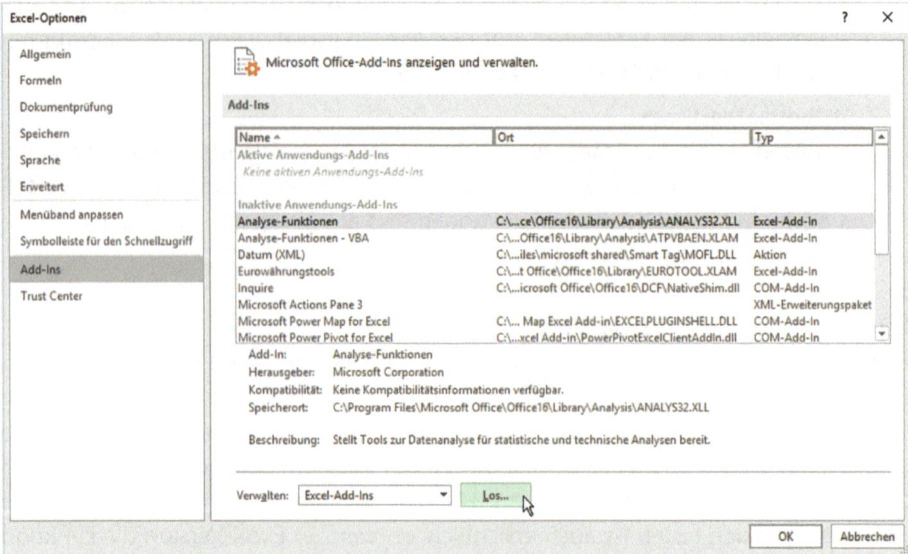

Das Laden der Add-Ins dauert beim ersten Mal etwas länger, der Originaldatenträger ist jedoch nicht erforderlich.

3 Excel öffnet ein Fenster mit den verfügbaren Add-Ins. Aktivieren Sie das Kontrollkästchen des gewünschten Add-In, beispielsweise *Analyse-Funktionen* und/oder *Solver* und bestätigen Sie mit *OK*. Auf demselben Weg können Sie die Add-Ins auch wieder deinstallieren, falls sie nicht mehr benötigt werden: Deaktivieren Sie einfach die Kontrollkästchen.

Das Excel-Add-In Analyse-Funktionen

4 **Achtung:** Sie finden die Add-Ins anschließend im Register *Daten* in der Gruppe *Analyse* und nicht im Register *Formeln*!

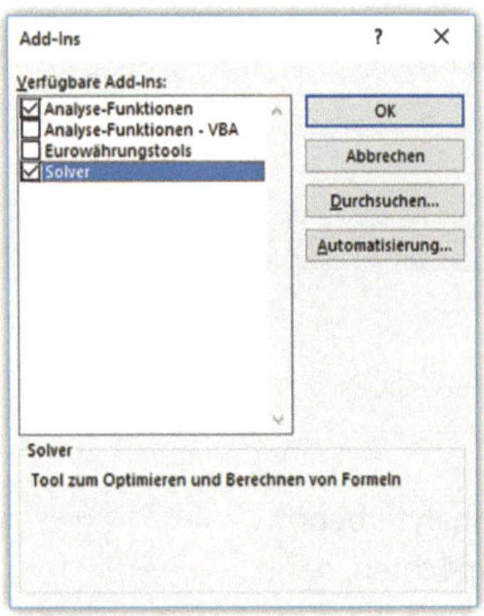

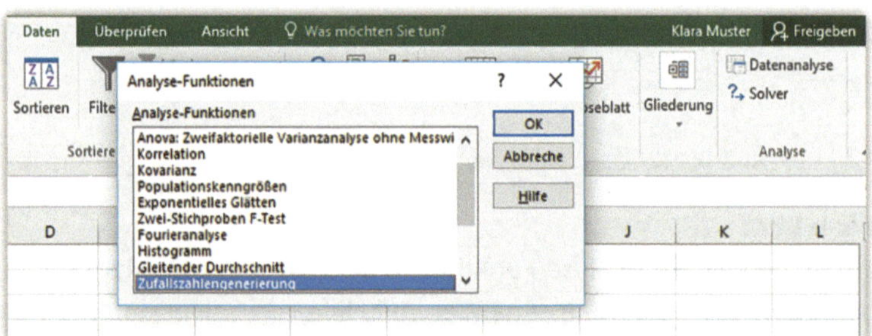

4.4 Das Tool Prognoseblatt

Mit einem neuen Tool zur Datenanalyse, dem Prognoseblatt lässt sich schnell und mit wenig Aufwand aus einer Datenreihe eine Prognose für künftige Entwicklungen erstellen und als Diagramm darstellen. Sie benötigen dazu zwei Datenreihen:

- Zeit- oder Datumswerte für die Zeitachse. Dies können Zahlen oder Datumswerte sein, Text ist dagegen nicht erlaubt! Zur korrekten Berechnung werden außerdem einheitliche Intervalle benötigt.
- Eine zweite Datenreihe mit dazugehörigen Zahlen, z. B. Umsatzzahlen. Für diese wird eine Prognose berechnet.

Im Beispiel unten soll eine Prognose auf der Basis monatlicher Umsätze berechnet werden. Da als Zeitachse numerische Werte erforderlich sind, wurde der jeweils 1. des Monats verwendet. Tipp: Dieses Datum lässt sich mit dem benutzerdefinierten Datumsformat „MMMM", so formatieren, dass nur der Monat in Textform angezeigt wird.

Markieren Sie die beiden Datenreihen, einschließlich der zu berechnenden Zellen. Meist genügt es auch, wenn eine Zelle innerhalb der beiden Datenreihen markiert ist. Klicken Sie im Register *Daten*, Gruppe *Prognose*, auf *Prognoseblatt*.

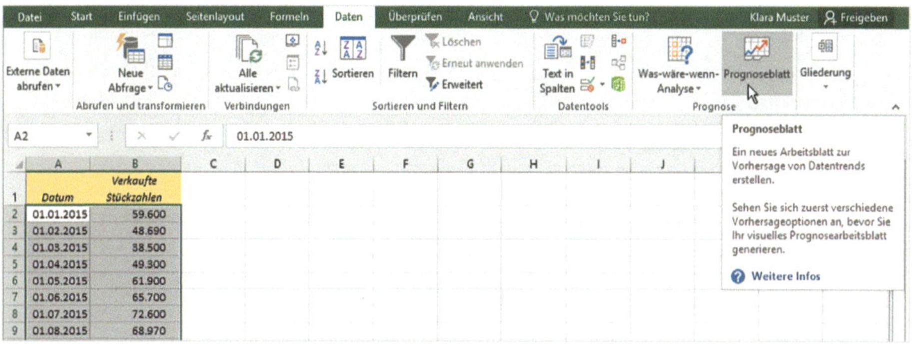

Prognoseblatt erstellen

Im Fenster *Prognosearbeitsblatt erstellen* erhalten Sie anschließend eine Vorschau auf das Ergebnis.

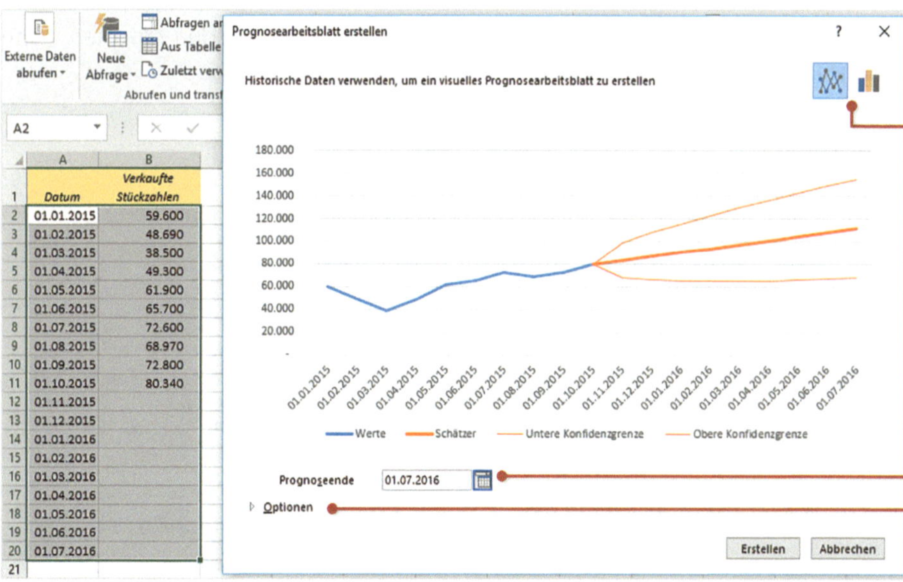

Prognosearbeitsblatt erstellen

- In der rechten oberen Ecke wählen Sie als Darstellungsart zwischen Linien- und Säulendiagramm.
- Wählen Sie im Feld *Prognoseende* ein Enddatum aus.
- Falls gewünscht, klicken Sie auf *Optionen* und ändern hier die erweiterten Einstellungen, z. B. Prognosestart oder die Behandlung fehlender Punkte. Zudem können Sie das Konfidenzintervall ein- oder ausblenden.
- Klicken Sie zuletzt auf *Erstellen*.

Die Prognose wird in einem neuen Tabellenblatt in die Mappe eingefügt. Die Datumswerte können nachträglich mit einem Datumsformat versehen werden.

Das Ergebnis

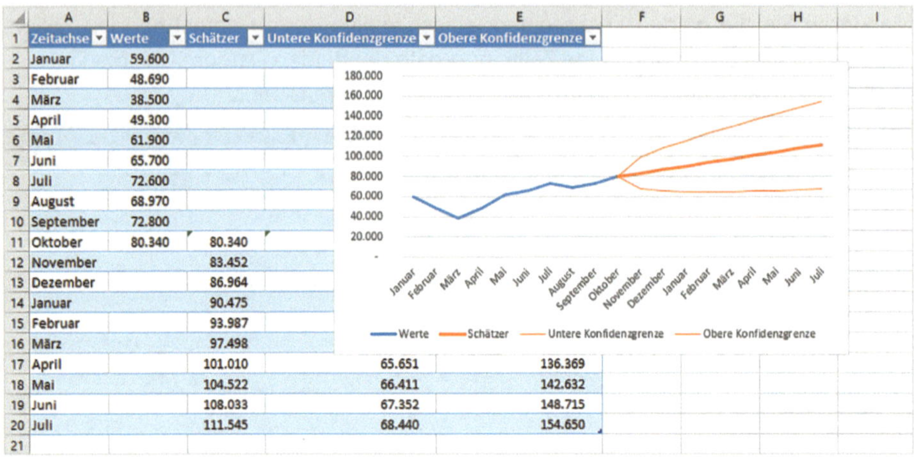

Zeitachse	Werte	Schätzer	Untere Konfidenzgrenze	Obere Konfidenzgrenze
Januar	59.600			
Februar	48.690			
März	38.500			
April	49.300			
Mai	61.900			
Juni	65.700			
Juli	72.600			
August	68.970			
September	72.800			
Oktober	80.340	80.340		
November		83.452		
Dezember		86.964		
Januar		90.475		
Februar		93.987		
März		97.498		
April		101.010	65.651	136.369
Mai		104.522	66.411	142.632
Juni		108.033	67.352	148.715
Juli		111.545	68.440	154.650

4.5 Namen erstellen und verwenden

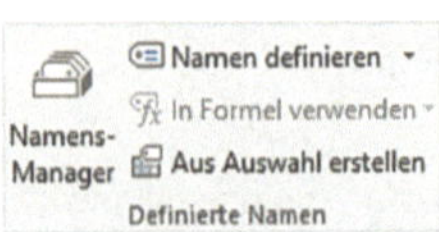

Wenn Sie in Formeln Namen statt absoluter Zellbezüge verwenden möchten, dann finden Sie alle dazugehörigen Befehle im Register *Formeln*, Gruppe *Definierte Namen*.

Namen erstellen

Markieren Sie die Zelle oder den Zellbereich. Klicken Sie dann in das Namenfeld der Bearbeitungsleiste, geben Sie den gewünschten Namen ein und schließen Sie mit der Eingabe-Taste ab.

Namen definieren

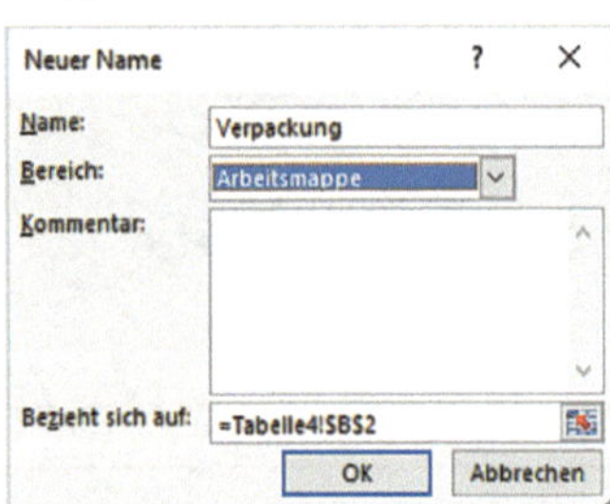

Aus Auswahl erstellen

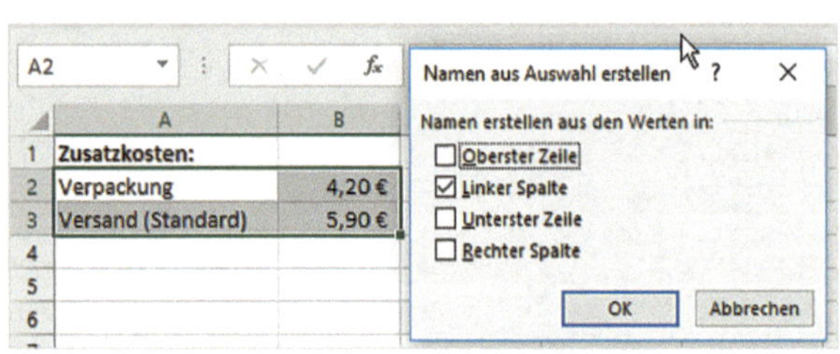

- Oder klicken Sie im Register *Formeln* auf *Namen definieren*. Geben Sie einen Namen ein, unter *Bereich* können Sie den Gültigkeitsbereich festlegen.
- Als dritte Möglichkeit können Sie Namen aus den Inhalten anderer Zellen (z. B. Beschriftungen) erstellen. Markieren Sie dazu den Zellbereich und klicken Sie auf *Aus Auswahl erstellen*.

Namen verwalten

Mit der Schaltfläche *Namensmanager* öffnen Sie das gleichnamige Fenster. Hier erhalten Sie eine Übersicht über alle Namen der aktuellen Arbeitsmappe. Dazu gehören nicht nur die Namen von Zellen und Zellbereichen, sondern auch von Tabellen. Darunter sind Zellbereiche zu verstehen, die als Tabelle (früher Liste) formatiert wurden, nicht zu verwechseln mit den Excel-Arbeitsblättern! Die Zellen, bzw. Zellbereiche und Tabellen lassen sich anhand ihres Symbols unterscheiden.

Zellbereich als Tabelle formatieren, siehe Lektion 3.

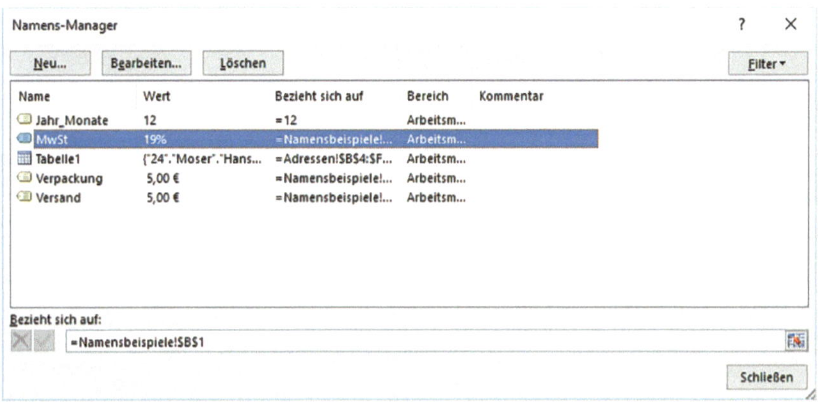

Namen im Namensmanager verwalten

Namen in Formeln verwenden

Bei der Formeleingabe erscheinen nach Eingabe der ersten Zeichen nicht nur Funktionen, sondern auch Namen, diese sind am Symbol leicht zu erkennen. Mit Doppelklick übernehmen Sie einen Namen in die Formel.

Als weitere Möglichkeit zum Einfügen von Namen können Sie im Register *Formeln* die Schaltfläche *In Formel verwenden* benutzen.

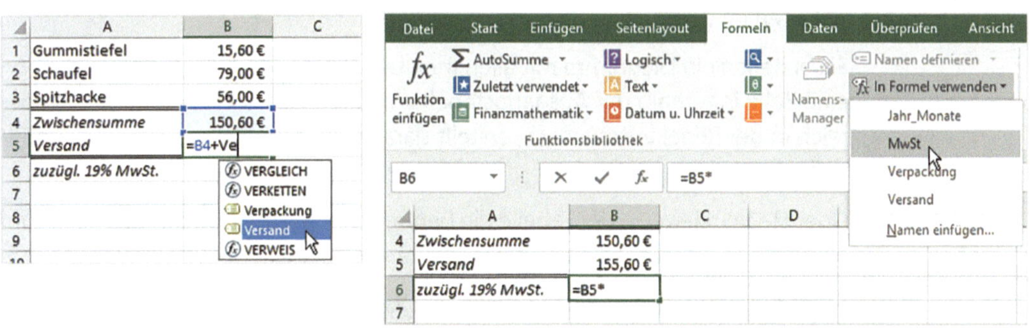

Namen bei der Formeleingabe auswählen

5 Diagramme

Grundlegend geändert hat sich die Erstellung und Bearbeitung von Diagrammen. Der Diagrammassistent ist verschwunden, in Excel 2016 fügen Sie ein Diagramm einfach durch Auswahl eines Diagrammtyps in das Tabellenblatt ein. Die weitere Bearbeitung erfolgt entweder im Menüband über die *Diagrammtools*-Register, mit Hilfe von Schaltflächen im Tabellenblatt oder wie gewohnt über das Kontextmenü.

Übersicht

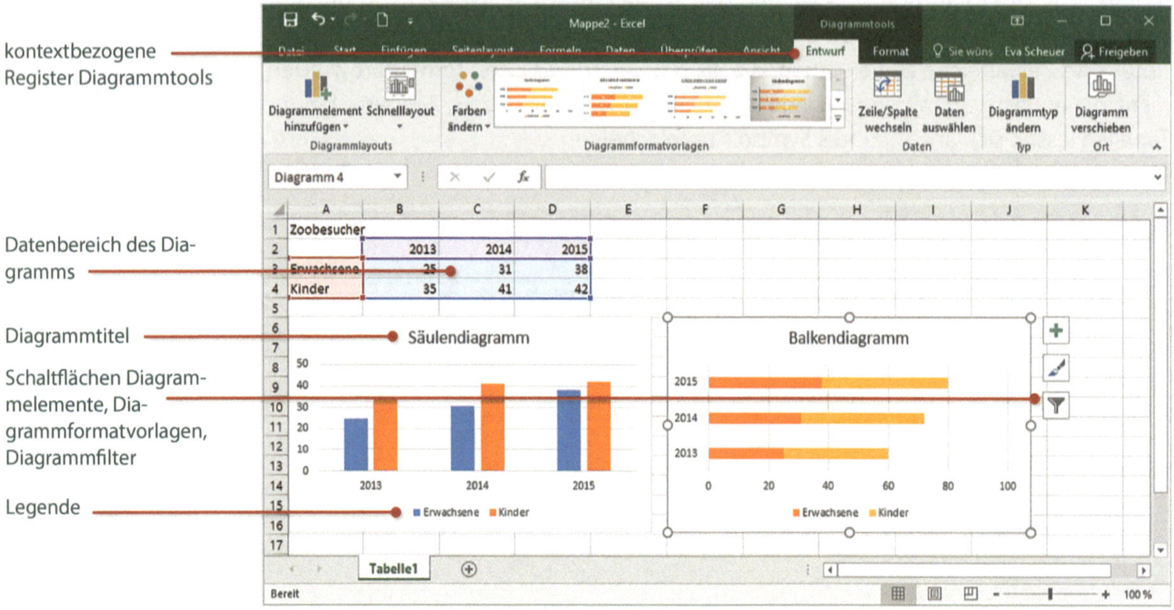

5.1 Diagramm einfügen

Viele Wege führen nach Rom, auch bei der Erstellung von Diagrammen mit Excel. Die optimale Methode hängt unter anderem vom Aufbau der zugrundeliegenden Datentabelle ab und welche Daten Sie im Diagramm verwenden möchten. Die einzelnen Möglichkeiten im Überblick:

- Sie erstellen ein Diagramm mit allen Inhalten der Tabelle. Dazu genügt es, wenn eine Zelle innerhalb der Ausgangstabelle markiert ist. Excel erkennt den Zellbereich in der Regel automatisch, erstellt daraus ein Diagramm und fügt es im Tabellenblatt ein.
- Oder Sie markieren in der Tabelle die benötigten Daten, bevor Sie ein Diagramm einfügen. In diesem Fall enthält das Diagramm nur die markierten Werte.
- Als dritte Alternative fügen Sie ein leeres Diagramm ein und wählen erst im zweiten Schritt Werte und Beschriftungen aus. Diese Methode ist am flexibelsten.

Diagramm aus der gesamten Tabelle oder dem markierten Zellbereich erstellen

Klicken Sie in die Tabelle oder markieren Sie alle Zellen, aus denen das Diagramm erstellt werden soll. Klicken Sie im Register *Einfügen*, Gruppe *Diagramme* auf den gewünschten Diagrammtyp, z. B. Kreisdiagramm. Die dazugehörigen Untertypen erscheinen, beispielsweise 2D und 3D-Darstellung. Beim Zeigen auf einen Typ erhalten Sie im Tabellenblatt eine Vorschau und mit einem Klick wird das Diagramm eingefügt.

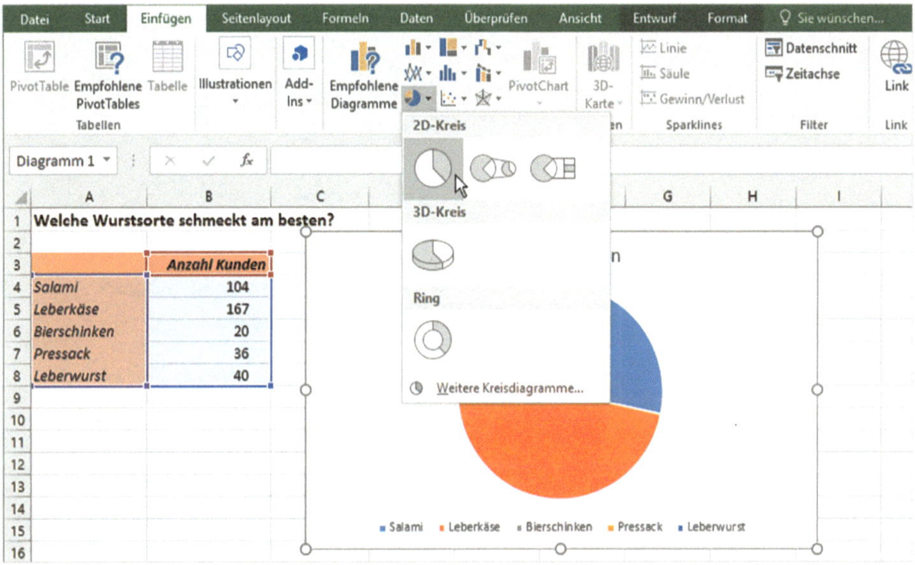

Beispiel Kreisdiagramm auswählen

Als Alternative klicken Sie zur Auswahl des Diagrammtyps im Tabellenblatt auf das Symbol *Schnellanalyse*, die wichtigsten Diagrammtypen finden Sie hier im Register *Diagramme*. Zeigen Sie auf einen Diagrammtyp, so erhalten Sie ebenfalls eine Vorschau, erst nach einem Klick wird das Diagramm im Tabellenblatt eingefügt.

Leider erscheint die Schnellanalyse nicht, wenn nicht zusammenhängende Zellbereiche mit der Strg-Taste markiert wurden!

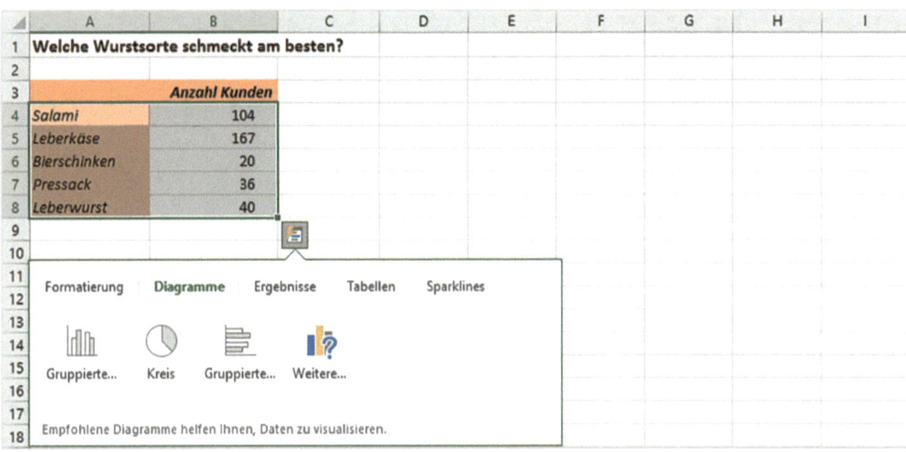

Diagramm über die Schnellanalyse einfügen

Als dritte Möglichkeit können Sie auf verschiedene Vorschläge zurückgreifen, die Excel auf der Basis der markierten Daten erstellt. Diese finden Sie im Register *Einfügen*, Schaltfläche *Empfohlene Diagramme*.

Markieren Sie den Datenbereich und klicken Sie im Register *Einfügen* auf *Empfohlene Diagramme* oder in der Schnellanalyse, Register *Diagramme* auf *Weitere....* Im Fenster *Diagramm einfügen* erhalten Sie links eine Liste verschiedener Diagrammtypen. Klicken Sie auf einen Typ, so sehen Sie rechts daneben eine vergrößerte Vorschau unter Verwendung Ihrer Daten. Klicken Sie auf *OK*, um den ausgewählten und markierten Diagrammtyp einzufügen. Sollte der gewünschte Diagrammtyp nicht aufgeführt sein, so klicken Sie im Fenster auf das Register *Alle Diagramme*.

Empfohlene Diagramme

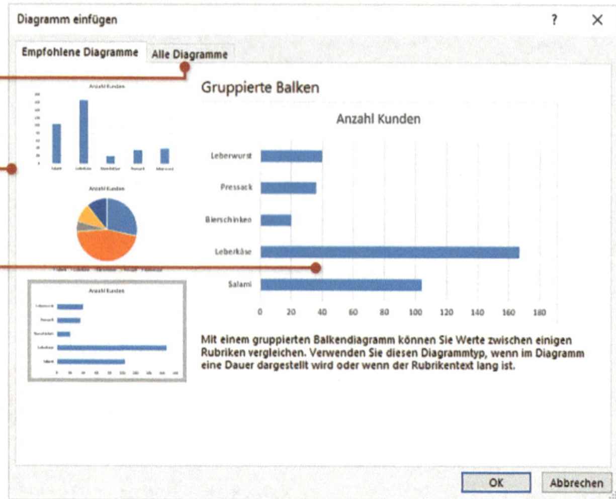

Datenreihen aus Zeilen oder Spalten?

Enthält ein Diagramm mehrere Datenreihen, so können Sie jederzeit mit der Schaltfläche *Zeile/Spalte wechseln* (*Diagrammtools* ▸ *Entwurf*) steuern, ob die Datenreihen aus den Zeilen oder Spalten gebildet werden.

Wechseln Sie zwischen Datenreihen aus Spalten und Zeilen

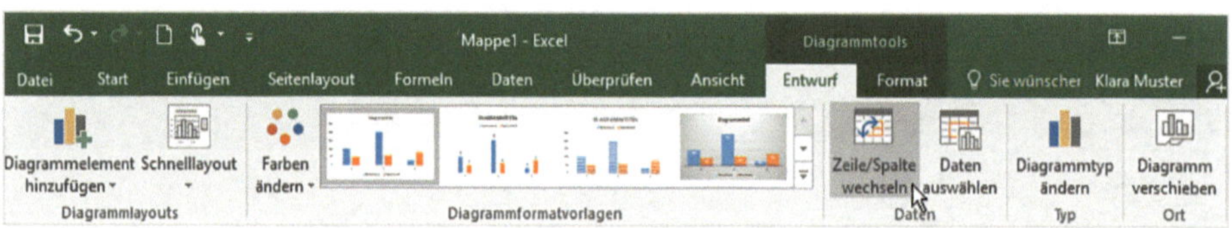

Mit einem leeren Diagramm beginnen, Daten auswählen

Als Alternative fügen Sie ein leeres Diagramm ein und legen anschließend die Datenreihen fest. Mit dieser Methode können Sie auch die vorhandenen Datenreihen eines Diagramms bearbeiten oder weitere hinzufügen.

1 Achten Sie in diesem Fall darauf, dass sich die markierte Zelle außerhalb des Datenbereichs befindet und klicken Sie im Register *Einfügen* auf den gewünschten Diagrammtyp.

2 Excel fügt ein leeres Diagramm in das aktuelle Tabellenblatt ein und im nächsten Schritt wählen Sie nun die benötigten Daten aus. Klicken Sie dazu in das leere

Diagramm und im Register *Diagrammtools - Entwurf* auf *Daten auswählen*. Klicken Sie im Fenster *Datenquelle auswählen* unter *Legendeneinträge (Reihen)* auf *Hinzufügen*.

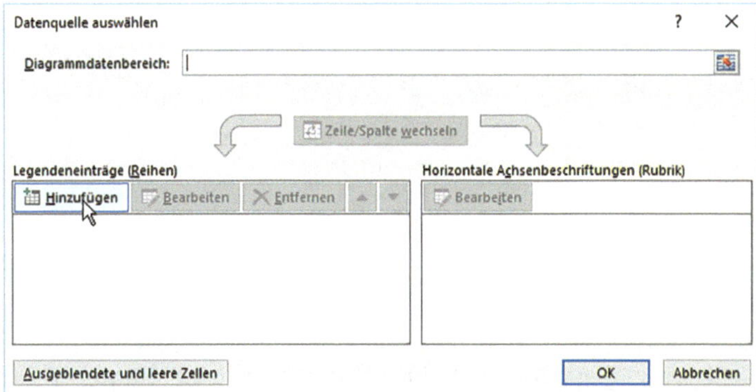

Datenquelle auswählen

Das Feld *Diagrammdatenbereich* wird von Excel automatisch festgelegt und kann ignoriert werden.

3 Im Fenster *Datenreihe bearbeiten* legen Sie nun den Namen der Datenreihe (Legende) und die dazugehörigen Werte fest:

- Klicken Sie in das Feld *Reihenname* und anschließend auf die Zelle mit der entsprechenden Beschriftung, im Beispiel A3. Eintippen eines abweichenden Namens ist ebenfalls möglich.
- Klicken Sie dann in das Eingabefeld *Reihenwerte*. Löschen Sie den Inhalt und markieren Sie im Tabellenblatt den Zellbereich, der die darzustellenden Werte enthält. Nach kurzer Verzögerung können Sie Ihre Angaben im Diagramm anhand der Vorschau kontrollieren. Übernehmen Sie die Eingabe mit *OK*.

Datenreihe bearbeiten

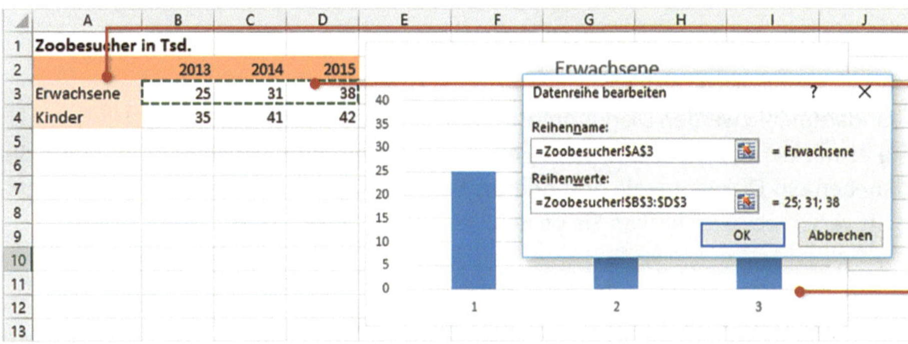

Reihenname

Reihenwerte

Vorschau im Diagramm

4 Zum Hinzufügen einer weiteren Datenreihe klicken Sie im Fenster *Datenquelle auswählen* erneut auf die Schaltfläche *Hinzufügen* und verfahren genauso.

5 Nun fehlen noch die Beschriftungen für die Achse. Da nichts angegeben wurde, verwendet Excel als Achsenbeschriftung eine fortlaufende Nummerierung. Klicken Sie unter *Horizontale Achsenbeschriftungen (Rubrik)* auf die Schaltfläche *Bearbeiten*.

Datenquelle auswählen - Achsenbeschriftung bearbeiten

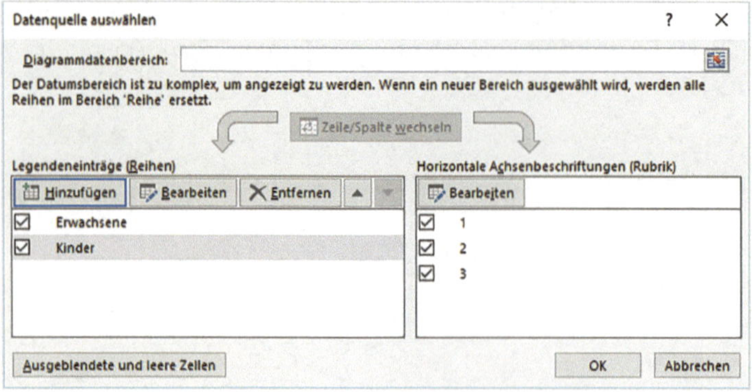

6 Klicken Sie dann im Fenster *Achsenbeschriftungen* in das Feld *Achsenbeschriftungsbereich* und markieren Sie in der Tabelle den benötigten Zellbereich, im Beispiel B2 bis D2. Auch hier erhalten Sie im Diagramm eine Vorschau.

Achsenbeschriftungen festlegen

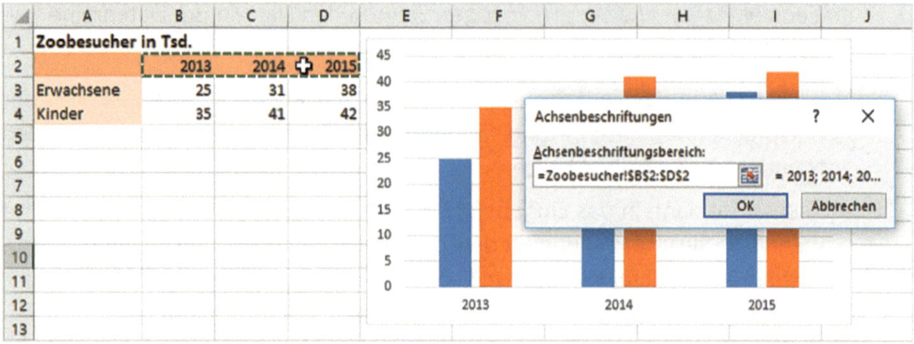

Diagramm in ein anderes Blatt verschieben

Standardmäßig werden Diagramme im aktuellen Tabellenblatt eingefügt. Hier können Sie es mit der Maus beliebig verschieben, vergrößern oder verkleinern. Möchten Sie dagegen ein Diagramm als gesondertes Blatt einfügen oder in ein anderes Arbeitsblatt verschieben, so klicken Sie im Register *Entwurf* auf *Diagramm verschieben*.

5.2 Diagramm formatieren

Formatvorlagen verwenden

Auch zur schnellen Gestaltung eines Diagramms sind Formatvorlagen verfügbar. Klicken Sie zum Anzeigen des Katalogs entweder in der Gruppe *Diagrammformatvorlagen* (*Diagrammtools - Entwurf*) auf *Weitere* oder klicken Sie auf das Symbol *Diagrammformatvorlagen*, das zusammen mit zwei weiteren Symbolen an der oberen rechten Ecke eines markierten Diagramms im Tabellenblatt sichtbar ist.

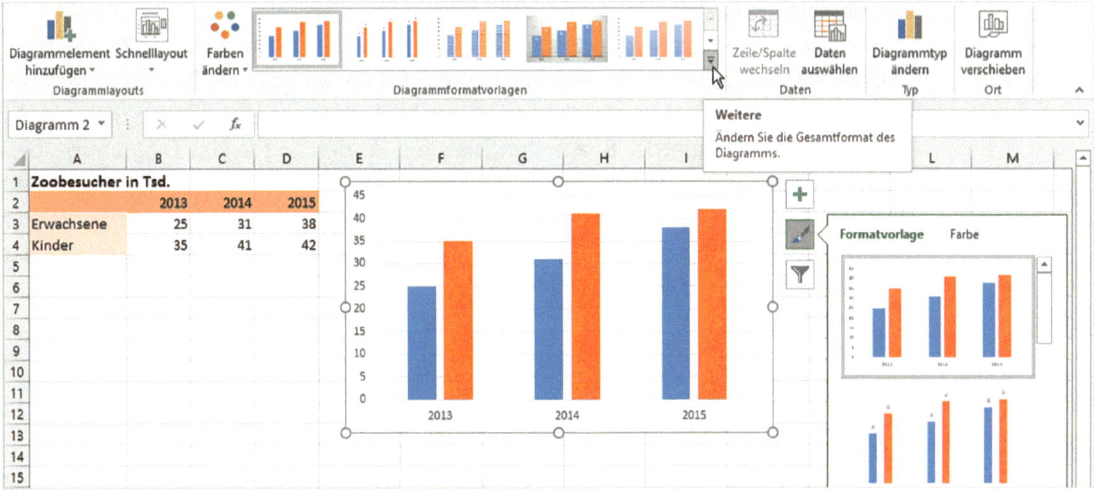

Diagrammformatvorlagen anzeigen

Farben ändern

Die Formatvorlagen basieren auf den aktuellen Designfarben. Innerhalb dieser Zusammenstellung können Sie mit der Schaltfläche *Farben ändern* (*Diagrammformatvorlagen*) den Diagrammelementen andere Farben zuweisen oder Farbabstufungen wählen. Damit ändert sich auch das Aussehen der verfügbaren Formatvorlagen.

Die Designfarben selbst ändern Sie im Register Seitenlayout, siehe Kap. B 3.

Weitergehende Formatierungen im Aufgabenbereich

Falls Sie individuelle Formate bevorzugen, so finden Sie die Werkzeuge *Fülleffekt*, *Formkontur* und *Formeffekte* neben dem Katalog *Formenarten* im Register *Diagrammtools-Format* ▸ *Formenarten*. Diese wurden in Kap. B.3.5 beschrieben. Weitergehende Möglichkeiten erhalten Sie im Aufgabenbereich, den Sie per Rechtsklick auf das Diagrammelement und den Befehl *...formatieren* öffnen. Hier können Sie beispielsweise auch die Drehung von 3D-Diagrammen steuern.

Die grafischen Gestaltungsmöglichkeiten unterscheiden sich nicht von der Formatierung von Formen.

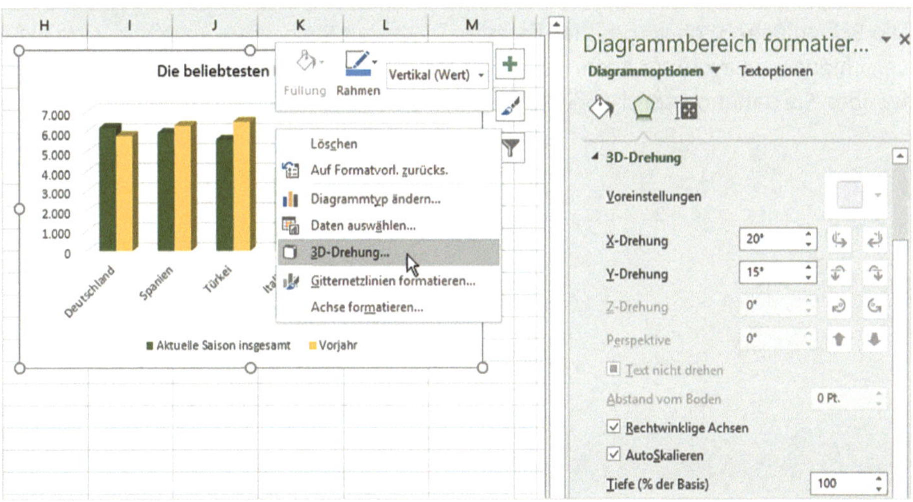

Digrammbereich formatieren, Beispiel 3D-Drehung

Text eingeben und formatieren

Zu den meisten Formatvorlagen gehört auch ein Diagrammtitel. Zur Texteingabe klicken Sie im Diagramm auf den Platzhalter und geben über die Bearbeitungsleiste Ihrem Text ein. Nach dem Drücken der Eingabe-Taste oder einem Mausklick auf die Eingeben-Schaltfläche der Bearbeitungsleiste wird der Text in das Diagramm übernommen. Sie können natürlich auch direkt in das Beschriftungselement klicken, den vorhandenen Text markieren und überschreiben oder den Befehl *Text bearbeiten* aus dem Kontextmenü verwenden. Hier finden Sie auch den Befehl *Schriftart...* der das gleichnamige Fenster öffnet.

Text bearbeiten und formatieren

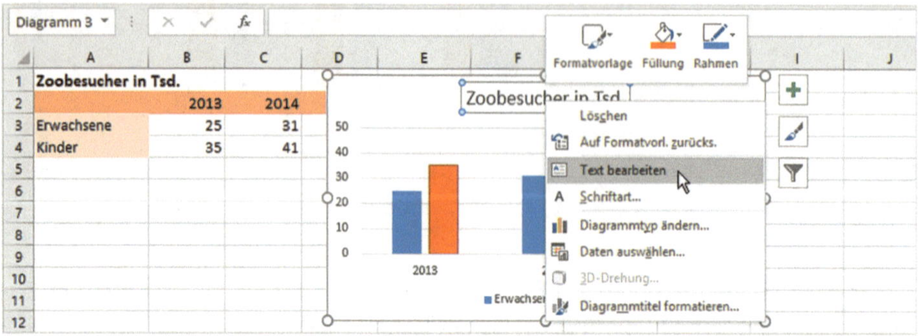

5.3 Diagrammelemente hinzufügen, Diagrammlayout

Die meisten Formatvorlagen legen neben dem Titel auch gleich Aussehen und Position von weiteren Diagrammelementen, zum Beispiel von Legende und Datenbeschriftung fest. Unabhängig von der Vorlage können Sie jedoch noch weitere Elemente hinzufügen, die Position eines Elements ändern oder dem Diagramm ein völlig anderes Layout zuweisen.

Schnelllayout

Die Schaltfläche *Schnelllayout* im Register *Diagrammtools - Entwurf* öffnet eine Liste verschiedener Layoutvorlagen. Leider bietet diese Methode wenig Flexibilität, verwenden Sie daher besser die Schaltfläche *Diagrammelement hinzufügen*.

Wählen Sie ein Schnelllayout

Oder fügen Sie einzelne Diagrammelemente hinzu

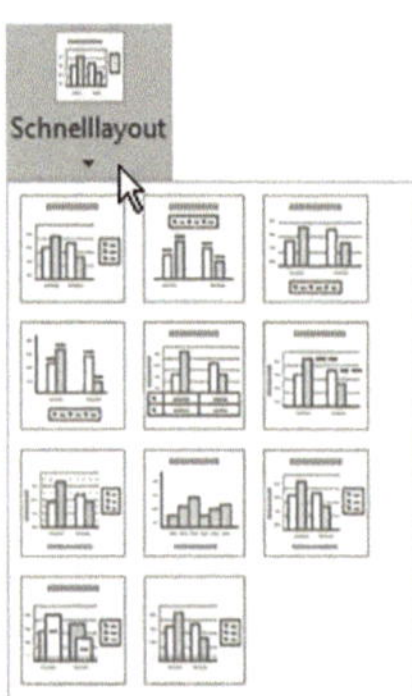

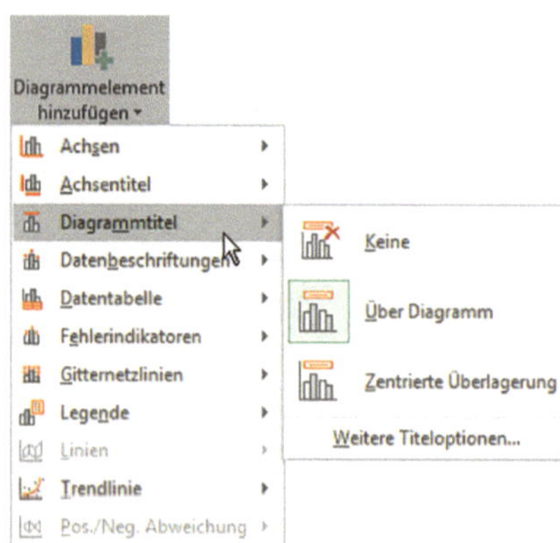

Diagrammelemente hinzufügen/entfernen

Klicken Sie im Register *Diagrammtools - Entwurf* auf *Diagrammelement hinzufügen*. Beim Zeigen erhalten Sie verschiedene Optionen zur Platzierung und sehen im Diagramm eine Vorschau. Sie können zum Beispiel den Diagrammtitel über dem Diagramm positionieren oder *Zentrierte Überlagerung* wählen, dann überlagert der Titel die Diagrammfläche und diese wird nicht verkleinert. Mit der gleichen Schaltfläche können Sie auch vertikale und horizontale Gitternetzlinien hinzufügen oder entfernen und Trendlinien einfügen.

Diese Möglichkeiten sind auch über das Symbol *Diagrammelemente* an der rechten oberen Ecke des markierten Diagramms verfügbar (siehe Bild unten). Mit einem Klick in das Kontrollkästchen wird das ausgewählte Element an der Standardposition eingefügt, bzw. wieder entfernt. Für weitere Optionen zur Platzierung klicken Sie auf den nach rechts weisenden Pfeil.

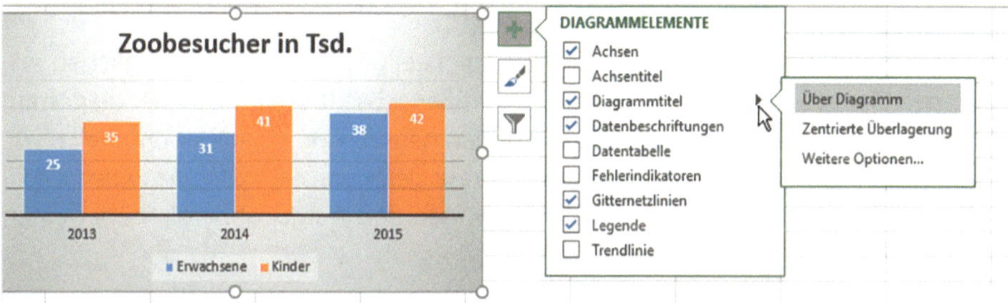

Diagrammelemente hinzufügen, Beispiel Diagrammtitel

Alle Beschriftungselemente werden zunächst mit ihrer Bezeichnung im Diagramm eingefügt und gleichzeitig markiert, Sie können also sofort den Text überschreiben.

Datenbeschriftungen

Auch für Datenbeschriftungen sind über *Diagrammelement hinzufügen* oder das Symbol im Blatt verschiedene Poitionierungsoptionen verfügbar. Sie können außerdem mit der Auswahl *Datenlegende* die Datenbeschriftung als Sprechblase anzeigen.

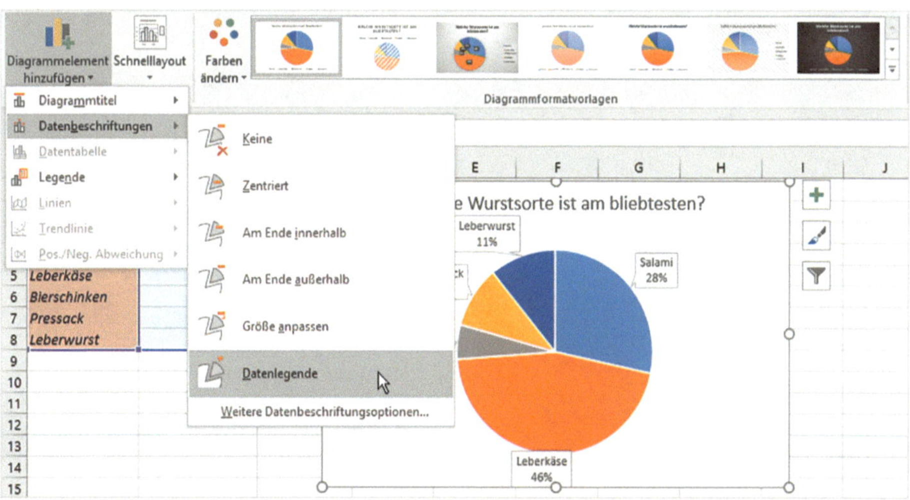

Datenbeschriftungen hinzufügen

Tipp: Bei Kreisdiagrammen berücksichtigt die Auswahl *Datenlegende* automatisch Legendentext und Prozentwerte.

Weitere Bearbeitungsmöglichkeiten erhalten Sie wieder im Aufgabenbereich, den Sie mit einem Rechtsklick auf eine Datenbeschriftung und den Befehl *Datenbeschriftungen formatieren...* öffnen. Im Kontextmenü der rechten Maustaste finden Sie auch den Befehl *Datenbeschriftungsformen ändern*, mit dem Sie eine andere Sprechblasenform wählen können.

5.4 Diagrammachsen bearbeiten

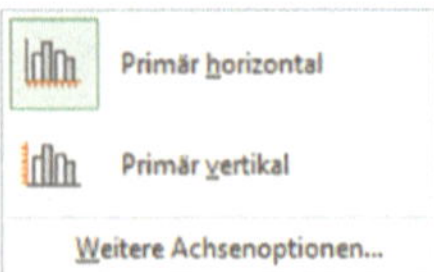

Achsen ein- und ausblenden

Klicken Sie auf die Schaltfläche *Diagrammelement hinzufügen* (Menüband oder im Tabellenblatt), zeigen Sie auf *Achsen* und aktivieren oder deaktivieren Sie *Primär horizontal* und/oder *Primär vertikal*.

Achsenskalierung

Standardmäßig wählt Excel bei der Diagrammerstellung und bei nachträglichen Änderungen Einteilung und Wertebereich der Größenachse (bei einem Säulendiagramm die vertikale Y-Achse) automatisch, Änderungen nehmen Sie im Aufgabenbereich vor. Sollte dieser nicht geöffnet sein, so klicken Sie auf *Diagrammelement hinzufügen* ▸ *Achsen* und auf *Weitere Achsenoptionen...* oder öffnen den Aufgabenbereich über einen Rechtsklick auf die Größenachse und *Achse formatieren...*.

Klicken Sie auf *Achsenoptionen* und geben Sie im Abschnitt *Achsenoptionen* Ober- und Untergrenzen und bei Bedarf auch die Intervalle ein. Neben den geänderten Werten erscheint anstelle *Auto* die Schaltfläche *Zurücksetzen*, mit der Sie schnell wieder die automatische Einteilung herstellen können.

Tipp: Über das Feld *Anzeigeeinheiten* können Sie bei sehr großen Zahlen zur besseren Lesbarkeit die Achsenwerte in größeren Einheiten anzeigen lassen.

Aufgabenbereich Achse Formatieren: Achseneinteilung

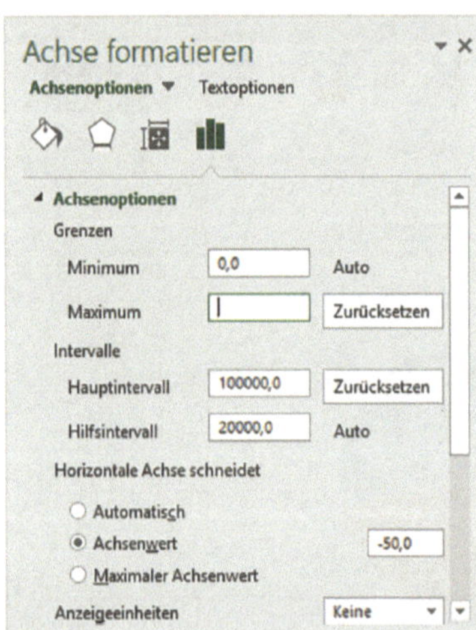

Anzeigeeinheiten

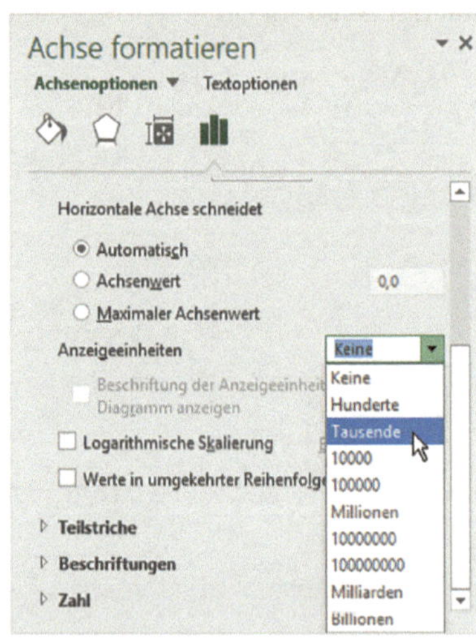

Das Zahlenformat übernimmt die Größenachse aus der Tabelle. Wenn Sie im Diagramm ein abweichendes Format verwenden möchten, dann klicken Sie unter *Achsenoptionen* auf den Abschnitt *Zahl*. Deaktivieren Sie zuerst das Kontrollkästchen *Mit Quelle verknüpft* und wählen Sie dann über den Dropdown-Pfeil ein Zahlenformat bzw. legen die Anzahl der Dezimalstellen fest. Die Verwendung benutzerdefinierter Zahlenformate ist ebenfalls möglich: Klicken Sie dazu in das Feld *Formatcode* und geben Sie hier Ihr Zahlenformat ein, anschließend klicken Sie auf *Hinzufügen*.

Sonderfall Verbunddiagramm mit Sekundärachse

Wenn die Wertebereiche mehrerer Datenreihen sehr stark voneinander abweichen, dann benötigen Sie eine zweite, sogenannte Sekundärachse und kombinieren in den meisten Fällen zwei Diagrammtypen, z. B. Säulen- und Liniendiagramm. Am einfachsten erstellen Sie ein solches Diagramm über die Schaltfläche *Einfügen ▸ Verbunddiagramm einfügen.* Wählen Sie dann den Diagrammtyp *Gruppierte Säulen/Linien auf der Sekundärachse*.

Alternativ wählen Sie den Befehl *Benutzerdefiniertes Verbunddiagramm erstellen*. Damit öffnet sich das Fenster *Diagramm einfügen* (bzw. *Diagrammtyp ändern*) mit dem Register *Alle Diagramme*, der Typ *Verbund* ist bereits ausgewählt. Hier können Sie unterhalb der Vorschau für jede Datenreihe einen Diagrammtyp auswählen. Damit die Werte der zweiten Datenreihe, im Beispiel unten Umsatzanteil in %, eine eigene Achse erhalten, aktivieren Sie für diese Reihe das Kontrollkästchen *Sekundärachse*.

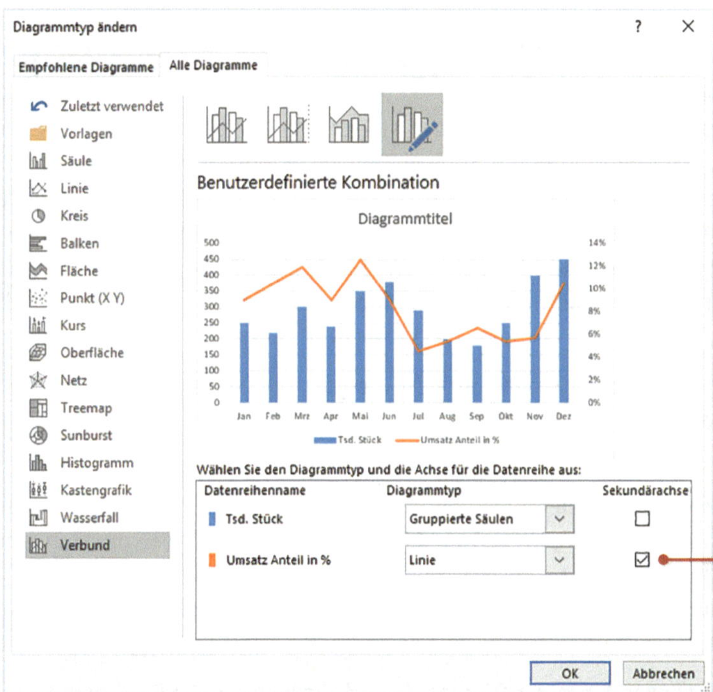

Sekundärchse aktivieren

Verbunddiagramm einfügen/bearbeiten

5.5 Diagramm filtern

Das Symbol *Diagrammfilter* erscheint in der oberen rechten Ecke eines markierten Diagramms. Damit können Sie ein Diagramm schnell nach Datenreihen oder Kategorien filtern. Aktivieren oder deaktivieren Sie dazu die Kontrollkästchen und klicken Sie auf die Schaltfläche *Anwenden*. Um den Filter wieder aufzuheben, klicken Sie erneut auf *Diagrammfilter*, aktivieren entweder einzelne Kontrollkästchen oder gleich *(Alle auswählen)* und klicken wieder auf *Anwenden*.

Diagramm filtern

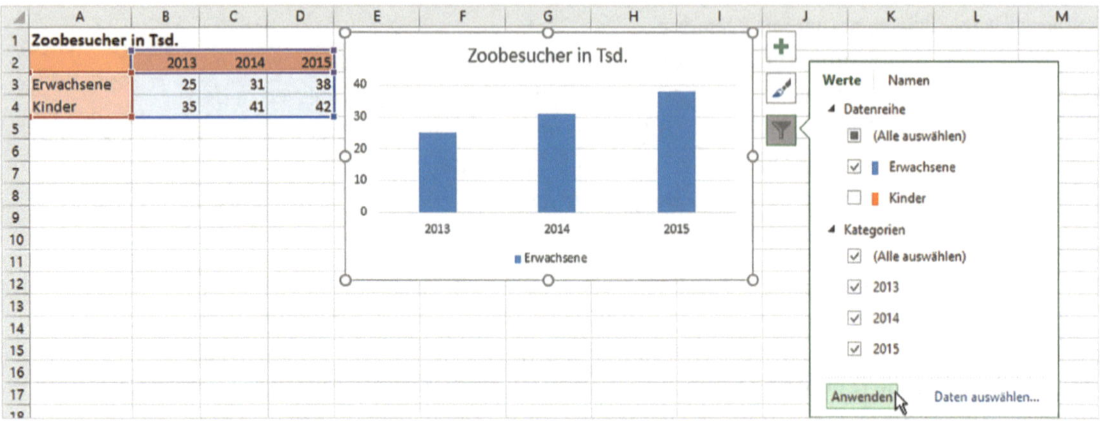

5.6 Neue Diagrammtypen: Histogramm, Treemaps und Wasserfall

Histogramm erstellen

Ein Histogramm ist ein Diagrammtyp, der die Häufigkeit von Daten visualisiert, z. B. von Altersgruppen und in der Statistik häufig benötigt wird. Die Ausgangsdaten liegen in Tabellenform, wie nachfolgend abgebildet vor. In früheren Excel-Versionen war es erforderlich, zunächst mit der Funktion HÄUFIGKEIT die Häufigkeiten je Klasse zu berechnen und aus diesen Ergebnissen ein Säulendiagramm zu erstellen. Mit dem Diagrammtyp Histogramm ist dies nicht nötig, da Sie hier gleichzeitig auch die Klassen festlegen, nachfolgend als *Container* bezeichnet. So gehen Sie vor:

1. Markieren Sie die Ausgangsdaten, dies darf nur eine einzige Datenreihe sein, und klicken Sie im Register *Einfügen* auf *Statistikdiagramm einfügen*. Wählen Sie hier den Typ *Histogramm*.

2. Excel wählt Anzahl und Einteilung der Klassen bzw. Container zunächst automatisch aus den vorgegebenen Daten. Die Unter- und Obergrenzen sind aus der Beschriftung der X-Achse ersichtlich und ensprechen vermutlich nicht Ihren Vorstellungen. Zum Ändern klicken Sie mit der rechten Maustaste auf die X-Achse und auf *Achse formatieren....*

   Oder klicken Sie in das Diagramm und klicken dann im Register *Entwurf* auf *Diagrammelement hinzufügen*. Zeigen Sie auf *Achsen* und wählen Sie hier *Weitere Achsenoptionen....*

3 Am rechten Bildschirmrand öffnet sich der Aufgabenbereich *Achse formatieren* in dem Sie die weiteren Einstellungen vornehmen. Klicken Sie auf das Symbol *Achsenoptionen* (siehe Bild unten).

4 Öffnen Sie dann mit Klick auf das Dreieck den Abschnitt *Achsenoptionen* und legen Sie die Einstellungen für die Container fest. Wenn die Container nicht automatisch gebildet werden sollen, dann können Sie entweder die Anzahl oder die Containerbreite vorgeben. Im Beispiel unten wird eine Einteilung in 10er-Schritten benötigt: Wählen Sie die Option *Containerbreite* und geben Sie im Feld daneben die Breite 10 ein.

5 Falls erforderlich, können Sie sogenannte Über- und Unterlaufcontainer festlegen. In unserem Beispiel soll aus einem Alter über 70 ein Überlaufcontainer gebildet werden, aktivieren Sie daher das entsprechende Kontrollkästchen und geben Sie im Feld daneben den Wert 70 ein.

Klasseneinteilung festlegen, Container bearbeiten

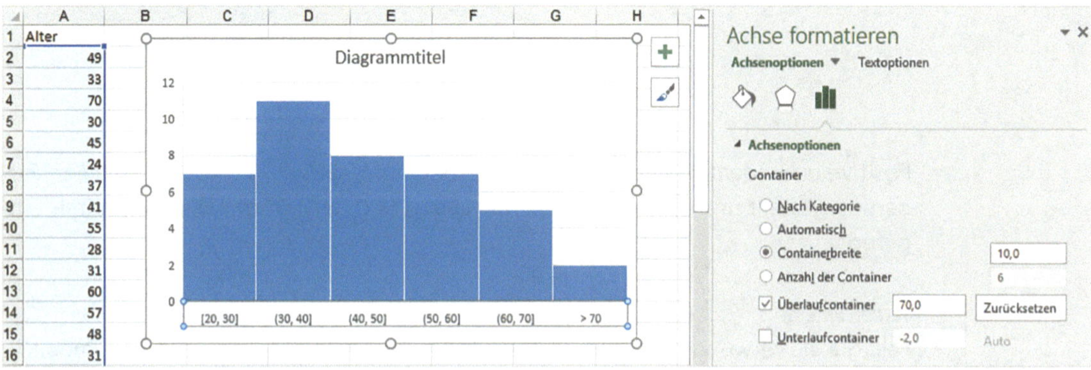

Die Option *Nach Kategorie* wird nur dann verwendet, wenn die Kategorien der X-Achse aus Text anstelle von Zahlen gebildet werden.

Wasserfalldiagramm

Ebenfalls neu in Excel 2016 ist der Typ Wasserfalldiagramm. Es zeigt die laufende Summe an, während die Werte addiert oder subtrahiert werden und wird eingesetzt, um zu verdeutlichen wie ein bestimmter Wert, z. B. der Stand eines Bankkontos durch diverse Zu- und Abgänge beeinflusst wird. Als einfaches Beispiel die Entwicklung der Umsätze gegenüber dem Vormonat, im Bild unten die Ausgangsdaten.

Die Ausgangsdaten

	A	B	C	D	E	F	G
1	**Entwicklung der Umsätze in TSD EUR**						
2							
3		*Januar*	*Februar*	*März*	*April*	*Mai*	*Juni*
4	*Umsatz*	210	189	163	195	210	240
5	*Umsatz Vormonat*	180	210	189	163	195	210
6	*Veränderung*	30	-21	-26	32	15	30
7							

1 Im ersten Schritt markieren Sie die benötigten Werte, in unserem Beispiel die Veränderungswerte in A6:G6, sowie die dazugehörigen Monate als Beschriftung in A3:G3.

Wasserfalldiagramm einfügen

2 Klicken Sie dann im Register *Einfügen* auf *Wasserfall- oder Kursdiagramm einfügen* und wählen Sie den Typ *Wasserfall*.

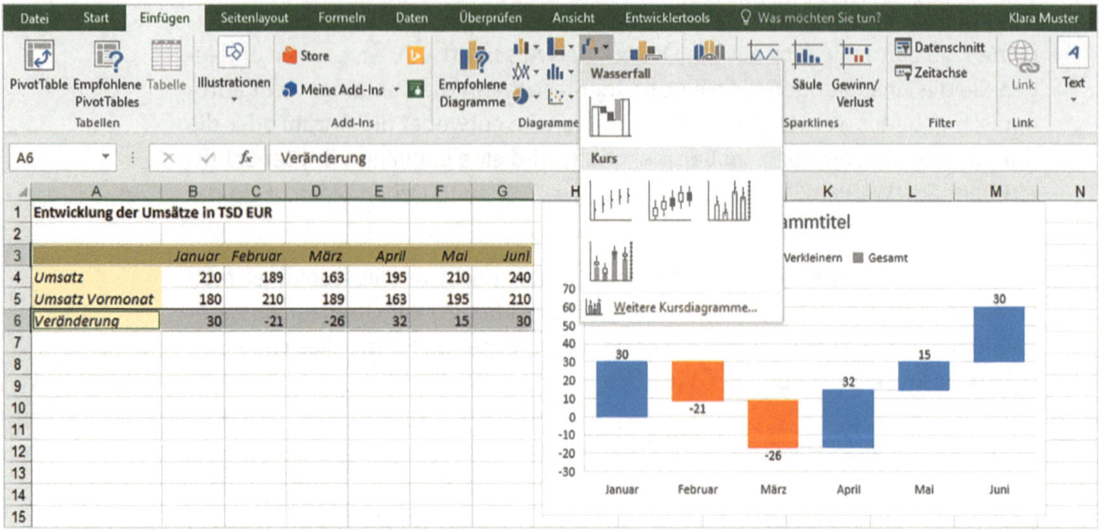

Positive und negative Veränderungen werden automatisch in unterschiedlichen Farben dargestellt und eine entsprechende Legende unterhalb des Diagrammtitels eingefügt.

Farben ändern

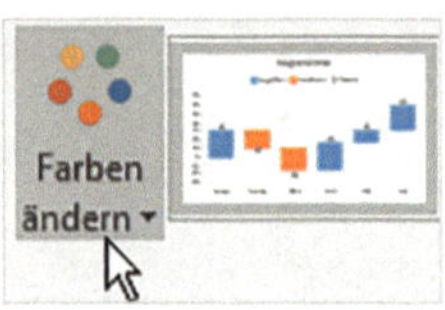

Falls Sie die verwendeten Farben ändern möchten, so ist dies auf zwei Wegen möglich. Klicken Sie entweder im Register *Entwurf* auf *Farben ändern* und wählen Sie hier eine Farbzusammenstellung. Oder ändern Sie die Designfarben im Register *Seitenlayout*. Klicken Sie auf *Farben* und auf *Farben anpassen...* und wählen Sie dann die gewünschten Akzentfarben.

Achtung: Eine Änderung der Farbe über *Datenreihe bearbeiten* (rechte Maustaste) wirkt sich auf alle Elemente der Datenreihe aus und einzelnes Ändern der Datenpunkte bezieht die Legende nicht mit ein, beides sollte also nicht verwendet werden.

Summen einbeziehen

Falls die Datenreihe, wie unten am Beispiel der Kontoübersicht, eine Summe enthält und diese korrekt als Summe (Legende: *Gesamt*) und nicht als Datenpunkt ausgewiesen werden soll, dann gehen Sie wie folgt vor:

1 Markieren Sie die Datenreihe einschließlich der Summe und fügen Sie ein Wasserfalldiagramm ein.

2 Klicken Sie im Diagramm auf die Datenreihe, damit werden alle Datenpunkte markiert. Klicken Sie anschließend gezielt auf den Datenpunkt, der die Summe darstellt, in der Folge wird nur dieser hervorgehoben.

3 Klicken Sie mit der rechten Maustaste auf diesen Datenpunkt und auf *Als Summe festlegen*. Auf dieselbe Weise können Sie die Kennzeichnung als Summe auch wieder entfernen, dann finden Sie im Kontextmenü zu diesem Datenpunkt den Befehl *Summe löschen*.

Datenpunkt als Summe festlegen

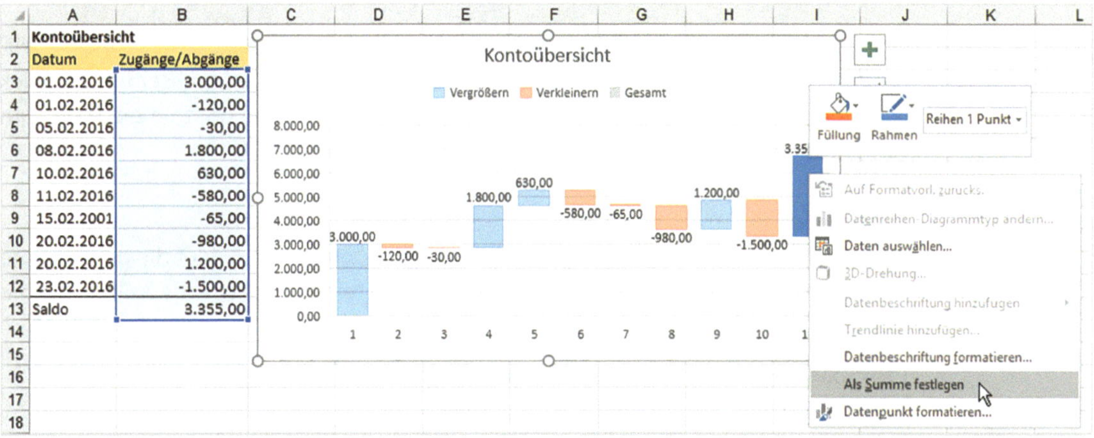

Hierarchische Darstellung und Größenvergleich mit Treemap

Ein weiterer neuer Diagrammtyp, Treemap-oder Hierarchie-Diagramm gliedert die Daten hierarchisch und eignet sich für den Vergleich von Größenverhältnissen innerhalb der Hierarchie. Im Bild unten ein Vergleich der Umsätze von Damen- und Herrenbekleidung. Die Kategorien werden farbig unterschieden und die einzelnen Werte in Form von Rechtecken nach Nähe angeordnet. So ist schnell erkennbar, welche Arten von Bekleidung jeweils für Herren und Damen am meisten verkauft wurde.

Beispiel Treemap-Diagramm

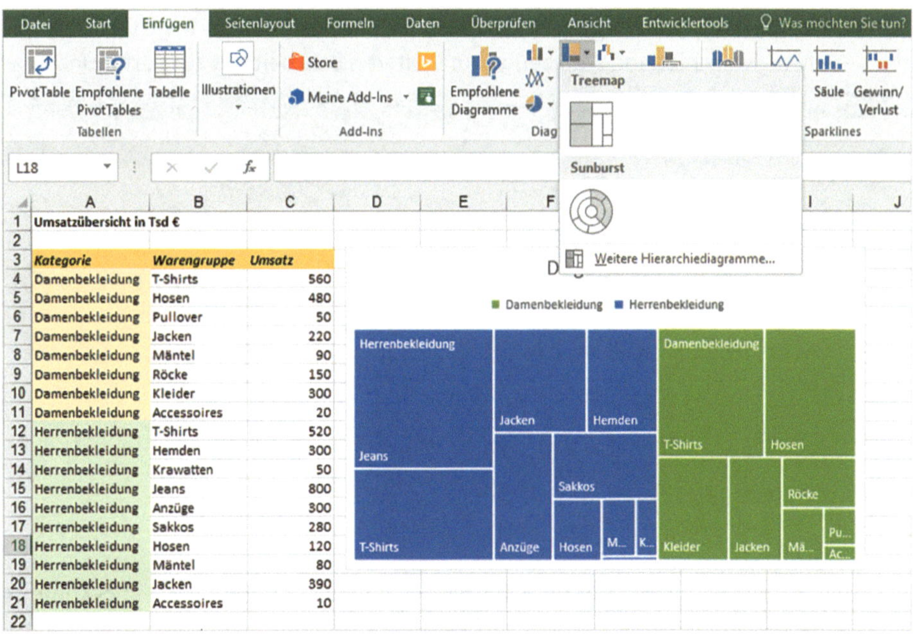

Ein weiterer Typ, Sunburst ordnet die Werte kreisförmig an.

Zum Einfügen markieren Sie die Tabelle, im Bild den Bereich A4:C21 und klicken im Register *Einfügen* auf *Hierarchiediagramm einfügen*. Wählen Sie dann den Typ *Treemap*.

5.7 Sparklines

Eine besondere Diagrammvariante sind die Sparklines, Minidiagramme ohne Beschriftungen, die in einer einzigen Zelle Platz finden und schnell einen grafischen Überblick oder Vergleich, z. B. mehrerer Messwerte erlauben. Im Beispiel unten dienen sie zum Temperaturvergleich.

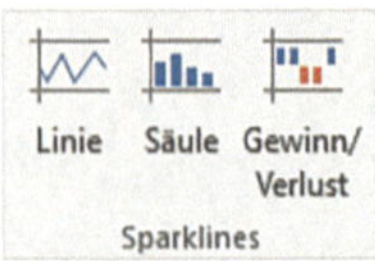

Sparkline einfügen

Zum Einfügen klicken Sie im Register *Einfügen*, Gruppe *Sparklines* auf die gewünschte Darstellung und wählen anschließend den Datenbereich aus, sowie die Zelle, in die die Sparkline eingefügt werden soll (*Positionsbereich*).

Tipp: Sparklines lassen sich wie Formeln in angrenzende Zellen kopieren.

Sparklines einfügen

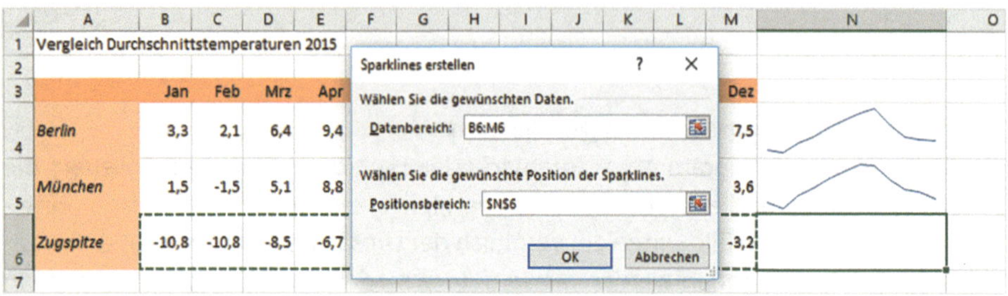

Sparklines formatieren

Datenpunkte hervorheben

Sobald eine Zelle mit einer Sparkline markiert ist, stehen Ihnen im Register *Sparklinetools - Entwurf* verschiedene Werkzeuge zur weiteren Bearbeitung zur Verfügung.

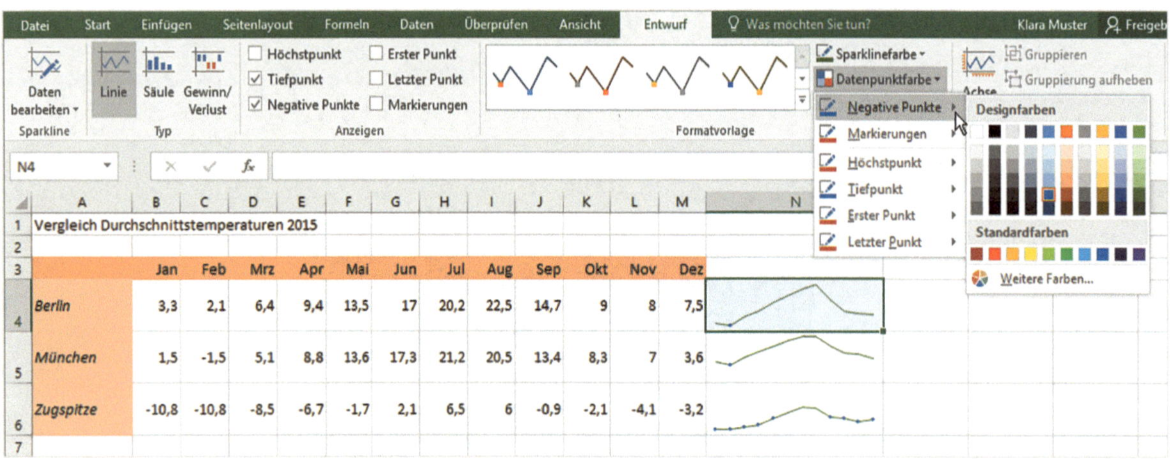

Sie können beispielsweise über die Kontrollkästchen der Gruppe *Anzeigen* bestimmte Punkte hervorheben, im Bild oben die Tiefstwerte (*Tiefpunkt*) und Minustemperaturen (*Negative Punkte*). Außerdem können Sie eine Sparklinefarbe wählen und ausgewählten Datenpunkten eine gesonderte Farbe zuweisen. Im Beispiel wurde für die Minustemperaturen (*Negative Punkte*) die Farbe blau gewählt.

Achseneinteilung wählen

Wenn die Werte vergleichbar sein sollen, wie in unserem Beispiel beim Temperaturvergleich deutscher Großstädte mit der Zugspitze, dann empfiehlt es sich, eine einheitliche Achseneinteilung zu wählen. Klicken Sie dazu auf *Achse* und wählen Sie für Minimalwert und Höchstwert jeweils die Option *Identisch für alle Sparklines*.

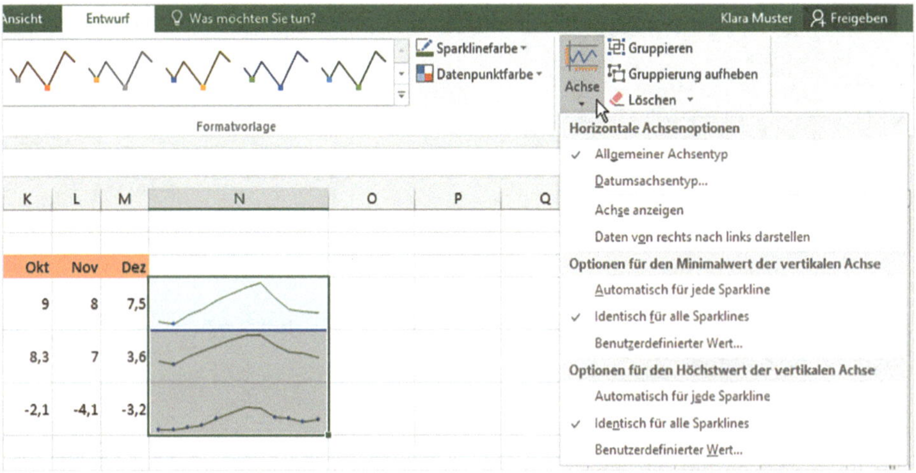

Achseneinteilung

Sparklines löschen

Zum Entfernen einer Sparkline markieren Sie die Zelle und klicken im Register *Entwurf*, Gruppe *Gruppieren* auf die Schaltfläche *Löschen*. Alternativ können Sie auch die Schaltfläche *Löschen* und die Auswahl *Alle Löschen* im Register *Start* benutzen.

5.8 3D-Geodaten visualisieren

Ortsgebundene Daten lassen sich in Excel 2016 auch mit Landkarten verknüpfen und so mit Ortsbezug darstellen. Dazu verwenden Sie das integrierte Tool Power Map, das sowohl geografische Koordinaten als auch Städte- und Ländernamen erkennt. Sie benötigen also als Ausgangsbasis eine Tabelle mit geografischen Ortsangaben. Dies können Koordinaten, Städte, Postleitzahlen, Länder oder Regionen sein. Ansonsten gelten für die Tabelle ähnliche Regeln wie für Pivot-Tabellen: Es muss eine Überschriftzeile vorhanden sein und diese darf nur eine einzige Zeile umfassen, alle Werte innerhalb einer auszuwertenden Spalte müssen vom selben Datentyp ein.

Karte erstellen

Als Beispiel sollen die Umsätze von Filialen in verschiedenen Städten in eine Karte eingefügt werden. Die unten abgebildete Tabelle liefert die Ausgangsdaten.

Markieren Sie die Tabelle einschließlich der Überschriften; wenn es sich um eine dynamische Tabelle handelt, genügt es, wenn nur eine Zelle innerhalb der Tabelle markiert

3D-Karten öffnen

ist. Klicken Sie dann im Register *Einfügen* auf *3D-Karte* und auf *3D-Karten öffnen*.

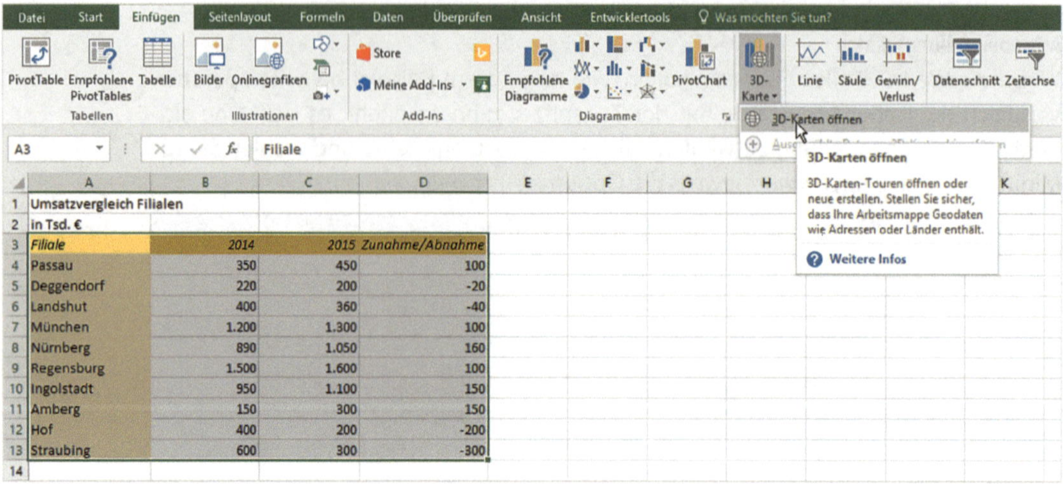

Microsoft 3D-Karten wird in einem eigenen Fenster mit drei Bereichen zur weiteren Bearbeitung geöffnet.

Touren und Szenen

Der linke Bereich enthält eine Liste der vorhandenen Szenen einer Tour. In Touren können Sie verschiedene Aspekte oder geografische Einheiten zusammenfassen, beispielsweise die Bevölkerungsentwicklung unterschiedlicher Regionen. Ein Tour kann eine oder mehrere Szenen enthalten, diese eignen sich zur Darstellung und Wiedergabe zeitlicher Abläufe. Die Tour wird zusammen mit der Arbeitsmappe gespeichert, diese kann beliebig viele Touren enthalten.

- Wenn in der Arbeitsmappe noch keine Tour vorhanden ist, so wird diese zusammen mit einer Szene automatisch erstellt, sobald Sie im Tabellenblatt einen Datenbereich markieren auf *3D-Karte* und auf *3D-Karten öffnen* klicken.
- Existieren in der Arbeitsmappe bereits eine oder mehrere Touren, so werden beim Klick auf *3D-Karten öffnen* alle vorhandenen Touren aufgelistet. Klicken Sie entweder auf eine Tour, um diese zu bearbeiten oder klicken Sie auf *Neue Tour*.

Karte und Kartenausschnitt

In der Mitte des Fensters befindet sich die eigentliche Landkarte. Wenn die geografischen Angaben der Tabelle richtig erkannt wurden, dann sind hier die Orte, in unserem Beispiel die Städte mit kleinen Kästchen dargestellt. Die Karte selbst wird entsprechend der vorgegebenen Daten automatisch geladen. Den Kartenausschnitt können Sie mit gedrückter Maustaste verschieben, zum Vergrößern oder Verkleinern benutzen Sie die Schaltflächen + und - und mit den Pfeilen können Sie die Karte drehen bzw. den Neigungswinkel verändern.

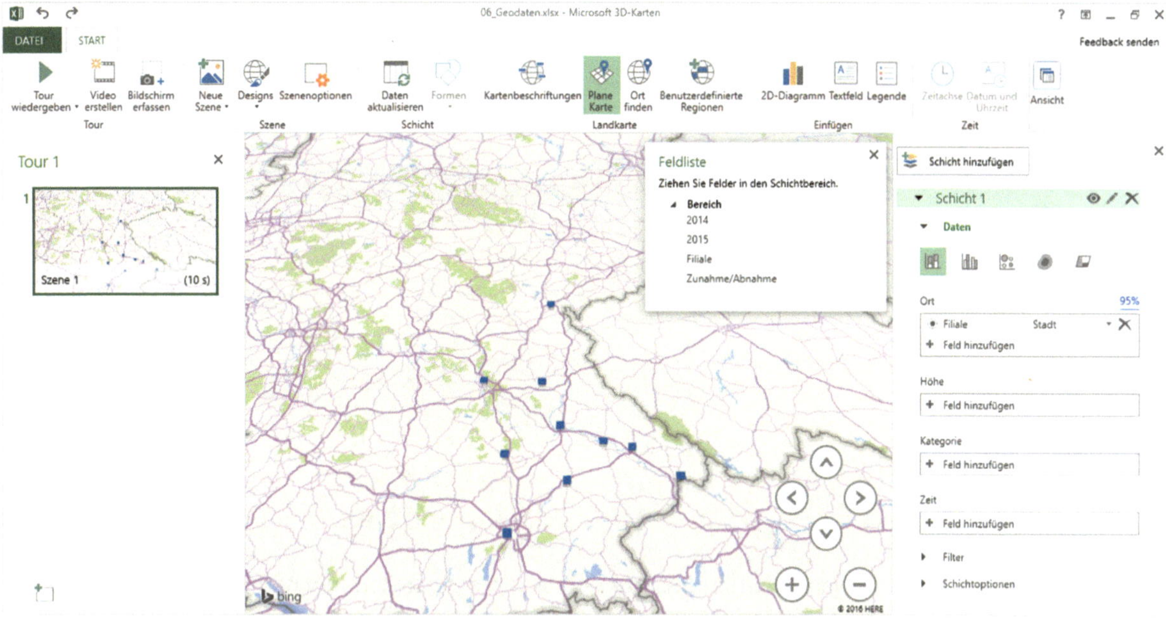

Microsoft 3D-Karten

Weitere Möglichkeiten zur Steuerung des Aussehens der Karte erhalten Sie im Menüband: Wenn Sie die Schaltfläche *Plane Karte aktivieren*, dann wechselt die Ansicht von der Globusdarstellung zur flachen Kartendarstellung. Mit *Kartenbeschriftungen* werden Städte- und Ländernamen eingeblendet.

Kartenbereich, Darstellung

Schichtbereich

Der rechte Bereich ist der sogenannte Schichtbereich. Hier geben Sie an, welche Daten der Tabelle dargestellt werden sollen. Die Zuordnung erfolgt entweder, indem Sie ein Feld aus der Feldliste auf die entsprechende Rubrik ziehen oder direkt über die Rubrik auswählen.

1. Kontrollieren Sie zuerst die Rubrik *Ort*: in unserem Beispiel wurde der geografische Typ *Stadt* korrekt erkannt und das Feld Filiale richtig zugeordnet. Sollte dies nicht der Fall sein, so klicken Sie auf den Dropdown-Pfeil *Typ* und wählen den zutreffenden Typ aus.

2. Standardmäßig werden die Daten als Säulendiagramme dargestellt. Ziehen Sie die Umsätze des Jahres 2015 aus der Feldliste in die Rubrik *Höhe* oder klicken Sie in dieser Rubrik auf *Feld hinzufügen* und wählen das Feld 2015 aus.

Diagrammtyp ändern

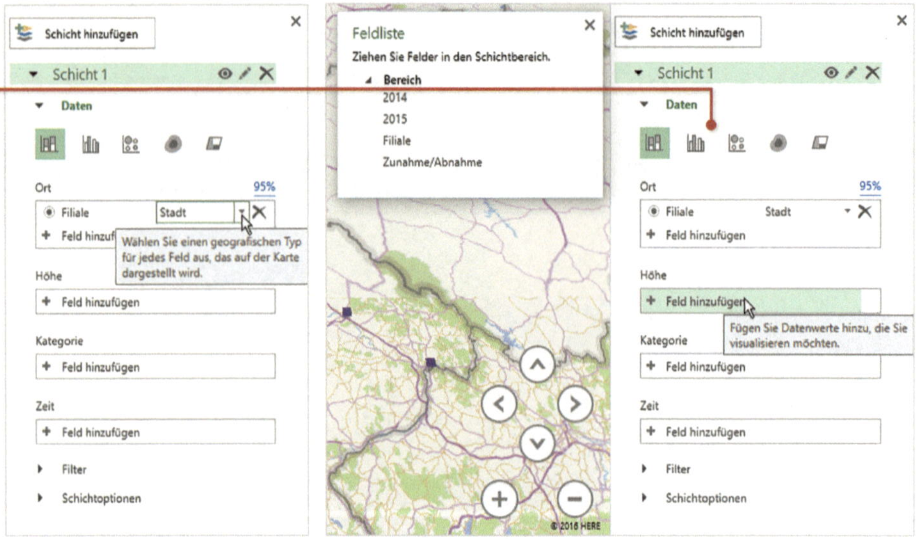

Geografischen Typ kontrollieren/auswählen

Feld hinzufügen

3 Wenn Sie die Umsätze beider Jahre darstellen möchten, dann ziehen Sie auch noch das Feld 2014 in die Rubrik *Höhe*. Über Symbole können Sie zwischen gestapelten und gruppierten Säulen wechseln. Außerdem sind noch die Diagrammtypen *Blasendiagramm*, *Wärmebild* und *Region* verfügbar.

4 Zuletzt kann es noch erforderlich sein, den Blickwinkel auf die Karte etwas zu verändern und die erste Karte ist fertig. Falls Sie möchten, können Sie noch eine Legende hinzufügen: klicken Sie dazu im Menüband auf *Legende*. Mit der Schaltfläche *Textfeld* lässt sich auch noch ein Textfeld für Erläuterungen oder Quellenangaben hinzufügen.

Zum Entfernen einer nicht benötigten Legende klicken Sie in die Legende und betätigen die Entf-Taste.

Karte verwenden

Für die fertige Karte stehen Ihnen im Menüband, Gruppe *Tour*, drei Möglichkeiten zur Verfügung:

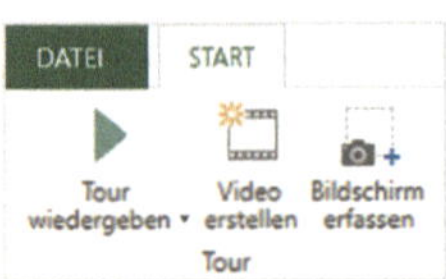

- *Tour wiedergeben* zeigt die Karte im Vollbildmodus an (Bild oben), mit der Esc-Taste kehren Sie wieder zurück zur ursprünglichen Ansicht.
- Mit *Video erstellen* exportieren Sie die Karte in ein separates Video, das sich anschließend z. B. in eine Webseite oder PowerPoint-Präsentation einfügen lässt.
- *Bildschirm erfassen* kopiert die Karte als Grafik in die Zwischenablage. Anschließend lässt sich die Karte in das Tabellenblatt oder ein beliebiges anderes Dokument einfügen.

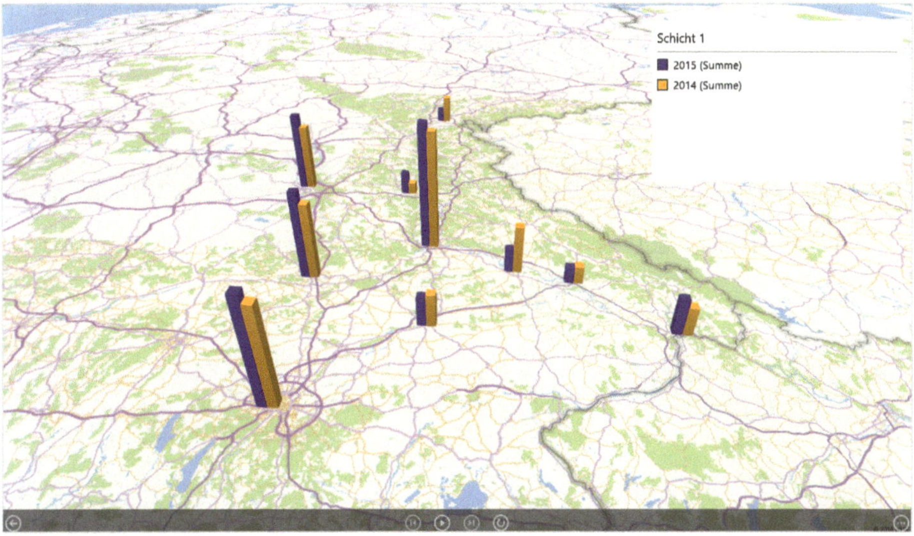

Das Ergebnis im Vollbildmodus (Tour wiedergeben)

Farben und Design

- In der Gruppe *Szene* können Sie über die Schaltfläche *Designs* zwischen verschiedenen Designvorlagen wählen.
- Wenn Sie dagegen nur die Farben der Diagrammbalken ändern möchten, dann klicken Sie am unteren Rand des Schichtbereichs auf *Schichtoptionen* und wählen für jede Datenreihe die gewünschte Farbe.

Szene hinzufügen

Um der Tour weitere Szenen hinzuzufügen, klicken Sie in der Gruppe *Szene* auf *Neue Szene*. **Tipp:** Mit Klick auf den Dropdown-Pfeil erhalten Sie die Möglichkeit, die aktive Szene zu kopieren, die Sie anschließend abändern können. Oder klicken Sie links unten im Tourbereich auf das Symbol *Neue Szene*.

Auf unser Beispiel angewandt, könnten Sie beispielsweise in Szene1 die Umsätze des Jahres 2014 und in Szene2 die Umsätze aus 2015 nacheinander darstellen. Als dritte Szene wären dann die Zu- Abnahme denkbar, vielleicht als Wärmebild? Probieren Sie einfach die verschiedenen Möglichkeiten aus. Denkbar wäre auch, eine erste Szene ohne Diagrammdarstellung, aber mit Kartenbeschriftungen voranzustellen.

Um eine Szene auszuwählen, klicken Sie im Tourbereich einfach auf die gewünschte Szene. Zum Löschen einer nicht mehr benötigten Szene klicken Sie in die Szene und benutzen das Symbol *Löschen* in der rechten unteren Ecke.

Szenen animieren

1 Klicken Sie im Tourbereich auf die erste Szene, die Sie animieren möchten und klicken Sie auf das Symbol *Szenenoptionen ändern* (Bild unten). Es öffnet sich das Fenster *Szenenoptionen* mit weiteren Einstellungen.

Für einen besseren Überblick sollten der Szene einen Namen geben, in weiteren Feldern legen Sie die Szene- und Übergangsdauer fest. Den Übergangseffekt selbst wählen Sie im Feld *Effekt* aus.

2 Klicken Sie nacheinander in die weiteren Szenen und ändern Sie ebenfalls die Szeneoptionen nach Wunsch, das Fenster *Szeneoptionen* brauchen Sie dazwischen nicht schließen.

3 Klicken Sie dann auf den Dropdown-Pfeil *Tour wiedergeben*, wählen Sie *Tour von Anfang an abspielen* und testen Sie ihre Einstellungen.

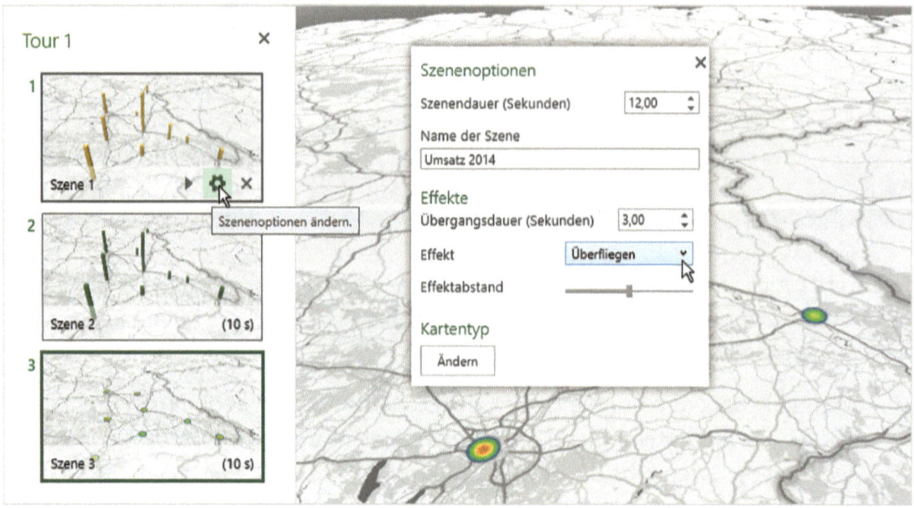

Szeneoptionen

6 PivotTable und PivotChart

6.1 Pivot-Tabelle erstellen

Empfohlene PivotTables

Pivot-Tabellen werden zur Auswertung größerer Datenmengen eingesetzt. In ihnen lassen sich Daten interaktiv nach verschiedenen Gesichtspunkten anordnen und zusammenfassen.

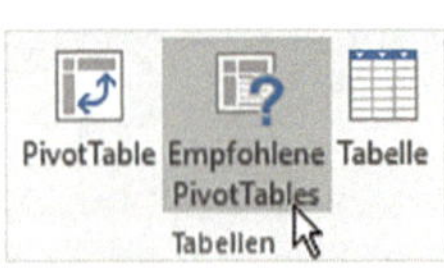

Am schnellsten erstellen Sie eine Pivot-Tabelle per Auswahl aus einer Liste geeigneter Vorschläge. Markieren Sie dazu den gesamten Tabellenbereich, einschließlich der Spaltenüberschriften, aus dem Sie eine Pivot-Tabelle erstellen möchten; bei einem zusammenhängenden Zellbereich genügt es, wenn eine Zelle der Tabelle markiert ist. Klicken Sie im Register *Einfügen* ▸ *Tabellen* auf *Empfohlene PivotTables*. Excel schlägt auf der Basis der aktuellen Tabelle mehrere geeignete Auswertungstabellen vor, markieren Sie mit einem Mausklick einen Vorschlag der Liste, um eine Vorschau mit Ihren Daten zu erhalten. Mit *OK* wird die ausgewählte Tabelle eingefügt.

Empfohlene PivotTables

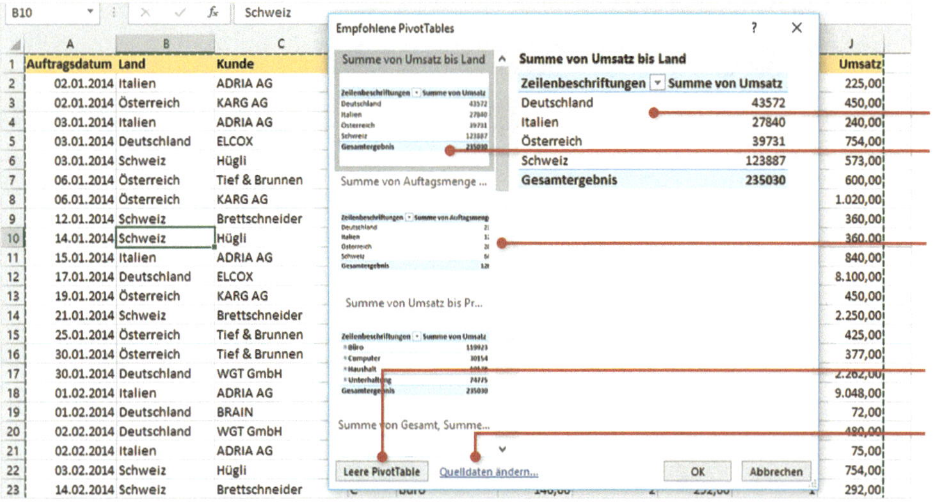

Vorschläge für Pivot-Tabellen erhalten Sie auch, wenn Sie einen Zellbereich markieren und im Tabellenblatt auf das Symbol *Schnellanalyse* und das Register *Tabellen* klicken. Zeigen Sie auf eines der *PivotTable* Symbole, um eine Vorschau zu erhalten und per Mausklick wird die Tabelle eingefügt.

Schnellanalyse - Tabellen

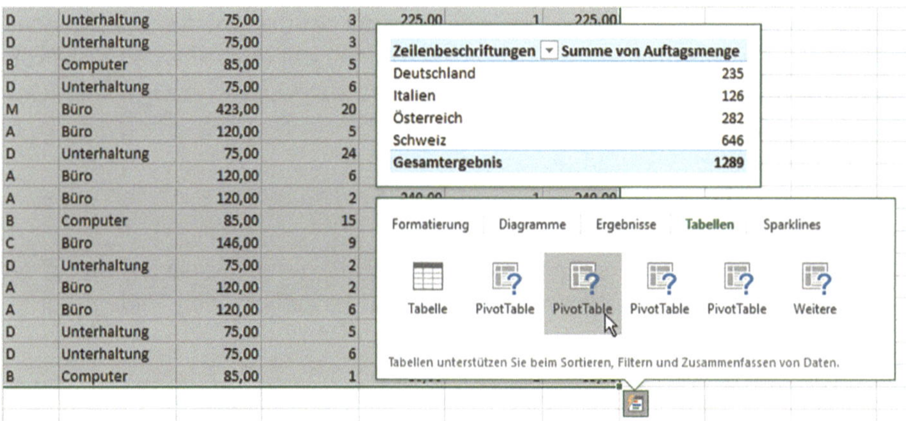

Leere PivotTable erstellen

Sollte unter den empfohlenen PivotTables keine der Tabellen Ihren Vorstellungen entsprechen, so klicken Sie auf die Schaltfläche *Leere PivotTable*. Oder klicken Sie im Register *Einfügen* auf *PivotTable* und legen anschließend Datenquelle und Einfügeort fest.

Die Pivot-Tabelle wird standardmäßig in einem neuen Tabellenblatt eingefügt. Gleichzeitig erscheint am rechten Rand des Excel-Fensters der Aufgabenbereich *PivotTable-Felder* mit der Feldliste bzw. allen Spaltenüberschriften der Datenquelle. In der Pivot-Tabelle verwendete Felder sind in der Feldliste fett hervorgehoben und mit einem Häkchen versehen. Unterhalb der Feldliste finden Sie die Bereiche der PivotTabelle mit den verwendeten Feldern.

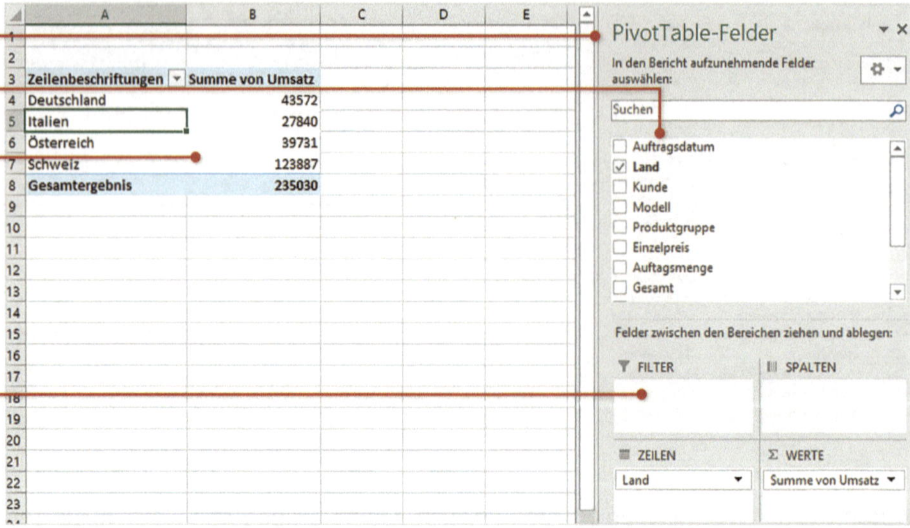

Pivot-Tabelle mit Aufgabenbereich

Zusammen mit der Pivot-Tabelle sind im Menüband die beiden *PivotTable-Tools* Register *Analysieren* und *Entwurf* zur weiteren Bearbeitung verfügbar.

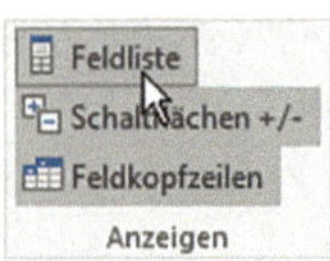

Achtung: Der Aufgabenbereich mit der Feldliste ist nur sichtbar, wenn eine Zelle innerhalb der PivotTabelle markiert ist. Sollte er auch dann nicht erscheinen, so klicken Sie mit der rechten Maustaste in die Pivot-Tabelle und auf *Feldliste anzeigen*. Im Menüband finden Sie die Schaltfläche *Feldliste* im Register *PivotTable-Tools - Analysieren* in der Gruppe *Anzeigen*.

Felder anordnen, umstellen, gruppieren

Unterhalb der Feldliste finden Sie die Bereiche einer Pivot-Tabelle, die das Layout der Tabelle festlegen. Zum Anordnen, Umstellen und Hinzufügen von Feldern der Pivot-Tabelle benutzen Sie am einfachsten die Maus.

> Die Anordnung erfolgt ausschließlich im Aufgabenbereich *PivotTable-Felder* und nicht, wie in älteren Excel-Versionen direkt in der Tabelle.
>
> **Ausnahme:** In Arbeitsmappen, die im Kompatibilitätsmodus (Excel-2003 Dateiformat) geöffnet sind, können Pivot-Tabellen wie bisher bearbeitet werden.

- Um ein weiteres Feld hinzuzufügen, ziehen Sie das Feld aus der Feldliste einfach nach unten in den entsprechenden Bereich.
- Zum Entfernen eines Feldes genügt es, wenn Sie in der Feldliste das Kontrollkästchen deaktivieren. Oder ziehen Sie mit der Maus das Feld aus dem Bereich

heraus in Richtung Tabellenblatt, das Symbol am Mauszeiger ist eindeutig, siehe Bild unten.

- Zum Vertauschen von Zeilen und Spaltenbeschriftungen ziehen Sie das Feld aus dem Zeilen- in den Spaltenbereich oder umgekehrt. Oder klicken Sie im Bereich auf das Feld und auf *Wechseln zu...*. Das Aussehen der Tabelle passt sich sofort an.

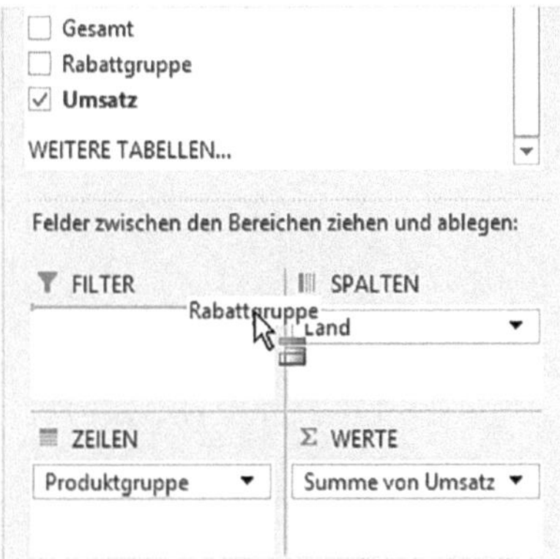

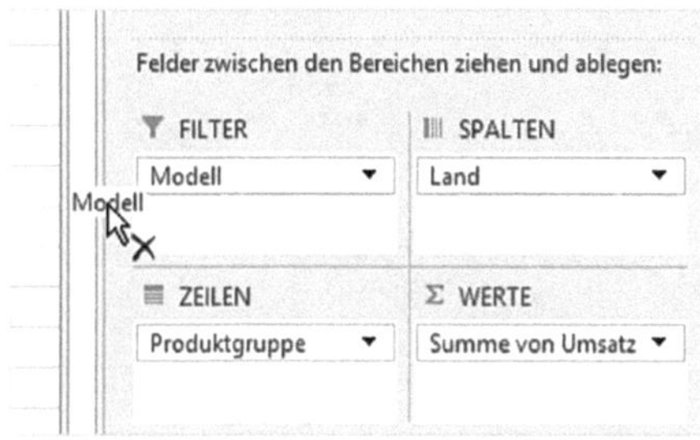

Feld aus der Feldliste hinzufügen

Feld löschen

Die Bereiche einer Pivot-Tabelle

FILTER	Filter können optional hinzugefügt werden, sie werden zum Filtern der gesamten Tabelle verwendet.
SPALTEN	Hier werden aus den Inhalten eines Feldes Spaltenüberschriften gebildet
ZEILEN	Aus den Inhalten eines Feldes werden Zeilenbeschriftungen gebildet
WERTE	In diesen Bereich ziehen Sie alle Felder, die Sie zur Auswertung zusammenfassen möchten.

Bei Bedarf kann die Anzeige der Bereiche angepasst werden. Klicken Sie dazu auf die Schaltfläche *Extras* in der rechten oberen Ecke des Aufgabenbereichs.

Mehrere Werte- Zeilen- und Spaltenfelder

Jeder Bereich kann auch mehrere Felder enthalten. Dann werden die Felder verschachtelt angeordnet. Die Reihenfolge in der Tabelle (von links nach rechts) richtet sich nach der Anordnung im Bereich (von oben nach unten). Zum Ändern der Reihenfolge ziehen Sie innerhalb des Bereichs das Feld einfach an die gewünschte Position.

- Zum Ein- und Ausblenden der Details einer Spalte klicken Sie in der Tabelle an eine beliebige Stelle dieser Spalte und im Register *Analysieren*, *Gruppieren*, auf *Feld erweitern* bzw. *Feld reduzieren*. Oder blenden Sie die Details einer bestimmten Guppe über die Schaltfläche ⊟ aus bzw. ein ⊞.

- Wenn Sie in einer Pivot-Tabelle im Bereich *WERTE* Ergebnisse für zwei oder mehr Felder berechnen, z. B. Umsatz und Auftragsmenge, dann werden die Felder in der Tabelle automatisch in Spalten nebeneinander angeordnet und mit Spaltenüberschriften versehen.

Sie erkennen auch am Bereich SPALTEN, dass die Spalten aus Werten gebildet werden.

Mehrere Werte berechnen, Details ein- und ausblenden

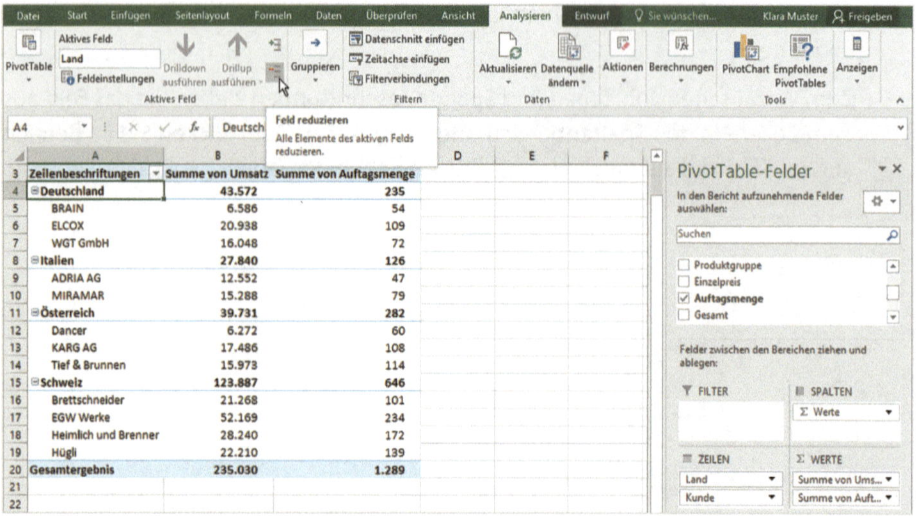

6.2 PivotTable aktualisieren

Nach wie vor muss eine Pivot-Tabelle nach Änderung der Quelldaten manuell aktualisiert werden. Klicken Sie dazu mit der rechten Maustaste in die Tabelle und auf *Aktualisieren* oder verwenden Sie die Tasten Alt+F5.

Tipp: Im Register *Analysieren* finden Sie ebenfalls eine Schaltfläche *Aktualisieren* und ein Mausklick auf den Dropdown-Pfeil dieser Schaltfläche bietet zusätzlich die Option *Alle aktualisieren*, mit der Sie gleich alle Pivot-Tabellen der Arbeitsmappe aktualisieren, die auf den gleichen Quelldaten basieren.

- **Datenquelle neu definieren**
  Wenn Sie die Quelldaten der Pivot-Tabelle neu festlegen möchten, dann klicken Sie im Register *Anlysieren* auf *Datenquelle ändern*.

- **PivotTable verschieben oder löschen**
  Klicken Sie im Register *Analysieren*, Gruppe *Aktionen* auf die entsprechende Schaltfläche.

6.3 Pivot-Tabelle formatieren, Layout gestalten

Layout und Beschriftungen

Standardmäßig werden Pivot-Tabellen im so genannten Kurzformat angezeigt. Dieses Layout zeigt beispielsweise als Überschrift der Zeilenbeschriftungen anstelle des Feldnamens nur den Text *„Zeilenbeschriftungen"* an. Diese Beschriftung lässt sich schnell durch Markieren und Tastatureingabe ändern. Dies gilt auch für die Wertebeschriftung, z. B. *Summe von Umsatz*, wie im Bild unten.

Berichtslayout ändern

Auch über das Berichtslayout lässt sich die Beschriftung der Feldschaltflächen und bei verschachtelten Zeilenfeldern die Anordnung in Spalten ändern. Standardmäßig verwendet Excel das Kurzformat, für weitere Berichtslayouts klicken Sie im Register *Entwurf*, Gruppe *Layout*, auf *Berichtslayout*:

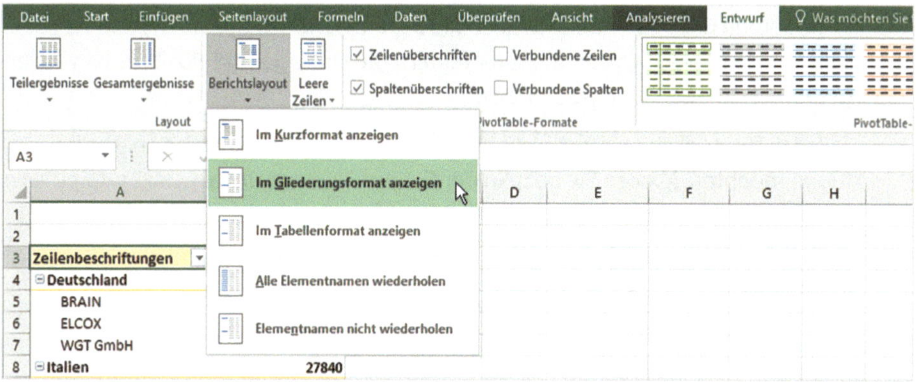

Berichtslayout wählen

- Das Kurzformat verwendet nur allgemeine Bezeichnungen für die Feldschaltflächen, siehe oben, verschachtelte Zeilenfelder werden in einer einzigen Beschriftungsspalte zusammengefasst.
- Gliederungs- und Tabellenformat verwenden dagegen die Feldnamen zur Beschriftung und teilen verschachtelte Zeilenfelder in Spalten auf.
- Im Tabellenformat sind zusätzlich noch die Gitternetzlinien des Tabellenblattes sichtbar.

Beispiel: Tabelle im Kurz- und im Gliederungsformat

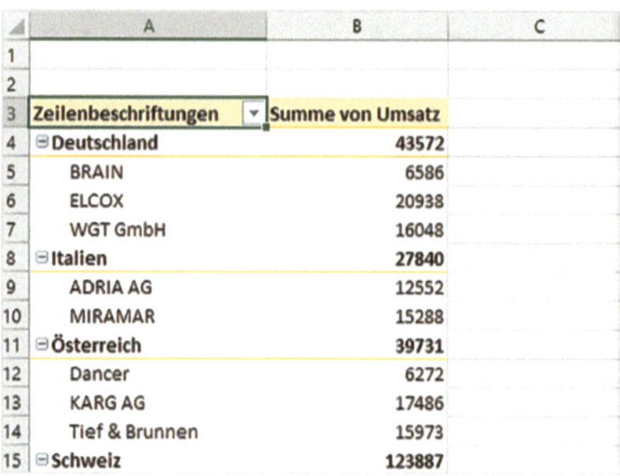

	A	B	C
1			
2			
3	Zeilenbeschriftungen	Summe von Umsatz	
4	⊟Deutschland	43572	
5	BRAIN	6586	
6	ELCOX	20938	
7	WGT GmbH	16048	
8	⊟Italien	27840	
9	ADRIA AG	12552	
10	MIRAMAR	15288	
11	⊟Österreich	39731	
12	Dancer	6272	
13	KARG AG	17486	
14	Tief & Brunnen	15973	
15	⊟Schweiz	123887	

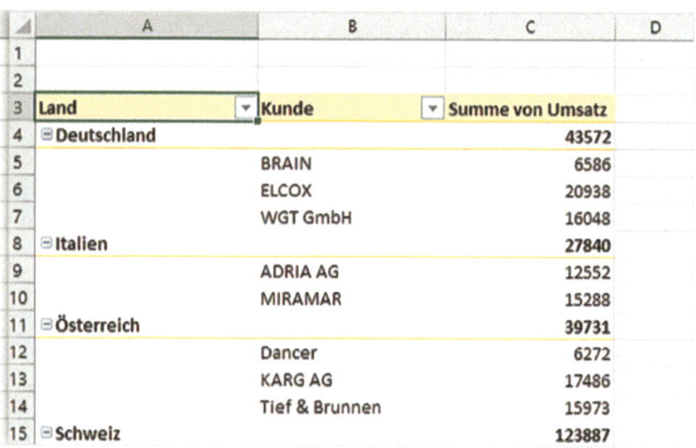

	A	B	C	D
1				
2				
3	Land	Kunde	Summe von Umsatz	
4	⊟Deutschland		43572	
5		BRAIN	6586	
6		ELCOX	20938	
7		WGT GmbH	16048	
8	⊟Italien		27840	
9		ADRIA AG	12552	
10		MIRAMAR	15288	
11	⊟Österreich		39731	
12		Dancer	6272	
13		KARG AG	17486	
14		Tief & Brunnen	15973	
15	⊟Schweiz		123887	

Über die Schaltfläche *Berichtslayout* erhalten Sie auch die Möglichkeit, bei verschachtelten Zeilen- oder Spaltenfeldern jeder Zeile die Bezeichnung des übergeordneten Elements voranzustellen (Einstellung *Alle Elementnamen wiederholen*), die Auswahl *Elementnamen nicht wiederholen* blendet diese wieder aus.

Teilergebnisse und Gesamtergebnisse anzeigen

- Standardmäßig zeigt Excel in der letzten Zeile und Spalte einer Pivot-Tabelle jeweils die Gesamtergebnisse an. Um diese aus- oder einzublenden klicken Sie im Register *Entwurf*, Gruppe *Layout*, auf *Gesamtergebnisse* und wählen die gewünschte Anzeige.
- In derselben Gruppe finden Sie auch die Schaltfläche *Teilergebnisse*, mit der Sie in Tabellen mit verschachtelten Zeilenfeldern die Anzeige und Position von Teilergebnissen für jede Gruppe steuern.
- Falls Sie für optisch ansprechende Ausdrucke nach jeder Gruppe Leerzeilen einfügen möchten, klicken Sie dazu in der Gruppe *Layout* auf *Leere Zeilen*. Mit dieser Schaltfläche entfernen Sie auch die Leerzeilen ggfs. wieder.

Die Anzeige von Teil- und Gesamtergebnissen steuern

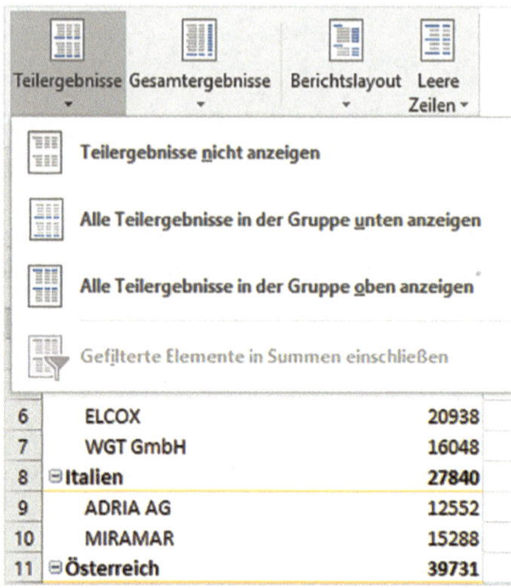

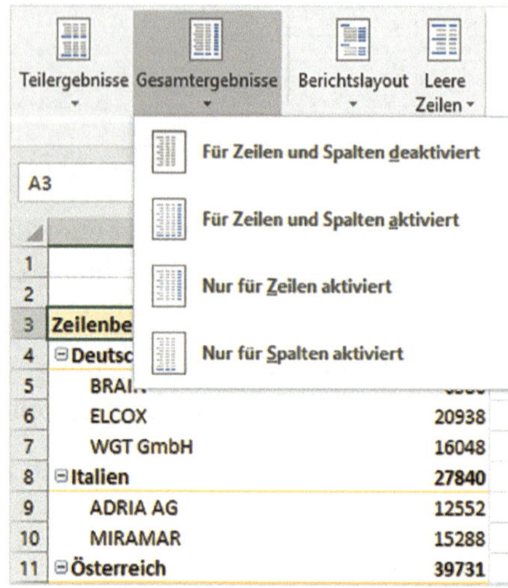

Anzeigeoptionen

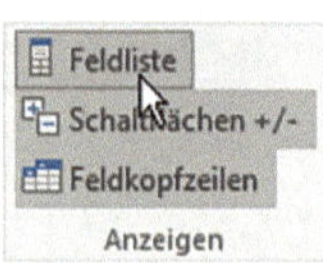

Weitere Anzeigeoptionen finden Sie im Register *Anaysieren* ▸ *Anzeigen*. Die Schaltfläche *Feldkopfzeilen* blendet die Spalten- und Zeilenüberschriften ein- und aus. *Schaltflächen +/-* blendet in der Tabelle die Schaltflächen zum Erweitern und Reduzieren aus.

PivotTable formatieren

Zur schnellen Formatierung von Pivot-Tabellen können Sie wieder Formatvorlagen verwenden, diese finden Sie im Register *Entwurf* ▸ *PivotTable-Format*. Über die Kontrollkästchen der Gruppe *Optionen für PivotTable-Formate* legen Sie fest, ob Sie auch die Formate für Zeilen- und Spaltenüberschriften einbeziehen möchten.

Formatvorlagen für Pivot-Tabellen

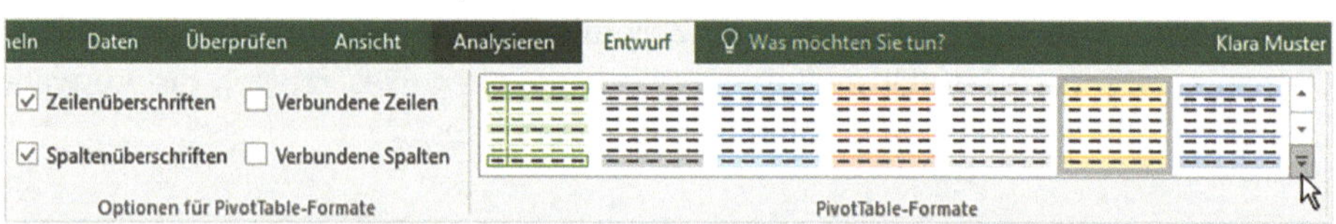

6.4 Berechnungen und Zahlenformate

Berechnungsfunktion ändern

Standardmäßig verwendet Excel in Pivot-Tabellen die Summe zur Zusammenfassung von Zahlen und bei Feldern mit Textinhalten die Funktion Anzahl. Allerdings ist dies nicht in jedem Fall erwünscht oder sinnvoll. Manchmal werden auch der höchste oder niedrigste Wert oder der Mittelwert benötigt.

Änderungen nehmen Sie am einfachsten direkt in der Pivot-Tabelle vor: Klicken Sie mit der rechten Maustaste auf einen beliebigen Wert der zu ändernden Spalte und zeigen Sie im Kontextmenü auf *Werte zusammenfassen nach*. Wählen Sie anschließend die gewünschte Funktion.

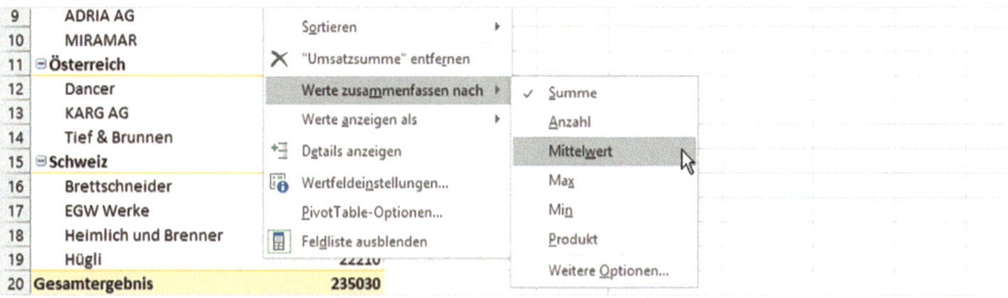

Funktion zur Zusammenfassung wählen

Das Dialogfenster Wertfeldeinstellungen

Weitergehende Möglichkeiten finden Sie im Fenster *Wertfeldeinstellungen*. Dieses Fenster öffnen Sie entweder über den gleichnamigen Befehl im Kontextmenü oder indem Sie im Aufgabenbereich *PivotTable-Felder* im Bereich *WERTE* auf das zu ändernde Feld und auf *Wertfeldeinstellungen* klicken. Oder klicken Sie im Register *Analysieren* ▸ *Aktives Feld* auf *Feldeinstellungen*.

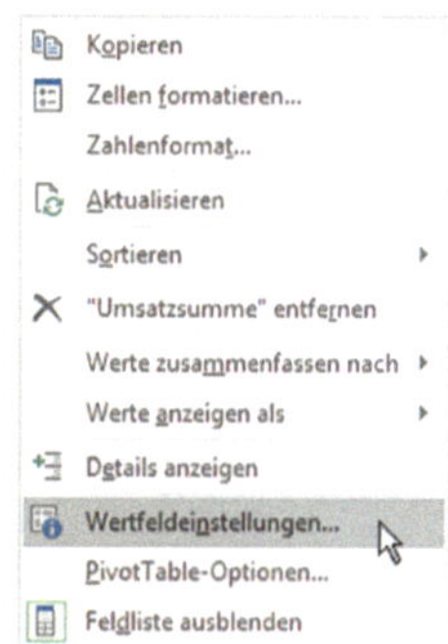

Wählen Sie Fenster *Wertfeldeinstellungen*, Register *Werte zusammenfassen nach* eine Funktion und geben Sie im Feld *Benutzerdefinierter Name* die gewünschte Spaltenüberschrift ein.

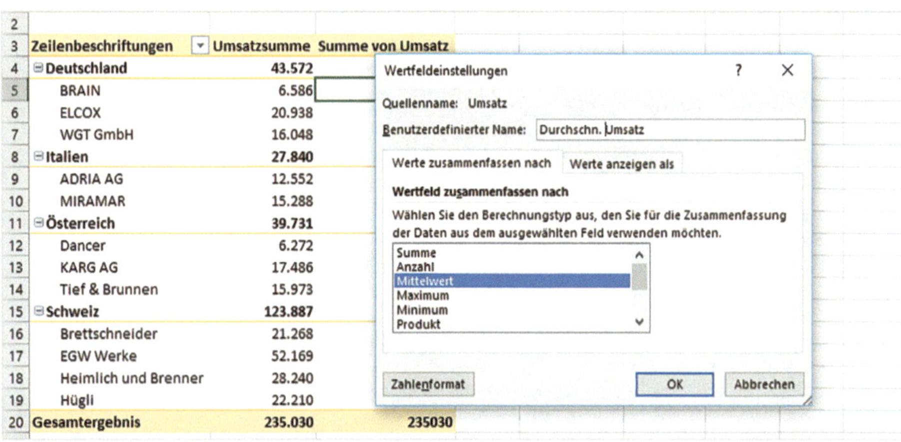

Das Fenster Wertfeldeinstellungen

Zahlenformate

Im Dialogfenster *Wertfeldeinstellungen* finden Sie auch noch die Schaltfläche *Zahlenformat*. Hier können Sie den Ergebnissen auch gleich ein Zahlenformat zuweisen. Der Vorteil: Dieses Zahlenformat bezieht sich nicht auf Zellen, sondern auf die Werte, sodass auch nach Aktualisierung und eventuellen Umstellungen der Pivot-Tabelle das Zahlenformat erhalten bleibt.

Wertfeldeinstellungen und Zahlenformat

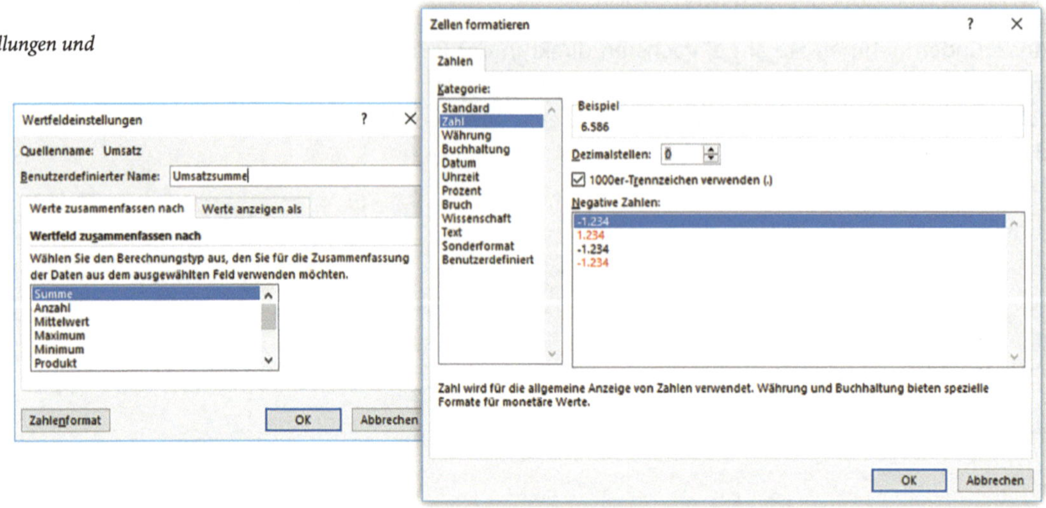

Werte als Prozentwerte anzeigen

Wenn in einer Pivot-Tabelle die Werte einer Spalte als Prozentwerte angezeigt werden sollen, dann klicken Sie mit der rechten Maustaste in die betreffende Spalte, zeigen auf *Werte anzeigen als* und wählen eine Basis für die Berechnung, z. B. *% des Spaltengesamtergebnisses*. Sollen beide Werte, Zahl und Prozentanteil, angezeigt werden, so müssen Sie das Feld ein zweites Mal in den Wertebereich ziehen.

Mit dem Befehl *Wertfeldeinstellungen...* können Sie wieder Spaltenüberschrift und Zahlenformat, z. B. Anzahl der angezeigten Dezimalstellen ändern.

Wählen Sie eine Basis für die Prozentberechnung

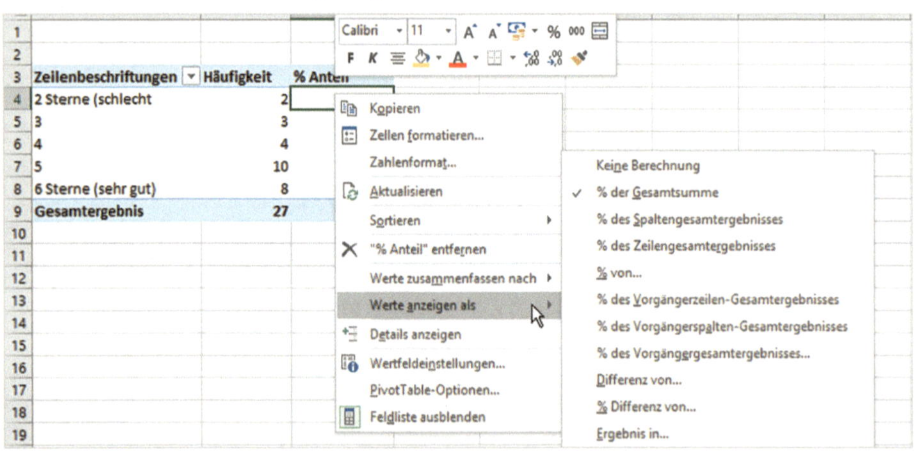

6.5 Gruppierungsfunktionen

Gruppen aus Datumswerten bilden

Häufig enthält eine Datenquelle auch einzelne Datumswerte, die in der Auswertung eigentlich als Zusammenfassung, z. B. nach Monaten oder Jahren, benötigt werden. Pivot-Tabellen unterstützen aus diesem Grund eine Gruppierung nach Datumsintervallen. Die Datentabelle im Bild unten enthält z. B. für jeden Auftrag das Datum, Sie möchten aber die Umsätze der Jahre 2014 und 2015 nach Quartalen auswerten.

Datumswerte in der Ausgangstabelle

	A	B	C	D	E	F	G	H	I	J
1	Auftragsdatum	Land	Kunde	Modell	Produktgruppe	Einzelpreis	Auftagsmenge	Gesamt	Rabattgruppe	Umsatz
2	02.01.2014	Italien	ADRIA AG	D	Unterhaltung	75,00	3	225,00	1	225,00
3	02.01.2014	Österreich	KARG AG	F	Unterhaltung	450,00	1	450,00	2	450,00
4	03.01.2014	Italien	ADRIA AG	A	Büro	120,00	2	240,00	1	240,00
5	03.01.2014	Deutschland	ELCOX	G	Büro	377,00	2	754,00	1	754,00
6	03.01.2014	Schweiz	Högli	H	Haushalt	191,00	3	573,00	1	573,00

Sobald Sie ein Feld mit Datumswerten in den Bereich *ZEILEN* ziehen, erzeugt Excel anschließend daraus automatisch die neuen Felder Jahre und Quartale und das eigentliche Datum wird nach Monaten zusammengefasst.

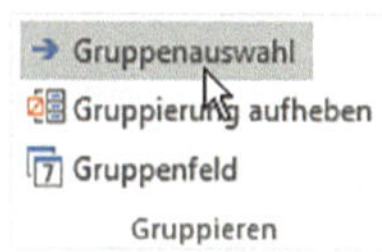

Sollte keine automatische Gruppierung erfolgen, so markieren Sie in der Tabelle eine beliebige Zelle mit einem Datumswert und klicken im Register *Analysieren*, *Gruppieren* auf *Gruppenauswahl* oder klicken Sie mit der rechten Maustaste und auf *Gruppieren....* Das Dialogfenster *Gruppieren* wird geöffnet: Klicken Sie der Reihe nach auf alle benötigten Datumsintervalle. Soll der Inhalt des Originalfeldes *Auftragsdatum* erhalten bleiben, dann sollten Sie auch die Tage einbeziehen.

Gruppieren nach Datum

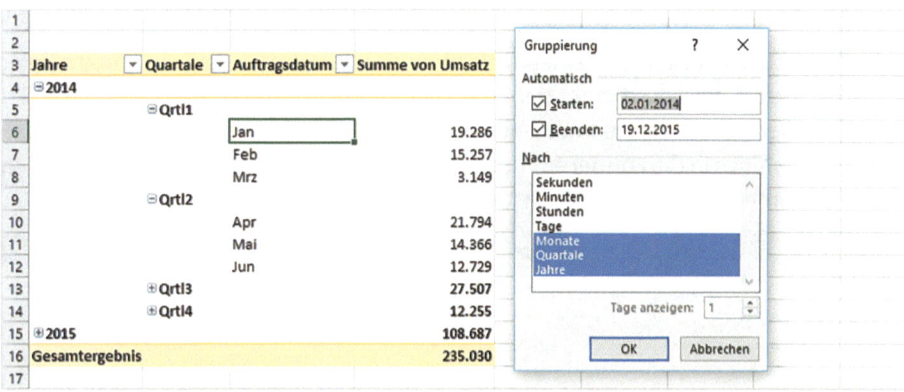

> Gruppen und berechnete Felder sind automatisch auch in allen anderen Pivot-Tabellen der Arbeitsmappe verfügbar, die auf derselben Datenquelle basieren.

Zahlenwerte gruppieren

Eine Gruppierung nach Zahlen bzw. bestimmten Intervallen ist auf diese Weise ebenfalls möglich. Auch dazu müssen Sie zuerst das betreffende Feld in einen Bereich der Pivot-Tabelle ziehen, beachten Sie aber, dass eine automatische Gruppierung nur für numerische Werte möglich ist. Klicken Sie dann in der Tabelle auf eine beliebige Zelle dieses Feldes und auf *Gruppenauswahl*. Im Fenster *Gruppierung* legen Sie dann im Feld *Nach* das Intervall fest. Optional können Sie auch noch Start- und Endwert angeben.

Gruppieren nach Zahlen

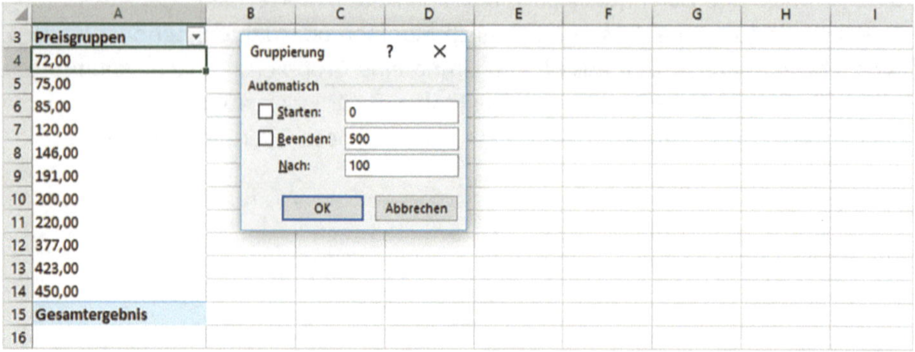

Felder berechnen = Neue Spalten berechnen

Felder berechnen

Wenn Sie in der Auswertung Formelergebnisse benötigen, dann können Sie neue Felder in der Pivot-Tabelle berechnen. Sie werden zur Feldliste hinzugefügt und stehen anschließend in allen Pivot-Tabellen zur Verfügung, die auf derselben Datenquelle basieren. So gehen Sie vor:

1. Erstellen Sie eine Pivot-Tabelle, das Hinzufügen von Feldern ist vorerst nicht erforderlich. Klicken Sie im Register *Analysieren*, Gruppe *Berechnungen*, auf die Schaltfläche *Felder, Elemente und Gruppen* und wählen Sie *Berechnetes Feld...*.
2. Geben Sie im Feld *Name* einen Namen für das berechnete Feld ein und darunter die Formel zur *Berechnung* der Provision. Das Feld *Umsatz* können Sie aus der Liste der Felder übernehmen, indem Sie es markieren und über die Schaltfläche *Feld einfügen* in die Formel einfügen (siehe Bild unten), Sie können aber auch den Feldnamen einfach über die Tastatur eingeben.

Neues Feld berechnen

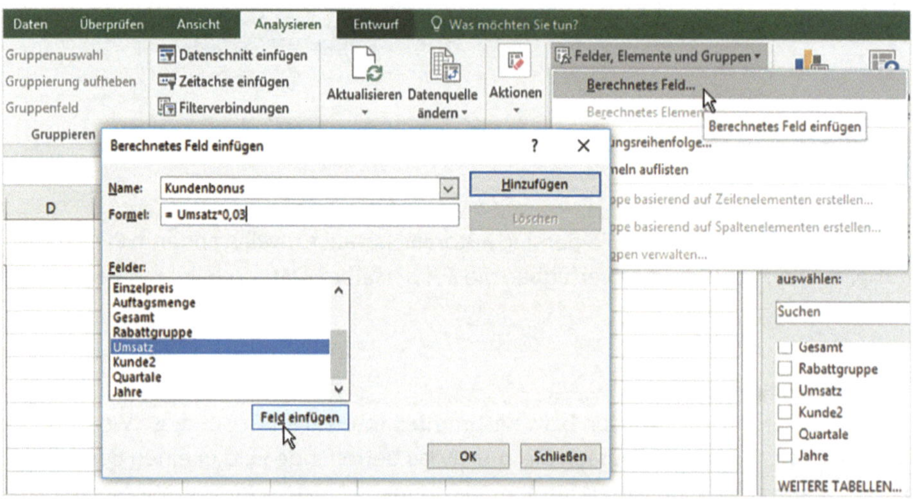

Als Beispiel soll für jeden Kunden auf der Basis des bisherigen Umsatzes ein Bonus berechnet werden, dieser beträgt 3% des Umsatzes

3 Klicken Sie dann auf *Hinzufügen* und schließen Sie das Fenster mit *OK*. Das neu berechnete Feld *Kundenbonus* wird der Feldliste hinzugefügt und erscheint gleichzeitig im Wertebereich der Tabelle.

6.6 Neue Filtermöglichkeiten

Pivot-Tabelle mit Datenschnitten filtern

Datenschnitte haben Sie bereits in Zusammenhang mit Excel-Tabellen kennengelernt. Sie können auch für Pivot-Tabellen als schnelle Filter eingesetzt werden, ihre Handhabung unterscheidet sich nicht. Zum Einfügen klicken Sie im Register *Analysieren* auf *Datenschnitt einfügen* und wählen die Felder, die Sie als Datenschnitt benötigen.

Siehe Kap. D 3.3.

Datenschnitt einfügen

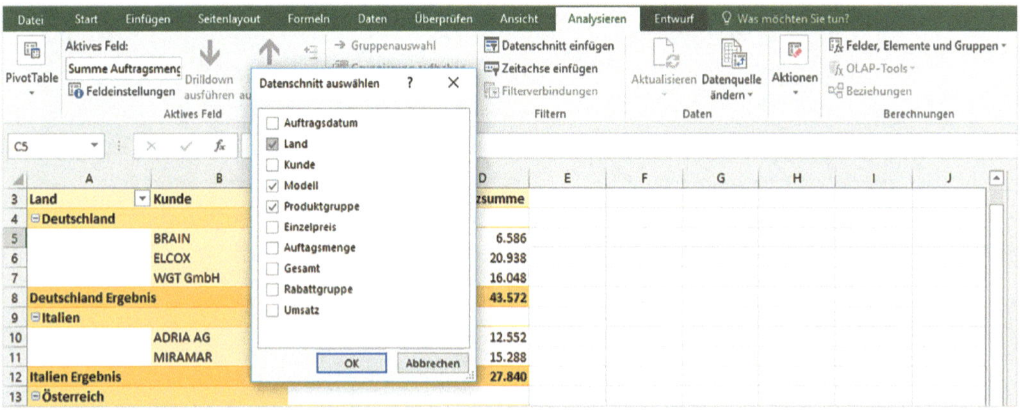

Die Datenschnitte werden überlagert am Rand der Pivot-Tabelle in das Arbeitsblatt eingefügt und können mit der Maus beliebig verschoben, vergrößert oder verkleinert werden. Zum Filtern klicken Sie mit der Maus auf eine Schaltfläche eines Datenschnitts.

Datenschnitte verwenden

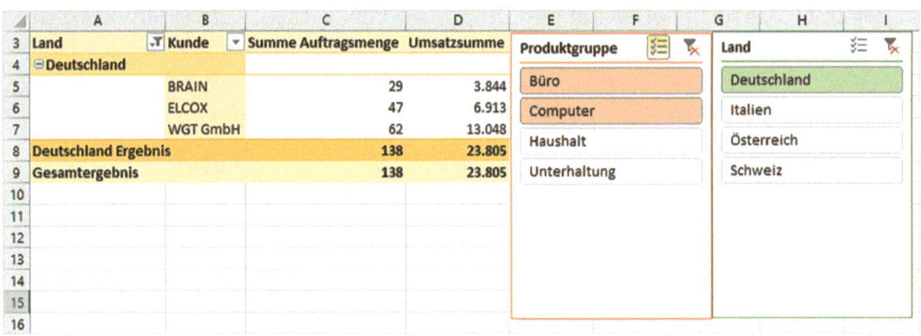

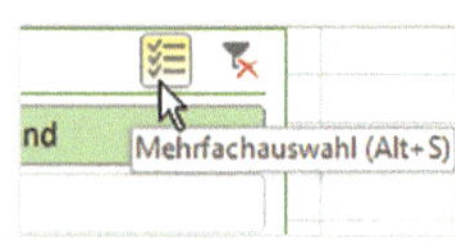

- Falls Sie mehrere Filterkriterien verwenden möchten, so aktivieren Sie das Symbol *Mehrfachauswahl* des betreffenden Datenschnitts oder klicken die Felder nacheinander mit gedrückter Strg-Taste an.

- Das Symbol *Filter löschen* in der rechten oberen Ecke des jeweiligen Datenschnitts deaktiviert die Filter wieder.

- Zum Formatieren der Datenschnitte steht Ihnen im Menüband das Register *Datenschnitttools - Optionen* zur Verfügung, sobald ein Datenschnitt markiert ist.

Zeitachse zum Filtern verwenden

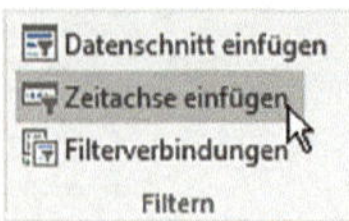

Zeitachsen fassen Datumswerte im Format TT.MM.JJJJ zu Zeiteinheiten zusammen und werden wie Datenschnitte zum Filtern verwendet. Enthält also Ihre Datenquelle ein Feld mit Datumswerten, im Beispiel unten das Feld Auftragsdatum, so klicken Sie im Register *Analysieren*, Gruppe *Filtern*, auf *Zeitachse einfügen* und wählen ein Feld aus. Achtung: Hier erscheinen nur geeignete Felder!

Zeitachsen einfügen

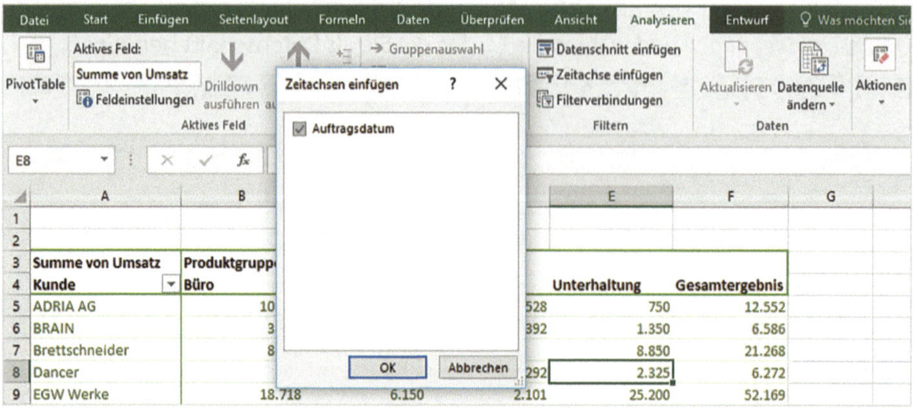

Die Zeitachse wird wie ein Datenschnitt im Tabellenblatt eingefügt und kann mit der Maus beliebig positioniert werden. Sollte der benötigte Zeitraum nicht vollständig angezeigt werden, so verwenden Sie zum Scrollen die waagrechte Leiste am unteren Rand oder vergrößern die Zeitachse durch Ziehen mit der Maus. Standardmäßig zeigt die Zeitachse Monate an, weitere Zeiteinheiten erhalten Sie zur Auswahl, wenn Sie in der Zeitachse rechts oben auf den Dropdown-Pfeil klicken. Zum Filtern klicken Sie einfach in der Zeitachse auf den gewünschten Zeitraum.

Zeitachse: Beispiel Quartale

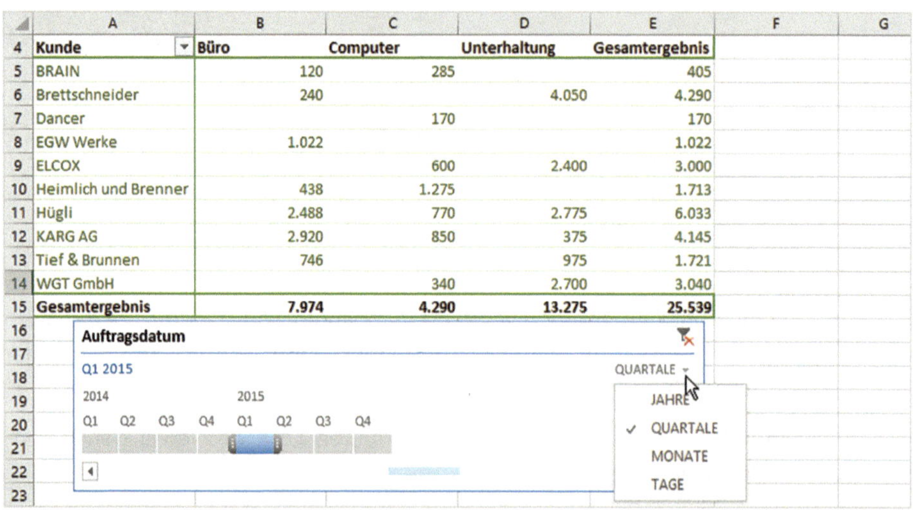

6.7 PivotChart

Pivot-Diagramm aus Pivot-Tabelle erstellen

Pivot-Diagramme (PivotCharts) dienen zur grafischen Darstellung von Pivot-Tabellen und besitzen auch dieselben Eigenschaften, ferner gilt:

In Bezug auf Layout und Formatierungen dagegen unterscheiden sich Pivot-Charts nicht von normalen Excel-Diagrammen, diese Punkte werden hier nicht näher beschrieben.

- Jedes Pivot-Diagramm basiert auf einer entsprechenden Pivot-Tabelle, und jede Umstellung der Felder in der Tabelle ändert auch die Darstellung im Diagramm und umgekehrt. Auch Filter wirken sich immer auf Tabelle und Diagramm gleichzeitig aus.
- Ein Pivot-Diagramm bezieht immer alle Felder der Pivot-Tabelle ein. Es ist nicht möglich, nur aus bestimmten Feldern der Tabelle ein Diagramm zu erstellen.

Aus einer Pivot-Tabelle lässt sich schnell ein Pivot-Diagramm erstellen. Dazu klicken Sie an eine beliebige Stelle der Pivot-Tabelle und dann im Register *Analysieren* ▸ *Tools*, auf *PivotChart*. Das Dialogfenster *Diagramm einfügen* öffnet sich: Wählen Sie aus der Liste links den gewünschten Diagrammtyp. Rechts sehen Sie eine Vorschau mit Ihren Daten, eine Vergrößerung erhalten Sie, wenn Sie in die Vorschau zeigen. Mit Klick auf *OK* wird das ausgewählte Diagramm im selben Tabellenblatt wie die Pivot-Tabelle eingefügt.

Pivot-Diagramm einfügen

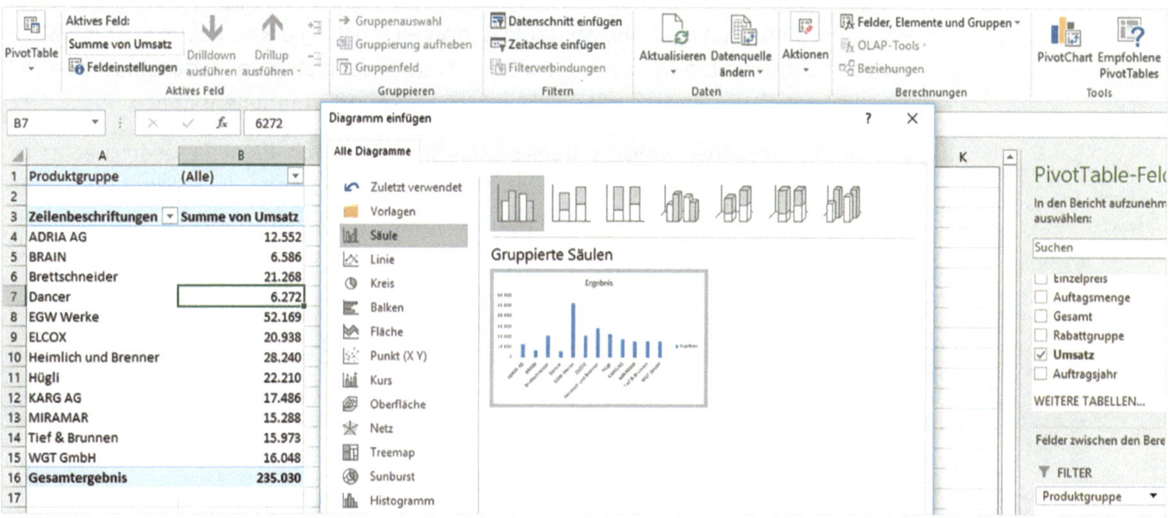

Neues Pivot-Diagramm erstellen

Falls gewünscht, können Sie auch ohne Pivot-Tabelle beginnen. Dann wird die dazugehörige Tabelle automatisch zusammen mit dem Diagramm erstellt. Klicken Sie in den Tabellenbereich mit den Quelldaten und klicken Sie im Register *Einfügen*, Gruppe *Diagramme*, auf *Empfohlene Diagramme*. Entsprechen die Quelldaten den Kriterien zur Erstellung von Pivot-Tabellen und -Diagrammen, so erhalten Sie hier verschiedene Vorschläge. Pivot-Diagramme sind in der Auswahlliste mit einem kleinen Symbol in der oberen rechten Ecke gekennzeichnet.

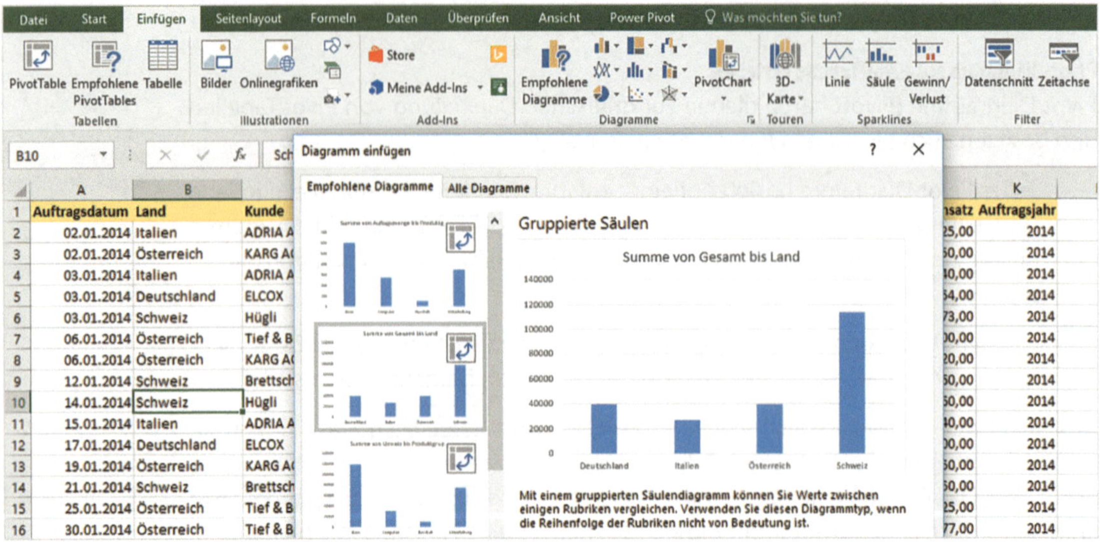

Neues Pivot-Diagramm einfügen

Möchten Sie stattdessen mit einem leerem Diagramm beginnen, so klicken Sie in die Tabelle mit Ihren Ausgangsdaten und klicken im Register *Einfügen* ▸ *Diagramme* auf *PivotChart*. Kontrollieren Sie, ob der Datenbereich richtig erkannt wurde und wählen Sie zum Einfügen die Option *Neues Arbeitsblatt*. Excel erstellt im Arbeitsblatt den Diagrammbereich zusammen mit einem leeren verknüpften Tabellenbereich.

Der leere Diagrammbereich mit der verknüpften Tabelle

Die übrige Vorgehensweise unterscheidet sich nicht von Pivot-Tabellen. Rechts erscheint der Aufgabenbereich *PivotTable-Felder* und Sie ziehen die Felder in die Bereiche. Tabelle und Diagramm passen sich automatisch an.

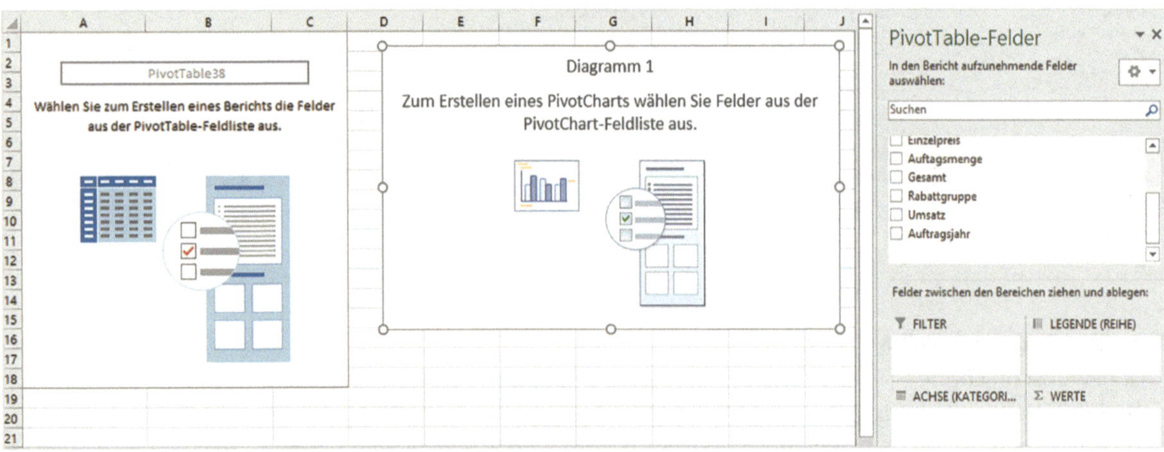

Die Bereiche des Diagramms im Aufgabenbereich

Wenn Sie ein Pivot-Diagramm markiert haben, so zeigt der Aufgabenbereich *PivotTable-Felder* eine etwas andere Beschriftung der Bereiche an. Der Bereich *ZEILEN* wird als *ACHSE (KATEGORIEN)* bezeichnet und anstelle von *SPALTEN* erscheint *LEGENDE (REIHE)*.

Dieser Bereich enthält beispielsweise die Jahre, wenn Sie für Ihre Kunden die Umsätze aus mehreren Jahren als Säulengruppe darstellen möchten.

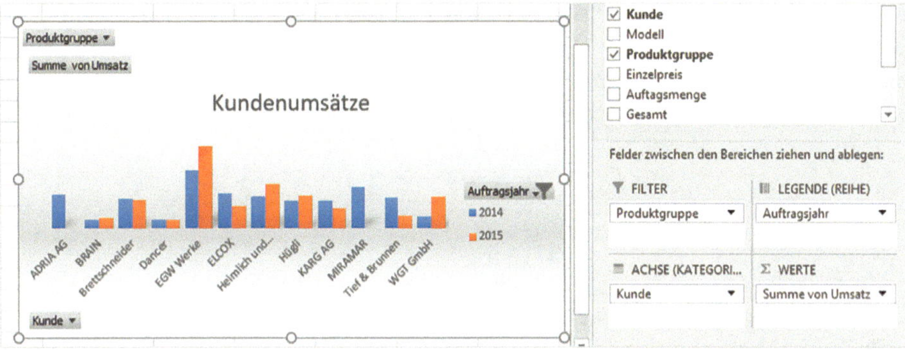

Beispiel Legende

Pivot-Diagramm bearbeiten

Sie können nun das Diagramm, wie jedes andere Diagramm mit der Maus beliebig platzieren, vergrößern und verkleinern. Gleichzeitig sind im Menüband mit den *PivotChart-Tools* gleich drei zusätzliche Register verfügbar. Das Register *Analysieren* ist identisch mit dem *PivotTable-Tools* Register, die beiden anderen, *Entwurf* und *Format*, dürften aus der Diagrammbearbeitung bekannt sein. Im Register *Analysieren* finden Sie auch die Schaltfläche *Diagramm verschieben*, um das Diagramm in ein anderes Blatt zu verschieben.

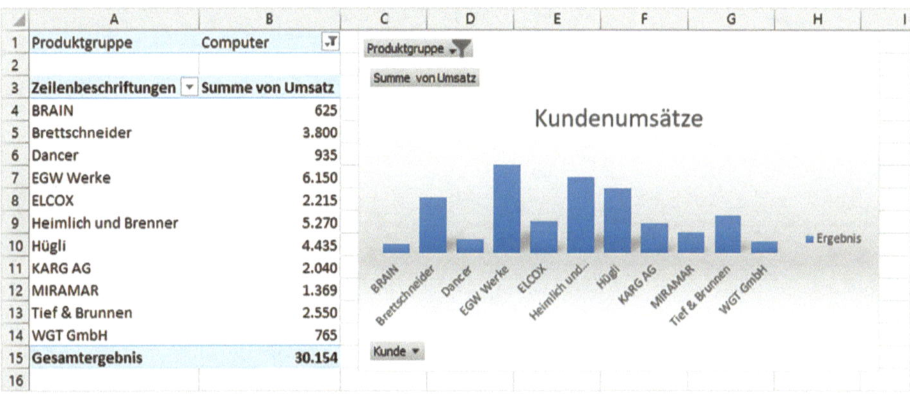

	A	B
1	Produktgruppe	Computer
2		
3	Zeilenbeschriftungen	Summe von Umsatz
4	BRAIN	625
5	Brettschneider	3.800
6	Dancer	935
7	EGW Werke	6.150
8	ELCOX	2.215
9	Heimlich und Brenner	5.270
10	Hügli	4.435
11	KARG AG	2.040
12	MIRAMAR	1.369
13	Tief & Brunnen	2.550
14	WGT GmbH	765
15	Gesamtergebnis	30.154
16		

Pivot-Tabelle und Pivot-Diagramm

Diagrammfilter

Das Diagramm enthält dieselben Filter- und Feldschaltflächen wie die Pivot-Tabelle und jeder Filter wirkt sich sofort auf beide aus. Auch Datenschnitte und Zeitachsen können zum Filtern verwendet werden.

Feldschaltflächen ausblenden/einblenden

In Diagrammen sind Feldschaltflächen nicht immer erwünscht, vor allem, da diese auch ausgedruckt werden. Zum Ausblenden klicken Sie im Diagramm mit der rechten Maustaste auf eine Feldschaltfläche. Wählen Sie dann zwischen der Möglichkeit, nur die ausgewählte Feldschaltfläche auszublenden oder *Alle Feldschaltflächen im Diagramm ausblenden*. Oder klicken Sie dazu im Register *Analysieren*, Gruppe *Einblenden/Ausblenden* auf *Feldschaltflächen* und deaktivieren Sie die entsprechende Schaltfläche. Um alle Schaltflächen wieder einzublenden brauchen Sie hier nur die Einstellung *Alle ausblenden* wieder deaktivieren.

Feldschaltflächen ausblenden

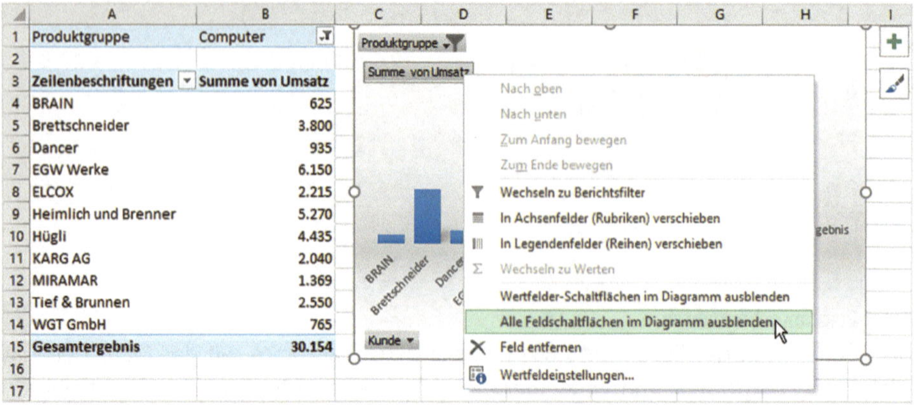

E PowerPoint 2016

Übersicht

1 Ansichten und Anzeigeeinstellungen

Die wichtigsten Elemente von PowerPoint in der Ansicht *Normal*:

Titelleiste und Fenster-steuerung

Menüband

Navigationsbereich mit Miniaturvorschau

Folienbereich mit der bearbeiteten Folie

Statusleiste

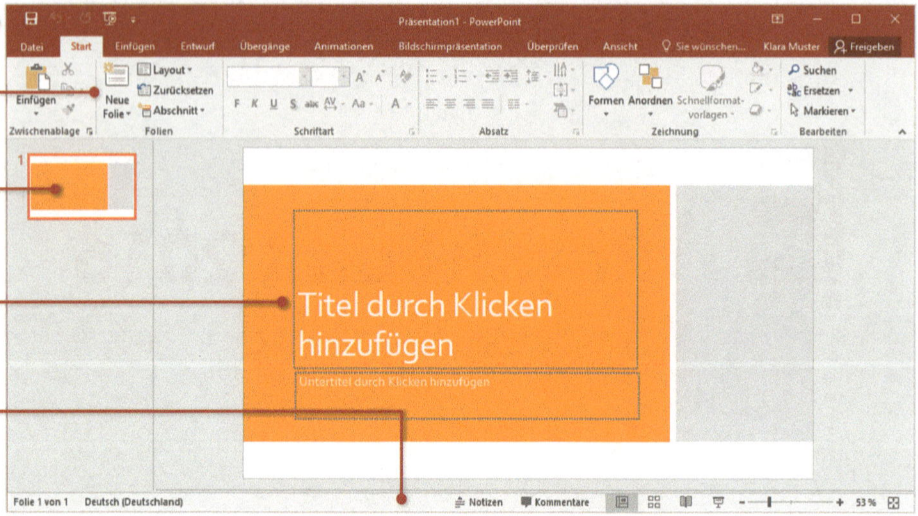

PowerPoint in der Ansicht Normal

Ansichten

Zum Wechseln zwischen den Ansichten benutzen Sie entweder die Symbole in der Statusleiste oder die Schaltflächen des Registers *Ansicht*.

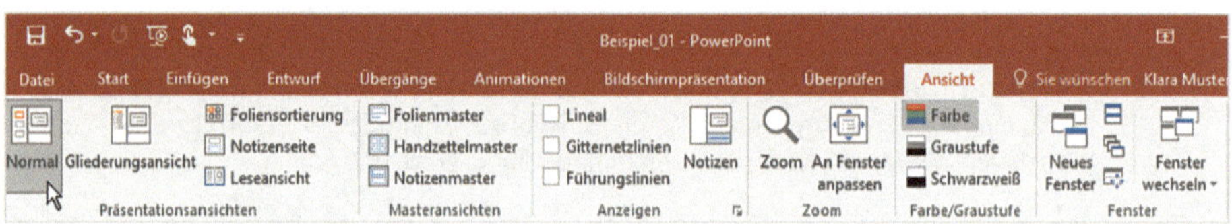

Das Register Ansicht

- **Notizenbereich einblenden**
  Der Notizenbereich im unteren Bereich des Fensters ist standardmäßig nicht sichtbar. Zum Einblenden klicken Sie in der Statusleiste auf *Notizen*.

- **Navigationsbereich in der Gliederungsansicht anzeigen**
  Klicken Sie im Register *Ansicht* auf *Gliederungsansicht*. Mit Klick auf *Normal* erscheint wieder die Miniaturvorschau.

- **Leseansicht verwenden**
  Die *Leseansicht* entspricht weitgehend der Ansicht *Bildschirmpräsentation*, wird jedoch nicht im Vollbildmodus, sondern innerhalb des PowerPoint-Fensters ausgeführt. Die restliche Arbeitsumgebung ist, mit Ausnahme einiger Navigationselemente in der Statusleiste ausgeblendet. Sie eignet sich daher in erster Linie, um schnell einzelne Folien ohne störende Arbeitsumgebung zu kontrollieren. Zur Navigation verwenden Sie dieselben Tasten wie in der Ansicht *Bildschirm-*

präsentation oder die Navigationsschaltflächen der Statusleiste. Mit Klick auf das Symbol *Menü* (siehe Bild unten) öffnen Sie ein kleines Menü, das es unter anderem erlaubt, einen Ausschnitt zu vergrößern oder die Präsentation zu drucken. Zum Beenden der Leseansicht klicken Sie entweder auf das Symbol der Ansicht *Normal*, wählen im Menü *Folien bearbeiten* oder drücken die Esc-Taste.

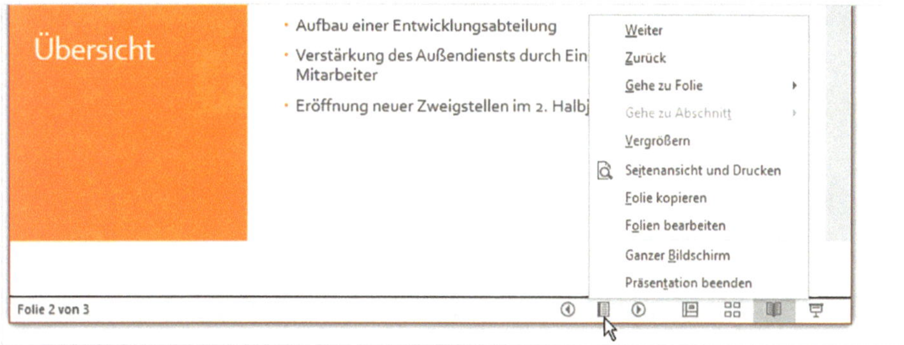

Navigation in der Leseansicht

Bildschirmpräsentation

Die Bildschirmpräsentation starten Sie im Register *Bildschirmpräsentation* ▸ *Bildschirmpräsentation starten*, entweder über die Schaltfläche *Von Beginn an* (funktioniert auch mit der Taste F5) oder *Ab aktueller Folie*.

Oder wechseln Sie zur Bildschirmpräsentation, indem Sie in der Statusleiste auf das Symbol *Bildschirmpräsentation* klicken, es entspricht der Schaltfläche *Ab aktueller Folie*.

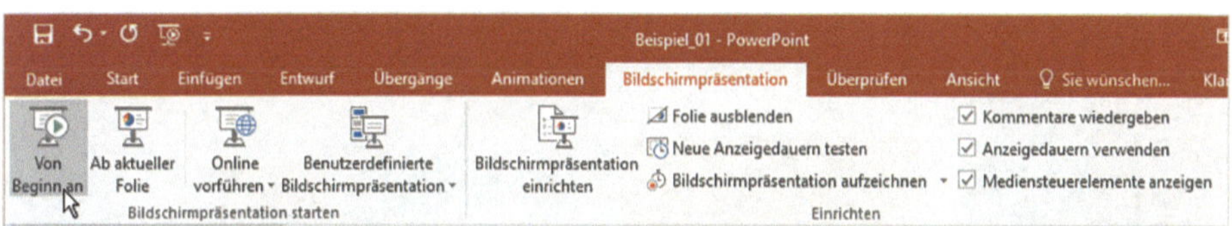

Bildschirmpräsentation starten

Hilfen zur Ausrichtung

Lineal, Gitternetzlinien und Führungslinien (früher Zeichnungslinien) als Hilfsmittel zur Ausrichtung von Folienobjekten aktivieren Sie im Register *Ansicht*, Gruppe *Anzeigen*. Über das Kontextmenü können Führungslinien jetzt auch eine andere Farbe erhalten: Zeigen Sie auf eine Linie, bis als Mauszeiger ein Doppelpfeil erscheint, anschließend können Sie per Rechtsklick auf die Linie und den Befehl *Farbe* eine Farbe auswählen.

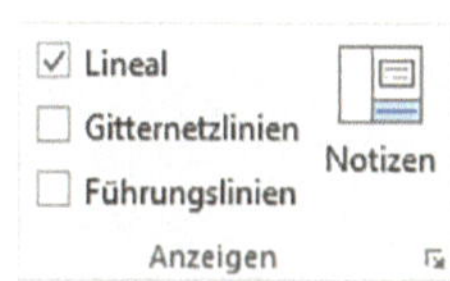

Genauere Einstellungen nehmen Sie im Fenster *Rastereinstellungen* vor, das Sie über das Pfeilsymbol ⧉ der Gruppe *Anzeigen* öffnen.

Intelligente Führungslinien

Wenn sich bereits ein Objekt in der Folie befindet, dann erscheinen beim Verschieben und Vergrößern bzw. Verkleinern weiterer Objekte automatisch intelligente Führungslinien zur Unterstützung bei Ausrichtung und Größenanpassung. Mit ihrer Hilfe lassen sich Objekte schnell unter- oder nebeneinander anordnen oder gleiche Abstände herstellen. Dies gilt nicht nur für Bilder, wie im Bild unten, sondern für alle Folienobjekte, also auch für Formen oder Platzhalterfelder für Text.

Grafiken mit intelligenten Führungslinien ausrichten

2 Eine Präsentation erstellen

2.1 Ausgangsmöglichkeiten

Nach dem Starten von PowerPoint haben Sie auf der Startseite oder im Register *Datei* ▸ *Neu* verschiedene Möglichkeiten zum Erstellen einer Präsentation.

Farbvarianten eines Designs wählen. Klicken Sie dann auf Erstellen.

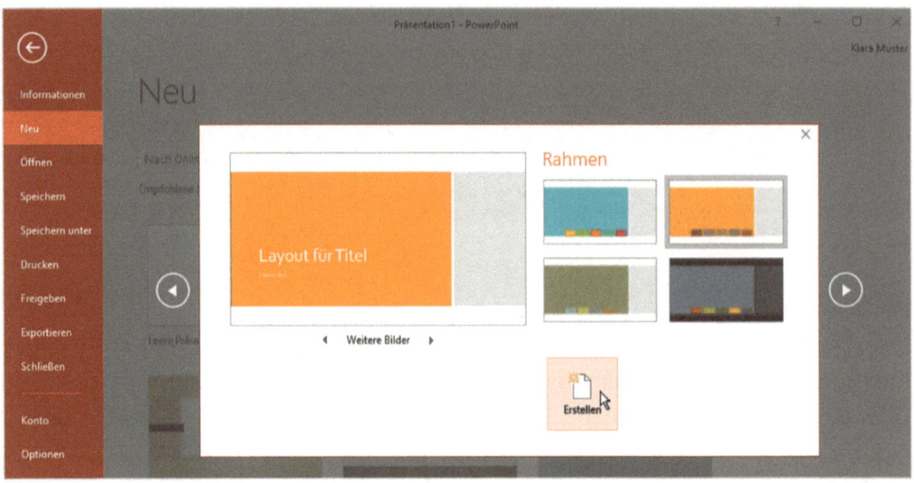

Weitere Designs und Vorlagen können Sie online suchen.

Siehe auch Kap. B 3.2

- **Design verwenden**
  Designs enthalten mit Ausnahme von eventuellen Hintergrundgrafiken keine Inhalte und keine Folien, sondern legen nur Farben, Schriftarten und grafische Effekte fest. Änderungen einzelner Farben, der Wahl einen anderen Schrift oder eines anderen Hintergrunds steht nichts im Wege. Wenn Sie eine Präsentaton komplett neu gestalten möchten, dann wählen Sie als Design *Leere Präsentation*. Für jedes Design existieren außerdem einige Farbvarianten (siehe Bild oben),

zwischen denen Sie wählen können, nachdem Sie auf der Startseite bzw. *Datei* ▸ *Neu* auf ein Design geklickt haben.

- **Vorlagen einsetzen**
  Vorlagen sind Musterpräsentionen für verschiedene Zwecke. Sie enthalten bereits eine oder mehrere Folien und Sie brauchen nur noch die Inhalte einfügen. Auch online finden Sie einzelne Folien zu bestimmten Themen, die Sie in Ihre Präsentation einfügen können.

2.2 Design anpassen

Farben und Hintergründe

Im Register *Entwurf* können Sie das Design Ihrer Präsentation ändern bzw. anpassen.

- Im Katalog *Designs* finden Sie alle verfügbaren Designs, das erste Design ganz links ist das aktuell verwendete.
- Die zum Design gehörenden Farbvarianten wählen Sie im Katalog *Varianten*.

Register Entwurf: Design und Farbvarianten

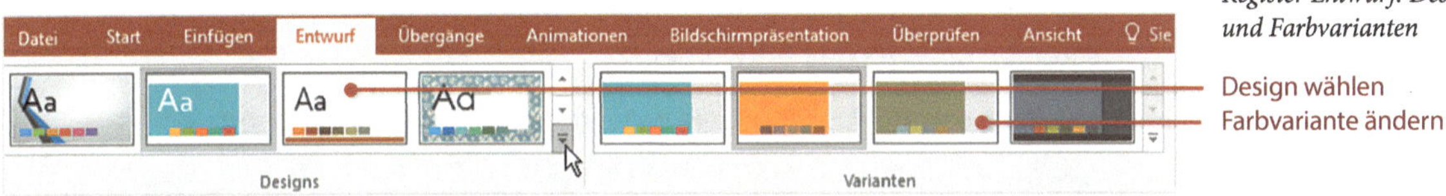

- Um Farben, Schriftarten, Effekte und Hintergrund eines Designs weiter anzupassen, klicken Sie auf den Pfeil *Weitere* ▾ des Katalogs *Varianten*.

Klicken Sie auf Weitere (Varianten)

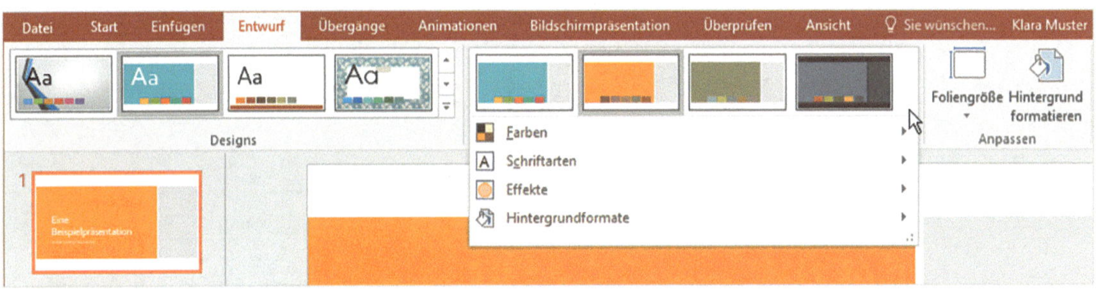

- Ein Klick auf die Schaltfläche *Hintergrund formatieren* öffnet den gleichnamigen Aufgabenbereich mit umfassenden Möglichkeiten zu individuellen Gestaltung. Hier können Sie auch eventuell störende Hintergrundgrafiken ausblenden.

> **Tipp:** Die Schriftfarben eines Designs sind auf die Hintergrundformate (Bild oben), die Sie über den Katalog *Varianten* erhalten, abgestimmt. Sie erhalten also bei Verwendung dieser Vorlagen immer helle Schrift auf dunklem Hintergrund und umgekehrt. Falls Sie dagegen über den Befehl *Hintergrund formatieren...* eine andere Hintergrundfarbe auswählen, so müssen Sie auch die Schriftfarbe entsprechend anpassen.

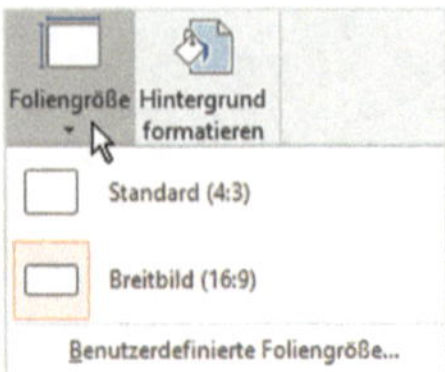

Foliengröße bzw. Seitenverhältnis der Folien

Ein wichtiger Punkt ist das Seitenverhältnis der Folien einer Präsentation bzw. die Frage, mit welchem Bildschirmformat die Präsentation später wiedergegeben wird. PowerPoint benutzt seit der Version 2013 standardmäßig das gängige Breitbildformat 16:9, ältere Präsentationen basieren dagegen womöglich noch auf dem klassischen Bildschirmformat 4:3. Falls Sie das Seitenverhältnis kontrollieren oder ändern möchten, so klicken Sie im Register *Entwurf* ▸ *Anpassen* auf die Schaltfläche *Foliengröße*.

> Die Foliengröße sollte zu Beginn festgelegt bzw. geändert werden, da bei späteren Änderungen bestehende Inhalte und Layouts ensprechend angeglichen werden müssen und dadurch unbeabsichtigte Wirkungen entstehen können.

Beim nachträglichen Wechseln vom Seitenverhältnis 16:9 auf 4:3 haben Sie zwei Möglichkeiten, bestehenden Inhalt an das neue Seitenverhältnis anzugleichen:

- Sie können den Folieninhalt *Maximieren*, allerdings ragt dann unter Umständen der Text über den Folienrand hinaus und Platzhalter müssen entsprechend verschoben oder verkleinert werden.
- Mit der Auswahl *Passend skalieren* werden die Inhalte verkleinert.

Geändertes Design für weitere Verwendung speichern

Wenn Sie ein geändertes Design in weiteren Präsentationen verwenden möchten, dann können Sie es als benutzerdefiniertes Design bzw. benutzerdefinierte Vorlage speichern. Dazu klicken Sie im Register *Entwurf*, Gruppe *Designs* auf die Schaltfläche *Weitere* und auf den Befehl *Aktuelles Design speichern....*

Geändertes Design speichern

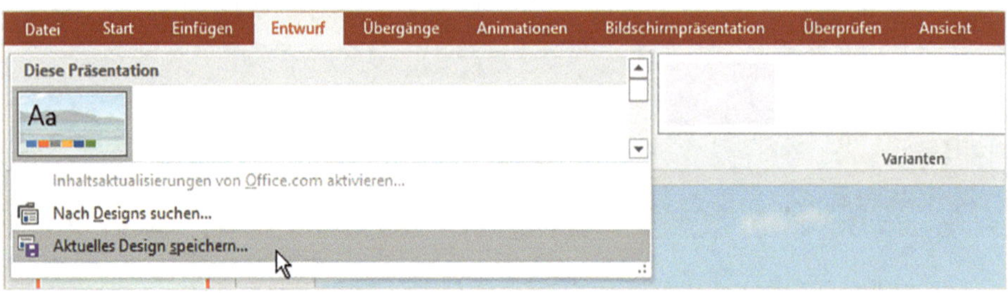

Standardmäßig wird ein benutzerdefiniertes Design im Ordner *Templates* bzw. einem Unterordner davon gespeichert und steht bei der Erstellung einer neuen Präsentation auf der Startseite von PowerPoint in der Kategorie *BENUTZERDEFINIERT* zur Verfügung.

Benutzerdefiniertes Design auswählen

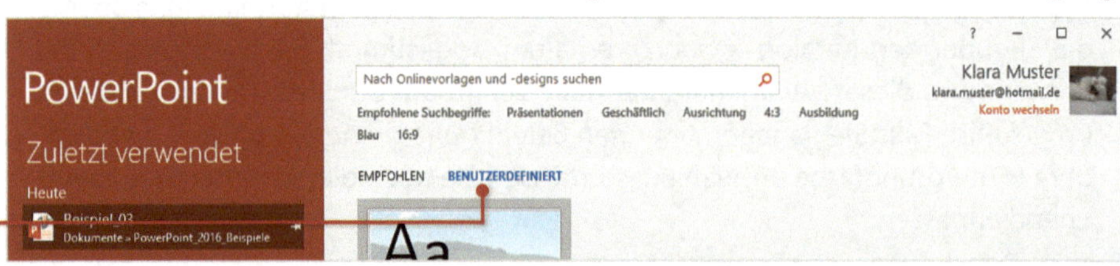

Klicken Sie auf die Kategorie BENUTZERDEFINIERT

Sie können das Design auch an einem beliebigen Ort eines freigegebenen Netzlaufwerks speichern. Dann genügt im Datei-Explorer vom Windows ein Doppelklick auf die Designdatei bzw. Vorlage, um eine neue Präsentation unter Verwendung des Designs zu öffnen.

2.3 Folien einfügen und Layout wählen

Folienlayouts steuern über Platzhalterfelder die Anordnung von Folienelementen und gewährleisten ein einheitliches Erscheinungsbild der Präsentation. PowerPoint bringt mehrere Layouts für verschiedene Zwecke mit, Anordnung und Position der Platzhalter sind abhängig vom Design. So kann sich beispielsweise der Titel einer Folie nicht nur oben, sondern auch unten oder am linken Rand befinden.

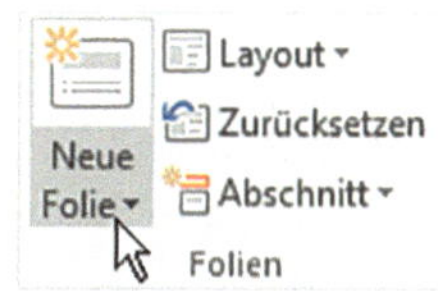

Zum Einfügen einer neuen Folie verwenden Sie die Schaltfläche *Neue Folie*, entweder im Register *Start* oder im Register *Einfügen*. Beachten Sie, dass die Schaltfläche *Neue Folie* zweigeteilt ist und daher zwei Möglichkeiten enthält:

- Ein Klick auf den Dropdown-Pfeil *Neue Folie* öffnet ein Auswahlfeld mit Folienlayouts (siehe Bild unten), zum Einfügen klicken Sie auf das gewünschte Layout.

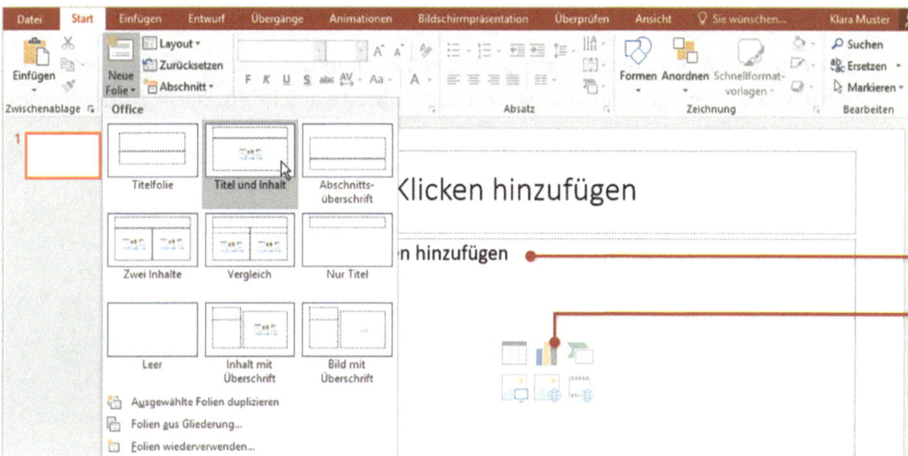

Neue Folie einfügen und Layout wählen

Geben Sie Text ein oder klicken Sie zum Einfügen eines Objekts auf ein Symbol

- Ein Klick direkt auf die Schaltfläche oder die Tastenkombination Strg+M fügt dagegen eine neue Folie mit dem Standardlayout ein, in der Regel das Layout *Titel und Inhalt*. Anschließend können Sie dieser Folie ein anderes Layout zuweisen. Klicken Sie dazu im Register *Start* ▸ *Folien*, auf die Schaltfläche *Layout* und wählen Sie ein Layout.

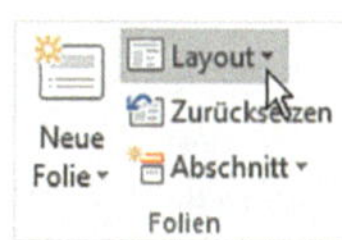

Mit Ausnahme des Layouts *Leer* verfügt jedes Layout über multifunktionale Platzhalter, in die Sie mit Klick auf das entsprechende Symbol eine Tabelle, ein Diagramm, ein Bild oder andere grafische Elemente einfügen können. Zur Eingabe von Text klicken Sie einfach und beginnen mit der Tastatureingabe.

3 Folieninhalte

3.1 Text eingeben und formatieren

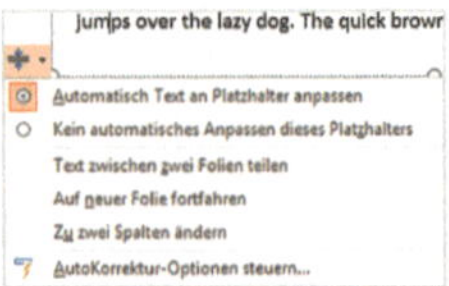

Automatisches Anpassen von Platzhaltern

Reicht die Größe eines Platzhalters für den eingegebenen Text nicht aus, so wird in der Regel automatisch die Schriftgröße verkleinert und so an das Feld angepasst. Gleichzeitig erscheint eine Schaltfläche mit *Optionen für das automatische Anpassen*.

Textfeld einfügen

In PowerPoint-Folien ist die Texteingabe ausschließlich in den, dafür vorgesehenen Feldern möglich. Wenn Sie außerhalb der Platzhalterfelder zusätzliche Beschriftungen benötigen, dann müssen Sie ein Textfeld einfügen. Dazu klicken Sie im Register *Einfügen*, Gruppe *Text* auf die Schaltfläche *Textfeld*.

- Klicken Sie dann mit der Maus (Fadenkreuz als Mauszeiger) an die gewünschte Stelle der Folie und beginnen Sie mit der Texteingabe. Die Breite des Textfeldes passt sich während der Eingabe automatisch an den Text an.
- Alternativ können Sie beim Einfügen statt Klicken das Textfeld durch Ziehen mit gedrückter Maustaste in der gewünschten Breite zeichnen, dann wird während der Eingabe die Höhe automatisch angepasst.

Textfeld einfügen

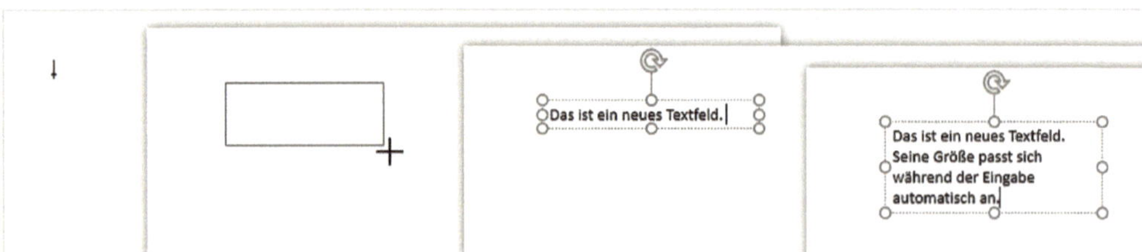

Symbole und Formeln

PowerPoint verfügt wie Word zur Eingabe von Formeln über eine gesonderte Funktion. Klicken Sie zum Einfügen einer Formel im Register *Einfügen* ▸ *Symbole* auf den Dropdown-Pfeil der Schaltfläche *Formel*. Es erscheint ein Katalog typischer Formeln, aus dem Sie mit einem Klick die gewünschte Formel an der Cursorposition einfügen.

Formel einfügen

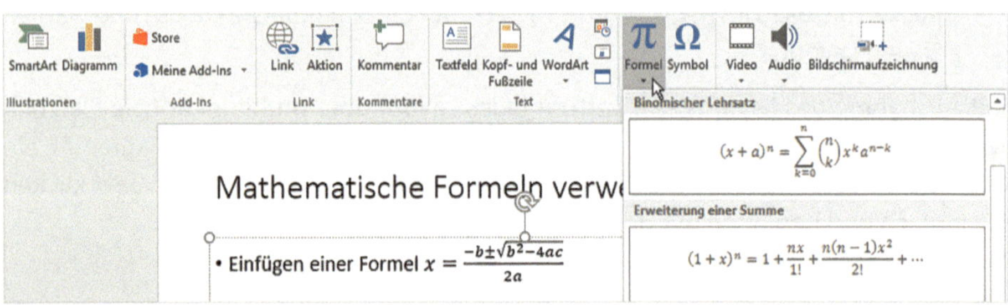

Datum, Uhrzeit und Foliennummer

Benötigen Sie Datum, Uhrzeit und Foliennummer in der Folie, so klicken Sie im Register *Einfügen* ▸ *Text* auf die entsprechende Schaltfläche. Achtung: dies funktioniert nur, wenn sich der Cursor im Text befindet, ansonsten öffnet sich das Fenster *Kopf- und Fußzeile* (siehe unten)!

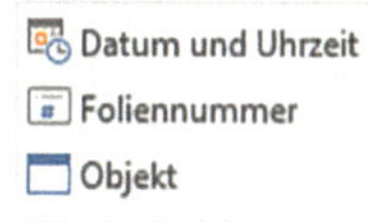

Kopf- und Fußzeile

Zum Einfügen von Datum, Uhrzeit, Foliennummer oder beliebigem Text in Kopf- oder Fußzeile klicken Sie im Register *Einfügen* ▸ *Text* auf *Kopf- und Fußzeile.* Das gleichnamige Fenster öffnet sich mit dem Register *Folie*. Insgesamt drei Platzhalter stehen hier zur Verfügung, deren genaue Position sehen Sie rechts in einer Vorschau. Zum Einfügen bzw. Anzeigen brauchen Sie nur die Kontrollkästchen aktivieren.

Kopf- und Fußzeile: Inhalte

Formate und Position sind abhängig vom Design und können in der Ansicht Folienmaster geändert werden!

Auf Folien mit Titellayout ausblenden

Datum und Uhrzeit können entweder automatisch aktualisierbar oder fest angezeigt werden, im ersten Fall können Sie auch noch Datumsformat und Sprache wählen. Das Kontrollkästchen *Foliennummer* aktiviert die automatische Nummerierung (Seitenzahlen) aller Folien. Der Bereich *Fußzeile* erlaubt das Hinzufügen von beliebigem Text, z. B. Firma oder Name. Um die Einstellungen für alle Folien der Präsentation zu übernehmen, klicken Sie auf *Für alle übernehmen*. Die Schaltfläche *Übernehmen* bedeutet dagegen, die Inhalte erscheinen ausschließlich auf der aktuellen Folie.

Zeichen- und Absatzformate

Die Schaltflächen zur Textformatierung finden Sie im Register *Start* in den Gruppen *Schriftart* und *Absatz*. Diese unterscheiden sich nur wenig von Word und sind weitgehend selbsterklärend.

Register Start, die Gruppen Schriftart und Absatz

Die Fenster Schriftart und Absatz

In beiden Gruppen öffnet ein Klick auf das Pfeilsymbol die gleichnamigen Dialogfenster *Schriftart* und *Absatz* für weitergehende Formatierungen, z. B. Kapitälchen, Unterstreichungsfarbe (*Schriftart*) oder Absatzabstand (*Absatz*).

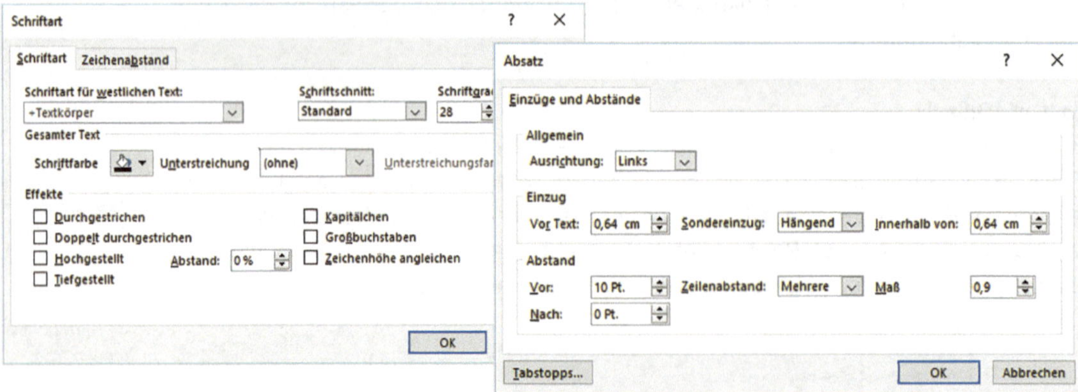

Schriftfarbe mit Pipette auswählen

Interessant ist die Funktion *Pipette* (nur in PowerPoint), die Sie verwenden, um einen vorhandenen Farbton (z. B. die Farbe eines Bildes) auf Text zu übertragen: Dazu markieren Sie im ersten Schritt den gewünschten Text. Klicken Sie dann auf die Schaltfläche *Schriftfarbe* ▸ *Pipette* und klicken Sie mit der Maus im Bild auf die gewünschte Farbe. Der markierte Text erhält automatisch die ausgewählte Farbe.

Zeilen- und Absatzabstand

Die Abstände zwischen den Zeilen eines Absatzes ändern Sie mit der Schaltfläche *Zeilenabstand*. Weitergehende Möglichkeiten erhalten Sie im Fenster *Absatz* (siehe oben), das Sie auch mit Klick auf *Zeilenabstandsoptionen...* öffnen können. Hier lassen sich die Abstände vor und nach einem Absatz genau definieren.

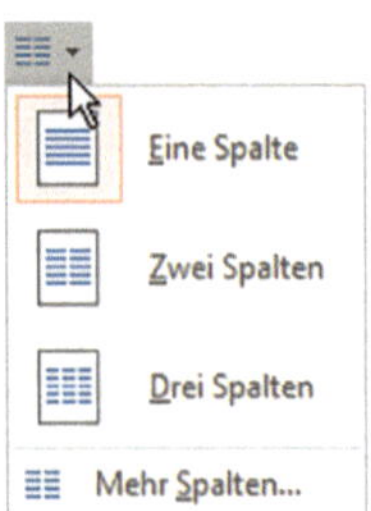

Text im Textfeld ausrichten

Neben der Ausrichtung einzelner Absätze können Sie in PowerPoint auch die Ausrichtung des gesamten Textes innerhalb eines Platzhalters steuern. Die Schaltflächen dazu finden Sie ebenfalls im Register *Start*, Gruppe *Absatz*. Die folgenden Formate beziehen sich immer auf den gesamten Inhalt eines Textfeldes, es genügt daher, wenn sich der Cursor innerhalb des Feldes befindet oder das Textfeld markiert ist.

- **Mehrspaltiger Text**
  Mit dem Symbol *Spalten* haben Sie die Möglichkeit, Text in zwei oder mehr Spalten innerhalb eines Textfeldes anzuordnen, der Spaltenwechsel erfolgt automatisch.
- **Vertikale Ausrichtung im Textfeld**
  Text wird innerhalb von Platzhaltern und Textfeldern meist am oberen Rand ausgerichtet, dies ist jedoch im Einzelfall abhängig vom Design. Mit der Schaltfläche *Text ausrichten* ändern Sie die vertikale Ausrichtung innerhalb des Textfeldes.

Falls Sie auch die Abstände zum linken und rechten bzw. oberen und unteren Rand ändern möchten, so klicken Sie auf *Text ausrichten* und auf *Weitere Optionen...*. Damit öffnet sich der Aufgabenbereich *Form formatieren*, hier können Sie die gewünschten Abstände eingeben.

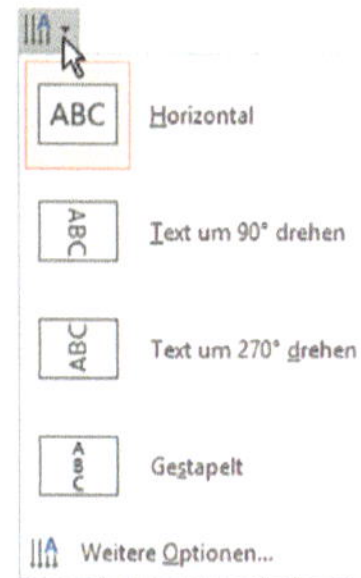

- **Text drehen**
  Mit der Schaltfläche *Textrichtung* können Sie den Inhalt eines Textfeldes drehen oder stapeln. Beim Zeigen sehen Sie im aktuellen Textfeld eine Vorschau und erhalten so eine bessere Vorstellung. Im Gegensatz zum freien Drehen über das Symbol oberhalb des Textfeldes, behält das Feld dabei seine ursprüngliche Ausrichtung. Der Befehl *Weitere Optionen...* öffnet den Aufgabenbereich *Form formatieren* für detaillierte Einstellungen (siehe vertikale Ausrichtung).

- **In SmartArt konvertieren**
  Der gesamte Inhalt des Platzhalters wird in eine SmartArt-Grafik umgewandelt. Näheres zum Thema SmartArt lesen Sie in Kapitel B 3.7.

3.2 Weitere Folienobjekte einfügen

Folienobjekte einfügen

Die meisten Layouts von PowerPoint 2016 weisen im Platzhalterfeld Symbole auf, über die Sie anstelle der Eingabe von Text per Mausklick auch grafische Elemente, Tabellen und Multimedia-Objekte einfügen.

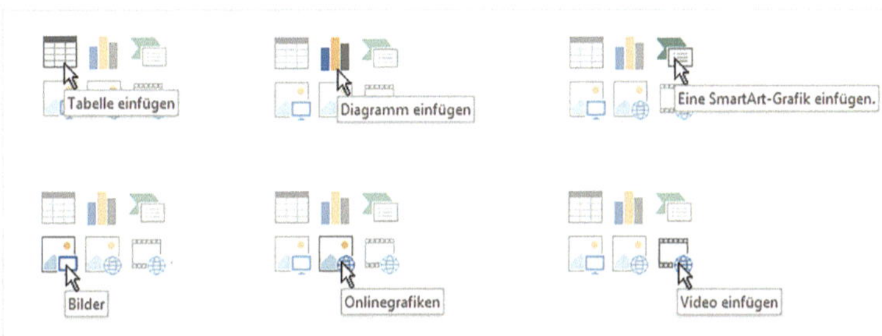

Platzhalter für Folienobjekte:Klicken Sie zum Einfügen auf ein Symbol

Unabhängig vom Folienlayout bzw. den Symbolen des Platzhalters, können Sie dieselben Folienobjekte über das Register *Einfügen* hinzufügen.

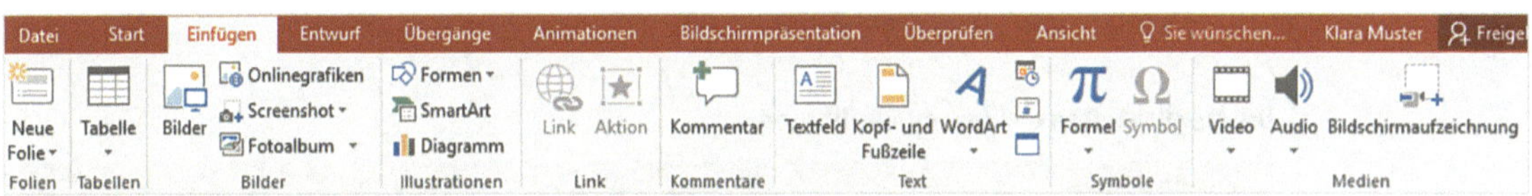

Das Register Einfügen

> Einfügen, Formatierung und Anordnung von Bildern, Formen und SmartArt werden in Kapitel B 3 beschrieben und besitzen auch für PowerPoint Gültigkeit. Neuerungen im Umgang mit Tabellen finden Sie in Kapitel C 2.5. Daher wird an dieser Stelle nur auf PowerPoint spezifische Besonderheiten eingegangen.

3.3 Neu: Formen durch Zusammenführen erzeugen

PowerPoint erlaubt seit der Version 2013 das Erzeugen benutzerdefinierter Formen durch Zusammenführen von Standardformen. Im Gegensatz zum Gruppieren, bei dem die Formen ihre Eigenständigkeit behalten, verschmelzen die Formen beim Zusammenführen miteinander und bilden eine neue Form.

1 Im ersten Schritt fügen Sie die benötigten Formen in eine Folie ein und ordnen diese entsprechend an (Bild unten). Vorheriges Formatieren ist unnötig, da beim Zusammenführen unterschiedliche Farben und sonstige Effekte ignoriert werden und die neue Form automatisch das Aussehen der Form erhält, die zuerst markiert wurde. Weisen Sie also erst der fertigen Form Farbe und Effekte zu.

Die markierten Formen zusammenführen

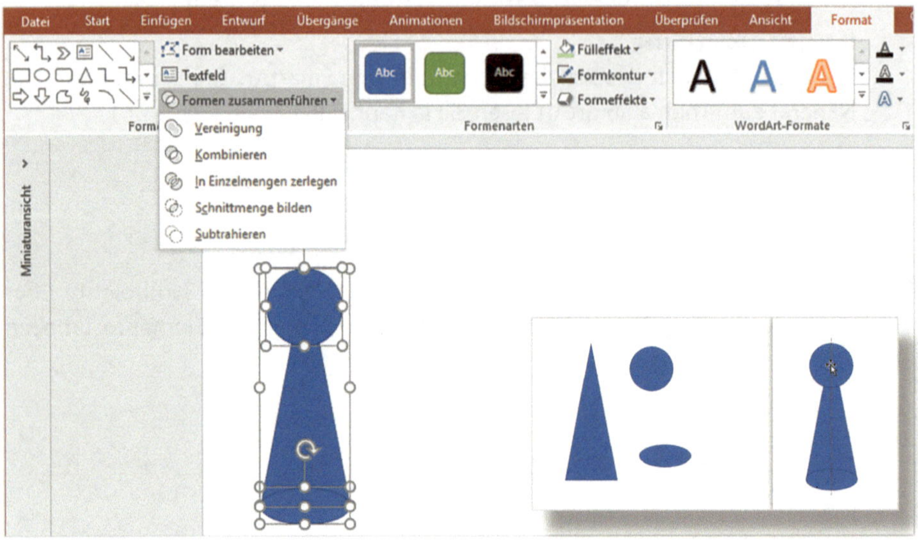

Im kleinen Bild links wurden die einzelnen Formen zur Verdeutlichung bewusst zuerst nebeneinander angeordnet.

2 Im nächsten Schritt markieren Sie die Formen mit gedrückter Strg-Taste und klicken im Register *Format* ▸ *Formen einfügen* auf *Formen zusammenführen*. PowerPoint bietet hier verschiedene Möglichkeiten des Zusammenführens an, für das Beispiel im Bild oben benötigen wir *Vereinigung*.

3 Zum Abschluss können Sie die Form beliebig vergrößern, verkleinern und formatieren oder mit Strg+D duplizieren.

Die Möglichkeiten der Zusammenführung

Option	Beschreibung	Beispiel
Vereinigung	Die markierten Objekte verschmelzen zu einem einzigen Objekt, siehe Beispiel oben.	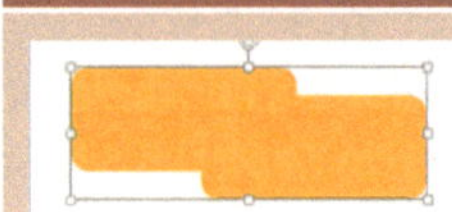

Option	Beschreibung	Beispiel
Kombinieren	Bereiche, die sich überschneiden, werden transparent. Die Formen werden zu einer einzigen zusammengefasst.	
In Einzelmengen zerlegen	Die Formen werden entsprechend ihrer Überschneidungen zerstückelt. Auch die Schnittmenge bildet ebenfalls eine neue Form. Die neuen Einzelteile können verschoben und neu angeordnet werden.	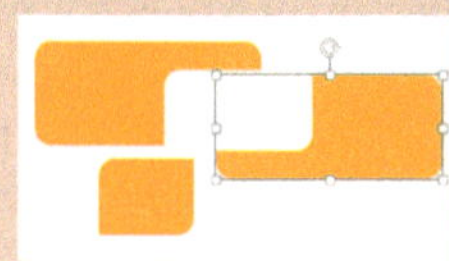
Schnittmenge bilden	Hier bleibt nur die Schnittmenge zweier Formen als neue Form übrig. Achtung: Bei drei oder mehr sich überschneidenden Formen werden die Objekte entfernt und nichts angezeigt.	
Subtrahieren	Eine Form wird samt der Schnittmenge von der anderen Form abgezogen. Das Element, welches zuerst markiert wurde, bleibt bestehen, die übrigen verschwinden.	

Achtung: Verfügt die Form über transparente Bereiche und sollen diese erhalten bleiben, so muss als Dateityp PNG ausgewählt werden. Verwenden Sie dagegen JPG, so werden transparente Flächen weiß.

Form als Grafik speichern

Soll die neue Form auch in anderen Präsentationen oder Apps, z. B. Word, verfügbar sein, so speichern Sie diese als Grafik ab. Klicken Sie dazu mit der rechten Maustaste in die Form und wählen Sie *Als Grafik speichern* aus.

3.4 Besonderheiten der Diagrammerstellung

Datenblatt und Datenbereich

Einfügen und Formatierung von Diagrammen wurden in diesem Buch bereits in Zusammenhang mit Excel in Kapitel D 5 beschrieben und gelten auch für PowerPoint. **Der einzige Unterschied:** Sie geben die Werte in einem gesonderten Datenblatt ein.

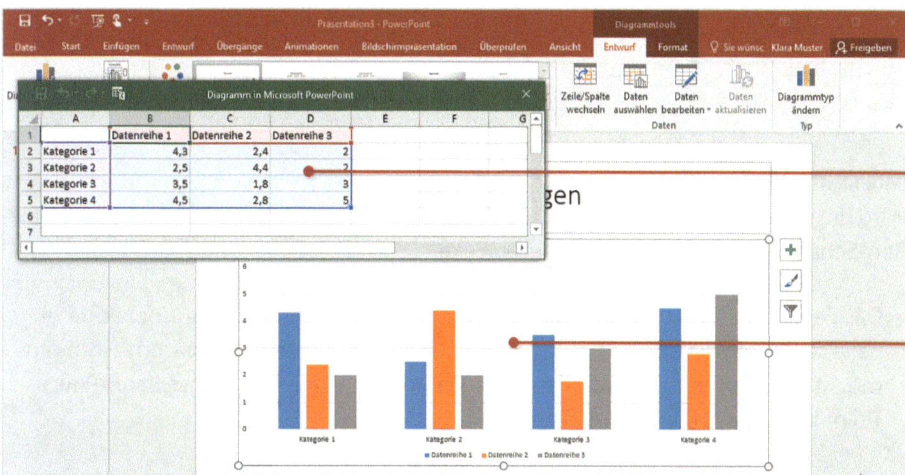

Diagramm mit Datenblatt

Datenblatt mit dem verwendeten Datenbereich

Folie mit Diagramm

Dieses Datenblatt erscheint automatisch nach dem Einfügen des gewählten Diagrammtyps. Es enthält zunächst Beispieldaten, die Sie mit Ihren Werten einfach überschreiben, einschließlich der Zeilen- und Spaltenüberschriften. Das Diagramm passt sich während der Eingabe automatisch an.

Datenbereich vergrößern/verkleinern

Der im Diagramm verwendete Datenbereich ist im Datenblatt anhand der farbigen Markierung leicht zu erkennen. Sollte der Datenbereich nicht markiert sein, so genügt in der PowerPoint-Folie ein Klick in das Diagramm.

Benötigen Sie mehr Spalten und/oder Zeilen als die Beispieltabelle umfasst, so wird der Datenbereich während der Eingabe automatisch erweitert.

Achtung: Diese Methode funktioniert nicht bei allen Diagrammtypen. Als Alternative klicken Sie auf *Daten auswählen* (*Entwurf*) und legen hier den Datenbereich fest. Näheres hierzu in Kap. D 5.

Wenn Sie dagegen weniger Zeilen und/oder Spalten als die Beispieltabelle brauchen, dann sollten Sie den Datenbereich manuell verkleinern, da das Diagramm sonst unschöne Lücken aufweist. Dazu zeigen Sie im Datenblatt mit der Maus in die rechte untere Ecke des Datenbereichs, egal ob dieser markiert ist oder nicht. Der Mauszeiger verwandelt sich in einen Doppelpfeil (Bild unten) und Sie können durch Ziehen mit gedrückter Maustaste den Bereich verkleinern bzw. erweitern. Auf diese Weise brauchen Sie nicht benötigte Daten der Beispieltabelle nicht extra löschen.

Diagrammwerte mit Excel bearbeiten

Wenn Excel 2016 auf Ihrem PC installiert ist, dann können Sie die Diagrammwerte auch mit Excel bearbeiten. Im Gegensatz zum Datenblatt sind hier auch Sortieren und die Verwendung von Formeln und Funktionen, z. B. zur Berechnung von Summen möglich. Dazu klicken Sie in der Titelleiste des geöffneten Datenblatt-Fensters auf das Symbol *Bearbeiten Sie Daten in Microsoft Excel*.

Das Datenblatt

Daten mit Excel bearbeiten

Datenblatt schließen

Datenbereich vergrößern/verkleinern

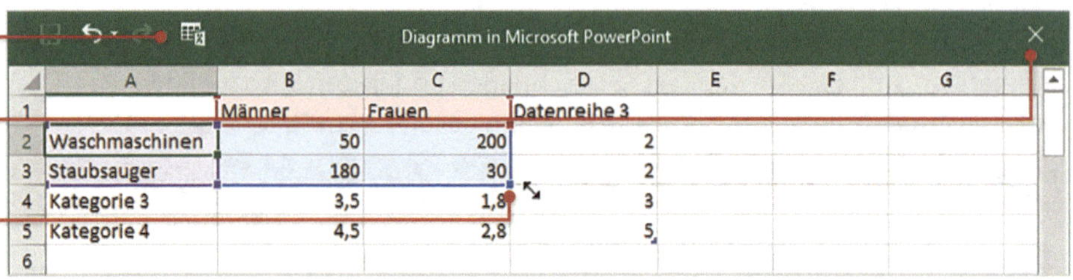

Datenblatt schließen

Wird das Datenblatt nicht mehr benötigt, dann schließen Sie es per Klick auf die Schließen-Schaltfläche in der rechten oberen Ecke.

> Das Fenster mit dem Datenblatt bleibt auch geöffnet, wenn Sie zu einer anderen Folie wechseln. Falls Sie in einer anderen Folie ein zweites Diagramm einfügen möchten, müssen Sie zuvor das erste Datenblatt schließen, sonst kann PowerPoint kein neues Diagramm erstellen.

Egal, ob Sie die Diagrammdaten im Datenblatt-Fenster oder mit Microsoft-Excel bearbeiten: Die Werte werden zusammen mit der Präsentation gespeichert, aus diesem Grund erhalten Sie beim Schließen von Excel auch keine Rückfrage, ob Sie Änderungen speichern möchten.

Datenblatt bzw. Excel erneut öffnen

Wenn Sie nachträglich die Werte eines Diagramms im Datenblatt oder mit Excel ändern möchten, dann klicken Sie in das Diagramm. Im Menüband sind damit die beiden *Diagrammtools*-Register *Entwurf* und *Format* verfügbar. Klicken Sie im Register *Entwurf* ▸ *Daten* auf den Dropdown-Pfeil der Schaltfläche *Daten bearbeiten* und wählen Sie zwischen *Daten bearbeiten* (Datenblatt) und *Daten in Excel bearbeiten*.

Datenblatt oder Excel öffnen

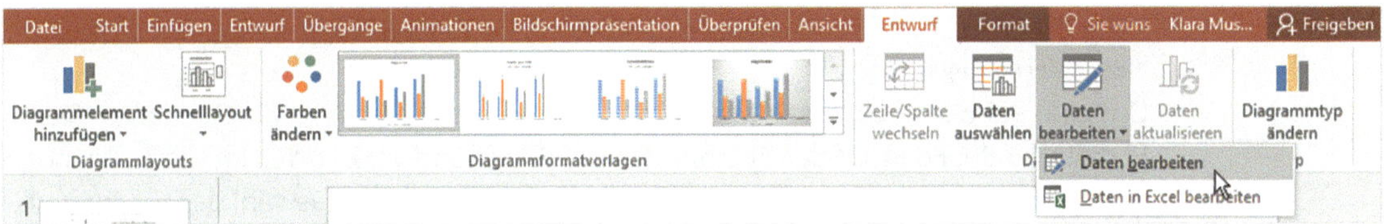

Ein Excel-Diagramm einfügen

Ist in einer Excel-Arbeitsmappe bereits ein Diagramm vorhanden, dann verwenden Sie die Zwischenablage zum Kopieren und Einfügen in eine PowerPoint-Folie.

1 Öffnen Sie die Arbeitsmappe, die das benötigte Diagramm enthält, markieren Sie das Diagramm und kopieren Sie es in die Zwischenablage.

2 Wechseln Sie dann zur PowerPoint-Folie und fügen Sie das Diagramm entweder über den Dropdown-Pfeil der *Einfügen*-Schaltfläche (*Start* ▸ *Zwischenablage*) ein oder verwenden Sie zum Einfügen die Tasten Strg+V und klicken dann in der Folie auf das Symbol *Einfügeoptionen*. Wählen Sie eine der folgenden Optionen:

Option	Beschreibung
Zieldesign verwenden und Arbeitsmappe einbetten	Das Diagramm erhält Farben und Schriften des Präsentationsdesigns und die Arbeitsmappe wird als Kopie zusammen mit der Präsentation gespeichert.
Ursprüngliche Formatierung beibehalten und Arbeitsmappe einbetten	Eine Kopie der Arbeitsmappe wird mit der Präsentation gespeichert, das Aussehen des Diagramms wird beibehalten.
Zieldesign verwenden und Daten verknüpfen	Das Aussehen des Diagramms wird an das Design der Präsentation angepasst, Änderungen am Diagramm erfolgen in der Originaldatei. Die Arbeitsmappe wird nicht mit der Präsentation gespeichert. Dies ist gleichzeitig die Standardeinstellung.
Ursprüngliche Formatierung beibehalten und Daten verknüpfen	Das Diagramm behält sein ursprüngliches Aussehen. Änderungen werden in der Originaldatei vorgenommen und die Arbeitsmappe wird nicht mit der Präsentation gespeichert.
Grafik	Das Diagramm wird als Bild eingefügt und in PowerPoint als solches behandelt. Änderungen am Diagramm sind nicht mehr möglich.

Achtung: verknüpfte Dateien beim Export der Präsentation auf einen anderen Datenträger nicht vergessen!

3.5 Video und Sound

In PowerPoint-Präsentationen lassen sich sämtliche Audio- und Videodateien einfügen oder einbetten, die mit dem Windows Media Player abgespielt werden können, beispielsweise Dateien mit den Dateinamenserweiterungen .asf .avi, .mpeg, .mp4, .swf und .wmv. Sie können diese Dateien entweder einbetten, also zusammen mit der Präsentationsdatei speichern oder verknüpfen.

Beachten Sie, dass diese Dateitypen meist viel Speicherplatz benötigen und bei eingebetteten Dateien die Dateigröße der Präsentation entsprechend ansteigt. Wenn Sie die Dateigröße Ihrer PowerPoint-Präsentation klein halten möchten, dann fügen Sie die Audio- oder Videodateien als Verknüpfung ein.

Videodatei einfügen

Um eine auf dem PC gespeicherte Videodatei in eine Folie einzufügen, klicken Sie im Platzhalter der Folie auf das Symbol *Video einfügen* und verwenden im nachfolgenden Fenster bei *Aus einer Datei* die Schaltfläche *Durchsuchen* zur Auswahl des Videos. Oder klicken Sie im Menüband, Register *Einfügen* auf die Schaltfläche *Video* und wählen Sie *Video auf meinem Computer....* Markieren Sie im Dialogfenster *Video einfügen* die benötigte Videodatei und klicken Sie auf die Schaltfläche *Einfügen*.

Video aus Datei/Verknüpfung einfügen

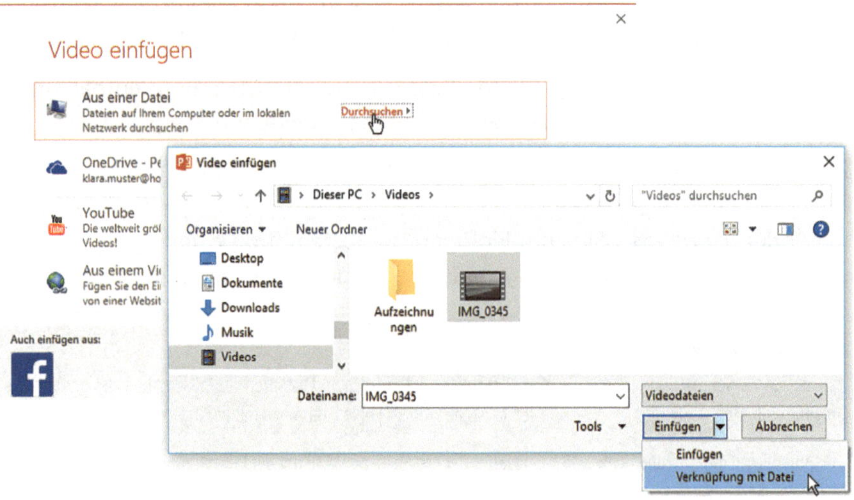

Achtung: Mit dieser Vorgehensweise wird das Video eingebettet. Zum Einfügen einer Verknüpfung klicken Sie im Dialogfenster *Video einfügen* auf den Dropdown-Pfeil der Schaltfläche *Einfügen* und wählen *Verknüpfung mit Datei* (siehe Bild oben).

Onlinevideos einfügen

Mit der Auswahl *Onlinevideo* können Sie im nachfolgenden Fenster zwischen YouTube und einem Videoeinbettungscode wählen. Genau wie beim Einfügen von Bildern aus dem Web, ist auch bei der Verwendung von Online-Videos unbedingt das geltende Urheberrecht zu beachten!

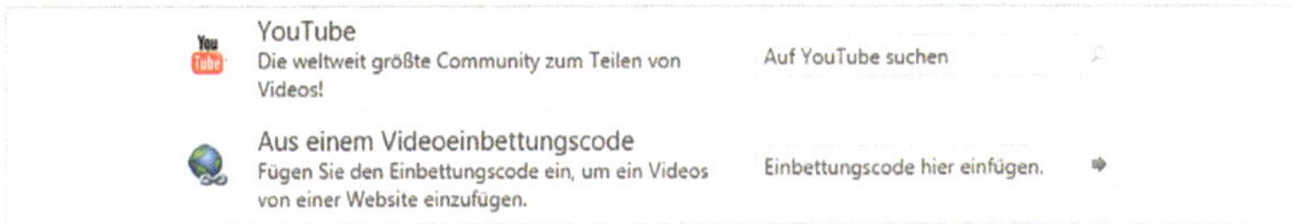

Onlinevideo einfügen

- **YouTube**
  Geben Sie einen Suchbegriff ein und Sie erhalten eine Liste mit passenden Videos. Markieren Sie dann ein Video und klicken Sie auf *Einfügen*. Beachten Sie, dass zur Präsentation eine Internetverbindung erforderlich ist.
- **Videoeinbettungscode**
  Vereinzelt kann es bei YouTube-Videos zu Problemen kommen, dann verwenden Sie einen Videoeinbettungscode. Allerdings wird hierbei ein Video nicht wirklich eingebettet, sondern verknüpft. Bei YouTube-Videos verfahren Sie wie folgt:
  - Rufen Sie das Video im Browser auf, klicken Sie auf *Teilen* und dann auf *Einbetten*. Der Einbettungscode erscheint im Feld unterhalb und ist bereits markiert.
  - Kopieren Sie anschließend den Code mit den Tasten Strg+C in die Zwischenablage oder klicken Sie mit der rechten Maustaste in den markierten Code und verwenden den Befehl *Kopieren*.

Oder klicken Sie in den Code und markieren ihn mit Strg+A.

Der markierte Einbettungscode

  - Wechseln Sie dann zur PowerPoint-Folie, klicken Sie auf *Einfügen ▸ Video ▸ Onlinevideo* und klicken Sie in das Feld *Videoeinbettungscode hier einfügen*. Drücken Sie die Tastenkombination Strg+V und klicken Sie dann im Feld rechts auf den Pfeil *Einfügen*.

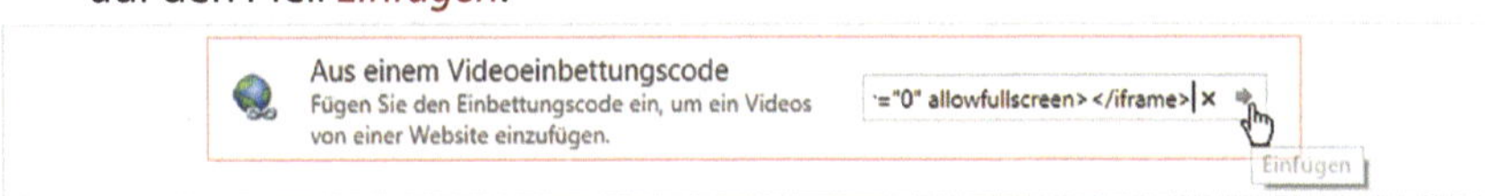

Videoeinbettungscode einfügen

Videosteuerung und Optionen

Das Video wird zusammen mit einer Leiste und mit den Videosteuerelementen *Start/Pause*, *Vorwärts*, *Rückwärts*, *Lautstärke* und *Wiedergabeposition* in die Folie eingefügt. Meist erscheint die Leiste erst, wenn Sie mit der Maus in das Video zeigen, das genaue Aussehen ist abhängig vom Dateityp des Videos und kann daher von der Abbildung abweichen. Während der Bildschirmpräsentation sind dagegen nur die Schaltflächen *Start* und *Lautstärke* verfügbar, auch hier erscheint die Leiste erst beim Zeigen.

In Bezug auf Größe und Position wird ein Video wie alle übrigen Folienobjekte behandelt.

Videosteuerung in der Ansicht Normal und in der Ansicht Bildschirmpräsentation

Sobald Sie ein Video markiert haben, sind im Menüband die kontextbezogenen Register *Videotools - Format* und *Wiedergabe* verfügbar.

Im Register *Format* formatieren Sie Ihr Video wie ein Grafikobjekt. Hebt sich beispielsweise das Video nur schlecht vom Folienhintergrund ab, so hilft ein Rahmen, den Sie in der Gruppe *Videoeffekte* über die Schaltfläche *Videorahmen* hinzufügen.

Videotools - Format

Videotools - Wiedergabe

Im Register *Wiedergabe* haben Sie die Möglichkeit, das Video zu bearbeiten.

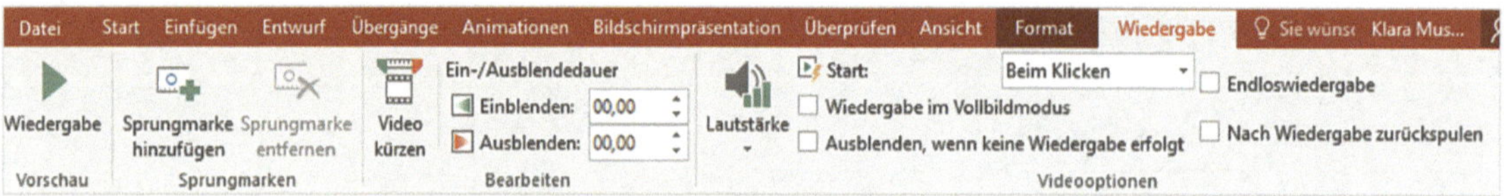

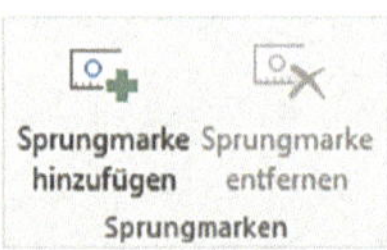

- **Sprungmarke**
  Eine Sprungmarke kann während der Wiedergabe per Mausklick angesteuert werden, um einen Teil des Videos zu überspringen. Zum Setzen einer Marke spielen Sie das Video in der Ansicht *Normal* ab und klicken an der gewünschten Stelle der Wiedergabe auf die Schaltfläche *Sprungmarke hinzufügen*.
- **Video kürzen**
  Mit der Schaltfläche *Video kürzen* öffnen Sie das gleichnamige Dialogfenster und können hier durch Verschieben des roten bzw. grünen Balkens den Start- bzw. Endzeitpunkt verändern.

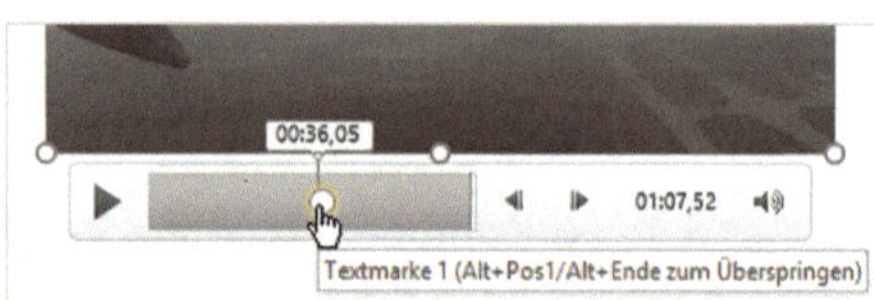

Sprungmarke

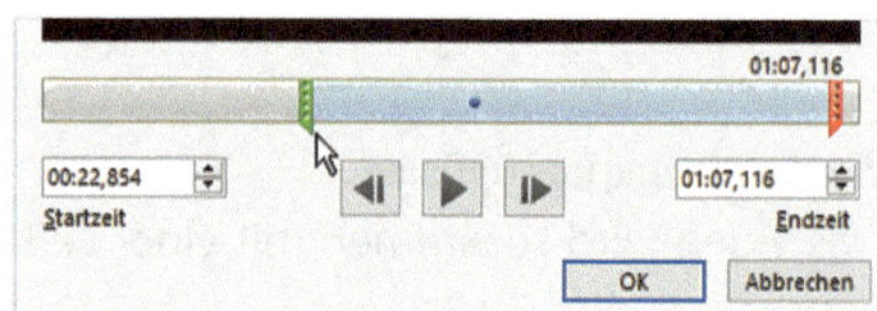

Video kürzen

Eine Audiodatei einfügen

Abgesehen von den kurzen Soundeffekten, die Sie zusammen mit Folienübergängen oder Animationen verwenden können, lassen sich auch längere Audiodateien in die

Präsentation einfügen. PowerPoint 2016 unterstützt folgende Audioformate: .aiff, .au, .mid oder .midi, .mp3, .m4a oder .mp4, .wav, .wma. Genau wie bei Videos haben Sie auch hier die Wahl zwischen Einbetten, d.h. zusammen mit der Präsentation speichern und einer Verknüpfung, siehe oben.

1 Zum Einfügen von Audiodateien steht im Inhaltsplatzhalter kein Symbol zur Verfügung. Klicken Sie daher im Register *Einfügen* ▸ *Medien*, auf die Schaltfläche *Audio*. Um eine auf dem PC gespeicherte Audiodatei einzufügen, wählen Sie *Audio auf meinem Computer....*

2 Im Dialogfenster *Audio einfügen* wählen Sie den Speicherort der gewünschten Datei, markieren Sie diese und klicken auf die Schaltfläche *Einfügen*. Um die Audiodatei als Verknüpfung einzufügen, klicken Sie auf den Dropdown-Pfeil der Schaltfläche *Einfügen* und hier auf den Befehl *Verknüpfung mit Datei*.

Audio aufnehmen

Mit der Schaltfläche *Audio* und der Auswahl *Audioaufnahme...* nehmen Sie Ton über ein Mikrofon auf. Geben Sie im Fenster *Sound aufzeichnen* einen Namen für die Aufzeichnung ein und klicken Sie auf das Aufnahmessymbol, um die Aufnahme zu starten. Mit Klick auf das Stoppsymbol beenden Sie die Aufnahme und mit *OK* übernehmen Sie die Aufnahme in die Präsentation.

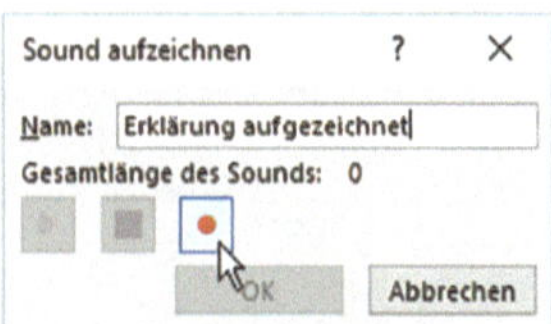

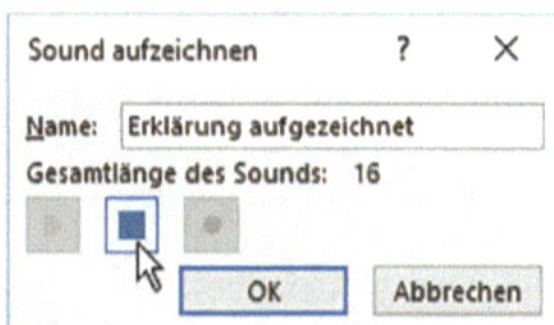

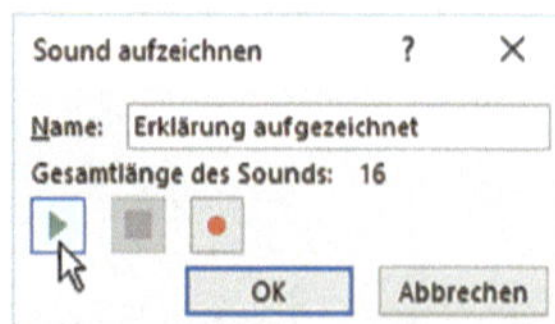

Aufnahme starten

Aufnahme beenden

Wiedergabe

Nach dem Einfügen der Audiodatei erscheint in der Folie ein Lautsprechersymbol zusammen mit den Audiosteuerelementen für *Wiedergabe/Pause*, Rückwärts, Vorwärts, *Wiedergabeposition* und *Lautstärke*. Diese verwenden Sie wie bei Videos zur Wiedergabe. Die Darstellung in der Ansicht *Normal* weicht etwas ab von der Ansicht *Bildschirmpräsentation*. Das Symbol wird behandelt wie ein Objekt und kann mit der Maus an eine beliebige Position verschoben werden.

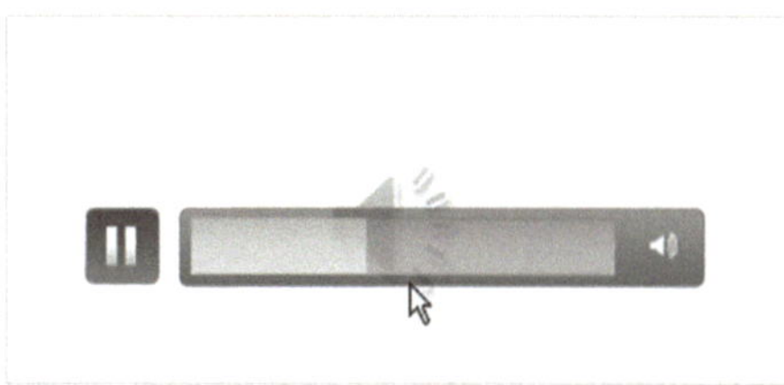

Audioobjekt in der Ansicht Normal

Audioobjekt in der Ansicht Bildschirmpräsentation

Audiosteuerung und Optionen

Sobald Sie ein Audioobjekt markiert haben, erscheinen die Register *Audiotools - Format* und *Wiedergabe*. Die Funktionen sind zum größten Teil identisch mit der Wiedergabesteuerung von Videos, daher hier nur einige wichtige Einstellungen.

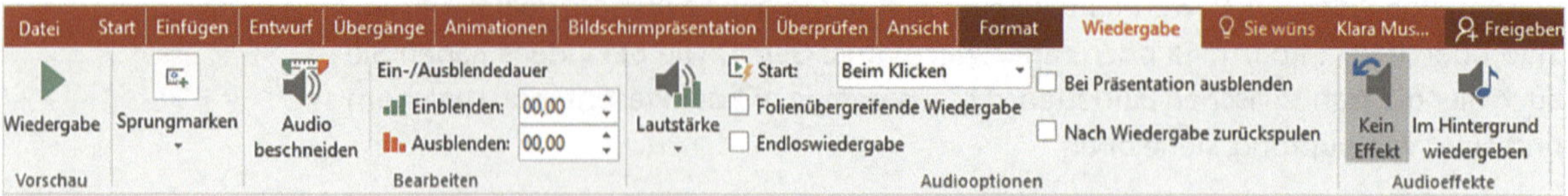

Audiotools - Wiedergabe

- **Audio über mehrere Folien hinweg wiedergeben**
  Standardmäßig endet die Audiowiedergabe mit dem Wechsel zur nächsten Folie. Soll die Wiedergabe über mehrere Folien hinweg erfolgen, so aktivieren Sie das Kontrollkästchen *Folienübergreifende Wiedergabe*.

- **Audiosymbol ausblenden**
  Wenn Sie im Feld *Start* anstatt *Beim Klicken* die automatische Wiedergabe gewählt haben und Sie daher das Audiosymbol in der Folie nicht benötigen, dann aktivieren Sie das Kontrollkästchen *Bei Präsentation ausblenden*. Damit erscheint das Symbol nur noch in der Ansicht *Normal*.

- **Im Hintergrund wiedergeben**
  Mit Anklicken bzw. Aktivieren der Schaltfläche *Im Hintergrund wiedergeben*, legen Sie gleich mehrere Einstellungen fest und zwar: Automatischer Start, Folienübergreifende Wiedergabe, Endloswiedergabe und Ausblenden des Audiosymbols. Mit Klick auf *Kein Effekt* entfernen Sie alle Einstellungen wieder.

4 Animationen

4.1 Folienübergänge

Das Register Übergänge

Sämtliche Einstellungen zu den Folienübergängen finden Sie im Register *Übergänge*.

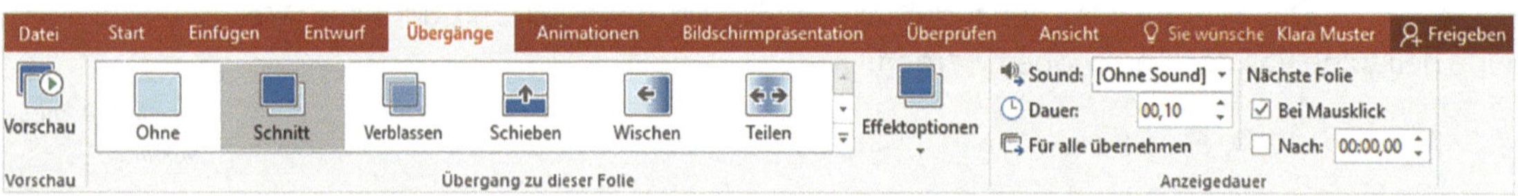

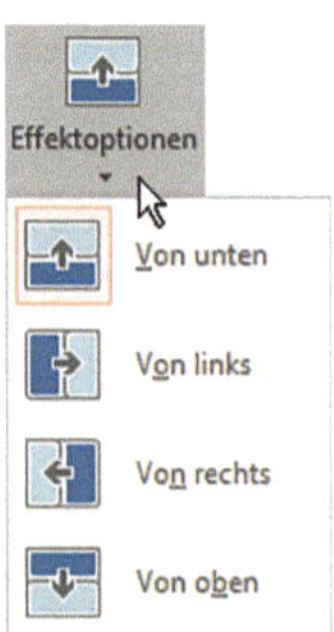

Übergangseffekt zuweisen

Klicken Sie in der Gruppe *Übergang zu dieser Folie* auf *Weitere* und klicken Sie auf den gewünschten Effekt. Dieser gilt zunächst für die aktuelle Folie und zwar für das Erscheinen dieser Folie. Nähere Einstellungen zum ausgewählten Übergangseffekt, z. B. die Richtung, legen Sie über die Schaltfläche *Effektoptionen* fest.

In der Gruppe *Anzeigedauer* finden Sie noch weitere Steuerungsoptionen. Im Feld *Dauer* steuern Sie die Dauer des Effekts, genauer gesagt die Übergangsgeschwindigkeit. Unter *Nächste Folie* geben Sie an, bei welchem Ereignis die nächste Folie erscheinen soll. In der Standardeinstellung ist *Bei Mausklick* aktiviert, d.h. die nächste Folie wird eingeblendet, wenn Sie mit der Maus klicken oder die Eingabe-Taste betätigen. Soll der Wechsel zur nächsten Folie automatisch erfolgen, so aktivieren Sie das Kästchen *Nach* und geben im Feld daneben die Anzeigedauer der aktuellen Folie ein.

Folienübergang und zusätzliche Einstellungen auf alle Folien übernehmen
Wenn Sie zum Abschluss den ausgewählten Übergangseffekt einschließlich aller weiteren Einstellungen auf alle Folien der Präsentation übernehmen möchten, dann klicken Sie in der Gruppe *Anzeigedauer* auf *Für alle übernehmen*.

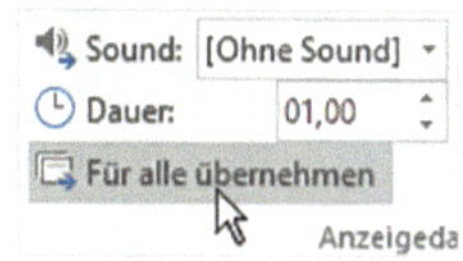

Automatischen Ablauf für die gesamte Präsentation aufzeichnen
Soll die gesamte Präsentation automatisch ablaufen, dann sollten Sie besser die Anzeigedauer der einzelnen Folien aufzeichnen. Klicken Sie dazu im Register *Bildschirmpräsentation* auf *Bildschirmpräsentation aufzeichnen*. Während der nachfolgenden Bildschirmpräsentation werden die Zeiten aufgezeichnet und zuletzt gespeichert.

4.2 Folienelemente animieren

Alle Einstellungen zu Animationseffekte nehmen Sie im Register *Animationen* vor.

Das Register Animationen

Animationseffekt auswählen
Markieren Sie das Objekt, das Sie mit einer Animation versehen möchten und klicken Sie im Register *Animationen* ▸ *Animation* auf den Pfeil *Weitere*, um den gesamten Effektkatakog zu öffnen. PowerPoint unterscheidet folgende Grundtypen, diese erscheinen, wenn Sie im Katalog weiter nach unten scrollen.

- **Eingang:** Eingangseffekte sind Effekte, mit denen das Objekt in der Folie erscheint.
- **Betont:** Betont erlaubt das Hervorheben von Objekten während der Anzeige, z. B. durch Vergrößern oder Ändern der Farbe.
- **Ausgang:** Ausgangseffekte lassen Objekte wieder aus der Folie verschwinden.
- **Animationspfade:** Unter Animationspfade finden Sie verschiedene Sonderformen und können benutzerdefinierte Animationen mit der Maus erstellen.

Per Mausklick weisen Sie dem markierten Objekt einen Effekt zu, gleichzeitig erhalten Sie in der Folie eine Vorschau (AutoVorschau). Mit der Schaltfläche *Vorschau* können Sie die Vorschau für alle animierten Folienelemente beliebig oft wiederholen. Klicken Sie auf den Dropdown-Pfeil dieser Schaltfläche, so können Sie die *AutoVorschau* aktivieren bzw. deaktivieren.

Katalog Animationseffekte

Beispiel weitere Eingangseffekte

Weitere Effekte der jeweiligen Kategorie erhalten Sie zur Auswahl, wenn Sie am Ende des Katalogs auf *Weitere ...effekte...* klicken.

Achtung: Alle Informationen zur Animation, z. B. die Animationsreihenfolge oder Animationspfade sind in der Folie nur sichtbar, wenn das Register *Animationen* angezeigt wird oder der Aufgabenbereich *Animationsbereich* eingeblendet ist.

Animation ändern, hinzufügen oder entfernen

Durch Auswahl eines anderen Animationseffekts wird ein vorhandener Effekt automatisch ersetzt, Sie können also nach Belieben verschiedene Effekte nacheinander testen. Um einen Effekt wieder zu entfernen, markieren Sie das betreffende Objekt und wählen aus dem Animationskatalog *Keine*.

Möchten Sie dagegen dem markierten Objekt einen weiteren Animationeffekt hinzufügen, z. B. Ausgang, dann klicken Sie auf die Schaltfläche *Animation hinzufügen* und wählen hier einen Effekt aus.

Animationsreihenfolge ändern

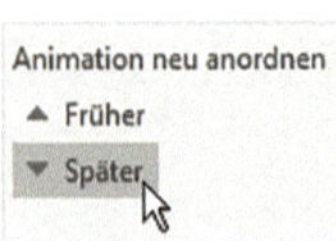

Die Objekte werden automatisch in der Reihenfolge animiert, in der die Effekte zugewiesen wurden. Zum Ändern der Reihenfolge markieren Sie das betreffende Objekt und klicken unter *Animation neu anordnen* auf *Früher* oder *Später*.

Richtung und Textanimation

Weitere Einstellungen zum ausgewählten Effekt nehmen Sie über die Schaltfläche *Effektoptionen* vor. Im Detail sind diese abhängig vom jeweiligen Effekt und auch nicht für jeden Effekt verfügbar. Handelt es sich beim animierten Objekt um ein Textfeld oder Platzhalterfeld mit Text bzw. mehreren Absätzen, dann werden die Absätze normalerweise automatisch nacheinander animiert. Dies erkennen Sie auch an der Nummerierung in der Folie, siehe Bild. Details zur Textanimation legen Sie ebenfalls über die Schaltfläche *Effektoptionen* fest und zwar im Abschnitt *Sequenz*. Hier bietet PowerPoint drei Möglichkeiten.

Effektoptionen - Text animieren

- *Als einzelnes Objekt* bedeutet, das gesamte Textfeld wird als Objekt animiert. Dies ist gleichzeitig Standard für alle Textfelder, die nur einem einzigen Absatz enthalten, z. B. Folientitel.
- *Alle gleichzeitig* bedeutet, alle Absätze werden gleichzeitig animiert.
- *Nach Absatz* animiert die Absätze nacheinander. Dies ist die Standardeinstellung für Textfelder mit mehreren Absätzen und nur für diese verfügbar.

Animation per Mausklick oder automatisch starten

Ob eine Animation per Mausklick oder automatisch startet, legen Sie in der Gruppe *Anzeigedauer* im Feld *Start* fest. Hier sind folgende Möglichkeiten verfügbar:

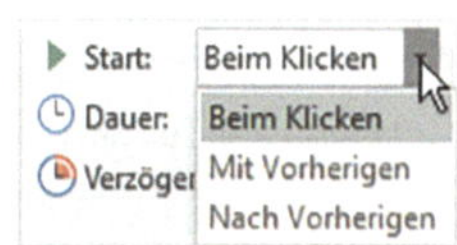

Automatische Animation mit Verzögerung

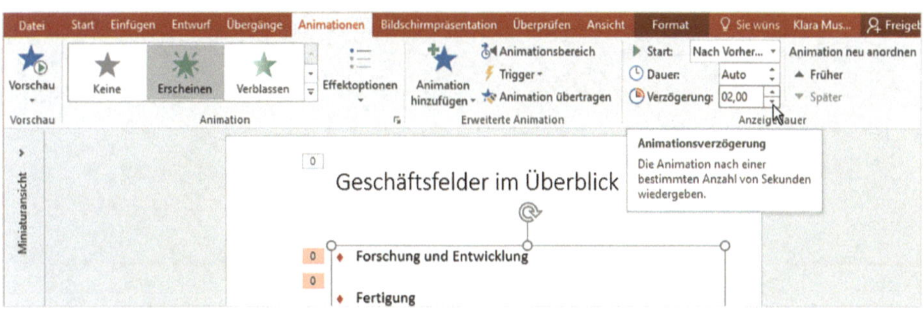

Bei automatischem Animationsablauf ist das dazugehörigen Objekt in der Folie anstelle der Nummerierung mit einer 0 versehen.

- Standardeinstellung ist *Beim Klicken*, d.h. die Animation startet, wenn Sie mit der Maus klicken oder eine Taste (Eingabe-, Leer- oder Pfeiltaste) betätigen.
- *Mit Vorherigen* bedeutet, die Animation startet automatisch und gleichzeitig mit dem vorherigen Ereignis oder der vorherigen Animation. Handelt es sich z. B. um das erste animierte Objekt der Folie, so erscheint dieses mit Einblenden der Folie.

- Mit der Auswahl *Nach vorherigen* startet die Animation ebenfalls automatisch, aber zeitverzögert nach dem vorherigen Ereignis. In diesem Fall müssen Sie im Feld *Verzögerung* angeben, wie viele Sekunden später.

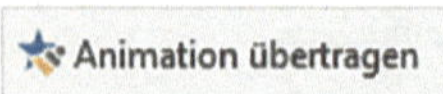

Effekt kopieren: Mit der Schaltfläche *Animation kopieren* können Sie einen Effekt kopieren und anderen Objekten zuweisen. Die Vorgegehensweise unterscheidet sich nicht von der Funktion *Format übertragen* (*Start* ▸ *Zwischenablage*).

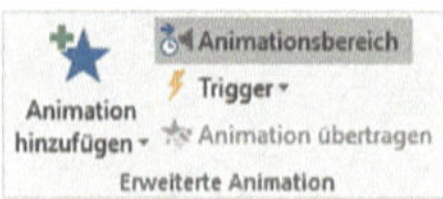

Zeitlichen Ablauf im Animationsbereich steuern

Um bei einer Vielzahl von Animationen den Überblick zu behalten, sollten Sie den Animationsbereich verwenden. Dieser wird mit der gleichnamigen Schaltfläche der Gruppe *Erweiterte Animationen* geöffnet und listet alle Animationen der aktuellen Folie auf.

- Am Symbol (Maus oder Uhr) erkennen Sie auf den ersten Blick, ob eine Animation per Mausklick oder automatisch startet. Handelt es sich um eine Gruppe, wie im Bild unten die Absätze des Inhaltsplatzhalters, so können Sie mit Klick auf den Doppelpfeil die Animation jedes einzelnen Absatzes einblenden und bearbeiten.
- Die Farbe ist kennzeichnet den Animationstyp, grün wie im Beispiel unten bedeutet Eingangseffekt. An der Länge des farbigen Balkens erkennen Sie außerdem Effektdauer und zeitlichen Ablauf und anhand der Zeitleiste lässt sich der gesamte Ablauf während der Vorschau kontrollieren.
- Mit Klick auf den Dropdown-Pfeil eines Effekts erscheint ein Menü über das Sie unter anderem die Effektoptionen für weitere Einstellungen öffnen.

Absätze einblenden

Automatischen Ablauf anhand einer Zeitleiste bearbeiten

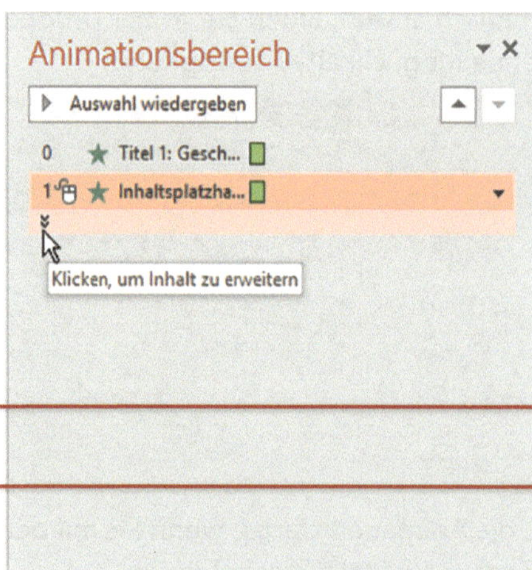

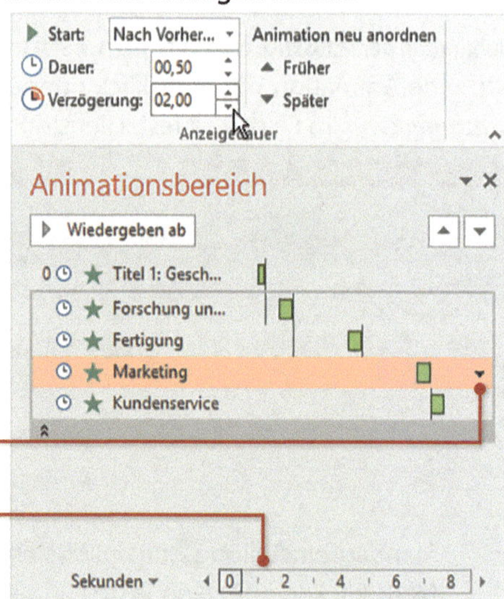

Effektoptionen öffnen

In der Zeitleiste können Sie während der Vorschau den Ablauf kontrollieren.

Um einzelne Zeiten zu bearbeiten, zeigen Sie mit der Maus auf den Balken, der Mauszeiger signalisiert die Bearbeitungsmöglichkeit:

Zeigen Sie direkt in den farbigen Balken, so erhalten Sie einen waagrechten Doppelpfeil und können den Startzeitpunkt mit der Maus verschieben. Zeigen Sie dagegen an das rechte Ende des Balkens, so sieht der Mauszeiger etwas anders aus und Sie ändern durch Ziehen die Effektdauer.

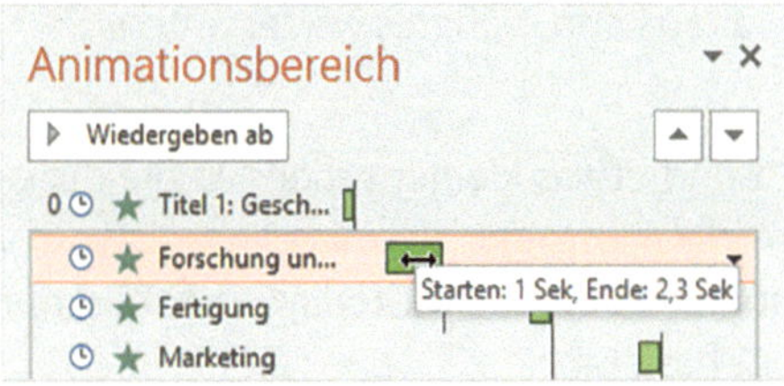

Startzeitpunkt ändern

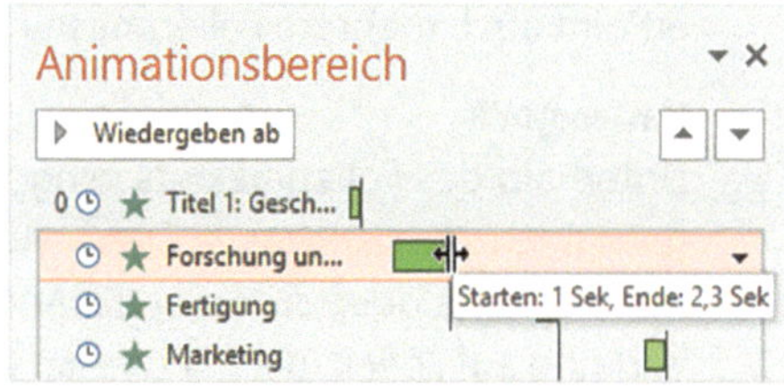

Effektdauer

5 Folienmaster

5.1 Die Ansicht Folienmaster

In der Ansicht *Folienmaster* steuern Sie das Aussehen aller Folien der Präsentation. Neben den bereits bekannten Designeinstellungen haben Sie hier auch die Möglichkeit, Aussehen, Größe und Position der Platzhalter z. B. Fußzeile, festzulegen, Aufzählungszeichen zu ändern oder ein Logo einzufügen, das auf allen Folien erscheinen soll. Zum Anzeigen der Ansicht *Folienmaster* klicken Sie im Register *Ansicht* auf *Folienmaster*. Die Ansicht *Folienmaster* gleicht weitgehend der Ansicht *Normal*, allerdings enthält der linke Navigationsbereich nicht die Präsentationsfolien, sondern die Vorlagen für die verschiedenen Folienlayouts, diese werden auch als Masterlayouts bezeichnet.

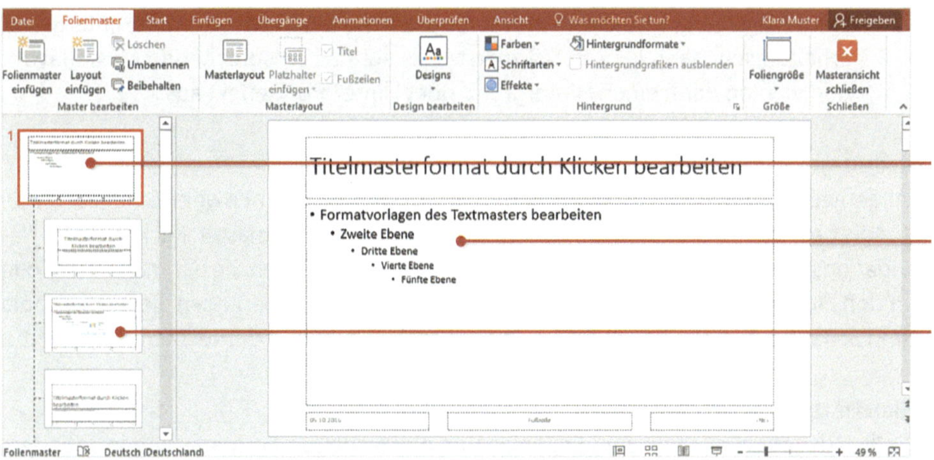

Die Masteransicht

- **Folienmaster**
  Die erste, etwas größere und mit einer Nummer (*1*) versehene Folie im Navigationsbereich ist der Folienmaster. Dieser steuert das Aussehen der gesamten Präsentation. Wenn Sie eine Formatierung des Folienmasters ändern, z. B. die

Schriftfarbe, dann wirkt sich dies auf alle Folien der Präsentation aus. Die Zahl 1 bedeutet, es handelt sich um den ersten Folienmaster der Präsentation, da PowerPoint auch mehrere Folienmaster verwalten kann, Näheres weiter unten.

- **Masterlayouts**
  Unterhalb des Folienmasters, eingerückt und etwas kleiner sehen Sie die dazugehörigen Masterlayouts. Diese steuern das Aussehen der einzelnen Layouts, z. B. *Titelfolie* oder *Zwei Inhalte*. Änderungen an einem Masterlayout haben nur Wirkung auf Folien, die auf diesem Layout basieren.

In dieser Ansicht ist im Menüband das Register *Folienmaster* verfügbar, hier finden Sie auch die Schaltfläche *Masteransicht schließen*, mit der Sie die Bearbeitung beenden und zur Ansicht *Normal* zurückkehren.

5.2 Folienmaster und Masterlayouts bearbeiten

In der Ansicht *Folienmaster* erhalten Sie im Register *Folienmaster* mit den Schaltflächen *Designs*, *Farben*, *Schriftarten*, *Effekte* und *Hintergrundformate* ebenfalls die bereits beschriebenen Möglichkeiten der Designanpassung. Beachten Sie, dass Sie im Gegensatz zu Designs, Farben und Effekten über das entsprechende Masterlayout jedem Folienlayout, z. B. allen Titelfolien, einen eigenen Hintergrund zuweisen können, für unterschiedliche Farben müssen Sie dagegen einen weiteren Folienmaster hinzufügen.

- Sollen allen Folien denselben Hintergrund erhalten, dann klicken Sie im Navigationsbereich auf die erste Folie, den Folienmaster und wählen den gewünschten Hintergrund aus.
- Wenn dagegen beispielsweise nur die Titelfolie einen bestimmten Hintergrund erhalten soll, dann klicken Sie zuerst links auf das entsprechende Masterlayout und wählen dann einen Hintergrund oder Hintergrundeffekt aus.

Änderungen am Folienmaster

Allgemeine Schrift- und Absatzformate, z. B. Aufzählungszeichen oder Zeilenabstände für die gesamte Präsentation ändern Sie am besten im Folienmaster: Klicken Sie im Navigationsbereich auf die erste, etwas größere Folie und klicken Sie dann in dieser Folie in den Platzhalter bzw. die Absatzebene. Zur Formatierung benutzen Sie die Symbole und Schaltflächen des Registers *Start* oder das Kontextmenü der rechten Maustaste.

Einzelne Masterlayouts bearbeiten

Sollen dagegen nur einzelne Folienlayouts abweichende Formatierungen erhalten, z. B. die Titelfolien eine andere Schrift, dann müssen Sie zuvor im Navigationsbereich das entsprechende Masterlayout markieren. Ihre Änderungen wirken sich dann ausschließlich auf Folien aus, die auf diesem Layout basieren. Hier können Sie jederzeit auch Größe und Position der Platzhalter ändern.

Ein eigenes Layout definieren

Wenn Sie die Standardlayouts nicht ändern möchten, dann erstellen Sie ein oder mehrere benutzerdefinierte Layouts. Soll ein Layout auf einem Standardlayout beruhen, dann ist es am einfachsten, wenn Sie dieses Layout duplizieren und anschließend die Kopie bearbeiten. Dazu klicken Sie im Navigationsbereich mit der rechten Maustaste auf das zu kopierende Masterlayout und wählen den Befehl *Layout duplizieren*.

1 Möchten Sie stattdessen lieber mit einem neuen Layout beginnen, so klicken Sie im Register *Folienmaster* auf die Schaltfläche *Layout einfügen*.

2 Das neue Layout ist bis auf die Platzhalter für Folientitel und Fußzeile leer und wird im Navigationsbereich nach dem aktuellen Masterlayout eingefügt.

3 Zum Hinzufügen von Platzhaltern klicken Sie auf *Platzhalter einfügen*. Eine Liste von Folienelementen erscheint, klicken Sie auf den gewünschten Typ und und ziehen Sie anschließend in der Folie ein Rechteck in der gewünschten Größe auf. **Tipp:** Die Auswahl *Inhalt* erlaubt das spätere Einfügen sämtlicher Typen, also Text, Tabellen, Grafik usw..

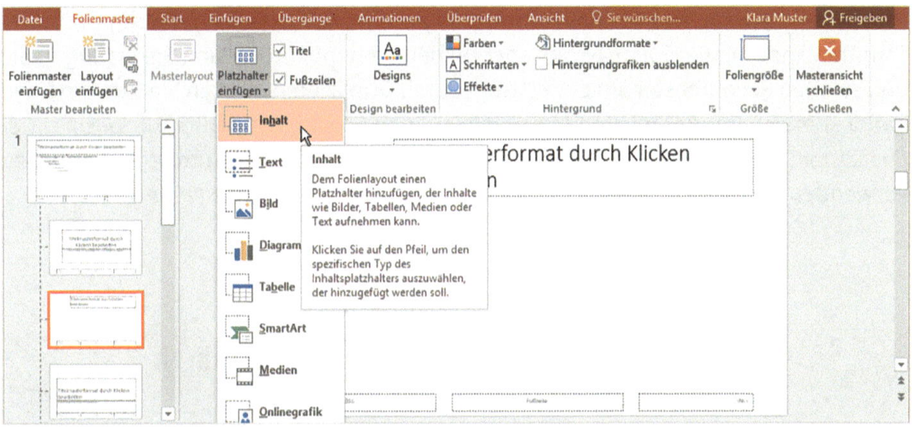

Benutzerdefiniertes Layout erstellen: Platzhalter einfügen

4 Mit der Schaltfläche *Umbenennen* (Register *Folienmaster* ▸ *Master bearbeiten*) können Sie anschließend Ihrem Layout einen Namen geben.

Weitere Folienmaster hinzufügen

Benötigen Sie für mehrere Folien Ihrer Präsentation ein völlig anderes Aussehen, z. B. andere Designfarben, dann fügen Sie einfach einen weiteren Folienmaster hinzu, diesen können Sie anschließend unabhängig vom ersten Folienmaster beliebig gestalten. Beim Einfügen neuer Folien wählen Sie dann zwischen den Layouts der Folienmaster.

1 Zum Hinzufügen eines weiteren Folienmasters klicken Sie im Register *Folienmaster* ▸ *Master bearbeiten* auf *Folienmaster einfügen*.

2 Der zweite Folienmaster mit einem Satz dazugehöriger Masterlayouts wird am Ende des Navigationsbereichs hinzugefügt und mit der Nummer 2 versehen.

Ein zweiter Folienmaster mit anderem Design

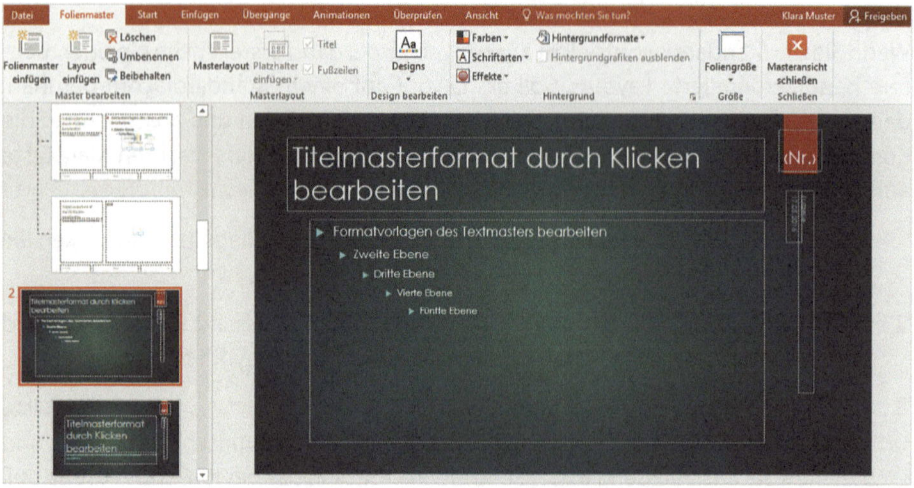

Tipp: Folienmaster duplizieren

Wenn Sie in einem zweiten Folienmaster eigentlich nur die Designfarben und/oder Schriften ändern, die Folienlayouts aber beibehalten möchten, dann Sie erzeugen Sie den zweiten Folienmaster am einfachsten durch Duplizieren. Klicken Sie dazu im Navigationsbereich mit der rechten Maustaste auf den Folienmaster und auf *Folienmaster duplizieren*. Anschließend sollten Sie den zweiten Folienmaster umbenennen, dazu verwenden Sie ebenfalls die rechte Maustaste und den Befehl *Master umbenennen*.

6 Bildschirmpräsentation vorbereiten und vorführen

Das Register Bildschirmpräsentation

Die Befehle zum Einrichten und zum Ablauf einer Bildschirmpräsentation finden Sie im Register *Bildschirmpräsentation*.

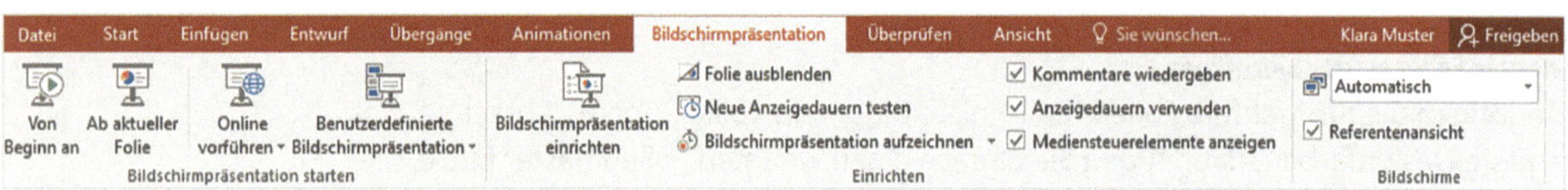

6.1 Folien auswählen, zielgruppenorientierte Präsentation

Soll Ihre Präsentation für eine bestimmte Zuhörerschaft nicht alle Folien enthalten, dann erstellen Sie aus der aktuellen Präsentation eine zielgruppenorientierte. Klicken Sie dazu auf die Schaltfläche *Benutzerdefinierte Präsentation* und wählen Sie *Zielgruppenorientierte Präsentation* aus. Im nachfolgenden Dialogfenster klicken Sie auf *Neu* und geben im Fenster *Zielgruppenorientierte Präsentation definieren* der Präsentation einen Namen.

Aktivieren Sie die Kontrollkästchen der benötigten Folien und klicken Sie auf die Schaltfläche *Hinzufügen*. Bei Bedarf können Sie mit den Pfeilschaltflächen die markierte Folie nach oben oder unten verschieben und so die Folien für die zielgruppenorientierte Präsentation neu anordnen. Mit *OK* übernehmen Sie die ausgewählten Folien.

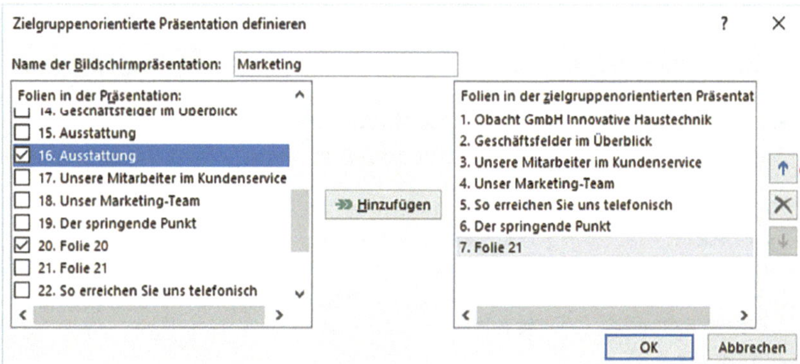

Zielgruppenorientierte Präsentation zusammenstellen

Markierte Folie nach oben verschieben

Zum Vorführen der zielgruppenorientierten Präsentation klicken Sie auf die Schaltfläche *Benutzerdefinierte Präsentation* und wählen die gewünschte Präsentation aus.

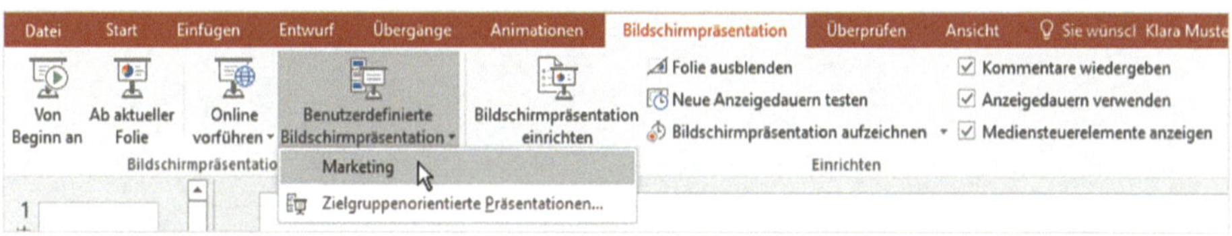

Ziegruppenorientierte Präsentation starten

Vortragsnotizen und Kommentare

Kommentare sind neben den Notizen eine weitere Möglichkeit zum Hinzufügen von Anmerkungen. Klicken Sie dazu im Register *Einfügen* auf die Schaltfläche *Kommentar*.

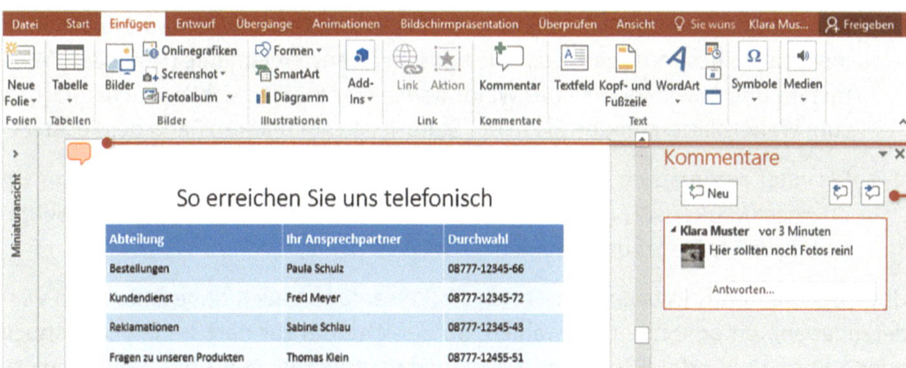

Kommentare hinzufügen

Folie enthält Kommentar

Vorherigen/Nächsten Kommentar anzeigen

Am rechten Bildschirmrand öffnet sich der Aufgabenbereich *Kommentare*. Geben Sie hier Ihre Anmerkungen zur Folie ein. Kommentare eignen sich besonders, wenn mehrere Personen an der Präsentation arbeiten, da diese automatisch mit Namen versehen werden.

Folien, die Kommentare enthalten, sind am Symbol in der linken oberen Ecke leicht zu erkennen und ein Klick auf dieses Symbol blendet den Kommentarbereich ein. Die Kommentare und das Symbol sind in der Ansicht *Bildschirmpräsentation* für Ihr Publikum natürlich nicht sichtbar.

6.2 Art der Präsentation wählen

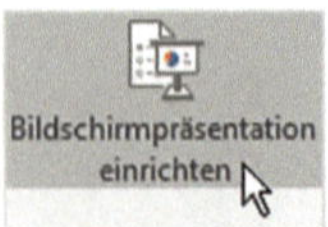

Bildschirmpräsentation einrichten

Erweiterte Optionen zur Bildschirmpräsentation und zum automatischen Ablauf erhalten Sie über die Schaltfläche *Bildschirmpräsentation einrichten*.

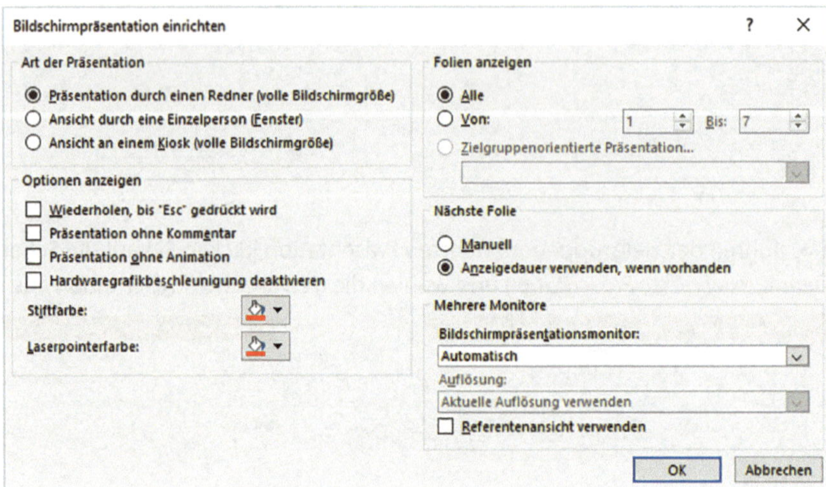

- Standardeinstellung ist die Option *Präsentation durch einen Redner*. Damit wird während der Präsentation die Arbeitsoberfläche von PowerPoint ausgeblendet und die Wiedergabe der Folien erfolgt im Vollbildmodus.
- Mit der Option *Ansicht durch eine Einzelperson* läuft die Bildschirmpräsentation innerhalb eines Fensters ab, d.h. die typischen Fensterelemente (Schließen, Minimieren und Maximieren) eines Windows-Fenster bleiben sichtbar. Schaltflächen zum Weiterblättern finden Sie in der Statusleiste am unteren Rand des Fensters.
- Bei einer automatisch ablaufenden Präsentation besteht mit der Option *Ansicht an einem Kiosk (volle Bildschirmgröße)* die Möglichkeit einer endlosen Wiedergabe bis die Esc-Taste zum Beenden betätigt wird.

Über weitere Kontrollkästchen lässt sich die Präsentation auch ohne Animation wiederzugeben, ferner können Sie wählen, ob der Wechsel zur nächsten Folie manuell oder automatisch erfolgt (nur wenn Anzeigedauern vorhanden sind). Die automatische Voreinstellung für Stift- und Laserpointerfarbe kann ebenfalls geändert werden.

6.3 Präsentation exportieren

Zum Kopieren einer Präsentation auf einen anderen Datenträger verwenden Sie am einfachsten die Funktion *Bildschirmpräsentation für CD verpacken*. Auf diese Weise werden alle verknüpften Elemente, z. B. Videos hinzugefügt.

Nehmen Sie dies nicht allzu wörtlich, das Verpacken unterstützt auch andere Datenträger, z. B. mobile Festplatte oder USB-Stick!

1 Öffnen Sie die Präsentation, die Sie kopieren möchten bzw. speichern Sie Ihre letzten Änderungen. Klicken Sie im Register *Datei* auf *Exportieren* und wählen Sie den Befehl *Bildschirmpräsentation für CD verpacken*. Im rechten Bereich klicken Sie nun nochmals auf die Schaltfläche *Verpacken für CD*.

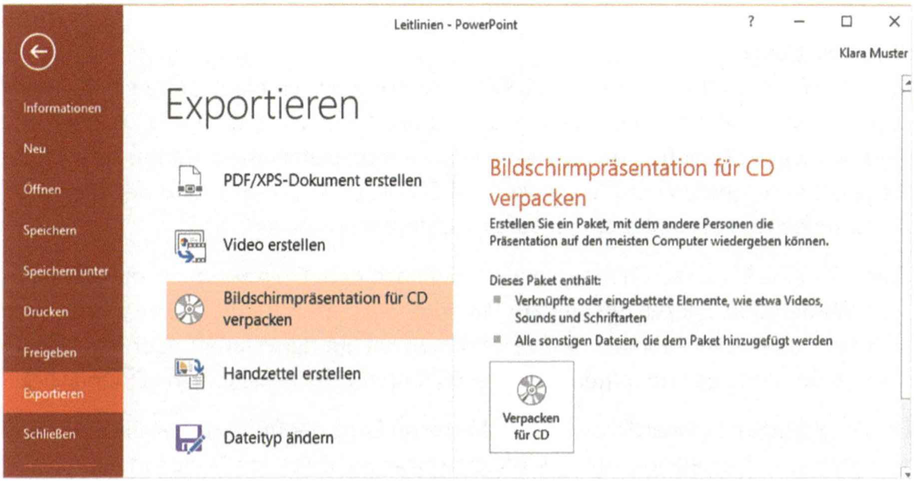

Bildschirmpräsentation für CD verpacken

2 Das Fenster *Verpacken für CD* öffnet sich, soll die Präsentation auf CD/DVD gebrannt werden, dann geben Sie optional im Feld *CD benennen* einen Namen für die CD ein. Mit der Schaltfläche *Hinzufügen* können Sie dem Paket weitere Präsentationen hinzufügen, diese werden in der Reihenfolge abgespielt, in der sie ausgewählt wurden.

3 Für genauere Einstellungen klicken Sie auf die Schaltfläche *Optionen*. Hier wählen Sie aus, welche Dateien mit einbezogen werden sollen. *Verknüpfte Dateien* und *Eingebettete TrueType-Schriftarten* sollten auf jeden Fall ausgewählt sein. Optional können Sie hier die verpackte Präsentation mit einem Kennwort zum Öffnen oder Ändern schützen.

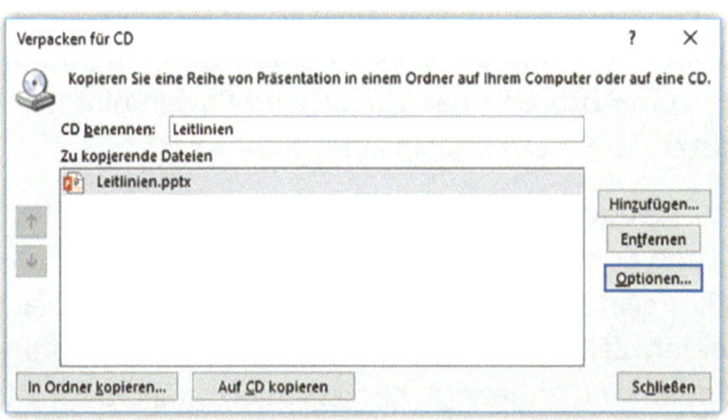

Verpacken für CD

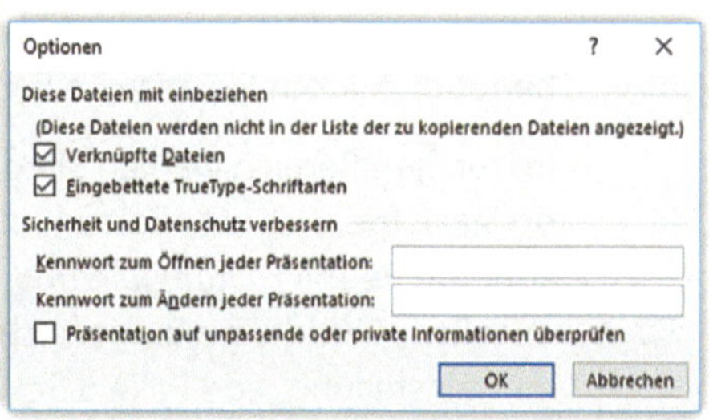

Optionen

4 Wenn Sie die Präsentation auf CD brennen wollen, dann klicken Sie anschließend im Fenster *Verpacken für CD* auf die Schaltfläche *Auf CD kopieren*, hierfür sollte ein beschreibbarer CD-Rohling im CD-Laufwerk liegen. Möchten Sie dagegen die Präsentation auf einen anderen Datenträger kopieren, dann verwenden Sie die Schaltfläche *In Ordner kopieren…* und wählen anschließend Ordnername und Speicherort.

Eine weitere Meldung macht Sie darauf aufmerksam, dass verknüpfte Dateien ein potentielles Sicherheitsrisiko darstellen können. Sie müssen also nochmals mit *Ja* bestätigen.

PowerPoint Viewer

Beim Vorführen einer Präsentation kann ein weiteres Problem auftauchen, wenn nämlich PowerPoint auf dem Gerät nicht installiert ist. In solchen Fällen wird der PowerPoint Viewer benötigt, damit Sie die Präsentation trotzdem vorführen können. Zu diesem Zweck werden beim Verpacken auf CD die Datei *AutoRun* und der Order *PresentationPackage* automatisch mit auf den Datenträger kopiert.

Zur Installation auf dem Zielrechner benötigen Sie Administratorrechte. Beachten Sie außerdem, dass mit dem Viewer nicht alle verfügbaren Animationen wiedergegeben werden können.

Wenn Sie eine CD erstellt haben, so erscheint nach dem Einlegen meist die automatische Wiedergabe. Klicken Sie hier auf *PresentationPackage.html ausführen*. Bei einem USB-Stick oder einer mobilen Festplatte öffnen Sie auf dem Datenträger den Ordner *PresentationPackage* und öffnen die Datei *PresentationPackage.html* mit Doppelklick.

Die Datei wird im Standardbrowser, z. B. Microsoft Edge geöffnet, klicken Sie auf *Viewer herunterladen*. Sie gelangen im Anschluss zu einer Webseite von Microsoft, wo Sie den Viewer kostenlos herunterladen und installieren können.

Viewer herunterladen

6.4 Video erstellen

Eine Präsentation mit automatischem Ablauf können Sie auch als MPEG4-Video oder als Windows Media Video (WMV) speichern und per E-Mail weitergeben oder im Internet veröffentlichen. Der Vorteil: zum Abspielen des Videos wird PowerPoint nicht benötigt. Klicken Sie dazu im Register *Datei* ▸ *Exportieren* auf *Video erstellen*.

Im rechten Bereich wählen Sie die Videoqualität aus und legen im Feld darunter fest, ob Sie aufgezeichnete Zeitabläufe und Kommentare einbeziehen möchten. Alternativ können Sie mit *Zeitabläufe und Kommentare aufzeichnen* einen individuellen Ablauf erstellen. Sind keine aufgezeichneten Zeitabläufe vorhanden, so wird in der Standardeinstellung jede Folie 5 Sekunden lang angezeigt. Klicken zuletzt auf die Schaltfläche *Video erstellen* und legen Sie Speicherort und Dateiname fest. **Achtung:** Je nach Umfang kann die Erstellung des Videos einige Zeit in Anspruch nehmen.

Video erstellen

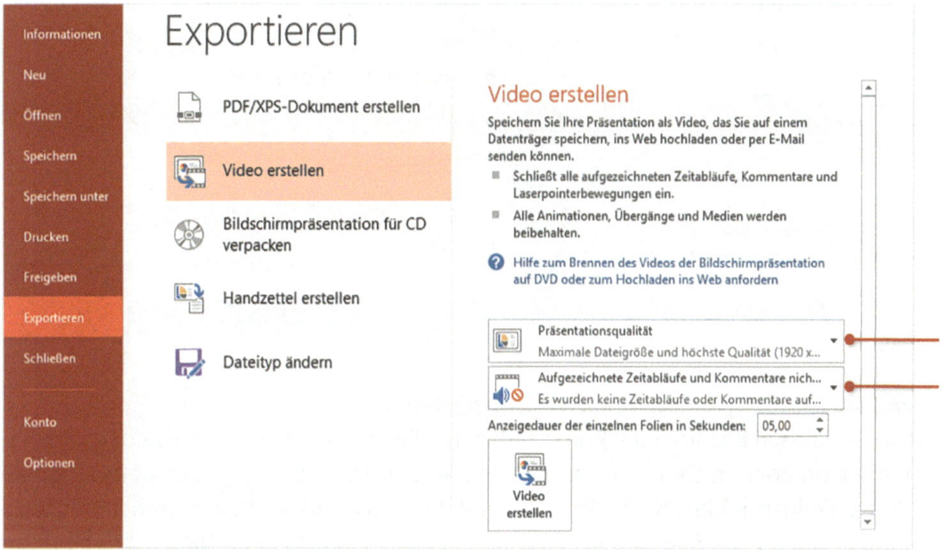

6.5 Bildschirmpräsentation vorführen

Nach Start der Bildschirmpräsentation stehen zur Steuerung mit der Maus links unten, wie schon in früheren Versionen die zumeist bekannten Schaltflächen zur Verfügung. Sie erscheinen, wenn Sie mit der Maus darauf zeigen.

Freihandanmerkungen mit Maus oder Finger

Während einer Bildschirmpräsentation können Sie die Maus bzw. den Finger als Stift für Anmerkungen und Hervorhebungen in den Folien oder als Laserpointer benutzen. Klicken Sie in der unteren linken Ecke auf das Stiftsymbol und wählen Sie Stiftform und -farbe. Mit Drücken der Esc-Taste kehren Sie wieder zum normalen Mauszeiger zurück. **Achtung:** Nochmaliges Betätigen der Esc-Taste beendet die Präsentation!

Im Kontextmenü der rechten Maustaste erhalten Sie den Stift über den Befehl *Zeigeroptionen*.

Ihre Freihandanmerkungen werden temporär mit der Folie gespeichert, sind also auch noch verfügbar, wenn Sie im Lauf der Präsentation nochmals zu dieser Folie zurückkehren. Falls Sie Ihre Anmerkungen löschen möchten, so klicken Sie nochmals auf den Stift und auf *Freihand auf Folie löschen*. Beim Beenden der Präsentation erscheint eine Meldung, ob Sie Ihre Anmerkungen beibehalten möchten.

Die Maus als Stift, Laserpointer oder Textmarker benutzen

Freihandanmerkungen speichern?

Freihandanmerkungen in der Ansicht Normal bearbeiten

Wenn Sie nach Beenden der Präsentation Ihre Freihandanmerkungen beibehalten haben, dann können Sie diese anschließend in der Ansicht *Normal* bearbeiten. Sobald Sie ein Freihandobjekt durch Anklicken mit der Maus markiert haben, steht Ihnen dazu im Menüband das Register *Freihandtools - Stifte* zur Verfügung. Hier lässt sich unter anderem die Stiftfarbe und Linienstärke der zuvor markierten Freihandform ändern. Falls gewünscht, können Sie mit Hilfe des Stiftwerkzeugs (Gruppe *Schreiben*) weitere Freihandanmerkungen auch in der Ansicht *Normal* durch Zeichnen hinzufügen.

Versehentlich gespeicherte Freihandanmerkungen können Sie wie ein Objekt markieren und mit der Entf-Taste löschen.

Freihandanmerkungen bearbeiten

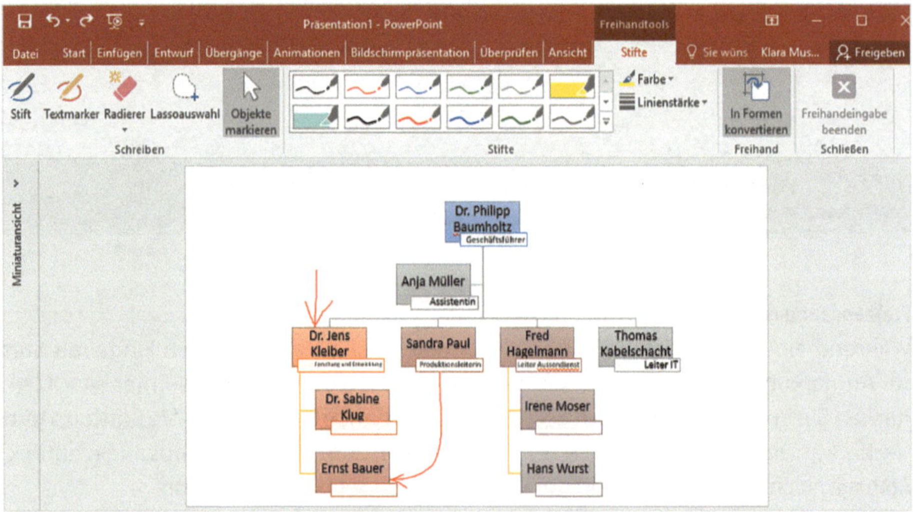

Achtung: wenn die Schaltfläche *In Formen konvertieren* aktiviert ist, dann wandelt PowerPoint bestimmte Freihandzeichnungen automatisch in eine Form um, z. B. eine runde Freihandzeichnung in einen Kreis oder Ellipse. Soll die Zeichnung als solche beibehalten werden, dann müssen Sie vorher diese Schaltfläche deaktivieren.

6.6 Präsentation online vorführen

Bildschirmpräsentationen können auch übers Internet vorgeführt werden, die Anzeige erfolgt in diesem Fall im Webbrowser des Zuschauers. Einen entsprechenden Dienst stellt Microsoft für PowerPoint 2016 kostenlos zur Verfügung.

Beachten Sie, dass Sie zur Nutzung dieses Dienstes ein Microsoft-Konto benötigen und mit diesem am PC oder in PowerPoint angemeldet sein müssen.

1 Öffnen Sie die Präsentation mit PowerPoint und schließen Sie ggfs. Präsentationen, die nicht online vorgeführt werden sollen. Wechseln Sie zum Register *Bildschirmpräsentation* und klicken Sie auf die Schaltfläche *Online vorführen* und auf *Office-Präsentationsdienst*.

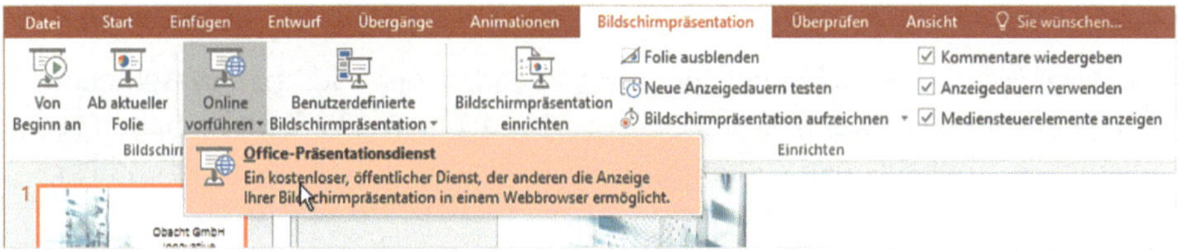

Klicken Sie auf Online vorführen

2 Klicken Sie im nachfolgenden Fenster auf *Verbinden*, um den Office-Präsentationsdienst zu nutzen. Dadurch akzeptieren Sie gleichzeitig den Servicevertrag.

3 Im nächsten Schritt erhalten Sie einen Link, den Sie entweder kopieren und weitergeben oder per E-Mail an Ihre Zuschauer versenden. Benutzen Sie dazu die Befehle unterhalb des Links.

Alternativ können Sie eine Online-Vorführung auch über das Register *Datei* starten. Klicken Sie hier auf *Freigeben* und auf *Online vorführen*.

Die Empfänger brauchen nur auf den erhaltenen Link klicken, anschließend startet deren Standardbrowser mit der Präsentation.

Sobald Sie nun die Präsentation starten, erscheint diese auch im Browser der Zuschauer. Als Vorführender steuern Sie die Präsentation wie gewohnt. Auch die Referentenansicht lässt sich für Onlinevorführungen nutzen. Allerdings müssen Sie dazu die Bildschirmpräsentation mit den Tasten Alt+F5 starten.

Die Bildschirmpräsentation im Browser der Zuschauer

Achtung: Ton wird mit der Onlinevorführung nicht übertragen und auch Videos können zum Teil nicht abgespielt werden.

In der Ansicht *Normal* steht Ihnen für die Steuerung der Onlinevorführung das Register *Online vorführen* zur Verfügung. Hier starten Sie die Präsentation erneut oder setzen diese fort über die Schaltflächen *Von Beginn an* bzw. *Ab aktueller Folie*. Falls Sie nachträglich weiteren Personen einen Link senden möchten, so klicken Sie auf *Einladungen senden*. Mit Klick auf *Onlinepräsentation beenden* wird die Onlinevorführung beendet. Soll nach Beendigung die Präsentation nochmals vorgeführt werden, muss ein neuer Link wie oben beschrieben generiert werden.

Das Register Online vorführen

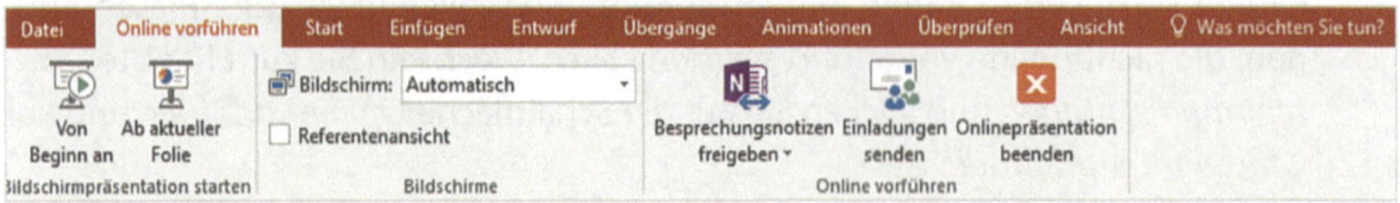

Erst mit Onlinepräsentation beenden wird der Link unbrauchbar.

> **Achtung:** Die Onlinevorführung wird mit Beenden der Bildschirmpräsentation nicht beendet! Erst wenn Sie auf *Onlinepräsentation beenden* geklickt haben verlieren die Zuschauer den Zugriff auf die Präsentation und der Link wird ungültig.

6.7 Die Referentenansicht

Die Referentenansicht macht es möglich, über Beamer für die Zuschauer die Bildschirmpräsentation anzuzeigen und gleichzeitig auf dem Bildschirm des Vortragenden eine Zusammenstellung aus aktuell angezeigter Folie, Vorschau auf die nächste Folie und Notizen zur Verfügung zu stellen. Auf diese Weise haben Sie bequem Ihre Notizen im Blick, ohne dass diese auch für Ihr Publikum sichtbar sind.

Bildschirme einrichten

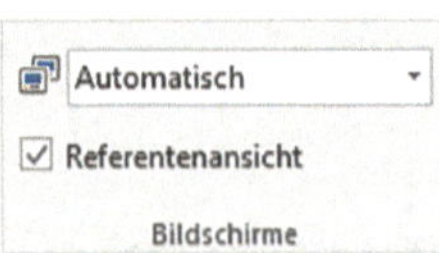

1 Im ersten Schritt müssen Sie die Referentenansicht mit zwei Monitoren einrichten: Aktivieren Sie im Register *Bildschirmpräsentation* ▸ *Bildschirme* das Kontrollkästchen *Referentenansicht*.

2 Nun müssen Sie unter Windows den zweiten Bildschirm einbeziehen. Drücken Sie dazu die Tastenkombination Windows+P oder öffnen Sie das Info-Center mit Klick auf das Symbol *Benachrichtigungen* in der Taskleiste und klicken Sie hier auf *Projizieren*. Wählen Sie anschließend *Erweitern*.

Klicken Sie im Info-Center auf Projizieren

Erweitern wählen

Projizieren

Info-Center öffnen

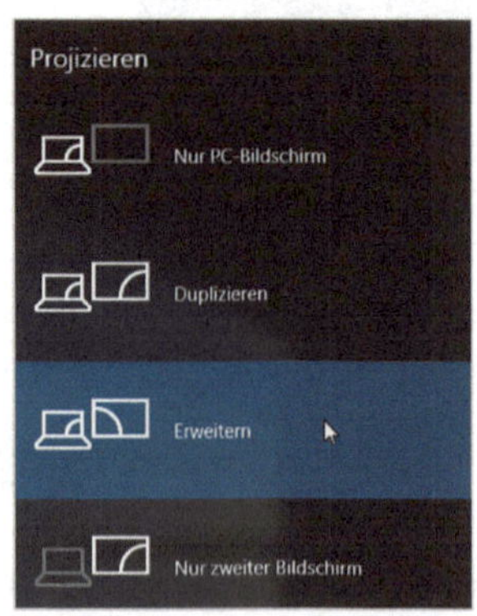

3 Anschließend kontrollieren Sie in PowerPoint die Bildschirme. Im Feld *Bildschirm* (Register *Bildschirmpräsentation* ▸ *Bildschirme*) müssten nun mit Klick auf den Dropdown-Pfeil der Hauptbildschirm und der zweite Monitor erscheinen. *Automatisch* bedeutet, PowerPoint übernimmt die Zuordnung der Inhalte auf die korrekten Bildschirme. Diese Einstellung kann normalerweise beibehalten werden.

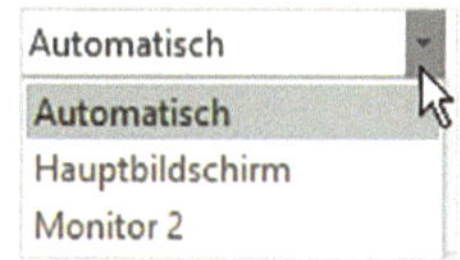

Die Bildschirmpräsentation starten Sie anschließend wie gewohnt. Bei aktivierter Referentenansicht sollte nun die Bildschirmpräsentation auf dem zweiten angeschlossenen Gerät erscheinen, während die Referentenansicht auf dem Bildschirm Ihres Computers sichtbar wird.

Sollte dies ausnahmsweise nicht der Fall sein, so ändern Sie die Zuordnung im Feld *Bildschirm* oder vertauschen die Geräte in der Referentenansicht über *Anzeigeeinstellungen*, siehe unten.

Tipp: Wenn Sie die Referentenansicht ohne zweiten angeschlossenen Monitor bzw. Beamer testen möchten, dann starten Sie die Bildschirmpräsentation mit der Tastenkombination Alt+F5. Dies funktioniert auch, wenn das Kontrollkästchen *Referentenansicht* nicht aktiviert ist.

Referentenansicht ohne zweiten Bildschirm testen: Alt+F5

So finden Sie sich in der Referentenansicht zurecht

Die Referentenansicht teilt den Bildschirm in drei Bereiche: Den größten Teil nimmt die aktuelle Folie ein, rechts daneben erhalten Sie eine Vorschau auf die nächste Folie und darunter sind Ihre Notizen sichtbar. Zudem finden Sie hier einige nützliche Schaltflächen und Symbole.

Die Referentenansicht

Nächste Folie (Vorschau)

Aktuelle Folie

Ihre Notizen

Symbole zur Steuerung der Präsentation

Foliennummer, Nächste/vorherige Folie

In der Leiste am oberen Bildschirmrand finden Sie neben dem Befehl zum Beenden der Bildschirmpräsentation noch folgende Möglichkeiten:

- **Taskleiste anzeigen:** Damit blenden Sie in der Referentenansicht und somit vom Zuschauer unbemerkt die Taskleiste ein, um z. B. eine Datei zu öffnen.

- **Anzeigeeinstellungen:** Falls Referentenansicht und Bildschirmpräsentation doch einmal den falschen Monitoren zugeordnet sind, kann hier über *Referentenansicht und Bildschirmpräsentation vertauschen* schnell gewechselt werden. Der Befehl *Bildschirmpräsentation duplizieren* beendet die Referentenansicht und zeigt die Bildschirmpräsentation wieder auf beiden Monitoren an.
- Unterhalb sehen Sie am Zeitgeber, wieviel Zeit seit Beginn der Präsentation bereits vergangen ist. Für längere Diskussionen kann die Zeit über die beiden Symbole angehalten oder die Zeitmessung neu gestartet werden.

Anzeigeeinstellungen

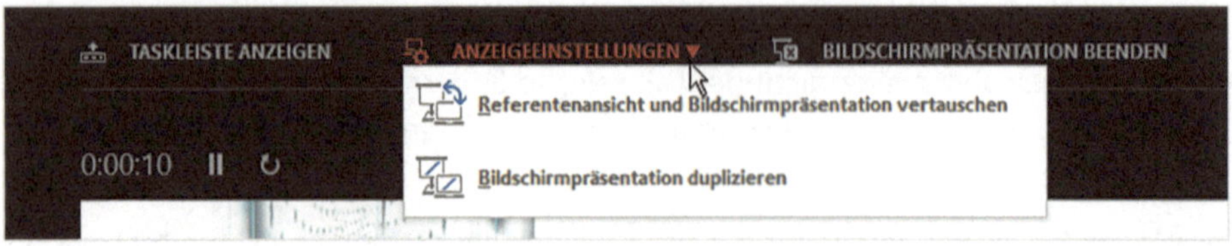

Steuerung der Bildschirmpräsentation

Am unteren Bildschirmrand befinden sich die Schaltflächen *Vorherige Folie* und *Nächste Folie* und sehen, welche Folie gerade angezeigt wird.

> **Tipp:** Wenn Sie hier auf die aktuelle Foliennummer klicken, dann werden in der Referentenansicht alle Folien in einer Übersicht angezeigt, die Zuschauer sehen dagegen nach wie vor nur die aktuelle Folie. Mit Klick auf den Pfeil *Zurück* links oben kehren Sie zur normalen Referentenansicht mit der aktuellen Folie zurück.

Unmittelbar unterhalb der aktuellen Folie erhalten Sie in der Referentenansicht dieselben Symbole wie in der Symbolleiste der Bildschirmpräsentation. **Achtung!** Wenn Sie hier auf *Alle Folien anzeigen* klicken, sehen auch Ihre Zuschauer alle Folien.

Symbolleiste: Beispiel Stift

Symbole zur Steuerung der Bildschirmpräsentation

Alle Folien (nur Referentenansicht)

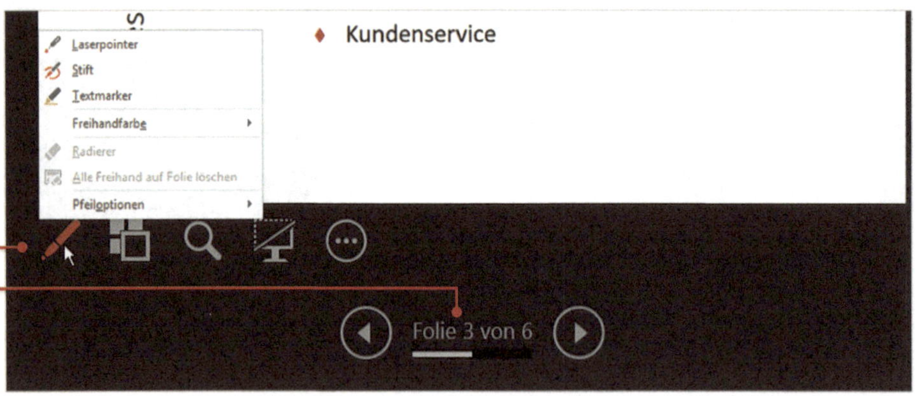

6.8 Notizen, Gliederung und Handzettel drucken

Im Register *Datei* ▸ *Drucken* drucken Sie neben der Präsentation auch Handzettel und Notzenseiten. Klicken Sie dazu unter *Einstellungen* auf die Standardeinstellung *Ganzseitige Folien*.

- Mit der Auswahl *Notizenseiten* werden Ihre Notizen zusammen mit der jeweiligen Folie gedruckt.
- Mit *Gliederung* wird ausschließlich Text gedruckt; Grafiken, Bilder, Tabellen und sonstige grafische Elemente werden nicht berücksichtigt. Der Ausdruck entspricht der Ansicht *Gliederung* (Register *Ansicht*).
- Mit der Auswahl *Handzettel* werden mehrere Folien verkleinert und auf einer einzigen Druckseite zusammengefasst, klicken Sie auf die gewünschte Anzahl und Anordnung.
- Kommentare und/oder Freihandanmerkungen werden standardmäßig zusammen mit der Folie gedruckt. Um dies zu verhindern, klicken Sie auf *Ganzseitige Folien* und deaktivieren *Kommentare und Freihandanmerkungen drucken*.

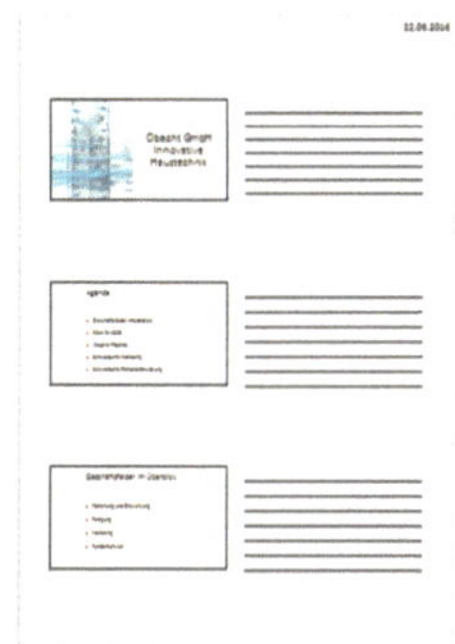

Tipp: Wenn Sie *Handzettel* und *3 Folien* wählen, dann erhalten Sie abweichend von den übrigen Handzettel-Layouts zusätzliche Linien für handschriftliche Notizen.

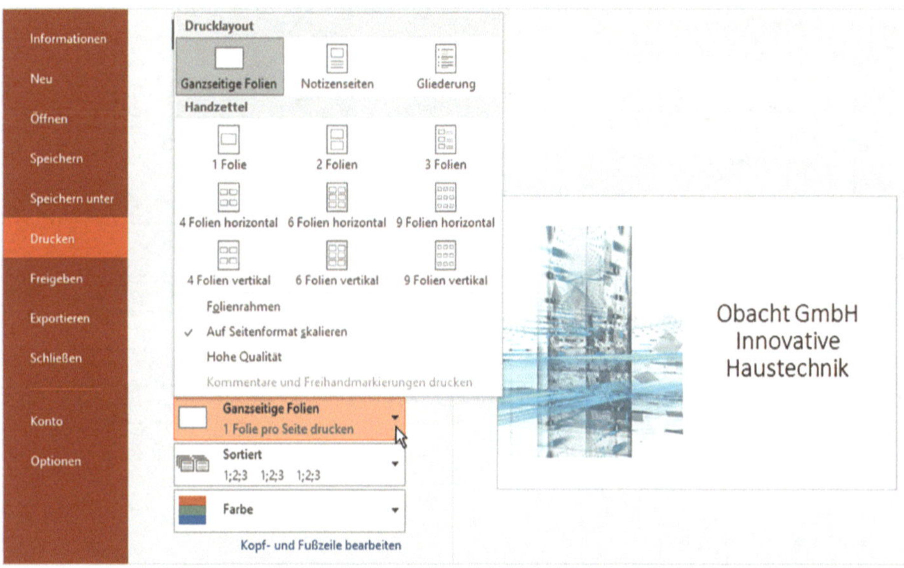

Ganzseitige Folien, Notizenseiten, Gliederung oder Handzettel drucken

Tipp: Handzettel mit Microsoft Word bearbeiten

Wenn auf Ihrem Computer Microsoft Word installiert ist, dann ist für eine Veröffentlichung auch die Weiterbearbeitung von Handzetteln mit Word möglich. Klicken Sie dazu im Register *Datei* auf *Exportieren* und auf *Handzettel erstellen*. Klicken Sie nun im rechten Bereich auf die Schaltfläche *Handzettel erstellen*.

Exportieren - Handzettel erstellen

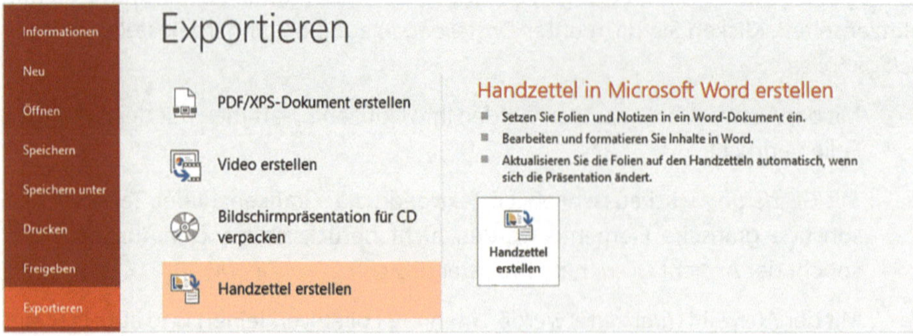

Es erscheint ein Dialogfenster, in dem Sie das gewünschte Seitenlayout des Word-Dokuments wählen. Geben Sie außerdem an, ob die Folien in das Word-Dokument als Kopie eingefügt werden sollen oder ob Sie eine aktualisierbare Verknüpfung erstellen möchten. Mit der Schaltfläche *OK* wird Word mit einem neuen Dokument geöffnet, die Folien wurden als Grafik eingefügt, je nach gewähltem Layout auch in einer Tabelle angeordnet und Sie können weitere Anmerkungen hinzufügen.

Layout wählen

Handzettelseite in Word bearbeiten

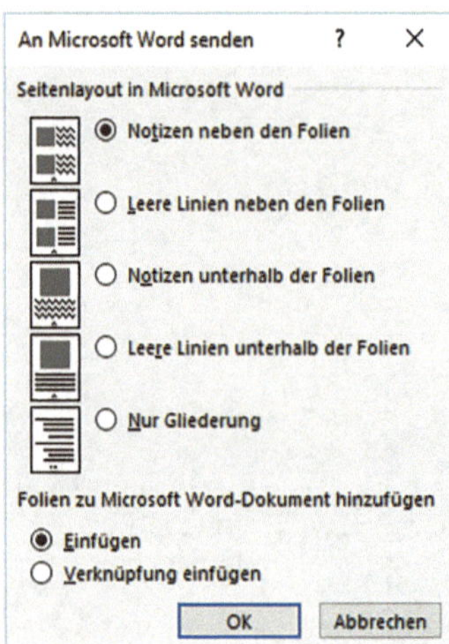

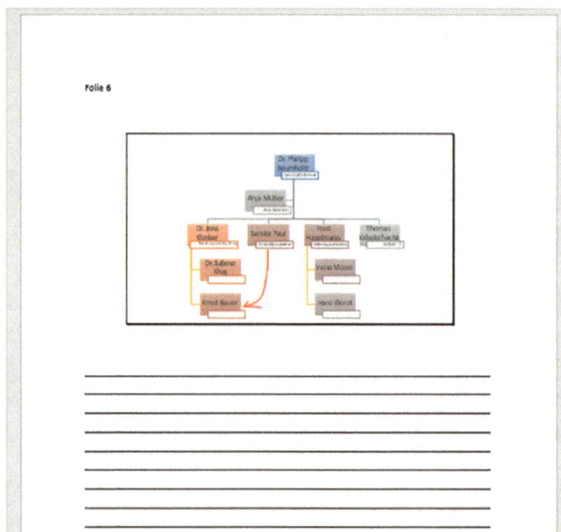

Je nach Umfang der Präsentation kann der Export einige Zeit dauern.

F Outlook 2016

Übersicht

1 Die Outlook-Arbeitsumgebung

1.1 Konto einrichten

Zum Versenden und Empfangen von E-Mails, benötigen Sie ein Konto. In einem Firmennetzwerk wird dieses meist vom Administrator erstellt und verwaltet, weswegen Sie sich in diesem Fall um die Einrichtung nicht kümmern müssen.

Sofern auf Ihrem Rechner eine ältere Version von Outlook installiert ist, werden bei der Installation von Outlook 2016 E-Mail-Konten, E-Mail-Nachrichten, Inhalte Ihres Kalenders, Kontaktdaten, Aufgaben etc. automatisch übernommen. Sichern Sie dennoch vorher Ihre alten Daten!

Ansonsten öffnet sich beim ersten Starten von Outlook der Start-Assistent. Dieser hilft Ihnen ein Konto einzurichten. Dabei übernimmt der Assistent in der Regel die Servereinstellungen automatisch:

- Im Fenster *Konfiguration des Microsoft Outlook-Kontos* aktivieren Sie die Option *Ja* um fortzufahren.
- Im Fenster *Konto hinzufügen*, tragen Sie Ihren Namen, Ihre E-Mail-Adresse und das Kennwort ein. In der Regel reichen diese Informationen aus, um eine Verbindung herzustellen. Arbeiten Sie in einem Firmennetzwerk mit Exchange Server sind diese Informationen bereits hinterlegt.
- Danach werden die Einstellungen überprüft und mit einem Klick auf *Fertig stellen* öffnet sich Outlook.
- Sollten Probleme auftreten, klicken Sie auf *Zurück* und Konfigurieren die Servereinstellungen manuell (siehe Grafik unten). Unter Umständen unterstützt Ihr E-Mail-Provider die automatische Einrichtung nicht.
- **Zusätzliche E-Mail-Konten:** Ein weiteres E-Mail-Konto kann am Ende des Einrichtungsprozesses über die Schaltfläche *Weiteres Konto hinzufügen* erstellt werden oder später über *Datei*, Bereich *Informationen* und Anklicken der Schaltfläche *Konto hinzufügen*.

Konto manuell einrichten

zusätzliches Konto hinterlegen

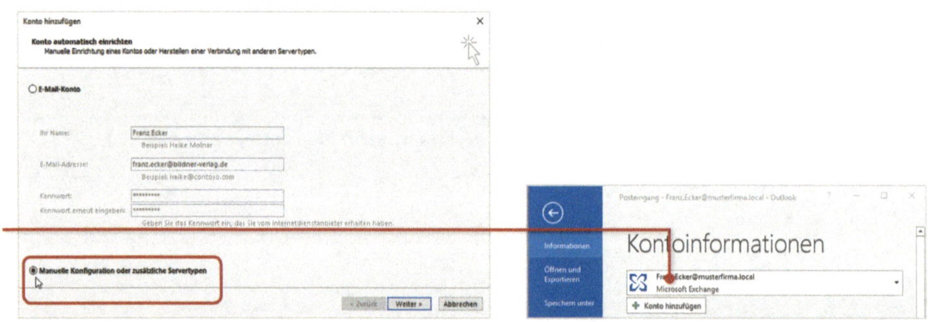

Von welchem Typ Ihr Konto ist, sehen Sie hier.

1.2 Dienst für E-Mail Konto

Die Verbindung zu einem E-Mail Konto kann mit verschiedenen Diensten hergestellt werden. Jetzt stehen für den Posteingangsserver neben POP-, IMAP- und Exchange-Konten auch das Protokoll Exchange ActiveSync zur Verfügung.

Änderung der Kontoeinstellungen über Datei, Bereich Information, Kontoeinstellungen

IMAP

Für IMAP-Konten unterstützt Outlook 2016 nicht mehr das bloße Herunterladen der E-Mail-Kopfzeile. Die E-Mail wird nun vollständig heruntergeladen. Bei fehlender Bandbreite kann beim Anlegen eines IMAP Kontos vereinbart werden, dass nur E-Mails eines bestimmten Zeitraums, z. B. des letzten Monats heruntergeladen werden. Mit einem IMAP-Konto können weder Kalendereinträge noch Kontaktdaten synchronisiert werden, außerdem wird die Outlookfunktion *Kategorisieren* nicht unterstützt.

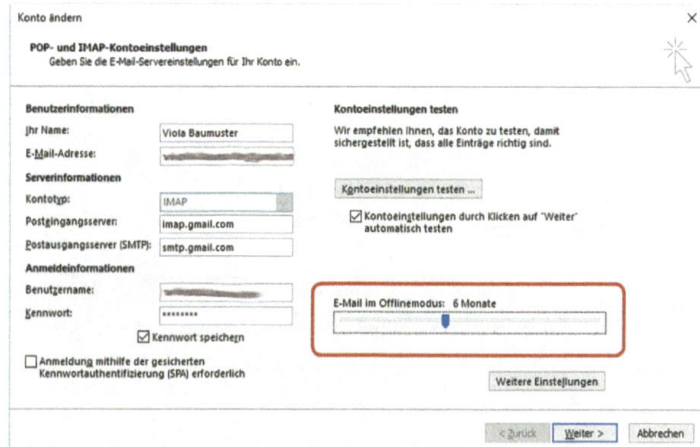

Exchange ActiveSync

Vor Exchange ActiveSync war mit POP- und IMAP-Konten nur die Synchronisation von E-Mails möglich. Mit dem neuen Dienst werden jetzt auch automatisch Termine und Kontaktdaten synchronisiert. Allerdings muss das E-Mail Konto diesen Dienst unterstützen. Problemlos ist das für Outlook.de- bzw. Outlook.com-Konten. Nachteilig ist, dass bei Verbindung mit einem Exchange ActiveSync-Konto in Outlook keine *Kontaktgruppen* (Verteilerlisten) erstellt werden können. Für das ExchangeActiveSync-Konto können Sie ebenfalls festlegen für welchen Zeitraum (z. B. die letzten 6 Monate) E-Mails mit dem Postfach synchronisiert werden. Ältere E-Mails werden dann nicht mehr im Postfach angezeigt.

Microsoft Exchange Server

Microsoft Exchange Server bezeichnet eine Software, die auf dem Mailserver installiert, Outlook mit zusätzlichen Funktionalitäten ausstattet, z. B. zentrale Adressverwaltung, Abwesenheitsmeldungen, gemeinsame Termin-, Aufgabenplanung und Freigabe von Kalendern. Außerdem erhalten Sie die Möglichkeit mit Outlook Web App von jedem beliebigen Rechner Zugriff auf Ihr Konto zu erhalten.

Outlook in Verbindung mit Exchange Server kommt meist erst in größeren Firmen zum Einsatz, da der Betrieb kostenintensiv ist. Kleinere Unternehmen finden unter dem Schlagwort Hosted Exchange, Dienstleister, die die Anbindung an einen Exchange Server in unterschiedlichem Funktionsumfang zur Verfügung stellen.

2 Programmoberfläche

Die grundsätzliche Handhabung von Menüband, Schnellzugriff, Zoom etc. wurde bereits im Kapitel *Programmübergreifende Neuerungen* erläutert.

Nach dem Start von Outlook wird nach wie vor der Posteingang angezeigt, das Erscheinungsbild hat sich allerdings verändert. Viele Bereiche in Outlook können ein- bzw. ausgeblendet oder minimiert werden. Deshalb ist es möglich, dass Ihr Outlook von der Darstellung unten abweicht.

Programmoberfläche - Funktionsbereich E-Mail

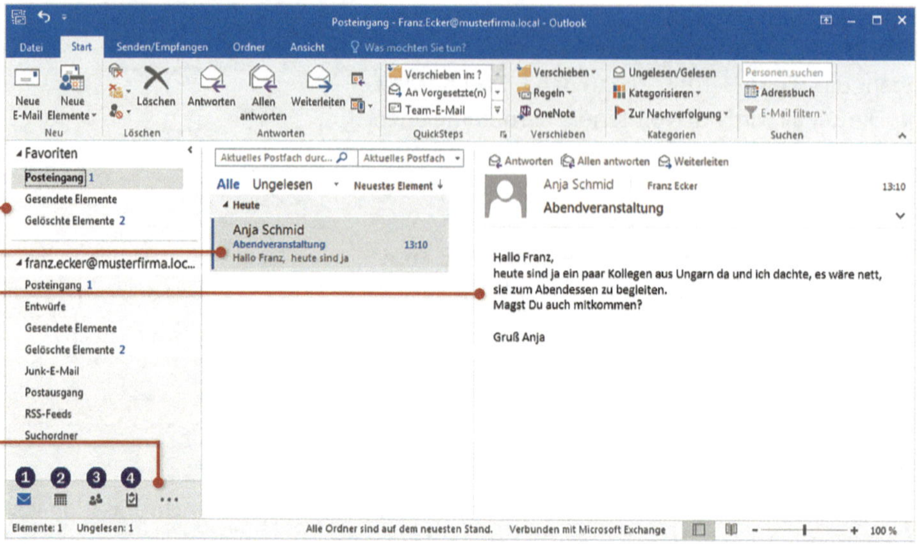

2.1 Kompaktnavigation bzw. Navigationsleiste

Outlook ist auch weiterhin in die Funktionsbereiche *E-Mail*, *Kalender* und *Aufgaben* unterteilt, nur der Bereich *Kontakte* heißt jetzt *Personen*.

Kompaktnavigation

Die Funktionsbereiche werden in der Kompaktnavigation durch Symbole dargestellt. Die Symbole zur Auswahl von *E-Mail*, *Kalender*, *Personen* und *Aufgaben* sind sichtbar. Durch Anklicken von *Weitere* ••• erhalten Sie den Funktionsbereich *Notizen*, sowie *Ordner* und *Navigationsoptionen*. Die Kompaktnavigation wird als Teil des Ordnerbereichs mit diesem minimiert.

Kompaktnavigation mit Anzeige des Inhalts von Weitere

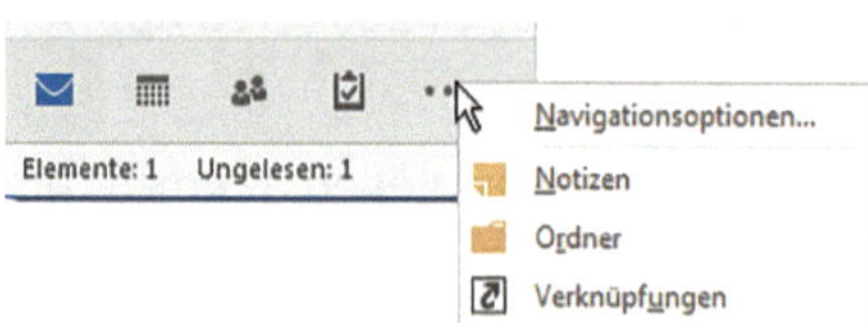

Navigationsleiste

Navigationsleiste

Anstelle der Kompaktnavigation kann unterhalb des Ordnerbereichs auch die Navigationsleiste angezeigt werden. Hier sind die einzelnen Funktionsbereiche als Text dargestellt. Auch in der Navigationsleiste rufen Sie über *Weitere* die *Navigationsoptionen*, *Notizen* und *Ordner* an. Die Navigationsleiste wird unabhängig vom Ordnerbereich angezeigt.

Anzeige der Navigation festlegen

Klicken Sie auf *Weitere* und wählen Sie *Navigationsoptionen*.

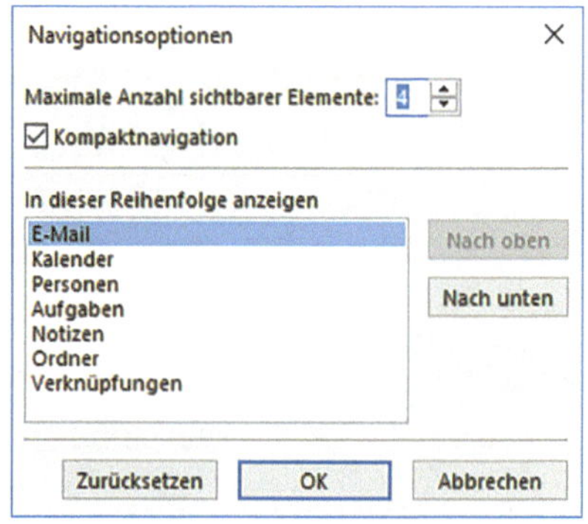

Fenster Navigationsoptionen

- Funktionsbereiche: Bei *Maximale Anzahl sichtbarer Elemente* bestimmen Sie wie viele Funktionsbereiche und weitere Elemente angezeigt werden.

  Achtung! Werden die Elemente nur als Symbole angezeigt, muss unter Umständen der Ordnerbereich vergrößert werden, um die gewünschte Anzahl anzuzeigen.
- Wechsel zwischen Kompaktnavigation und Navigationsleiste: Entfernen Sie das Häkchen bei *Kompaktnavigation*, um die Navigationsleiste anzuzeigen bzw. setzen Sie das Häkchen zu Anzeige der Kompaktnavigation.
- Bei *In dieser Reihenfolge anzeigen* bestimmen Sie die Abfolge der einzelnen Funktionsbereiche.

2.2 Ordnerbereich

Im Ordnerbereich werden passend zum ausgewählten Funktionsbereich die enthaltenen Ordner angezeigt, z. B. *Posteingang*, *Gesendete Elemente* etc. für den Funktionsbereich E-Mail.

Der Ordnerbereich wurde in früheren Versionen als *Navigationsbereich* bezeichnet.

Ordnerbereich minimieren und erweitern

Der Ordnerbereich kann minimiert werden, um mehr Platz für die anderen Informationen zu schaffen. Um den Ordnerbereich zu minimieren, klicken Sie auf das Pfeilsymbol am oberen Ende des Ordnerbereichs (siehe Grafik nächste Seite). Alternativ klicken Sie im Register *Ansicht*, Gruppe *Layout* auf die Schaltfläche *Ordnerbereich* und wählen *Minimiert* aus.

Auswahl im minimierten Ordnerbereich: Durch Anklicken von *Posteingang* bzw. *Gesendete Elemente* (Funktionsbereich *E-Mail*) werden die Inhalte der Ordner in der Nachrichtenliste angezeigt. Wie viele Ordner angezeigt werden, ist abhängig von der Größe des Outlook-Fensters, dem gewählten Funktionsbereich und von der Verwendung der Kompaktnavigation.

Durch Anklicken des Pfeilsymbols wird der Ordnerbereich vorübergehend vollständig angezeigt. Soll der Ordnerbereich dauerhaft maximiert dargestellt werden, tippen Sie auf *Ordnerbereich erweitern*.

Ordnerbereich: erweitert, minimiert, vorübergehend erweitert

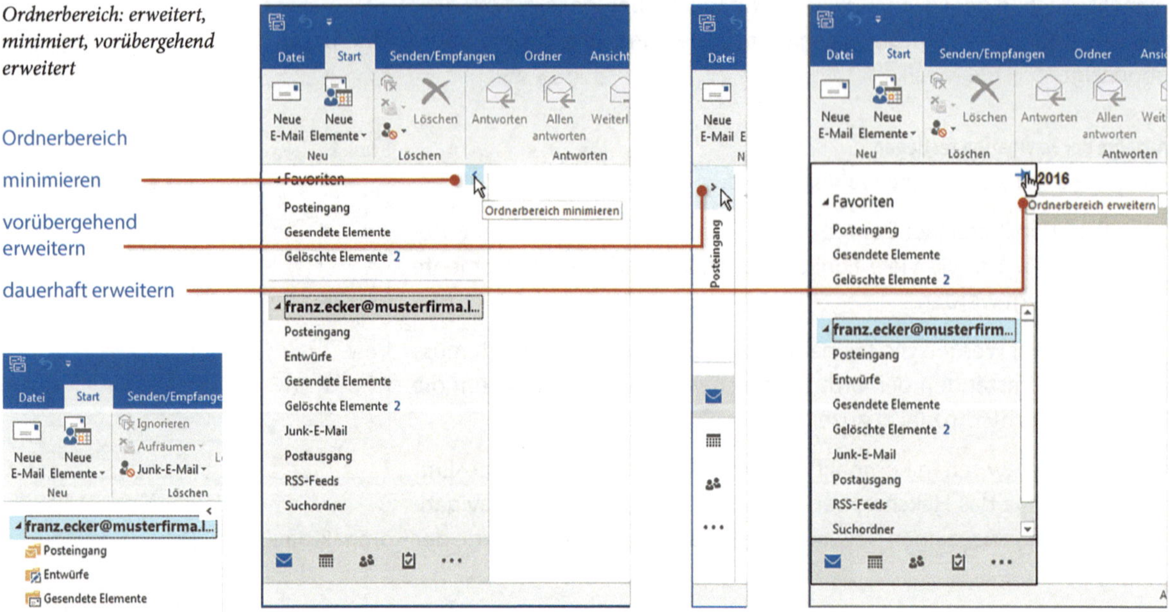

Ordnerliste

Bereich Favoriten

Ordnerliste

In der Ordnerliste werden Outlook-Ordner aller Funktionsbereiche gemeinsam im Ordnerbereich angezeigt. Klicken Sie dazu auf *Weitere* und wählen Sie *Ordner* aus.

> Tipp: Sie sollten die Ordnerliste nicht vom Funktionsbereich *Kalender* aus anzeigen. Hier bleiben die Datumsnavigatoren erhalten und es steht nur wenig Platz für die Ordnerliste zur Verfügung.

Um die Ordnerliste wieder auszublenden, wählen Sie einfach einen Funktionsbereich aus.

Favoriten

Der Bereich *Favoriten* zur Anzeige wichtiger E-Mail Ordner kann jetzt auch ausgeblendet werden. Wählen Sie im Register *Ansicht*, Gruppe *Layout* die Schaltfläche *Ordnerbereich* und blenden Sie den Bereich Favoriten durch Anklicken von *Favoriten* aus.

2.3 Menüband und Register Datei

Die Befehlsschaltflächen auf dem Menüband variieren je nach ausgewähltem Funktionsbereich. Zwar werden immer die Register *Start*, *Senden/Empfangen*, *Ordner* und *Ansicht* angezeigt, jedoch hat jeder Funktionsbereich seine spezifischen Befehle.

Register Start des Funktionsbereichs E-Mail

Register Start des Funktionsbereichs Kalender

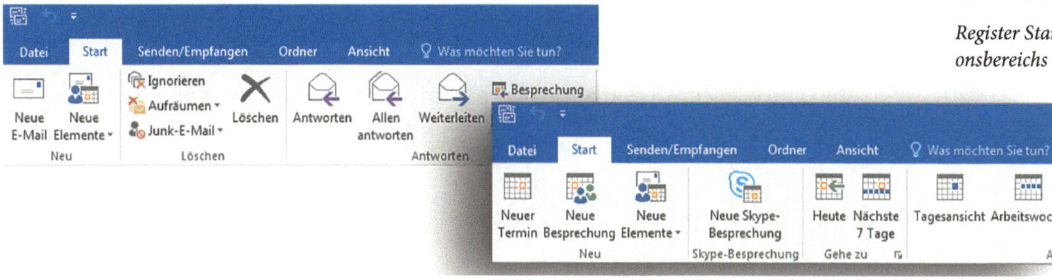

Im Register *Datei* auch als Backstage-Ansicht bezeichnet finden Sie folgende Bereiche mit diesen Inhalten:

- *Informationen*, wie Kontoeinstellungen/ Konto hinzufügen oder Abwesenheitsmeldungen (sofern Exchange Server vorhanden)
- *Öffnen und Exportieren*, z. B. um Daten zu exportieren / importieren
- *Office-Konto* (in anderen Office-Programmen als Konto bezeichnet)
- *Optionen* zur Änderung der Einstellungen für E-Mail, Kalender, Personen und Aufgaben.

Auch die Inhalte des Registers *Datei* variieren je nach gewähltem Funktionsbereich. Beispielsweise steht Ihnen im Register *Datei* der Bereich *Kalender speichern* zur Verfügung sofern der Funktionsbereich *Kalender* ausgewählt wurde.

Register Datei

2.4 Popups - Vorschau auf Inhalte des Funktionsbereichs

Eine Vorschau auf aktuelle Termine, fällige Aufgaben und favorisierte Kontakte erhalten Sie über Popups. Diese werden angezeigt, wenn Sie mit der Maus auf einen Funktionsbereich der Navigationsleiste bzw. ein Symbol der Kompaktnavigation zeigen.

Der Funktionsbereich *E-Mail* verfügt über kein Popup.

Kalenderpopup

Im Kalenderpopup werden die heutigen Termine und Ereignisse, wie z. B. *Teammeeting* oder *Geburtstag Viola Baumuster* angezeigt.

- Klicken Sie ein anderes Datum an, um Termine für diesen Tag anzuzeigen.
- Mit einem Doppelklick auf ein Datum zeigen Sie den Funktionsbereich *Kalender* am entsprechenden Tag an.
- Mit Doppelklick auf den angezeigten Termin öffnen Sie das Terminformular.

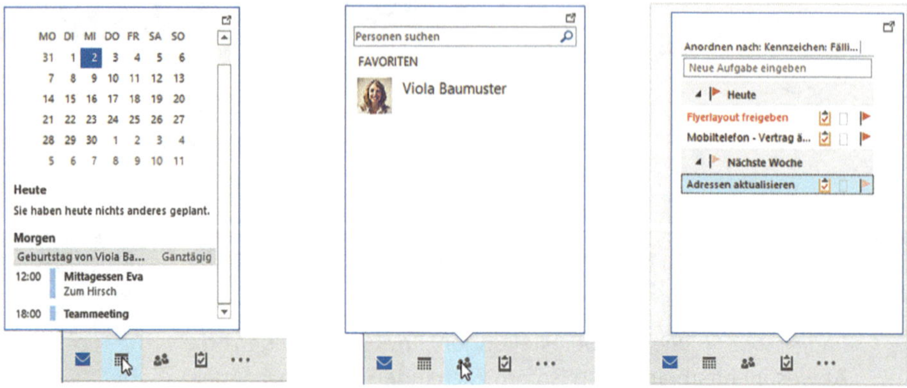

Kalenderpopup, Personenpopup und Aufgabenpopup

Personenpopup

- Im Personenpopup werden die Kontakte angezeigt, die Sie als Favoriten festgelegt haben. Wie Sie eine Person als Favorit speichern, lesen Sie auf Seite 347.
- Zeigen Sie auf einen Kontakt, um im erscheinenden Seitenfenster die Möglichkeit zu erhalten an den Kontakt eine E-Mail zu versenden oder (falls eingerichtet) ihn anzurufen.
- Klicken Sie doppelt auf den Kontakt, um die Kontaktkarte anzuzeigen und so schnell Informationen zur Person anzuzeigen. Mehr zum Arbeiten mit der Kontaktkarte erfahren Sie ab Seite 345.
- Suchen Sie im Feld *Personen suchen* nach einem Kontakt.
- Klicken Sie mit der rechten Maustaste auf eine Person und wählen Sie *Aus Favoriten entfernen*. Dadurch wird der Kontakt nicht mehr im Popup angezeigt.

Aufgabenpopup

- Das Aufgabenpopup zeigt aktuelle und in den nächsten Tagen fällige Aufgaben.
- Erstellen Sie im Feld *Neue Aufgabe eingeben* eine neue Aufgabe (Fälligkeit *Heute*).
- Erledigen Sie Aufgaben durch Anklicken des roten Fähnchens.
- Klicken Sie doppelt auf eine Aufgabe, um diese im Aufgabenformular anzuzeigen.

2.5 Aufgabenleiste

Die Aufgabenleiste wird am rechten Rand des Outlook-Fensters eingeblendet und kann Kalenderelemente (Datumsnavigator, Termine und Ereignisse), Personenelemente (favorisierte Kontakte) und Aufgabenelemente (neue Aufgabe erstellen, fällige und zukünftig fällige Aufgaben) enthalten.

Ob die Aufgabenleiste angezeigt wird und welche Elemente sie enthält, entscheiden Sie im Register *Ansicht*, Gruppe *Layout* über die Schaltfläche *Aufgabenleiste*. Klicken Sie alle Elemente an, die Sie anzeigen möchten.

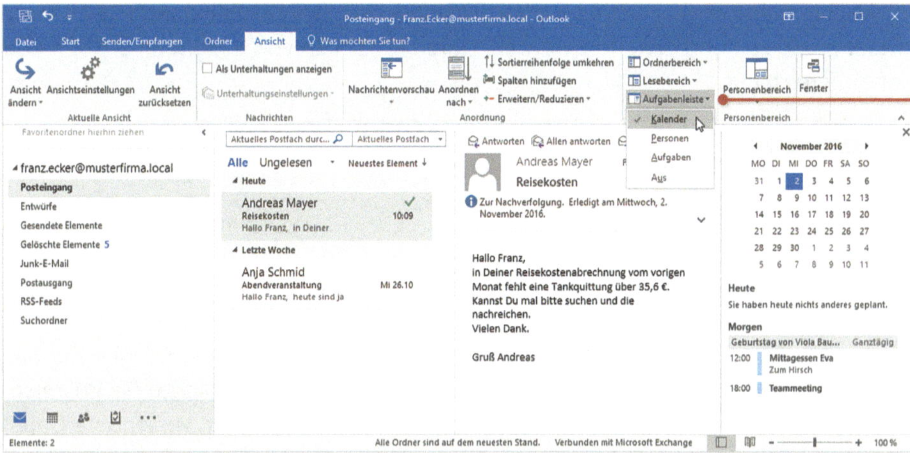

Elemente der Aufgabenleiste auswählen

In der Aufgabenleiste werden Kalenderelemente angezeigt.

Die getroffene Auswahl gilt nur für den aktuellen Funktionsbereich. Für die anderen Funktionsbereiche gilt die Auswahl nicht automatisch. Es kann eine andere Zusammenstellung vorgenommen oder auch keine Aufgabenleiste angezeigt werden.

Popups anheften

Alle Popups verfügen rechts oben über das Symbol *Popup anheften*. Durch Anklicken werden Sie an die Aufgabenleiste angeheftet. Diese Vorgehensweise ist eine Alternative zur oben beschriebenen.

Element entfernen

Um Kalender, Personen oder Aufgaben nicht mehr in der Aufgabenleiste anzuzeigen, klicken Sie auf das *x* am rechten Rand des jeweiligen Bereichs oder verwenden im Register *Ansicht* erneut die Schaltfläche *Aufgabenleiste*.

2.6 Personenbereich

Im Personenbereich können alle E-Mails, Anlagen und Besprechungen, die mit einer Person ausgetauscht wurden, gesondert angezeigt werden. Zusätzlich konnte mit dem Outlook Connector in früheren Versionen eine Verbindung zu sozialen Netzwerken (Facebook, LinkedIn) hergestellt und Statusupdates im Personenbereich eingeblendet werden. Diese Funktionalität steht jetzt nicht mehr zur Verfügung.

Der Personenbereich wird über das Register *Ansicht*, Schaltfläche *Personenbereich* aktiviert und im Funktionsbereich *E-Mail* unten rechts, im Kontaktformular und auch im Nachrichtenformular angezeigt. Über das Pfeilsymbol am Personenbereich kann dieser minimiert und erweitert werden. Durch Anklicken von *X* blenden Sie den Personenbereich aus.

Personenbereich erweitern

Personenbereich ausblenden

Personenbereich minimiert

Informationen anzeigen

Um Informationen zu einer Person anzuzeigen, müssen Sie mit dieser in E-Mail Kontakt stehen. Markieren Sie eine E-Mail der gewünschten Person und klicken Sie im Personenbereich auf *E-Mail*, um den E-Mail-Austausch, auf *Anlagen*, um versendete Dateianhänge oder auf *Besprechungen*, um anstehende Besprechungstermine anzuzeigen. Alternativ könnten Sie auch das passende Kontaktformular öffnen und dort die genannten Informationen einsehen.

Personenbereich erweitert

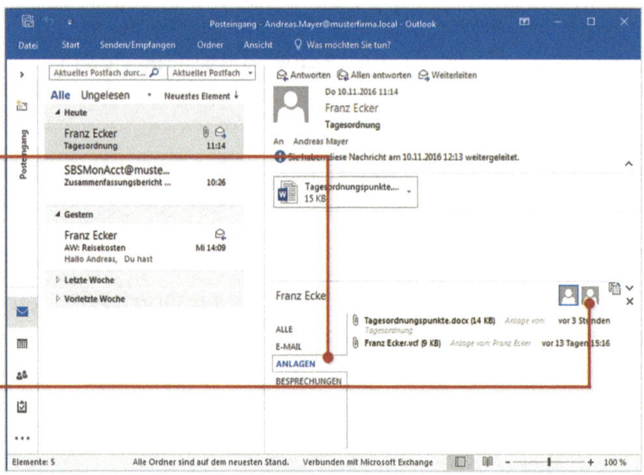

Anklicken von *Anlagen*, um nur Dateianhänge anzuzeigen, die "Franz Ecker" verschickt hat.

Wenn Sie wissen möchten, welche Dateianhänge Sie an "Franz Ecker" verschickt haben, klicken Sie auf Ihre Person

3 E-Mail Kommunikation

Im Funktionsbereich E-Mail finden Sie alle wichtigen Befehle im Register *Start*. Im Nachrichtenformular sind Befehle für *Formatierung*, *Datei anfügen* und *Signatur* im Register *Nachricht*.

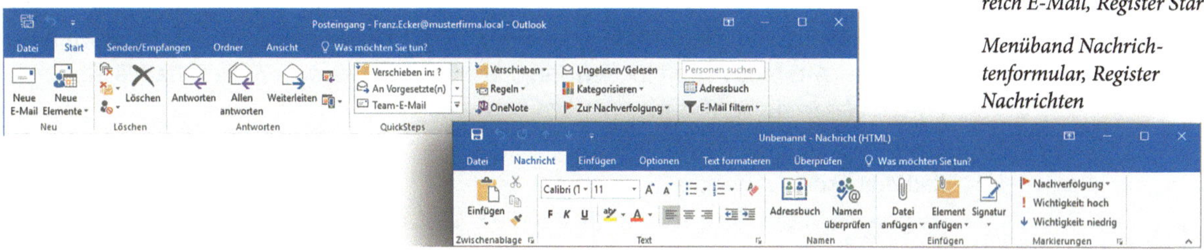

Menüband Funktionsbereich E-Mail, Register Start

Menüband Nachrichtenformular, Register Nachrichten

3.1 Ansicht und Anordnen

Ansicht

Die Schaltflächen zur Änderung der Ansicht der Nachrichtenliste sind im Register *Ansicht*, Gruppe *Aktuelle Ansicht*, Schaltfläche *Ansicht ändern*.

E-Mails anordnen

In der Regel sind E-Mails nach Datum angeordnet. Andere Anordnungen wählen Sie durch Anklicken des DropDown-Pfeils bei *Nach Datum* in der Nachrichtenliste oder verwenden Sie die Schaltfläche *Anordnen nach* im Register *Ansicht*.

Elemente der Nachrichtenliste

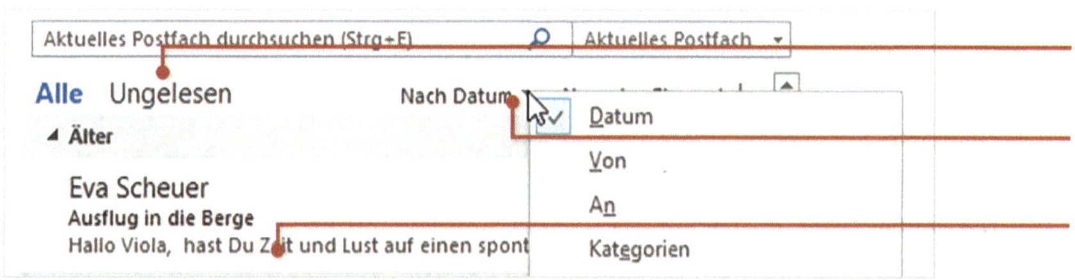

Nur ungelesene E-Mails anzeigen

Klicken Sie in der Nachrichtenliste auf *Ungelesen*.

Nachrichtenvorschau

Outlook 2016 enthält eine Nachrichtenvorschau, die in der Nachrichtenliste für jede E-Mail unter dem Absender (bzw. Empfänger) und Betreff die ersten Worte des Nachrichtentexts anzeigt. Ob und wie viel Nachrichtentext angezeigt wird, entscheiden Sie im Register *Ansicht*, Gruppe *Anordnung* über die Schaltfläche *Nachrichtenvorschau*.

Reihenfolge der E-Mail Ordner

Die Abfolge der E-Mail Ordner *Posteingang*, *Entwürfe*, *Gesendete Elemente* etc. kann von Ihnen festgelegt werden. Ziehen Sie den Ordner im Ordnerbereich mit der Maus einfach an eine neue Stelle. Der Ordner wird an der schwarzen Linie eingefügt.

3.2 Schnelle E-Mail Befehle

Ungelesene Nachricht

Der blaue Balken in der Nachrichtenliste vor der E-Mail zeigt an, dass diese noch nicht gelesen wurde. Sobald Sie diese markiert haben, verschwindet der blaue Balken.

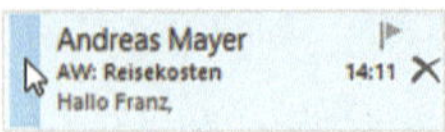

Soll eine gelesene E-Mail wieder als ungelesen angezeigt werden, zeigen Sie in der Nachrichtenliste an den Anfang der E-Mail. Ein hellblauer Balken erscheint, den Sie anklicken. Alternativ steht im Register *Start*, Gruppe *Kategorien* die Schaltfläche *Ungelesen/Gelesen* zur Verfügung.

Nachricht löschen

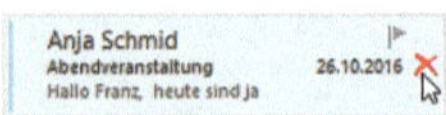

Zeigen Sie in der Nachrichtenliste auf die E-Mail, die Sie löschen möchten und klicken Sie auf das *X*-Symbol. Unerwünschte Nachrichten müssen so nicht einmal markiert werden, sondern können gleich entfernt werden.

Antworten / Weiterleiten

Im Lesebereich kann über die Schaltflächen *Antworten*, *Allen Antworten* und *Weiterleiten* gleich die E-Mail entsprechend bearbeitet werden. Alternativ finden Sie im Register *Start*, Gruppe *Antworten* die entsprechenden Schaltflächen.

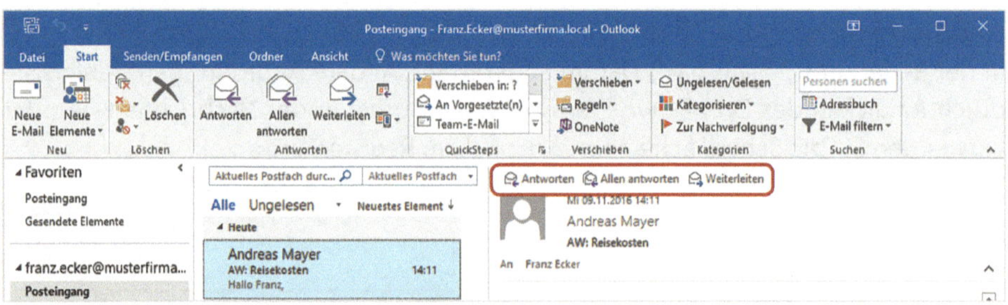

Beim Anklicken von *Antworten* oder *Weiterleiten* verbleiben Sie jetzt im selben Fenster. Die Nachricht wird nicht in einem neuen Fenster geöffnet. Der Cursor steht ganz oben im Lesebereich zur Eingabe Ihrer Antwort bzw. im Feld *An...* zur Eingabe der Empfängeradresse für die Weiterleitung. Gleichzeitig wird das Register *Verfassentools - Nachricht* angezeigt. Dieses enthält bis auf wenige Ausnahmen dieselben Schaltflächen, wie das Register *Nachricht* des Nachrichtenformulars.

Sobald Sie mit der Texteingabe beginnen wird Ihre Antwort als Entwurf gespeichert; leicht zu erkennen am Hinweis in der Nachrichtenliste. Sie können sogar während der Beantwortung eine andere E-Mail anzeigen. Beim Zurückkehren zur ursprünglichen Nachricht wird der bereits eingegebene Text wieder im Lesebereich angezeigt.

Durch Anklicken der Schaltfläche *Abdocken* zeigen Sie die E-Mail in einem extra Fenster an. Mit der Schaltfläche *Verwerfen* brechen Sie die Aktion ab und der Entwurf wird gelöscht.

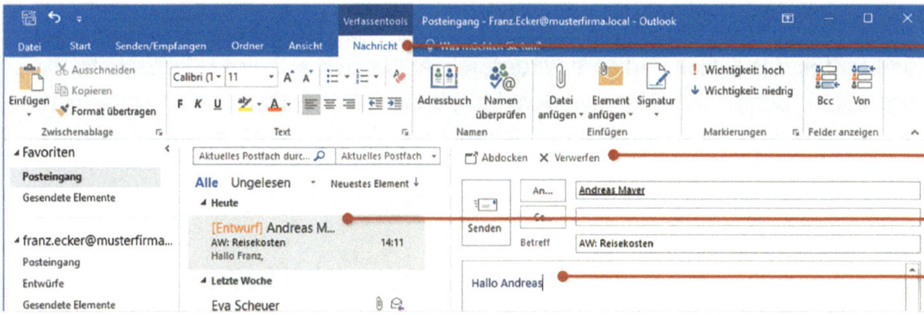

E-Mail verfassen

E-Mail senden

Eine zusätzliche Möglichkeit zum Versenden einer E-Mail steht über den Funktionsbereich *Personen* zur Verfügung. Markieren Sie den gewünschten Kontakt und klicken Sie auf die E-Mail-Adresse oder auf das E-Mail-Symbol.

> Achtung! Diese Funktion steht nur zur Verfügung, wenn die Kontakte in der Ansicht *Personen* angezeigt werden.

Kontaktkarte

Dateianhänge

Mit Outlook 2016 erhalten Sie beim Anfügen einer Datei eine Liste der zuletzt verwendeten Elemente (ähnlich der Anzeige im Dateiexplorer unter Windows 10) über die Sie schnell ein gerade bearbeitetes Element auswählen können.

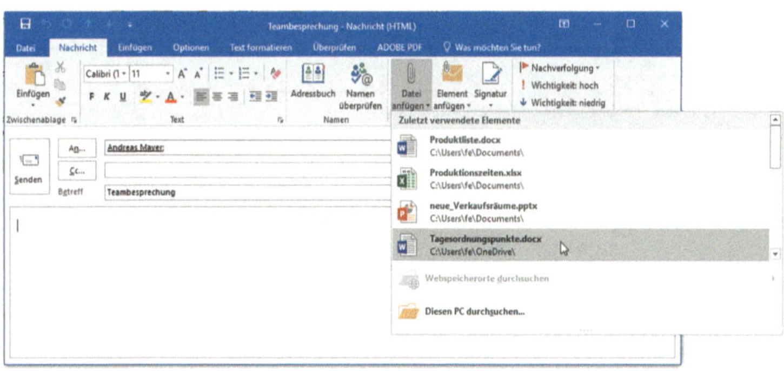

Nachrichtenformular - Datei anhängen

3.3 Unterhaltungsansicht

Ein Großteil des E-Mail Verkehrs wird durch Antworten erledigt. Alle E-Mails, die so zum selben Betreff generiert werden, bezeichnet man in Outlook als Unterhaltung. Neu ist, dass jetzt auch E-Mails verschiedener Ordner in einer Unterhaltung angezeigt werden und unnötige E-Mails leicht zu löschen sind.

Unterhaltungsansicht aktivieren

Zur Verwendung der Unterhaltungsansicht setzen Sie im Register *Ansicht*, Gruppe *Nachrichten* ein Häkchen bei *Als Unterhaltung anzeigen*. Entscheiden Sie im Dialogfenster, ob die Unterhaltungsansicht für alle E-Mail-Ordner oder nur für den aktuellen Ordner aktiviert werden soll.

E-Mails als Unterhatlung anzeigen

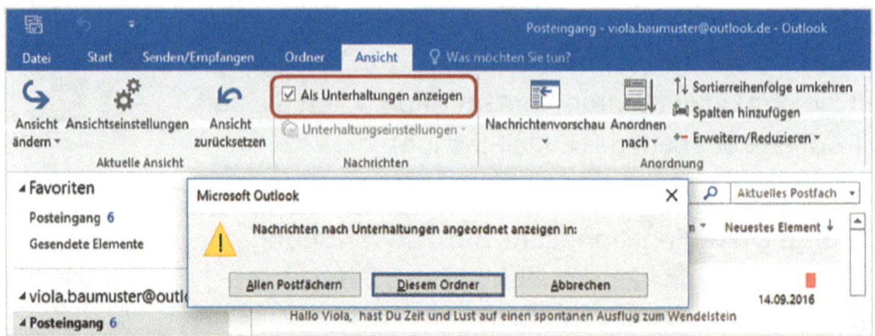

E-Mails anzeigen

Zur Anzeige aller E-Mails einer Unterhaltung klicken Sie auf das weiße Dreieck. Dabei werden standardmäßig nicht nur die E-Mails des aktuellen Ordners (z. B. *Posteingang*) abgebildet, sondern auch Nachrichten anderer Ordner (z. B. *Gesendete Elemente*).

Inhalt einer Unterhaltung anzeigen

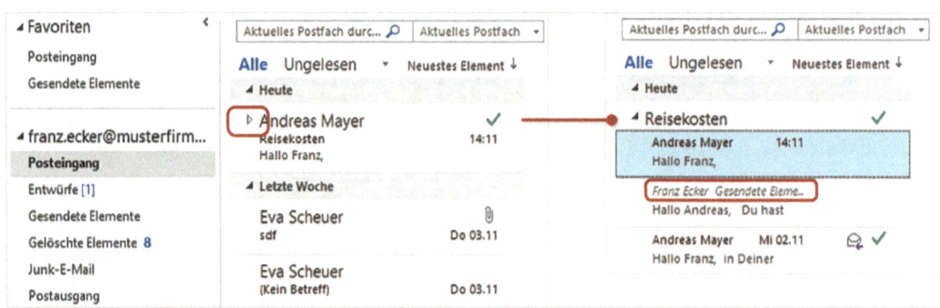

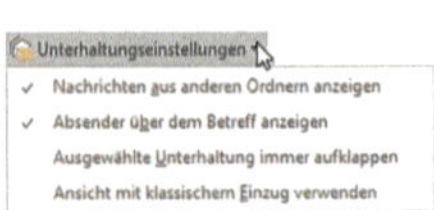

Falls die Inhalte anderer Ordner nicht angezeigt werden, klicken Sie im Register *Ansicht* auf die Schaltfläche *Unterhaltungseinstellungen* und wählen *Nachrichten aus anderen Ordnern anzeigen* aus.

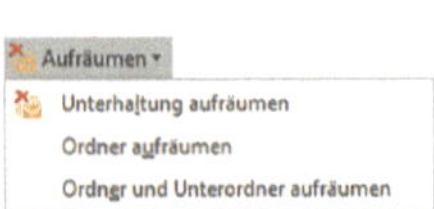

Unterhaltung aufräumen

Markieren Sie die Unterhaltung, die Sie aufräumen möchten. Im Register *Start*, Gruppe *Löschen* klicken Sie auf die Schaltfläche *Aufräumen* und wählen *Unterhaltung aufräumen* aus. Im folgenden Fenster klicken Sie auf die Schaltfläche *Aufräumen*, um E-Mails zu löschen oder auf die Schaltfläche *Einstellungen*, um sich zu informieren, was gelöscht wird.

3.4 Signaturen

In Signaturen speichern Sie wiederkehrende E-Mail Inhalte, wie z. B. Grußformel, Anschrift, Telefonnummer etc. Signaturen gab es schon in früheren Versionen, die Handhabung ist jetzt etwas übersichtlicher.

Signatur erstellen

Wählen Sie das Register *Datei* und klicken Sie hier auf *Optionen*. Das Dialogfenster *Signaturen und Briefpapier* wird geöffnet.

- Klicken Sie die Schaltfläche *Neu* ❶ an und geben Sie einen Namen für die Signatur ein, z. B. *intern* oder *extern*.
- Im Bereich *Signatur bearbeiten* ❷ geben Sie den gewünschten Text ein. Die Signatur kann hier ebenfalls formatiert werden.
- Bei *Standardsignatur auswählen* ❸ legen Sie fest welche Signatur standardmäßig in einer neuen E-Mail-Nachricht (Feld *Neue Nachrichten*) und beim Antworten auf oder Weiterleiten von einer Nachricht (Feld *Antworten/Weiterleitungen*)angezeigt wird. Ein Wechsel zwischen verschiedenen Signaturen ist unabhängig davon möglich. Außerdem kann jede Signatur in der E-Mail wie Text gelöscht werden.

  Da Outlook ja mit mehreren E-Mail-Konten verbunden werden kann, wechseln Sie gegebenenfalls bei *E-Mail-Konto* ❹ zum nächsten und bestimmen auch hier, welche Signatur angezeigt werden soll.

Signatur speichern

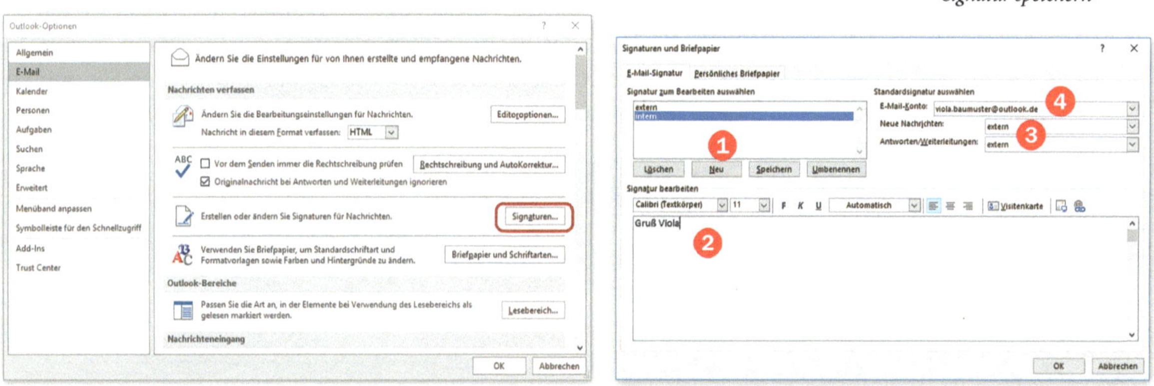

Zwischen Signaturen wechseln

Öffnen Sie ein neues Nachrichtenformular. Klicken Sie im Register *Nachricht* auf die Schaltfläche *Signatur* und wählen Sie eine andere Signatur durch Anklicken aus. In der E-Mail wird der neue Signaturtext angezeigt. Auch hier gelangen Sie durch Anklicken von *Signaturen* zum Dialogfenster *Signaturen und Briefpapier*, um bestehende Signaturen zu bearbeiten oder neue zu erstellen.

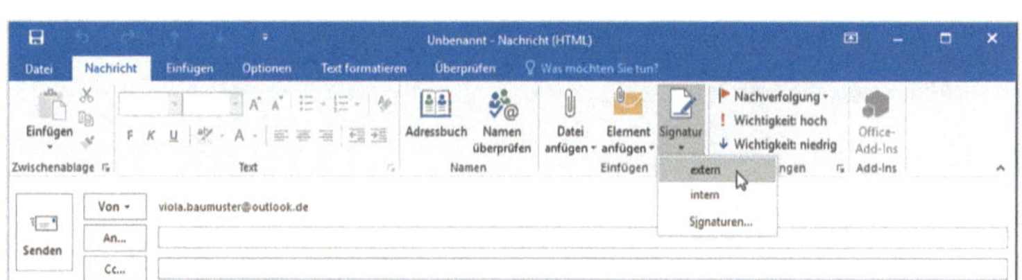

Signatur einfügen

3.5 Schnellbausteine

Textfragmente, die Sie häufig in E-Mails verwenden, können mit der Funktion *Schnellbausteine* an beliebiger Stelle schnell eingefügt werden.

Tipp: In einem Schnellbaustein werden auch Informationen zur Formatierung, wie z. B. Unterstreichungen, die Schriftart oder Schriftfarbe etc. gespeichert.

Schnellbaustein erstellen

Tragen Sie den Text in ein Nachrichtenformular ein und markieren diesen. Im Register *Einfügen* des Nachrichtenformulars, Gruppe *Text* klicken Sie auf die Schaltfläche *Schnellbausteine* und wählen *Auswahl im Schnellbaustein-Katalog speichern* aus. Geben Sie einen Namen für den Schnellbaustein ein, evtl. eine Beschreibung und bestätigen Sie über die Schaltfläche *OK*.

Schnellbaustein speichern

Name des Schnellbausteins eingeben

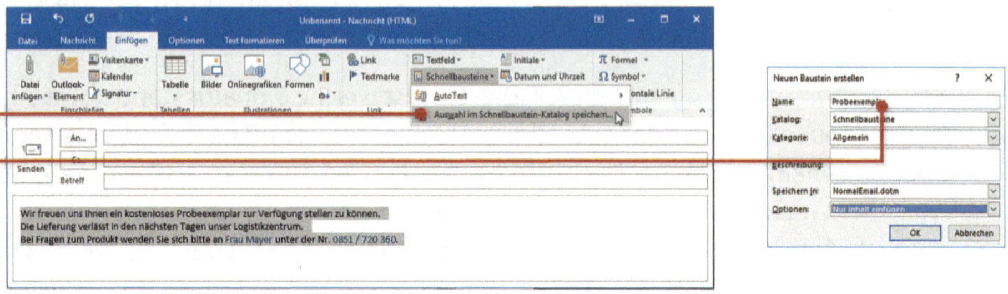

Text als Schnellbaustein speichern

Schnellbaustein einfügen

Um den Inhalt eines Schnellbausteins als Text in eine E-Mail einzufügen stellen Sie den Cursor in den E-Mail-Body des Nachrichtenformulars. Klicken Sie dann im Register *Einfügen*, Gruppe *Text* auf die Schaltfläche *Schnellbausteine* und wählen Sie den gewünschten Schnellbaustein durch Anklicken aus.

Schnellbaustein als E-Mail-Text einfügen

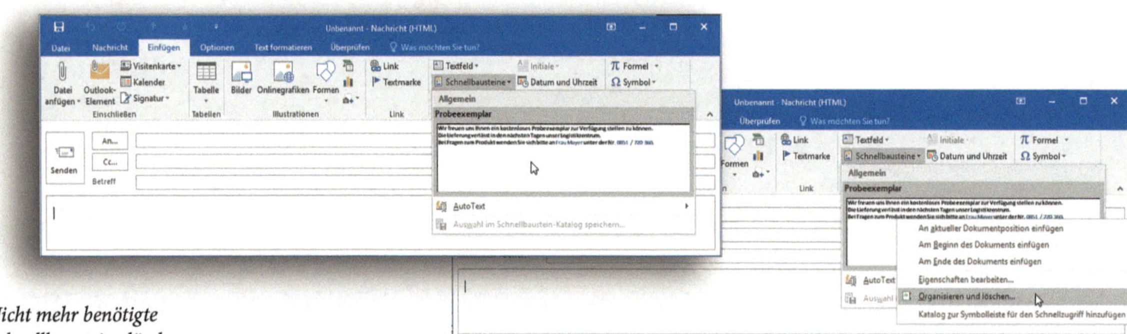

Nicht mehr benötigte Schnellbausteine löschen

Schnellbaustein löschen

Stellen Sie den Cursor in den E-Mail-Body des Nachrichtenformulars. Wählen Sie im Register *Einfügen*, Gruppe *Text* die Schaltfläche *Schnellbausteine* aus. Klicken Sie den zu löschenden Schnellbaustein mit der rechten Maustaste an und wählen *Organisieren und löschen* aus. Im nächsten Fenster bestätigen Sie die Schaltfläche *Löschen*.

3.6 Arbeiten mit QuickSteps automatisieren

QuickSteps fassen Routinearbeitsschritte zusammen und ermöglichen eine schnelle Anwendung mit einem Mausklick. Beispielsweise können durch einen QuickStep die Bearbeitungsschritte „Antworten auf die markierte E-Mail" und „Löschen der ursprünglichen Nachricht" zusammengefasst werden.

Für einige gängige Bearbeitungen existieren bereits QuickSteps. Sie finden diese im Register *Start*, Gruppe *QuickSteps*. Zeigen Sie mit der Maus auf einen QuickStep, um Informationen zu dessen Funktion zu erhalten. Durch Anklicken von *Weitere* zeigen Sie alle QuickStep-Inhalte an.

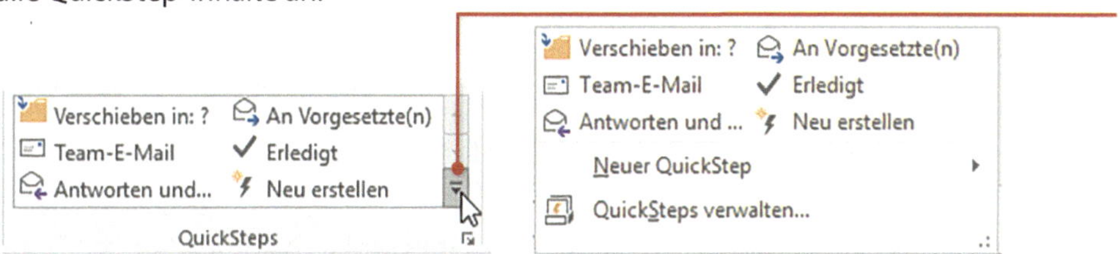

Weitere anklicken

QuickStep-Inhalte

QuickStep ausführen

- Um einen QuickStep auszuführen, markieren Sie zunächst die E-Mail und klicken dann auf den gewünschten QuickStep. Einige der vorhandenen QuickSteps sind schon funktionstüchtig, z. B. *Antworten und löschen*.
- Andere benötigen zusätzliche Informationen, die beim ersten Anklicken abgefragt werden, z. B. *An Vorgesetzte(n)*. Mit diesem QuickStep wird eine E-Mail an eine oder mehrere Personen weitergeleitet.

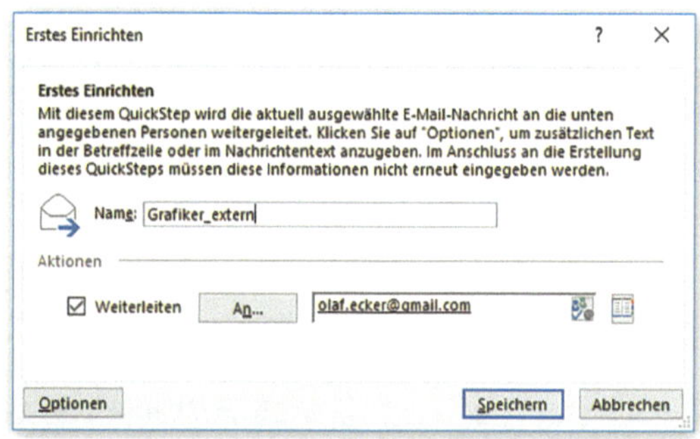

Standard-QuickStep einrichten

  - Nach Anklicken des QuickSteps *An Vorgesetzte(n)* wird das Dialogfenster *Erstes Einrichten* angezeigt.
  - Tragen Sie einen Namen für den QuickStep ein. Dieser wird nachher im Register *Start*, Gruppe *QuickSteps* anstelle von *An Vorgesetzte(n)* angezeigt.
  - Klicken Sie auf die Schaltfläche *An*, um aus dem Adressbuch eine oder mehrere E-Mail Adressen auszuwählen. Beenden Sie die Bearbeitung über die Schaltfläche *Speichern*.

Neuen QuickStep erstellen

Klicken Sie in der Gruppe *QuickSteps* auf *Weitere* und zeigen Sie auf *Neuer QuickStep*. Falls einer der angebotenen Befehle Ihren Wünschen entspricht, z. B. *Kategorisieren und verschieben...* wählen Sie diesen aus. Vergeben Sie einen Namen für den QuickStep und in diesem Beispiel einen Zielordner und eine Kategorisierung.

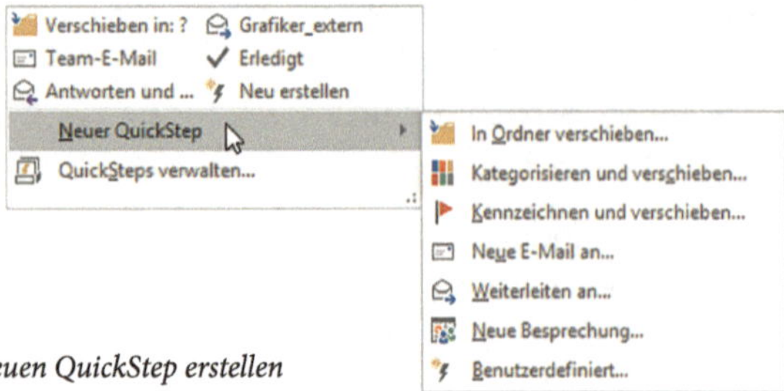

Neuen QuickStep erstellen und einrichten

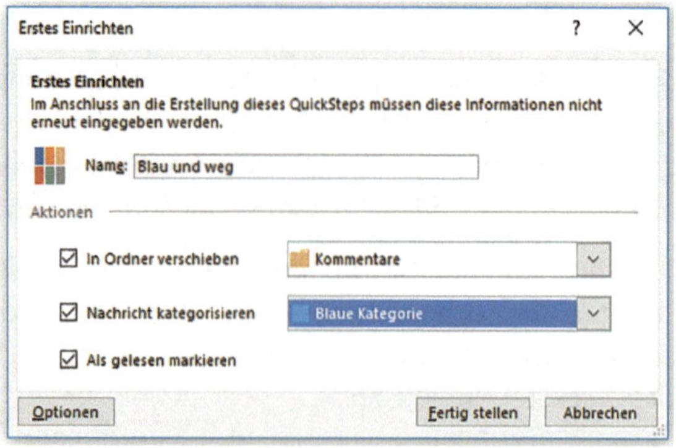

Im oberen Beispiel waren die einzelnen Befehle schon vorbereitet. Über *Benutzerdefiniert* erstellen Sie einen ganz eigenen QuickStep, z. B. Antworten auf eine E-Mail und Verschieben der Nachricht in einen Ordner:

Vergeben Sie wieder einen Namen für den QuickStep und wählen Sie über den Drop-Down-Pfeil die erste Aktion aus. Eine zusätzliche Aktion fügen Sie über die Schaltfläche *Aktion hinzufügen* an. Falls Sie eine Aktion wieder entfernen möchten klicken Sie auf das Symbol hinter der Aktion.

Benutzerdefinierten QuickStep erstellen

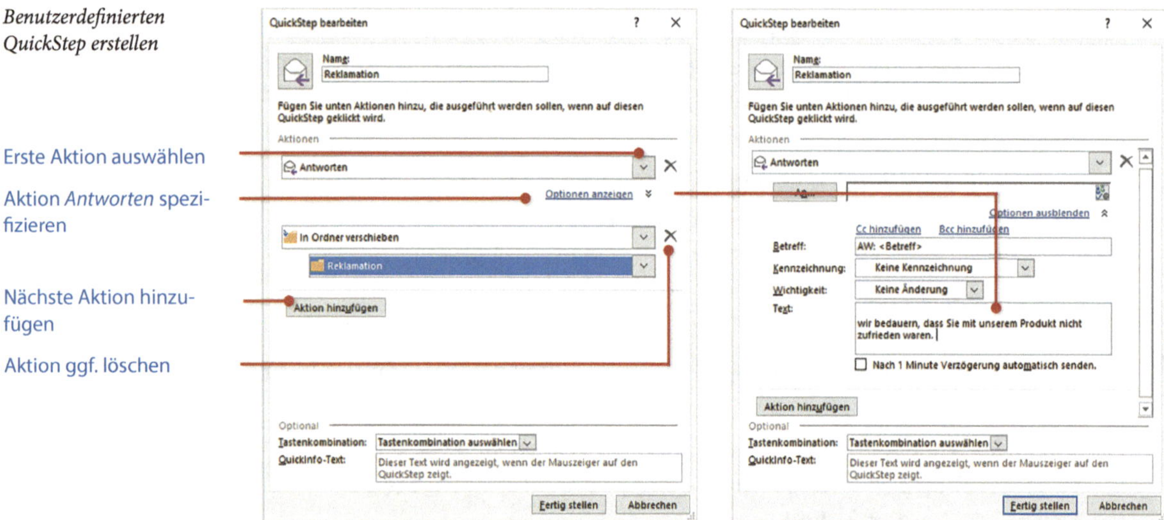

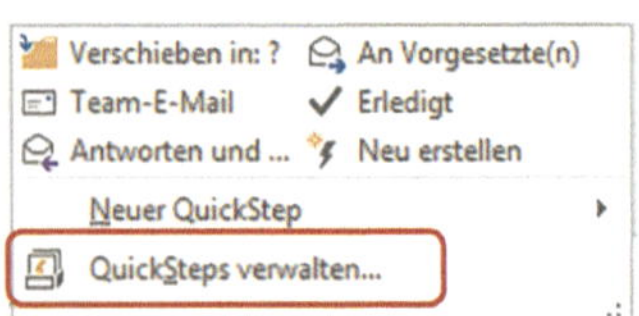

QuickSteps verwalten

Im Dialogfenster *QuickSteps verwalten* bearbeiten, löschen oder erstellen Sie neue QuickSteps. Ebenso ändern Sie die Anzeigenreihenfolge über die blauen Pfeile.

3.7 Nachverfolgung von E-Mails

Zur Nachverfolgung kennzeichnen Sie E-Mails, wenn weiterer Handlungsbedarf besteht. Dadurch erhalten Sie die Möglichkeit eine Fälligkeit zu vereinbaren und die E-Mail sozusagen auf Wiedervorlage zu legen. Für die nachverfolgte E-Mail wird ein Aufgabenelement erstellt und im Funktionsbereich *Aufgaben* angezeigt.

Auch Kontakte können zur Nachverfolgung gekennzeichnet werden.

Zum Umgang mit Aufgaben lesen Sie mehr ab Seite 360.

Diese Form der Nachverfolgung liegt seit Outlook 2007 vor. Vorher wurden die Nachrichten durch verschieden farbige Fähnchen gekennzeichnet. Besonders die automatische Erstellung einer Aufgabe trägt zur Übersichtlichkeit bei.

E-Mail zur Nachverfolgung kennzeichnen

Markieren Sie die E-Mail und klicken Sie im Register *Start*, Gruppe *Kategorien* auf die Schaltfläche *Zur Nachverfolgung*. Hier wählen Sie einen Zeitpunkt z. B. *Morgen* oder einen Zeitraum *Nächste Woche* als Fälligkeit für die automatisch festgelegte Aufgabe aus. Über *Benutzerdefiniert* bestimmen Sie Beginn und Fälligkeit individuell und vereinbaren eine Erinnerung.

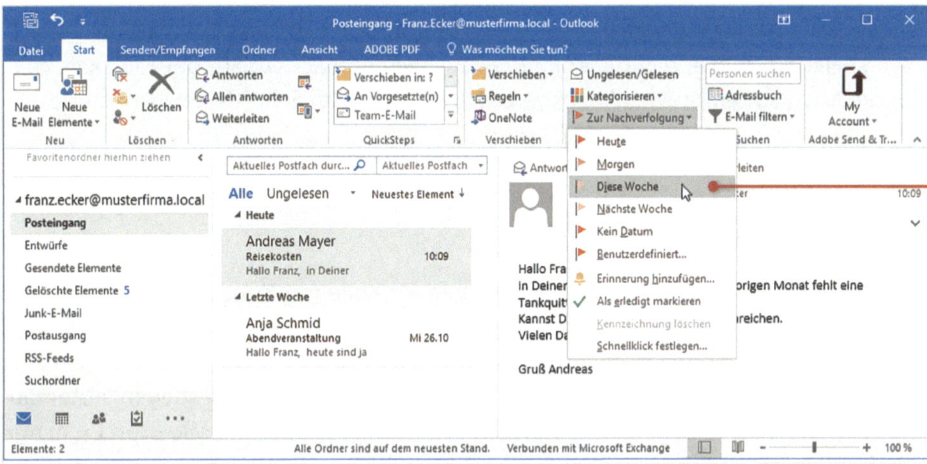

Nachverfolgung

markierte E-Mail wird nachverfolgt, in diesem Beispiel wird ein Aufgabenelement erstellt, welches nächste Woche fällig ist und als Bezeichnung "Reisekosten" erhält.

In der Nachrichtenliste wird neben der nachverfolgten E-Mail ein rotes Fähnchen angezeigt. Der Eintrag im Funktionsbereich *Aufgaben*, der automatisch erstellt wurde, erhält als Bezeichnung den E-Mail Betreff.

Anzeige im Funktionsbereich E-Mail

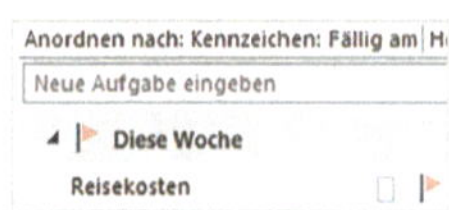

Anzeige im Funktionsbereich Aufgaben

Die Fälligkeit der markierten E-Mail kann auch nachträglich über die Schaltfläche *Zur Nachverfolgung* erneut verändert werden.

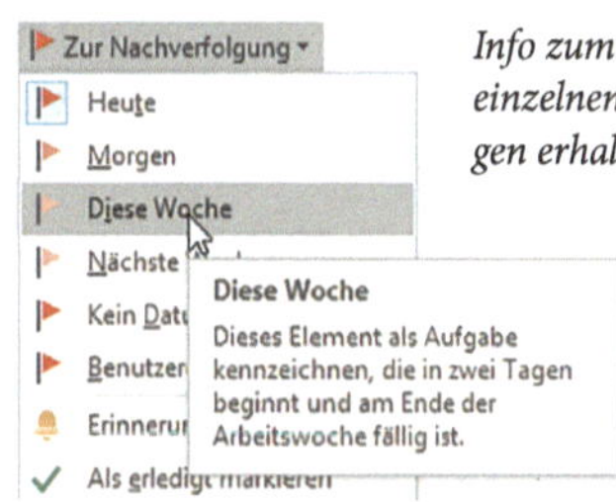

Info zum Zeitraum der einzelnen Nachverfolgungen erhalten

> Tipp: Zeigen Sie auf einen Eintrag bei *Zur Nachverfolgung*, um Angaben zu Beginn und Fälligkeit zu erhalten.

Schnelle Methode der Kennzeichnung

Um schnell eine E-Mail zur Nachverfolgung zu kennzeichnen (Schnellklick), klicken Sie in der Nachrichtenliste auf das Fähnchensymbol hinter der E-Mail. Standardmäßig wird ein Aufgabenelement mit Fälligkeit *Heute* erstellt.

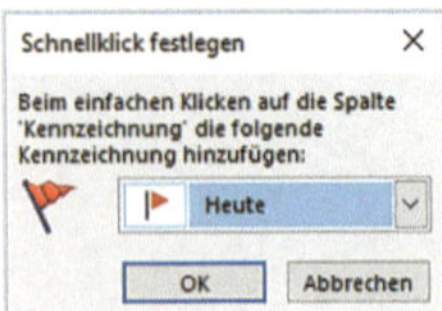

Fälligkeit des Schnellklicks festlegen

Klicken Sie im Register *Start*, Gruppe *Kategorien* auf die Schaltfläche *Zur Nachverfolgung* und wählen Sie *Schnellklick festlegen*. Im Dialogfenster legen Sie eine andere Fälligkeit fest.

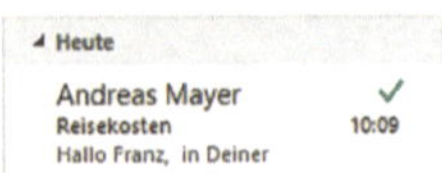

Aufgabenelement / nachverfolgte E-Mail erledigen

Sobald Sie erledigt haben, an was Sie die Nachverfolgung erinnern sollte, klicken Sie auf das rote Fähnchen entweder hinter der E-Mail in der Nachrichtenliste oder hinter dem Aufgabenelement im Funktionsbereich *Aufgaben*. Dadurch wird die Aufgabe erledigt und verschwindet aus der Aufgabenliste. Die nachverfolgte E-Mail erhält ein Häkchen.

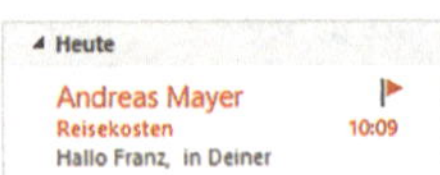

Nachverfolgte, nicht erledigte E-Mails werden nach Ablauf der Fälligkeit in der Nachrichtenliste (Funktionsbereich E-Mail) in roter Schriftfarbe dargestellt.

3.8 Abwesenheitsmeldung

Mit einer Abwesenheitsmeldung informieren Sie Kollegen, Kunden oder Lieferanten, dass Sie im Urlaub oder auf Dienstreise sind. Innerhalb des festgelegten Zeitraums wird jede eingehende E-Mail automatisch beantwortet. Sie können unterschiedliche Texte für Kollegen und Personen außerhalb Ihres Unternehmens festlegen. Automatische Antworten können nur versendet werden, wenn Outlook mit Microsoft Exchange verbunden ist.

Info! Jeder Absender erhält nur eine Meldung. Sendet dieser erneut eine E-Mail, so bleibt diese unbeantwortet.

Automatische Antwort erstellen

- Klicken Sie im Register *Datei*, Bereich *Informationen* auf die Schaltfläche *Automatische Antworten*. Aktivieren Sie *Automatische Antworten senden* und legen Sie den Zeitraum Ihrer Abwesenheit fest.
- Tragen Sie auf das erste Register einen Text für Ihre Kollegen ein und auf das zweite einen Text für Personen außerhalb Ihres Unternehmens.

- Hier haben Sie die Möglichkeit Meldungen an *Nur meine Kontakte* oder *Jeder außerhalb meiner Organisation* zu senden. Mit der Option *Nur meine Kontakte* ist ein Exchange Server Ordner gemeint, z. B. die *Globale Adressliste*. Sind Ihre Kontakte dort nicht hinterlegt, dann müssen Sie *Jeder außerhalb meiner Organisation* auswählen. Damit beantworten Sie natürlich auch Newsletter mit einer Abwesenheitsmeldung.

> Achtung! Eine vorhandene E-Mail Signatur wird hier nicht mitversendet. Grußzeile, Adresse, Telefonnummern und alle anderen vorgeschriebenen Informationen müssen in das Feld eingetragen werden.

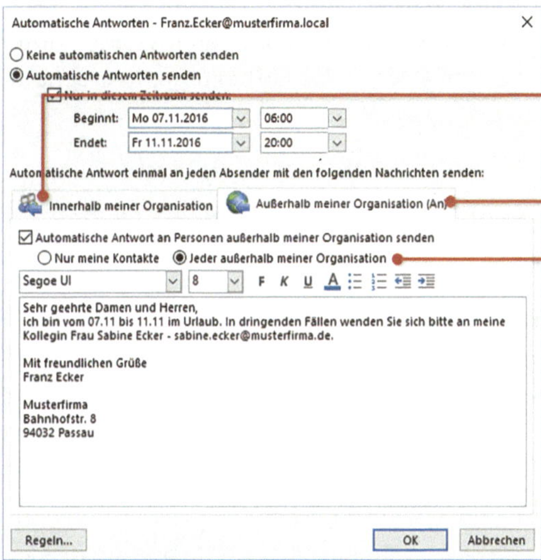

Abwesenheitsmeldung einrichten

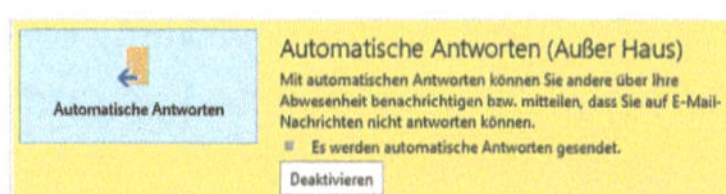

Im Register Datei die Abwesenheitsmeldung deaktivieren

Das Konto versendet jetzt für den ausgewählten Zeitraum automatisch eine E-Mail mit dem hinterlegten Text. In dieser Zeit erscheint im Outlook-Fenster ein Hinweis.

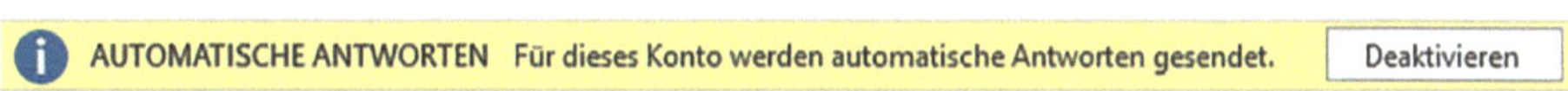

Über die Schaltfläche *Deaktivieren*, können Sie die Versendung von Abwesenheitsmeldungen während des aktivierten Zeitraums ausschalten. Alternativ können Sie auch im Register *Datei*, Bereich *Informationen* bei *Automatische Antworten* auf *Deaktivieren* klicken (siehe Bild oben rechts).

Abwesenheitsmeldung empfangen

In Outlook 2016 werden Sie bereits beim Versuch an einen abwesenden Kollegen (also eine Person innerhalb Ihrer Organisation) zu mailen, von dessen Abwesenheit in Kenntnis gesetzt. Unter Umständen wird damit das Schreiben der E-Mail unnötig. Das spart Zeit.

Der Hinweis wird im Nachrichtenformular angezeigt, sobald die E-Mail Adresse der abwesenden Person eingefügt wurde.

Info über die Abwesenheit eines Kollegen

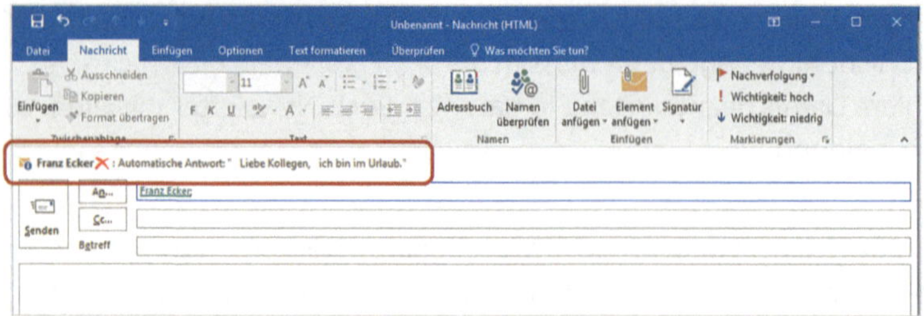

Dieses Feature gehört zu den *E-Mail Infos*, die die Nutzung eines Exchange Servers voraussetzen und vom Systemadministrator aktiviert werden müssen. Steht dieses Feature zu Verfügung können im Register *Datei* - *Optionen*, im Bereich *E-Mail* unter *E-Mail Infos* über die Schaltfläche *Optionen für E-Mail-Infos* Einstellungen vorgenommen werden.

3.9 Mit mehreren E-Mail-Konten arbeiten

Enthält Outlook mehrere E-Mail-Konten, so werden diese getrennt voneinander im Ordnerbereich angezeigt. Sie bestimmen, welches E-Mail-Konto eine Nachricht versendet, indem Sie einen E-Mail Ordner des entsprechenden Kontos anklicken und dann ein neues Nachrichtenformular aufrufen. Auch im Nachrichtenformular selbst können Sie noch auswählen, welche Absenderadresse Sie verwenden. Klicken Sie dazu auf die Schaltfläche *Von* und wählen Sie eine Adresse aus.

Ordnerbereich mit zwei verbundenen E-Mail-Konten

Auswahl der Absenderadresse im Nachrichtenformular

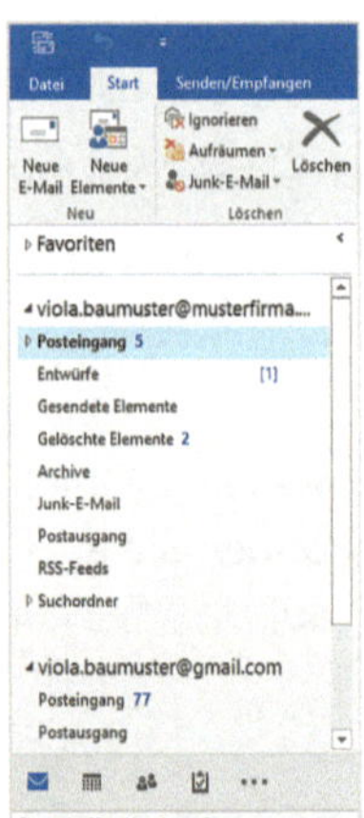

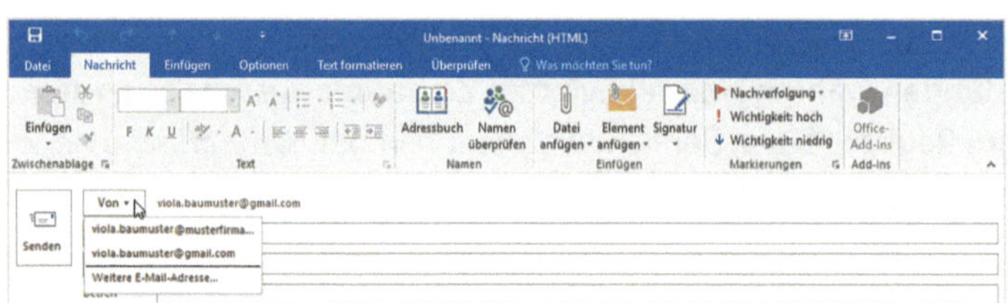

4 Kontaktverwaltung Personen

4.1 Ansicht auswählen

Der Funktionsbereich *Personen* wird standardmäßig in der Ansicht *Personen* angezeigt. Weitere Ansichten stehen auf dem Register *Start*, Gruppe *Aktuelle Ansicht* zur Verfügung. Hier finden Sie auch die seit Outlook 2007 vorhandene Ansicht *Visitenkarte*, auf der jeder Kontakt auf einer eigenen Karte angezeigt wird. Eine andere nützliche Ansicht ist *Liste*, die alle Kontakte nach Firmenzugehörigkeit gruppiert.

Ansicht Personen

Ansicht Visitenkarte

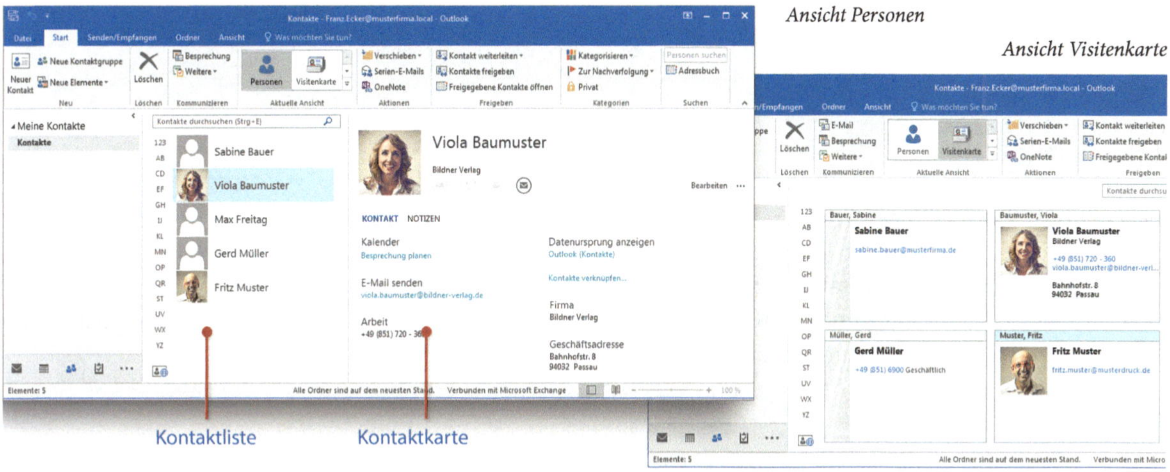

Ansicht Personen

Die Ansicht *Personen* unterteilt das Fenster zusätzlich zum bekannten Ordnerbereich in Kontaktliste und eine Kontaktkarte im Lesebereich.

Auf der Kontaktkarte sehen Sie Informationen zum markierten Kontakt, wie Telefonnummern, postalische Adresse etc. Sie ist eingeteilt in die Bereiche *Kontakt* und *Notizen*. Durch Anklicken wechseln Sie zwischen den Bereichen. In der Kontaktkarte können Einträge ergänzt und zusätzliche Aktionen ausgeführt werden, z. B. eine E-Mail an diesen Kontakt versenden.

Ausschnitt Kontaktkarte

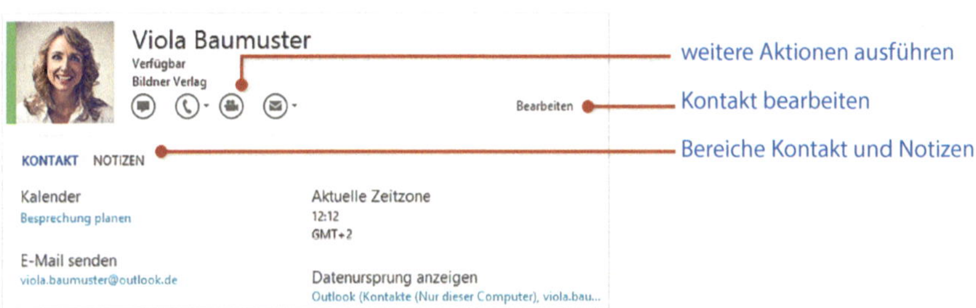

4.2 Neuen Kontakt anlegen und bearbeiten

Neuen Kontakt speichern

Um einen neuen Kontakt anzulegen, klicken Sie im Register *Start*, Gruppe *Neu* auf die Schaltfläche *Neuer Kontakt*.

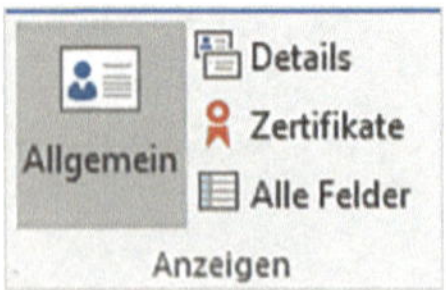

Ein neues Kontaktformular wird angezeigt. Sie wechseln zwischen den einzelnen Seiten - *Allgemein*, *Details*, *Zertifikate*, *Alle Felder* - über die entsprechenden Schaltflächen im Register *Kontakt*, Gruppe *Anzeigen*. Das Feld zur Eingabe des Geburtstags befindet sich nach wie vor auf der Seite *Details*.

Die Hilfen zum Ausfüllen verschiedener Felder werden durch Anklicken der Schaltflächen, z. B. *Name* oder bei Telefonnummern *Geschäftlich*, aufgerufen.

Kontaktformular - Eingabe des Namens über die Schaltfläche Name

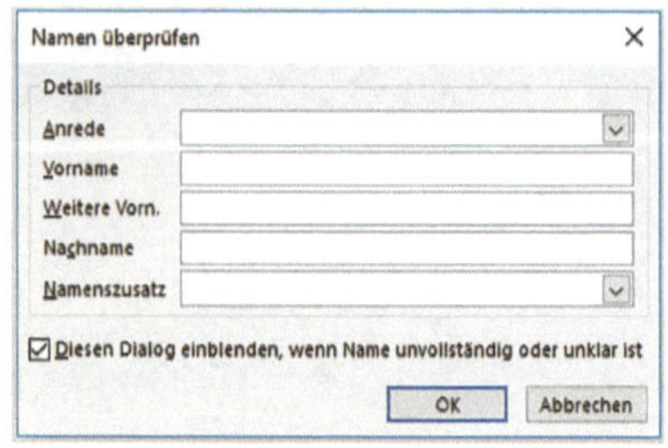

Eingabehilfe für Name

Im Bereich *Adressen* kann die postalische Adresse über die Schaltfläche *Karte* auf der Internetseite Bing-Maps angezeigt werden. Ganz nebenbei überprüfen Sie so auch, ob die Adresse korrekt eingegeben wurde.

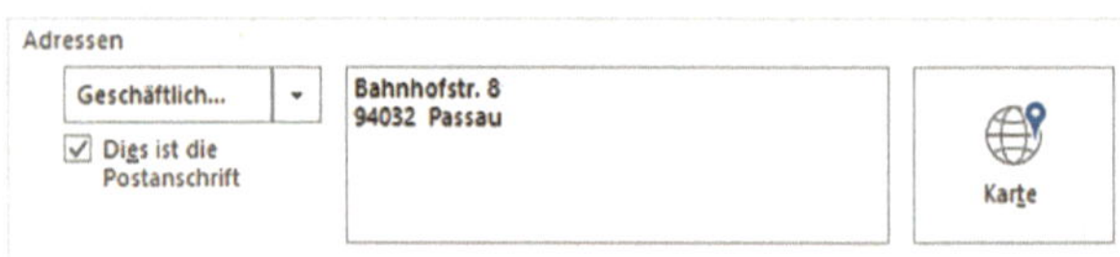

Kontaktformular Eingabe Adresse

Klicken Sie zum Speichern der Kontaktdaten auf die Schaltfläche *Speichern & schließen* (Register *Kontakt*).

Kontakt bearbeiten

Wie Sie einen Kontakt bearbeiten hängt von der Ansicht ab, in der Sie den Kontakt anzeigen.

- Ansicht *Visitenkarte*, *Karte*, *Telefon* oder *Liste*: Klicken Sie doppelt auf die Visitenkarte bzw. den Eintrag, um das Kontaktformular zu öffnen.
- Ansicht *Personen*: Klicken Sie doppelt auf den Eintrag in der Kontaktliste, um die Kontaktkarte im Bearbeitungsmodus zu öffnen. Alternativ klicken Sie in der Kontaktkarte auf *Bearbeiten*, um die Informationen im selben Fenster zu verändern.

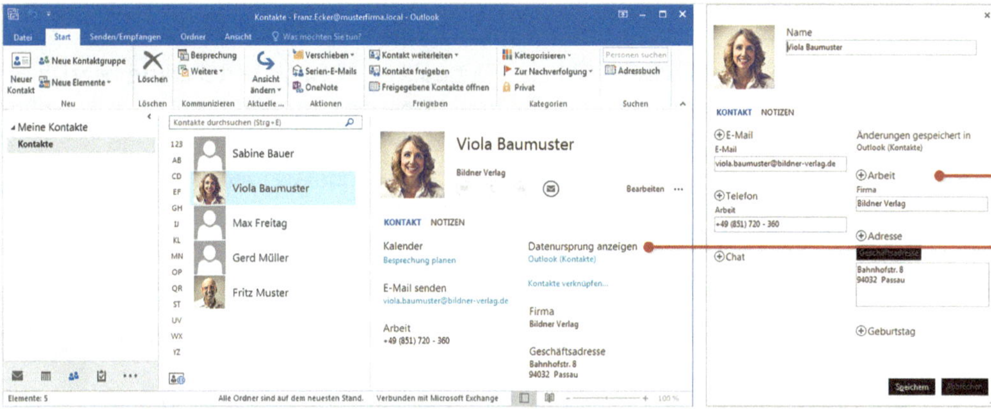

Kontaktkarte

Kontaktkarte im Bearbeitungsmodus; Anzeige durch Doppelklick auf die Person in der Kontaktliste

- Nach dem Öffnen der Kontaktkarte kann eingegebener Text überschrieben oder berichtigt werden. Durch Anklicken des Plus-Zeichens fügen Sie der gewählten Kategorie ein neues Element hinzu. Klicken Sie dann auf *Speichern*, um die neuen Informationen abzuspeichern.
- Kontaktformular öffnen: Sollten Sie zur Bearbeitung das Kontaktformular benötigen, klicken Sie in der Kontaktkarte bei *Datenursprung anzeigen* auf *Outlook (Kontakte)*. Achtung! Im Bearbeitungsmodus der Kontaktkarte ist diese Schaltfläche nicht sichtbar.

Kontakt zu Favoriten hinzufügen

Um einen Kontakt im Personenpopup anzuzeigen und so einen schnellen Zugriff zu ermöglichen, klicken Sie auf *weitere Optionen* und wählen *Zu Favoriten hinzufügen*.

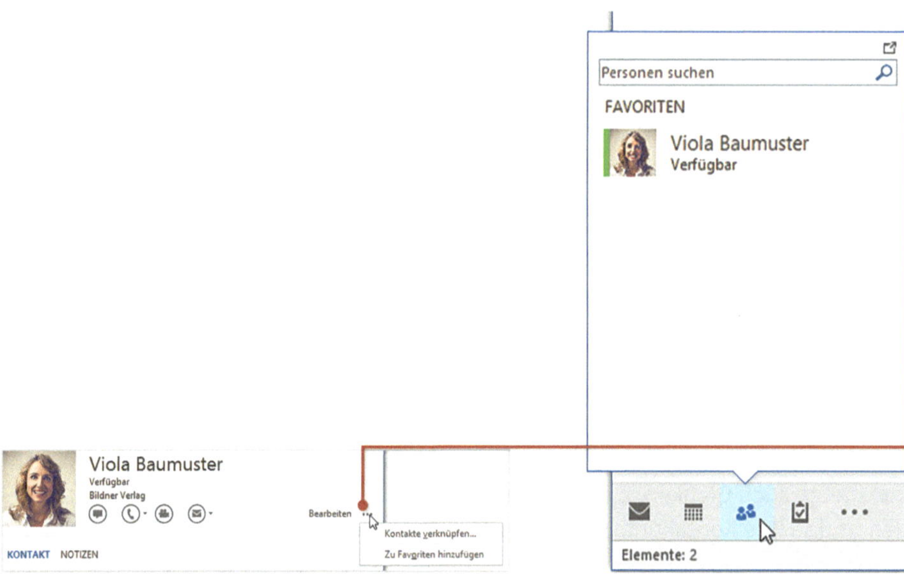

Kontakt favorisieren

Personenpopup mit einem favorisierten Kontakt

4.3 Kontaktgruppe erstellen und bearbeiten

Die Kontaktgruppe wurde in früheren Outlookversionen als Verteilerliste bezeichnet und dient der Zusammenfassung von verschiedenen E-Mail-Adressen unter einer Bezeichnung. Diese steht als Empfänger einer E-Mail Nachricht zur Verfügung, wodurch auf einen Rutsch an viele Personen eine E-Mail versendet werden kann.

Kontaktgruppe erstellen

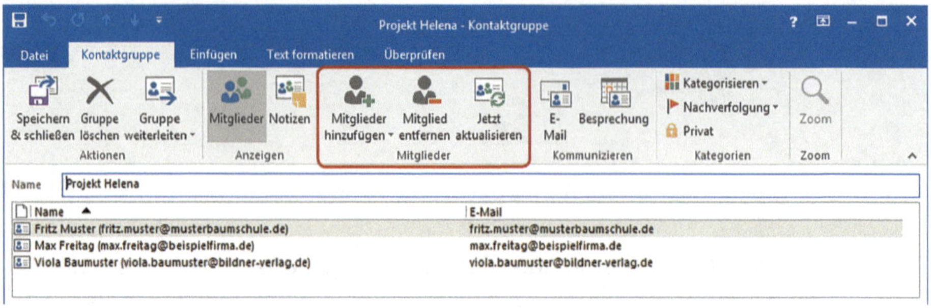

Die Schaltfläche *Neue Kontaktgruppe* finden Sie im Register *Start*, Gruppe *Neu*. Tragen Sie im Feld *Name* eine Bezeichnung für die Kontaktgruppe ein.

Über die Schaltfläche *Mitglieder hinzufügen* erhalten Sie Zugriff auf Ihre Outlook-Kontakte und können die gewünschten E-Mail Adressen auswählen. Über dieselbe Schaltfläche können auch nachträglich weitere Mitglieder hinzugefügt werden.

Mit der Schaltfläche *Mitglied entfernen* löschen Sie markierte E-Mail Adressen aus der Kontaktgruppe. Sie beenden die Eingabe über die Schaltfläche *Speichern & schließen*.

Achtung! Eine Änderung der Kontaktdaten, z. B. der E-Mail Adresse eines Kontakts wird nicht automatisch in der Kontaktgruppe aktualisiert. Die erneute Übernahme muss durch Anklicken der Schaltfläche *Jetzt aktualisieren* erzwungen werden.

> Die Erstellung einer Kontaktgruppe steht in Outlook in Verbindung mit einem Exchange ActiveSync-Konto (outlook.com) nicht zur Verfügung und ist in diesem Fall nicht aktiv sondern ausgegraut.

4.4 Visitenkarte gestalten und versenden

Auf Visitenkarten, dem Nachfolger der vCard, speichern Sie Kontaktinformationen und tauschen diese via Mail aus. Visitenkarten können vom Outlook-Nutzer schnell zum Kontaktordner hinzugefügt werden. Neu ist vor allem, dass Visitenkarten die Möglichkeit bieten auch Grafiken, z. B. das Firmenlogo, zu übernehmen oder Farben einzubinden und so Ihre Kontaktinformationen zu individualisieren.

Um Ihre eigenen Kontaktinformationen professionell zu übermitteln, legen Sie einen Kontakt mit eigenen Daten an und gestalten Ihre persönliche Visitenkarte. Öffnen Sie ein neues Kontaktformular und tragen Sie Ihre Daten ein. Zur Bearbeitung der Visitenkarte wählen Sie im Register *Kontakt*, Gruppe *Optionen* die Schaltfläche *Visitenkarte* aus. Das Dialogfenster *Visitenkarte bearbeiten* öffnet sich. Hier legen Sie das Aussehen und die Reihenfolge der Informationen auf Ihrer Visitenkarte fest. Diese Funktion steht selbstverständlich für alle gespeicherten Kontakte zur Verfügung.

Visitenkarte gestalten

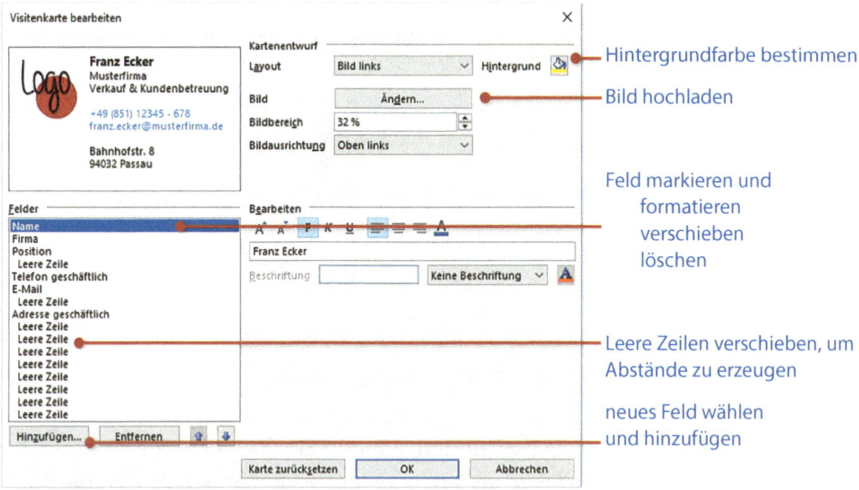

Entfernen Sie ein Feld aus der Visitenkarte, dann wird die Information nicht aus dem Kontaktformular gelöscht. Wenn Sie eine Visitenkarte versenden, werden nur die Informationen, die Sie auf der Visitenkarte sehen, an den Empfänger übermittelt.

Visitenkarte versenden

Klicken Sie in der Kontaktliste mit der rechten Maustaste auf einen Kontakt. Die gewählte Ansicht ist unerheblich. Wählen Sie *Kontakt weiterleiten* und *Als Visitenkarte* aus. Versenden Sie die E-Mail an die gewünschte Person.

Visitenkarte erhalten

Enthält eine E-Mail eine Visitenkarte, deren Informationen Sie speichern möchten, dann klicken Sie mit der rechten Maustaste auf die Visitenkarte im Lesebereich der E-Mail und wählen *Zu Outlook-Kontakten hinzufügen* aus.

Visitenkarte versenden

Visitenkarte erhalten

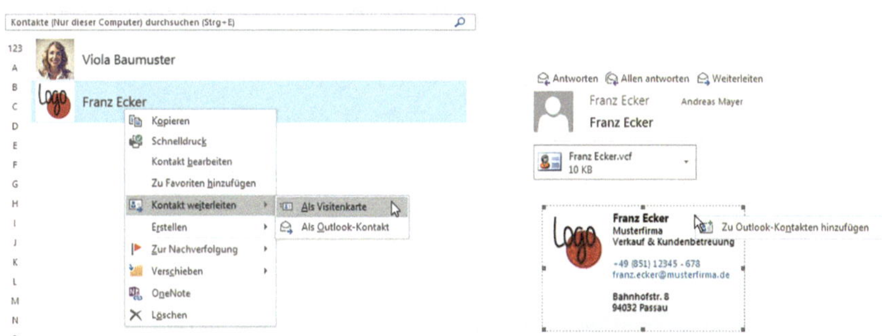

4.5 Kontakte schnell erreichen

Über die Symbole der Kontaktkarte können Sie schnell eine Person kontaktieren. Welche Optionen hier zur Verfügung stehen, hängt davon ab, welche Programme Sie an Ihrem Computer außerdem verwenden. Die Option *E-Mail-Nachricht senden* steht naturgemäß immer zur Verfügung. Daneben können Chatnachrichten versendet oder Telefonanrufe mit und ohne Video getätigt werden.

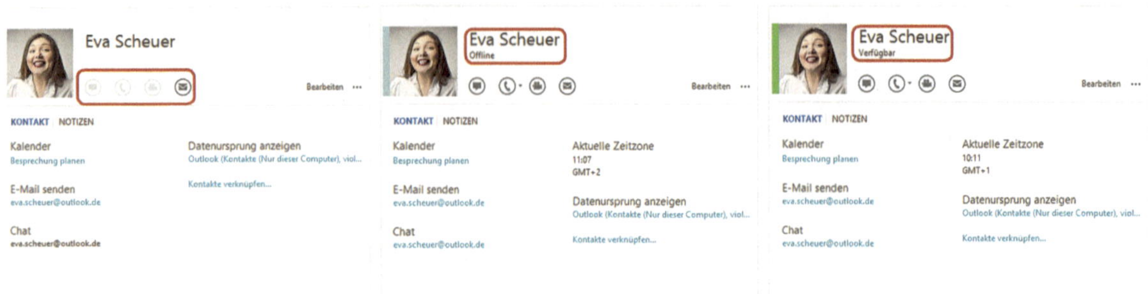

Bild links: Nur die E-Mail-Funktion ist aktiv

Bild Mitte: Der Kontakt ist gerade offline

Bild rechts: Der Kontakt ist online

Wenn Sie an Ihrem Rechner *Skype* verwenden, können Sie über Outlook sowohl eine Chatnachricht als auch einen Anruf anstoßen. In beiden Fällen öffnet sich Skype. Allerdings sind die Symbole nur aktiv, wenn Skype ausgeführt wird. Ebenso kann Outlook natürlich auch mit Ihrer Telefonanlage verbunden werden.

5 Kalender

5.1 Ansicht und Anzeigeoptionen auswählen

Funktionsbereich Kalender

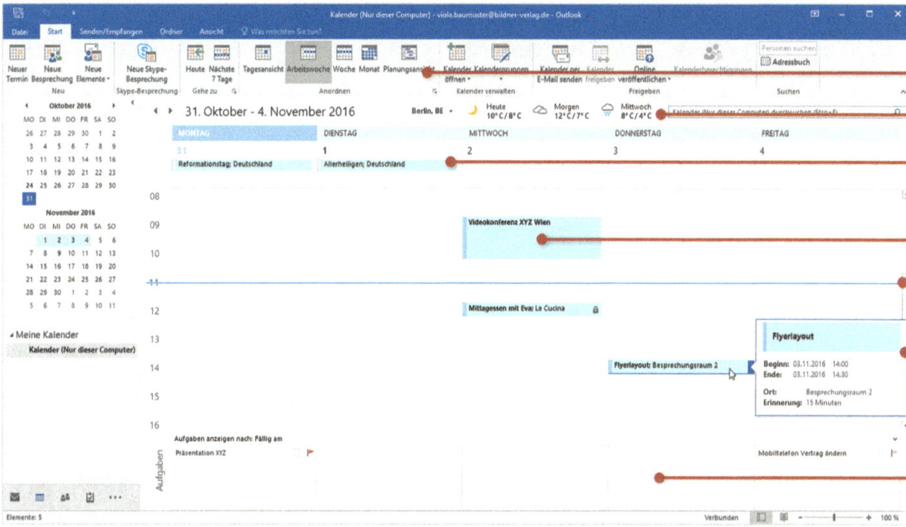

- **Kalenderanordnungen:** Zur Anzeige des Kalenders stehen die *Tagesansicht*, *Arbeitswoche*, *Woche*, *Monat* und die *Planungsansicht* zur Verfügung. Sie wechseln im Register *Start*, Gruppe *Anordnen* zwischen den einzelnen Optionen.

Kalenderanordnung

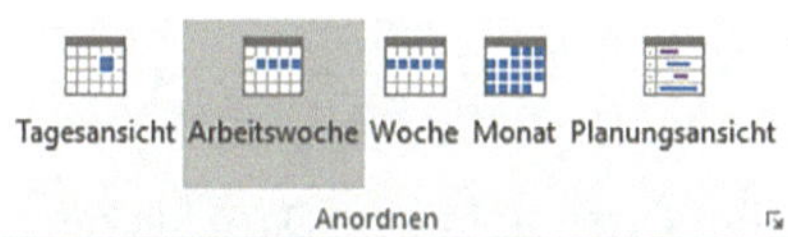

- **Kalenderansicht:** Im Register *Ansicht*, Gruppe *Aktuelle Ansicht*, Schaltfläche *Ansicht ändern* finden Sie weitere Anzeigeoptionen. Mit der Auswahl *Liste* zeigen Sie beispielsweise Termine und Ereignisse in getrennten Gruppen an.

Kalenderansicht

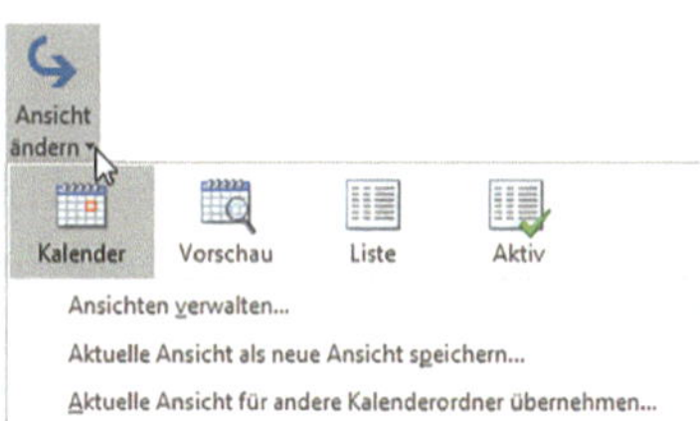

- **Terminvorschau:** Zeigen Sie mit der Maus im Kalender auf einen Termin, ein Ereignis oder eine Besprechung und erhalten Sie detaillierte Informationen ohne das entsprechende Formular öffnen zu müssen.

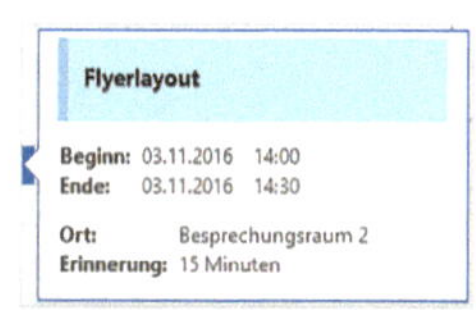

- **Feiertage hinzufügen:** Klicken Sie im Register *Datei* auf *Optionen*. Im Dialogfenster *Outlook-Optionen* wählen Sie links *Kalender* aus und klicken bei *Kalenderoptionen* auf die Schaltfläche *Feiertage hinzufügen*.

Feiertage hinzufügen

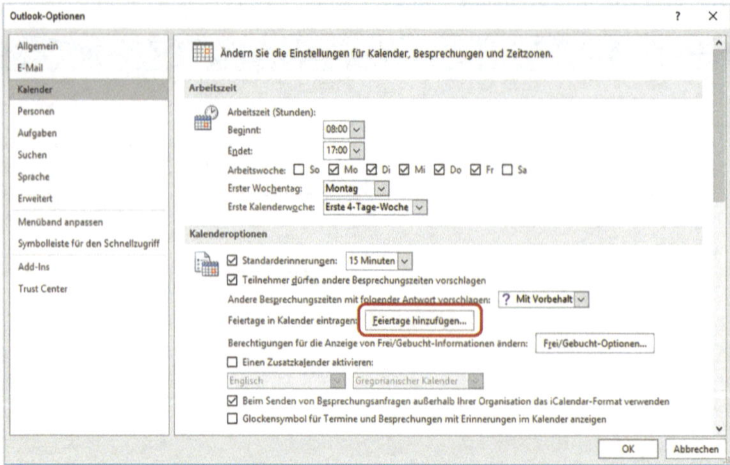

- **Wetter im Kalender:** Im Kalender wird eine Wetterleiste mit 3-Tages-Vorschau angezeigt. Wenn Sie mit der Maus auf einen Tag zeigen, erhalten Sie detaillierte Informationen.

Wetterleiste

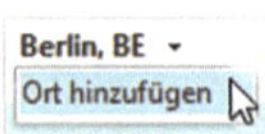

- Sie können das Wetter von bis zu fünf Orten abfragen. Dazu klicken Sie bei Wetterstandortoptionen auf den DropDown-Pfeil und klicken auf *Ort hinzufügen*. Tragen Sie dann den gewünschten Ort in das Suchfeld ein und klicken Sie das Lupensymbol an. Sobald der Ort erkannt wurde, kann er durch Anklicken ausgewählt werden.

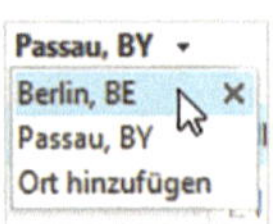

- Soll ein Ort gelöscht werden, zeigen Sie in der DropDown-Liste auf diesen. Hinter dem Ort wird ein *X* sichtbar. Klicken Sie dieses an.

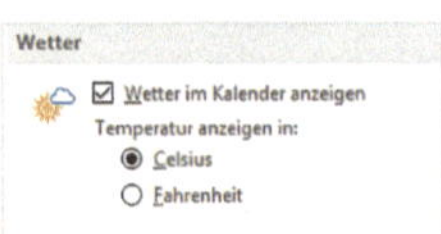

- Weitere Einstellungen vereinbaren Sie im Register *Datei*, *Optionen*. Im Dialogfenster wählen Sie *Kalender* und scrollen dann ganz nach unten bis zum Bereich *Wetter*. Hier können Sie von Fahrenheit auf Celsius wechseln und durch Entfernen des Häkchens die Wetterleiste ausblenden.

- **Tägliche Aufgabenliste:** Die Tägliche Aufgabenliste zeigt die Aufgaben für den jeweiligen Tag an. Praktisch, wenn unterhalb der Termine gleich die fälligen Aufgaben zu sehen sind. So erkennt man auf einen Blick, was heute erledigt werden muss. Die Anzeige der Täglichen Aufgabenliste wird im Register *Ansicht*, Gruppe *Layout*, Schaltfläche *Tägliche Aufgabenliste* festgelegt.

Die Tägliche Aufgabenliste steht **nicht** in der Kalenderanordnung *Monat* zur Verfügung. Hier ist das Feld im Register *Ansicht* ausgegraut.

- Aufgabe eintragen: In die Tägliche Aufgabenliste können durch Anklicken eines Feldes neue Aufgaben eingetragen werden. Alle Änderungen werden in den Funktionsbereich *Aufgaben* übernommen.
- Aufgaben bearbeiten: Das kontextbezogene Register *Tools der Täglichen Aufgabenliste - Tägliche Aufgabenliste* zeigen Sie durch Anklicken eines Eintrags oder eines leeren Feldes in der Aufgabenliste an.
- Aufgabe erledigen: Klicken Sie auf das rote Fähnchen hinter der Aufgabe oder markieren Sie die Aufgabe und klicken im Register *Tägliche Aufgabenliste*, Gruppe *Aufgabe verwalten* auf *Als erledigt markieren*.

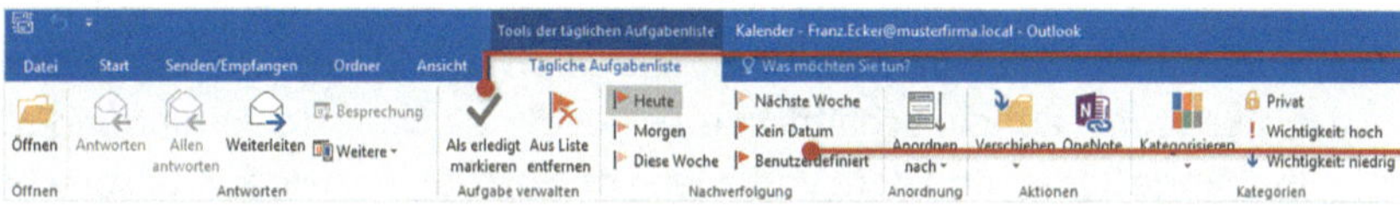

Tools der täglichen Aufgabenliste

- Neue Fälligkeit festlegen: Soll die markierte Aufgabe mit einer neuen Fälligkeit versehen werden, klicken Sie in der Gruppe *Nachverfolgung* auf den gewünschten Zeitraum.
- Reihenfolge festlegen: Über die Schaltfläche *Anordnen nach* im Register *Tägliche Aufgabenliste*, Gruppe *Anordnen* legen Sie fest, nach welchem Kriterium die Aufgaben angezeigt werden und ob erledigte Aufgaben aufgeführt sind.

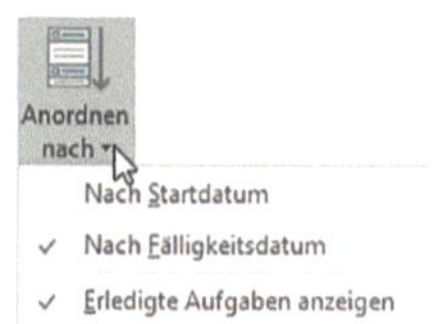

Im Kalender navigieren: Neben der Möglichkeit über den Datumsnavigator im Kalender zu einem bestimmten Tag oder einer Woche zu gelangen, stehen diese Möglichkeiten zur Verfügung:

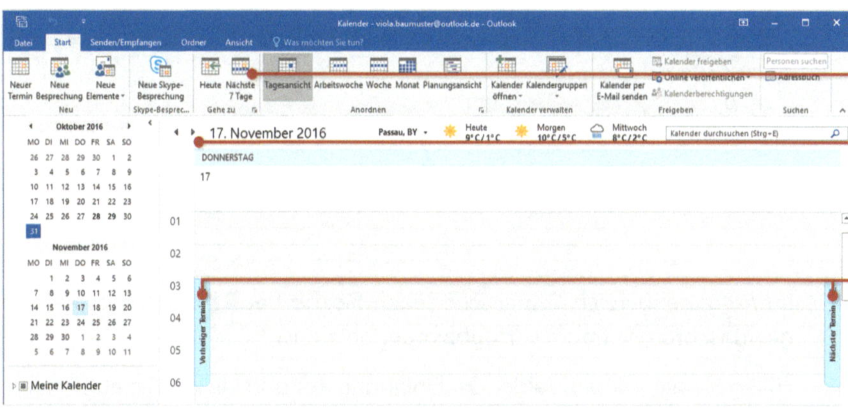

Kalendernavigation

- Wechseln Sie zum folgenden Tag (*Tagesansicht*) bzw. zur folgenden Woche (*Arbeitswoche*, *Woche*) durch Anklicken der Dreiecke über dem Kalenderblatt.

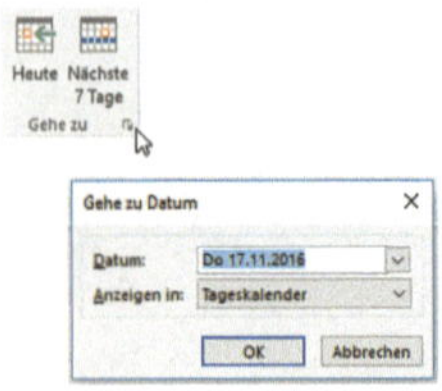

- Um zu einem anderen Termin zu gelangen, klicken Sie auf *Nächster Termin* bzw. *Vorheriger Termin* auf dem Kalenderblatt. Diese Schaltflächen werden nur abgebildet, wenn Sie im angezeigten Zeitraum (Tag, Woche) keinen Termin vereinbart haben.
- Im Menüband erfolgt der Wechsel zum heutigen Datum oder die Anzeige der nächsten sieben Tage über das Register *Start*, Gruppe *Gehe zu* und den Schaltflächen *Heute* bzw. *Nächste 7 Tage*. Um zu einem bestimmten Datum zu gelangen, klicken Sie auf den Pfeil der Gruppe.

5.2 Besprechungen planen

Besprechungseinladung versenden

▶ Markieren Sie einen Zeitraum im Kalender. Dadurch werden Datum und Uhrzeit gleich übernommen. Klicken Sie im Register *Start*, Gruppe *Neu* auf *Neue Besprechung*. Alternativ legen Sie einen Termin an und klicken im Terminformular Register *Termin* auf die Schaltfläche *Teilnehmer einladen*. In Verbindung mit einem Exchange Server und dem Vorliegen von Ressourcen, wie z. B. Besprechungsräumen oder Projektoren, können diese bei der Besprechungseinladung gleich mit reserviert werden.

▶ Klicken Sie auf die Schaltfläche *An*, um erforderliche und optionale Teilnehmer und Ressourcen auszuwählen. Bestätigen Sie mit *OK*.

Auswahl der Teilnehmer einer Besprechung

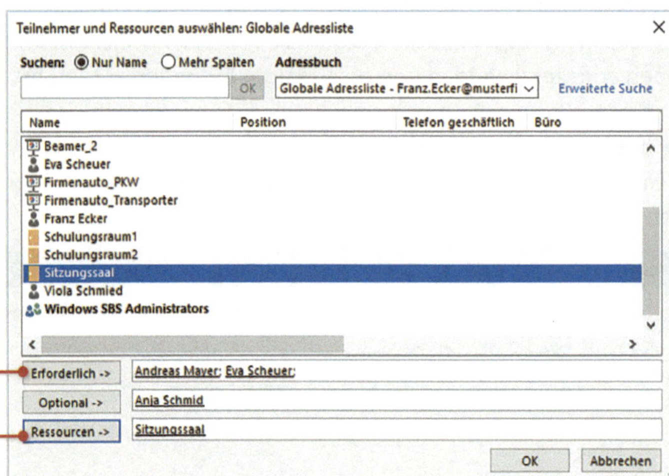

Teilnehmer

Ressourcen

▶ Im Aufgabenbereich *Raumsuche* sehen Sie, ob der Besprechungsraum für den gewünschten Zeitraum verfügbar oder belegt ist.

▶ Füllen Sie die übrigen Felder der Einladung aus und klicken Sie auf *Senden*.

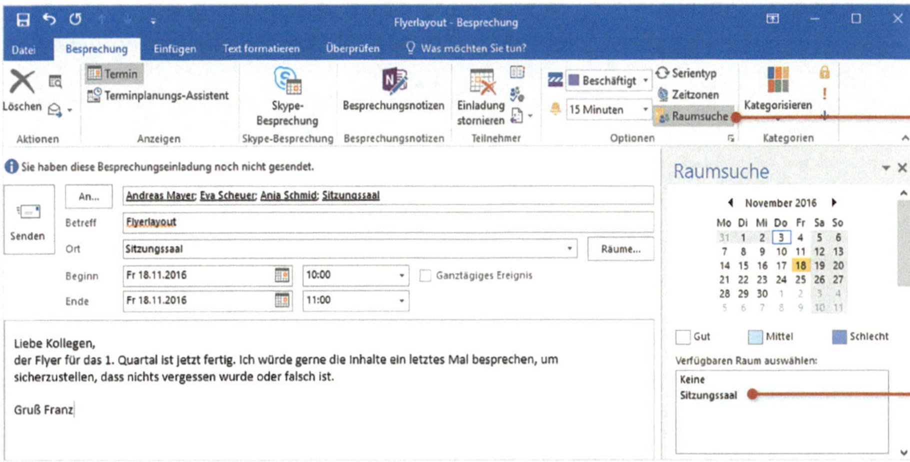

Besprechungsformular mit Microsoft Exchange

Aufgabenbereich Raumsuche ggf. einblenden

In diesem Unternehmen kann als Ressource ein Sitzungssaal reserviert werden; der Sitzungssaal würde hier nicht angezeigt werden, wenn er für den ausgewählten Zeitraum bereits belegt ist.

Alternative: Eine Besprechungseinladung kann auch aus dem Funktionsbereich *Personen* erstellt werden. Markieren Sie den gewünschten Kontakt und klicken Sie im Lesebereich auf Besprechung planen. Achtung! Der Link steht nur zur Verfügung, wenn die Kontakte in der Ansicht *Personen* angezeigt werden.

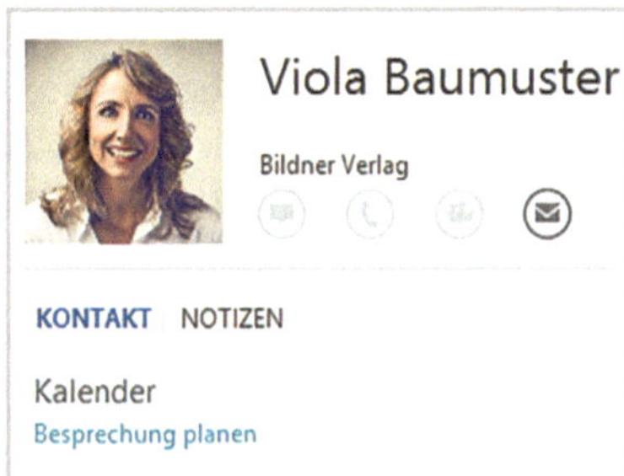

Besprechungseinladung beantworten

Nach Erhalt einer Besprechungseinladung können Sie diese im Lesebereich direkt *Zusagen*, *Mit Vorbehalt* beantworten, *Ablehnen* oder eine *Andere Zeit vorschlagen*. Klicken Sie auf die Antwort und wählen Sie aus, ob Sie diese gleich senden oder einen Text hinzufügen möchten.

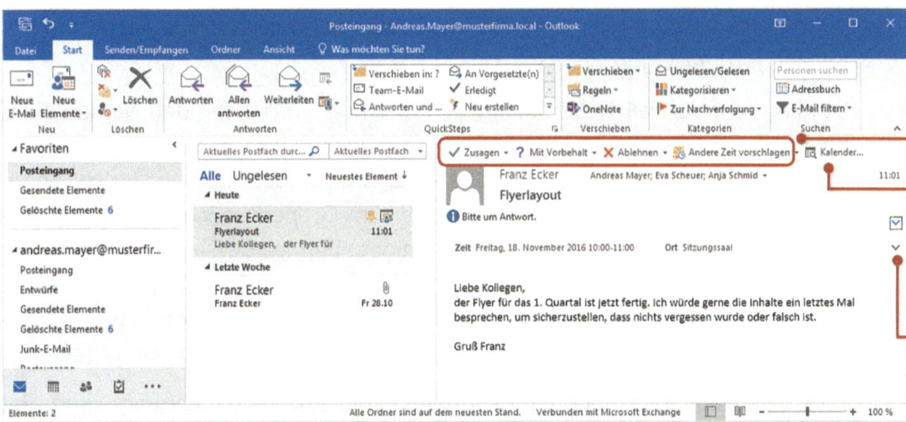

Besprechungsanfrage beantworten

Anfrage beantworten

Schaltfläche *Kalender*

Anklicken, um erforderliche und optionale Teilnehmer anzuzeigen.

Anklicken, um Kalender im Lesebereich anzuzeigen.

Über die Schaltfläche *Kalender* öffnen Sie den Funktionsbereich *Kalender* und zeigen den Termin der Besprechungsanfrage an. Am Ende der E-Mail öffnen Sie eine Kalendervorschau durch Anklicken des Dreiecks. Hier wird der Besprechungstermin angezeigt und, falls ein Terminkonflikt vorliegt, der weitere Termin, der im Kalender enthalten ist.

Für diese Besprechungsanfrage liegt ein Terminkonflikt vor

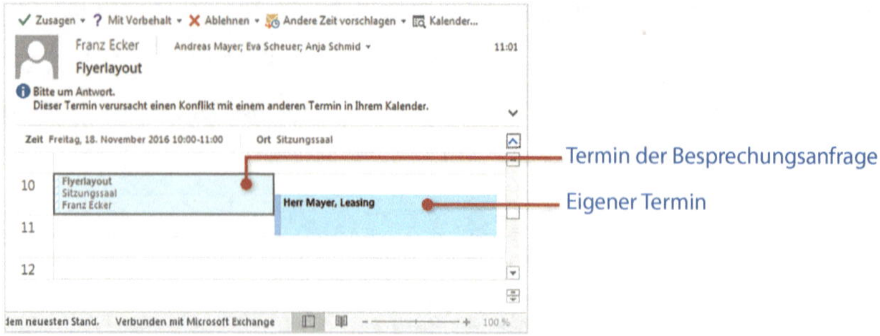

5.3 Planungsansicht verwenden

Die Planungsansicht dient vor allem der Organisation von Besprechungen. Hier können Kalender von Kollegen untereinander angezeigt werden und man sieht auf einen Blick, wann wer Zeit hat. Voraussetzung für die Nutzung ist allerdings, dass Outlook mit einem Microsoft Exchange Server verbunden ist. Dann können Kalender für Kollegen freigegeben werden.

- Die Planungsansicht wird im Register *Start*, Gruppe *Anordnen* und Anklicken der Schaltfläche *Planungsansicht* aufgerufen. Zunächst wird nur der eigene Kalender angezeigt. Dieser verläuft entlang eines horizontalen Zeitstrahls. Beachten Sie die horizontale Bildlaufleiste.

Auswahl Planungsansicht

- Verfügen Sie bereits über freigegebene Kalender von Kollegen so können Sie diese durch Setzen eines Häkchens vor dem entsprechenden Namen im Ordnerbereich jetzt anzeigen.

- Ist dies nicht der Fall, geben Sie im Feld *Kalender hinzufügen* den Namen eines Kollegen ein oder klicken Sie auf das Adressbuch, um einen Namen auszuwählen. Bestätigen Sie die Aktion. Der Kalender wird in der Planungsansicht angezeigt und wurde bei *Freigegebene Kalender* im Ordnerbereich hinzugefügt. Da der Kalender von seinem Besitzer nicht freigegeben wurde, sind im Moment nur freie und gebuchte Zeiten sichtbar, aber keine Detailinformationen. Auf diese Weise können nur Kalender von Personen innerhalb Ihrer Organisation hinzugefügt werden.

  Falls Sie weitere Informationen benötigen, muss eine Freigabeanfrage gesendet werden, Klicken Sie dazu auf die Schaltfläche in der Planungsansicht und verfahren Sie, wie unter „5.4 Kalender freigeben" auf Seite 357 beschrieben.

- Zur Festlegung eines Termins bzw. einer Besprechung klicken Sie doppelt auf einen Bereich innerhalb der Planungsansicht. Das entsprechende Formular öffnet sich.

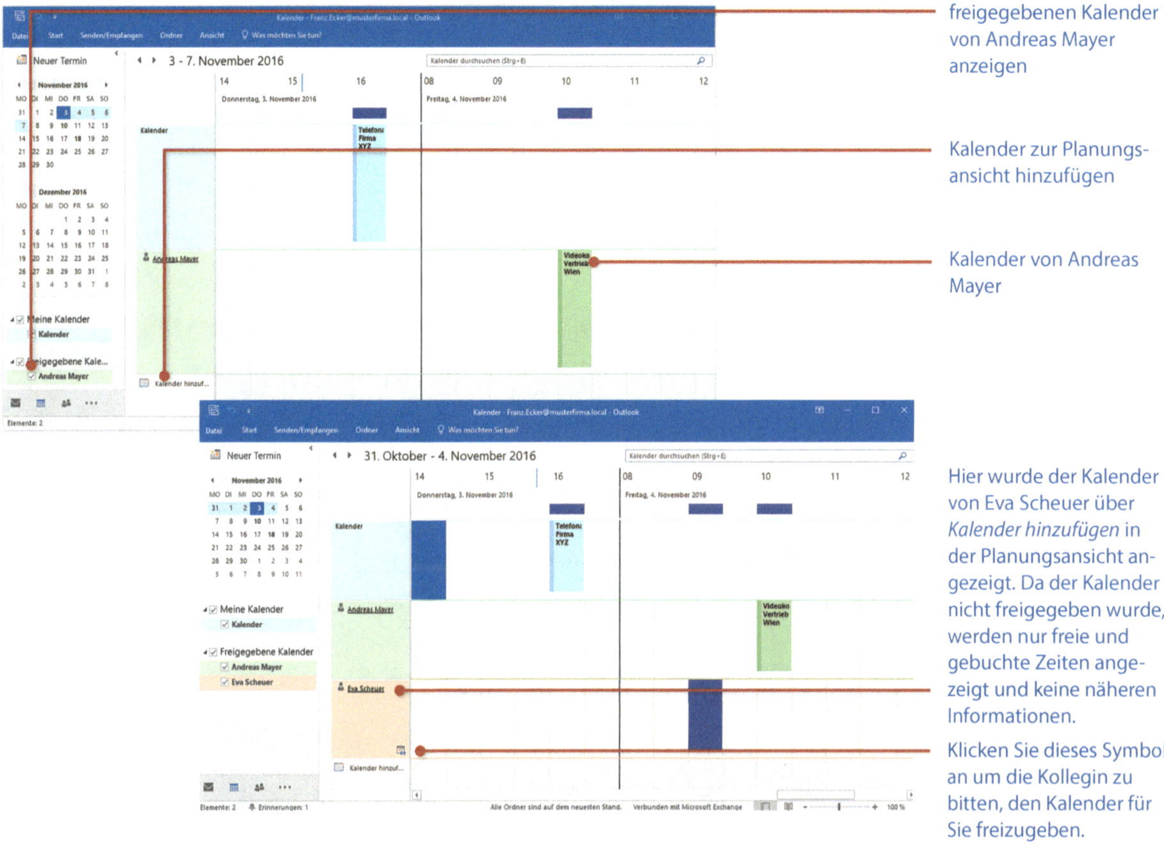

5.4 Kalender freigeben

- Klicken Sie im Register *Start*, Gruppe *Freigeben* auf die Schaltfläche *Kalender freigeben*. Das Formular *Freigabeanfrage: Kalender - Freigeben* öffnet sich.
- Wählen Sie über die Schaltfläche *An...* den Empfänger aus.
- Möchten Sie gleichzeitig anfordern, dass auch Sie den Kalender des anderen einsehen dürfen, setzen Sei ein Häkchen bei *Berechtigung zum Anzeigen von Kalendern des Empfängers anfordern*.
- Entscheiden Sie bei *Details* wie viel Information der Berechtigte dem Kalender entnehmen darf und klicken Sie auf die Schaltfläche *Senden*.

Wenn Sie nur Ihren Kalender freigegeben haben (Auswahl von *Empfänger zum Anzeigen Ihres Ordners vom Typ Kalender berechtigen*) dann erhalt der Empfänger eine **Freigabeeinladung** via E-Mail. In diesem Fall muss er nur auf die Schaltfläche *Kalender öffnen* klicken, um den Kalender in den Funktionsbereich *Kalender* als freigegebenen Kalender zu integrieren.

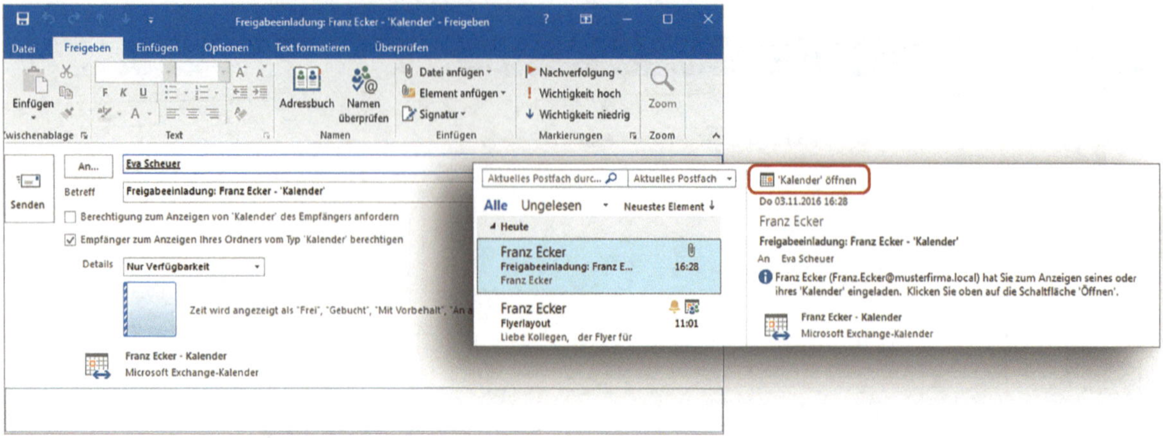

Freigabeeinladung versenden

Anzeige beim Empfänger

Wenn Sie allerdings gleichzeitig mit der Freigabe Ihres Kalenders darum bitten, auch Zugriff auf den Kalender des Empfängers zu erhalten (zusätzliche Auswahl von *Berechtigung zum Anzeigen von Kalender des Empfängers anfordern*), versenden Sie eine **Freigabeanfrage**. Dann muss der Empfänger zusätzlich den Zugriff auf seinen Kalender erlauben oder verwehren durch Anklicken von *Erteilen* bzw. *Verweigern* im Lesebereich der E-Mail.

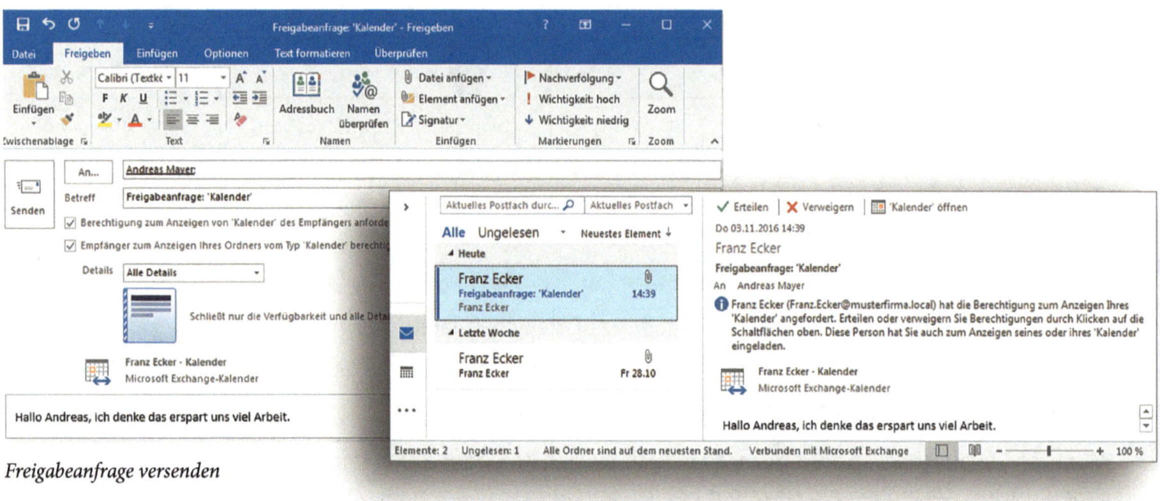

Freigabeanfrage versenden

Anzeige beim Empfänger

Als Absender einer Freigabeanfrage erhalten Sie, nachdem der Empfänger den Zugriff auf den Kalender erlaubt hat, eine E-Mail mit der Schaltfläche *Kalender öffnen*, so dass auch Sie den Kalender des Kollegen in Ihrem Funktionsbereich *Kalender* anzeigen können.

Auf der Grundlage der hier möglichen Einstellungen hat niemand das Recht Termine in einen fremden Kalender einzutragen oder zu löschen.

Kontrollieren Sie nachdem Sie die Freigabe erteilt haben, welche Inhalte der Kollege Ihrem Kalender entnehmen kann. Dazu öffnen Sie über Register *Start*, Gruppe *Freigeben* die *Kalenderberechtigungen*. Markieren Sie den Namen der Person, deren Berechtigungen Sie anzeigen bzw. bearbeiten möchten. Durch Auswahl der Berechtigungsstufe *Autor* ermöglichen Sie dem Kollegen beispielsweise Termine einzutragen, diese zu bearbeiten und ggf. auch wieder zu löschen. Termine, die Sie festgelegt haben, können mit dieser Berechtigungsstufe nicht verändert werden.

Kalenderberichtigungen kontrollieren

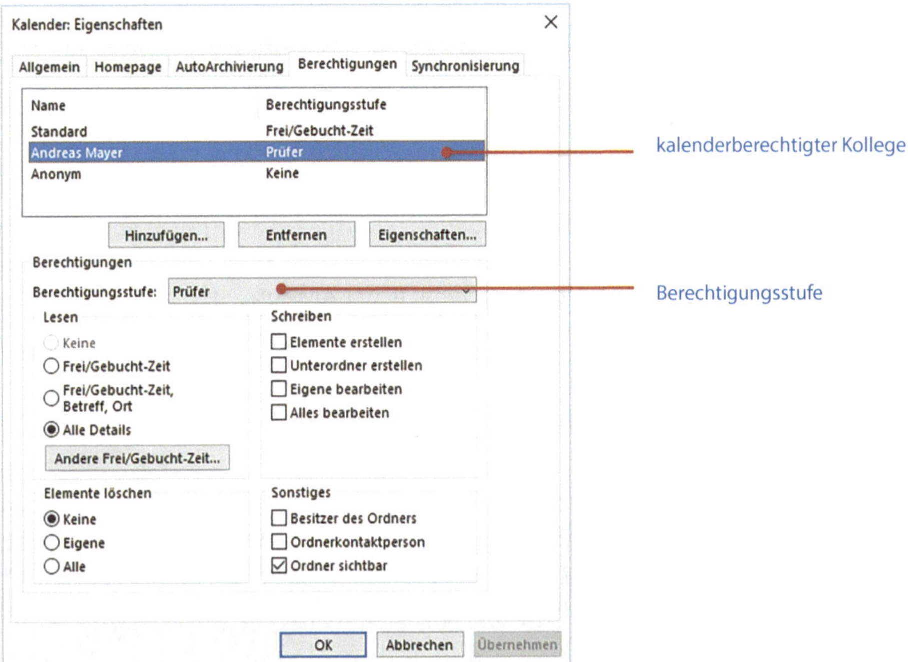

6 Aufgaben planen

6.1 Ansicht wählen

Als Aufgaben werden in Outlook die Gedächtnisstützen bezeichnet, die im Funktionsbereich *Aufgaben*, in der *Aufgabenleiste* oder in der *Täglichen Aufgabenliste* als neue Aufgabe eingegeben wurden. Davon unterscheiden sich Aufgabenelemente, welche aufgrund einer Nachverfolgung im Funktionsbereich *E-Mail* erstellt wurden. Zur Unterscheidung wird neben der Aufgabe ein Aufgabensymbol angezeigt.

Funktionsbereich Aufgaben - Aufgabenliste

Aufgabe

Aufgabenelement

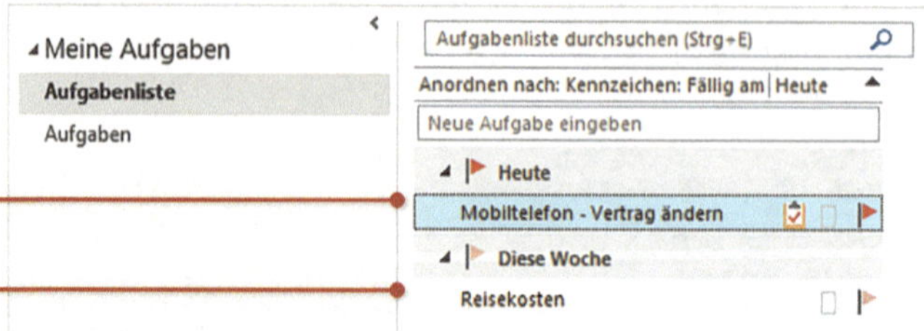

- Standardmäßig wird der Funktionsbereich *Aufgaben* in der Ansicht *Aufgabenliste* dargestellt. Im Register *Start*, Gruppe *Aktuelle Ansicht* stehen weitere Ansichten zur Verfügung. So werden beispielsweise in der Ansicht *Einfache Liste* auch erledigte Aufgaben durchgestrichen angezeigt.

Ansichten Funktionsbereich Aufgaben

- Im Ordnerbereich entscheiden Sie, ob alle aktuellen Aufgaben angezeigt werden sollen - wählen Sie dann *Aufgabenliste* oder ob Aufgaben und erledigte Aufgaben gemeinsam angezeigt werden sollen. In diesem Fall klicken Sie auf *Aufgaben*. In dieser Ansicht fehlen dann allerdings Aufgabenelemente, die durch Nachverfolgung erstellt wurden.

Anzeige von erledigten Aufgaben

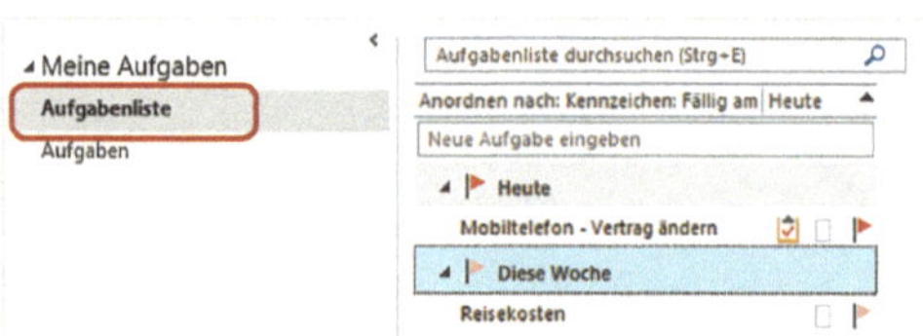

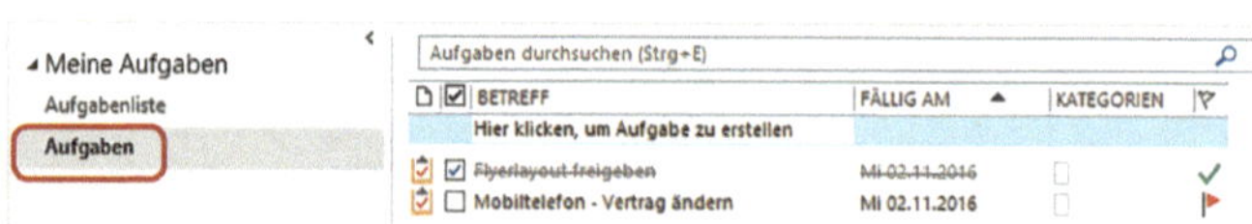

- Aufgaben sind standardmäßig nach dem Kriterium *Fällig am* angeordnet. Alternative Anordnungsoptionen finden Sie auf dem Register *Ansicht* in der Gruppe *Anordnen*.

6.2 Aufgabe eingeben und erledigen

Schnell eine Aufgabe erstellen

Es gibt viele Möglichkeiten schnell eine Aufgabe hinzuzufügen. Entweder arbeiten Sie im Funktionsbereich *Aufgaben* oder geben die Aufgabe im *Aufgabenpopup* ein. Falls die *Aufgabenleiste* angezeigt wird, kann auch diese verwendet werden. Sie klicken dazu immer in das Feld *Neue Aufgabe eingeben*, tragen einen Betreff ein und bestätigen mit der Enter-Taste. Die Aufgabe wird mit Fälligkeit *Heute* festgelegt.

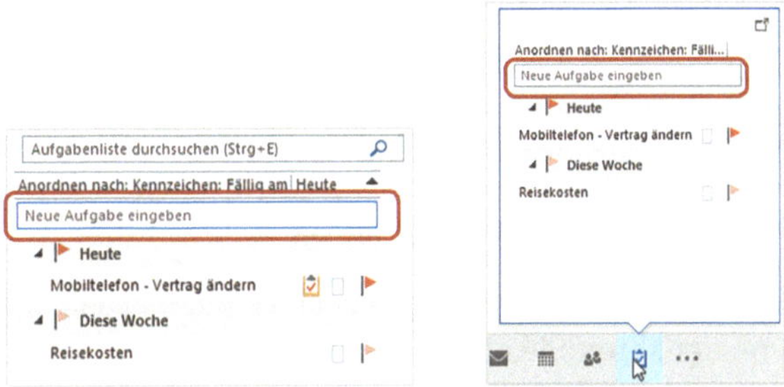

Neue Aufgabe eingeben im Funktionsbereich Aufgaben oder im Aufgabenpopup

Fälligkeit ändern

Markieren Sie die Aufgabe im Funktionsbereich *Aufgaben*. Wählen Sie im Register *Start*, Gruppe *Nachverfolgung* eine andere Fälligkeit, z. B. *Morgen*, *Nächste Woche* etc. durch Anklicken aus. Über *Benutzerdefiniert* können Sie ein Datum eingeben.

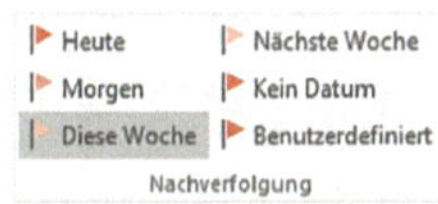

Alternativ markieren Sie eine Aufgabe in der Aufgabenleiste oder im Aufgabenpopup. Dadurch öffnet sich das Register *Aufgabentools* - *Aufgabenliste*. Auch hier finden Sie in der Gruppe *Nachverfolgung* die bekannten Schaltflächen.

Aufgabe erledigen

Wenn Sie eine Aufgabe erfüllt haben, sollten Sie diese als erledigt markieren. Dadurch verschwindet sie aus der Ansicht *Aufgabenliste*, aus dem *Aufgabenpopup* und aus der *Aufgabenleiste*. Das sorgt für mehr Übersichtlichkeit, da nur Aufgaben mit Handlungsbedarf angezeigt werden. Klicken Sie das rote Fähnchen am Ende der Aufgabe mit der Maus an.

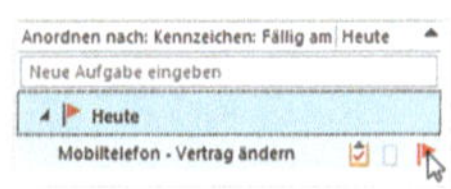

Falls Sie eine Aufgabe fälschlicherweise als erledigt markiert haben, klicken Sie im Ordnerbereich auf *Aufgaben*. Jetzt werden auch erledigte Aufgaben angezeigt. Entfernen Sie durch Anklicken das blaue Häkchen vor der erledigten Aufgabe. Die Aufgabe erscheint nun wieder mit Fälligkeit in allen Übersichten.

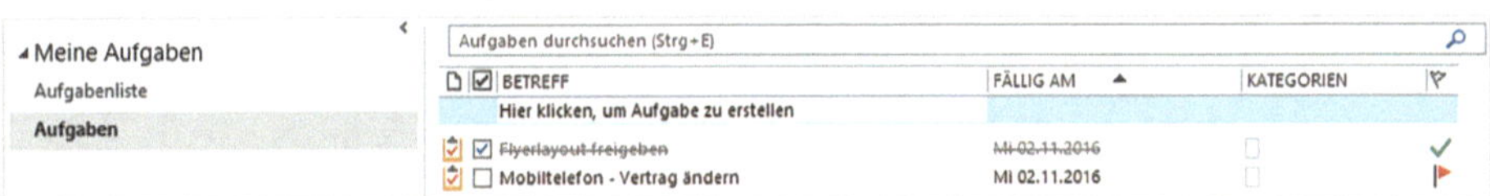

Status "erledigt" wieder zurücknehmen

Überfällige Aufgaben erscheinen in der *Aufgabenliste* in der Gruppe *Heute* in roter Schrift. Der Farbwechsel unterscheidet zwischen Aufgaben (schwarz), die tatsächlich heute fällig sind und Aufgaben (rot), deren Fälligkeitstag schon verstrichen ist.

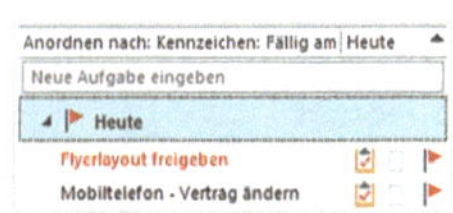

7 Outlook verwalten

7.1 Elemente kategorisieren

Mit Kategorien versehen Sie E-Mails, Kontakte, Termine oder Aufgaben und etablieren so ein Farbleitsystem. Praktisch ist auch, dass nach Kategorien gesucht werden kann und E-Mails oder Aufgaben nach Kategorien angeordnet werden können. Die Verwendung von Kategorien wird am Beispiel des Funktionsbereichs *E-Mail* beschrieben.

Kategorie festlegen

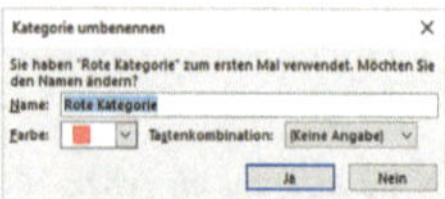

Markieren Sie die E-Mail. Klicken Sie im Register *Start*, Gruppe *Kategorien* auf die Schaltfläche *Kategorisieren* und wählen Sie eine Kategorie aus. Wenn Sie eine Kategorie zum ersten Mal verwenden, wird Ihnen angeboten, diese umzubenennen.

In der Nachrichtenliste wird die Kategorisierung als farbiges Rechteck dargestellt. Im Lesebereich ist zusätzlich der Name der Kategorie abgebildet. Eine E-Mail kann auch mit mehreren Kategorien versehen werden.

E-Mail wurde mit der roten Kategorie "wichtig" versehen

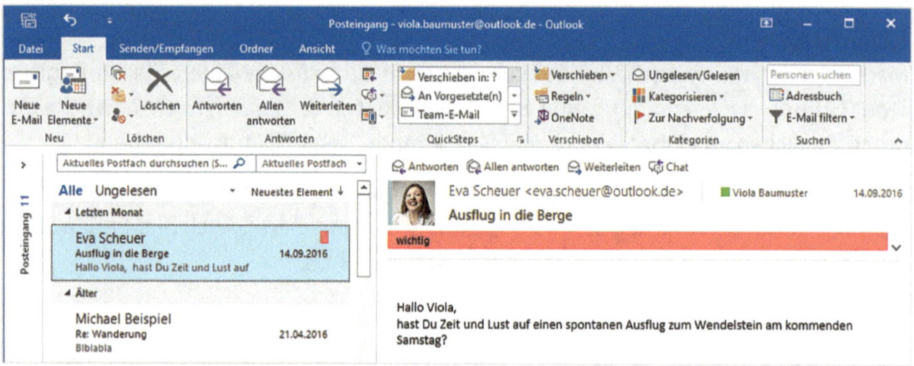

Schnellklick

In Outlook 2010 und 2013 konnte die Kategorie für den Schnellklick über die Schaltfläche *Kategorisieren* festgelegt werden. Dies ist in Outlook 2016 derzeit nicht möglich.

Die Funktion *Schnellklick* versieht die E-Mail schnell mit der roten Kategorie. Dazu klicken Sie im Bereich der E-Mail auf das Rechteck. In der Ansicht *Kompakt* ist das Rechteck nur sichtbar, wenn die Nachrichtenliste eine gewisse Breite zur Verfügung hat. Alternativ wechseln Sie in die Ansicht *Einzeln*.

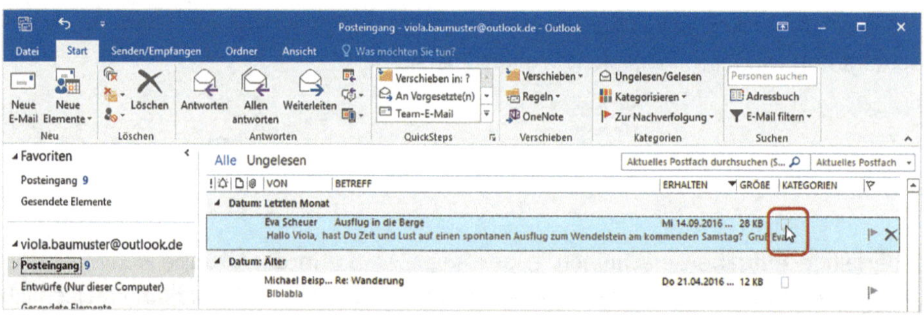

schnell die rote Kategorie zuweisen

Kategorie entfernen

Um eine Kategorisierung zu entfernen, klicken Sie in der Nachrichtenliste auf das farbige Rechteck hinter der E-Mail. Alternativ klicken Sie im Register *Start* auf die Schaltfläche *Kategorisieren* und wählen *Alle Kategorien löschen*. Haben Sie mehr als eine Kategorie vergeben und sollen nicht alle gelöscht werden, klicken Sie die Schaltfläche *Kategorisieren* an und wählen *Alle Kategorien* aus. Dort entfernen Sie das Häkchen vor der Farbe, die Sie nicht anzeigen möchten.

Kategorie bearbeiten

Alle Bearbeitungsmöglichkeiten finden Sie im Register *Start*, Schaltfläche *Kategorisieren*, Option *Alle Kategorien*. Hier können Sie neue Kategorien erstellen, Kategorien umbenennen, Kategorien löschen, die Farben ändern oder eine Tastenkombination zur Anwendung einer Kategorie festlegen.

Elemente nach Kategorien anordnen

Zur Anzeige aller E-Mails getrennt nach Kategorien klicken Sie in der Nachrichtenliste bei *Nach Datum* auf den DropDown-Pfeil und wählen *Kategorien* aus.

Alternative: Register *Ansicht*, Schaltfläche *Anordnen nach* und *Kategorien*

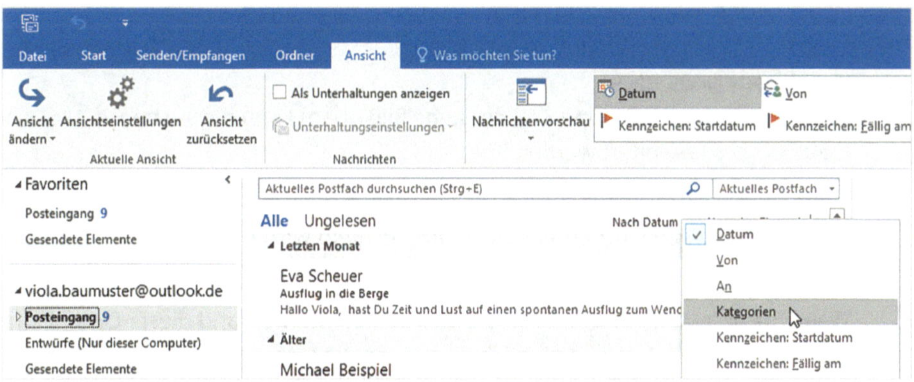

E-Mails sortiert nach Kategorie anzeigen

7.2 Elemente suchen

In Outlook finden Sie in jedem Funktionsbereich ein eigenes Feld zur Suche von E-Mails, Personen, Terminen oder Aufgaben. Dieses Feld wird als Sofortsuche bezeichnet. Sobald Sie in das Feld klicken, öffnet sich im Menüband das kontextbezogene Register *Suchtools - Suchen*. Dieses enthält Befehle zur Spezifizierung bzw. Ausweitung der Suche und ersetzt so die alte *Erweiterte Suche*. Der Inhalt des Registers *Suchtools - Suchen* enthält je nach gewähltem Funktionsbereich andere Schaltflächen. Die Suche wird im folgendem am Beispiel des Funktionsbereichs *E-Mail* erläutert.

Suche eingeben

Klicken Sie in das Suchfeld (oder STRG + E) und geben den Suchbegriff ein. Sie können mehrere Worte aber auch nur Wortteile eingeben. Die Suche erfolgt sofort, Sie müssen diese nicht bestätigen.

Was wird durchsucht?

Durchsucht werden der Name, der Betreff und der Nachrichtentext des aktuellen Postfachs, d.h. des *Posteingangs* und des Ordners *Gesendete Elemente*.

Standardmäßig wird das aktuelle Postfach durchsucht

andere Bereiche festlegen

kontextbezogenes Register Suchtools

Achtung! Bei Auswahl *aktuelles Postfach* als Suchbereich wird nicht der Ordner *Gelöschte Elemente* durchsucht. Unterordner des Posteingangs oder der Gesendeten Elementen werden schon automatisch in die Suche einbezogen.

In den anderen Funktionsbereichen wird immer der aktuelle Ordner durchsucht, d.h. falls z. B. im Funktionsbereich *Personen* mehrere Kontaktordner angelegt sind, wird der Ordner durchsucht, der gerade markiert ist, also angezeigt wird (in nebenstehendem Beispiel der Ordner *Kontakte Österreich*).

Andere Speicherorte durchsuchen

- Im Register *Suchen*, Gruppe *Bereich* (siehe Bild oben) kann die Suche auf *Alle Outlook-Elemente* erweitert werden.
- Soll ein einzelner Ordner durchsucht werden, z. B. *Gelöschte Elemente*, dann klicken Sie diesen im Ordnerbereich an. Im Suchfeld wird der Ordner dann als Suchort angezeigt.
- Wenn Sie im aktuellen Ordner keine Suchtreffer erhalten und dieser Ordner Unterordner enthält, kann es nützlich sein, auch die Unterordner zu durchsuchen. Klicken Sie in diesem Fall im Register *Suchtools - Suchen*, Gruppe *Bereich* auf *Unterordner*. Jetzt werden nur die Unterordner des aktuellen Ordners durchsucht.
- Die Möglichkeit einen anderen Suchbereich auszuwählen, erhalten Sie ebenfalls im Suchfeld der Nachrichtenliste (siehe Bild unten).

andere Orte in die Suche einbeziehen

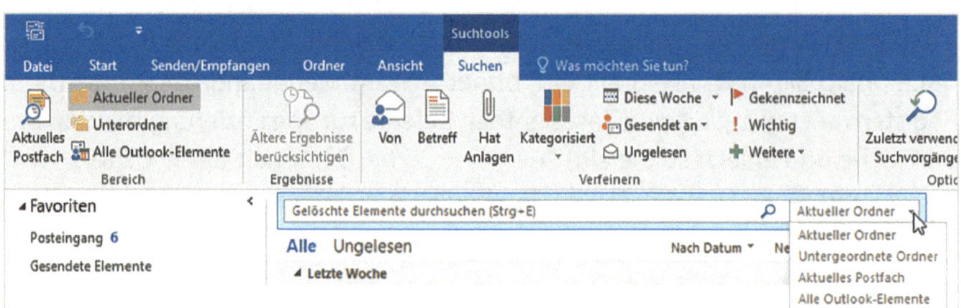

Trefferliste

In der Nachrichtenliste sehen Sie alle E-Mails, die mit der Suchanfrage übereinstimmen. Dabei wird der gefundene Suchbegriff gelb hervorgehoben. Zeigen Sie auf die E-Mail, um zu erfahren, in welchem Ordner diese gespeichert ist.

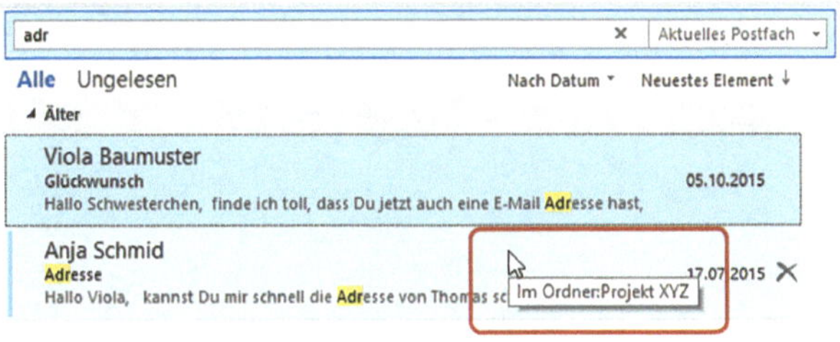

Speicherort der E-Mail anzeigen

Suche verfeinern

Bei der Eingabe einzelner oder allgemeiner Begriffe, z. B. der Name eines E-Mail Absenders, erhalten Sie eine lange Trefferliste. Im Register *Suchen* stehen in der Gruppe *Verfeinern* verschiedenste Möglichkeiten zur Verfügung, um eine Suchanfrage einzugrenzen. So beschränken Sie z. B. über die Schaltfläche *Diese Woche* die Suche zeitlich. Geben Sie dazu zunächst den gesuchten Namen in das Feld ein und klicken Sie dann auf die Schaltfläche *Diese Woche*.

Über das DropDown-Menü der Schaltfläche *Diese Woche* stehen weitere Zeiträume zur Auswahl.

Suche schließen

Falls Sie wissen, dass die entsprechende E-Mail einen Dateianhang hatte, klicken Sie auf *Hat Anlagen*. Wenn Sie sich sicher sind, das der gesuchte Begriff im Betreff stand, klicken Sie auf die Schaltfläche *Betreff* und geben dann das entsprechende Wort als *Schlüsselwort* ein.

Außerdem können Sie über die Schaltfläche *Kategorisiert* eine Kategorie auswählen und damit nur E-Mails anzeigen, denen Sie diese Kategorie zugeordnet haben.

Erweiterte Suche und Suchoptionen: Die altbekannte *Erweiterte Suche* und Zugriff auf die *Suchoptionen* erhalten Sie über die Schaltfläche *Suchtools*.

Suche schließen

Um wieder alle Elemente des Ordners anzuzeigen, muss die Suche geschlossen werden. Klicken Sie im Register *Suchtools - Suchen* auf die Schaltfläche *Suche schließen* oder in der Sofortsuche auf das *X*.

Zuletzt verwendete Suchvorgänge

Suchen Sie immer wieder nach derselben Sache, dann können Sie die letzten Zusammenstellung über die Schaltfläche *Zuletzt verwendete Suchvorgänge* auswählen. Ein

Teil der eingegebenen Suchanfragen erhalten Sie auch zur Auswahl durch Anklicken der Sofortsuche.

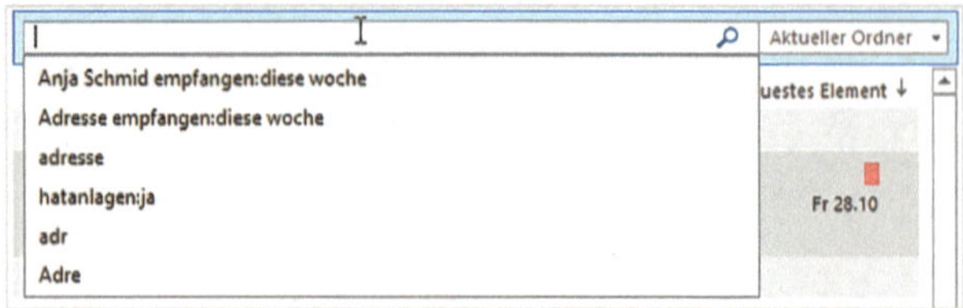

zuletzt verwendete Suchvorgänge; Anzeige über die Sofortsuche

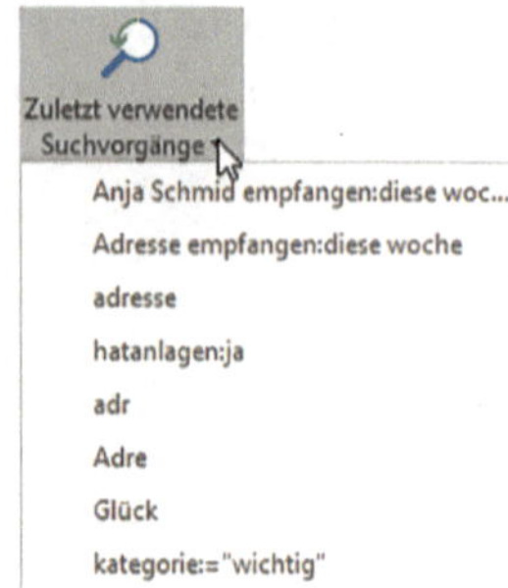

Anzeige über die Schaltfläche

7.3 Daten importieren / exportieren

Zur Sicherung, Migration oder Austausch Ihres Datenbestands stellt Outlook die Funktion Importieren bzw. Exportieren zur Verfügung. Wählen Sie im Register *Datei* den Bereich *Öffnen und exportieren* aus und klicken Sie dann auf *Importieren/Exportieren*. Am Import-Export-Assistent hat sich soweit nichts geändert.

Allerdings können Daten jetzt nur noch als Outlook-Datendatei (.pst) oder als *Durch Trennzeichen getrennte Werte* - also als csv-Datei exportiert bzw. importiert werden. Alle anderen Möglichkeiten wie z.B. Export in eine Excel-Datei sind nicht mehr möglich.

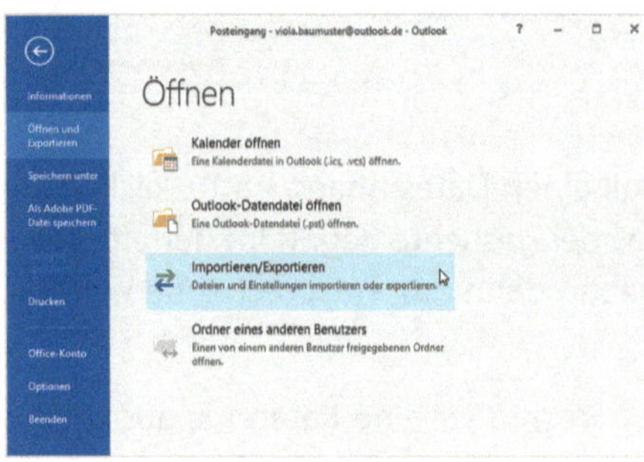

Register Datei - Öffnen und Exportieren

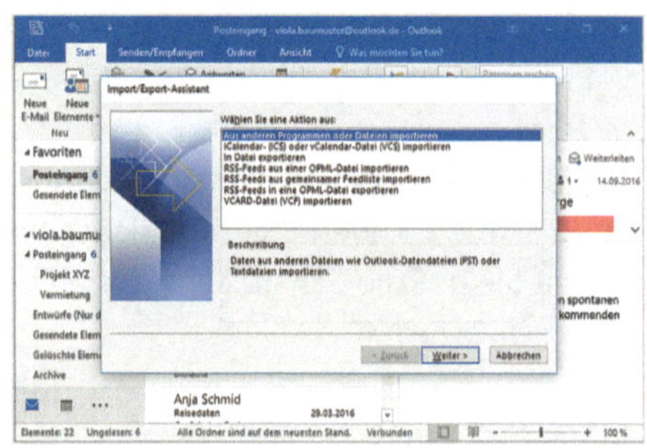

Import/Export-Assistent

Index

Symbole

B

C

D

G

H

I

Q

R

S